关公崇拜溯源

Guangong Chongbai Suyuan

胡小伟 著

山西出版传媒集团
北岳文艺出版社
BEIYUE LITERATURE & ART PUBLISHING HOUSE
·太原

图书在版编目（CIP）数据

关公崇拜溯源 / 胡小伟著. —太原：北岳文艺出版社，2022.1

ISBN 978-7-5378-6471-8

Ⅰ.①关… Ⅱ.①胡… Ⅲ.①关羽（160-219）—偶像崇拜—研究 Ⅳ. ①B933 ②K825.2

中国版本图书馆CIP数据核字(2021)第231435号

关公崇拜溯源

胡小伟 / 著

//

出品人
郭文礼

责任编辑
李建华

书籍设计
张永文

印装监制
郭　勇

出版发行：山西出版传媒集团・北岳文艺出版社
地址：山西省太原市并州南路57号　邮编：030012
电话：0351-5628696（发行部）　0351-5628688（总编室）
传真：0351-5628680
经销商：新华书店
印刷装订：山西新华印业有限公司

开本：787mm×1092mm　1/16
字数：655千字
印张：41.5
版次：2022年1月第1版
印次：2022年1月山西第1次印刷
书号：ISBN 978-7-5378-6471-8
定价：218.00元

一个特立独行的人*（代序）

——怀念胡小伟先生

我和胡小伟先生相识是在1975年。当时胡先生在秦皇岛农村中学教书，我在河北师范学院教书——原在北京的河北北京师范学院搬到河北宣化，校名去掉“北京”二字，成了河北师范学院；后又搬到石家庄，与河北师大合并成为新的河北师范大学。河北北京师范学院这个学校很老，最早可以追溯到顺天府学堂（1902）和顺天府高等学堂（1907）。这所学校在强手如林的在京高校中，也堪称实力雄厚。以我所知的历史专业而言，著名史学家赖家璧、李光度、胡如雷、苑书义等都在该校任教，中文系有著名语言学家朱星。胡小伟是在这里毕业的。他在秦皇岛教书时，想调到宣化的河北师院工作，但没有实现。他的同学钱竞在那里讲授文艺理论，与我同事。他来找钱竞，我们自然就认识了。印象中他说话大嗓门儿，常常哈哈大笑。苏叔阳先生是他和钱竞的大学班主任，我的大学校友，苏叔阳比我高两届。我与苏叔阳在1967年认识，当时是“文化大革命”中，首都大专院校有所谓“天派”“地派”，两派各编排演出一台大歌舞互相争胜，都是模仿《东方红》大歌舞的架势。参加创作和演出的都是各校师生，创作、排练都在北京体育学院的场馆和宿舍。我和同学——人大中文系学生左正一起参加“天派”大歌舞创作，苏叔阳先生，还有杨金亭先生（后任《诗刊》副主编、中华诗词学会顾问）作为河北北京师院中文系老师也参加创作组。我们以此结为朋友，这是一层

* 此为作者2021年7月16日于北京红楼公共藏书楼胡小伟先生遗著再版纪念会上发言整理件。

关系；1974 年我到宣化的河北师范学院教书，与在那里工作的钱竞成了同事，又认识了他的同学胡小伟，这又是一层关系。掐指一算，五十多年过去了。现在钱竞、小伟、苏叔阳及左正（后为吉林省文联作家）四位朋友都驾鹤西去，正是“知交半零落”，令人不胜唏嘘！

胡小伟先生是一个怎么样的人呢？胡先生去世的追思会我没能参加，但我为追思会写了四个字：“特立独行”。他是个特立独行的人，很特别、很自我，不在乎别人的看法、不在乎周围的舆论。不管！就要做我胡小伟，认准一个方向往前走。在中国社会科学院文学研究所做关公文化研究是他的选择。他认为关公文化是一个大题目，关公文化是中华民族精神的重要体现。经过艰苦的研究，在 2005 年出了五卷本的《中国文化史研究 · 关公信仰研究系列》。在他的推动下，中国文物保护基金会成立关公专项基金管理委员会。关公文化研究的层次一下子提高了，从民间信仰进入学术领域，从文化爱好者层面提高到学术研究层面。推动深入研究关公文化是他的重大贡献。他的足迹遍及全国各地的关帝庙、老爷庙、文武庙，研究视野很宽广，台湾地区以及亚洲各国、俄罗斯、美国各地的关公信仰都进入考察范围。关公文化界的朋友对他很崇敬。

研究关公，崇拜关公的人，自然也就濡染了关公的忠义、豪迈精神。这在小伟身上表现得很突出。他是一位很与众不同的人。长期以来，文人之间缺乏包容，社会对与众不同的人也缺乏包容。特别是“文化大革命”，好多人之间都成了斗争关系、竞争关系，不是你上就是我下，甚至是你死我活。胡先生在个性上很强势，但又显现出与世无争的态度，遇到矛盾绕着走，绝不为自己争什么。当今工作、生活中最大的问题是房子和职称，但是他都置之度外。他从不去要房子，也不申报职称。他家住海淀区人大万泉河一带，离单位很远。单位分房他不争。天大的事啊，不争！他的强势是在自己认定的工作上付出艰苦努力，完成自己设定的任务，但同时在其他方面又与世无争。这两个很矛盾的方面，同时体现在胡先生身上。人活一辈子不容易，活出自我更不容易，多数人活不出自我。很多人是为了活给别人看。胡先生是活出自我的，至于你们怎么看我我不在意。这是人生的一种境界。有人不理解，说你是否应该对别人的意见多少在意些、多少迁就些，社会就会对你怎么样怎么样，但那不是小伟的风格。人是多种多样的，不能要求人人千篇一律，按一个模式发展。如果每个人都能活出自我，就会更大发挥个人的创造性，创造性就会更丰富，社会就会更多彩。个性更张扬了，贡献就更大了。如果所有人的棱角都磨平了，所有的人都唱一个调、说同一种话，社会将缺乏光彩。不是胡小伟需要退让，而是要让大家都充分展示个性，同时又能互相包容。展现自己特别的那一面。不是要人损人利己，妨碍别人，而是要充分发挥自己的特长和创造性，做有益于公众、有益于文化的事业。

1978年恢复高考，同时首次招收授予学位的研究生。我和钱竞、小伟报考研究生，而且都被录取了。来北京复试时，我竟然和小伟排在同一个队伍里等候体检。那时真是有“科学的春天”的感觉。小伟与钱竞在中国社科院研究生院研读三年之后，进了社科院文学所。两人再次同学，而且成了同事，后来都各有所成。我则是进入中国人民大学再学习，毕业后留校教书。当时这批研究生被戏称为“黄埔一期”，是颇感荣耀的。“文革”十年，成千上万的大学毕业生没有继续深造的机会，还有无数渴望进入大学学习的各级中学生。在激烈的竞争中能再回到学校读书，是多么不容易！这时苏叔阳先生已经是著名作家。苏叔阳在人民大学学的是中共党史专业，却醉心于文学。“文革”期间他坚持搞创作不懈，写小说、写话剧，有时还写首歌词、作个小曲什么的。但多年东突西奔，不得要领，不被认可，甚至挨骂。家里人说你一天到晚写剧本有什么用？每天只能灰溜溜地回家。这是老同学左正和我说的。粉碎“四人帮”，把一切颠倒的东西又翻转过来了。苏叔阳的话剧《丹心谱》一炮打响，创造力突然得到释放，作品如井喷一般涌现。后来苏先生不幸得了癌症，但他十分乐观顽强，被誉为抗癌明星。差不多二十年吧，他还是活跃在各个文化舞台上，出席各种活动。我与苏先生常常在不同场合见面，每次赞赏他生命力顽强之余，也往往谈到他的两位高徒钱竞和小伟。

“文革”十年，包括此前许多年，知识分子被视为资产阶级，是改造的对象，整个社会氛围不利于知识分子发展。小伟等这批人，大学毕业时分配工作的方针是“四个面向”：面向工矿、面向农村、面向部队、面向边疆。胡小伟到煤矿挖煤去了，什么专业不专业，跟他们的文学志趣远离得不是一点半点！在艰难的环境下，这批人还满怀理想，葆有朝气，真不容易。他们具有顽强的生活意志，越挫越勇，也是在这种环境下锻炼出来的。现在一些年轻人缺乏奋斗精神，躺平了。躺平是他们表达态度的一种方式，是一种特有的社会现象。我则希望现在的年轻人，能多少继承一些老一代努力进取的精神。老一代知识分子不懈地追求自己的理想，经受长时期的磨砺和锻炼，也表现出他们那个时代的特点，通过自己的艰苦努力给社会、给时代作出了奉献，多多少少都留下了一些东西。小伟、钱竞、左正、苏叔阳先生都离我们远去了，一个时代也渐渐远去了。我们今天怀念老朋友，同时也回顾那一段历史，回顾这批人的思想、情怀，表现和成就，这在社会史上和文化史上也是值得给予关注和研究的。今天我们阅读胡小伟的《关公崇拜溯源》，如果不仅仅是从中得到对于关公文化的认知和思考，同时也能够领会小伟先生那一代知识分子努力奋发的精神轨迹，那么得到的收获将会远远超越关公文化之外。

言不尽意。怀念胡小伟先生，祝贺《关公崇拜溯源》再版！

毛佩琦

2021 年 11 月 11 日

于北京昌平之垄上

自 序

出于个人学术兴趣，我曾经花费二十年时间，寻求中国历史上对于三国时代蜀将关羽崇拜文化的由来演进。

说来由于《三国志演义》及戏剧、说书的影响，对于关羽崇拜，几乎人人都是“知其然，而不知其所以然”。作为历史人物，关羽在正史《三国志》中得到的评价实在并不算高。陈寿曾批评他“刚而自矜”，“以短取败，理数之常也”。但陈寿怎么也不会料想到，千载以后关羽居然能压倒群雄，晋升为整个中华民族“护国佑民”的神祇。明清间一度遍布全国城乡的“关帝”庙宇，不但使刘备、曹操、孙权这些三国时代的风云人物黯然失色，就连“万世师表”的文圣人孔夫子也不得不退避三舍。清代史学家赵翼对此也颇不解，他曾历数关羽崇拜的过程并感慨道：

> 神之享血食，其盛衰久暂亦皆有运数，而不可意料者。凡人之殁而为神，大概初殁之数百年则灵著显赫，久则渐替。独关壮缪在三国、六朝、唐、宋皆未有禋祀，考之史志，宋徽宗始封为忠惠公，大观二年加封武安王，高宗建炎三年加壮缪武安王，孝宗淳熙十四年加英济王，祭于当阳之庙。元文宗天历元年加封显灵威勇武安英济王。明洪武中复侯原封。万历二十二年因道士张通元之请，进爵为帝，庙曰“英烈”，四十二年又敕封“三界伏魔大帝神威远镇天尊关圣帝君”，又封夫人为“九灵懿德武肃英皇后”，子平为“竭忠王”，子兴为“显忠王”，周仓为“威灵惠勇公”，赐以左丞相一员为宋陆秀夫，右丞相一员为张世杰。其道坛之“三界馘魔元帅”则以宋岳飞代，其佛寺伽蓝则以唐尉迟恭代。刘若愚《芜史》云：“太监林朝所请也。”继又崇为武庙，与孔庙并祀。本朝顺治九年，加封“忠义神武关圣大帝”。今且南极岭表，

北极塞垣，凡儿童妇女，无有不震其威灵者，香火之盛，将与天地同不朽。何其寂寥于前，而显烁于后，岂鬼神之衰旺亦有数耶？[1]

其实所说并不确切，至少在北宋仁宗年代，关羽已经具有官方封祀了，续后再论。清代关庙中的这样一幅对联，颇能概括关羽在中国传统社会中的历史文化地位和巨大影响：

儒称圣，释称佛，道称天尊，三教尽皈依，式詹庙貌长新，无人不肃然起敬；

汉封侯，宋封王，明封大帝，历朝加尊号，矧是神功卓著，真所谓荡乎难名。

这是一个极有意思的现象，而且对审视中华民族的文化心理很有意义。说起来，在有关关羽的“造神”过程中，文学诸样式，包括传说、笔记、说话、戏曲、小说等，与民俗、宗教、伦理、哲学、制度一起相互作用，有着不可磨灭的功绩。在某种意义上也可以说，关公是与中国古代小说、戏剧这些文学样式共相始终的一个形象。正是在这些人文因素的交互作用下，在清初文学中，关羽已被崇誉为集“儒雅”“英灵”“神威”“义重”于一身，“作事如青天白日，待人如霁月光风”的“古今来名将中第一奇人”了。[2]

大约是“不识庐山真面目，只缘身在此山中”的缘故，盛行关公信仰的漫长时期中，历代史家对于关羽崇拜的始末根由、曲折转变，并没有认真的考探辨析。而近代文化断裂后，中国文学史凡谈论及此者，则率以“封建统治阶级提倡”和“《三国演义》影响”为由，众口一词，几成定论。美国匹兹堡大学社会学系主任杨庆堃（C. K.Yang）在20世纪60年代的专著《中国社会中的宗教——宗教的现代社会功能与其历史因素之研究》被认为是以西方视角研究中国社会学的重要成果。在他撷取的全国八个代表性地区“庙宇的功能分配”中，就将关帝庙宇归类为“C，国家”之“1，公民与政治道德的象征”中“b，武将”一类，并论说道：

在当时全国性的人格神崇拜中，没有比关羽更突出的了，关帝庙遍及全国。虽然这位公元三世纪的武将是作为战神而被西方学者所熟知的，但就像大众信仰城隍一样，关公信仰起到了支持普遍和特殊价值观的作用……神话传说和定期的仪式活动，激励着百姓对关公保持虔诚的信仰，使关公信仰得以不断延续，历经千年始终保持着其在民间的影响力。[3]

其实与文学史的说法相去不远。从现在掌握的情况看，对于关公文化略近于现代方式的专题研究，是从1840年由西方传教士白奇（Birch）的《解析中国之四：关帝保佑（Analecta Sinensia，No4: The kwan Te Paou Heum）》开始的。国际知名汉学家李福清（B.Riftin）就说：

关帝信仰这个题目并不是新的题目，有许多国家的学者从19世纪中叶就开始专门讨论这个问题。[4]

而中国人自己在现代意义上的研究，则以1929年容肇祖在广州《民俗》杂志发表的《关帝显身图说》为最早。1993年饶宗颐在香港《明报月刊》上发表了一篇《新加坡：五虎祠》，副题则是《谈到关学在四裔》。“关学”之说，无非强调此中关联甚多，内蕴丰厚，绝非仅持关帝庙或者《三国志演义》一端立论所可道尽的。

“文化研究”据说是当前现当代文学的研究热点。但究竟何为“文化”，却人言言殊，据说定义不下二百个。其实这本来是一个汉语词组，出自《周易·贲·象卦》的“观乎天文，以察时变；观乎人文，以化成天下”。日本人以此移译源出拉丁文的culture（词根原意是耕种），也是来源于农耕文明，由此产生的歧义又多出了一个乘方。从先民说来，“文化”实际上应当是一个动词。东汉《说文》言，“文，错画也”，“化，教行也”。“文”的本义就是“纹”，自然纹理和花纹给人以美感，人们就乐意模仿。圣人所作的诗礼乐书也是美好的，人们如果也乐于模仿，那么天下就都变得美好了。这就是以文治来教化天下的意思，道出了文化的亲和力。后来又出现了对应的概念，比如刘向《说苑》：“凡武之兴，为不服也，文化不改，然后加诛。”晋代束晰《补亡诗·由仪》说的：“文化内辑，武功外悠。”昭明太子萧统注曰：“言以文化辑和于内，用武德加于外远也。”[5]又道出了文化的固有凝聚力问题。故唐代孔颖达《周易正义》解释说：

言圣人观察人文，则诗书礼乐之谓，当法此教而成天下也。

我以为，这才是今日文化学者亟应重视的核心问题。大概而言，文化现象虽然呈现出多元散射的状况，但是价值体系——或者如唐君毅先生所谓民族“凝慑自固之道”——却始终是“文化”问题的核心。当我们从多元散射聚焦核心时，就是“文化研究”。这就是我对“文化”的理解，也是我研究关羽崇拜的主要旨趣和方法。

关羽崇拜丰富的文化内涵也引起了西方学者的兴趣，同时引进了西方文化人类学的思考。美国学者鲁尔曼（Robert Ruhlmann）在《中国通俗小说与戏剧中的传统英雄人物》专章论述了关羽，认为他是一个“综合型的英雄”。他既是武士，又是书生，并且具有帝王之相。他的故事说明了民间传说与制度化宗教间的相互作用，也证明着故事文学中的英雄一旦受到官方崇拜，会再影响故事内容。由于这类英雄深入人心，也鼓励官方设法把他们尊为值得推崇的行为楷模。但同时鲁尔曼也陈述了他的困惑：

> 但关羽所代表的主要美德——忠义事实上有多方面的涵义，彼此很容易纠缠不清，而成为解不开的死结。关羽的故事说明同时为父母、朋友、君王、国家和正义尽责是何等困难。尽管官方传记编写人做了解释，这位英雄人物仍表现出人生的复杂。[6]

如果说他与杨庆堃还是从“制度性宗教”和“分散性宗教”两个不同线索展开论述的，带有“古典学派”风格的话，那么近年美国芝加哥大学历史系教授杜赞奇（Prasenjit Duara）在他著作的前言中，就已自我定位为“对民族主义和民族国家的后现代解释”，强调“‘国家政权建设’和‘权力的文化网络（Culture nexus of power）’是贯穿全书的两个中心概念，两者均超越了美国历史学和社会科学研究的思维框架——现代化理论。”[7]在利用1940 ~ 1942年满铁株式会社的田野调查对于中国华北农村调查的材料时，他曾设立专节讨论关羽何以成为“华北地区的保护神”问题，且“从历史的角度”对乡村关羽崇拜进行追究，结论是：

> 乡村精英通过参与修建或修葺关帝庙，使关帝越来越摆脱社区守护神的形象，而成为国家、皇朝和正统的象征……关帝圣像不仅将乡村与更大一级社会（或官府）在教义上、而且在组织上连接起来。

其实关羽崇拜就正是中国传统社会“国家政权建设”和“权力的文化网络”的交叉点。杜氏还主张，尽管社会各阶层对于关羽崇拜的理解阐释或有不同，“却在一个语义链（semantic chain）上连系起来……特定的解释有赖于这种语义链，并在这种语链中产生出它的‘意动力（conative strength）’。”[8] 不过限于题目，他没有，也不可能将以关羽崇拜为中心的乡社祭祀变迁清理明晰，更不用说价值体系的构建过程了。

明清两代，关羽已经赫然成为国家神，统摄三教，覆盖全国。用句形象比喻来说，仿佛三根支柱搭成了一个房盖。但今日宗教学界各自独立，似乎并不清楚历史上关羽人而神、神而圣的提升过程，反而将之视为“民间信仰”。20 世纪 90 年代陆续出版了两种《中国道教史》，一卷本为任继愈主编，四卷本为卿希泰主编，都是国家社科基金项目，却没有用多少篇幅谈及关羽崇拜。2007 年我曾应香港道教学院邀请，去做过三周短期讲学，也会晤了一些道教界的领袖人物。据他们说是国家宗教局将关公信仰定性为“民间崇拜”的。现在佛、道、儒三家各有门墙，都在扩张自己的影响，发挥积极社会功能，自然不错。只是忘记甚至放弃了长时期来经过“三教圆融”，共同建立起来的国家—民族信仰，不能不说是一个极大的遗憾。

历史学界也与此类似。海外华人史学家黄仁宇就表达过他的迷茫，在从现代军事角度列举了“失荆州”过程中关羽的种种失误以后，他以为：

> 只有此书（按指陈寿《三国志》）之叙关羽，则想象与现实参半……以这样的记载，出之标准的文献，而中国民间仍奉之为神，秘密结社的团体也祀之为盟主，实在令人费解。[9]

其实就连开创乾嘉“朴学”先河的顾炎武，也同样于此表示过疑问，他说：

> 今南京十庙虽有蒋侯，湖州亦有卞山王，而亦不闻灵响。而梓潼、二郎、三官、纯阳之类，以后出而反受世人崇奉。关壮缪之祠至遍天下，封为帝君，岂鬼神之道，亦与时有代谢乎？

毕竟生活在“神道设教”的时代，紧接着他就找到了原因：

> 应劭言：平帝时，天地大宗已下及诸小神凡千七百所，今营寓夷泯，宰器阙亡。盖物盛则衰，自然之道，天其或者欲反本也。而《水经注》引吴猛语庐山神之言，谓神道之事亦有换转。[10]

信仰亦有代谢，本身就是历史文化演进的正常形态。惟关羽信仰何以能够“与时消息”，“与时偕行”，[11] 经千载而不衰，历六代而愈盛，似乎成为中国历史文化一个不解之谜。

如果单以三国史籍立论，后世有关关羽的种种传说故事自然是赝品，不劳分证。但“关羽崇拜”偏偏就是在这种情势下历代相沿，积微见著，蔚成大观的。其中传说形态的产生、发展和变异，在不同时代呈现出不同的特点。陈寅恪在评审冯友兰《中国哲学史》时，对于中国思想史曾有一段非常重要的议论，对我启发颇大。他以为：

以中国今日之考据学，已足辨别古书之真伪。然而真伪者，不过是相对问题，而最要在能审定伪材料之时代及作者，而利用之。盖伪材料亦有时与真材料同一可贵。如某种伪材料，若迳认为其所依托之时代及作者之真产物，固不可也。但能考出其作伪时代及作者，即据以说明此时代及作者之思想，则变为一真材料矣。中国古代史之材料，如儒家及诸子等经典，皆非一时代一作者之产物。昔人笼统认为一人一时之作，其误固不俟论。今人能知其非一人一时之所作，而不知以纵贯之眼光，视为一种学术之丛书，或一宗传灯之语录，而龂龂致辩于其横切方面，此亦缺乏史学之通识所致。[12]

本书即秉此宗旨，取法乎上。文学研究过去涉及这一课题，主要是从三国戏曲小说故事分析人物形象，或者是以民间叙事角度，从传说入手探其流变。这当然都是必要的，但也只能反映出近现代关羽传说的形态，而不能体现出历史的传承和曲折。作为一个长期的，影响广泛的“活”信仰，关羽的形象从来没有封闭凝固在文字或传说中，而是不断发展变化。如何将各个不同时代的关羽形象，恰如其分地放置在具体生成的背景之中，凸现其变化的因果联系，以及与同时代其他宗教、社会、民俗、政治、经济等多种因素的互动影响，然后又如何展现在文学艺术之中，才是更富于挑战性的课题。钱锺书曾精辟剖析言：

人文科学的各个对象彼此系连，交互映发，不但跨越国界，衔接时代，而且贯穿着不同的学科。由于人类生命和智力的严峻局限，我们为方便起见，只能把研究领域圈得愈来愈窄，把专门学科分得愈来愈细。此外没有办法。所以，成为某一门学问的专家，虽在主观愿望上是得意的事，而在客观上是不得已的事。[13]

我自知资质愚鲁，属于“生命和智力严峻局限”者，故须得另辟蹊径，广纳百家，努力突破“圈得愈来愈窄”的研究范围，也从不以某一学科的“专家”来标榜自己。盖因关羽崇拜民间自有其传承的渠道，包括千百年来口传心授的法则秘诀从未载诸高文典册者。本书引用的历代方志，即是这一类饶有兴味的证据。我的尝试是在梳理材料，妥贴归置的同时，进行“长时段”追踪式描述。注重从典籍记载和民间资料（包括寺观供奉和民俗崇拜方式）两方面夹击，并重视典籍之外的多重证据，突出关键时期的关键性的细节，力图以多重证据求解这个隐藏着中华民族精神建构的“密码”。

我所利用的“文本”也超出了传统意义上的文字“典籍”。抱着对于历史“了解之同情”，将地域民俗、历代碑刻、造像艺术等亦作为历史“文本”不可分割的部分，分别置于各自的时代地域环境之中，以便使上层“精英”的论述回复到当年的文化大语境中，复原其本来面目。也许可以说，这是一种历史文化的“重构”（Reconstruction）。这里主要借鉴了历史学“年鉴学派”[14]提出问题的方式，以便从关羽信仰的生成发展作为特定视角，在纵向上探索中国传统价值体系的构建和发展过程，一如黄仁宇《万历十五年》横向解剖晚明政治和财政遭遇到的困境。

这种剖析不免关涉一些历史和文化研究的热点问题，如中国社会分期、唐宋及明代的几次社会转型、江湖社会、神道设教、儒学与“政教合一”、中华各民族纷争融合中的汉民族意识形成和发展、晚明商业社会的形成、满族入关前崇拜关公的秘密等等问题，都无由回避。故笔者也冒昧涉险，从关羽崇拜的形成发展角度提出了自己的看法。目的只是从特定视角剖析这一问题的症结，或者试图提出一种新的思路，并非擅作专业性结论。

这种研究必须建立在丰富翔实的史料基础之上。中国独有的地方志资料和历代碑刻构成了对于中国历史文化述说的另一条经纬线，提供了许多丰富生动的细节，足以弥补官修断代史的缺失；而社会学提倡的“田野调查”，即通过实地考察在民间发现典籍失落的传统，更是可遇难求的新奇体验。比如1999年在香港《岭南学报》发表的文章中，我曾揣测关羽后世的部分神力可能是从毗沙门天王的传说中转移过来的，或者说关公才是唐代毗沙门天王的真正传承者，而不仅仅是道教神话中的“托塔天王李靖”，但苦无实证。

2001年9月在河北蔚县单堠村清代关庙的前檐上，却赫然发现了清代民间匠人“托塔关公”的造像，证实了当初推断不误。人事天机，偶然凑泊，妙不可言。

厘清关羽崇拜的发展演变，曲折细微，并不是一个无关紧要的怀古思幽话题，而正是一个关涉“现代性”的大问题。中国曾在近代饱受凌辱，于艰难竭蹶之中开始了漫长的“现代化”历程，对于历史和传统文化反躬自省当然是必要步骤。进入20世纪，尤其是经历了西方文明的两次“世界大战”以后，学者开始以相对平和的心态、目光审视人类的过去，提出了超越19世纪盛行“西方文化优越论”的“四大文明中心说”和“轴心时代”理论；并且发现中华文明所以有别，是由于西方经历过多次文明“断裂”，而中华文明则为连续性质的缘故。哈佛大学张光直教授曾有文论及于此。[15]“断裂”和“连续”固然各有优长，但是上一世纪80年代中国学术界响应此说，炒作得最热烈的却是两个观点：一个是“封建社会超稳定结构”说，用中华文明的“连续性”诠释西方18世纪提出的“中国停滞论”，还曾通过权势运作和电视媒体的陡然放大，成为学术界一时占据要津的声浪；另一个是近年有论者提出的“暴君暴民交相乱”说，以此替代50年代盛行的“阶级斗争”和“农民起义是推动中国历史发展的动力”说。两说的立论角度虽有不同，但均视中华文明的“连续性”为中国不幸之大因由。我与他们在学术立场上的最大区别就是着眼于“连续性”的合理成分，变“后现代”大批判开路之“解构”，为对历史持“同情之理解”的“重构”。目的当然是为21世纪重建中华文明的价值体系，寻找可资利用的传统文化资源。

历史经验证实，“现代化”的国家过程总是伴随着国族（nation-state）凝聚力的增强而非消解，即便是在今日全球技术竞争和贸易开放的时代。而凝聚力则端赖整个民族对于历史传统的共同记忆和核心价值的整体认同来达到的。用美国学者安德森（Benedict Anderson）的话来说，就是：

> 即使每个人都承认国族国家是个“崭新的”“历史的”现象……国族却总是从一个无从追忆的“过去”中浮现出来。[16]

民国初立，一度曾把关羽、岳飞列入国家武圣祀典。在1931～1945年的抗日战争时期，他们再次成为鼓舞中国人民前仆后继，抵抗外侮，驱逐强寇的精神象征。联系到日人此刻何以会在华北进行大规模田野调查，日本学者何以会在同一时期集中发表相关研究论文，[17]不啻一场学术文化战线的无形争斗。其于现代中国的意义，也还需要今人重新审视和定位。

需要特别指出的是，中华民族百余年前走上“近代化”道路时，就被误导引入一个“反历史”的文化盲区，这就是其缺少对于历史文化价值体系和英雄榜样的资源整合。欧洲中世纪“政教合一”，共同以《圣经》所载“六日创世”“亚当夏娃”和“诺亚方舟”等传说作为共同起源，本无所谓“民族—国家”概念。由于缺乏文字记载，各民族历史也端赖口头流传，形成历史与文学的特殊复合体“史诗”（epic poetry），包括古希腊创世神话和历史的《伊利亚特》（ΙΛΙΑΣ）、《奥德赛》（ΟΔΥΣΣΕΙΑ），统称为“荷马史诗”（Homer's Epics）。在建立近代独立的民族—国家理念（nation-state）的过程中，欧洲不同民族谋求独立自强，形成凝聚，就亟需建构自己民族“想象的共同体”（Imagined Communities）。而史诗作为各个民族的文化重要源头，也受到特殊重视，所以才出现了“经典文学”（Classical Literature，后与当代创作区分，称为古典文学）的名词。当 19 世纪用科技手段发掘出特洛伊城，被证实“荷马史诗”包含着古希腊信史以后，欧洲纷纷动手在民间独立采集、整理本民族的史诗，作为共同记忆的源头。如英格兰《贝尔武甫》（Beowulf）、法兰西《罗兰之歌》（La Chanson dc Roland）、西班牙《熙德之歌》（El Cantar del Mio Cid）、日尔曼《尼伯龙根之歌》（Nibelungenlied）和俄罗斯《伊戈尔远征记》（Слово о полку Игореве）等。研究证实，这些“史诗”反映的历史时段大多为 8 ~ 12 世纪，其中表现的民族精神、价值观念和英雄榜样至今仍被视为具有凝聚力量的根本。

回顾 18 世纪以来“现代化”进程，会发现不仅“先发国家”强化了民族意识；“后发国家”如德国、日本也无不竭力发掘本民族的历史文化资源；新兴国家如美国缺乏悠久的历史文化资源，但却强调历史人物榜样，树立“爱国主义”典范。而价值观念及其体系正是任何宗教、学术都注重的核心论题，也是形成民族凝聚力不可动摇的基石。可惜与此同时，中国“精英”却在诅咒历史，辱骂祖先，自谓“一盘散沙”。恐怕这也是我们百年以来的步伐竟然走得如此艰难的原因之一吧。

今天重提中华民族的“文化纽带（culture link）”，不能不正视并厘清历史传统的共同记忆，在分疏整理传统价值体系中归纳总结，提炼出有益于维护国家统一和民族团结，增强中华民族凝聚力的精华，作为走向“现代化”国家民族的伦理资源。而“关羽成神”的漫长过程，正好就提供着前贤构建价值体系的线索。

经过二十年断断续续的努力，我的研究所得曾经析为《伽蓝天尊》《超凡入圣》《多元一统》《护国佑民》和《燮理阴阳》五部文集自费在香港少量出版，以征询海内外同道的意见。山东大学路遥教授得闻信息，趁来京之便数度约谈。经过慎重考虑，最后决定正式邀请我参与他主持的教育部哲学社会科学研究重大课题攻关项目《民间宗教与中国社会》（04JZD00030），以《关公信仰与大中华文化》为题列在其中。

2008 年 7 月应山西卫视之邀在太原录制《精彩山西》系列节目时，又夤缘结识了胡晓青先生，蒙他盛意邀约出版一部简约的国内版本。诗云：“嘤其鸣矣，求其友声。”士感知己，义不容辞。遂将一得之虑敷衍成章，并将近两年来思虑所得增补成文，添入本书，以进一步就教海内外同道。

从现在掌握的史料研究看来，一千多年关公信仰的发展呈现着“米”字型态，融会前此种种，包含后来种种。其中至为重要的“十”字型的交叉点应集中在宋元之际，高潮在晚明，顶峰则在清末。本文叙述限于篇幅，不得不删去一些相关背景的考探论述。刈除枝蔓，保留主干的同时，也尽量以时间顺序为经，民族、社会阶层及信众群体为纬，交织相生。

略述主旨，以为自序。

注释：

[1]《陔馀丛考》卷三十五《关壮缪》。河北人民出版社 1990 年版，第 622 ~ 623 页。

[2]毛宗岗《读〈三国志〉法》。

[3]杨庆堃《中国社会中的宗教》（Religion in Society: A Study of Contemporary Social Functions of Religion and Some of Their Hisorical Factiors）范丽珠等译，世纪出版集团·上海人民出版社 2007 年版，第 155、157 页。

[4]《关公传说与关帝信仰》，辑入《古典小说与传说——李福清汉学论集》，中华书局 2003 年中译本，第 61 页。著者持赠，谨志高谊。

[5]《昭明文选》卷十九。

[6]《〈三国志演义〉研究、史论、小说、版本、影响》，译自《印第安纳中国古典文学指南》。辑入（美）安德鲁·罗《海外学者评中国古典文学》，济南出版社 1991 年版，第 138 页。

[7]《文化、权力与国家——1900 ~ 1942 年的华北农村》，江苏人民出版社《海外中国研究丛书》之一种，王福明译。1996 年版。

[8]同上，第 132 ~ 133 页。

[9]黄仁宇《赫逊河畔谈中国历史》，北京三联书店 1992 年版，第 56 页。

[10]栾保群、吕宗力校点《日知录集释》，河北花山文艺出版社 1992 年版，下册，第 1348 页。承校点者赠书，谨志谢忱。

[11]两语实出《易经》。《易·丰卦》言："日中则昃，月盈则食，天地盈虚，与时消息。"又《乾卦·文言》："潜龙勿用，阳气潜藏。见龙在田，天下文明。终日乾乾，与时偕行。"

[12]《冯友兰中国哲学史审查报告》，辑入陈寅恪《金明馆丛稿二编》，上海古籍出版社 1980 年版，第 248 页。

[13]《诗可以怨》，原文为作者 1980 年 11 月 20 日在日本早稻田大学

文学教授恳谈会上的讲稿。见文祥、李虹选编《钱锺书杨绛散文》，中国广播电视出版社1997年版，第226～227页。编者持赠，谨志高谊。

[14]“年鉴学派”是在20世纪初欧美新史学思潮的影响下，由跨学科的史学杂志《经济与社会史年鉴》创刊号在《致读者》中阐明了自己的宗旨：打破各学科之间的“壁垒”，明确提出了“问题史学”的原则，要求在研究过程中建立问题、假设、解释等程序，从而为引入其他相关学科的理论和方法奠定了基础，如历史人类学、人口史、社会史、生态文化地理史、心态史以及计量史学、比较史学等，极大地拓展大了研究领域。在继承传统和立意创新的基础上重新认识历史，对20世纪西方史学的发展产生了历久不衰的影响。

[15]这是一个涉及考古、历史及多种学科的问题。张光直的观点比较集中地表现在他《连续与破裂：一个文明起源新说的草稿》一文中（《九州学刊》第一期，1986年9月），亦收入其著《中国青铜时代》第二集，台北联经出版有限公司，1990年版。

[16]《想象的共同体——民族主义起源及传播的反响》（*Imagined Communities*：*Reflections on the Origin and Spread of Nationalism*,（revised edition，London，1991），台湾时报书系中译本，第11页。

[17]前述杜赞奇著作大量引用了日本满铁株式会社1940～1942年的田野调查，而这一时期正是日本驻派遣军在华北“扫荡”，实行“三光政策”之时，不能谓之“巧合”。此外还有日比野丈夫博士《关老爷》（《东洋史研究》第六卷第二期）、井上以智为《关羽祠庙の由来に变迁》（《史林》第二十六卷，第1—2号。1941年）、大矢根文次郎《关羽と关羽信仰（1—4）》（《东洋文化》，无穷会）都集中发表在这一时期的日本史学刊物上，颇不寻常。

目录

第十三章　关公信仰的扩散

第十四章　民间托经与全民道德神

第十五章　国家封祀

第十六章　近代民间的关公信仰

第一章

《三国志》及裴注辨析

三家夺荆州

“大意失荆州”与“败走麦城”都是今天人们熟知的口头俗语，不但是历史人物关公“大义归天”之由，也是后世信仰关公者永生之痛。“大意”二字既有惋惜之情，又兼批评之意，可谓得《春秋》“婉而讽”之旨矣。其实此种说法值得辨析。究其原因，后之论说者恒以《三国志·关羽传》列举关羽败死之由时，曾说他“骂使拒婚”：

> 先是权遣使为子索羽女，羽骂辱其使，不许婚，权大怒。

又，裴松之注语亦引《典略》谓：

> 羽围樊，权遣使求助之，敕使莫速进，又遣主簿先致命于羽。羽忿其淹迟，又自已得于禁等，乃骂曰：“貉子敢尔，如使樊城拔，吾不能灭汝邪！”权闻之，知其轻己，伪手书以谢羽，许以自往。

凡此种种，都指责他严重伤害了孙权自尊和孙刘战略同盟关系。故陈寿评赞中批评关羽“刚而自矜”，“以短取败，理数之常也”。

但是，历史真相果然如此吗？

2001年中国社科院与台湾民主基金会、世界龙岗亲义总会联合召开河北涿州《中国历史文化中的关羽》学术研讨会，我获邀准备论文时偶然发

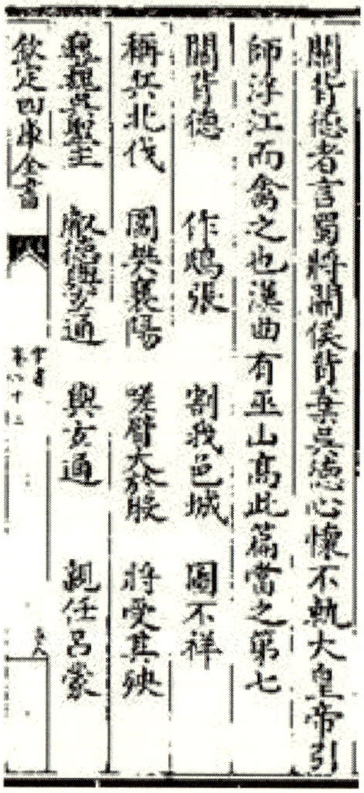
關背德者言蜀將關侯背棄吳德心懷不軌大皇帝引
師浮江而禽之也漢曲有巫山高此篇當之第七
關背德　作鴟張　割我邑城　圖不祥
稱兵北伐　圍樊襄陽　嗟臂大於股　將受其殃
巍巍吳聖主　叡德與玄通　與玄通　親任吕蒙
欽定四庫全書

四库本《宋书·乐志四》《关背德》书影。其中遵照乾隆四十一年上谕，“关羽”已经改称“关侯”。这样重要的历史资料，居然由具有“历史癖”和“考据癖”的四库馆臣如纪昀者流眼皮底下“走私”而过，也是怪事。

现《宋书·乐志》辑存了一批三国时代魏、吴、晋军乐歌辞，其中吴鼓吹曲《关背德》和《通荆门》应是吴人有关掩袭关羽，夺得荆州，深刻影响三国格局及其后续发展的第一手材料。如判断不误，其于荆州易手和蜀、吴关系的叙说，且早于《三国志》及其采用的史料。而就笔者目力所及，似乎从来未曾纳入研究关羽甚至三国文史学者的视线；治南北朝文学史的专家也未绍介，甚至历代小说话本敷衍三国志者亦未见利用，成为沧海之遗珠，甚为骇怪。所以不避固陋，草成《吴鼓吹曲〈关背德〉〈通荆州〉看三国历史上的荆州之争》一文[1]，辨析于此。

《关背德》辞全文是：

> 《关背德》者，言蜀将关羽背弃吴德，心怀不轨。大皇帝引师浮江而禽之也。《汉曲》有《巫山高》，此篇当之。第七。
>
> 关背德，作鸱张。割我邑城，图不祥。称兵北伐，围樊襄阳，嗟臂大于股，将受其殃。巍巍吴圣主，叡德与玄通。与玄通，亲任吕蒙。泛舟洪泛池，泝涉长江。神武一何桓桓，声烈正与风翔。历抚江安（校点注：当作“公安”）城，大据郢邦。虏羽授首，百蛮咸来同，盛哉无比隆。
>
> 右《关背德》曲，凡二十一句。其八句句四字，二句句六字，七句句五字，四句句三字。

首先令人奇怪的是，吴人何能谓“关背德，作鸱张”，“背弃吴德，心怀不轨”呢？难道关羽对孙吴负有什么义务和责任吗？

试思吴人所谓“背德”，一或指“骂使拒婚”一事。盖“和亲”之举本师两汉之故伎，孙权亦素擅结婚姻以自固，最有名的是以幼妹配婚刘备。“群下推先主为荆州牧，治公安。权稍畏之，进妹固好。先主至京见权，绸缪恩纪。”[2]至今梨园犹在搬演《回荆州》单折或《龙凤呈祥》全本之剧目，正是说此。不大为人所知的，则是早在孙策时代已与曹操结亲，[3]但这并不妨碍他们日后在赤壁和濡须打得死去活来。此外魏、吴又曾出于得失利害的考虑，意欲再续前缘：

> 二十二年春，权令都尉徐详诣曹公请降，公报使修好，誓重结婚。[4]

《吴书·顾雍传》注引吴人载记之《吴书》，亦言官渡之战后孙权闻曹操有东向之意，遂遣顾雍之弟顾徽使北，夸耀江东国富兵强，曹操还曾重拾这个话题：

> 操曰："孤与孙将军一结婚姻，共辅汉室，义如一家，君何为道此？"徽云："正以明公与主将义固盘石，休戚共之，必欲知江表消息，是以及耳。"

据《吴书·吕蒙传》，建安二十二年（217）鲁肃新卒，孙、吕密议即以"夺荆州，图关羽"为吴之国策。可见孙氏"许婚"魏、蜀，并非和亲以结永好，不过是试探，以安曹操、关羽之心而已。

吴人所谓"背德"，二或指荆州是否属"借"。此事之是非曲直，自裴松之注《三国志》前后已议论不止，尤以宋明理学诸儒连篇累牍，哓哓不休。时过境迁，亦不必深论。[5]但曲中分明表现出对关羽"称兵北伐，围樊襄阳，嗟臂大于股，将受其殃"的焦虑担忧，倒是真实地反映了孙权、吕蒙等人的心境。其实正当关羽"威震华夏"，曹操集团商议欲迁都以避其锐时，蒋济就曾提出了反对意见：

> 于禁等为水所没，非战攻之失，于国家大计未足有损。刘备、孙权，外亲内疏，关羽得志，权必不愿也。可遣人劝蹑其后，许割江南以封权，则樊围自解。[6]

可知战略中最难防范的，就是盟友之中的蓄意背叛。关羽北伐强敌得手，却令东邻之"盟友"食不甘味，寝不安席，已是"同盟"者之间的咄咄怪事；而该曲强拽此事，与"背德"与否，前后踵继，却毫无逻辑联系，就更显得牵强了。

倒是"臂大于股，将受其殃"的比喻，反映出吴人视荆襄为立国基础（"股"），视西蜀为屏藩奥援（"臂"）的固有心态，以及对关羽北伐胜利会打破暂时均势的深刻忧虑。在《吴书·诸葛瑾传》叙失荆州后刘备举兵伐吴，瑾致书孙权责备刘备云云时，裴氏曾按捺不住，引人注目地加了一个注：

臣松之云：以为刘后以庸蜀为关河，荆楚为维翰，关羽扬兵沔、汉，志陵上国，虽匡主定霸，功未可必，要为威声远震，有其经略。孙权潜包祸心，助魏除害，是为翦宗子勤王之师，纾曹公移都之计，拯汉之规，于兹而止。义旗所指，宜其在孙氏矣。（诸葛）瑾以大义责（刘）备，答之何患无辞？且（刘）备（关）羽相与，有若四体，股肱横亏，愤痛已甚，岂此奢阔之书所能回驻哉？载之于篇，实为辞章之费。

直接出面指责孙权，开启了朱熹以孙权为“汉贼”的先河，索性连陈寿都骂进去了。裴氏对荆州归属及孙权夺荆州、杀关羽的看法，也于此暴露无遗。裴松之（372 ~ 451）为刘宋时人，实较最初《宋书·乐志》著录二曲，并加案语之萧梁时人沈约（441 ~ 513）稍早，故录以备考。

按孙权耿耿于荆州之未据，盖已有年。今观《三国志·吴书》诸传，周瑜临终前与孙权书信中已点透了此题：

刘备寄寓，有似养虎。天下之事，未知终始，此朝士旰食之秋，至尊垂虑之日也。[7]

吴之文武要员图谋关羽而见之于史载的人，除吕蒙之外尚有陆逊[8]、全琮[9]、是仪[10]等人。可知当时吴之君臣心腹大患不在洛阳曹操，而在荆州关羽。

“大意失荆州”？

至于关公失守荆州是否“大意”，也有很多质疑。

首先关羽在出师北伐之时，并没有忘记防范东吴。《三国志·吴书·吕蒙传》言：

后羽讨樊，留兵将备公安、南郡。蒙上疏曰：“羽讨樊而多留备兵，必恐蒙图其后故也。蒙常有病，乞分士众还建业，以治疾为名。羽闻之，必撤备兵，尽赴襄阳。大军浮江，昼夜驰上，袭其空虚，则南郡可下，而羽可禽也。”遂称病笃，权乃露檄召蒙还，阴与图计。羽果信之，稍撤兵以赴樊。

又《吕蒙传》注引韦昭《吴书》：

将军士仁在公安拒守，蒙令虞翻说之。翻至城门，谓守者曰："吾欲与汝将军语。"仁不肯相见。乃为书曰："明者防祸于未萌，智者图患于将来。知得知失，可与为人；知存知亡，足别吉凶。大军之行，斥候不及施，烽火不及举，此非天命，必有内应。将军不先见时，时至又不应之，独守萦带之城而不降，死战则毁宗灭祀，为天下讥笑。吕虎威欲径到南郡，断绝陆道，生路一塞，案其地形，将军为在箕舌上耳！奔走不得免，降则失义。窃为将军不安，幸熟思焉。"仁得书，流涕而降。翻谓蒙曰："此谲兵也，当将仁行，留兵备城。"遂将仁至南郡。南郡太守麋芳城守，蒙以仁示之，遂降。

可见吴军本来是借两军同盟，不禁物资交流之便，故假扮商贾，骗过斥候，"白衣渡江"；虞翻再以失职之罪，生死之抉，要挟公安守将傅士仁，然后再下江陵城的。[11]

又《吴书·虞翻传》复言：

荆州古城。据近年考古发掘证实，现存砖砌明清古城墙的城基夯土细致密实，尤为汉魏故迹。而据文献记载，当时重筑荆州城垣者惟有关羽。

后蒙举军西上，南郡太守麋芳开城出降。蒙未据郡城，而作乐沙上。翻谓蒙曰："今区区一心者，麋将军也。城中之人，岂可尽信？何不急入城，持其管钥乎？"蒙即从之。时城中有伏计，赖翻，谋不行。

如果此言可信，则荆州守军也曾试图反抗过。虞翻两度立功，也是他进入荆州城后恣意嘲弄于禁，忘形得意的资本。

其实关羽是否"大意失荆州"，宋人认识就不一致。如北宋曾公亮主编的实战兵书《武经总要·前集》卷四就以为：

所谓实而备之者，关羽讨樊，多留兵备公安、南郡是也。

认为关羽在防范孙权方面并无疏忽。"大意失荆州"其实源于朱熹的一个说法。由于南宋理学正统观急于帝蜀，同时推崇诸葛亮辅佐刘蜀锐意北伐，"兴复汉室"的不世殊勋，称得上"古今完人"。既如此，则于导致蜀汉未克全功的"荆州之失"，总要在孔明、关羽之间找出一个"责任人"来，就面临两难选择。恰好陈寿批评过关羽"善待卒伍而骄于士大夫"，颇类南渡以后的骄镇悍将；而诸葛亮与刘备"鱼水之欢"，唐朝以来就是儒士艳羡的"君明臣贤"典型。故南宋儒士利用"话语霸权"，以"恃才疏卤"之名，将"失荆州"的责任尽归关羽。朱熹认为：

先主不忍取荆州，不得已而为刘璋之图。若取荆州，虽不为当，然刘表之后，君弱势孤，必为他人所取；较之取刘璋，不若得荆州之为愈也。学者皆知曹氏为汉贼，而不知孙权之为汉贼也。若孙权有意兴复汉室，自当与先主协力并谋，同正曹氏之罪。如何先主才整顿得起时，便与坏倒！如袭取关羽之类是也。权自知与操同是窃据汉土之人。若先主事成，必灭曹氏，且复灭吴矣。权之奸谋，盖不可掩。平时所与先主交通，姑为自全计尔。

或曰："孔明与先主俱留益州，独令关羽在外，遂为陆逊所袭。当时只先主在内，孔明在外如何？"

曰："正当经理西向宛洛，孔明如何可出？此特关羽恃才疏卤，自取其败。据当时处置如此，若无意外龃龉，曹氏不足平。两路进兵，何可当也！此亦汉室不可复兴，天命不可再续而已，深可惜哉！"[12]

从疑者提问的角度看来，诸葛何以没有亲镇荆州，也是当时检讨"荆州之失"

责任的普遍疑问之一。

苏轼早年论及孔融，尝有“世之称人豪者，才气各有高卑，然皆以临难不惧，谈笑就死为雄。操以病亡，子孙满前而咿嘤涕泣，留连妾妇，分香卖履，区处衣物。平生奸伪，死见真性。世以成败论人，故操得在英雄之列”之说。[13]元儒承接此说论及孔明，也有“（曹）操之临死，何为而咿嘤涕泣？畏诸葛也。分香卖履，有求为黔首不得之念……视公如龙，视操如鬼之论，信矣！虽然，亦不都荆州之失也。”[14]的说法，认为《隆中对》没有把荆州作为北伐根据地，是一个疏失，而非关羽之过。故元至治《三国志平话》叙及“失荆州”事，尚无关羽“大意”的说法。后来理学正统观念经由元、明成为儒学共识之后，此说开始占据上风。复缘明代《三国志演义》整理诸儒以宋明理学史观匡正前说，遂使关羽长期背负“大意失荆州”之名。即使关公达到全民崇拜，封王封帝，儒生仍不改其谳。以至发为“演义”，凝为成语，家传户诵，至今未已。

清代对于关羽尊崇已达于斯极，“乃文乃武，乃圣乃神”。乾嘉学派著名考论史家，常熟人赵翼曾条分缕析，总结诸说，以《三国志》记述为据，从四个方面分析了“借荆州”说法的谬误，认为：第一是此说“皆出吴人事后之论”：

> “借荆州”之说，出自吴人事后之论，而非当日情事也。《江表传》谓：破曹操后，周瑜为南郡太守，分南岸地以给刘备，而刘表旧吏士自北军脱归者，皆投备，备以所给地不足供，从孙权借荆州数郡焉。《鲁肃传》亦谓：备诣京见权，求都督荆州，肃劝权借之共拒操。操闻权以地资备，方作书，落笔于地。后肃邀关羽索荆州，谓羽曰：“我国以土地借卿家者，卿家军败远来，无以为资故也。”权亦论肃有二长，惟劝吾借玄德地，是其一短。此“借荆州”之说之所由来，而皆出吴人语也。

第二是荆州主权原为刘氏父子所有，而不在孙氏。孙氏所以参加赤壁之战，目的只是为了借盟自保：

> 夫“借”者，本我所有之物，而假与人也。荆州本刘表地，非孙氏故物。当操南下时，孙氏江东六郡，方恐不能自保，诸将咸劝权迎操，

权独不愿。会备遣诸葛亮来结好，权遂欲藉备共拒操，其时但求敌操，未敢冀得荆州也。亮之说权也，权即曰：非刘豫州，莫可敌操者。乃遣周瑜、程普等随亮诣备，并力拒操。（《亮传》）是且欲以备为拒操之主，而己为从矣。又曰：将军能与豫州同心破操，则荆、吴之势强，而鼎足之形成矣。是此时早有"三分"之说，而非乞权取荆州而借之也。赤壁之战，瑜与备共破操。（《吴志》）华容之役，备独追操。（《山阳公载记》）其后围曹仁于南郡，备亦身在行间。（《蜀志》）未尝独出吴之力，而备坐享其成也。

第三是刘备才被曹操视为敌手，故赤壁战后孙权仍然竭力拉拢刘备以自固：

破曹后，备诣京见权，权以妹妻之。瑜密疏请留备于京，权不纳，以为正当延揽英雄，是权方恐备之不在荆州以为屏蔽也。操走出华容之险，喜谓诸将曰："刘备吾俦也，但得计少晚耳。"（《山阳公载记》）是操所指数者惟备，未尝及权也。程昱在魏，闻备入吴，论者多以为权必杀备，昱曰："曹公无敌于天下，权不能当也。备有英名，权必资之以御我。"（《昱传》）是魏之人亦只指数备，而未尝及权也。即以兵力而论，亮初见权曰："今战士还者及关羽精甲共万人，刘琦战士亦不下万人。"而权所遣周瑜等水军，亦不过三万人，则亦非十倍于备也。

第四是刘备承袭荆州牧后南征四郡，孙氏亦未有异议：

且是时，刘表之长子琦尚在江夏，破曹后，备即表琦为荆州刺史，权未尝有异词，以荆州本琦地也。时又南征四郡，武陵、长沙、桂阳、零陵皆降。琦死，群下推备为荆州牧。（《蜀先主传》）备即遣亮督零陵、桂阳、长沙三郡，收其租赋，以供军实。（《亮传》）又以关羽为襄阳太守、荡寇将军驻江北。（《羽传》）张飞为宜都太守、征虏将军在南郡。（《飞传》）赵云为偏将军领桂阳太守。（《云传》）遣将分驻，惟备所指挥，初不关白孙氏，以本非权地，故备不必白权，权亦不来阻备也。

第五是"三分鼎立"大势已定，刘备集团不仅立足有据，而且扩张迅捷，吴人始有“吃亏”感觉：

追其后三分之势已定，吴人追思赤壁之役，实藉吴兵力，遂谓荆州应为吴有，而备据之，始有“借荆州”之说。抑思合力拒操时，备固有资于权，权不亦有资于备乎？权是时但自救危亡，岂早有取荆州之志乎？羽之对鲁肃曰：“乌林之役，左将军寝不脱介，戮力破曹。岂得徒劳，无一块土？”（《肃传》）此不易之论也。

最后结论是“借荆州”之说为吴人事后的“狡词诡说”，流为历史“耳食之论”的：

其后吴、蜀争三郡，旋即议和，以湘水为界，分长沙、江夏、桂阳属吴，南郡、零陵、武陵属蜀，最为平允。而吴君臣伺羽之北伐，袭荆州而有之。反捏一“借荆州”之说，以见其取所应得。此则吴君臣之狡词诡说，而“借荆州”之名遂流传至今，并为一谈，牢不可破，转似其曲在蜀者，此耳食之论也。[15]

而鼓吹曲《关背德》中，分明表现了对关羽“称兵北伐，围樊襄阳，嗟臂大于股，将受其殃”的焦虑担忧，倒是真实地反映了孙权、吕蒙等人的心境，可为赵翼辨析增添有力证据。

此后有人重新追究当年“荆州之失”，清人矛头开始对准诸葛亮。如乾隆时姚范就说吕蒙“袭江陵”，陆逊“守峡口以备蜀，而蜀人当时之疏忽如此。吴人之眈眈于荆州，而忌关羽之成功，不待智者而知，而当时（蜀君臣）若付之度外……蜀之谋士，当不若如是之疏，陈氏（寿）或不能详耳”。道咸时黄恩彤也言“蜀之君臣，但喜其（羽）胜，不虞其败”。吕蒙、陆逊“用奇兵而蜀不防”。曹操前后共遣徐晃等十二余军以救樊城，“而蜀不闻遣将，增一旅以援羽……岂非失事机也哉！”[16]但是文人私语毕竟抵不过《三国志演义》的公开流行，所以“大意失荆州”之说仍然占据上风。[17]

近年中国社科院历史研究所研究员，原中国魏晋南北朝史学研究会会长朱大渭撰文认为：关羽不仅派糜芳、傅士仁驻守江陵、公安（其中公安城就是刘备修筑，专门用来防备孙权集团的），又在附近沿江设置了“屯候”（仿佛长城防卫的烟墩），以便随时侦察动向，及时报告信息。沿江屯候、公安、江陵内外套城，实际上已经形成了防备孙权的四道防线。而且江陵距樊城前线只有一百八十公里，当时轻骑一日一夜行三百里，只需一天多就能赶回。因此在关羽看来，对吴国的防范可说是万无一失。他还进一步认为，“失荆州”的真正原因在于诸葛亮《隆中对》的判断有误：

《隆中对》把荆州作为蜀国北伐中原的一个战略据点，忽视了“荆州在扬州上游，关系吴国的安危，孙权对荆州是势所必争的，否则便不能有吴国”。刘备、诸葛亮在夷陵之战以前对此始终无深刻认识，从而反复同吴国争夺荆州，把蜀军主力十余万消耗在荆州战场，刘备、关羽也为此丧命。故蜀国庞统、法正、赵云皆主张放弃荆州，集中主力北上争夺雍、凉和关中，并有吴国为援，如此蜀国形势当会改观。既然刘备、诸葛亮未觉察其战略计划的错误，所以对吴国必全力争夺荆州毫无思想准备。他们把蜀汉两大战略据点之一的荆州重任只交给关羽一人担当，以一人之智力如何能对付魏、吴两大敌对强国？而且，在关羽北伐紧要关头，又不给予一兵一卒支持。所有这一切，皆源于《隆中对》所包含的错误因素，未据政治形势发展而加以修改。明乎此，再看前述关羽败亡的五条原因中，最重要的是第五条。另外，第一、二、四、五条，皆属客观因素，而非关羽的主观力量所能克服。因此，我认为荆州的失守，主要责任不在关羽，而是蜀国战略方针失误造成的。关羽虽有一定责任，但其忠于职守，以身殉职，应无所非议。[18]

其次，陈寿曾言关羽“刚而自矜，以短取败”。但在镇守荆州时他是否“骄傲自满”，其实也有异说，不特“拒婚孙吴”一事。如马超归蜀，被待为上宾，关羽致书责问，诸葛答书一事，李贽就认为这是一出“双簧”：

孟起来降，其心未测，不先有以弹压之，反复未可知也。惟孔明深谅先主之心……得此则孟起野心自化，毋复他虑。[19]

而顾炎武在议论韩愈当年因不拘礼法，被劾罢职之事时，则以为关羽此举是维护刘备人主之尊：

至于山阳公《载记》言：“马超降蜀，尝呼先主字，关羽怒，请杀之。”此则面呼人主之字，又不可以常侪论矣。[20]

至于关羽防守虽然严密，但最终仍未能阻止吴人得手的原因，还有一重解释。

《三国志》尝言关羽与吕蒙都喜读《左氏传》，是因为《左传》集中汇集了春秋时代的各种战例，与《孙子兵法》这类战争哲学的论著相比，更适合行伍出身的将帅理解。钱锺书说：

> 《宋史·岳飞传》：飞“尤好《左氏春秋》”“孙吴兵法”，喜“野战”，宗泽授以阵图，飞曰：“阵而后战，兵家之常，运用之妙，存乎一心。”赵括学古法而墨守前规，霍去病不屑学古法而心兵意匠，来护儿我用我法而后征验于古法，岳飞既学古法而出奇通变不为所囿；造艺、治学皆有此四种性行，不特兵家者流为然也。岳飞好《左传》，当亦是为学兵法。《三国志·吴书·吕蒙传》裴注引《江表传》记孙权自言：“至统事以来，省三史、诸家兵书，自以为大有所益”，因劝蒙：“宜急读《孙子》《六韬》《左传》《国语》及三史”；早以《左传》及《左氏外传》属“兵书”。[21]

钱氏且谓《春秋》所言兵事甚多，涉及许多组合谋略，结盟、毁盟，也是外交、军事组合的题中应有之义。尽管“春秋无义战”，但盟友间“不宣而战”，“当面叫哥哥，背后掏家伙”的战例，自孙吴“偷袭荆州”之前尚且未有。

“兵法”或者今言“军事学”向来都是实践性、经验性极强的领域。二战时日军偷袭珍珠港也是西方战争史未曾遭遇到的战例，以致罗斯福总统是用“我从来没有见过这样一个卑劣、无耻的民族”这样的词语作为开头向日本宣战的。战后东京法庭审判东条英机，辩护律师布列尼克辩称日本对珍珠港的攻击“并非偷袭”，意图利用东西半球时间差进行诡辩。检察官反驳时特别指出日本向美国递交最后通牒电报是在日军偷袭珍珠港一个小时二十分钟以后才送达，而且偷袭得手后日本才播发了天皇裕仁的宣战诏书。对比之下，关羽是在吕蒙托病、陆逊继帅后才开始襄樊北伐，《吴书·陆逊传》载有襄樊大捷时《与关羽书》一通，犹言“观衅而动，以律行师，小举大克，一何巍巍！敌国败绩，利在同盟，闻庆拊节，想遂席卷，共奖王纲”云云，卑词甘言，誓重同盟；背后乃收买叛将，不宣而战，令人猝不及防，无疑是中国军事史上的“创新”战例。以此载明典籍，给后世“军事—外交”的组合谋略平添了许多变量，这在辽、宋、西夏、金、元之际又开始表现出来。

战争行为从来就不属于单纯“道德评价”范畴，故以今人视野观之，面对如此心思细密、富于算计而又没有任何道德顾忌的亲密“盟友”，关羽当初即欲不“大意”，亦未必能够也。

俗谚向有“看《三国》掉眼泪——替古人担忧”的说法，本文亦无意于此做什么“翻案”文章。况且“骄兵必败”作为对于后世将帅，乃至其他各种事业决策人的警示，当然是一个普适真理。随着谋略学的泛化，结盟、背盟、叛盟偷袭之类情事，在后世“党争”“商战”的博弈中层出不穷，防不胜防。从这个意义上讲，“大意失荆州”无论归责于谁，倒不重要了。况且连诸葛亮、关羽这样的“文化英雄”都避免不了这个规律，更具有惕厉后人的意义。但如以“大意失荆州”作为品评历史人物的千古定谳、不刊之论，则恐未必。

“蜀疑其眩”

沈约编修《宋书·乐志》的“吴鼓吹曲”中，还有一首为“彝陵之战”刘备集团全军覆没以后两国重新通好所作之曲《通荆门》，全文是：

> 《通荆门》者，言大皇帝与蜀交好齐盟，中有关羽自失之衍，戎蛮乐乱，生变作患。蜀疑其眩，吴恶其诈，乃大治兵，终复初好也。《汉曲》有《上陵》，此篇当之。第八。
>
> 荆门限巫山，高峻与云连。蛮夷阻其险，历世怀不宾。汉王据蜀郡，崇好结和亲。乖微中情疑，谗夫乱其间。大皇赫斯怒，虎臣勇气震。荡涤幽薮，讨不恭。观兵扬炎耀，厉锋整封疆。整封疆，阐扬威武容。功赫戏，洪烈炳章。邈矣帝皇世，圣吴同厥风。荒裔望清化，化恢弘。煌煌大吴，延祚永未央。
>
> 右《通荆门》曲，凡二十四句，其十七句句五字，四句句三字，三句句四字。

其中谈到了“中有关羽自失之衍，戎蛮乐乱，生变作患”。何出此语？这也涉及两个方面的问题，一个是吴蜀同盟之间的互不信任；另一个则是荆州民心归向。不妨拈来续论。

应该说孙、刘两家“盟友”彼此猜忌已非一日，而曲注所谓“蜀疑其眩，吴恶其诈”正是两大猜忌点。《吕蒙传》叙蒙分析荆州大势说：“且羽君臣，矜其诈力，所在反复，不可以腹心待也”，就是吴人看法的典型代表，还成为后世“帝魏”派的论据。如青年苏轼《诸葛亮论》就批评“仁义诈力杂用以取天下者，此孔明之所以失也”。[22]再后来“帝蜀”派占据上风，“蜀人之诈”又成为“状诸葛多智而近妖”的源头。枝蔓不提。

自从《三国志演义》绘色绘声地描写了诸葛亮江东“舌战群儒”之后，一般读者心目中，吴人之“眩”似乎已缺失依据。其实此处所谓“眩”者，“迷惑”也。即《荀子·正名》“彼诱其名，眩其词而无深于其志义者也”之意。《吴书·陆凯传》言凯上谏孙皓疏，亦有“游戏后宫，眩惑妇女”之语，二字属连，亦此之谓。[23]也可引申为“诳言虚语”，“大言假话”。如述袁曹交兵时，顾徽向曹操夸耀江东“山薮宿恶，皆目化为善，义出作兵”[24]以制止曹氏觊觎之心，而实际上却一直怨恨蛮夷不宾。外言炎炎，而其实不逮然（参下文）。裴注转引之吴人《吴书》，先后叙述冯熙、赵咨、沈珩在吴危难之际使魏，每以“带甲百万”等语夸大吴之实力及备战状态。除冯死于魏外，其他使者或令曹丕“善之”而“魏人敬异”，或“引珩自近，谈语终日”，因而“频载使北”云云。可知吴人载记中的“眩”言炫事，几乎成为东吴外交使节的义务职责。而西盟蜀而偷袭蜀，北臣魏又背叛魏的事实反差，不能不令东吴的外交信誉受到极大的损害。

更惊人的是，吴人还曾利用随于禁遣返的魏臣浩周为其大胆“眩”言，在曹丕面前“口陈指麾”，甚至“以阖门百口”来担保孙权的一片忠诚，以致曹丕“既信（孙）权甘言，且谓（浩）周为得其真”，[25]为吴立国争取了战略时间。只是这段记载不出于吴人之手，结局当然也不圆满。

《吴书》描绘设计擒拿关羽事，多有踵事增华之言，尤以吴范之事叙得神乎其伎：

> 权与吕蒙谋袭关羽，议之近臣，多曰不可。权以问范，范曰：“得之。”后羽在麦城，使使请降，权问范曰：“竟当降否？”范曰：“彼有走气，言诈降耳。”权使潘璋邀其径路，觇候者还，曰：“羽已去。”范曰：“虽去不免。”问其期，曰：“明日日中。”权立表下漏以待之。

及中不至，权问其故，范曰："时尚未正中也。"顷之，有风动帷，范拊手曰："羽至矣。"须臾，外称万岁，传言得羽。

叙来一波三折，尽得跌宕之妙，但故事的空间距离颇有问题。按吴范位置应在公安城孙权的总指挥部，而潘璋则在当阳漳乡的前沿指挥所，两地直线距离至少也有数百里。不意千里动静，几经变化，仍不出其掌心。风帷初动，须臾即报，信息交流竟然如此迅捷，无异于今日之电话、手机、"伊妹儿"矣。裴松之于此引《蜀记》云：

权遣将军击羽，获羽及子平。权欲活羽以敌刘、曹，左右曰："狼子不可养，后必为害。曹公不即除之，自取大患，乃议徙都。今岂可生！"乃斩之。

且为此疏云：

臣松之按《吴书》：孙权遣将潘璋逆断羽走路，羽至即斩。且临沮去江陵二三百里，岂容不时杀羽，方议其生死乎？又云"权欲活羽以敌刘、曹"，此之不然，可以绝智者之口。

也是由此处质疑。显为后人踵事增华，敷演成为当时正在流行的"志异小说"，而于史家体例殊不相合。这在《吴书·周瑜传》叙"赤壁火攻"中体现得更为突出，事实上《吴书·周瑜传》关于"赤壁之战"经过的描述，显与《魏》《蜀》两书相关描写均有歧异，且与《吴鼓吹曲》及王粲《英雄记》的相关资料亦有很大差别。或者这就是三国故事虚构化的开始，以此证明吴人"赤壁争功"的合法性，从而为背叛盟约，偷袭关羽制造根据。以其枝蔓，另文再议。[26]

吴、蜀两地皆以才辩之士辈出而称道于世。然当同为弱势，彼此不相佩服，一度兵戈相见之外，亦不断有口角纷争穿插其间。此为"大背景"中之"小过节"，但亦对两地后世之文化走向不无影响。"蜀疑其眩"即其一也，值得拈出，略申数言。

《吴主传》曾云，有"蜀使来，称蜀德美，而群臣莫拒。权叹曰：'使张公（昭）在坐，彼不折而废，安复自夸乎？'"此或为敷衍"舌战群儒"故事之张本。俗云"主忧臣辱，主辱臣死"——大概受此刺激，此后无论在蜀在吴，每当与蜀人论辩，吴士每奋勇争先，必撄其锋，而屡载之于吴史，津津乐道，风气亦为之转移。如记叙彝陵战后吴使郑泉奉命通好，谈及蜀已称汉帝号事：“刘备问曰：‘吴王何以不答吾书，得无以吾正名不宜乎？’泉曰：‘曹操父子凌轹汉室，终夺其位。殿下既为宗室，有维城之责，不荷戈执殳为海内率先，而于是自名，未合天下之意，是以寡君未复书耳。’备甚惭恧。”[27]直接羞辱到刘备头上，显有报复之意。[28]其实此前关羽不就正是在荆襄“荷戈执殳为海内率先”之际，被孙权背后捅一刀的吗？吴人之《吴书》竟将郑泉之言书之于史，可谓善于强词夺理。亦可参见诸葛恪与蜀使费祎应对嘲难，吴人“咸称善焉”。[29]蜀使张奉以姓名嘲吴臣阚泽，泽不能答，薛综即以地名嘲骂：“蜀者何也？有犬为独，无犬为蜀，横目苟身，虫入其腹。”复自伐曰：“无口为天，有口为吴。君临万邦，天子之都。”“于是众坐喜笑，而奉无以为答。”[30]请注意这两次嘲难都有吴士旁观应和，不谓无因，可供治三国外交史者补注一笔。

其于后世影响甚大之两事，亦容略为申言。吴人君臣之间雅好争嘴斗捷，每逞口角之胜，后亦备载于《三国志·吴书》中。如《张纮传》引环氏《吴纪》叙纮孙张尚与孙皓谈论“柏中舟”与“松中舟”等事，孙皓反目，发怒收尚，百官公卿“诣宫叩头请，尚罪得减死”事。又如《王蕃传》注引《吴录》：“（孙）皓每会，因酒酣，辄令侍臣嘲谑公卿，以为笑乐”云云。东晋南朝以后，随着江东文士数量增多、地位提升，此风渐次浸被，《世说新语》已多有描述，尤以宋后为甚，即蜀人苏轼亦以此著称。朝士大夫彼此以姓名籍贯谑虐嘲骂，从此成为中国官场“一道靓丽的风景线”。叙者每以其为雅谑韵事，亦不乏以此结怨而相倾轧败坏政风者。历代笔记稗史多有载记，事烦不引。[31]

又两宋重臣多出江左，宋人记叙与辽金元之“北使”打交道时，亦每以斗诗论词之尖新、讲说清谈之奇峭来嘲谑摧折对手，复以私记夸耀笔端，辗转录入笔记稗史，喋喋不休，以与荣焉。今之国人每言“阿Q之精神胜利法”，溯源追根，造始之端，其源于此乎？[32]

《吴书》瑾传曾述诸葛瑾“为人有容貌思度，于时服其雅弘。”“与权谈说谏喻，未尝切愕，微见风采，粗陈指归，如有未合，则舍而及他，徐复托事造端，以物类相求，于是权意往往而释。”而其子诸葛恪却“辩论应机，莫以为对”。可谓橘生于淮，水土异也。按驳难辩论原起于东汉儒学今古文经学之争。建初四年（79）汉章帝亲临白虎观，大会今文经学群儒，讲议五经异同。“省章句”，“正经义”，敕为《白虎通义》一书。佛教宗派新入中土，也把天竺辩风带了进来。《世说新语·假谲篇》云：

> 愍度道人始欲过江，与一伧道人为侣，谋曰：用旧义往江东，恐不办得食，便共立心无义。既而此道人不成渡，愍度果，讲义积年。后有伧人来，先道人寄语云：为我致意愍度：无义那可立？治此计，权救饥尔，无为遂负如来也。

由“旧义往江东”，就怕连饭也没得吃了，即可推知中原谈习本与江左大异其趣。而后来道恒却与竺法汰弟子昙壹、慧远等“大集名僧”论“心无义”说，“据经引理，析驳纷纭”，“就席攻难数番，问责锋起”，[33]成为一时潮流。盖缘晋室东迁，进入江东的人文环境之后，中原旧习、西来梵风与江东嘲难交相煽炽，发为“清谈”，遂使汉末月旦人物之“清言”、魏晋言近旨远之“谈玄”更上层楼，成为中国思想文化史之大端。此节应有专书论述，论者幸当留意之。[34]

元人郝经《曹南道中憩关王庙》诗云：

> 传闻哨马下江陵，青草湖南已受兵。壮缪祠前重回首，荆州底事到今争？[35]

周一良《魏晋南北朝史札记》有《晋书·东晋南朝地理形势与政治》一条，曾作精辟分证，略谓据有荆州实为“控制上游强兵，以夺取建康中央政权之经验教训”的大事，且言“周瑜在刘备入蜀之前，早已规取益州，实为卓识，惜其志不果。‘王浚楼船下益州’，则‘金陵王气黯然收’。”不妨参看。

我以为，《吴书》及《江表传》等所以违背史书体例，多有增饰之言，首先“赤壁争功”而为刘备“借荆州”作铺垫，又以“借荆州”作为“袭荆州”的合理性张目，也是吴人善“眩”的一个证据。后人不察，贻误至今。

荆州民心

钱锺书引王士祯《香祖笔记》卷一〇语，有“即余所谓野语虽未足据以定事实，而每可以征人情，采及葑菲，询于刍荛，固以史家所不废也。”[36]

故《关背德》《通荆门》两曲，既混杂于号为“南朝民歌渊薮”的《乐府诗集》之中，是否有关“人情葑菲刍荛”，而于史家有所裨益，是笔者关心的又一重点。但它们究竟是官方赞颂之乐，还是民间性情之响？却关乎当时对于关羽失荆州、被擒杀之民心向背，故不得不为之一辨。

敦煌壁画中的五代张议潮《骑行鼓吹图》，虽然时代不同，但还能看出古代甲杖歌吹遗风。此为吴作人1943年摹本，载沈从文《中国古代服饰研究》（上海书店出版社1997年版第292页）。

近之学人咸以《乐府诗集》为南朝民歌总集。据介绍：

> 今天所能见到的南朝乐府歌辞，全部录存于宋郭茂倩所编的《乐府诗集》中，共约四百余首。在音乐分类上，绝大部分属于“清商曲辞”，只有少量的属于“杂曲歌词”和“杂歌谣辞”；歌辞性质又绝大部分属于情歌，风格上以清新艳丽和真挚缠绵见长，与汉魏乐府与北朝民歌迥然不同。[37]

而此两曲非关旖旎情歌，亦一望可知。蔡邕《礼乐志》言：

> 汉乐四品，其四曰“短箫铙歌”，军乐也。黄帝岐伯所作，以建威扬德，风敌劝士也。

即摧折敌人，鼓舞士气，或今人所曰“团结人民，教育人民；打击敌人，消灭敌人”。用于战前动员，或战后庆功，都具有很强的战地实用功能，与“燕射歌辞”所谓宴飨宾客酬酢之辞显有不同。宋人郭茂倩且引《宋书·乐志》云：

> 列于殿庭者名“鼓吹”，今之从行鼓吹为“骑吹”，二曲异也。又孙权观魏武军，作鼓吹而还，此应是今之鼓吹。魏晋时，又假诸将帅及牙门曲盖鼓吹，斯则其时方谓之鼓吹也。

可知演奏方式、辞曲节奏，“从行鼓吹”都仿佛今人谓之“进行曲”，以辞句短促、造语激昂、音节铿锵、合辙押韵、朗朗上口见长。也因战役不同，缘事而作，以发挥“风敌劝士”的功效。王粲《汉末英雄记》曾言：

建安中，曹操于南皮攻袁谭，斩之。操作鼓吹，自称万岁，于马上舞。

即此之类。

因为沈约的记载，一般认为《吴鼓吹曲》的作者是韦昭（204 ~ 273）。萧涤非《汉魏六朝乐府文学史》十分肯定地说：“沈约《宋书》云韦昭、孙休世上《鼓吹铙歌》十二曲，其言盖绝可信也。”[38]并径以晚出之《晋书·乐志》谓“汉时有《短箫铙歌》之乐，列于鼓吹，多叙战阵之事，及魏受命，改其十二曲，使缪袭为词，述以功德代汉。……是时，吴亦使韦昭制十二曲名，以述功德受命”的叙述有误，盖缘曹丕登基与孙休嗣统前后相差三十八年，所以应以曹丕代汉时《策孙权文》有“君化民以德，礼乐兴行，是用锡君轩悬之乐”等语，作为吴仿魏制乐之始。此说甚是。惟萧著泥于沈说，斤斤以韦昭年纪立论，忽略了曹丕代汉以前，吴人既已鼓吹，究竟该用何辞的问题。

萧涤非曾勾稽吴典籍载记中有关“鼓吹”的历史，最早是建安四年孙策周瑜步袭皖城“得（袁）术百工及鼓吹”，自后凡有战斗，时或用之。如相持于淮时，“权数挑战，（曹）公坚守不出，权乃自来，乘轻舟从濡须口入公军，行五六里，回还作鼓吹”，[39]设问当时鼓吹何辞？甘宁百骑斫营，“北军惊骇鼓噪，举火如星。宁已还入营，作鼓吹，称万岁”，当时鼓吹，又作何辞？盖辞因曲而扬，曲缘辞而新，所以曲辞更新，代有作者。如果把韦昭作为《吴鼓吹曲》最后校订和规范者，而各曲之辞初或有出于众手者，或者更为客观。

萧著列明了汉、魏、吴鼓吹辞曲的对应关系，参见下表：

	汉 鼓吹旧名	魏 缪袭改名	吴 韦昭改名		汉 鼓吹旧名	魏 缪袭改名	吴 韦昭改名
1	朱鹭	楚之平	炎精缺	10	君马黄		
2	思悲翁	战荥阳	汉之季	11	芳树	邕熙	承天命
3	艾如张	获吕布	摅武师	12	有所思	应帝期	顺历数

	汉 鼓吹旧名	魏 缪袭改名	吴 韦昭改名		汉 鼓吹旧名	魏 缪袭改名	吴 韦昭改名
4	上之回	克官渡	伐乌林	13	雉子班		
5	雍离	旧邦	秋风	14	圣人出		
6	战城南	定武功	克皖城	15	上邪	太和	玄化
7	巫山高	屠柳城	关背德	16	临高台		
8	上陵	平南荆	通荆门	17	远如期		
9	将进酒	平关中	章洪德	18	石留		

萧且以为韦昭模仿缪袭之作，至有亦步亦趋者，如《通荆门》全袭《平南荆》，此类共有四首。我以为其实这是“依声填词”之必然，或者正说明乃韦昭后来的规范之作。但是《关背德》与《屠柳城》却差别甚大。《屠柳城》[40]辞云：

屠柳城，功诚难。
越度陇塞，路漫漫。
北逾平冈，但闻悲风正酸。
蹋顿授首，遂登北狼山。
神武慹海外，永无北顾患。

无论形式、情思、遣词造句，怎么看它与《关背德》都不像一个模子里出来的。窃以为《关背德》之类，并非韦昭为孙休登基所作，而是当时战争胜利庆功之实时“鼓吹”。

郭茂倩《鼓吹辞一》案语据《宋书·乐志》，曾连引《周礼·大司乐》“王师大献，则令奏恺乐”、《大司马》曰“师有功，则恺乐献于社”、郑康成云“兵乐曰恺，献功之乐也”、《春秋》曰“晋文公败楚于城濮”、《左传》曰“振旅恺以入”、《司马法》曰“得意则恺乐，恺歌以示喜也”以上诸说，皆可证明鼓吹辞是当时献功报喜之乐。

袭取荆州，擒杀关羽后，吴之君臣喜不自胜，相当张扬。并一再设宴大会，鼓乐欢歌。《吴书·虞翻传》：

> 魏将于禁为羽所获，系在城中，权至释之，请与相见。他日，权乘马出，引于禁并行，（虞）翻呵禁曰："尔俘虏，何敢与吾君齐马首乎！"欲抗鞭击禁，权呵止之。后权于楼船会群臣饮，禁闻乐流涕，翻又曰："如欲以伪求免邪？"权怅然不平。[41]

虞翻之纠缠反复，实为"双重"胜利者的得意骄人。类似的"乘马并行""会群臣饮"当然不止一次。《吴书·吕蒙传》注引吴人《江表传》云：

> 权于公安大会，吕蒙以疾辞，权笑曰："禽羽之功，子明谋也。今大功已捷，庆赏未行，岂邑邑（笔者案：通'悒悒'，不乐貌）耶？"乃增给步骑鼓吹，敕选虎威将军官属，并南郡、庐江二郡威仪。拜毕还营，兵马导从，前后鼓吹，光耀于路。

请注意孙权此时所言，已与《关背德》曲辞略同，不谓偶然。也是擒杀关羽以后喜不自禁，误解了吕蒙其实并不愿意夸功张扬的本意。设问其时二郡威仪，兵马导从，增给步骑，"前后鼓吹，光耀于路"者，得非歌呼《关背德》耶？曲辞特表"圣主睿德，亲任吕蒙"，且"历抚公安城，大据郢都"云云，正类《宋书·乐志》举孙权事例为证的"今之鼓吹"，宜其为班师奏凯之"当时"演吹之曲也。

愿举一例，以助类推。魏鼓吹辞中有《平南荆》一首，其辞云：

> 南荆何辽辽，江汉浊不清。
> 菁茅久不贡，王师赫南征。
> 刘琮据襄阳，贼备屯樊城。
> 六军庐新野，金鼓震天庭。
> 刘子面缚至，武皇许其成。
> 许与其成，抚其民。
> 陶陶江汉间，普为大魏臣。
> 大魏臣，向风思自新。
> 思自新，齐功古人。
> 在昔虞与唐，大魏得与均。
> 多选忠义士，为喉唇。

天下一定，万世无风尘。

注引《晋书·乐志》曰："改汉《上陵》为《平南荆》，言曹公南平荆州也。"笔者以为此辞恰好证明了鼓吹之辞有当时而歌者，否则以曹操后来大败于赤壁，丢失了荆州，而待曹丕登基奏乐之时，还得出此大言乎？惟曲中"大魏"之称，或为《晋书》矫饰之辞，盖缘曹操征荆州时，仍为"大汉"之相，不当称"大魏"，其理至明。如是，岂有"挟天子以令诸侯"之事乎？特别值得注意的是，在这首有关赤壁之战的歌辞中，明白无误地把刘备视为劲敌，却丝毫没有提及后来斤斤于荆州主权的孙权君臣。不仅此也，《三国志·魏书·武帝纪》也说：

十二月，孙权为备攻合肥。公自江陵征备，至巴丘，遣张憙救合肥。权闻憙至，乃走。公至赤壁，与备战，不利。于是大疫，吏士多死者，乃引军还。备遂有荆州、江南诸郡。

《蜀书·先主传》则言：

曹公以江陵有军实，恐先主据之，乃释辎重，轻军到襄阳。闻先主已过，曹公将精骑五千急追之，一日一夜行三百余里，及于当阳之长阪。先主弃妻子，与诸葛亮、张飞、赵云等数十骑走，曹公大获其人众辎重。先主斜趋汉津，适与羽船会，得济沔，遇表长子江夏太守琦众万余人，与俱到夏口。先主遣诸葛亮自结于孙权，权遣周瑜、程普等水军数万，与先主并力，与曹公战于赤壁，大破之，焚其舟船。先主与吴军水陆并进，追到南郡，时又疾疫，北军多死，曹公引归。

都证实曹操"平南荆"，是以刘备而非孙权为敌人的。以此观之，魏鼓吹辞《平南荆》，也许是有关当时曹氏对荆州归属问题看法的一个重要佐证。

由于学术界长期将"吴鼓吹曲"误为"民歌"，又带来另一个问题，即荆州民心所向，究竟在刘，还是在孙？这直接涉及关羽日后在荆州成神的民意基础，不得不辨。

《吴书·吴主传》载黄武元年（222）彝陵战前：

刘备帅军来伐，至巫山、秭归，使使诱导武陵蛮夷，假与印传，许之封赏，于是诸县及五溪民皆反为蜀。

这样的空头支票，其实孙权亦可为之。且新拓之疆，封赏宜更厚重，以安人心而定边土。[42]为什么“诸县及五溪民”犹且反之？可知人心向背，尚未在吴。孙权后来亦见尴尬：

时扬越蛮夷多年未平集，内难未弭，故权卑词上书（曹丕），求自改厉，“若罪在难除，必不见置，当奉还土地民人，乞寄命交州，以终余年。”

同年孙刘和好，交换使者，孙权与蜀使邓芝语，亦云：

山民作乱，江边守兵多彻，虑曹丕乘空弄态，而反求和。[43]

荆州易手，民乱未止，“武溪蛮夷叛乱盘结”。最后孙权依靠关羽部之降将潘濬，才在黄龙三年（231）略为平息。[44]可见原因不在于刘蜀是否“假与印传，许之封赏”。《通荆门》曲及注所谓“蛮夷阻其险，历世怀不宾”，“戎蛮乐乱，生变作患”，亦当于此处寻求脚注。

其实吴人一直在怨恨蛮夷不愿“宾服”的问题，岂但西部新征之武溪蛮夷，连东部旧据之所，也一直为“山越恃阻，不宾历世”所困扰，故有“皇帝赫然，命将西征。神策内授，武师外震”之语，[45]措辞与《通荆门》颇有相似。事实上，当三国面临各自的少数民族问题时，蜀以和抚为主，兼有征讨；魏则以征剿为主，兼有和抚；吴的政策则乏善可陈，惟对境内百越及岛夷人或掳掠征剿，或驱之为兵。自孙策建安元年（196）初据江东，即开始“征讨”山越，直到嘉禾六年（237）薛综赞颂诸葛恪征山越功绩，犹言“元恶既枭，种党归义，荡涤山薮，献戎十万。野无遗寇，邑罔残奸。既扫凶慝，又充军用。藜莜稂秀，化为善草。魑魅魍魉，更成虎士”等语，无非铺张顾徽当年在曹操面前的大言而已。亦可知“荡涤幽薮”云云为吴大言套语，而“白蛮来同”“荒裔望化”的盛景，则实难见于《吴书》矣。[46]

又南朝乐府向分“吴歌”“西曲”两体，《宋书·乐志》曰：“吴歌杂曲，并出江东，晋宋以来，稍有增广。”同为《乐府诗集》记载之《吴孙皓初童谣》“宁饮建业水，不食武昌鱼。宁还建业死，不止武昌居”，原出自《三国志·吴书》陆凯上孙皓疏，就以整齐的五言诗行被学者列为吴歌。《乐府诗集》引《古今乐录》说：

“西曲”歌出于荆、郢、樊、邓之间，而其声接送和则与吴歌亦异，故以其方俗而谓之“西曲”云。

请注意“荆郢樊邓之间”，正是当时关羽、曹仁、吕蒙相互征伐之战略要地。孙权坐起江东，自称为“吴”，但两曲之“声接送和”及遣词用语，均与吴歌判然有别，或者也是《关背德》与魏乐《屠柳城》差别甚大的原因。

按荆州战前孙权就从建业迁都武昌，悍将甘宁本为荆州渠帅，曾献计先取黄祖，“一破祖兵，鼓行而西，西据楚关，大势弥广，即可渐窥巴蜀。”[47]正与两曲主旨相似。甘宁亦曾在益阳率部抗拒关羽，虽未及身临荆州之战，但是与刘备集团先争荆州，后据巴蜀，割据江南，南北对峙之心早已有之了。所谓“关背德”，“关羽自失之衍”等等，都不过是粉饰之言罢了。

三国俱往矣。无论当年曾有什么样的恩怨纠结，又有多少笔之于史、喧腾于口的动听辞藻，但以各自宣示的战略目标而论，刘备、关羽据荆州不过十一年（208 ~ 219），即能偏师北伐，威震中原；而吴拥有荆州凡六十一年（219 ~ 280），却始终未以荆州为基地，建立北进中原的尺寸之功，这就是围绕“争荆州，禽关羽”话题的历史大结局。

钱锺书《管锥编》谈及江淹《恨赋》时，尝举陶元藻《泊鸥山房集》言：

> 所谓恨者，必人宜获吉而反受其殃，事应有成而竟遭其败，衔冤抱愤，为天下古今所共惜，非揣摩一人之私，遂其欲则忻忻，不遂其意则怏怏也。

“评甚中肯”。[48]其实后世文士代关羽之“恨”，亦是因为其北伐不成，反受偷袭，兵败身亡；而刘蜀兴复汉室之努力亦因之功败垂成，毁于一旦。此于中国历史走向关系甚大，也因此建立了“不以成败论英雄”，超越“成则王侯败则贼”之功利性评价体系的根本出发点，而非关羽一己之欲，一人之私所可道尽也。

古代历史假文字而得传，亦因文字为言辞涂饰之胭脂。拂去尘埃，“沧海遗珠”亦不过眩目一闪。历史谎言，古人是非，俱已往矣。惟文辞名实之辩，还作为或者仅仅作为文学或语义学的话题，令今人摩挲玩味。“征名逐实”，还是“征实正名”？这也许更像一个哈姆雷特（Hamlet）式的提问。但无论如何，这批淹没已久的汉魏吴晋的乐府“鼓吹曲”，作为第一手历史文献，都应该进入三国历史及其“演义”研究者的视野。

裴松之注中的关羽神迹

后世所以奉关羽为神，论者咸以为是《三国志演义》神化的结果。但既承认《三国志演义》为据史而撰，“七实三虚”，则《三国志》历史记载中究竟有没有支持其后世神化的“原点”，使关羽形象能够在三国诸雄中脱颖而出？值得探究。

其实早在裴注所引关羽的载记故事中，已混入了神异之迹。最重要的是在陈《志》描述关羽父子之死，裴松之所引的三条：

（一）《吴历》：

权送羽首于曹公，以诸侯礼葬其尸骸。

则关羽死后首身分离。在上古神话中，炎帝系的蚩尤、刑天，俱为战死而身首异处之神。宋人罗泌《路史·后纪四·蚩尤传》：

（黄帝）传战执尤于中冀而诛之，爰谓之“解”。[49]

殊，古意为肢解。据说即为关羽故里“解州”得名之由来。孙冯翼辑《皇览·冢墓记》：

传言黄帝与蚩尤战于涿鹿之野，黄帝杀之，身体异处，故别葬之。

后世祀为神。《史记·高祖本纪》叙刘邦起兵时“祀黄帝，祭蚩尤于沛庭”，沛正为楚地。《述异记》谓“汉武时，太原有蚩尤神昼见……其俗遂为立祠。”[50]

又《山海经·海外西经》：

刑天与帝争神，帝断其首，葬之常羊之山，乃以乳为目，以脐为口，操干戚以舞。

陶渊明《读山海经》赞其“猛志固常在”。按陶本为天师道中人，陈寅恪已于《陶渊明之思想与清谈之关系》中证言之，且云：

其读《山海经诗》云：“泛览周王传，流观山海图。”盖《穆天子传》《山海经》俱属道家秘籍。[51]

鲁迅《中国小说史略》亦言《山海经》“所载之祠神多用糈，与巫术合，盖古之巫书也。”[52]可见此二神在楚地及天师道民间信仰中，亦具“战神”

之功能，而关羽之武勇及结局庶几近之，或即乡人崇祀之一由也。《三国志演义》突出关羽的勇烈之气，即取此义。

（二）《蜀记》：

羽初出军围樊，梦猪啮其足，语子平曰："吾今年衰矣，然不得还。"

当时人对恶梦所兆是很认真的，还有专门官吏司职占梦。如《三国志·蜀书·蒋琬传》提及蒋梦牛头流血，"意甚恶之"，占梦赵直曰："夫见血者，事分明也；牛角及鼻，'公'字之象，君位必当至公。"钱锺书在《管锥编》中曾经讨论到《周礼·春官·占梦》中"梦有六候"之说，并举《列子》《潜夫论》和《世说新语》诸书有关记叙谈及"梦"的形成有"想""因"两由：

> 盖心中之情欲、忆念，概得曰"想"，则体中之感觉受触，可名为"因"。当世西方治心理者所谓"愿望满足"（eine Wunscher füllung）及"白昼遗留之心印"（Traumtag die Tagesreste），想之属也；所谓"睡眠时之五官刺激"（die Sinnesreize），因之属也。《大智度论·解了诸法释论》第一二："梦有五种：若身中不调，若热气多，则多梦见火、见黄、见赤，若冷气多，则多梦见水、见白，若风气多，则多梦见飞、见黑；又复所闻、见事，多思惟念故，则梦见。或天与梦，与令知未来事。""身中不调"，即"因"；"闻、见、思惟"，即"想"。[53]

并批评张湛所言《周礼》"六梦"之义"理无妄然"之语是"漫浪之谈"，《庄子·齐物论》言"梦饮酒者旦而哭泣，梦哭泣者旦而田猎"之说为"预言先几之迷信，等梦于巫卜"。[54]以现代心理学观念视之，诚然有理。但在巫风中恶梦是有特殊不祥含义的，以至云梦秦简《日书》中还载有专门禁治恶梦的咒语。这里称的"矜錡"是一种专食恶梦的神灵伯奇：

> 皋！敢告尔矜錡，某有恶梦，走归矜錡之所，矜錡歙强食，赐某大福：非钱乃布，非茧乃絮。

早期道教信徒亦认为恶梦需要禳解之法。《太平经》卷一三七云："昼为阳，人魂常并居；冥为阴，魂神争行为梦，想失其形，分为两，至于死亡。"以钱氏列举《大智度论》所言，则佛教初传，也相信梦能"与令知未来事"，亦为预言之一法。"梦示"在历代"关羽显圣"传说中占有重要地位。隋唐佛教在其本土化过程中，也常常托言梦中所见所闻，宣示神异之迹。

至今山西解州关帝庙主殿东向第一柱石雕上，工匠犹雕刻“龙爪握猪”，当为后世对于“猪啮其足”之说的克相。

解州关帝庙石雕“龙爪握猪”

（三）《江表传》：

羽好《左氏传》，讽诵略皆上口。

按汉代本为方术盛行之时，经学与方术结合，便出现了阴阳家与儒家的结合物，正如《汉书》所云：

汉兴，推阴阳、言灾异者，孝、武时有董仲舒、夏侯始昌；昭、宣则眭孟、夏侯胜；元、成则京房、翼奉、刘向、谷永；哀、平则李寻、田终术，此其纳说时君著名者也。

董仲舒的《春秋繁露》首开先河，汉儒纷纷强调“微言大义”和“纬候足征”，将《春秋》学引至神秘主义，出现了近人皮锡瑞所云“以《禹贡》治河，以《洪范》察变，以《春秋》决狱，以‘三百五篇’当谏书”[55]的现象。刘歆解经独尊《左氏传》，与《公》《谷》对立，这实际涉及汉代今古文经学之争的一段公案。为后人解经时左右逢源大开了方便法门。后世儒家崇奉关羽者，或尚其知“春秋大义”，或推其能神明断案，以至后世关庙一定要建“春秋殿”，“春秋亭”，塑关羽读《春秋》像，求解“关帝灵签”，其源盖出于此十一字。

今有“品三国”者，动辄以“陈《志》裴注”为信史，却不知纪昀《四库全书总目提要·三国志》，已批评裴松之注有“嗜奇爱博，颇伤芜杂”之病，如引《搜神记》注《袁绍传》之胡母班，《锺繇传》引陆氏《异林》载繇与鬼妇狎昵等事，“凿空语怪”，“深于史法有碍，殊为瑕类”。如果考虑到南北朝正是中国“志人”“志怪”，或者人怪兼“志”盛行的时代，就可以理解裴松之何以添注这些内容了。

顺便论及一个历史细节，自从曹魏时创立“九品中正”选官制度，“家世阀阅”包括“郡望”，成为士大夫家族的重要资源。东晋南迁，尤重于此，因而形成《晋书·刘毅传》所谓“上品无寒门，下品无势族”的现象。而裴松之家族本出关羽乡里，《宋书·裴松之传》载：

河东闻喜人也。祖昧，光禄大夫。父珪，正员外郎。

据《新唐书·宰相世系一》，“裴氏出自风姓”，周孝王使非子养马蕃息，封其支孙于乡，“六世孙陵，当周僖王时封为解邑君，乃去‘邑’从‘衣’为裴。”裴陵九世孙从汉光武平陇、蜀，“徙居河东安邑。安、顺之际徙闻喜。”河东裴氏虽以闻喜著姓，但因与解州、安邑两大盐池关系匪浅，故亦着郡望，如其中一支“自河西归桑梓，居解县洗马川，号‘洗马裴’”然。可谓与唐王朝共相始终，故新、旧《唐书》均将其列为“宰相世家”之首。《新唐书·宰相世家》载裴氏一支曾仕南朝，裴邕居襄阳，其子裴顺宗为南齐兖州刺史，五子蒨之、芬之、简之、英之、蔼之。“初归北，号‘南来吴裴’”。松之很可能与其同族。[56]如是，则中唐相继褒扬蜀汉将相的名相裴度（东眷）、裴均（中眷），亦与裴松之同出一氏。虽不无戮力王室，自勉自寓之意，但也标示着这一时代价值评判的趋向。

又据《唐书·食货志》，中唐裴均任度支尚书时曾主持河东盐池池务，惩鉴于盐务之职转繁剧：

安邑、解县两池，旧置榷盐使，仍各别置院官。元和三年七月，复以安邑、解县两池留后为榷盐使。

则涉及他在当阳任职期间复修玉泉寺关羽祠庙的背景。后文再论。

“威震华夏”

如果进一步追究，则不仅南朝裴松之添注，连西晋陈寿《志》传中也埋伏有“关羽成神”的基因。

《三国志·蜀书》中的《关羽传》不过九百多字，令人留下深刻印象的是他过人的勇武。如“羽望见（颜）良麾盖，策马刺良于万众之中，斩其首还，绍诸将莫能当者”；如“羽尝为流矢所中，贯其左臂……羽便伸臂令医劈之。时羽适请诸将饮食相对，臂血流离，盈于盘器，而羽割炙引酒，言笑自如”；如“羽率众攻曹仁于樊……禁降羽，羽又斩将军庞德。梁郏、陆浑群盗或遥受羽印号，为之支党。羽威震华夏，曹公议徙许都以避其锋”，等等。甚至说张飞的“威猛雄壮”还“亚于关羽”。论者往往以陈寿对关羽有所批评，便以为评价不高。其实整个二十五史里古今名将多矣，但惟有《关羽传》中赫然有“威震华夏”四字考评，实已道尽其于当时的声威影响。这与前此之《汉书·霍光传》“威震海内……四裔宾服”，或同书《吴主传》引孙权嘉禾二年诏书自谓“威震遐方”，后此之《后汉书·寇恂传》言其“威震邻敌”等等，都明显不同，足以流千秋而传万代。

此外，陈《志》及裴注中，亦每以“关、张”并称，这在魏晋以后的武人中间显然发生了影响。赵翼《廿二史札记》卷七《关、张之勇》条说：

> 汉以后称勇者，必推关、张。其说见二公本传者：袁绍遣颜良攻刘延于白马，曹操使张辽、关羽救延，羽望见良麾盖，即策马刺良于万人之中，斩其首还，绍将莫能当者。当阳之役，先主弃妻子走，使张飞以二十骑拒后，飞据水断桥，瞋目横矛，曰：“身是张翼德也，可来共决死！”敌皆无敢近者。二公之勇，见于传记者止此，而当其时，无有不震其威名者。魏程昱曰：“刘备有英名，关羽、张飞皆万人之敌。”（《魏志·昱传》）刘晔劝曹操乘取汉中之势进取蜀，曰：“若小缓之，诸葛亮明于治国为相，关羽、张飞勇冠三军而为将，则不可犯也。”（《魏志·晔传》）此魏人服其勇也。周瑜密疏孙权曰：“刘备以枭雄之姿，而有关羽、张飞熊虎之将，必非久屈为人用者。”（《吴志·瑜传》）此吴人服其勇也。不特此也，晋刘遐每击贼，陷坚摧锋，冀方比之关羽、张飞。（《晋书·遐传》）苻秦遣阎负、梁殊使于张玄靓，夸其本国将帅：“有王飞、邓羌者，关、张之流，万人之敌。”秃发傉檀求人才于宋敞，敞曰：“梁崧、赵昌，功同飞、羽。”李庠膂力过人，赵廞器之曰：“李玄序，一时之关、张也。”（皆《晋书》载记）宋薛彤、高进之并有勇力，时人以比关羽、张飞。（《宋书·檀道济传》）鲁爽反，沈庆之使薛安都攻之，安都望见爽，即跃马大呼直刺之，应手而倒，时人谓关羽之斩颜良不是过也。（《南史·安都

> 传》）齐垣历生拳勇独出，时人以比关羽、张飞。（《南史·文惠太子传》）魏杨大眼骁果，世以为关、张弗之过也。（《魏书·大眼传》）崔延伯讨莫折念生，既胜，萧宝夤曰：“崔公，古之关、张也。”（《魏书·延伯传》）陈吴明彻北伐高齐，尉破胡等十万人来拒，有西域人矢无虚发，明彻谓萧摩诃曰：“若殪此胡则彼军夺气，君有关、张之名，可斩颜良矣！”摩诃即出阵，掷铣杀之。（《陈书·摩诃传》）以上皆见于各史者。可见二公之名，不惟同时之人望而畏之，身后数百年，亦无人不震而惊之。威声所垂，至今不朽；天生神勇，固不虚也。[57]

赵翼虽然以乾嘉史学的严谨著称，但毕竟生活在关羽已被乾隆皇帝御口钦封为“忠义神武灵佑关圣大帝”的时代。此外，北魏拓跋宏《与曹虎书》中，也言“卿进无陈平归汉之智，退阙关羽殉节之忠”，[58]也肯定了关羽守护荆州，至少令主上相信会尽忠守节，绝无背叛之虞。

魏晋南北朝间关于关、张以至诸葛亮这些蜀汉名臣的夸赞之词如此之多，也有其政治上的原因。晋虽混一宇内，但蜀汉之影响并未因此消失。如西晋“八王之乱”后，十六国中即有巴氐人李特之侄李寿在成都称帝，迳改“成汉”国号为“汉”；荆襄张昌率巴蜀流民起事，亦推山都县吏丘沈为天子，改名刘尼，冒称汉后；就连北匈奴之刘渊立国，也以汉称，理由是“昔王先人，与汉约为兄弟，忧泰同之”。[59]可见“尊汉室以为正统”的观念，在当时也并未消失，尤其是益、荆一带。又《晋书》尝称刘渊：

> 姿仪魁伟，身长八尺四寸，须长三尺余，当心有赤毫毛三根，长三尺六寸。

有论者径以为这是摹仿《三国志》对于关羽的描写。[60]其实陈寿《志》传中并没有这么具体，不过是后人依据诸葛亮书信中称为“髯公飘逸绝伦”，而为之想象出来的。

荆州城隍神

南北朝时，荆州所处长江中游的战略位置凸显。北朝欲南下，即效法西晋之“王浚楼台下益州”，自荆州顺流而下；南朝欲北伐，则师法《隆中对》“一旦天下有变，则命一上将，将荆州之军以向宛、洛”。故其于北齐、南梁时，一度战事连绵。《北齐书》卷二十《慕容俨传》云：

> 天保初，除开府仪同三司。六年，梁司徒陆法和、仪同宋蒨等率其部下以郢州城内附。时清河王岳帅师江上，乃集诸军议曰：“城在江外，人情尚梗，必须才略兼济，忠勇过人，可受此寄耳。”众咸共推俨。岳以为然，遂遣镇郢城。始入，便为梁大都督侯瑱、任约率水陆军奄至城下。俨随方御备，瑱等不能克。又于上流鹦鹉洲上造荻洪竟数里，以塞船路。人信阻绝，城守孤悬，众情危惧，俨导以忠义，又悦以安之。城中先有神祠一所，俗号城隍神，公私每有祈祷。于是顺士卒之心，乃相率祈请，冀获冥佑。须臾，冲风欻起，惊涛涌激，漂断荻洪。约复以铁锁连治，防御弥切。俨还共祈请，风浪夜惊，复以断绝，如此者再三。城人大喜，以为神功。（着重号为笔者所加）

则齐军战前确曾祷神。又《北齐书》卷三十二：

> 景遣将任约击梁湘东王于江陵，法和乃诣湘东乞征约，召诸蛮弟子八百人在江津，二日便发。湘东遣胡僧佑领千余人与同行。法和登舰大笑曰：“无量兵马。”江陵多神祠，人俗恒所祈祷，自法和军出，无复一验，人以为神皆从行故也。（着重号为笔者所加）

也有众神皆助陆法和之说。台湾大学洪淑苓教授曾据明人《关帝灵迹征信编》，述陆法和诣湘东王萧绎乞讨叛将侯景、任约，梁兵能步行水上，且终于水下擒获任约，人以为神灵从行故也。[61]则为后世附会关羽北上襄樊，“水淹七军”，擒获于禁、庞德之说，在传说学上另有意义。

值得注意的是，这两则记载里都说到“江陵神祠”有神灵护佑城池，其中一则还明确提到“城隍神”，且两事均发生于关羽当年戍守之江陵旧营。则他们虔敬祈祷之神灵，究竟是渺无踪迹之虚幻之象，还是确为人格之神？值得探考。

现存最早“关羽显圣”的记载，见于唐德宗贞元十八年（802）董侹《荆南节度使江陵尹裴公重修玉泉关庙记》，其中提及：

> 昔陆法和假神以虞任约，梁宣帝资神以拒王琳，聆其故实，安可诬也。至今缁黄入寺，若严官在傍，无敢亵渎。[62]

其中已经以陆法和、任约之战为例，证实荆州城的护佑神灵确为关羽。此后梁宣帝萧詧挟西魏兵力占据荆州，王琳志图匡复，失败归齐，均为荆州得失的战事。《北梦琐言》言：

葆光子读《北史》，见陆法和在梁时，将兵拒侯景将任约于江上，曰："彼龙睡不动，吾军之龙，甚自踊跃。"遂击之，大败，而擒任约。是则军阵之上，龙必先斗。

作者孙光宪为唐末五代时荆南人士，稍晚于董侹。董"聆其故实"之说，或者近此。结合前引赵翼缕述南北朝诸将崇敬关、张之勇的情况，董文叙此所"假"所"资"之神，应为江陵之"城隍神"，或即关羽。关羽所以在荆州被乡人祭祀，应源于楚地巫风与巴人信奉之原始道教的结合。王逸《九歌序》称："昔楚南郢之邑，沅湘之间，其俗信鬼而好祠。"《汉书·地理志》亦载楚人"信巫鬼，重淫祠"。《后汉书·西南夷传》则谓"俗好巫鬼禁忌"。直至隋代，其习犹故，《隋书·地理志》载："大抵荆州率敬鬼，尤重祠祀之事。昔屈原为制《九歌》，盖为此也。"此外楚人淫祀之滥也于史有名。如《荆楚岁时记》载迎厕神紫姑、祭江神屈原、涛神伍子胥、灶神祝融等。《宋书·孔季恭传》、《齐书》之《李安民传》和《萧惠基传》、《梁书·萧琛传》均提及吴兴郡有项羽神，俗谓甚灵验。连无功无德的无名小卒也可轻易成神，如《搜神记》卷五提到的汉末秣陵尉蒋子文本为"嗜酒好色，佻挞无度"之徒，"逐贼至锺山下，贼击伤额，因解绶缚之，有顷遂死。"后托名"此土地神"，自孙权始封侯。钱锺书曾谓蒋之显神，有若"饿鬼赶嘴行径"，并发挥说：

盖神犹人，然齿爵渐尊，德望与以俱高，至其少日营生，却每不可道；子文之神在晋尚如汉高微时之无赖不治产业，下迨齐梁，封"王"号"帝"，位逾贵而行亦逾端矣。[63]

可知此公并不能发挥道德激励的作用。而关羽"威震华夏"，"忠勇过人"兼而有之，足以鼓舞士气，何况早有神异之说呢？此其一也。

第二是荆州的民心倾向尚未在吴。

前述《宋书·乐志》所载描述蜀、吴重结盟好情态之《吴鼓吹曲·通荆门》曲及注中屡屡谈及"蛮夷阻其险，历世怀不宾"，"戎蛮乐乱，生变作患"，亦当于此处寻求脚注。

第三是关羽最初显圣有“此祠鬼助土木之功而成”的说法，[64]而“驱役鬼物”正是天师道的拿手本领。《后汉书·张鲁传》：

得咒鬼之术书，为之，遂解使鬼法。

《晋书》卷八十《王羲之传》：

王氏世事张氏五斗米教，凝之弥笃。孙恩之攻会稽，寮佐请为之备，凝之不从。方入靖室请祷，出而语诸将曰：“吾已请大道，许鬼兵相助，贼自破矣。”既不设备，遂为孙恩所害。

《宋书》卷九九《二凶传》云：

上（文帝）时务在本业，劝农耕桑，使宫内皆蚕，欲以讽励天下。有女巫严道育，本吴兴人，自言通灵，能役使鬼物。

曹魏曾对祠祀巫祝悬有厉禁。《三国志》卷二九《华佗传》引曹植《辩道论》中，有“诚恐斯人之徒，接奸宄以欺众，行妖匿以惑民”，“自家王与太子及兄弟咸以为调笑，不信之矣”之语。同传引曹丕《典论》，亦有“刘向惑于鸿宝之说，君游眩于子政之言，古今愚谬，岂惟一人哉”的说法。《续高僧传》卷二三〇《释僧勔传》引曹丕黄初三年诏，也斥“汉桓帝不师圣法，正以嬖臣而事老子，欲以求福，良足笑也。”“恐小人谓此为神，妄往祷祝，违犯常禁，宜宣告吏民，咸使知闻。”《三国志》卷二《文帝纪》黄初五年（224）十二月诏云：

叔世衰乱，崇信巫史，至乃宫殿之内，户牖之间，无不沃酹，甚矣其惑也。自今其敢设非祀之祭，巫祝之言，皆以左道论，着于令典。

这显然是针对黄巾起义影响仍在而设立的，但与巴氐人信奉显然有悖，南北朝移民则又加剧了这种趋向。《宋书·诸志总序》云：

魏晋以来，迁徙百计。一郡分为四五，一县割成两三。或昨荆、豫，今隶司、兖；朝为零、桂之士，夕为庐、九之民。去来纷扰，无暂止息。

《魏书》卷九六《李雄传》：

賨李雄，字仲俊，盖廪君之苗裔也……祖慕，位东羌猎将。慕有五子：辅、特、庠、流、骧。晋惠时，关西扰乱，频岁大饥，特兄弟率流民数万家就谷汉中，遂入巴蜀。

蜀人崇敬诸葛亮，故李雄入蜀后首建武侯祠于成都。或者也有信仰方面的原因。后其分散徙居，直入荆楚，对蜀汉之同情亦带至其地。[65]信仰也一直延续下来。《陈书》卷一三《徐世谱传》：

徐世谱，字兴宗，巴东鱼腹人也。世居荆州，为主帅，征伐蛮、蜒。至世谱，尤敢勇有膂力，善水战。梁元帝之为荆州刺史，世谱将领乡人事焉……江陵陷没，世谱东下依侯瑱。

陈寅恪认为“侯瑱本巴地酋豪，徐世谱源出巴东，殆即所谓巴族。”[66]此时巴人已为荆州世族。又《蜀书·先主传》云：刘备往依刘表时，“荆州豪杰归先主者日多”。今见《蜀书》列传中的董和、霍峻、孔方为南郡人，蒋琬、刘巴为零陵人，马氏五常及杨仪、向朗、向宠、廖化为襄阳人，廖立为武陵临沅人，费祎为江夏人，都是刘备集团的骨干人物。则荆州士族虽附孙吴，而心存蜀汉，也是可能的。

按“城隍”本来是与“土地”相对应的概念。《周易》已有“城复于隍，勿用师”之语，《说文》解谓“城，以盛民也”，“隍，城池也。有水曰池，无水曰隍。”[67]“城隍”一词连用，则首见于东汉班固《两都赋序》：“京师修宫室，浚城隍。”唐代佛道两教盛行，城隍也开始成为泛神崇拜之一种。开元五年（717）张说首撰《祭城隍文》，其后张九龄、许远、韩愈、杜牧、李商隐等继之。李阳冰、段全纬、吕述等撰有《城隍庙记》，杜甫、羊士谔有《赛城隍诗》。《太平广记》卷三百三“宣州司户”条引《纪闻》称唐代“吴俗畏鬼，每州县必有城隍神”，以致“水旱疾疫必祷焉”。[68]五代十国时期，城隍神已有封号，宋代城隍神信仰已正式纳入国家祀典。《宋史·礼志八》载：

自开宝、皇祐以来，凡天下名在地志，功及生民，宫观陵庙，名山大川，能兴云雨者，并加崇饰，增入祀典。州县城隍，祷祈感应，封赐之多，不能尽录。

一般认为，城隍本无姓名，宋后则多以殉国而死的忠烈，封为本城城隍。最早记述如《宋史·苏缄传》：“缄殉节于邕州，交州人呼为苏城隍。”但据 2005 年 3 月 15 日《武汉晨报》报道，在荆州沙市城隍庙出土一尊北宋陶制关公像，为迄今为止发现的最早关公造像。陶像身披长袍，绣有一只衔着梅枝栩栩如生的白鹤，梅枝树叶纹理亦极清晰。应为早期道教色彩之关公。

如果此证不虚，则关羽当为最早的城隍人格神，而董侹所记可视为南北朝时有关“关公显圣”的最早传说。此刻荆州地方戍守军队，也可以视是第一个关公信仰的群体。

又唐代刘禹锡诗《自江陵沿流道公》尝言：

> 三千三百西江水，自古如今要路津。
> 月夜歌谣有渔父，风天气色属商人。
> 沙村好处多逢寺，山叶红时总觉春。
> 行到南朝征战地，古来名将尽为神。[69]

可知当时荆州不惟关羽立庙称神，其他名将奉为神灵者，亦所在多有。而楚中神灵传播之路线，亦由长江商道逶迤而东，渐至江淮。《宋会要辑稿》“蜀汉寿亭侯祠”及“关平祠”条言：

湖北沙市城隍庙宋代地基出土的关羽像
（摄于台湾宜兰礁溪协天庙关公图片展）

> 一在当阳县。哲宗绍圣二年五月赐额“显烈”；徽宗崇宁元年二月封忠惠公；大观二年进封武安王。一在东隅仇香寺。羽字云长，世传有此寺即有此祠，邑民疫疠必祷，寺僧以给食。
>
> 在荆门州当阳县景德玉泉院。蜀将关羽子平祠，崇宁元年赐额“昭贶”，仍封羽忠惠公。政和二年九月封平“武灵”。[70]

颇疑即为北宋城隍神封号。随着中晚唐“社会转型”，商品经济的发展，城市集散功能以及容纳居民的重要作用开始凸显出来，因而与原有信仰结合奉祀城隍之神，尤其在经济发展的江南地带更为普遍。城隍神开始成为城市通衢的保护神体系，这也涉及关羽神灵护佑一方的“制度性宗教”问题。后话另说。

“关公后裔”疑云

《三国志·关羽传》末尝言：

> 追谥羽曰壮缪侯。子兴嗣。兴字安国，少有令问，丞相诸葛亮深器异之。弱冠为侍中、中监军，数岁卒。子统嗣，尚公主，官至虎贲中郎将。卒，无子，以兴庶子彝续封。

但自裴松之注引《蜀记》说庞德之子庞会当时随锺会、邓艾伐蜀，蜀破，为报其父之仇，“尽灭关氏家”。遂成历史定谳。

隋唐五代是否流传过关羽后裔的故事传说，史无明载，不能妄断。但也不无痕迹，似未经人道及，故特拈出一说。

在中国国家图书馆所藏唐代碑志中，关氏墓志最早的为山西平定出土的东魏武定八年（550）之关胜墓碑（题为“魏故冀州刺史关宝颙诵德之碑文永记”），惟磨泐过甚，难以辨明。此后洛阳出土的开元二十九年（741）《关楚征墓志》，首题：“唐故宁远将军□领□□□州襄城府折冲上柱国关府君墓志铭并序”，不署撰人。其开首即言：

> 昔三国时蜀有名将曰羽，即公之族系。曾祖元敏，祖玄信，父思浑，并代推雄望，蔚为领袖。公讳楚征，陇西成纪人也。幼而孝闻，长乃特达。喜愠不色，穷通适时。[71]

此距邓艾灭蜀已近五百年，且不知何故拉扯到“陇西成纪”（今甘肃秦安东），令人生疑。但观其三世先祖“代推雄望”及本人事迹，或者还是南北朝武将中崇尚关羽“万人敌”的遗风所及。国图所藏墓志中，还有同样在洛阳出土的《大隋开皇九年岁次己酉十月辛酉朔廿五日乙酉故曜武将军虎贲内郎将关君（明）墓志铭》、贞观元年（627）《关道爱及妻管氏合葬志》、贞观二十三年（649）《关英墓志》、唐显庆五年（660）之《关预仁妻茹氏墓志》等，籍里都注记为“河东安邑人”，其中隋开皇九年（589）《关明墓志》还自叙“其先夏禹之苗胄，大丞相关龙逄（逢）之后”。[72]可知河东关氏此时已托祖夏桀诤臣关龙逄，俨然望族名门。关楚征以“陇西成纪人”而自称河东关羽后裔，说不定也是李唐王朝攀附郡望的一种风习。后世将关羽之祖系于关龙逄，应当与隋唐世族的此种习尚有关，但也悄悄开创了为关羽托祖名臣的后续传说。

如果注意到唐五代时关公崇拜还远未普及，这个现象提醒我们裴松之所引注语未必属实。至少关羽故事还另有“托为后裔”的流播渠道，并且一直延续到五代。著名的《千唐志斋》也收藏有一方碑志，叫作《（后）晋故陇西郡夫人关氏墓志铭并序》（936 ~ 946），其中说道：

> 陇西郡夫人关氏，即同州冯翊县人也。其先春秋时未详所出，蜀将镇国大将军、荆州都督羽之后也。因徙陇西，乃郡焉。远则龙逄（逄）逆鳞，次则云长战勇，其后代生俊哲，世不乏贤。具载简编，此不繁述。[73]

亦自称关羽后人，并已明确将夏臣关龙逄作为关羽先祖，在现存资料中尚属首见。盖缘“安史之乱”将曹魏“九品中正”以来的“门阀制度”扫荡殆尽后，中晚唐已不甚重视贵胄阀阅，何况五代之君、士大夫率出卒伍。但亦惟有率出卒伍，才偏好夸示华阀世家，不过多远托周汉支叶，不藉隋唐华胄。如五代前蜀主王建“许州舞阳人也。隆眉广颡，状貌伟然。少无赖，以屠牛、盗驴、贩私盐为事，里人谓之‘贼王八’。”但“虽起盗贼，而为人多智诈，善待士，故其僭号，所用皆唐名臣世族。”[74]其子王衍继为蜀主，却自称周室王子晋后。后汉刘知远“其先本沙陀部人也”，即位之后却自称东汉光武帝刘秀之后：“四代祖讳湍，帝有天下，追尊为明元皇帝，庙号文祖，陵曰懿陵。”注引《五代会要》：“湍为东汉显宗第八子淮阳王昞之后。”[75]后唐李克用本沙陀人，缘父国昌军功，赐国姓李，“少骁勇，军中号曰‘李鸦儿’。其一目眇，及其贵也，又号‘独眼龙’。其威名盖于代北。”[76]但在即位诏书中却处处以唐室自居，声言“朱温构逆，友贞嗣凶，篡杀二君，隳残九庙，虺毒久伤于宇宙，狼贪肆噬于华夷。剥丧元良，凌辱神主，帝里动黍离之叹，朝廷多栋桡之危。”[77]

这位关氏夫人正是李克用的亲家母。《碑志铭》复言：

> 郡夫人有女一人，男一人。女即唐明宗皇帝妃也。皇太妃九天仙态，都苞丽质之中；三洞灵仪，尽统元精之内。贞姿绝代，异贞倾城。夺越水之烟光，容超西子；比晋文之宠侍，美过南威。崆山之空说云飞，洛浦之虚闻散雨。加以智匡邦国，贤质宫阙，九重之注意备隆，万乘

之姿为斯托。及明宗晏驾，嗣帝承基，爰首膺礼册之文，宝贯古今之盛。今上自御宝历，圣泽频仍辉华。晋室之联姻□，耀唐书之史录。

文笔犹带唐人传奇韵致，连引典故，极力赞颂妃子之美丽高贵，俨然又是一个杨玉环，只可惜唐明宗却没有唐明皇那样高贵风雅：

明宗圣德和武钦孝皇帝，世本夷狄，无姓氏。父霓，为雁门部将，生子邈佶烈，以骑射事太祖，为人质厚寡言，执事恭谨，太祖养以为子，赐名嗣源。[78]

按关夫人嫁王氏，而李嗣源后宫情况则是：

明宗三后一妃：和武宪皇后曹氏生晋国公主；昭懿皇后夏氏生秦王从荣、愍帝；宣宪皇后魏氏，潞王从珂母也；淑妃王氏，许王从益之慈母也。曹氏、夏氏皆不见其世家。夏氏无封爵，明宗未即位前卒。明宗天成元年，封楚国夫人王氏为淑妃，追封夏氏晋国夫人。长兴元年，立淑妃为皇后，而夏氏所生二子皆已王，乃追册为皇后，谥曰昭懿。[79]

其中后来册为皇后的“淑妃王氏”即关夫人女。既与皇室联姻，须要自高门第，而“云长战勇，其后代生俊哲”居然成为堂皇理由，可知五代藩镇将帅武夫之间仍然以关羽之武勇引为骄傲。

注释：

[1] 辑入卢晓衡主编《关羽、关公和关圣》，中国社科文献出版社 2002 年 1 月出版。

[2]《蜀书·先主传》。又《吴书·孙破虏讨逆传》言孙坚四子：“策、权、翊、匡”。《嫔妃传》，权母吴氏“生四男一女”。又“吴主权步夫人，临淮淮阴人也……以美丽得幸于权，宠冠后庭。生二女：长曰鲁班，字大虎，前配周瑜子循，后配全琮；少曰鲁育，字小虎，前配朱据，后配刘纂。”则孙权之女俱有“虎”名，关羽不应独擅。

[3] 曹操为了结好孙策，曾经有个一揽子政策，其中重点就是结亲：“是时袁绍方强，而策并江东，曹公力未能逞，且欲抚之。乃以弟女配策小弟匡，又为子章

取贲女，皆礼辟策弟权、翊，又命扬州刺史严象举权茂才。”（《吴书·孙破虏讨逆传》）按孙贲为孙坚兄子，一度追随袁术，“值术僭号，署置百官。除贲九江太守。贲不就，弃妻孥还江南。”又孙策平定江南诸郡时，孙权年犹十五，可知这是一门娃娃亲，后果可知。

[4]《三国志·吴主传》。

[5]如北宋唐庚《三国杂事》卷一已认为此说含混：“汉时荆州之地为郡者七，刘表之殁，南阳入于中原，而荆州独有南郡、江夏、武陵、长沙、桂阳、零陵。备之南奔，刘琦以江夏从之，其后四郡相继归附，于是备有武陵、长沙、桂阳、零陵之地。曹仁既退，关羽、周瑜错处南郡，而备领荆州牧，居公安，则六郡之地，备已悉据之矣。其所以云‘借’者，犹韩信之言‘假’也，虽欲不与，得乎？鲁肃之议，正合良、平蹑足之几，而周瑜独以为不然。屡胜之家，果不可与料敌哉。”清代史家，常熟人赵翼《陔馀丛考》总结诸说，结论就是：“‘借荆州’之说之所由来，而皆出于吴人语也。”

[6]《三国志·魏书·蒋济传》。又《晋书·宣帝纪》亦言：“蜀将羽围曹仁于樊，于禁等七军皆没，修、方果降羽，而仁围甚急焉。是时汉帝都许昌，魏武以为近贼，欲徙河北。帝（按指司马懿）谏曰：‘禁等为水所没，非战守之所失，于国家大计未有所损，而便迁都，既示敌以弱，又淮沔之人大不安矣。孙权、刘备，外亲内疏，羽之得意，权所不愿也。可喻权所，令掎其后，则樊围自解。’魏武从之。权果遣将吕蒙西袭公安，拔之，羽遂为蒙所获。”字句相同，或者两人意见本同，而《晋书》参照过《三国志》写法。

[7]《三国志·吴书·周瑜传》注引《江表传》。

[8]《三国志·吴书·吕蒙传》：陆逊对吕蒙言：“羽矜其骁气，凌轹于人，始有大功，意骄志逸，但务北进，未嫌于我，有相闻病，必益无备。今出其不意，自可禽制。”蒙则曰：“外自韬晦，内察形变，然后可克。”逊语为陈志评价关羽的依据之一，但也明确表示相信关羽志在北上，对于孙吴并无威胁。可知吴人早已深知“出其不意”偷袭荆州的结果，必然会破坏北伐曹魏、恢复汉室的战略总目标。

[9]《三国志·吴书·全琮传》言，琮曾上书陈羽可讨之计。孙权“恐事泄，故寝琮表不答。及禽羽，置酒公安，顾谓琮曰：‘君前陈此，孤虽不相答，今日之捷，抑亦公之功也。’于是封阳华亭侯。”

[10]《三国志·吴书·是仪传》：“吕蒙图袭关羽，权以问仪，仪善其计，劝权听之。从讨羽，拜忠义校尉。”

[11]《三国志·蜀书·邓张宗杨传》注引《季汉辅臣赞》道及关羽部下

降孙诸将："麋芳字子方，东海人也，为南郡太守。(傅)士仁字君义，广阳人也，为将军，住公安。统属关羽，与羽有隙，叛迎孙权。郝普字子太，义阳人。先主自荆州入蜀，以普为零陵太守。为吴将吕蒙所谲，开城诣蒙。潘浚字承明，武陵人也。先主入蜀，以为荆州治中，典留州事，亦与关羽不穆。孙权袭羽，遂入吴。"

[12]《朱子语类》卷一百三十六《历代三》。

[13]《东坡全集》卷九十四《孔北海赞》。

[14]陈彦高《北轩笔记》，江苏广陵刻印社影印上海进步书局《笔记小说大观》本第五辑第十册，第344页上。

[15]赵翼《廿二史札记》卷七，中华书局校证本，第139～140页。

[16]《三国志集解·关羽传》引黄恩彤、姚范语。按姚范(1702～1771)字南青，号姜坞，桐城(今属安徽安庆)人。乾隆进士，官翰林编修。有《援鹑堂文集》《援鹑堂笔记》等。黄恩彤(1801～1883)字绮江，宁阳(今属山东泰安)人。道光进士，历任署理江宁布政使、广东巡抚等职。参与议订中英《南京条约》，以"议和有功"授二品衔。最近上海大学历史系朱子彦先后发表《诸葛亮择主与拜相再认识》(《东岳论丛》2004年第五期)、《二谈诸葛亮借刀杀关羽》《三论蜀假吴人之手杀关羽》(分别载《探索与争鸣》2005年第4、第8期)，发挥章太炎《訄书》提出的"葛氏假手于吴人，以陨关羽之命"及方诗铭认为是刘备要翦锄关羽，理由是关羽骄横跋扈，"不但易代 (即刘备死后)之后将难于控制，即刘备健在之时也感到没有把握"等说法，又引起一轮新的争议。此不枝蔓，有兴趣的读者自可翻捡。

[17]在《三国志演义》整理过程中，"大意失荆州"的细节描写也各有侧重。如嘉靖修髯子序本描述得到陆逊卑词谀语书信之后，"关公看毕大喜，仰面大笑，令左右收了礼物，管待来使。使回见陆逊曰：'关公忻喜，无复忧江东之意也。'逊大喜，密差人探得关公果然撤荆州之兵大半，赴樊城听调，只待箭疮痊可，便欲进兵。"最为直白。李卓吾评本则借"陆逊曰：'关公倚恃英雄，自料无敌，必败于人。'"后又引"静轩有诗曰：江东寤寐索荆州，关将英雄独欠谋。可惜荆州归异姓，孔明缘自少机筹。"各自五十大板。锺伯敬、李渔评本则径自惋惜"静轩先生有诗叹曰：陆逊青年未有名，吕蒙诈病暗行兵。关公莫待临危海，总为欺人一念轻。"毛宗岗毕竟生活在关公崇拜日益隆盛的时代，故文辞稍有匡正，未做正面评论。

[18]可参朱大渭《武将群中独一人——关羽人神辨析》，辑入"2001涿州《中国历史文化中的关羽》两岸学术研讨会论文集"《关羽、关公与关圣》，社科文献出版社(北京)2002年出版。

[19]《李卓吾〈读三国之答问〉》。陈曦锺《三国演义会评本》，北京大学

出版社 1986 年出版，第 26 页。著者持赠，谨志谢忱。

[20] 顾炎武《日知录》卷二十三。

[21] 钱锺书《管锥编》第一册，第 355 ~ 356 页。

[22] 苏轼《东坡全集》卷四十三。

[23] 三国之前“眩”有三义，一曰“昏花”，《战国策·燕三》：“左右既前斩荆轲，秦王目眩良久。”二曰“迷惑”，《淮南子·泛论》“嫌疑肖像者，众人之所眩耀。”三通“炫”，刘向注《楚辞》“扬精华以炫耀兮”句，谓“眩耀，光貌。”即今人所谓“光彩夺目”。参《辞源》（北京：商务印书馆 1982 年）第三册第 2211 页。

[24]《三国志·吴书·顾雍传》注引吴人《吴书》。

[25]《三国志·吴书·吴主传》及注引《魏略》。

[26] 笔者另有《历史与演义:〈三国志演义〉的实中之虚》（原载中国社会科学院古代小说研究中心《中国古代小说研究》第一辑，人民文学出版社 2005 年 6 月出版）专门从历史文献学、历史地理学及实证科学等方面验证，讨论《三国志》中描述的“赤壁火攻”能否成立的问题。以其过于枝蔓，不再重复。有兴趣读者可以自行查寻。

[27]《三国志·吴书·吴主传》注引吴人《吴书》。

[28] 刘备实有辩才。未有根据地前，亦曾周旋诸侯权贵之间，以言词摇撼人主视听。《三国志·魏书·陈登传》叙其在刘表处与名士许泛品评陈登豪气，义正词严，抑扬得体，辞风摧折之锐，拟于形象之伦，竟令刘表“大笑”。

[29] 载《三国志·吴书·诸葛恪传》引《恪别传》。

[30]《三国志·吴书·薛综传》。

[31] 东晋“清谈”之原始几成专学。《晋书·周勰传》：“时中国亡官失国之士避乱来者，多居显位，驾驭吴人，吴人颇怨。”吴人谓中州人“伧”，即“粗鄙”之意。同书“周玘将卒，谓子勰曰：‘杀我者诸伧子，能覆之，乃吾子也。’”又《晋书·陆玩传》：“玩尝诣导食酪，因而得疾。与导笺曰：‘仆虽吴人，几为伧鬼。’”从吴地眼光审视，楚人亦复如是，故有“伧楚”之说。江东士人当时还没有取得文化主导地位，何以具备这种文化优越感，值得探究。江东大族与南迁贵胄合流则是稍后的事情。“侨居氏族”之间偶尔也以原籍互相嘲骂，如《世说新语》记叙湖北人习凿齿和山西人孙兴公随从桓温，“桓语孙：‘可与习参军共语。’孙云：‘蠢尔蛮荆，敢与大邦为仇！’习云：‘薄伐猃狁，至于太原。’”（《排调》）亦是“橘生于淮”又一例。北人嘲南则以北魏时杨元慎斥陈庆之语最为淋漓酣畅，见《洛

阳伽蓝记》。

[32]澶渊盟誓以后，宋臣凡能文者，私记例有类似内容。参《回文类聚》记“神宗熙宁间，北朝使至，每以能诗自矜，以诘翰林诸儒。上命东坡馆伴之”，苏以“神智体”《晚眺》诗使“北使惶愧莫云”条；岳珂《桯史》述“承平时国家与辽欢盟，文禁甚宽。辂客者往来，率以谈谑诗文相娱乐”，辽使出联“三光日月星”，苏回“四诗风雅颂”及“四德元亨利”“两朝兄弟邦”条等。钱锺书《宋诗选注》论使辽诗亦谈及此，说“北宋对辽低头，却还没有屈膝，觉得自己力量小，就妆得口气很大”云云（第157～158页）。曩昔见香港大学王赓武教授一文，分析“小国家的外交辞令”，辨析宋代外交文书与稗史私记的差异，尤能凸显文士这种双重人格和扭曲心态。

[33]元康《肇论疏》上。

[34]鲁迅曾有《魏晋风度及文章与药及酒之关系》，王瑶《中古文学论集》继之，但论题都不止于谈风。刘季高《东汉三国时期的谈论》（上海古籍出版社，1999年出版）似专意于此，惟笔者对其所论“‘清谈’对当代的政治起了极坏的影响。其唯一可称述之处，是在语言方面，进一步对散文及诗歌做了有益的贡献”这类“二元对立”方式的论断不能赞同。

[35]《关帝志》卷四《艺文下》。

[36]《管锥编》中华书局增订本第五册，第25页。

[37] 曹道衡、沈玉成《南北朝文学史》，北京：人民文学出版社1991年。

[38]《汉魏六朝乐府文学史》，北京：人民文学出版社1984年。又20世纪50年代初修建成渝铁路时，曾在成都扬子山一号、十号及成都站东乡汉墓发现汉代“骑吹画像砖”三方，载《重庆博物馆藏四川汉画像砖选集》，北京：文物出版社1957年出版，第67～71页。可以参见汉代“骑吹”情况。

[39]《三国志·吴书》注引《江表传》。

[40]郭注引《晋书·乐志》云：“言曹公越北塞，历白檀，破三郡乌桓于柳城也。”其词与曹氏名篇《观沧海》时间前后衔接，无矫饰大言，故质朴刚劲，千载之下，苍凉悲壮之气犹扑面而至。按曹操于建安十二年（207）北击乌桓。曲中地名“白檀”为今辽宁滦平之北，“平冈”为凌源西，“柳城”为朝阳南。

[41]《三国志·吴书·虞陆张骆陆吾朱传》。

[42]《三国志·吴书·周鲂传》载周诱曹休时密书言七事，即有“今举大事，自非爵号无以劝之。乞请将军、侯印各五十纽，郎将印百纽，校尉都尉印各二百纽，得以假授诸魁帅，奖励其志。并祈请幢幡麾数十以为表帜，使山兵吏民目瞻见之”云云。

索要印传封赏如狮子大张口，可知亦稔熟此种收买技巧，且善要价矣。又钱锺书谓周鲂乃“今世西方术语之‘复谍’（the double agent）；‘密表’所呈‘笺七条’即伪谍之存根备案。”“文献征存，吾国复谍莫古于鲂。”（《管锥编》第三册，第1099页）“复谍”即今所谓“两面间谍”，足为有意中国间谍史者留心。

[43]《三国志·吴主传》裴注引《吴录》。

[44] 参《三国志·吴书》权及浚传。

[45]《三国志·吴书·诸葛恪传》薛综慰问语。

[46] 其实终吴之世，荆州一带的少数民族问题也没有解决。《三国志·吴书·锺离牧传》言，“永安六年，蜀并于魏”之后，吴的西部边境受到晋的威胁，抚夷将军高尚也承认是因为彝陵战后“刘氏联合”，武溪蛮夷才“诸夷率化”的。陈寿评赞总结时有“山越好为叛乱，难安易动，是以孙权不遑外御，卑词魏氏”等语，把不能解决少数民族问题，归结为孙权所以一再向曹魏苟安妥协的重要因素，亦非的评，严重影响了史书的客观性。

[47]《三国志·吴书·甘宁传》。

[48]《管锥编》，中华书局版第四册，第1412~1413页。按陶元藻字龙溪，号篁村，晚号凫亭，会稽（今属浙江绍兴市）人。清乾嘉诸生。久困科场，典衣卖文。后客扬州，归里筑泊鸥庄，以撰述自娱。著有《泊鸥山房集》《香影词》《全浙诗话》《凫亭诗话》《越画见闻》等。

[49] 文渊阁四库全书《路史》卷十三，第22～23页。

[50] 沈括《梦溪笔谈》卷三：“解州盐泽，卤色正赤，俚俗谓之‘蚩尤血’”。

[51] 载《金明馆丛稿初编》。

[52]《中国小说史略·神话与传说》，人民文学出版社1976年版。

[53]《管锥编》第二册，第488页。

[54] 同上，第494页。

[55]《经学历史》第三章。

[56] 陈寅恪《论天师道与滨海地域之关系》（载《金明馆丛稿初编》）云：“六朝人最重家讳，而‘之’‘道’等字皆在不讳之列，所以然之故虽不能详知，要是与宗教信仰有关。”如王羲之、王献之父子然。故裴蒨之等五人名讳不得与裴松之作辈分上的简单比附。

[57]《廿二史札记校证》卷七“关张之勇”，中华书局本，第137～138页。

[58]《南齐书·曹虎传》。

[59]《晋书》卷一〇〇《刘元海载记》。又言“初，汉高祖以宗女为公主，

以妻冒顿，约为兄弟，故其子孙遂冒姓刘氏。”

[60]元人《三国志平话》曾据《晋书·刘元海载记》刘渊以发现玉玺情节为关键，注入了陈寿《三国志》和裴松之注中的关羽形象。则刘渊“须长三尺余”及爱读《左传》，都是由《三国志》关羽形象袭取。（日）大塚秀高《关羽与刘渊——关羽形象的形成过程》（载《东洋文化研究所纪要》第134册，1997年3月）则以元刊《三国志平话》结尾所写蜀汉后主刘禅的外孙（实为匈奴首领）刘渊乘乱起兵，攻灭西晋，即“汉皇帝”位为起点，分析刘渊形象与关羽形象的关系，认为二者“表里一体”。

[61]参见《关公民间造型之研究——以关公传说为重心的考察》，国立台湾大学文史丛刊之九六，1995年5月初版。此书承台湾中央研究院文哲所蒋秋华代为赠送，谨志谢意。

[62]辑入《全唐文》卷六八四，中华书局影印本。

[63]参钱氏《管锥编》第二册，第770页。

[64]见范摅《云溪友议》。

[65]巴人尚武，或许也是他们同情认同关羽之因素之一。《隋书·地理志》：“荆州：其风俗、物产颇同扬州。其人率多劲悍决烈，亦天性然也。”又《魏书》卷七九《董绍传》：“董绍，新蔡鲖阳人也。萧宝夤反于长安也，绍上书求击之，‘当出瞎巴三千，生噉蜀子。’肃宗谓黄门徐纥曰：‘此巴真瞎耶？’纥曰：‘此是绍之壮辞，巴人劲勇，见敌无所畏惧，非实瞎也。’帝大笑。”可参周一良《魏晋南北朝史札记》的笺证。

[66]陈寅恪《魏书司马睿传江东民族释证及推论》。

[67]邓嗣禹《城隍考》（《燕京大学·史学年报》2-2，1934年）曾有论列。

[68]《太平广记》，中华书局1961年，第7册，第2400页。

[69]《全唐诗》卷三百六十一卷。

[70]俱载影本《宋会要辑稿》礼二〇之二九。

[71]碑原为河南洛阳市出土，拓片38×37cm。中国国家图书馆墓志编号2352。按杜佑《通典》卷三十四《职官》十六“勋官”条载：“……隋置上柱国。柱国：以酬勋劳，并为散官，实不理事。大唐改为上柱国及柱国”，可知此勋仍似荣誉名号。《旧唐书·职官一》列入“正二品”，并注明“无职事官”。

[72]以上四碑中国国家图书馆收藏号分别著录为“各地5165”“墓志604”“墓志746”“墓志412”“墓志1005”。

[73]《千唐志斋藏志》，台湾中央研究院历史语言研究所《历代墓铭拓片目录》12832号，碑铭56×60cm。又中国国家图书馆墓志馆藏号3666，拓片60×60cm。

撰碑者署为“前淄、青、登、莱观察推官，将仕郎，前守弘文馆校书郎杨敏升撰，延州长兴延庆禅院僧惠进书”。按杨敏升无考。《太平广记》卷三百五十四《鬼》三十九“惠进”条言：“西蜀有僧惠进者，姓王氏，居福感寺。早出，至资福院门，见一人长身，如靛色，迫之渐急，奔走避之。至竹箦桥，驰入民家。此人亦随至，撮拽牵顿，势不可解。僧哀鸣祈之，此人问：‘汝姓何？’答曰：‘姓王。’此人曰：‘名同姓异。’乃舍之而去。僧战慑，投民家，移时稍定，方归寺中。是夕，有与之同名异姓者死焉。（出《录异记》）”不知是否其人。

[74]《新五代史·前蜀世家第三》。

[75] 薛居正《旧五代史·汉书·高祖纪上》。

[76]《新五代史·唐本纪第四》。欧阳修有论赞言：“呜呼，世久而失其传者多矣，岂独史官之缪哉！李氏之先，盖出于西突厥，本号朱邪，至其后世，别自号曰沙陀，而以朱为姓，拔野古为始祖。其自序云：沙陀者，北庭之碛也，当唐太宗时破西突厥诸部，分同罗、仆骨之人于此碛置沙陀府，而以其始祖拔野古为都督；其传子孙数世皆为沙陀都督，故其后世因自号沙陀。然予考于传记，其说皆非也。”

[77]《旧五代史·唐书·太祖纪上》。

[78]《新五代史·唐本纪第六》。欧阳修有论赞言：“予闻长老为予言：‘明宗虽出夷狄，而为人纯质，宽仁爱人。’于五代之君，有足称也。尝夜焚香，仰天而祝曰：‘臣本蕃人，岂足治天下！世乱久矣，愿天早生圣人。’……其即位时春秋已高，不迩声色，不乐游畋。在位七年，于五代之君最为长世，兵革粗息，年屡丰登，生民实赖以休息。”

[79]《新五代史·唐明宗家人传第三》。

第二章

关羽成神与佛教“中土化”

“关公显圣”

“关公显圣”由于其跨越时空的神奇功能，一直是历代各地关公传说津津乐道的主要内容。而“玉泉山关公显圣”一节，甚至被不愿说“怪力乱神”的明儒写入了后世广为流传的《三国志演义》文本，也是构成后世“关公信仰”的基本依据。但若溯其根由，还得由一桩南北朝的佛教“公案”谈起。

现存最早“关公显圣”的记载，正是《全唐文》所辑董侹《荆南节度使江陵尹裴公重修玉泉关庙记》。除前引段落外，其中还有一段郑重其事谈及此事经过的文字：

> 玉泉寺覆船山东，去当阳三十里，迭嶂回拥，飞泉迤逦，信途人之净界，域中之绝景也。寺西北三百步，有蜀将军都督荆州事关公遗庙存焉。将军姓关名羽，河东解梁人。公族功绩，详于国史。先是，陈光大中，智颢禅师者至自天台，宴坐乔木之下，夜分忽与神遇，云：“愿舍此地为僧坊。请师出山，以观其用。”指期之夕，万壑震动，风号雷虢。前劈巨岭，下堙澄潭，良材丛木，周匝其上；轮奂之用，则无乏焉。惟将军当三国之时，负“万人之敌”，孟德且避其锋，孔明谓之“绝伦”。其于徇义感恩，死生一致，斩良擒禁，此其效也。呜呼！生为英贤，

殁为神灵，所寄此山之下，邦之兴废，岁之丰荒，于是乎系……荆南节度工部尚书江陵尹裴均曰：“政成事举，典从礼顺，以为神道之教。依人而行，攘彼妖昏，佑我蒸庶。而祠庙堕毁，縻悬断绝，岂守宰牧人之意耶。”乃令邑令张愤经始其事。爰从旧址，式展新规，栾栌博敞，容卫端肃。惟曩时禅坐之树，今则延袤数十围。夫神明扶持，不凋不衰，胡可度思？初营建之日，白龟出其新桥，若有所感。寺僧咸见，亦为异也。尚书以小子曾忝下介，多闻故实，见命纪事，文岂足征？其增创制度，则列于碑。贞元十八年纪。[1]

这里提及主持复修玉泉寺关羽祠宇的裴均，就是前文所述闻喜裴氏家族成员。而“万壑震动，风号雷虩。前劈巨岭，下堙澄潭，良材丛木，周匝其上；轮奂之用，则无乏焉”的描述，以现代科学眼光看去倒更像是一次大地震或滑坡活动造成了这个因缘。光绪《当阳县志》卷之二《方舆·祥异》载：

晋永嘉三年己巳七月，邑地裂三处，各广三丈三尺，长百余步。

（元）泰定三年丙寅秋八月地震。

可知该处是地震区，也是古人附会神异之说的依据之一。董文引起关注的核心记述，则是天台宗大师智颤荆楚传法的一段经历。这也是佛教奉关羽为“护法伽蓝”，历世相传的主要依据。

智颤（538 ~ 597）为天台宗四祖，实为创始人，世称“天台大师”。俗姓陈，字德安，祖籍颍川，后迁荆州华容。其父为梁朝显宦，十八岁投湘州果愿寺法绪出家，二十岁受具足戒。初从慧旷学律，后至大贤山诵《法华经》《无量义经》《普贤观经》等。二十三岁至光州大苏山拜慧思为师，学禅法，修行法华三昧。陈光大元年（567）学成，到金陵讲授《法华经》等，传布禅法，大僚僧徒从之者众。陈太建七年（575）

湖北当阳玉泉寺，明代“汉云长显圣处”和清代嘉庆“最先显圣之处”石碑。这就是佛教传说中，佛教天台宗智颤于隋文帝开皇十三年（593）来此传播佛法时，关羽托梦“显圣”之地。

入浙江天台建草庵，陈宣帝割天台山所在之始丰县之（调）以供寺用，又蠲两户农民之赋役供寺薪水。后应陈后主诏，请回金陵讲《大智度论》《仁王般若论》《法华经》等。陈亡，游化荆、湘二州，又往庐山说法。隋开皇十一年（591）应晋王杨广之请去扬州讲授菩萨戒，从上授“智者”之号，故又称“智者大师”。卒后杨广派人按其遗图于天台山下造寺，即帝位后赐名“国清寺”。所著有《法华玄义》《法华文句》《摩诃止观》各二十卷及《四教义》《净名义疏》《金光明文句》《观音义疏》等。

汤用彤《隋唐佛教史稿》据柳顾言《天台国清寺智者禅师碑文》、灌顶《智者大师别传》、道宣《续高僧传·智𫖮传》，参以《国清别录》诸书，作“智𫖮年表”。记录他是在隋文帝开皇十二年（592）五十五岁时“坚请往荆襄”。十三年（593）年至荆，答地恩，造玉泉寺。十四年（594）在玉泉寺讲《摩诃止观》。十五年（595）自荆下金陵，受晋王请，制《净名疏》。从情理推知，其建造玉泉寺，亦即“玉泉山关公显圣”之确切年份，应为隋开皇十三年，即公元593年。此可以纠正董文“陈光大中”的误记。

智𫖮是那一时代最有影响的高僧。道宣《续高僧传》卷二一谓智者大师门下“受菩萨戒者不可记称，传业学士三十二人，习禅学士流落江汉莫限其数。”其遗文第四则自言：

> 于荆州法集，听众一千余僧，学禅三百。州司惶虑，谓“乖国式”，岂可聚众，用恼官人。故朝同云合，暮如雨散。设有善荫，不获增长。

可见他在荆楚一带传布的成绩。盖因荆楚巫风本盛，且山水湖泊地理阻隔，外来佛教遭遇困难尤多。智𫖮即本地人，熟知民风民心，建寺倡佛欲借助土著信仰心理，自是“题中应有之义”。后世佛教传人因而附会其事，正是聪明之举。灌顶是当时追随智者的传人，他曾记叙这次造寺情况：

> 既慧日已明，福庭将建，于当阳县玉泉山而立精舍。蒙赐额号为一音，重改为玉泉。其地本来荒险，神兽蛇暴，谚云：“三毒之薮，践者寒心。创寺其间，决无忧虑。”是春夏旱，百姓咸谓神怒，故智者躬至泉源，灭此邪见。口自咒愿，手又抝略，随所指处，重云叆叇，笼山而来，长虹焕烂，从泉而起，风雨冲溢，歌咏满路。荆州总管上柱国宜阳公王积到山礼拜，战汗不安，出而言曰：“积屡经军阵，临

危更勇，未尝怖惧，顿如今日。”其年王使奉迎，荆人违觐，向方遥礼。[2]“神兽”一语是否指当地土著奉祀的关羽，颇可寻味。可知智𫖮在玉泉山珠泉显示神迹，王积之言尤可为后世奉关羽为武勇之神作注。但并未提及智𫖮“梦化关羽”之事。

又董侹撰碑之时，荆州复建的其他佛寺亦曾出现类似“神迹”。赞宁言：

> 有天皇寺者，据郡之左，标异他刹，号为名蓝。困于人火，荡为煨烬……先是烟焰之末，殿宇不立，顾缁褐且亏瞻礼，密念结构，罔知权舆。禅宴之际，若值神物。自道祠舍滨江水焉，凡我疆畛，富于松梓，悉愿倾倒，施僧伽蓝。命工覘之，宛若符契。于是斩巨栋，干修楹，撑崖拄壑，云屯井构。时维秋杪，水用都涸，徒众敛手，块然无谋。一夕雨至，万株并进，晨发江浒，暮抵寺门。剞劂之际，动无乏者。其余廊庑床案，糜非幽赞。事邻语怪，阙而不书。[3]

当时的职守者，也正是命复关羽祠，且又以道悟为师的裴均，不为偶然。[4]可知托言“神迹”，本为当时僧道创寺建观的常用借口。这样既可以远托神人，自高身份；又可以强指硬索，无须凭据；更容易获得崇道或佞佛的帝王官员许可。于是历代相传，算得佛门道流强索施舍的“不二法门”。

天台宗可谓第一个自觉实施“中国化”的佛教流派。它的学说以《法华经》第一卷“方便品”为据，大开“方便法门”，以调和儒、道两家思想。其三祖慧思以道家之成仙为成佛必经途径，希望“成就五通神仙”，“为护法故，求长寿命。不愿生天及异趣，愿诸贤圣佐助我得灵芝草及神丹，疗治重病除饥渴。常得经行修诸禅，愿得深山寂静处，足神丹药修此愿。藉外丹力修内丹，欲安众生先自安。”[5]而智𫖮也讲“意守丹田”一类道家调息之术，说“脐下一寸名忧陀那，此云丹田，若能止心守此不散，经久即多有所治。”[6]这样讲求调气、炼丹和“不死之药”，无疑融会道家成分。所以陈寅恪曾直截了当地认为：

> 如天台宗者，佛教宗派中道教意义最富之一宗也。[7]

作为最早与天竺所传教义有所区别的中国教派，天台宗融合儒、道，亦时势之所必然。说明后世以它藉关羽以传教，绝非偶然之举。

智𫖮死后其徒灌顶承袭法钵，玉泉寺一度由灌顶门下宏景为主持。他在初唐亦很有影响，宋之问有《送沙门宏景、道俊、玄奘还荆州应制（自注：宏景，玉泉寺僧。先是，景表请高僧十四人同住寺）》，诗言：

一乘归净域，万骑饯通庄。
就日离亭近，弥天别路长。
荆南旋杖钵，渭北限津梁。
何日舒真果，还来入帝乡。[8]

法号还列于以“西天取经”闻名后世，唐太宗并为之修建佛寺的玄奘之前，可证当时玉泉寺之地位。在日本以弘扬佛法闻名于史的鉴真和尚，就是从宏景受具足戒的。

天台宗倡言“定慧双修”，故其门徒持戒精严，智𫖮著述亦多为戒律之说。但戒律的维持有时也不能全凭“定慧双修”，智𫖮、宏景的后代徒孙也许没有他们那样的道行，对于“慧根不定，六耳不净”的僧徒，有时也免不了要靠别的方式来示惩戒了，包括用关羽这样的武勇之将的神迹来辖制心生贪嗔之徒。晚唐范摅《云溪友议》卷第三述玉泉寺时说：

缁侣居者，外户不闭，财帛纵横，莫敢盗者。厨中或先尝食者，顷刻大掌痕出其面，历旬愈明。侮慢者则长蛇毒兽随其后。所以惧神之灵，如履冰谷。非斋戒护净，莫得居之。

其戒律森严可知。按葛洪《抱朴子》言：

学道术乃令变形易貌，吞刀吐火，坐在立亡，兴云起雾，召致虫蛇，聚合鱼鳖，入渊不溺，蹴刃不伤。

则“召致虫蛇”本为道家法术之一种。天台宗融道入佛，以巫挟禁，也不失为佛教“因地制宜”落地生根之一法。今观初唐集成的《法苑珠林》所载各地传法灵验，率多本地人物事迹，就是明证。就连关羽生前的朋友兼对手张辽，也有类似记述。赞宁《宋高僧传》卷第十《唐扬州华林寺灵坦传》言：

元和五年，相国李公墉之理广陵也，以峻法操下，刚恩少决。一见坦，郑重加礼，召居华林寺。寺内有大将军张辽墓，寺僧多为鬼物所惑。坦居，愀然无眹矣。[9]

可知至迟中唐时张辽墓地亦被划入佛寺，也曾被佛教认为厉鬼。

随着关公“玉泉显圣”这个故事藉佛教和小说、戏剧广为流传，后世其他地区的庙宇也每喜自我作古，附会者众。如明人李维桢《重修关王庙碑》即言解州关庙“结祠传自陈、隋”。[10]明末孙承泽《春明梦余录》也称京师关庙：

在皇城地安门东者曰白马庙，隋基也。姚斌盗马庙在三里河天坛，亦隋基也。

又言宛平县东成化十三年（1477）重建汉寿亭侯庙亦“皆隋基也。”都是以此传说，作为关公信仰起始的佛教依据。后话另说。

护法北禅

天台宗后来传至湛然，约在开元、天宝间称“中兴”。其间又有禅宗北派兴于当阳，创立人神秀（606 ~ 706）亦重施智顗之伎，借“关羽显圣”神迹弘扬佛法。嘉靖壬午本《三国志通俗演义》卷之十六引禅宗《传灯录》云：

大唐高宗仪凤年间，开封府尉氏县有一秀才，累举不第，三上万言策，皆不中选，遂乃出家，法名神秀，拜蕲州黄梅山黄梅寺五祖弘忍禅师为师，学大小乘之法。后云游至玉泉山，坐于怪树之下，见一大蟒风簇而至，神秀端然不动。次日于树下得金一藏，就于玉泉山创建道场。因问乡人：“此何庙宇？”乡人答曰：“乃三分时关公显圣之地也。”神秀拆毁其祠，忽然阴云四合，见关公提刀跃马于云雾之中往来驰骤。神秀仰面问之，公具言前事。神秀即破土建寺，遂安享关公为本寺伽蓝。至今古迹尚在，神秀即六祖也。[11]

明人《历代神仙通鉴》卷一四所载亦同。自此关羽不仅皈依佛门，而且欣然作为伽蓝，为佛护法，这是佛教利用关羽传播的第二阶段。

赞宁《宋高僧传》卷八《唐荆州当阳山度门寺神秀传》：

释神秀，俗姓李氏，今东京尉氏人也。少览经史，博综多闻。既而奋志出尘，剃染受法……忍于上元中卒。秀乃往江陵当阳山居焉。四海缁徒，响风而靡，道誉馨香，普蒙熏灼。则天太后闻之，召赴都，肩舆上殿，亲加跪礼，内道场丰其供养，时时问道。于昔住山置度门

> 寺以旌其德。时王公以下，京邑士庶，兢至礼谒，往尘拜伏，日有万计。自中宗孝和帝即位，尤加宠重。中书令张说尝问法，执弟子礼，退谓人曰："禅师身长八尺，龙眉秀目，威德巍巍，王霸之器也。"

陈垣《释氏疑年录》载："弘忍（602 ~ 675）禅宗五祖……俗姓周，蕲州黄梅人，一说浔阳人。七岁随道信禅师出家，受具足戒，后定居于黄梅双峰山东山寺，聚徒讲习，门人甚众，号'东山法门'。"则弘忍逝后，神秀往当阳，应在武则天仪凤年间，而当时主持玉泉寺者正为上文谈到的宏景。这也许是神秀在当阳不得不另立山头，还不能开罪天台宗，反须附骥攀鸿的原因。他曾在玉泉寺挂单，所创道场在东七里的度门寺。[12]这位神秀正是佛门著名禅宗公案中，因吟出"身是菩提树，心为明镜台。时时勤拂拭，勿使染尘埃"一偈，而为慧能"菩提本非树，明镜亦非台。心中本无物，如何染尘埃"超胜，失去了五祖衣钵传承的人，由此引出禅宗南北派争斗，另有一系列传奇可说。从神秀的经历、修养心性甚至当时术士所看重的相貌来看，他都不会久居人下。这次自立门墙的决心和声势都非同小可，"关羽显圣"之说又得附禅宗北派的流布而传。

神秀传人普寂（651 ~ 739）恰好是关羽老乡，事见《旧唐书》卷一九一本传：

> 普寂姓冯氏，蒲州河东人也。年少时徧寻高僧，以学经律。时神秀在荆州玉泉寺，普寂乃往师事，凡六事，神秀奇之，尽以其道授焉。久视中，则天召神秀至东都，神秀因荐普寂，乃度为僧。及神秀卒，天下好释氏者咸师事之。中宗闻其高年，特下制令普寂代神秀统其法众。开元十三年，普寂于都城居止。时王公世庶，兢来礼谒。普寂严重少言，来者难见和悦之容，远近尤此重之。二十年终于都城兴唐寺，年八十九。时都城士庶曾谒者，皆制弟子之服。有制赐号为"大照禅师"。及葬，河南尹裴宽及其妻子并衰麻列于门徒之次，士庶倾城哭送，闾里为之空焉。

《三国志演义》中曾出现过一位在汜水镇国寺和关羽叙过乡情，声言"贫僧与将军家只隔一条河"，后又在玉泉山结茅，以一句"颜良安在"喝破关羽的"普净"。[13]是否实有其人，不见史载。我颇疑心就是这位曾住玉泉，而又声势赫赫之“普寂”的一音之转。唐沙门净觉撰《楞伽师资记》卷一：

唐朝洛州嵩高山普寂禅师，嵩山敬贤禅师，长安兰山义福禅师，蓝田玉山惠福禅师，并同一师，学法侣应行，俱承大通和上后。少小出家，清净戒行，寻师问道，造访禅门。行至荆州玉泉寺，遇大通和上(“和上”即后世“和尚”)讳秀，蒙受禅法，诸师等奉事大师十有余年，豁然自证，禅珠烛照。大师付嘱普寂、敬贤、义福、惠福等照世炬灯，传颇梨大镜，天下坐禅人叹四个禅师曰：法山净，法海清，法镜朗，法灯明。[14]

则普寂有著于当世之名“法山净”。净觉是神秀的再传弟子，“俗姓韦氏，孝和皇帝庶人之弟也。”[15]将“普寂”与“法山净”截头加尾另为之名，亦是小说家惯技。

唐代宗大历年间（766 ~ 779）普寂一系作为北宗正传，势力仍呈中兴之势。独孤及（725 ~ 777）《舒州山谷寺觉寂塔隋故镜智禅师碑铭并序》谈到当时北禅传法盛况时说：

（神）秀公传普寂，寂公之门徒万人，升堂者六十有三，得自在慧者一，曰宏正。正公之廊庑，龙象又倍焉，或化嵩洛，或之荆吴。自是心教之披于世也，与六籍侯盛。[16]

可知普寂一派当时炎势。盛唐时玉泉寺已为名胜地，但“关羽显圣”事或在当地佛徒之外所传不广，或者往访文士不以为意，故张九龄、孟浩然、李白、元稹等咏记玉泉寺的诗作所叙皆不及此。惟有周朴《宿玉泉寺》所咏景象：

野寺度残夏，空房欲暮时。
夜听猿不睡，秋思客先知。
竹迥烟生薄，山高月止迟。
又登尘路去，难与老僧期[17]

以此观之，该寺一度曾残破冷落。[18]而北派禅宗亦在安史乱后，在南派禅宗之神会的攻势下一落千丈。天台宗四祖和北派禅宗六祖共同创立的“关羽显圣护法”的神迹也因此不彰于世。倒是《全唐诗》载有玄宗时人郎君胄题《关羽祠送高员外还荆州》一诗言：

将军秉天姿，义勇冠今昔。

走马百战场，一剑万人敌。

谁为感恩者，意是思归客。

流落荆巫间，徘徊故乡隔。

离筵对祠宇，洒酒暮天碧。

去去无复言，衔悲向陈迹。[19]

郎曾出任郢州刺史，此诗也是当时当地确已建有关羽祀庙的明证。但只道及关羽祠，亦无一语涉及梵宇。从“一剑万人敌”句看来，盛唐时尚无“七十二斤青龙偃月刀”一类夸饰关羽神勇的说法，他仍不失为人间英雄的本色。

佛学西来，唐代开始本土化，而天台宗与禅宗都是佛教中国化的主要门派。智𫖮、神秀本出儒生，通经博史，也易于儒道佛的贯通。宋代则称“三教圆融”，不但佛教“十寺九禅”，已经实现了“本土化”，理学还着意“援佛入儒”，道教也借助政治优势与儒合流。“玉泉山关公显圣”的传说，也传播到其他地区。

宋代佛教与关公信仰关系的延续，可由桂林龙隐岩桂海碑林博物馆至今犹存的北宋至和二年（1055）《义缘龙隐岩造像记》觇之：

城里崇明寺住持碁僧义缘。谨用斋资，命匠者镌庄就：

天台教主智者大师，擎天得胜关将军，檀越关三郎。相仪圆具，在龙隐岩释伽寺开光斋僧，上报四恩，下资三友。

至和二年乙未九月五日谨题

小师法巽、法稳、法衮金符书，匠人易任端，刻石卢迁。[20]

明确把智𫖮传法与关公神力结合在一起。只是其中尚有两个关键略需辨析：一个是“关三郎”问题，另一个是“擎天得胜”封号来源。说详下。

义缘龙隐岩造像记

“关三郎”

与“关羽显圣”先后而起的还有“关三郎”传说。晚唐范摅（约877年前后在世）在《云溪友议》卷三言：

> 余以鬼神之道难明也，视之不见，听之不闻，朝贤后于盟津，报受禅于晋壤，祷祀名山大川，则其兆应也。蜀前将军关羽守荆州，梦猪啮足，自知不祥，语其子曰：“吾衰暮矣。是吾征吴，必不返尔。”果为吴将吕蒙麾下所殛，蜀遂亡。荆州玉泉祠，天下谓“四绝之境”。或言此祠鬼助土木之功而成，祠曰“三郎神”。三郎即“关三郎”也。

五代孙光宪《北梦琐言》卷一一则以“关三郎”为祸乱长安之降瘟疫者：

> 唐咸通乱离后，坊巷讹言“关三郎鬼兵入城”，家家恐悚。罹其患者，令人寒热战栗，亦无大苦。[弘]农杨玭挈家自骆谷路入洋源，行及秦岭，回往京师，乃曰：“此处应免关三郎相随也。”语未终，一时股栗。斯又何哉。夫丧乱之间，阴厉旁作，心既疑矣，邪亦随之，关妖之说，正谓是也。愚幼年曾省故里，传有一夷迷[遣]鬼魇人，闾巷夜聚以避之，凡有窗隙悉皆涂塞。其鬼忽来，即扑人惊魇，须臾而止。（据陈寅恪《韦庄〈秦妇吟〉校笺》校改）

请注意，这里所谓“关妖”之说显然与关羽毫无关联，故事发生地也非当阳玉泉。俞樾《茶香室丛钞》卷一五引此两段后，断言：“按此关帝之神，在唐时已洋洋乎如在其上，如在其左右矣。”则忽略了以“关三郎”为“妖”的说法。陈寅恪在《韦庄〈秦妇吟〉校笺》里曾怀疑“华岳三郎亦可称关三郎”，他引用翟理斯《〈秦妇吟〉之考证和校释》等文，对“路旁试问金天神，金天无语愁于人”丁本“金天神”下注谓“华岳三郎”提出旁证，并举《唐大诏令集》七四《典礼类·岳渎山川门》先天二年八月二日《封华岳神为金天王制》，引《北梦琐言》卷一一“关三郎入关条”释“旋教魇鬼傍乡村，诛剥生灵过朝夕”两句，认为：

> 华岳三郎与关三郎实非有二，明矣。至华岳三郎亦可称关三郎之故，岂亦潼关距华岳不远，三郎遂亦得以关为号耶？[21]

宋人记载这一故事，则径以“关三郎”为与关羽同时殉难之关羽之子关平。张商英（1043 ~ 1121）元丰四年（1081）撰述当阳玉泉寺《重建关将军庙记》言：

先有大力鬼神与其眷属怙恃凭据，以帝神力，故法行业，即现种种诸可怖畏：虎豹号掷，蛇蟒盘瞪，鬼魅嘻啸，阴兵悍怒，血唇剑齿，毛发鬅鬡，丑形妖质，剡然千变。法师愍言：“汝何为者，生死于幻，贪著余福，不自悲悔？”作是语已，音迹消绝，颀然丈夫，鼓髯而出曰：“我乃关羽，生于汉末，值世纷乱，九州瓜裂。曹操不仁，孙权自保，虎臣蜀主，同复帝室，精诚激发，洞贯金石，死有余烈，故主此山。所嗜惟杀，所食惟腥。谛观法师，具足殊胜，我从昔来，本未闻见。今我神力，变见已尽。而师安定，曾不省视，汪洋如海，匪我能测。大悲我师，哀愍我愚，方便摄受。愿舍此山，作师道场。我有爱子，雄鸷类我，相与发心，永护佛法。”师问所能，授以五戒。帝诚受已，复白师曰：“营造期至，幸少避之。”其夕晦冥，震霆掣电，灵鞭鬼捶，万壑浩汗，湫潭千丈，化为平址。黎明往视，精蓝焕丽，檐楹栏楯，巧奇人目。海内四绝，遂居其一。以是因缘，神亦庙食千里，内外庙供云。稽违有督，怠慢有罚，捐绝金币，匍匐恐后。玉泉以甲，实神之助。[22]

这里把关羽皈依佛门以前的形象描述为“大力鬼神”，能够“震霆掣电，灵鞭鬼捶”，“所嗜惟杀，所食惟腥”。而唐代“开辟寺址”之说，又变为“黎明往视，精蓝焕丽，檐楹栏楯，巧奇人目”，关羽俨然成为高明的建筑设计兼工程施工之承包人了。

南宋度宗咸淳间（1265 ~ 1274）释志磐据景迁《宗源录》、宗鉴《释门正统》撰成《佛祖统纪》，在卷六《智者大师传》中，也沿袭了张商英的说法。关羽父子奉佛成神传说的影响几于坐实，不容置疑。同书卷三十九《法运通塞志》复言：

隋开皇十二年十二月，智者禅师至荆州玉泉山安禅七日，感关王父子神力，开基造寺，乞授五戒。师入居玉泉，道俗禀戒听讲五千人。

可知宋人眼中的“玉泉显圣”传说面貌。玉泉寺曾在宋元易代之际毁于兵燹。[23]但该寺仍以“关羽成神”为募化主题，锲而不舍，重新发现宋代遗址。毛德《新建武安王殿记》言：

至大戊申（1308）岁，今之住持钟山大师，见古祠朽腐，不称观瞻。遂于祠之后冈，剪伐荆蓁林木，削平丘阜，营治殿基。而掘彼根株，忽现出础砖而露其阶砌，星被棋布，旧迹宛然。与今时规画，若合符节，于是抡材陶瓦，接续兴功……延祐甲寅（1314）岁孟秋，武安王新殿成。圣像端供，百神像设，曲尽其妙……增林泉之伟观，使数百年埋没之故址，一旦重辉。兹以台岸举工，就嵌片石于其中，以纪岁月云尔。[24]

今存湖北当阳玉泉寺有元代铸钟两口，放置于大雄宝殿月台南北角。据介绍，北边钟身鼓腹上阳刻铭文为：

荆门玉泉在襄汉，为大精舍，山水佳胜，乃陈隋智者颛禅师遗迹之地。后唱教于天台，而浙终焉。佛陇而龛护，惟谨关公云长，生为忠臣，没封王神，庙食兹山，感师之德，以威力夜挟雷雨，撼摇山陇，撤龛钥，移定身，而归葬玉泉。异哉！公以宿愿力而护法，如长城宜壮节，猛烈雄伟，卓出千古，垂之国史，而英风不泯也。[25]

寺僧不但坚持“关羽为智颛建庙”的汉传佛教传说，同时又肯定了儒家以关羽为“猛烈雄伟，卓出千古，垂之国史，而英风不泯”的价值观念。这应当是元代关羽崇拜能够跨越三教的主流基础。而且铸钟募化的范围跨越鄂湘赣三省，即知关羽崇拜之影响和普及程度，已经超胜高僧大德，而且成为一方胜景。来往儒臣文士观赏风景的同时，也纷纷来此凭吊“大王冢”了。[26]这也是明代儒生整理的小说文本尽管已经删却了许多宋元以

当阳玉泉寺元代至大年间铸钟，铭文大力讴歌关公的忠勇精神，代表了汉传佛教对其的赞许。

来“怪力乱神”的传说，却不得不保留“玉泉山关公显圣”记述的缘故。

佛教战神毗沙门

但为什么关公信仰会在北宋发生突变，一跃而为宋代军神？这是后人百思而不得其解的谜团。如果用形式逻辑推衍，或者费尽心血搜罗证据，都不可能用“渐进”方式得到解释。其间还有一个重要原因，不得不提。

如众周知，战争形势诡异，战局变化多端，并非端赖人力所可周密谋定。唐玄宗时开始有佛教战神传入中国。唐代不空《毗沙门天王仪轨》云：

> 唐天宝元载壬午岁，大石、康五国围安西城。其年二月十一日有表请兵援救。圣人告一行禅师曰：“和尚，安西被大石、康□□□□□国围城，有表请兵。安西去京一万二千里，兵程八个月然后到。其安西即无朕之所有。”一行曰：“陛下何不请北方毗沙门天王神兵应援？”圣人云：“朕如何请得？”一行曰：“唤取胡僧大广智即请得。”……集人道场，请真言未二七遍，圣人忽见有神人二三百人，带甲兵于道场前立。圣人问僧曰：“此是何人？”大广智曰：“此是北方毗沙门天王第二子独健，领天兵救援安西，故来辞。”至其年四月日，安西表到云：“去二月十一日巳后午前，去城东北三十里，有云雾斗闇。雾中有人，身长一丈，约三五百人，尽着金甲。至酉后鼓角大鸣，声震三百里，地动山崩，停住三日。五国大惧尽退军，抽兵诸营坠中，并是金鼠咬弓弩弦及器械损断，尽不堪用。有老弱去不得者，臣所管兵欲损之，空中云：‘放去不须杀。’寻声反顾，城北门楼上有大光明，毗沙门天王现身于楼上。其天王神样，谨随表进上者。”[27]

这里强调的是神力因素干扰，致转败为胜的事例。文中所述“圣人”为佛教对唐玄宗李隆基的尊称，而“大广智”即不空（Amogha-vajrah）本人。一行（683 ~ 727）即后世以天文学著称之高僧张遂，先后曾为前文所述玉泉弘景、北禅普寂之弟子，后从金刚智习密宗。[28]

按毗沙门天王（Vaiśravaṇa）原名俱毗罗（Kubera），原为古印度佛教神话中的北方守护神。[29] 本负有领兵护法之责，“复有三万六千诸药叉众，毗沙门天王为其上首”，[30]且“为鬼将军，摄诸鬼神”，并得到佛陀认可赞许，“尔时佛告毗沙门天王，快哉鬼神大王，欲护陀罗尼经者。”[31]在佛教典籍《增一阿含经·四天王品》《大集经》《金光明经》《愚贤经》等都有他护持佛法的记载。《大唐西域记》曾记述玄奘在缚喝国和瞿萨旦那国（于阗）听到几则有关他的故事。[32]著名的洛阳龙门石窟奉先寺卢舍那佛前，已有他擎塔的雕像（右图）。但其大规模传入中国的时机，则以唐玄宗时佛教密宗不空、金刚智和善无畏（合称“开元三大士”）时为盛，尤以作战危急时“现形助阵”为最。钱锺书曾道，临阵降神，“兵不厌诈，古兵法中初不废妆神捣鬼以为人定之佐也”，西方戏剧亦有“情事危险，神道出现”之说。[33]此节史实，周一良曾在其哈佛大学博士论文《唐代印度来华密宗三僧考》中辨析甚详。[34]

宋初赞宁所撰《高僧传》言，唐玄宗因此神迹，“因敕诸道城楼置天王像，此其始也。[35]”唐代奉祀毗沙门的风气极盛。玄宗在开元中就曾派人去于阗国摹写毗沙门像：

> 开元十四年玄宗东封回，敕车政道往于阗国摹写天王样，就（相国）寺壁画焉。僧智俨摹众画西库北壁，三乘入道位次，皆称奇艳。[36]

又说玄宗“图像于旗章”，是用于征战；“百夫之长资以指挥”，是用于纪律；“十室之邑严其庙宇”，是意在防卫。开启了敬绘及奉祀毗沙门天王像的风气。卢弘正《兴唐寺毗沙门天王记》云：

> 毗沙门天王者，佛之臂指也。右扼吴钩，左持宝塔，其旨将以摧群魔，护佛事，善善恶恶，保绥斯人。在开元则玄宗图像于旗章，在元和则宪皇交神于梦寐。佑人济难，皆有阴功。[37]

中晚唐战祸动乱不断，毗沙门天王也因此上升为唐王朝的护佑神祇。元和七年（812）柳澈撰有《保唐寺毗沙门天王灯幢赞》，已明言：

祈感帝梦，帝□□□仪形肇修，绀殿斯立，事详丰碑。幢则叙天王之镇保唐也，□□□□□□□哉！灵□□俨若睹，像形肃金□□□□□□□□□□□□□□气□掌塔瞪注，持矛杰立。

又赞诗其一云：

天王垂迹，肇兴于阗。威灵傍洽，仰之铃键。爰祚我唐，昭乎变现。廓土开疆，口腾电蜒。

其二：

惟王有国，惟神有灵。教兴印度，德洽大庭。绵口岁祀，天资克成。僧兰是托，国步爰旌。[38]

这直接促进了唐代社会中毗沙门天王崇拜的兴盛。段成式《酉阳杂俎》亦载：

李夷简元和末在蜀，蜀市人赵高好斗，常入狱，满背镂毗沙门天王。吏欲杖背，见之辄止。

成式门下驺路神通，每军较力……背刺天王，自言得神力，入场神助之则力生。常至朔望日，具乳糜，焚香袒坐，使妻儿供养其背而拜焉。[39]

又高彦休《唐阙史》卷下《梦神医病者》：

青龙寺西廊近北，有绘释氏部族曰毗沙门天王者，不详谁氏笔迹，而精妙如动，祈请辐辏，传有神异。尝有民居新昌里者，因时疫百骸绵弱，不能胜衣，其室甚富，有妻且少，视之燕宋也。母氏啜泣，遍访医巫，竟无能原其病状。一日，自言欲从释氏，且不能破倚，其可髡首而缁体乎？母徇其欲，肩致绘壁之下，厚施主僧，眠食于寺庑。逾旬喜寐，梦有人魁形铠服，焰加于肩，弓梏其臂，持筋类鲙，以食病者。复若严悖，促迫咀嚼，坚韧不堪其忧。所食衺丈，蘧然而觉，绵骨木强矣。又明日能步，又明日能驰，逾月以力闻。先是，禁军悬弧矢之六石者于门，且示曰："能引其半者，骈粮以赐之，满者倍斯。"民应募，随引而满，于是服厚禄以终身。[40]

中唐李筌所著《神机制敌太白阴经》是唐代著名兵书，其中辑有《祭毗沙门天王文篇第七十八》，记述唐军出征时例必祭告毗沙门天王的仪典祝辞，并描述其法力：

以宝塔在手，金甲被身，威凛商秋，德融湛露。五部神鬼，八方妖精，殊形异状，襟带羽毛；或三面而六手，或一面而四目，瞋颜如蓝，磔发似火，牙崒嵂而出口，爪钩兜而露骨，视雷电，喘云雨，吸风飙，喷霜雹。其叱咤也，豁大海拔，须弥，摧风轮，粉铁围，并随指呼，咸赖驱策。国家钦若，释教护法降魔，万国归心，十方向化。

天王宜发大悲之心，轸护念之力，歼彼凶恶，助我甲兵，使刁斗不惊、太白无芒，虽事集于边将，而功归于天王。[41]

正因相信毗沙门天王具有能够通过祈祷显神助战的功能，所以中唐以后的混战中各方将领都要设祭求佑，至今敦煌、大足等地仍存多种毗沙门天王及其眷属的画像或者石雕。据《敦煌莫高窟内容总录》记载，晚唐五代至北宋的毗沙门天王造像，在敦煌至今尚存二十多铺。[42]

又《五灯会元》卷一三华严修静章次：

问："大军设天王斋求胜，贼军亦设天王斋求胜，未审天王赴何愿？"师曰："天垂雨露，不拣枯荣。"

这又成为禅宗机锋中一个矛盾律命题。类似情形也曾出现在后世关羽崇拜之中，另文再叙。

1987年陕西法门寺佛塔地宫发掘时，发现了咸通十五年（874）唐懿宗迎奉佛指舍利时入藏的完整的唐密曼荼罗道场，出土了数千件绝世文物，曾经轰动了世界考古界和宗教界。这个地宫由唐僖宗敕令封闭，完善保存至今。其中的毗沙门天王已经变为四大护法天王之"北方大圣"，地位显然与密宗初传时大有不同。其中供奉佛指舍利之八重宝函中的第七重"鎏金四天王盝顶银宝函"，正面之"北方大圣毗沙门天王"像犹一手持杵，一手捧塔，保持着初来中土时的形象。而在安置在地宫前室琥珀石料雕镂的护法诸神中，"北方多闻天王"已然变成右

陕西法门寺地宫北方天王坐像。可知晚唐毗沙门造像已经汉化，接近后世关公造像了。

手持剑、左腿上蜷作“游戏坐”、幞头盔甲等式样，已经很接近金代神像中之关公了。

孙光宪《北梦琐言》卷第九描述了唐五代于毗沙门天王信仰的衰歇和延续：

唐彭城刘山甫，中朝士族也。其先宦于岭外，侍从北归，泊船于青草湖。登岸见有北方毗沙门天王，因诣之，见庙宇摧颓，香灯不继。山甫少年有才思，元随张处权请郎君咏之，乃题诗曰：“坏墙风雨几经春，草色盈庭一座尘。自是神明无感应，盛衰何得却由人。”是夜，梦为天王所责，自云：“我非天王，南岳神也。主张此地，汝何相侮？”俄而警觉，而风浪陡起，倒樯绝缆，沉溺在即。遽起悔过，令撤诗牌，然后已。山甫自序。[43]

又同书卷第十七提到李克用：

曾于新城北以酒酹毗沙门天王塑像，请与仆交谈。天王被甲持矛，隐隐出于壁间。或所居帐内，时如火聚；或有龙形，人皆异之。[44]

尤其值得注意的是，最初造出“关羽皈依佛门”传说的天台宗，此刻已与密教“融摄无遗”了。《释门正统·慧才传》描写受戒仪规，天台僧人不但能忏摩，而且也行灌顶之法：

元丰元年春末，缁素万指求大戒。(慧才)先为忏摩，然后授甘露法。方羯摩时，道场中观音像顶放光表证，初贯宝焰，朦胧煜爚，渐次舒发，辉散讲堂，犹如隙光，斜迸飞入；又如水光，侧影反射。檐庑道场燃炬，及与日光，不能映夺。[45]

严耀中认为，“上述所谓授甘露法即是灌顶法。南宋若讷也有类似情况。”“此外还有寺院法物为证，如有陀罗尼经幢树立在智者大师所创的天台高明寺前，该寺内‘金刚密迹，拥护其前’，楞严坛上的‘大陀罗尼门能总持一切’，故至少到明代此寺尚有很浓重的密教气息。而立于平阳灵顺庙的陀罗尼经幢，也是‘天台教沙门’在宋代所树。”并言天台与密教“此时间上说，二者结合最引人注目的高潮却是在五代二宋。”[46]这当然是在开元三大师传法的“原教旨”密教消歇以后，其教义仪轨必定呈现出本土化趋势，或者将部分转移隐藏到其他本土化的佛教中去。天台宗在接续密教香火的同时，也开始了密教的本土化过程。

密教化的天台宗，或称天台化的密教既已在宋代广泛传播，则唐时关羽为天台护法的故事，与密教以毗沙门天王为护法的传说，也具有了融会贯通的因子。

但是在敦煌这样因唐末五代而与中原隔绝的地区，密宗兴盛衰减的频率周期或有不同。吕建福分析说：

> 毗沙门信仰之为唐人接受，有这么样一个历史背景：唐在西北的用兵和皇室对密宗的崇信。天宝以来，西北边陲战事屡起，唐数次用兵安西和吐蕃。在安西一带的将士们长期争战中，接受了当地的文化影响。密宗大师不空及其弟子，在天宝十二年（753）亦在“西北边陲，请福疆场”，西北诸将哥舒翰、高仙芝、封常清等均与不空相来往。不空亦在此地开译场、行密法，其《毗沙门天王经》或即译于此时，毗沙门信仰、西北战事、密宗行法，都在这里融汇起来。安史之变，诸边将都先后东返，从军事上、宗教上参预了平乱和拥立肃宗复京的重大活动。这样于阗的毗沙门信仰也随之传入内地，直接促成了唐朝毗沙门信仰的形成和普及。[47]

但随着唐朝灭亡及唐密消歇，毗沙门信仰亦应随之发生变化。[48]

考虑到西夏陷沙州后曾经统治过敦煌，则其对毗沙门天王的崇信亦应当在西夏佛教中得到延续，神像中出现毗沙门天王或其二郎独健形象，也应当是顺理成章之事。据中国社科院民族研究所白滨介绍，在黑水城同时出土的佛教文献残版中，还有护法神主版画（TK275，宋刻本，7.5×8.7cm）、护法神版画（TK227，宋刻本，15.5×8.5cm）、护法天王像（榜题“楞严大师”，Φ308A，宋刻本，

宁夏贺兰县宏佛塔出土绢质卷轴画《护法神像图》

21×16cm）。[49]包括近年陆续出土的西夏藏传密教造像，也应当是这一现象的组成部分。

1990年宁夏贺兰县宏佛塔维修时出土绢质卷轴画《护法神像图》，画面82×53cm，护法神冠顶上又出一法像，神像长发后扬，突眉怒目，亦右持叉，左托物。右上角有一长方形榜题，墨书四个汉字“□□真君”。[50]

目前尚未闻知西夏有任何崇尚关羽的风习，但是他们信仰的佛教为藏传密教，仍然保留着毗沙门天王信仰。这就造成一种奇怪的现象，在宋廷与西夏半人半神的边境战争中，宋军认为是二郎神或者关羽神现形相助的奇迹，都是以西夏人眼中毗沙门天王的神迹形式出现的。这种形态还延续到了金与西夏的战事中，或许也正是西夏人对于关羽神像发生兴趣，并收藏入黑水城佛塔中的原因。从宋朝来说，毗沙门信仰次后实际上是转移到关羽身上了，其时道教杜撰的“托塔李天王”尚未得闻。

推想毗沙门天王信仰失传的原因之一，或者就是供奉毗沙门及其眷属的手段繁杂，靡费过甚，使中唐五代战祸频仍中的信善百姓难以承担，故转向其他简易教派或偶像供奉。读者想必熟悉《水浒传》，林冲发配，去守天王堂，得了好处的差拨告诉他“这是营中第一样省力的勾当，早晚只烧香扫地便了。”这是基于宋代以后毗沙门天王信仰已然衰落，才可能作此描述。

又毗沙门天王在佛教中本负有领兵护法之责，“复有三万六千诸药叉众，毗沙门天王为其上首”，[51]而且“为鬼将军，摄诸鬼神”，并得到佛陀的认可赞许，“尔时佛告毗沙门天王，快哉鬼神大王，欲护陀罗尼经者。”[52]这些都与唐时已传关羽皈依佛门，又欣然为佛教作护法伽蓝事相类，关羽并在道教系统中担任东岳庙雷部众神之首，“提典三界鬼神刑狱公事大典者”，亦与密宗毗沙门天王职责相当。[53]道教兴起以后，抄袭佛教神祇并使之中国化，亦踵两教争斗惯伎之常。可参后文《“关帝斩蚩尤”考》中《关羽崇拜与正一派崛起》。

关公信仰缘毗沙门天王而传布仍有踪迹可寻。王世贞序本《万历（南）通州志》卷五《杂志》言：

> 关王庙：一在州治西北，唐天宝五年建；一在州治西南，旧名天王庙，宋太平兴国五年建，弘治间千户王舜臣拓地改建。[54]

此两处关庙，一与“天宝”年号及“西北”方位有关，一则与“旧天王庙”有关。作为形象证据，我还在河北农村清代关庙中拍摄到了“托塔关公”的图像。论者多据明中叶《西游记》《封神演义》认为，毗沙门天王隐退成为“多闻天王”以后，其神功法力已经转移到道教的“托塔李天王”身上，其实不确。

河北蔚县单堠村关庙“托塔关公”图像

由于毗沙门天王信仰后来在藏传密教中延续，且因此影响到蒙古、满洲等信众，以致关公具有类似毗沙门天王“临敌助战，护佑胜利”功能的传说，能够顺利地跨越朝代、民族，影响深远。事实上，宋、金、元、明、清乃至中华民国初年将近千年，关公一直被军队视作“战神”。而国家军队也是第一个崇奉关公具有延续性的特大社会群体。后文续证。

“战神”关公

如果仅仅是佛教一宗一寺的“显圣”传说，所在多有。从桂林龙隐岩佛徒碑刻即以关公续接天台智顗，又加予“擎天得胜”称号来看，关公此时已经另有使命在身，这就是“战神”。另一通记述年代、地理相近的宋碑能够证实这个微妙而意义深远的变化，这就是至今犹存山西沁县博物馆的元丰三年（1080）《威胜军新建蜀荡寇将〔军汉寿亭〕关侯庙记》。雍正十三年《山西通志》概要介绍说：

> 沁州汉寿亭侯庙：宋仁宗时侬智高陷邕州，铜川神虎第七军以矫捷应募。行次荔浦，祷于祠下。广源以南地，多深林，蛮伐木塞路。忽大风卷卧木，军得并进。及战，有神兵旗帜戈甲，弥亘山野。敌顾望恇怯，军遂大克。归建庙。李汉杰撰记。[55]

其实不够确切。该碑全文甚长，为省篇幅，仅将有关文字抄录如下：

向也交阯入寇廉、白，熙宁九年，今上矜恻下民，诏元戎举兵问罪。沁州铜川神虎第七军以趫捷应募者，由任真而下，凡二百三十七人，隶于左第一军前锋之列。枞金伐鼓，行踰桂州，驻旌荔浦，遇将军之祠下。询其居民，对曰□其始，得□□□□。皇祐中，侬贼陷邕州，祷是庙，妄求福助，掷杯不应，怒而焚之。狄丞相破智高，乞再完。仁宗赐额，以旌灵贶。众骇其异，罗拜于庭，与神约曰：一军誓假威灵，平蛮得儁，长歌示喜，高蹑太行，而北归旧里，当为将军构饰祠宇。复请木（刀）绘马，执为前驱，入践贼界，士气骁锐，武威震叠，蛮将闻钲鼓，望风乞降，余众弃城而遁。进军临富良江，蛮酋遣将，乘蒙冲斗舰，举楫若飞，急趋争岸，迎官军陆战。江北神虎军鼓噪先登，强弩雨射，贼大奔（溃）自相腾轹，斩首及溺死者数万余人。既捷，荣雄受爵赏者二十六人。任真、贾信、董宁并指挥使，余以功之高下，递补有差。

山西沁县博物馆藏北宋元丰三年（1080）《威胜军新建蜀荡寇将军汉寿亭关侯庙记》，详尽叙述了他们奉命远驰广西抵御交阯军入侵，密林中遭遇伏击时，如何得到关公率阴兵救助，全军平安，回到驻地后集体立庙，酬谢关公的过程。

先是，我军之行也，广源以南地多深林，密于栉比。蛮人预伐，横绝其路。结营息众，势莫能前。夜有大风暴发，怒号之声，若挝万鼙。迟明视之，卧木飞尽，九军得以并进。我军之战也，众与敌均。俄有阴兵，旗帜戈甲，弥亘山野，敌人顾望，惴恐而败。精诚所召，助顺之灵。暴风夜至，阴兵昼见，神以符效，应人之祷。神虎军踊跃请行，深入万里，果立战功。归而建庙以享祀，荅神之休。庙制一新，高堂峻庑，雕焕森严。费逾千计，出于众心悦助，其赀成之不日，事有极异不著，于辞久则寂无所闻。乃砻石镂记，永传嘉应，于神无愧负矣。[56]

碑文提到“迄今江淮之间，尊其庙像，尤以为神”，已与前引刘禹锡《自江陵沿流道公》诗句“行到南朝征战地，古来名将尽为神。”地域相关，时代踵继。可以见出，关公信仰在唐宋之际，已经开始从荆楚地区沿长江而下了。

请注意，这里实际上谈到在广西先后发生的两次战事，第一次是仁宗朝狄青为主帅征伐侬智高，第二次是神宗朝郭逵为主帅逐走交阯（1076），《宋史》均有记载。也和北宋其他战事一样，这场战争依然是在“半人半神”的状态下进行的。《宋史·狄青传》说他“临敌被发，带铜面具，出入贼中，皆披靡莫敢当”。颇有几分天神鬼魅的模样：

皇祐中，广源州蛮侬智高反，陷邕州，又破沿江九州岛，围广州，岭外骚动……青明日乃整军骑，一昼夜绝昆仑关，出归仁铺为阵。贼既失险，悉出逆战。前锋孙节搏贼死山下，贼气锐甚，沔等惧失色。青执白旗麾骑兵，纵左右翼，出贼不意，大败之，追奔五十里，斩首数千级，其党黄师宓、侬建中、智中及伪官属死者五十七人，生擒贼五百余人，智高夜纵火烧城遁去。

司马光言，侬智高攻广州，“使勇士数十人，以青黛涂面，跳跃上岸，广州兵皆奔溃。”[57]亦或双方都有“以傩制傩”的心理和威慑功用。又《宋史·郭逵传》：

交阯李乾德陷邕管，召为安南行营经略招讨使兼荆湖、广南宣抚使，请鄜延、河东旧吏士自随……至广西，讨拔广源州，降守将刘应纪；又拔

关云长夜读春秋（摄于解州关帝庙）

决里隘，乘胜取桄榔、门州，大战富良江，斩伪王子洪真。乾德穷蹙，奉表归命。时兵夫三十万人，冒暑涉瘴地，死者过半。至是，与贼隔一水不得进，乃班师。[58]

请注意“时兵夫三十万人，冒暑涉瘴地，死者过半”句，即知立碑之官兵虽经密林中敌军设伏，仓促应战，犹能全身而还，立功受赏，所以要回乡为关公建庙，敬诚祈祷的心理了。

沁县关庙立碑人达到七百八十多位，包括两个属于北宋“禁军”编列的建制部队的官兵：一个是“先于熙宁九年五月内选募，往安南道战蛮”，参加了实际作战的神虎军，另一个是前来赞襄的宣毅第二十五指挥，都是戍守西夏前线的一线部队以及上下级其他相关人员，恐怕是现存关庙碑刻中人数最多的。宋代兵制承袭晚唐五代“募兵制”，保留了一部分职业军人，即“营伍子弟听从本军”。但是基本国策却是招募灾民，理由倒也简单：“不受为兵，则恐为盗。”[59]此外还有罪犯充军及抓丁两途。往往形同乌合，因此战斗力始终不振。[60]所以在一线军队中亟需树立榜样或以“神道设教”激励士卒奋勇之志，也是可以理解的。

不过“率阴兵助阵”的说法，并非中土素有风俗。在道教前身的方士观念中，以“兵神”著称正是蚩尤。《史记·天官书》云：

蚩尤之旗，类彗而后曲，象旗，见者王者征伐四方。

《云笈七签》卷一百引唐人王瓘《轩辕本纪》：

蚩尤始作铠甲兜牟，时人不识，谓是铜头铁额。

于葛庐山发金作冶，制为铠甲及剑，造立兵仗、刀戟、大弩等，威震天下。

类似今日“兵工专家”。唐初儒家祀典则以谋略之相姜尚为“武成王”，与孔丘“文宣王”对举。

注释：

［1］《全唐文》卷六八四，中华书局影印本。

［2］《隋天台智者大师别传》，《大正藏》五十卷。

［3］［4］《宋高僧传》卷十《唐荆州天皇寺道悟传》。

［5］《南岳思大禅师立誓愿文》，载《大正藏》四六卷。

［6］参《大正藏》卷四六《修止观坐禅法要杂说》。

［7］见《冯友兰〈中国哲学史〉附录〈审查报告〉三》，载《金明馆丛稿二编》。

［8］《全唐诗》卷五二。

［9］《宋高僧传》，中华书局排印本第225页。据《三国志·魏书·张乐于张徐传》叙张辽征吴时死于扬州："辽还屯雍丘，得疾。帝遣侍中刘晔将太医视疾，虎贲问消息，道路相属。疾未瘳，帝迎辽就行在所，车驾亲临，执其手，赐以御衣，太官日送御食。疾小差，还屯。孙权复叛，帝遣辽乘舟，与曹休至海陵，临江。权甚惮焉，敕诸将：'张辽虽病，不可当也，慎之！'是岁，辽与诸将破权将吕范。辽病笃，遂薨于江都。帝为流涕，谥曰'刚侯'。"

［10］乾隆《解梁关帝志》。

［11］今存佛教典籍有《景德传灯录》《续传灯录》等几种，但笔者没有发现类似记载。

［12］敦煌写本《楞伽师资记》是唐朝开元年间净觉和尚根据其师玄赜《楞伽人法志》而作，其中叙及北禅法统八代，第七代迳言"唐朝荆州玉泉寺大师，讳秀"。宋代玉泉寺已为禅宗丛林，宋真宗命人编纂智顗以后的诸僧语录，即《景德传灯录》。

［13］嘉靖壬午卷之十六，毛本作"普静"。"还我头来"是禅宗所谓迷失自我。宋末周密（1232～1298）《齐东野语》卷一"真西山"条谓："有道人于山间结庵，炼丹将成。忽一日入定，语童子曰：'我去后或十日、五日即还，谨无轻动我屋子。'后数日，忽有叩门者，童子语以'师出未还'，其人曰：'我知汝师久矣！今已为冥司所录，不可归，留之无益，徒腐臭耳！'童子村朴，不悟为魔，遂举而焚之。

道者旋归，已无及，绕庵呼号曰：‘我在何处？’如此月余不绝声，乡落为之不安。时有老僧闻其说，厉声答之曰：‘你说寻“我”，你却是谁？’于是其声乃绝。时真母方娠，忽见道者入室，遂产西山，幼聪颖绝人。”按真西山即南宋理学大家真德秀（1178 ~ 1235）。“关公索头”，老僧喝断，或为此时传说。

[14] 据朝鲜金九经校敦煌唐写本。

[15] 王维《大唐大安国寺故大德净觉禅师塔铭》。

[16]《全唐文》卷三九〇。

[17]《全唐诗》卷六七三。

[18]《全唐诗》卷六七三首载：“周朴，字太朴，吴兴人。避地福州，寄食乌石山僧寺。黄巢寇闽，欲降之，朴不从，遂见害。”他所见玉泉寺也当为唐末景象。

[19]《全唐诗》卷二四八。又俞樾《茶香室丛钞》卷十五作“唐郎士元《关某祠送高员外还荆州》”。《关帝志》此诗题《壮缪侯庙别友人》。《全唐诗》该卷首云：“郎士元，字君胄，中山人。天宝十五载擢进士第……出为郢州刺史。与钱起齐名，自丞相以下，出使州牧，二君无诗祖饯，时论鄙之。故语曰：‘前有沈、宋，后有钱、郎。’”

[20] 此则材料承桂林市桂海碑林博物馆馆长刘玲双女士提供，谨此致谢。摩崖在龙隐岩。按《鞞婆沙论》卷十二言：“当言名缘耶。当言义缘耶。答曰：七解脱。当言名缘。当言义缘。”造像僧得名，当自此来。

[21] 陈寅恪《韦庄〈秦妇吟〉校笺》，辑入《寒柳堂集》。又翟理斯（Herbert A. Giles，1845 ~ 1935）为英国汉学家。1897 年任剑桥大学中文教授 30 余年。毕生致力于介绍中华文明。其文原载《通报》第二十四卷第四、第五合期，译文载《燕京学报》第一卷第一期。

[22] 康熙刻本《玉泉寺志·词翰补遗》，承当阳关陵文管会原主任姜耀南提供复印件，谨志谢意。又据张商英《荆门玉泉皓长老塔铭》，承皓示寂于元祐六年（1091）十二月十八日。

[23] 据《玉泉寺志》，玉泉寺曾在南宋绍兴年间（1131 ~ 1162）、端平元年（1234）及元至正十七年（1357）三次毁于兵燹及火灾。玉泉寺志编纂委员会编（内部发行），2000 年 6 月印刷，第 36 页。承该书主编周天裕先生持赠，谨致谢忱。

[24] 毛德《新建武安王殿记》，《解梁关帝志》卷三。

[25]《玉泉寺志》，第 156~157 页。

[26]《解梁关帝志》卷四《艺文下》辑录一组蒙汉官员在玉泉山的诗咏，其中有李俊民、刘纬、程严卿、何溟、周午、李鉴、乃贤等。《元史·刘伯林传》载

刘伯林济南人，与史天泽、严实、张柔同为汉军四大万户。其子刘马袭职万户，有子十二人，长子刘元振袭万户。元振卒，子刘纬袭万户职。或即其人。李鉴当为胡琦《关王实录》作序者。

［27］载《大正藏》（NO.1249）卷二一，第 227 ~ 230 页。台湾新文丰出版社 1983 年版。

［28］一行生平可参吕建福《中国密教史》，中国社会科学出版社 1992 年版，第 224~245 页。

［29］毗沙门天王或实有其人。提云般若译《佛说大乘造像功德经》卷上言："惟有北方毗沙门子那履沙婆，曾于往昔造菩萨像，以斯福故，后得为王，名频婆沙罗，复因见我，今得生天，有大势力，永离恶道。"盖缘佛陀生于印度北方，毗沙门王可能是他早期有势力的施主。

［30］义净译《金光明最胜王经》卷一《序品第一》。

［31］北凉法众等译《大方等陀罗尼经》卷三。

［32］参《大唐西域记》卷一《缚喝国·纳缚僧伽蓝》。

［33］参《管锥编》第一册，第 320 页。

［34］周氏论文原系以英文刊载于《哈佛亚洲学报》第八卷（1945 年）第三、四号上。中译本题改作《唐代密宗（Tantrism in China）》，上海远东出版社 1996 年 7 月版。

［35］《宋高僧传》卷一《唐京兆大兴善寺不空传》，中华书局 1993 年 2 月校点本。

［36］《宋高僧传》卷二六《慧云传》。

［37］《全唐文》卷七三〇。

［38］《金石粹编》卷一〇六，中国书店影印本第三册。

［39］段成式《酉阳杂俎》，北京燕山出版社 1999 年 12 月版。

［40］高彦休《唐阙史》卷下。

［41］李筌号少室山达观子，两《唐书》无传。大约生活在肃宗、代宗年间。乾元二年（759）《进太白阴经表》称"正议大夫持节幽州军州事幽州刺史并本州防御使上柱国臣李筌上表"，唐永泰四年（768)《序》署名"河东节度使都虞侯臣李筌撰"。可得时代之概。

［42］参敦煌研究院谢生保等编著《敦煌艺术之最》，甘肃人民美术出版社 1993 年 6 月版。编者持赠，谨致谢意。

［43］孙光宪《北梦琐言》卷九，上海古籍出版社。

［44］同上。卷第十七。薛居正《旧五代史·唐书·武皇纪上》亦言“新城北有毗沙天王祠，祠前井一日沸溢，武皇因持酒而奠曰：‘予有尊主济民之志，无何井溢，故未察其祸福，惟天王若有神奇，可与仆交卮谈。’奠酒未已，有神人被金甲持戈，隐然出于壁间，见者大惊走，惟武皇从容而退，由是益自负。”

［45］据《佛祖统纪》《释氏稽古略》：慧才俗姓王，浙江永嘉乐清人，宋真宗祥符初年（1008）获准剃度，年十三受具足戒，往四明山追随法智大师。因愚痴迟钝常持诵《大悲咒》，一夜忽梦身长数丈之清净僧人脱袈裟覆于其身，次日豁然开悟，所闻佛法，一时洞彻。后从慈云遵式大师，日夜精勤。宋英宗治平初年（1064），居于法慧宝阁，赐号“广慈”。不久隐退雷峰塔下，日诵《大悲咒》一百零八遍，又曾诵阿弥陀佛圣号翘足仰望一昼夜。一晚梦达极乐世界七宝楼阁清净宫殿，方知净土中品是其阶位。宋神宗元丰元年（1078）春，为僧俗二众千人授菩萨大戒于雷峰塔，净慈守一禅师特作《受戒放光记》。元丰六年（1083）五月二十一日坐化，时年八十六岁。

［46］严耀中《试论汉传密教与天台宗的结合》，《汉传密教》第69、67、77页。严著《汉传密教》一书另有《宋代的密教高潮》一章缕述此题，罗列多方证据，亦可一并合观。

［47］《中国密教史》，第365~366页。

［48］黑水城文献中亦发现有密宗文献，如ф221＋ф228＋ф266R《大乘入藏录》卷上；ф221＋ф228＋ф226V：1.八种粗重犯堕；2.常所作仪轨八种不恭；3.大乘秘密启发；4.咒惜财不布施者诗偈并画。参府宪展《敦煌文献辨疑录》，载《敦煌研究》1996年第二期。

［49］白滨《〈俄藏黑水城文献〉中的宋代文献》，辑入《宋代历史文化研究（续编）》，人民出版社（北京）2003年9月，第398页。

［50］《文物天地》杂志（北京）2004年第二期89页。

［51］义净译《金光明最胜王经》卷一《序品第一》。

［52］北凉法众等译《大方等陀罗尼经》卷三。

［53］今泰山犹立有关帝庙一所，2003年1月笔者应泰山风景区管委会李传旺主任之邀，由管委会张用衡先生陪同特意前往考察。据介绍，关帝庙位于泰山南麓，自此登山始有盘道。庙踞盘道西侧，原名关帝祠，又称山西会馆。相传山西商客建祠祀关羽，创建年代无考，明清拓修而成。建筑群分为东南、东北、西南三组。第一组由影壁、南山门（戏楼）、戏台、配殿、拜棚、正殿等组成，为祭祀区；第二组由东门、憩厅、东厢房、过厅、西厢房组成，为祭祀休息区；第三组原称山西会馆，

占整个建筑群的二分之一，大部分已改造，今存南山门、正殿和左右配殿，现为国家文物局培训中心。整个建筑规模宏敞，筑构精美，均饰彩绘交清式墨线小点金和墨线大点金。三组建筑年代各异。第一组较早，清初又建第二、三组。1983 年重修。

[54] 辑入《天一阁藏明代方志选刊》卷五，第 586 页。

[55] 雍正《山西通志》卷一百六十六，第 41 页。

[56] 原文载冯俊杰主编《山西戏曲碑刻辑考》，中华书局 2002 年 1 月出版，第 16 ~ 25 页，惟错讹漏失甚多，难以卒读。复查得文渊阁本四库全书辑录乾隆《山西通志》卷二百〇一《艺文》亦载节本，题目作《汉寿亭侯庙记》，后蒙山西友人张小别、景晓雄提供碑拓及摄影照片，校定此文。

[57]《涑水记闻》，中华书局校点本，第 258 页。

[58] 又《邵氏闻见录》卷八，亦以狄青、郭逵、杨遂、苗授“四人者，其功业、智勇、贫贱、遇合略相似，故并书之。”

[59] 欧阳修《欧阳文忠公集》卷五九。

[60] 可参郭汝瑰《中国军事史》第三卷第五章第二节《(宋代)兵源及兵役制度》，解放军出版社出版，第 327~336 页。

第三章

社会转型与价值重建

唐宋转型

受到近代马克思主义“社会发展五阶段论”史学观的影响，中国史学界一般认为“封建社会”（feudal society）曾横亘中国社会数千年，至 1840 年鸦片战争以后才蜕变为“半封建半殖民地社会”。但同时引进马克思主义的日本史学界却有不同看法。他们提出了“唐宋社会转型论”，认为中晚唐以后中国社会开始发生重要变化，尤其是从经济史角度看去，产生的社会变革已经接近“近代社会”。近年欧美等国学术界赞同这一观点，开始影响内地观念。[1] 此题关涉甚广，我在 2005 年出版的《伽蓝天尊》及《超凡入圣》两书中都用大量篇幅加以论证，这里只能作为本题阐述的背景。

社会转型引发价值体系改变或者重建的事例，正在当代中国发生，人们不会陌生。美国哈佛大学卡斯维尔（Charles H.Carswell）讲座教授包弼德（PeterK Bol）在他的代表作《斯文：唐宋思想的转型》（This Culture of Ours Intellectual Transitions in Tang and Sung China）中提出：

> 历史学家承认，国家的价值观在历史的某些时期被重新界定，比如当社会发生变化、对财富的控制发生转移、政治权力重新组织。[2]

引发唐宋“社会转型”的关键，是由于“安史之乱”后唐王朝靠回纥、吐蕃平息叛乱，得以还都长安，遂有茶、瓷之筵宴赏赐。这也是游牧部族第一次享用到中原文明的新成果。但是茶、瓷在唐代本属贡品，即限制生产之物品，王公贵族士大夫所用也只能依靠皇室赏赐，故出产有限。但是回纥、吐蕃部族一经享用，顿觉依赖，于是屡有“索贡”之举，甚至侵犯长安，皇帝不得不一再出逃。为了满足回纥、吐蕃对于茶叶、瓷器的需求，朝廷不得不把贡品改为商品，从限制生产改为鼓励生产，这才开创了著名的“茶马交易”。唐德宗贞元九年（793）还首开了茶税的征榷。据《新唐书·食货志》记载，到了唐文宗开成年间，朝廷收入矿冶税每年不过七万余缗，尚不及一县之茶税。这不但带来了巨额的中央财赋，而且在中国以及周边贸易地区普及了饮茶的习惯。傅筑夫尝引李珏言：

> 茶为食物，无异米盐。于人所资，远近同俗。既祛竭乏，难舍斯须。田闾之间，嗜好尤切。[3]

这表明后世俗语“开门七件事，柴米油盐酱醋茶”在当时已成雏形，形成较大的商业规模。白居易《琵琶行》所咏江西茶商入长安、娶歌妓的豪奢生活，亦当出自这一背景。[4]

中晚唐社会的另一个变化，就是藩镇割据状态形成以后，中央和地方争夺税源财赋的问题。一般以建中元年（780）唐德宗接受杨炎建议，颁布“两税法”以替代租庸调法，为唐代赋税制度改革的标志。其背景是“安史之乱”以后，黄河流域备受荼毒，农业经济受到巨大破坏，人口流动加剧，户口耗减，唐初“以人丁为本”的租庸调制实际上已无法实行。而且地方藩镇的割据局面造成事实上的财税独立，中央政权的财政收入难以为继。“两税法”主要适应人口流动和商业活跃的现实，以现实居住地重订户籍，定居者与流动人口分别计税。

茶、瓷开禁征榷和“两税法”的实施对于社会转型的意义，相当于1980年以来中国内地以商品化和人口流动为标志的“改革开放”。由此兴起的各路贸易商帮也如雨后春笋，“暴富”人家则令文士官员为之侧目，因此成为元和年间以白居易、元稹为代表的纪实体“新乐府运动”以“估客乐”为题吟哦的对象。如刘驾《估客乐》诗言：

> 贾客灯下起，犹言发已迟。

高山有疾路，暗行终不疑。
寇盗伏其路，猛兽来相追。
金玉四散去，空囊委路歧。
扬州有大宅，白骨无地归。
少妇当此日，对镜弄花枝。[5]

道尽了商贾之途的艰险莫测。又张籍同题诗：

金陵向西贾客多，船中生长乐风波。
欲发移船近江口，船头祭神各浇酒。
停杯共说远行期，入蜀经蛮远别离。
金多众中为上客，夜夜算缗眠独迟。
秋江初月猩猩语，孤帆夜发满湘渚。
水工持楫防暗滩，直过山边及前侣。
年年逐利西复东，姓名不在县籍中。
农夫税多长辛苦，弃业长为贩卖翁。

已经谈及这个流动世界中不同的价值准则和弃农经商的过程。刘禹锡《贾客词》更多描述了他们经商致富的过程：

贾客无定游，所游惟利并。
眩俗杂良苦，乘时知重轻。
心计析秋毫，摇钩侔悬衡。
锥刀既无弃，转化日已盈。
邀福祷波神，施财游化城。
妻约雕金钏，女垂贯珠缨。
高赀比封君，奇货通幸卿。
趋时鸷鸟思，藏镪盘龙形。
大艑浮通川，高楼次旗亭。
行止皆有乐，关梁似无征。
农夫何为者，辛苦事寒耕。

同时诗人纷纷吟咏此题，题旨遂一变而为指斥暴富之伪诈，感慨世风之不古矣。盖源中唐商潮初兴，牟利冲动乘时而起；逐利之风竞相扇炽。何况盐、茶、瓷等大宗物资禁榷初开，民间商贩趋之如鹜，也很快形成贫富分化。故“新乐府”之《估客乐》诗题，率多悯农伤贫，慨叹不均之言。[6]身经由国家统制型“计划经济”转变为市场调节型“商品经济”的今时之人，尤能体察其中的酸甜苦辣，故不具论。

需要特别提及的是，在这群迅速流动的人口中，也免不了存在或者招来拉帮结伙的强梁寇盗。担任扬州节度使掌书记的杜牧虽然是风雅诗人，但也不能总是吟哦“十年一觉扬州梦，赢得青楼薄幸名”这类旖旎诗词。他在刚到扬州不久，写过一篇公文《上李太尉论江贼书》谈及当时情况：

伏以江淮赋税，国用根本。今有大患，是劫江贼耳。某到任才九月，日穷寻究访，实知端倪。夫劫贼徒上至三船两船，百人五十人，下不减二三十人，始肯行劫，劫杀商旅，婴孩不留。所劫商人皆得异色财物，尽将南渡，入山博茶。盖以异色财物不敢货于城市，惟有茶山可以销售。盖以茶熟之际，四远商人皆将锦绣僧缬、金钗银钏入山交易。妇人稚子尽衣华服，吏见不问，人见不惊，是以贼徒得异色财物，亦来其间，便有店肆为其囊橐，得茶之后，出为平人。[7]

而商帮作为唐代新兴的民间团体，当时并无制度保护，流动性又极大，因而与传统“乡里社会”形成不同价值观念。元稹《估客乐》中写道：

估客无住著，有利身即行。出门求火伴，入户辞父兄。
父兄相教示，求利莫求名。求名有所避，求利无不营。
火伴相勒缚，卖假莫卖诚。交关但交假，本生得失轻。
自兹相将去，誓死意不更。亦解市头语，便无邻里情。
鍮石打臂钏，糯米炊项璎。归来村中卖，敲作金石声。
村中田舍娘，贵贱不敢争。所费百钱本，已得十倍赢。
颜色转光净，饮食亦甘馨。子本频蕃息，货贩日兼并。
求珠驾沧海，采玉上荆衡。北买党项马，西擒吐蕃鹦。
炎洲布火浣，蜀地锦织成。越婢脂肉滑，奚僮眉眼明。
通算衣食费，不计远近程。经游天下遍，却到长安城。
城中东西市，闻客次第迎。迎客兼说客，多财为势倾。
客心本明黠，闻语心已惊。先问十常侍，次求百公卿。

侯家与主第，点缀无不精。归来始安坐，富与王家勍。

市卒酒肉臭，县胥家舍成。岂惟绝言语，奔走极使令。

大儿贩材木，巧识梁栋形。小儿贩盐卤，不入州县征。

一身偃市利，突若截海鲸。钩距不敢下，下则牙齿横。

生为估客乐，判尔乐一生。尔又生两子，钱刀何岁平。[8]

描述他们离乡背井，坑蒙拐骗，走南闯北，而后财源滚滚，衣锦荣归，交结公卿，摆富显阔的经历，俨然近三十年来“改革开放”的“唐代版”。傅筑夫《中国封建社会经济史》还解释说：

在古代交通不便，道路不安全的情况下，贩运价值连城的珍奇宝货，如系个人独来独往，则是非常危险的。因此商人在整装待发前，首先要和同行之人结成伙伴，即结成临时性商帮。只有这样，才能以团体力量共同抗拒猝发性的祸害，以保障本身和货物的安全。所谓“钩距不敢下，下则牙齿横”，就是人多势众的结果，单独个人是办不到的。崔融曾明确指出过这一点：“若乃富商大贾，豪宗恶少，轻死重义，结党连群，喑呜则弯弓，睚眦则挺剑，少有失意，犹且如此。”其所以能动则弯弓挺剑，睚眦必报，就是因为他们是“结党连群”的团体行动。[9]

但民间诗歌却洋溢着另外一种气息。如在湖南发现的唐代长沙铜官窑所烧民间瓷器题写的诗歌，就多是游子甚至估客之作，如“日日思前路，朝朝别主人，行行山水上，处处鸟啼新”写赶路，“男儿大丈夫，何用本乡居，明月家家有，黄金何处无”，写漂泊；“小水通大河，山深鸟雀多，主人看客好，曲路亦相过”，写萍水相交的友谊；“夜夜挂长钩，朝朝望楚楼，可怜孤月夜，沧（长）照客心愁”，写乡愁之无可排泄：都相当真切朴素。在离乡背井的奋斗中，别有情怀，依然保持着一份平和心境和希冀企盼。[10]敦煌俗曲也描述到平民客居异乡，与土著人士情同金兰的情形，如《浪淘沙》：

结草城楼不忘恩，些些言语莫生嗔。

比死共君缘，外客悉安存。

百鸟相忆投林肃［宿］，道逢枯草再迎春。

路上逢君先下拜，如若伤蛇口含真［嗔］。

其实司马迁《货殖列传》早已明言“牟利冲动”的不可抗拒性质。既然人自为利，商业伙伴也不可尽信。邻里可以“无情”，伙伴也可以“卖假”。于是“轻死重义”之“义”，包括“恩义”“情义”“信义”等亲亲宗法制度以外的平等相交的相互规范，开始成为人际交往的一种新准则。《水浒传》描述“梁山泊好汉大聚义”就是生动事例。

江湖社会

《三国志·关羽传》介绍他出身时，仅有“亡命走涿郡”五字，耐人寻味。

按“亡命”一词源出《史记》。《吴王濞传》说：“濞则招致天下亡命者。”《汉书·张耳传》又言，张耳“尝亡命，游外黄”。颜师古训言：

> 命者，名也。凡言亡命，谓脱其名籍而逃亡。

这是针对汉代乡社制度，凡入户籍者都必须在乡在土而言。脱离乡里者都没有了户籍，社会身份因此丧失。又《后汉书·光武帝纪》载：“耐罪亡命，吏以文除之。”李贤注：“亡命，谓犯耐罪而背名逃者。”又进一步以“亡命”为因犯罪避祸，而“脱名籍而逃”的人。所以关羽年轻时在乡社户籍的家世，以及流亡涿郡与刘备、张飞“结义”的壮举，也开辟了一个从想象到自我认同的广阔社会空间。更为重要的是在传统“五伦”的道德规范中，特别标举出“义”来，作为脱离家族宗法和乡里社会以后社会平等交往的准则。故此处所述“江湖空间”特指社会空间，尤其是由于唐宋社会转型后形成的公共空间。

而“江湖”一语自武侠小说标立“现代”以来，已滥用斯极。随意在谷歌中文搜索引擎上检索“江湖”词条，会发现百分之九十以上都是武侠小说及其电子衍生物的内容。目前论及“江湖”社会的专著论文虽然很多，但大都带有感情色彩，不是推崇快意恩仇，就是贬斥诡异莫测，所据也大都是清末民初的说法。我以为必须为“江湖社会”寻找一个原点，一个价值中立的定义。

还原到宋代，“江湖”一语至少也有三种主要用法。必也正名，故须对“江湖”一语略为辨析，才能设论于后。

如前所述，中唐以后中央政府端赖水网运输，“仰食东南”的现象愈来愈明显。偶读日人桑原骘藏的《历史上所见南北中国》，注释之详尽冗长超过正文，可谓一大特色。但其中引用的史料，却提供了一部概括的中国漕运史。[11]大致而言，中国历代京师一向依靠漕运供给。起初端赖秦汉时代的关中水利建设，供给长安用度，而中唐以后关中水利淤塞，中央财赋愈来愈须仰仗东南。故水路运输的通畅状况，直接决定着都城的设置和续后命运，也是后世所谓“江湖社会”兴起之由。而流动社会中如何形成、维系平等交往的人际关系，则又是“隐秘社会”崇尚关公之重要原因。后话另说。

宋人虽然重视回归家族，敦亲睦邻，但是社会演进、技术进步和经济结构变化，势必带来社会空间之扩大，也造成个人出入家族内外的灵活余地。人流物转既然自中唐已经大兴，宋代更是势如离弦之箭，欲罢不能，而且有若干新的措施在制度上助长了流动趋势。“江湖”社会的空间，亦应运而生。常言道“在家靠父母，出门靠朋友”，“宗族”社会和公共空间呈现出双向信道的形式，就正反映着这样的社会现实，至今亦然。只有在“平民宗法”和“结拜兄弟”之间出现一个相当宽松的公共空间，这样的互相补充、交互依托，才有可能成为现实。

邓子琴尝言：

> 尝考宗法时代与门阀时代皆为有形之社会组织，盖此两时代均有血族及经济关系，以为联系之资。至于士气时代，在经济为各个独立，互相等夷；在血族为人尽其道，不相限制。朝廷全以科举取士，苟士之有聪明才能者，咸能自奋一有所表焉。故此时代欲研社会风俗之中心，惟以士人之气节风格为重。[12]

“在经济为各个独立，互相等夷”的现象，即是以经济利益为中心的平等关系结合体，尤其表现在宋代的城市形态上。盖缘城市作为信息、商品、文化的集散地，是社会发展的天然指针，既集聚技术进步、经济发展和文化传播之大成，又对周边乃至全国起着示范功能和反馈作用。在以农耕文化和宗法氏族为主的中国，这种作用尤为突出。试略述之。

首先使用“江湖”一语的是庄子，他的著名比喻是：

泉涸，鱼相与处于陆，相呴以湿，相濡以沫，不如相忘于江湖。与其誉尧而非桀也，不如两忘而化其道。[13]

即用本义，但又把当时江河湖海辽阔的自然地貌赋予广阔、流动的内涵。在《外篇》的《天运》《至乐》《山木》等文中也有类似表述。尤其是当时江南的河湖纵横，汪洋恣肆，尤成专语，如《淮南子·主术训》所讲“汤、武，圣主也，而不能与越人乘干舟而浮于江湖”，及《史记·三王世家》述汉武帝封广陵王刘胥的策文中说的“古人有言曰：‘在江之南，五湖之间，其人轻心’”之类。

由此引申的意义，则是与“魏阙”“庙堂”对举，含有“隐居”“退处”的意思，这也首见于《庄子》。《外篇·让王》中说：

中山公子牟谓瞻子曰：“身在江海之上，心居乎魏阙之下，奈何？”瞻子曰：“重生。重生则利轻。”中山公子牟曰：“虽知之，未能自胜也。”瞻子曰：“不能自胜则从，神无恶乎！不能自胜而强不从者，此之谓重伤。重伤之人，无寿类矣！”魏牟，万乘之公子也，其隐岩穴也，难为于布衣之士，虽未至乎道，可谓有其意矣！

可知“隐岩穴”即是“身在江海之上，为于布衣之士”。后人反复吟咏这个对举，或者两者对立，如《旧唐书》本传述李白“尝沉醉殿上，引足令高力士脱靴，由是斥去。乃浪迹江湖，终日沉饮”；白居易“望风为当路者所挤，流徙江湖。四五年间，几沦蛮瘴”；崔玄亮“性雅淡，好道术，不乐趋竞，久游江湖”。故《新唐书·文学传》言：

天宝后，诗人多为忧苦流寓之思，及寄兴于江湖僧寺，而乐曲亦多以边地为名。

宋代犹然，以至黄庭坚《寄黄几复》诗“我居北海君南海，寄雁传书谢不能。桃李春风一杯酒，江湖夜雨十年灯”之类；或者两者兼容，最为人传诵的即是范仲淹《岳阳楼记》之名句“居庙堂之高则忧其民，处江湖之远则忧其君”。

“江湖”之第三义则出于《史记·货殖列传》叙范蠡事：

范蠡既雪会稽之耻，乃喟然而叹曰：“计然之策七，越用其五而得意。既已施于国，吾欲用之家。”乃乘扁舟浮于江湖，变名易姓，适齐为鸱夷子皮，之陶为朱公。朱公以为：陶，天下之中，诸侯四通，货物所交易也。乃治产积居，与时逐而不责于人。故善治生者，能择人而任时。十九年之中三致千金，再分散与贫交疏昆弟。此所谓富好行其德者也。后年衰老而听子孙，子孙修业而息之，遂至巨万。故言富者皆称陶朱公。

而《史记·三王世家》传汉武帝封齐王刘闳、广陵王刘胥的策文，曾言“齐地多变诈，不习于礼义”：

夫广陵在吴越之地，其民精而轻，故诫之曰“江湖之间，其人轻心。扬州葆疆，三代之时，迫要使从中国俗服，不大及以政教，以意御之而已。无侗好佚，无迩宵人，维法是则。无长好佚乐驰骋弋猎淫康，而近小人。常念法度，则无羞辱矣。”三江、五湖有鱼盐之利，铜山之富，天下所仰。故诫之曰“臣不作福”者，勿使行财币，厚赏赐，以立声誉，为四方所归也。又曰“臣不作威”者，勿使因轻以倍义也。

则知范蠡变名易姓之所在，本不习于礼义，而擅鱼盐矿冶之利，以其舟楫交通之便，故能“治产积居，与时逐而不责于人。”

宋人周淙《乾道临安志》卷二言：

吴地，古扬州之境也。其俗躁劲扬轻，故曰扬州。或曰：州界多水，水波扬也。《周官·职方氏》曰：扬州之民，二男而五女，其畜宜鸟兽，其谷宜稻。《吴越春秋》云：人性脆而愚，水行山处，以船为车，以楫为马，悦兵而敢死。《汉志》曰：吴粤之君皆尚勇，故其民好用剑，轻死易发，文身断发，以避蛟龙之害。数与楚接战，互相兼并。故吴越风俗略与楚同。《隋志》曰：江南之俗，火耕水耨，鱼稻富饶，不忧饥馁，信鬼神，喜淫祀。又曰：吴郡余杭，川泽沃衍，有海陆之饶，珍异所聚，商贾并凑。其人君子尚礼，庸庶敦庞，故风俗澄清，而道教隆洽，亦其风气所尚也。《国史·地理志·总叙》：两浙路以为性敏柔而慧，尚浮屠氏之教，厚于滋味，急于进取，善于图利。[14]

此处所指“江湖”，兼及地貌特征与治贾善生，鬼神淫祀。虽引前人之说，亦为时人自道。可知漕运及水上贸易大兴于宋代，尤其是南宋，亦有民俗方面的重要渊源。

“江湖”一词究指何所，众口纷纭，莫衷一是。我在《显性和隐性：金庸笔下的两重社会》中曾提出：

中国自周以来“以农立国”，“以农为本”，长期还以“井田制”为社会理想范式，并以此为中心设计出一整套政治和管理制度来。“离土离乡”意味着逸出传统的范式制度之外，其流动隐秘、生计无常的特性，又使这些游民往往具有破坏力。也是古代法制最难管理的一类阶层。从农本社会的观念出发，这些离土离乡，游踪不定，或者以交通流通为业的江湖角色，都是行事乖张，所为可疑，坑蒙拐骗之辈。常言道：“车船店脚牙，无罪也该杀”，其此之谓也。这类角色恰合庄子“不如相忘于江湖”中“江湖”二字的本意，构成传统中国社会丰富的人物谱系。[15]

从概念贯通的意义上说，本文所论“江湖”亦包容以上三义。因为第一是两宋主要取赋东南，故两京端赖舟楫交通，属于“浮在水面上”的繁华都市；第二是朝臣赋闲，或者文士转徙调动，每叹不得其志用，都是以“江湖”自况，正显示着他们此刻的平民立场；第三是航运交通贸易及其延伸到都市中的商业、服务业、娱乐业，构成了两宋“民间社会”，即反映北宋末年江湖社会的小说《水浒传》的新基础，[16]这正是本文论述的重点。惟这些内容非数部专著不能容纳，所以须用化繁为简的方式，梳理出一个能够令人信服的角度。本文拟标举唐宋之际的漕运—城市水系—商业布局变迁为线索，以此贯通“江湖”一语的本义、引申义、转借义和隐喻义，进而论及宋代社会的公共空间及其信仰。

有同事曾以“江湖——游民生活的空间”为题先有论列，理或然，实不尽然。[17]本文仅及“江湖”之中立意义，不予辩论，姑执一端可也。

南宋吴曾《能改斋漫录》卷十三谈及“唐宋运漕米总数”时说：

唐居长安，所运米数天宝二百五十万石，大中时一百四十七万七千八百八十六石。唐自大中以后诸侯跋扈，四方之米渐不至，故耳。惟本朝东南岁漕米六百万石，以此知本朝取米于东南者为多。然以今日计，诸路共计六百万石，而江西居三之一，则江西所出为尤多。[18]

证实中唐以后中央政府“仰食东南”的现象愈来愈具依赖性质，甚至影响到政权存亡，首都迁徙。而东南漕粮端赖水网运输，所以称其为“漕”。欧阳修《新唐书》感慨于此，故特别夸赞张巡、许远在“安史之乱”中坚守睢阳（今河南商丘市睢阳区）力战之功：

张巡、许远可谓烈丈夫矣！以疲卒数万，婴孤墉，抗方张不制之虏，鲠其喉牙，使不得搏食东南，牵掣首尾，豗溃梁、宋间。大小数百战，虽力尽而死，而唐全得江、淮财用，以济中兴。以利偿害，以百易万，可矣！[19]

张巡等力战保全的江淮，其实也就是赵宋王朝起家的本钱。据《太平御览·水经》，汴河之开凿缘于“大禹塞荥阳泽，开渠以通淮泗，名浪宕渠，即汴渠”的传说。后隋炀帝下江都，“更令开导，名通济渠，引河水入汴口，自大梁之东引入泗，达于淮，至江都宫入于海，亦谓之御河。”这样就形成了全国漕运的骨干网，“自扬、益、湘南至交、广、闽中，公私漕运商旅轴轳连接。”自从关中“八水绕长安”的景观不复再现，黄河漕运一度成为迁都洛阳的主要原因。随着五代黄河改道，朱梁被迫再次东迁至汴梁，就食淮南。宋代的前三个君主都有过在长安重建京师的宏愿，宋真宗还借祀汾阴、封西岳的名义亲往考察，但终因漕运问题不能解决，永远放弃了追慕汉唐的雄心。元明清以北京为都城，也是在南北大运河的基础上才能实现。宫崎市定《东洋的近世》可谓一语中的：

宋以后的运河中心时代，中国社会沿运河线移动，不是孤立的现象，而是由各种其他社会情势在彼此相关、互为因果的情况下，所形成的近世社会的特性。大运河的机能是交通运输，所谓运河时代就是商业时代。[20]

话说周世宗柴荣显德二年（955）和显德四年（957），先后颁布过两个著名的诏令，第一是修筑汴梁外城，预先规划出大批空闲之地，“其标识内，候宫中擘画，定军营、街巷、仓场、诸司公廨院务，即任百姓营造。”[21]以网罗天下客商，建成商业都会，用今天的话来说，就是“招商引资，官民共建”；第二是疏浚汴河，显德四年四月“诏疏汴水北入五丈河，由是齐、鲁舟楫皆达于大梁”。五年三月“浚汴口，导河流达于淮，于是江、淮舟楫始通。”[22]“汴口既浚，舟楫无壅，将有淮浙巨商、贸粮斛贾，万货临汴，无委泊之地。（周景）讽世宗乞令许京城民环汴栽榆柳，起台榭，以为都会之壮。世宗许之。”[23]今语谓之“预留城市发展空间”，实际上主要作了沿河街市。

以今日视线观之，周世宗的谕令不啻都市“重商主义”宣言。倘非如此，宋代经济就不可能出现黄仁宇所谓“前现代化”问题。论者咸以为这从根本改变了中国都市的发展格局。梁思成曾对此特别推重，认为“显德二年增修汴河两诏，富于市政设计观念，极堪注目”。而柴荣“实为帝王建都之具有远大目光者，其所注意之点……皆近代都市设计之主要问题，其街道有定阔两边五步内种树掘井、修盖凉棚，皆为近代之方法。”[24]

为了加速东南漕运的周转，减少沿途税务干扰，宋真宗时曾有官员奏请《乞严禁商税务不得驻止滞纲运奏》，言：

> 荆湖、江浙路逐年起发粮斛钱宝，并茶货、盐货不少，全藉纲运往回疾速。方获办及，却被沿路经過办税务，不便点检发遣，多是驻滞。深见防滞行运。欲乞严戒沿江河州军商税务，自今纲运经过，如敢驻滞，并乞勘罪断遣，仍据驻滞日份虚食，请受赔摊。监官亦勘罪行遣。[25]

可见宋廷为了商业运转流通，也曾不遗余力，减少官方环节的阻滞。但是茶、盐为朝廷利之所在，不能轻忽。于是天禧五年（1021）宋真宗又有《定茶商所行道路送纳商税诏》俾得减少阻滞，方便运输，可见宋廷重商政策之一斑：

> 自今客人于蕲口、太湖、石桥、洗马等四处场务算买诸色号茶货如到泗州，愿取淮河，前去入正阳、颍州、陈州旧路上京者，听从便令，依例送纳旧路商税。如愿借汴河路上京者，令只纳旧路税钱从汴上京，更不令伊宿、亳州、南京三处税则例送捐，随船行货色、力胜、头子、包角等钱，即逐处依例受纳。[26]

宋代以东京为代表的大都市所以异常繁荣，论者多强调其坊里制度的演变。其实更重要的前因，在于宋廷继续执行后周的中央集权制度和“强干弱枝”方略。赵匡胤不仅“杯酒释兵权”，大力削弱地方武力，而且实施了一系列制度，有效地抑制了地方势力膨胀的任何可能性。《宋史》说：

太祖起兵间，有天下，惩唐季五代藩镇之祸，蓄兵京师，以成强干弱枝之势，故于兵食为重。[27]

宋朝分置“禁军”“厢兵”“乡兵”和“藩兵”，“凡其材力伎艺有过者，皆收补禁兵，聚之京师，以备宿卫”，为天子自将之军，而且主要职责是卫戍京师，[28]当然也由中央实行财政大包干。《水浒传》曾言林冲为“八十万禁军教头”，初读者每惑于京师“禁军”数量何其多也，其实并非虚言。宋太宗视察汴河决口处时，曾说“东京兵甲数十万，居人百万家，天下转漕，仰给在此一渠水，朕安得不顾。”至道元年（995）参知政事张洎奏议汴河重要时，亦称开封之繁盛：“今天下甲卒数十万众，战马数十万匹，并萃京师，悉集七亡国之士民于辇下，比汉唐京邑，民庶十倍。”[29]可见《水浒传》所述盖亦有自，并非虚言。

集结重兵的同时，宋廷又建立起一个空前庞大的中央集权制官僚政府，并颁诏：“令自今诸州岁收税租及筦榷货利、上供物帛，悉官给舟车，输送京师。”也就是说为了加强中央财政控制，天下的供赋物资都要不惮烦难，先运至京师汴梁，然后再“回纲转输外州”。因此赵匡胤继续后周工程，建成了以开封为中心、以汴河为枢纽，进而连接西北与东南江河之水运纲，河北、陕西、河东三路局部地区之可通水运者，亦有相应设施，并注意水陆联运之利，以向开封漕运粮食。顾炎武《日知录》总结言：

唐自行两税法以后，天下百姓输赋于州府，一曰“上供”，二曰“送使”，三曰“留州”。及宋太祖乾德三年，诏“诸州支度经费外，凡金帛悉送阙下，无得占留。”自此一钱以上，皆归之朝廷，而簿领纤悉，特甚于唐时矣。然宋之所以愈弱而不可振者，实在此。[30]

汴京漕运盛时，诸州岁造运船三千多艘，岁运粮食最多时达六百万石。四方特产珍异，纷至沓来。京师经济之繁盛，文化之发达，与水上交通之便利关系至为密切，这无疑构成了北宋都市繁荣的坚实基础。又邵伯温尝言：

王荆公知制诰，吴夫人为买一妾。荆公见之，曰：“何物也？”女子曰：“夫人令执事左右。”安石曰：“汝谁氏？”女子曰：“妾之夫为军大将，部米运失舟，家资尽没，犹不足，又卖妾以偿。”安石曰："夫人用钱几何得汝？"曰："九十万。"公呼其夫，令为夫妇如初，尽以钱赐之。[31]

可知负责漕运的官兵亦需自担风险，这种风险反过来又成为漕运军民热心携带私货的经济动力。

如此庞大的漕运体系，造成了人流物转的空前繁盛，足以造成一个广阔的"江湖"空间。后世隐性社会由"漕帮"而起，绝非偶然。后话另说。

还有一节不得不提的，就是佛教"禅丛制度"的流行。即使不算悉达多王子的个人缘由，宗教也是促使个人脱离家庭的重要因素。"出家"一语的本意也即如此。宗教本质上就同宗法制度形同水火，因此建立的社会空间相当庞大。而宗教的组织系统也是最初的，带有隐性社会性质的民间团体。故混迹"江湖"的例有宗教，所谓"三教九流"是也。元和九年（814），百丈禅师怀海制定了"丛林清规"，禅宗丛林制度建立。宋代则丛林建置日臻完备。这使禅僧的生活方式发生了大变动：一是由散居独处变成群聚；二是寺院自给自足，共同执役，订立僧众共同生活的规约；三是不设佛殿，不供佛像，惟构法堂；四是众生平等的修行方式；五是生活方式世俗化；六是经济绝对公开，财产不属于私人。[32]但我以为更为重要的是佛教"众生平等"和"世法平等"观念也随之得到极大普及，不但对中唐以前"门阀制度"破坏起到了推动作用，而且随着与中国本土儒教、道教的理义圆融，扩大到其他层面。北宋理学先导张载有"民吾同胞，物吾与也"，申说平等博爱，胸怀廓大。这一概括精辟的警句，不啻响彻千年的理性呐喊。中国社会所以能够很早摆脱"中世纪阴影"，实现了以科举制度为代表的"平民参政"，建立了平民宗法的社会机制，佛教"平等观念"的影响实在功不可没。可惜学界格于知识结构，于此着力甚少。

人口出现大量流动，也必然会影响到人际关系的伦理。在以农为本的安居环境和矜尚阀阅的宗法社会里，血缘亲属间讲究的长幼有序，正可以用儒家传统的"尊尊""亲亲"规范之。但是因各种因素逸出家族和宗法社会以外的人群，却面临着应当用什么样的礼法来规范彼此行为的问题，因而类似"桃园结义"这类民间性质的结拜伦理的出现，已是万事俱备，顺理成章了。

“义”之为道

1989年3月我在澳洲，曾有机会应华裔学者Phd.Mable Lee的邀请，在悉尼大学一个中国问题系列论坛上作了一次讲演，题目是《中国古典小说与中国人的思维方式》，重点就是从关羽何以为“义神”，谈到“义”在中国伦理中具有多重组合功能，如“仁义”“忠义”“信义”“情义”“孝义”“节义”“恩义”等等。而组合功能的取得，应当与使用频率与社会范围成正比。古今学者讨论“义”或者“正义”的论说亦伙矣，但多由典籍引论，概念推衍，鲜见从社会文化角度立论者。这里仅就宋代江湖社会的形成，与“义”使用概念和空间的延展之间的关系，试为申说，并求教正。

后世关羽是作为“义神”得到朝野社会各个阶层普遍尊崇的。只不过“义”在汉语中歧义最多，解释也代有不同。

陈寅恪曾批评过欧阳修在《新五代史》里别立《义儿传》的做法：

> 然所论者仅限于天性、人伦、情义、礼法之范围，而未知五代义儿之制，如后唐义儿军之类，实出于胡人部落之俗，盖与唐代之蕃将同一渊源。[33]

也许由于身临“阶级斗争”年代，目睹亲情浇薄，伦理无序，后来陈寅恪显然有所改变，他在1964年的《赠蒋秉南序》中非常肯定欧阳修的贡献，以为：

> 欧阳永叔少学韩昌黎之文，晚撰《五代史记》，作“义儿”“冯道”诸传，贬斥势利，尊崇气节，遂一匡五代之浇漓，返之淳正。[34]

这个转变自然有其意味深长之处。也是我们今天再次讨论这个问题的重新出发点。鉴于小说是唐代新兴的民间文体，且从唐代三篇传奇谈起。

首先引起我注意的是许尧佐[35]的《柳氏传》，叙诗人韩翊与歌姬柳氏因天宝之乱睽隔一方，柳氏为蕃将沙咤利所劫获。韩翊返京，咫尺天涯，难以相见，偶与虞侯许俊谈及，许素以材力自负，“乃衣缦胡，佩双鞬，从一骑，径造沙咤利之第。候其出行里余，乃被衽执辔，犯关排闼”，谎称沙咤利急病，亟招柳氏。“仆侍辟易，无敢仰视。遂升堂，出翊札示柳氏，挟之跨鞍马，逸尘断鞅，倏忽乃至，引裾而前曰：‘幸不辱命。’四座惊叹。”[36]

最后由侯希逸上书皇帝，具呈始末，而以别赐沙咤利银钱，保留了大团圆结局。叙事背景为唐王朝借助回纥吐蕃平息安史之乱，收复长安后蕃将恣行不法，造成朝廷律令名存实亡。要讨回公道该出手时就出手，也只能各自相机行事。这也是代宗时期的政治现实。所以许俊之作为，被作者推许为“义切中抱”。《本事诗》同题所述故事中，许俊也曾言“寮尝以义烈自许”。

而沈亚之[37]《冯燕传》则提供了另一类型的描写市井生活的文本。冯燕本市井豪强不肖，素以击球斗鸡闻名于里。后因杀人出亡，匿于滑州，与渔阳牙将张婴之妇有奸。一日张婴忽自外还，冯慌忙潜藏，却将巾帻落于床上。不意张婴醉酒不醒。为怕撞破奸情，冯燕情急之下，目示巾帻，欲携之逃走。不料妇人授之以刀，他“熟视”久之，却挥刀直斩妇人，携巾逃逸。天明案发，张婴以杀妻诬服。临刑将死，而冯燕却于围观中排挞而出，坦承：“吾窃其妻而又杀之，当系我。”获得官府、舆论的极大同情，遂蒙恩诏赦罪，连滑州的死刑犯人也一概免死。文后有作者“赞曰”：

> 余尚太史言，而又好叙谊事。其宾党耳目之所闻见，而为余道。元和中，外郎刘元鼎语余以冯燕事，得传焉。呜呼！淫惑之心，有甚水火，可不畏哉！然而燕杀不谊，白不辜，真古豪矣！（重点号为笔者所加，下同）

明言此事为“纪实文学”，而且是被当作“谊事”的“平民史传”写作的。窃以为此文之“谊”与欧史所述“忠谊”，正与后述侯彝故事中“好侠尚义”之“义”互训，“不谊”即为“不义”。

这种风习还可溯源。《资治通鉴·齐武帝永明二年》：

> 旧律：枉法十匹，“义赃”二十匹，罪死。

注言：

> 义赃：谓人私情相馈遗，虽非乞取，亦计所受论赃。

而“私情馈遗”通常正是“谊事”的物质化。民间社会如此用“义”，倒也名副其实。

又李亢《独异志》卷上：

> 唐大历中，万年尉侯彝者，好侠尚义，常匿国贼。御史推鞫，理穷，终不言贼所往。御史曰：“贼在汝右膝盖下。”彝遂揭阶砖，自击其

膝盖，翻示御史曰："贼安在？"即以錾贮烈火，置其腹上，烟火蓬勃，左右皆不忍视。彝叫曰："何不加炭？"御史奇之，奏闻代宗。即召对："何为隐贼自贻，其苦若是？"彝答曰："贼，实臣藏之，已然诺其人，终死不可得。"遂以贼故，贬为瑞州高安尉。[38]

负责治安的现职官吏，竟然敢于"常匿国贼"，即使以今天眼光看来，这个指控也是很严重的。但是侯彝却因"然诺其人"，居然任凭拷掠，且又自加刑责，坦然承认，却又坚不吐实。更奇怪的是上奏皇帝以后，最终受到的惩罚不过是贬谪岭南，依然为官。如果不是出自记载，后世之人万难相信。作者谓其"好侠尚义"云者，似乎与他抗拒国家朝廷两不相涉，或本来就是他"好侠尚义"的具体例证。作者的这种立场颇可玩味，他究竟是赞同侯彝的"尚义"，还是赞美皇帝的宽容呢？

这些唐代故事，实已开启五代两宋市民社会中"异姓结义"和《水浒传》人物故事之端倪。中唐传奇的这些描述，上承司马迁《游侠列传》之"其行虽不轨于正义，然其言必信，其行必果，已若必诚，不爱其躯，赴士之厄困"；"取予然诺，千里诵义，为死不顾世"的精神，下开后世侠义小说之先河。我曾有文论及"侠"代表着中国的自由主义传统，可以参看。[39]

异姓结义

另一方面，"义"又是最富于链接性的汉字，具有多重组合功能，几乎可与儒家伦理中的任何概念组合。而组合功能的取得，应当与使用频率与社会范围成正比，不过大多属于唐宋之后赋予的新解。这里不妨以《三国志演义》开篇"宴桃园豪杰三结义"开谈，渐及其他。

"异姓结拜"又称"结义"，是仿照"宗法亲亲"之"兄弟友于"观念，用盟誓明神的方式约为兄弟。此处的"义"，即洪迈所谓"自外入而非正者"，意谓非血缘之社会联盟，尚无道德规范的内容。这是因为传统中国社会基本上以宗法为主，这部分源于周部族的农耕文化及其"井田制"的制度，部分基于西周"敬天法祖、慎终追远"的文化设计，以及西汉儒家"亲亲"理念的规范。钱锺书释《诗经·谷风》"宴尔新婚，如兄如弟"时，先自设疑云：

科以后世之常情，夫妇亲于兄弟，言夫妇相昵而喻之于兄弟，似欲密而反疏矣。

复举多种经典之汉人注疏，说明“初民重‘血族’（kin）之遗义也。就血胤论之，兄弟，天伦也，夫妇则人伦耳；是以友于骨肉之亲当过于刑于家室之好。”又以《左传·桓公十五年》雍姬问“父与夫孰亲”，其母答云：“人尽夫也，父一而已，胡可比也！”[40]可知无分男女，观念亦称平等，皆以“血族”宗亲为上。此为先秦宗法社会之表征，而与宋代“平民宗法”显有不同。

汉代“以孝治天下”，故董仲舒《春秋繁露·立元神第十九》尤其强调“兄弟手足”的“血缘之亲”：

何谓本？曰：天地人，万物之本也。天生之，地养之，人成之。天生之以孝悌，地养之以衣食，人成之以礼乐，三者相为手足，合以成体，不可一无也；无孝悌，则亡其所以生；无衣食，则亡其所以养；无礼乐，则亡其所以成也。

史书上最早记载“约为兄弟”，公元前299年发生在中原之外的“西戎”和“南蛮”之间。《资治通鉴·周纪三·慎靓王十六年》：

秦人伐楚，取八城。秦王遗楚王书曰：“始寡人与王约为兄弟，盟于黄棘，太子入质，至欢也。”[41]

汉室建立不久，就屈尊纡贵，与匈奴俯首言和，“约为兄弟”。《史记·匈奴列传》：

孝文皇帝前六年，汉遗匈奴书曰：“皇帝敬问匈奴大单于无恙。使郎中系雩浅遗朕书曰：‘右贤王不请，听后义卢侯难氏等计，绝二主之约，离兄弟之亲，汉以故不和，邻国不附。……朕甚嘉之，此古圣主之意也。汉与匈奴约为兄弟，所以遗单于甚厚。’”

两汉的和亲政策，实际上正是“约为兄弟”的继续。虽然存在着政治家之间一时利益的结盟，但是主要用于对付外族，可以看作是“和亲”政策的延续。在汉末动乱时期，北方已经出现了这类情形。以刘备为例，他未出山前，公孙瓒即“深与先主相友。瓒年长，先主以兄事之”。[42]又《魏书·吕布传》裴松之注引《英雄记》曰：

布见备，甚敬之，谓备曰："我与卿，同边地人也。布见关东起兵，欲诛董卓。布杀卓东出，关东诸将无安布者，皆欲杀布尔。"请备于帐中坐妇床上，令妇向拜，酌酒饮食，名备为弟。备见布语言无常，外然之而内不说。

后之论者每质疑于刘、关、张是否曾经约为兄弟。以此观之，则由《三国志·关羽传》描述的"先主于乡里合徒众，而羽与张飞为之御侮……先主与二人寝则同床，恩若兄弟。而稠人广坐，侍立终日，随先主周旋，不避艰险"看，自《三国志平话》以来小说戏剧铺叙"桃园结义"故事，虽不中，亦不远矣。

魏晋以后门阀制度大行，故北朝颜之推《颜氏家训·风操第六》还讥笑当时"异姓结拜"之风：

四海之人，结为兄弟，亦何容易？必有志均义敌，令终如始者，方可议之。一尔之后，命子拜伏，呼为丈人，申父友之敬；身事彼亲，亦宜加礼。比见北人，甚轻此节，行路相逢，便定昆季，望年观貌，不择是非，至有结父为兄，托子为弟者。

请注意"北人甚轻此节"之说，也证实了"结拜之风"是游牧民族煽炽风习。唐代犹矜尚门阀士族之风，彼此称谓亦注重家族大排行。"安史之乱"后家族或因战乱而离散，或因杀戮而失怙，骨肉悬隔，不啻云泥。唐室中兴，需要仰托回纥吐蕃，则不能不师汉廷故技。《旧唐书·肃宗本纪》：

回纥遣其太子叶护领其将帝德等兵马四千余众，助国讨逆。肃宗宴赐甚厚。又命元帅广平王（按即唐代宗）见叶护，约为兄弟，接之颇有恩义。叶护大喜，谓王为兄。[43]

放下架子，曲意接纳，正是颜之推讥评的"行路相逢，便定昆季，望年观貌，不择是非。"随着契丹、沙陀等族相继入主中原，五代结拜之风更盛。宋朝立国也未能免俗。周世宗的宰相范质（911 ~ 964）曾有"举世重交游，义结金兰契"的诗句，正好反映着赵匡胤所以能够"黄袍加身"的背景。虽然正史格于君臣有别，回避了当初与他平辈交游，"义结金兰"的记叙，但也透露出一些端倪。《宋史》列传第九、第十的传主都是骁勇善战的开国功臣，估计就是赵氏兄弟当年拜过把子的"哥们儿弟兄"。除了与赵氏结为姻亲者外，赵匡胤还曾对石守信等言“我非尔曹不及此”，称王审琦为“朕布衣交也”，对赵彦徽“兄事之”，与韩令坤“同事周室，情好亲密”，又“常兄事（慕容）延钊。及即位，每遣使劳问，犹以兄呼之”等等，即此之类。不难由此溯源，悬拟当年境况。后世小说《飞龙传》《宋史演义》，以及戏曲《打瓜园》《三打陶三春》等都演绎过此类故事，可知其深入民心的程度。

这也带来一个问题：以今人之见，“忠义”一语究竟是联合词组，还是偏正词组呢？如果是偏正词组，则“义”即“尽忠效命”；如果是联合词组，则忠自“忠节”，即顾炎武《日知录》所谓“是故知保天下，然后知保国。保国者，其君其臣，肉食者谋之；保天下者，匹夫之贱，与有职者与焉”[44]，另有独立价值在。

宋人探讨非宗族社会人际间平等交往的内涵意义，续有新见。如王明清《挥麈录》卷四言：

> 昔人最重契义。朋从年长，则以兄事之；齿少，以弟或友呼焉。父之交游，敬之为丈，见之必拜，执子侄之礼甚恭。丈人行者，命与其诸郎游。子又有孙，各崇辈行，略不紊乱，如分守之严。

此处所言“昔人”，是指北宋士大夫之间的雍容揖让，也是家族宗法礼仪的社会延伸。“今俱不然”则是指南渡以后之事。洪迈《容斋随笔》卷九《朋友之义》也有针对性的感慨：

> 朋友之义甚重。天下之达道五，君臣、父子、兄弟、夫妇而至朋友之交。故天子至于庶人，未有不须友以成者。“天下俗薄，而朋友道绝。”见于《诗》。“不信乎朋友，弗获乎上。”见于《中庸》《孟子》。“朋友信之”，孔子之志也；“车马衣裘，与朋友共”，子路之志也；“与朋友交而信”，曾子之志也。《周礼》六行，五曰任，谓信于友也。汉、唐以来，犹有范、张，陈、雷，元、白，刘、柳之徒，始终相与，不以死生贵贱易其心。本朝百年间，此风尚存。呜呼，今亡矣！

可知宋人谈论“义”的概念，已经超出士大夫家族之间的情谊。即俗所谓“世交”也者，实际上更偏重平等信义，患难互助，死生不渝，并再次强调“朋友”为“五伦”之一。[45]

比较特别的是苏轼乡人唐庚的议论，他唯独欣赏关羽、曹操之间各自

山西运城常平村关公家庙“关王故里”石牌坊

山西运城解州关帝庙寝宫

的亮节高风，尝议论道：

> 羽为曹公所厚，而终不忘其君，可谓贤矣！然战国之士亦能之。曹公得羽不杀，厚待而用其力，可谓贤矣！然战国之君亦能之。至羽立效以报公，然后封还所赐，拜书告辞而去，进退去就，雍容可观，殆非战国之士矣！曹公知羽必去，重赏以赆其归，戒左右勿追，曰："彼各为其主也！"内能平其气，不以彼我为心；外能成羽之忠，不私其力于己，是犹有先王之遗风焉。吾尝论曹公曰："是人能为其善，而不能不为恶。能为善，是以能享国；不能不为恶，是以不能取天下。"[46]

承认关、曹这段故事开创了一个新的价值标准，也算是为后世小说家搬演关羽、曹操的一段恩怨纠葛奠定了基调，也为北宋尊刘贬曹的议论增添了新的道德角度。

由古及今，交游之寡众，既有技术进步致使交往信息频繁，思维演进渐至独特缜密细微；又有社会发展形成利益关合冲突，伦理变化促使亲亲睦邻扩展。种种缘由，遂使"嘤其鸣矣，求其友声"，"茫茫人海，知音难求"之感慨，发为古今同心之浩叹，而每以"子曰诗云"所述，悬为"大道之行"之理想。是以春秋伯牙、锺期之生前遇合，战国角哀、伯桃之死后相依，成为人生"可遇不可求"之一极。

更为后人钦敬艳羡的，还得数春秋时代的"管、鲍之交"。因为他们之间能够互相理解，虽经挫折，友谊弥坚，而且事功有成，名垂千古。这较之"隐逸偶遇型"的俞、锺，和"慷慨死义型"的羊、左，更符合儒家积极入世的宗旨，尤其是北宋"党争"中友朋间彼此砥砺、风节相尚的现实。

钱锺书《管锥编》论及汉代"'交游'之事有二……交际以礼为重，而交友以情为主"时说：

> 礼者，忠信之薄，缘饰以节文者也。同心合志，求声投契，以至于略名位而忘形骸，发乎情而永为好，情则忠信之未尝薄而不容文胜灭质焉。[47]

这强调道义之交是一种超越利害得失之上的形态。欧阳修在著名的《朋党论》中就揭示过"同心合志"的重要意义：

> 所中者义，所行者忠信，所惜者名节。以义修身，则同道而相益；

以义事国，则同心而共济。始终如一，此君子之朋也。

其实把“朋友之义”说得最为透彻的，还要追溯到《论语·泰伯篇第八》：

曾子曰：可以托六尺之孤，可以寄百里之命，临大节而不可夺也。君子人欤？君子人也。

差不多就是宋人追慕“古之高谊”的尽头。《三国志演义》所以不厌其烦地为关羽添加了“土屯约三事”“降汉不降曹”“夜读《春秋》”“千里走单骑”“威镇荆州”“大义归天”等系列情节，就是瞄着这几句话演绎的。而刘、关、张由自少小贫贱之交，到长期转战流离，奔波分合，再到三分天下有其一的“有福共享”，再到相继殉义的“有难同当”，完成了全忠、全节、全信、全义的生命过程。其中体现出来的“同心合志”、托孤寄命、临难尽节、生死与共的情谊，又令管、鲍之交逊色多矣。后儒所以杜撰“桃园三结义”情节、并在盟誓中注入“上安社稷，下保黎民，不求同年同月同日生，但求同年同月同日死”的经世关怀，并以此作为异姓结义、君子之交的理想境界，才能发挥出持续、广泛的普世影响。

值得注意的是，在中国漫长的历史过程中，曾经几次标立普适的价值准则。如春秋时《管子》已有“礼义廉耻，国之四维；四维不彰，国乃灭亡”之说；子思也有“仁义礼智信”之论。[48]唐人柳宗元修正为：“廉与耻，义之小节也，不得与义抗为四维。”[49]说明连唐代理学宗师也还没有将“义”简单地作为“忠”的附庸，但总算开启了南宋理学重提“三纲五常”问题的先河。理学则特别标举“仁义礼智”。《朱子语类》卷六《性理三》谈“仁义礼智等名义”时，曾掰开揉碎地讨论到这个问题。当学生问：“仁、义、礼、智、诚、中庸，不知如何看？”朱熹的回答是：“仁义礼智，乃未发之性，所谓诚。中庸皆已发之理。人之性本实，而释氏以性为空也。”然后以“四分法”强调“仁义礼智”的重要性。后世提倡名为“八德”的“忠孝仁爱信义和平”（一说为“孝悌忠信礼义廉耻”），[50]至今中华人民共和国国歌犹名《义勇军进行曲》。请注意，三千年间儒家提倡的价值准则中，只有一个义项是共同的，这就是“义”。可见“义”之为道，始终处于传统道德—价值体系的核心。

注释：

［1］首先提出这一观点的是日本学者内藤湖南（1866 ~ 1934）《概括的唐宋时代观》（1910年）。经过多年讨论，已为海外学者接受。近年开始影响中国学术界。

［2］参《唐宋转型的反思——以思想的变化为主》（http: //tieba.baidu.com/f?kz=70183740）。

［3］《论茶税疏》，《旧唐书》卷一七三。

［4］参观傅筑夫《中国封建社会经济史》（北京：人民出版社1986年）第四册，第六章和第七章集中论述了中晚唐手工业和商业的巨大飞跃。尽管格于“封建社会”的框架未能充分展开，但是仍然论列大批史料，令人信服地描述了社会转型给唐代带来的变化。

［5］《全唐诗》卷二一。

［6］“新乐府”前后的诗人，多有平和看待商人流动生涯的。如李白：《估客行》“海客乘天风，将船远行役。譬如云中鸟，一去无踪迹。”杜甫《野老》：“渔人网集澄潭下，估客船随返照来。”卢纶《晚次鄂州》：“云开远见汉阳城，犹是孤帆一日程。估客昼眠知浪静，舟人夜语觉潮生。”张继《奉寄皇甫补缺》：“京口情人别久，扬州估客来疏。潮至浔阳回去，相思无处通书。”李端《送雍郢州》：“城闲烟草遍，浦迥雪林分。谁伴楼中宿，吟诗估客闻。”可知“新乐府运动”时期正是唐代商风初起的阶段。

［7］《樊川文集》卷十一，亦载《全唐文》卷七百五十一。近年有宁欣《唐朝的“江贼”与“江路”》（《中国史研究》1996年第3期）讨论到这一问题。认为“江山阔远，山川险阻，既是官府统治的薄弱环节，又便于隐遁行迹，逃避官军追捕。且江海沟通，湖泊纵横，不仅有广阔的回旋余地，而且为长途转输提供了便利条件。在水路仍是重要交通工具的当时，‘江贼’凭此地利，啸聚水陆要冲，劫掠过往商旅，甚至上京贡船也在掳掠之列，所获颇为可观。”与笔者另文论列的宋代“江湖社会”一题先后踵接，幸读者留意。

［8］《元氏长庆集》卷二三。

［9］傅筑夫《中国封建社会经济史》第四册，第398页。

［10］这是在发掘窑址出土的壶器上书写的，未辑入《全唐诗》。参见《唐代

铜官窑瓷诗集萃》（http://www.rednet.com.cn/hunan/fengwu/shici023.htm）。

［11］载《日本学者中国史论著选译》第一卷，中华书局1992年版。

［12］《中国风俗史》，成都：巴蜀书社，1987年版，第175页。

［13］《庄子·内篇·大宗师第六》。

［14］《丛书集成初编》本，第20页。按四库本《乾道临安志》十五卷最早为宋人陈振孙《直斋书录解题》所载录，且明言撰者为“府帅周淙彦广”。今存三卷，为最早之南宋方志。

［15］载《1998台北金庸小说国际学术研讨会论文集》，台湾：远流出版公司1999年版。

［16］毛苌《诗传》言：“水涯曰浒。”事实上，正是因为处于黄金航道上，才会有梁山好汉聚义之说的。笔者曾有小文《梁山泊何以为盗薮》（香港《岭南学报》新第2期，2000年出版）论及于此，有兴趣的读者可以参看。

［17］有论者言：“游民是在主流社会失去容身之地的人。他们所托命的空间称作江湖。不过这个‘江湖’与文人学士‘处江湖则忧其君’的‘江湖’是完全不同的，那里风波险恶，一饱难求。他们朝不保夕，因此轻生忘死，所追求的只是‘大秤分金银，大碗吃酒肉’，有朝一日能‘发迹变泰’。‘若要官，杀人放火受招安’是他们的美好愿望；‘皇帝轮流做，明年到我家’是他们的最高理想。他们没有原则，‘有奶便是娘’就是原则。他们与法制完全是对立的，更不用说法治了。他们一方面显得很英雄豪迈，一方面也鱼肉良善，全不觉得有何矛盾而于心有愧。他们醉心的是无法无天的自由，是‘哥不大，弟不小’的平等，然而一旦组织起来，忠义堂上交椅却不容有丝毫差池。其纪律不但严格而且残酷，所谓‘欺师灭祖，三刀六洞’。入盟都要发重誓：‘五雷轰顶’‘万刀砍杀’。他们的最高规则，也是最高的道德标准是‘义气’，有时也叫‘忠义’或‘仁义’。既然是‘在家靠父母，出外靠朋友’，那么朋友靠得住靠不住，全要看够不够义气了。代表义气的尊神就是‘义气千秋’的关羽。这个本是游民出身的普通武将因为被历代游民知识分子把自己的理想不断往他身上堆而地位越来越高……这在正统士大夫看来完全是荒唐无稽而不可理解的事情。”（李慎之《发现另一个中国》，王学泰《游民文化与中国社会》序。学苑出版社1999年版）窃以为所言非是。以学者身份而尽为率意不周之言，或者另有隐喻寄托在，却无关学术。

［18］《笔记小说大观》本第八册，第269页下。

［19］《新唐书·忠义·张巡许远传》评赞。

［20］《日本学者中国史论著选译》第一卷，第170～171页。

[21]《五代会要》卷二六《城郭》。《册府元龟》卷一四《帝王部·都邑》亦有记载，文字稍有不同。

[22]《资治通鉴》卷二九三、二九四。

[23]释文莹《玉壶清话》卷三。按这两份诏书如今已列入高考历史仿真题目（http：//edu.netbig.com/nmet/g3/248/20000510/20282.htm ），当为常识，无遑多论。

[24]梁思成《中国建筑史》（高等院校内部交流讲义），转引自杨宽《中国古代都城制度史研究》第275页注释⑤。

[25]赵贺《乞严禁商税务不得驻止滞纲运奏》（天禧元年十月十三日），《全宋文》第八册，第508页。按赵贺天禧五年任官司勋员外郎，天圣元年任淮南、江浙、荆湖制置发运使，五年为太常少卿。

[26]《全宋文》第七册，第102页。

[27]《宋史·食货志·漕运》。

[28]《宋史·兵志一》："禁兵者……皆以守京师，备征伐。"陈师道《上曾枢密书》："开封无丘山川泽之阻，为四战之地，故太祖以兵为卫，畿内常用十四万人。"（《宋文鉴》卷一百一十九）以此观之，以开封为首都的选择，忽略了"四战之地"的战略劣势，正是宋代重商主义建国方略的产物。

[29]《宋史·河渠志三》。

[30]《日知录集释》，河北人民出版社校点本，第541页。

[31]《邵氏见闻录》卷十一，中华书局1983年点校本，第121页。按邵伯温（1056～1134）字子文，理学先导邵雍之子，洛阳人。身历熙宁变法、元祐党争及靖康之变。他是反对熙宁新法的，但此则记载却显示了王安石的私德。

[32]此节参考台湾佛教研究所所长、东吴大学哲学系教授释圣严《中国佛教的特色——禅与禅宗》说法，载台湾华冈佛学学报第4期，第13～14页。

[33]陈寅恪《论唐代之蕃将与府兵》，首发于1957年《中山大学学报》，见《金明馆丛稿初编》第276页。

[34]载陈寅恪《寒柳堂集》。

[35]鲁迅《中国小说史略·唐之传奇文（下）》注释说："许尧佐，唐宪宗时人，曾官太子校书郎、谏议大夫。"按《旧唐书·南蛮、西南蛮》："十一年五月，以龙蒙盛卒，废朝三日。遣使来请册立其君长。以少府少监李铣充册立吊祭使，左赞善大夫许尧佐副之。"疑即其人。

[36]《太平广记》卷四八五。又此事亦见孟棨《本事诗·情感第一》，男主人公名为韩翊。案大历诗人本有韩翊，向以"春城无处不飞花"闻名于世。今人傅

璇琮有《关于〈柳氏传〉与〈本事诗〉所载韩翊事迹考证》（其著见《唐代诗人丛考》，中华书局 1980 年版）辨析甚明。又言许尧佐于贞元中入仕，与孟棨约为同时，而孟棨自述此事开成(836 ~ 840)中闻之于年逾九十之岭南刺史赵唯，可见其事传闻已久。侯希逸就是代宗朝的节度使，看来这也是同一时期的故事。

[37] 万曼《唐集叙录》引宋元祐丙寅（1086）序本无名氏序，介绍沈氏为“元和十年登进士第，历群藩府，尝游韩愈门。李贺许其工为情语，有窈窕之思。其后杜牧、李商隐俱有拟沈下贤诗，则当时声誉甚盛。”可知其时代交游。李宗为《唐人传奇》据沈集《魏滑分河记》载记，沈曾于元和九年至十四年（814 ~ 819）访滑州，则此事当闻于此时。

[38] 李亢生平不详。《独异志》著录于《新唐书·艺文志》，所叙故事最迟为“唐长庆、太和中”，即穆宗、文宗时代。则其人著书年代当在其后，或为武宗时代。又按顾炎武《日知录》曾议及“职官受杖”，以为“‘撞郎’之事，始于汉明（帝），后代因之，有杖属官之法。”并举杜甫《送高三十五》诗“脱身簿尉中，始与捶楚辞”为证。（详参河北花山文艺出版社校点本《日知录集释》下册，第 1249 页）可知唐代县尉、主簿一类下层官吏等易为上司所辱，实开明代皇帝以“廷杖”作为惩罚儒士大夫私刑之先河。

[39] 见拙著《显性与隐性：金庸笔下的两重社会》。http//jinyong.ylib.com.tw/research/thesis/8-21.htm。

[40] 《管锥编》第一册，中华书局版第 83 ~ 84 页，又第 174 页。

[41] 战国时张仪也曾主张合纵诸侯“结为兄弟”。《战国策》卷二十二《魏一》：“且夫诸侯之为从者，以安社稷、尊主、强兵、显名也。合从者，一天下、约为兄弟、刑白马以盟于洹水之上，以相坚也。夫亲昆弟，同父母，尚有争钱财。而欲恃诈伪反复苏秦之余谋，其不可以成亦明矣。”不过与强秦称兄道弟，无疑与虎谋皮，不过是张仪为自己一时权益的打算。

[42] 《三国志·蜀书·先主传》。卢文弨注《颜氏家训》谓：“古者，与其子相友，则拜其亲，谓之‘拜亲之交’。马援有疾，梁松来候之，独拜床下，援不答。孔融先与陈纪友，后与其子群交，更为群拜纪。鲁肃拜吕蒙母，结友而别。诸史所载，如此者非一。”可知东汉贵胄士大夫间，尚不得擅自结交，须得父母之允，“拜亲”亦有礼仪。

[43] “约为兄弟”后回纥就要求“和亲”，曾令唐廷尴尬。《新唐书》卷二百一十七下：“回鹘之请昏，有司度费当五百万。帝方内讨强节度，故遣宗正少卿李诚、太常博士殷侑往谕不可。穆宗立，回鹘又使合达干等来，固求昏，许之。

俄而可汗死，使者临册所嗣为登啰羽录没蜜施句主毗伽崇德可汗。可汗已立，遣伊难珠、句录、都督思结等以叶护公主来逆女，部渠二千人，纳马二万、橐它千。四夷之使中国，其众未尝多此。诏许五百人至长安，余留太原。诏以太和公主下降。主，宪宗女也。帝为主建府，以左金吾卫大将军胡证、光禄卿李宪持节护送，太府卿李说为婚礼使。”

[44]《日知录》卷一三《论风俗之正始》。

[45] 台湾学者提出人与社会中陌生的他人之间的关系（或者说人与社会的关系）为“第六伦”，成为20世纪60年代的热门话题。曾有论者以为儒家伦理对于“五伦”之外的忽略是一缺陷，其实是误解，儒家对其他伦常关系也有论述和规定。

[46] 四库本《三国杂事》，第7页上至第8页下。

[47]《管锥编》第三册，中华书局版，第995～996页。

[48]“子思五行”是子思关于人的德行的五行学说，后人以为它和“孟子五行”是同一种学说，往往将二者统称为“思孟五行”。唐杨倞《荀子注》始给以明确的解说：“五行，五常：仁、义、礼、智、信。”

[49] 柳宗元《四维论》以为：“仁主恩，义主断。恩者亲之，断者宜之，而理（治）道毕矣。”“不蔽恶”“不苟得”之“廉”，与“不从枉”“羞为非”之“耻”，其实都属于“义”的范围，因而进一步主张简化为“仁义”：“吾见其有二维，未见其所以为四也。”

[50] 国民政府1929年制定《中华民国教育宗旨及其实施方针》，明确提出以中国传统道德中的四维（礼义廉耻）、八德（忠孝仁爱信义和平）、五达道（即五伦：君臣、父子、夫妇、兄弟、朋友）、三达德（又称武德，即智、仁、勇）等，作为道德教育的基本内容。

第四章

忠节观念的确立

道德失范

“忠”是儒家基本的伦理规范，《论语·里仁》中曾参对孔子的思想作过简要概括：“夫子之道，一以贯之，忠恕而已矣。”但究竟何德而谓“忠”，却代有解读，并不统一。《大戴礼记·曾子大孝》谈“忠”，也只说“忠者，中此者也。”以“中正平和”为“忠”，并未涉及“效忠”的问题。古人向有人际交往的对等原则，如《尚书·泰誓》：

> 抚我则后，虐我则仇。

《孟子》：

> 君之视臣如手足，则臣视君如腹心；君之视臣如犬马，则臣视君为国人；君之视臣如土芥，则臣视君如寇仇。

钱锺书对此数有辨析，如曾举《史记·刺客列传》载豫让之“范、中行氏皆众人遇我，我故众人报之；至于智伯国士遇我，我故国士报之。”又以《汉书·贾谊传》延伸而道之：

> 主上遇其大臣如遇犬马，彼将犬马自为也；如遇官徒，彼将官徒自为也……故见利则逝，见便则夺；主上有败，则因而挺之矣；主上有患，则吾苟免而已，立而观之耳。

认为是“因小见大，有关治体，匪特恩私之酬报矣”。[1]但后世以“忠节”属连，进行了新的定义，尤其以效忠国家社稷的“忠君”为主。董仲舒《春秋繁露》第五十一《天道无二》言：

心止于一中者，谓之忠；持二中者，谓之患；患，人之中不一者也。不一者，故患之所由生也。是故君子贱二而贵一。

这种说法成为后世强调“忠心不二”的新解。《隋书》载炀帝赐杨素诏，曾引古语谓“疾风知劲草，世乱有诚臣”，后句又衍变为李世民诗“板荡识忠臣”。其实初唐也并不崇尚和奖励“忠臣”，即使是以开明纳谏而著称于史的“贞观之治”，以敢于诤谏而闻名后世的名相魏征，[2]当李世民以高颎、诸葛亮为榜样，开导群臣“若如此，则荣名高位，可以长守”的时候，魏征就对唐太宗诉说过“难当忠臣”的肺腑之言，道尽了初唐“忠臣”的尴尬处境：

良臣身获美名，君受显号，子孙传世，福禄无疆；忠臣身受诛夷，君陷大恶，家国并丧，空有其名。[3]

《贞观政要》记载了这样一件事：贞观十六年（642），唐太宗向左右大臣提出一个问题：“当今国家何事最急？各为我言之。”高士廉说“养百姓最急”，刘洎说“抚四夷急”，岑文本说“礼义为急”。褚遂良则说“太子、诸王，须有定分……此最当今日之急。”于是唐太宗袒露自己的心事说：

此言是也。朕年将五十，已觉衰怠。既以长子守器东宫，诸弟及庶子数将四十，心常忧虑在此耳。但自古嫡庶无良佐，何尝不倾败家国。公等为朕搜访贤德，以辅储宫及诸王，咸求正士。[4]

可知英主如李世民，开明如贞观盛世，也没有把礼义即标立价值指向放在国家政治的要务上，一旦遭遇危机，“倾败家国”，天下大乱，君上臣下自然就惶急无主，无所适从了。[5]

西汉的文化设计是“以孝治天下”，“忠君”即是“孝父”的推衍和延伸。初唐曾因“沙门不拜君亲”引发过皇帝与释门对抗以及廷臣之间的大争论，后经“三教论衡”及其他原因，终于使佛徒认同“孝”为释徒报恩之一种。[6]但身临国难，“孝”也不免成为恋家或苟且偷生的借口。尤其当朝士用命之际，把“孝”摆在当头，也是一种尴尬。所以中唐儒士曾为“忠孝能否两全”

引发过一场争论。封演《封氏闻见记》卷四《定谥》云：

代宗朝吏部尚书韦陟薨，太常博士程皓谥曰“忠孝”，刑部尚书颜真卿驳之：“出处事殊，忠孝不并。已为孝子，不得为忠臣，忠臣不得为孝子。故求忠于孝，岂先亲而后君？移孝于忠，则出身而事主。所以叱驭而进，不惮危险，故王尊为忠臣；思全而归，恐有毁伤，故王阳为孝子。则知昼之与夜本不相随，春之与秋岂宜同日？且以为尚书忠业高远，羽仪前朝，百行之中，能事甚众。议行称谥，固多美名。何必忠孝两施，然后表德。历考前史，恐无此事。敢率愚见，请更商量。”皓执前议曰：“天地之性人为贵，人之行莫先于孝。孝于家则忠于国，爱于父则敬于君。脱爱敬齐焉，则忠孝一矣。夫君臣上下不可以废忠，事父母、承祭祀不可以亏孝。忠孝之道，人伦大经。孔子曰：‘以孝事君则忠。’又曰：‘夫孝始于事亲，中于事君，终于立身。’此圣人之教也。至于忠孝不并，有谓而言：将由亲在于家，君危于国，奉亲则孰当问主；赴国则无能养亲。恩义相迫，事或难兼。故徐庶指心，翻然辞蜀；陵母刎颈，卒令归汉。各求所志，盖取诸随。至若奉慈亲、当圣代、出事主、入事亲，忠孝两全，谁曰不可？岂以不仕为孝，舍亲为忠哉！况忠孝侯之传鹊印，唐尧之代即有此官。伏念美名，请依前谥。”有司不能驳焉。

按《韩非子·五蠹》曰：

鲁人从君战，三战三北，仲尼问其故，对曰：“吾有老父，身死莫之养也。”仲尼以为孝，举而上之。以是观之，夫父之孝子，君之背臣也。

这是从为政者即管理者角度对“忠孝两全”提出的有力质疑，尤其容易得到像颜真卿这样的政治家、军事家的赞同。钱锺书曾以大段篇幅辨析先秦汉魏之“公义私恩，两端难执”诸种情状，认为：

后世小说、院本所写“忠孝不能两全”，意发于此。《毛诗》中只一见，而《韩诗》则屡见，且加厉而为悲剧性之进退维谷（tragic dilemma），生死以之。[7]

也许正是为了解决这个困惑，后世才出现了《忠经》[8]。通篇以儒家观念立论，阐述“忠之为道”，力图补正《语》《孟》对于“忠”的论说之阙，主张“忠者，中也，至公无私。”“忠也者，一其心之谓也。”对后世尤其是理学的实际影响较大。他们认为“忠臣”不仅仅是为了君主和国家舍身忘我，也不仅仅是平日直谏，临难死节，而是在于用心谋划，严密实施，匡正错失，抚爱人民，端庄威严，运用法律，来教化民众，上下一心，略同魏征所说的“良臣”。[9]

且说唐代虽然素以盛大夸耀于史，亦为后人艳称，却始终没有能够树立起一套保障官僚体制忠诚的价值系统来。紧接着“贞观之治”的便是“武周代唐”，紧接着“开元盛世”的便是“天宝之乱”，一治一乱。短短一百一十四年间，一方面“秦王扫六合，虎视何雄哉。挥剑决浮云，诸侯尽西来”，“雄图发英断，大略驾群才”建立了空前强大的中央集权；[10]另一方面宫廷内部管理极为不力，庞大的官僚系统不堪一击。不但容易造成政局的大幅度振荡，就是至亲骨肉的皇子王孙，不是引颈受戮于皇家刑场，就是铁骑践踏于京城天街。以致杜甫在《哀王孙》里充满感情地道：

金鞭断折九马死，骨肉不待同驰驱。
腰下宝玦青珊瑚，可怜王孙泣路隅！
问之不肯道姓名，但道困苦乞为奴。
已经百日窜荆棘，身上无有完肌肤。
高帝子孙尽隆准，龙种自与常人殊。
豺狼在邑龙在野，王孙善保千金躯。
不敢长语临交衢，且为王孙立斯须。

韦庄《秦中吟》述唐王朝灭亡之惨状更为淋漓。《十国春秋·韦庄传》：“应举时，遇黄巢犯阙，著《秦妇吟》云：‘内库烧为锦绣灰，天街踏尽公卿骨’。人称为‘秦妇吟秀才’。”韦庄“杜陵人。唐臣见素之后也。”唐长安时谚有“城南韦、杜，去天尺五”之说，韦杜两氏本为与李唐王朝同气连枝的高门大姓，故对其衰落灭亡更有切肤之痛。

这种伦理观念上的薄弱和混乱，在“安史之乱”中表现得尤为明显。唐大历、贞元、元和年间因为勉强抑制住藩镇叛乱趋势的蔓延，史称“中兴”之后，首先面临的问题就是如何处置安史之乱的“从贼诸臣”。

话说“渔阳鼙鼓动地来，惊破霓裳羽衣曲”之际，李隆基拥杨玉环仓皇出逃，却把京城的文武百官都甩给了叛军（史书所谓“陷贼”），[11]有的亲贵还甘心为乱贼效力。两京收复，肃宗“回銮”以后，如何处理“从贼诸臣”便成了大问题，这曾引发过一次激烈争论。赵翼在《廿二史札记》中总结并议论说：

安禄山之变，唐臣贵如宰相陈希烈，亲如驸马张垍，皆甘心从贼，靦颜为之臣，此即处以极刑，岂得为过？乃广平王收东京后，希烈等数百人押赴长安，崔器定仪注，陷贼官皆露头跣足，抚膺顿首于含元殿前，令扈从官视之，并概请诛死。李岘争之，谓非维新之典，伪官内或陛下亲戚，或勋旧子孙，概处极法，恐乖仁恕。况残寇未平，尚多陷贼者，若尽行诛，是益坚其从贼之心。乃议六等定罪。（器、岘等传）《旧书》谓岘此奏全活无算。《新书》亦谓因此衣冠更生，贼亦不能使人归怨天子，皆岘力也。是皆以器为过当，岘为持平。按是时萧华自贼中归，奏云，仕贼官有为安庆绪驱至河北者，闻广平王宣恩命释放，皆相顾悔恨。及闻崔器议刑太重，众心又摇。（器传）李勉亦奏肃宗曰：“元恶未除，点污者众，皆欲澡心归化，若尽杀之，是驱天下以资凶盗也。”由是全活者众。盖当日时势或有不得不从轻典者，然一时权宜，用以离携贼党则可，若竟以岘所奏为正论则非也。堂堂大一统之朝，食禄受官，一旦贼至，即甘心从贼。此而不诛，国法安在！乃当时无不是李岘而非崔器，何也？……盖自六朝以来，君臣之大义不明，其视贪生利己，背国忘君，已为常事。有唐虽统一区宇已百余年，而见闻习尚犹未尽改，颜常山、卢中丞、张睢阳辈，激于义愤者，不一一数也。至宋以后，始知以忠义为重，虽力所不及者，犹勉以赴之，岂非正学昌明之效哉！[12]

这里的义正词严，当然有异代不同时的漂亮话，也包含着理学史观价值的严厉判断。但此举毕竟开始了对大臣的不忠进行“惩戒”，为汉魏六朝至隋唐臣僚遇变则首鼠两端的行为作了一个了断。而“扬善”则是对“惩恶”的自然延伸和补充，所以唐德宗李适撰写《赠太尉段秀实纪功碑》开宗明义就讲：

立人之道，曰君与臣；立臣之道，曰忠与节。忠莫极于卫国，节莫大于忘身。存其诚德贯乎天地，致其功用施于社稷。独断剿凶慝之命，沉谋安宇宙之危。其智勇足以拯时，其义烈足以宏教。非昊穹锡庆，数佑皇家，重振纪纲，再激污俗，何遘迍之会，而获见斯人。[13]

急切为臣下标立舍身卫国的“忠节”，作为新的价值标准。他又在《西平王李晟东渭桥纪功碑》的开首感喟道：

天有柱以正其倾，地有维以钮其绝，皇王有辅佐以济其艰难。非命历所归，不得生良弼；非君臣相合，不能集大勋；非暴乱宏多，不足表忠节；非奸猾炽焰，不克展雄才。天与事肆会，然后臣功著而王业兴焉。

在历数了兴唐诸将的功绩之后，李适还特别将李晟与郭子仪并列：

天宝之际，盗起幽陵，翠华南征，潼关不守。广德之际，戎轶邠郊，皇舆东巡，酆宫罢警。则有若尚父子仪等殄殪丑逆，册肃宗于岐；攘却蕃夷，翊代宗于陕。建中四祀，寇发上京，暴蔑人神，僭称名器。则有若西平王晟等翦灭大憝，廓清中区。惟兹数公，异时同德，道济于社稷，勋书于彝鼎。唐之得人，于斯为甚。

不仅如此，他还亲自为李晟作神道碑，极尽哀悼惋惜之意。但如果我们注意到，在唐代武成王庙的陪祀中始终没有出现李晟的身影，就不难理解五代史家在李晟论赞中的以下话语的分量了：

西平器伟才雄，人望而畏，出身事主，落落有将帅之风，见义能勇，听受不疑。忠于事君，长与应变，诚一代之贤将也……而德宗皇帝听断不明，无人君之量，俾功臣困谗慝之口，奸人秉衡石之权。丁琼之言，诚堪太息。虽龊龊刻渭桥之石，区区赐凌烟之铭，亦何心哉！[14]

所谓“丁琼之言，诚堪太息”，是指长史丁琼本有怨望，在李晟被剥夺兵权时，曾建议他“以公功，乃夺兵柄，夫惟位高者难全，盍蚤图之？”而被李晟驳斥为“不祥之言”，执琼以闻。可见《旧唐书》作者犹带五代士大夫意识，认为君既不君，则臣将不臣，所谓“蚤图之”，或即拥兵自重，不假节钺；或即自立为王，取而代之，如朱泚然。何况孟子本有“君之视臣如手足，则臣视君如腹心；君之视臣如犬马，则臣视君如国人；君之视臣如土芥，则臣视君如寇仇”[15]的说法。

欧阳修的说法就温和委婉得多。他虽然也同情李晟，认为唐德宗是“庸主”，但却以为急流勇退才是功臣“免祸”之法：

晟无积赀输粮，捉【提】孤军抗群贼，身佩安危而气不少衰者，徒以忠谊感人，故豪英乐为之死耳。至师入长安而人不知，虽三王之佐，无尽其能，可谓仁义将矣！呜呼，功能存社祏，不能见信于庸主，卒夺其兵，哀哉！虽然，功盖天下者，惟退，祸可以免。[16]

赵山林《南北融合与关羽形象的演变》一文[17]，曾引用乾隆三年刊《蒲州府志》卷二十四所载“唐人小说”一则谓：

李晟镇河东日，夜梦伟人来谒，自言：“汉前将军关某也。蚩尤为乱，上帝使某征之，顾力弱不能胜，乞公阳兵助我。来日午时约与彼战，我军东向，彼西向。”语讫而去。晟早起，心异所梦，令军士列阵东向，如所戒。是日天气晶朗，至午，忽阴云四合，大风骤作，沙石飞起。晟曰：“是矣！”即令鸣鼓发矢，如战斗状。久之，风止云豁，视士卒，似多有伤者。其夜，复梦来谢云：“已胜蚩尤。”

此篇未见其他记载，如果确实为唐人所作，应该是现存关公故事中最早的“小说”资料了，[18]颇惜作者没有进一步补证。该记叙明显不同于其他“斩蚩尤”之传说形态，且颇关涉一些唐代有关忠义的故实，值得为之辨析。此外，这则传说未能言明蚩尤何以为乱，关羽何以要征，分派命令之“上帝”究竟属于何方神圣，自不如宋后出现的说法略具条理。但惟其如此，尤能提调探究兴趣。

中晚唐政局反复多变，皇帝动辄就仓皇出逃，确实会令留在京城无力随“狩”的臣下无所是其从。钱锺书论及杜甫《哀江头》“黄昏胡骑尘满城，欲望城南望城北”句时，以为“杜诗尤凄警”：“杜疾走街巷，身亲足践，事境危迫，衷曲惶乱，有若张衡《西京赋》所谓‘丧精亡魄，失归忘趋’。”[19]欧阳修记叙桑道茂向李晟预请赦书的故事，正表示着对于这种两难处境的“同情之理解”。值得注意的是，《太平广记·桑道茂》所载唐人记叙，却与欧史显有差异：

李西平晟之为将军也，尝谒桑道茂。茂云：“将军异日为京兆尹，慎少杀人。”西平曰：“武夫岂有京兆尹之望。”后兴元收复，西平兼京尹。时桑公在浮囚之中，当断之际，告西平公：“忘少杀人之言

耶。”西平释之。（出《传载》）

其实，既然桑道茂预言那么准，理应预见并避免自己身陷这种两难处境。“缣帛”之类道具，“书具”预赦，“衿膺”题免等等表演，明显为“想当然”之增饰，此亦当时说话人、后世小说家之惯技耳，不过是表达出了修史者的微妙情感。据说黄幡绰也遇到过这种尴尬，李德裕《次柳氏旧闻》言：

安禄山之叛也，玄宗忽遽播迁于蜀，百官与诸司多不知之。有陷在贼中者，为禄山所胁从，而黄幡绰同在其数，幡绰亦得出入左右。及收复，贼党就擒，幡绰被拘至行在。上素怜其敏捷，释之。有于上前曰：“黄幡绰在贼中，与大逆圆梦，皆顺其情，而忘陛下积年之恩宠。禄山梦见衣袖长，忽至阶下，幡绰曰：‘当垂衣而治之。’禄山梦见殿中槅子倒，幡绰曰：‘革故从新。’推之多此类也。”幡绰曰：“臣实不知陛下大驾蒙尘赴蜀。既陷在贼中，宁不苟悦其心，以脱一时之命？今日得再见天颜，以与大逆圆梦必知其不可也。”上曰：“何以知之？”对曰：“逆贼梦衣袖长，是‘出手不得’也；又梦槅子倒者，是‘胡不得’也。以此臣故先知之。”上大笑而止。

倡优之人，对于两难处境自有两解变通之说，把政治上的两面逢迎化为事上谀君的左右逢源，终得一笑而释。

但是无论如何，踵继颜真卿、段秀实、张巡等人榜样之后，晚唐也还有几个忠节自许，活出人样儿来的阀阅大臣。陆游《老学庵笔记》卷六曰：

黄巢之入长安，僖宗出幸。豆卢瑑、崔沆、刘邺、于琮、裴谂、赵蒙、李溥、李汤皆守节，至死不变。郑綦、郑系，义不臣贼，举家自缢而死。以靖康之变言之，唐犹为有人也。

当然也有被迫当了忠节之臣的。《旧五代史》卷十八《李振传》：

天祐中，唐宰相柳璨希太祖旨，僭杀大臣裴枢、陆扆等七人于滑州白马驿。时振自以咸通、乾符中尝应进士举，累上不第，尤愤愤，乃谓太祖曰：“此辈自谓清流，宜投于黄河，永为浊流。”太祖笑而从之。[20]

宋人嘲笑唐臣之无节，还有以他事作譬的。《鹤林玉露》卷之六甲编“猴马”条：

唐明皇时教坊舞马百匹，天宝之乱流落人间。魏博、田承嗣得之，初不识也。尝燕宾僚，酒行乐作，马忽起舞，承嗣以为妖，杀之。昭宗养一猴，衣以绯优服，谓之“猴部头”。朱温既篡，引至坐侧。猴忽号掷，自裂其衣，温叱令杀之。呜呼！明皇之马，有愧于昭宗之猴矣。

话题再回到李晟与“关公战蚩尤”的传说上来，谚所谓“一个好汉三个帮，一个篱笆三个桩”。“万人之敌”如关公，也有过不了的坡，也有伸手求援的时候。当年关羽败走麦城，不可忽视的原因是遭遇了三重背叛，包括战略盟友孙权、友邻部队刘封、孟达和荆州部将傅士仁、糜芳，使他维护刘备政权的扶汉努力功亏一篑。这一次在故事中他没有失望。作为托梦沟通的隔代知音，李晟信守承诺，为他援手，终于赢得了胜利。

推举忠节

晚唐名相李德裕左迁崖州时多有磊落不平之作，辑为《穷愁志》，相关还有《英杰论》《近世节士论》《朋党论》《三国论》《货殖论》等，能以“忧其君”之心，从容论及英杰豪侠之事。《豪侠论》笔端一转，说到了文士亦当“知义”：

士之任气，而不知义，皆可谓之盗矣。然士无气义者，为臣必不能死难，求道必不能出世。近代房儒复问径山大师：“欲习道，可得至乎？”径山对曰：“学道者，惟猛将可也。身首分裂，无所顾惜。”由是知士之无气义者，虽为桑门，亦无足观矣！[21]

他是以“会昌排佛”著称的名相，所以指斥桑门释徒，也是表示他对“无气义之士”的极端蔑视。《近世节士论》又言：

夫名节者，非危乱不显，非险难不彰。免鈇锧全性命者尚十无一二，况福禄乎？若使不受困辱，不婴楚毒，父母妻子，恬然自乐，则天下之人尽为之矣，又何贵于名节哉！[22]

这又是针对唐末士夫专注个人得失，阙失整体价值观念的激愤之词。于是他想到了关羽、张飞，在《英杰论》中说：

蜀先主与关羽、张飞同卧起，而稠人广众坐，侍立终日，皆用此道，故能成功。夫御英杰，使猛将，与见道德之人，接方正之士不同也，不可以繁礼饰貌，以浮辞足言。宜洞开胸怀，令见肝肺，气慑其勇，恩结其心，虽踞洗招之，不为薄矣！禄山，夷狄之谲诈者也，非将门英豪，草莱奇杰，其战斗之气，击刺之才，去关、张远矣！天宝末，受专征之任，托不御之权，入朝赐宴，坐内殿西序鸡障之下，非其所据，果蓄异图，幽陵厉阶，至今为梗。盖恩甚骄盈，以至于此。倘以徒隶蓄之，岂有斯恨！[23]

也是对唐王朝待士不能开诚布公、不知良莠的摇头痛惜。“倘以徒隶蓄之”一语，是否意寓当时的宦官专权变乱朝政？李德裕夫妇死于大中三年（849），二十多年以后黄巢起事（875），再二十年唐王朝灭亡（907），后世史家为唐亡罗列多种因素，价值体系失序也是原因之一。唐末已不可能产生敢于担当，勇于任责的“英杰豪侠”，满朝文武只能眼睁睁束手待毙，茫茫然引颈以戮了。但是随着唐朝灭亡，五代更替，北宋初年“道德建设”仍付阙如。

与范仲淹同为苏州人氏的丁谓（962 ~ 1033）是宋真宗时代的名相，权倾一时，亦属能员干吏，曾有“丁谓施工”案例，运筹学至今为之延誉。[24]他后来在仁宗朝以雷允恭案发牵连，以“交接内侍”，与女巫刘通妙奸，假造祥瑞，“语涉妖诞”，“籍其家，得四方赂遗，不可胜纪”等被贬。又因谄上骄下，以及“天书降神”中逢迎上意，而为时论及后人所不齿，号为“佞相”。从后果看来，他所以“聪明反被聪明误”，仍然在于道德观念的欠缺，行事无所忌惮。在《王文正笔录》中王曾记载过他这样一段谈话：

宰相丁公谓在中书，暇日语同僚曰：“西汉高祖，如何主？”或曰：“奋布衣取天下，观其创业垂统，规模宏远，实英雄主也。”丁曰：“何英雄之有？张良导之左则左，陈平劝之右则右。及项羽既死，海内无主，天下自归之。盖随流委顺，于物无竞，一田舍翁耳！”又尝言：“古今所谓忠臣孝子，皆不足信。乃史笔缘饰，欲为后代美谈也！”此虽近乎戏，抑斯言之玷。[25]

丁谓还真说到做到，对道德名节满不在乎。《宋史·寇准传》曾载：

初，丁谓出准门，至参政，事准甚谨。尝会食中书，羹污准须，谓起，徐拂之。准笑曰：“参政国之大臣，乃为官长拂须邪？”谓甚愧之，由是倾构日深。

这便是口语“溜须”的由来。丁谓贬谪之后，宋仁宗曾言：“钦若久在政府，观其所为，真奸邪也。”宰相王曾回奏曰：“钦若与丁谓、林特、陈彭年、刘承珪，时谓之‘五鬼’。奸邪险伪，诚如圣谕。”[26]可知王曾对于丁谓的意见。只是丁谓断然不会想到，后世史家挑选出来的“忠良”楷模（或曰“文化英雄”），竟然就是他身边的师长以及同事、后辈。

《宋史》卷四百四十六《忠义传》沿袭了欧阳修《新五代史》的体例和说法，并延伸说：

士大夫忠义之气，至于五季，变化殆尽。宋之初兴，范质、王溥犹有余憾，艺祖首褒韩通，次表卫融，以示意向。真、仁之世，田锡、王禹偁、范仲淹、欧阳修、唐介诸贤，以直言谠论倡于朝，于是中外缙绅知以名节为高，廉耻相尚，尽去五代诸陋矣。故靖康之变，志士投袂，起而勤王，临难不屈，所在有之。及宋之亡，忠节相望。

我们在北宋党争中，实际上已经看到了这种求声投契，同心共济，始终如一的道义之交，说明欧阳修的确心口如一，说到做到。这也涉及两宋道德信仰及价值体系的建构过程，关公崇拜其实就是缘此脱颖而出，扶摇直上的。不妨以北宋的两次“新政”，即“庆历新政”和“王安石新法”（史称“熙宁变法”）为例，解析其价值取向的异同和后果。

“庆历新政”是以范仲淹、欧阳修等人为代表的士大夫革除积弊、振刷吏风的一次努力，庆历三年（1043）“章得象、晏殊、贾昌朝、韩琦、范仲淹、富弼同时执政，而欧阳修、蔡襄、王素、余靖并为谏官”，石介作《庆历圣德诗》颂之：

帝既擢任范仲淹、韩琦、富弼等，每进见，必以太平责之，数令条奏当世务。仲淹语人曰：“上用我至矣。然事有后先，且革弊于久安，非朝夕可能也。”帝再赐手诏督促，既又开天章阁召对，赐坐，给笔札，使疏于前。仲淹、弼皆惶恐避席，退而列奏，言十事：一曰明黜陟，二曰抑侥幸，三曰精贡举，四曰择官长，五曰均公田，六曰厚农桑，七曰修武备，八曰减徭役，九曰覃恩信，十曰重命令。帝方信向仲淹等，悉用其说。当着为令者，皆以诸事画一次第颁下。

是为“庆历新政”，历时年余。[27]

我们注意到，“庆历十议”中头四条都涉及用人标准的问题，第一条要求“复位文武百官磨勘，将以约滥进，责实效”。是加强对在任官员的监督检查；第二条“复位文武百官奏荫，及不得陈乞馆阁职事，将以革滥赏，省冗官也”。是主张节省使用官方人事资源；第三条“为天下举人先取履行，次取艺业，将以正教化之本，育卿士之材也”。是强调以科举选士标准引领教育方针；第四条慎重选择地方实权派官员，“将以正纲纪，去疾苦，救生民也。”第九、第十两条也是从政府如何建立“诚信”和“威严”两方面提出的建议。可以说，“庆历十议”的主要特点在于注重人事上的“诚信”和实施财政上的“节流”，渐进振兴。这当然是慢功细活，不能一蹴而就，与宋仁宗“以猛药起沉疴”的急切期待合不上辙，也许这才是“庆历新政”失败的真实原因。而王安石的“熙宁新法”踵继而起，则以财政上“不加赋而国用足”[28]的“开源”实用政策和激进手段，许以必成，且大刀阔斧，雷厉风行，因而大得宋神宗及其继承者哲宗、徽宗的欢心。续后再论。

“庆历新政”亦有前因。景祐三年（1036）范仲淹上《百官图》讥刺宰相吕夷简任用亲信，并上书讥切时弊，被贬知饶州。余靖、尹洙、欧阳修、蔡襄等上疏论救，皆遭斥逐，并被诬以“朋党”，是谓北宋“党争”之始。梅圣俞（1003 ~ 1061）曾寄《灵乌赋》以讽范氏，其言“凤不时而鸣，乌哑哑兮招唾骂于里闾。乌兮！事将乖而献忠，人反谓尔多凶”云云，意在规劝范氏等人明哲保身，勿再争谏。范仲淹则以同题之赋回复，其中有言：

> 天听甚迩，人言曷病？被希声之凤凰，亦见讥于楚狂。彼不世之麒麟，亦见伤于鲁人。凤岂以讥而不灵，麟岂以伤而不仁？故割而可卷，孰谓神兵；焚而可变，孰为英琼？宁鸣而死，不默而生！[29]

其实在当政之前，范仲淹《上执政书》已经提出了“固邦本，厚民力，重名器，备戎狄，杜奸雄，明国听”等革新纲领，略具“庆历新政”雏形。亦且自述“行求无愧于圣贤，学行有济于天下”，主张学术鼎革，“返古开新”，遂开风气之先。尤其是他“宁鸣而死，不默而生”的大胆倡导，上秉孔、孟“士不可以不弘毅”及“善养吾浩然之气”，下启宋代新一轮的“处士横议”，“开口揽时事，论议争煌煌”的风尚，实为“庆历新风”，与有宋一代文士风气的转移关系甚大。[30]朱熹曾一再说：“至范文正方厉廉耻，振作士气”，“至范文正时便大厉名节，振作士气”，“本朝惟范文正公振作士大夫之功为多”。[31]可见他确实打透到理学，成为榜样人物。《斯文：唐宋思想转型》亦以大量篇幅缕述了“范仲淹和古文在政治与‘学’中的兴起”，以及欧阳修、苏轼之“学”的意义，指出：

> 范仲淹的崛起，标志着一个自觉的政治反对党的出现，这个反对党拥有旗帜鲜明的政治计划；它还促成了一个与政治权威机构相抗衡的知识界（intellectual world）。庆历新政的政治内容已广为人知，但对范仲淹如何采纳“复文章”这种说法还研究甚少。这种说法可以在李华和独孤及的作品中见到，最终在韩愈的《原道》中成为古文的思想和政治理想。[32]

紧接着包弼德分出了《思想家，其次是作家：11世纪中期的思想潮流》一章（笔者按：我猜想他说的“思想家”包括经学和史学，“作家”则是指馆翰词臣），试图厘清庆历——元祐代表人物与熙宁领袖王安石的区别问题。研究者多惑于他们都是“唐宋八大家”，却没有辨析其中实已横亘着经、史之学的巨大鸿沟，是一憾焉。《宋稗类钞》是康熙时人潘永因用“世说体”集录的宋人笔记，其中卷之五“博识”类有几条涉及刘敞（原父）的材料，颇可见出当时“经”“史”两学之别：

> 庆历后，欧阳文忠以文章擅天下，世莫敢有抗衡者。刘原父虽出其后，以博学通经自许，文忠亦以是推之。作《五代史》《新唐书》凡例，多问《春秋》于原父。及书梁入阁事之类，原父即为剖析，辞辨风生。文忠论《春秋》，多取平易，而原父每深言经旨。文忠有不同，原父间以谑语酬之，文忠久或不能平。
>
> 刘原父在词掖，欧阳文忠公尝折简问：“入阁起于何年，阁是何殿？开延英起何年？五日一起居，遂废正衙不坐起，何年？三者孤陋所不详，乞示本末。”原父方与客对食，曰：“明当为答。”已而复追回，令立俟报。原父就坐中疏入阁事，详尽无遗。原父私谓所亲曰：“好个欧九！极有文章，可惜不甚读书。”东坡后闻此言，笑曰：“轼辈将如之何！”

《国史》云："庆历以前学者尚文辞，多守章句注疏之学。至刘原父为《七经小传》，始异诸儒之说。王荆公修经义，盖本于原父云。"英宗尝语及原父，韩魏公对以"有文学"。欧阳文忠公曰："刘敞文章未甚佳，博学可称也。"[33]

概括而言，同样出于力图革除时弊、振刷积弱的动机，"庆历新政"及其追随者"元祐旧党"的代表人物，致力的是"文史之学"，即沿袭中唐"古文运动"之风尚，注重以史为鉴，提倡渐进式变革，善于著文宣传见解，风行天下。故"八大家"之宋人文章，多出于庆历——元祐之间。而"熙宁变法"中王安石则另辟蹊径，以"经术之学"托古改制，主张激进式变革，特别强调用自撰之《五经新义》颠覆旧学，着重统一考生思想。其于经学中独黜《春秋》，绝非偶然。正缘"文""学"有别，故治经学者每有讥讽"好个欧九，可惜不甚读书"或"欧九不学"的说法。[34]理学先导受到王学刺激，纷纷发覆经学，号为"众经之首"的《易》遂成为热门话题。不仅周敦颐、张载、程颐、邵雍以此名家，一时风尚影响南宋。连南宋人编的《欧阳修集》中，也特地辑入《童子易》三卷，苏轼集中更有《易学》专论。后期理学则合两家之两长，直至以"六经皆史"概括言之，[35]才从儒学内部平息了这场纷争。

尽管王安石本人诗文俱佳，但是熙宁之学却竭力排斥诗文，据载：

政和中大臣有不能诗者，因进言诗为元祐学术，不可行。时李彦章为中丞，承望风旨，遂上章论渊明、李、杜而下皆贬之，因诋黄、张、晁、秦等，请为科禁。何清源至修入令式，诸士庶习诗赋者，杖一百。[36]

赵挺之亦视苏轼之文采飞扬为"纵横揣摩之说"。"古文运动"的势头受到遏制，士子学风文气亦为之一变。政坛上活跃的已非词臣，而是自谓"经术之臣"，故宋代"六大家"风流不再，诗文专美亦仅此数人。

"庆历新政"的直接后果，是开启了北宋"党争"，间接后果则启发了"熙宁变法"，尽管两者具体主张并不完全相同。"熙宁变法"主张"因天下之力，以生天下之财；取天下之财，以供天下之费"，涉及财政经济的制度性及操作技术层面的若干问题，比较容易纳入近世西方学术体系。尤其自"戊戌变法"托古改制的前后，梁启超以《王安石传》鼓吹"变法图强"，又成为清末"新学"中抢眼的亮点。[37]复因传说列宁曾经称赞王为"十一世纪的改革家”而戴上了光环，成为显学。[38]而“庆历新政”由于推行期短，其提倡道德建设的意义却没有引起应有的重视。王安石被明人茅坤列入“唐宋八大家”之一，是由于他的古文确实符合“文以载道”的规范，且在经学上有独特造诣。但是与同时诸公追祭欧阳修的一批文章相比较，他谈论人品道德的内容独少，倒是一个可资比较的切入点。[39]

“熙宁新法”的是非功过已经争论了一千年，恐怕还会继续争论下去。尤其是在经济思想和制度的技术层面上，也只有专门家才有资格进行更加深入的讨论。但“熙宁新法”的主要政策在北宋实行过两次，为何都以失败为结束，议论至今不一。奇怪的是，庆历年间的内忧外患本是触发“新政”变革的直接动力，批评时弊之声开始轰然而起，并进行武备整饬，稳定了西北防务。但由徽宗“绍述新法”引发的亡国危机，却被一片“丰亨豫大”“宣政盛世”的歌功颂德所淹没，以致兵临城下，束手无策。除了其他因素之外，我以为“熙宁新法”导致的价值体系紊乱，亦是重要原因之一。这里不妨从王安石有关“忠节”的两段议论说起。请注意，这不是讨论王安石个人的“道德”，尽管这在历史上也曾经引起过争议。[40]不妨以“庆历新政”集团，与“熙宁变法”集团围绕三个问题的争论，来看他们各自在价值观念上的差别。

第一个是王安石《明妃曲》。还在登台拜相之前，王安石关于王昭君的“和蕃”诗就成为争讼之作。此诗作于宋仁宗嘉祐四年（1059），题为《明妃曲》。诗曰：

其一：

明妃初出汉宫时，泪湿春风鬓脚垂。
低徊顾影无颜色，尚得君王不自持。
归来却怪丹青手，入眼平生几曾有；
意态由来画不成，当时枉杀毛延寿。
一去心知更不归，可怜着尽汉宫衣；
寄声欲问塞南事，只有年年鸿雁飞。
家人万里传消息，好在毡城莫相忆；
君不见
咫尺长门闭阿娇，人生失意无南北。

其二：

明妃初嫁与胡儿，毡车百辆皆胡姬。
含情欲语独无处，传与琵琶心自知。
黄金杆拨春风手，弹看飞鸿劝胡酒。
汉宫侍女暗垂泪，沙上行人却回首。
汉恩自浅胡恩深，人生乐在相知心。
可怜青冢已芜没，尚有哀弦留至今。

前人争论王安石的《明妃曲》，似乎忽略了一个前因，这就是宋廷在庆历年间已经遭遇过“和亲”问题，事见《宋史·富弼传》及《续资治通鉴·庆历二年》等。大概经过是西夏既叛，宋军复败，不得不以全力经营西北诸州。当时朝臣最担心的就是宿敌契丹与西夏联手，也果然传来了“辽主谋亲帅师南伐，意未决”的消息。不久，辽国“遣南院宣徽使萧特默、翰林学士刘六符来，使取晋阳及瓦桥以南十县地，且问兴师伐夏及沿边疏浚水泽、增益兵戍之故”。这是宋辽关系自“澶渊之盟”以来的最大反复。

一阵寒瑟吹透了宋廷，“帝为之旰食，历选可使辽者，群臣皆惮行。”吕夷简举荐富弼接待辽使，而欧阳修则生怕他挟嫌报复，“引颜真卿使李希烈事，乞留弼。不报。”可见事态之严重。富弼以“主忧臣辱，臣不敢爱其死”为由临危受命。辽使至后，主张“和亲”的呼声一时甚高：“廷议不许割地，而许以信安僖简王允宁女与辽之皇子梁王洪基结婚，或增岁赂。独弼以结婚为不可。”此事反反复复争议了几个月，富弼又亲往辽京说项，“以结婚及增岁币二事往报辽人，惟所择。”但却对“和亲”一事百般塞责，并列举了种种理由加以阻止，如“结婚易生衅，况夫妇情好难必，人命修短或异，不若增金帛之便也”啊；如“帝女才四岁，成婚须在十余年后。今欲释目前之疑，岂可待哉”啊；如“南朝嫁公主故事，资送不过十万缗耳”啊……种种理由予以推托。“由是辽人结婚之意缓”。“辽主曰：‘姻事使南朝骨肉睽离，或公主与梁王不相悦，固不若岁增金帛。’”富弼最后慷慨建议：“议婚则无金帛。若辽人能令夏国复纳款，则岁增金帛二十万，不则十万。”俨如老妇菜市场上用尽心机，讨价还价，才结束了这场危机。这是为存朝廷体面做出的重要外交折冲，也是促使富弼等人形成“庆历集团”，提出“庆历新政”施政纲领以奋发图强的直接原因之一。[41]

这件惊扰举朝数月之久的大事，正发生在王安石进士及第之年，他不可能毫无耳闻。况且写作《明妃曲》的前一年，王安石已经在《上仁宗皇帝言事书》的万余言中提出了自己的“变法”纲领，以为当时形势之严重，已到“顾内则不能无以社稷为忧，外则不能无惧于夷狄，天下之财力日以贫困，而风俗日以衰坏，四方有志之士，諰諰然常恐天下之久不安”。俨然以改革家的身份介入当时政局，且与周敦儒“语连日夜”，“退而精思”，号为“通儒”。[42]以如此地位和视野，何以突兀写出这样以极富个人遭际之“私恩”，代替民族大节之“公忠”的句子呢？史无明载，是一疑问。

这时王安石与“庆历新政”集团还算情投意合，故欧阳修、刘攽、司马光都有和诗，表达的不同意见也很平和。[43]但自南渡之后民族矛盾激化，“上纲上线”的批评陡然升温。李壁《王荆公诗注》曾言：

> 范冲[44]对高宗尝云：“臣尝于言语文字之间，得安石之心，然不敢与人言。诗人多作《明妃曲》，以失身胡虏为无穷之恨，读之者至于悲怆感伤。安石为《明妃曲》，则曰‘汉恩自浅胡恩深，人生乐在相知心’。然则刘豫不是罪过，‘汉恩自浅虏恩深’也。今之背君父之恩，投拜而为盗贼者，皆合安石之意。此所谓坏天下人心术。孟子曰：‘无父无君，是禽兽也。’以胡虏有恩而遂忘君父，非禽兽而何？”公语固非，然诗人务一时为新奇，求出前人所未道，而不知其言之失也。——然范公傅致亦深矣。[45]

赵与时《宾退录》亦曰：

> 临江徐思叔（得之）亦尝病荆公此语，谓有卫律、李陵之风，乃反其意而为之，遂得诗名于时。其词云：“妾生岂愿为胡妇？失信宁当累明主！已伤画史忍欺君，莫使君王更欺虏。琵琶却解将心语，一曲才终恨何数！朦胧胡雾染宫花，泪眼横波时自雨。专房莫倚黄金赂，多少专房弃如土！宁从别去得深嚬，一步思君一回顾。胡山不隔思归路，只把琵琶写辛苦。君不见，有言不食古高辛，生女无嫌嫁盘瓠！”[46]

汉代的“明妃和亲”关系到文化和习俗的双重优越感，也成为千载文人诗画之专门题目。虽然各逞新意，但颇能窥见时代演变的若干痕迹，枝蔓不谈。身处满汉融合高峰之乾隆时代的理学史家赵翼，在他的《瓯北诗话》中亦曾评论过历代《明妃》诗，也对王安石此句作出了十分严厉的批评，以为“悖理之甚”：

推此类也，不见用于本朝，便可远投外国？曾自命为大臣者，能出此语乎？[47]

第二个是如何评论冯道。这个问题并非孤例。鉴于北宋政权是承袭五代“禅让”而来，开国大臣多仍其旧，故冯道作为五代权臣的代表，具有一定的象征意义。有记载说，富弼曾以冯为“孟子之所谓大人”，应当结合了自己使北经历中周旋之难的亲身体会。[48]释文莹《湘山野录》卷上言：

熙宁而来，大臣尽学术该贯，人主明傅。议政罢，每留之询讲道义，日论及近代名臣始终大节。时宰相有举冯道者，盖历事四朝，不渝其守。参政唐公介曰：“竞慎自全，道则有之。然历君虽多，不闻以大忠致君，亦未可谓之完。”宰相曰：“借如伊尹，三就桀而三就汤，非历君之多者乎？”唐公曰：“有伊尹之心则可。况拟人必于其伦，以冯道窃比伊尹，则臣所未喻也。”率然进说，吐辞为经，美哉！[49]

这也许说明，自唐以来困扰已久的“人臣气节”效忠问题，终于进入了君主朝臣公开讨论的语境，尽管还是小圈子里的私下议论。只是称赞冯道的“宰相”究为何人，此文语焉不详。倒是另外的记述弥补了这个缺憾。魏泰为王安石亲信曾布之姻戚，与王氏父子也有交游。他在《东轩笔记》中明确点出，此“宰相”就是王安石，且言“荆公雅爱冯道，谓其能屈身以安人，如诸佛菩萨之行。”同时也不讳言，在唐介驳斥之后，“荆公为之变色，其议论不合，多至相侵。”[50]

请注意上文所说的“历事四朝”，并非父子相传同一朝代之四纪，而是政权易代，不同姓氏之四“朝”，犹若宋、元、明、清。所谓“历君”之多，犹经历鼎革易代之多。如果属实，则王安石视朝廷变易有若美国总统之换届，而国务卿则始终如一。即使以今日西方政党轮换之现代政治制度而论，恐怕也是难以实现的。以此观之，王氏观念之“后现代”，已非黄仁宇“前现代”所可概括。这倒是惊世骇俗之论，不可不辨。

按冯道字可道，瀛州景城人。“少以孝谨知名，唐庄宗世始贵显，自是累朝不离将、相、三公、三师之位，为人清俭宽宏，人莫测其喜愠，滑稽多智，浮沉取容，尝著《长乐老叙》，自述累朝荣遇之状，时人往往以德量推之。”[51]也就是说，冯道经历了五代绝大多数的政权更替，却一直位居三公，历任显宦，且以个人品格的“清简宽宏”夸示于人。尝作诗自负云：

莫为危时便怆神，前程往往有期因。

须知海岳归明主，未必乾坤陷吉人。

道德几时曾去世，舟车何处不通津。

但教方寸无诸恶，虎狼丛中也立身。[52]

其实在王安石赞颂冯道之前，在《新五代史·冯道传》的“论赞”中，欧阳修已形同戟指，早就痛骂过这位“长乐老人”了：

“礼义廉耻，国之四维。四维不张，国乃灭亡。”礼义，治人之大法；廉耻，立人之大节。况为大臣而无廉耻，天下其有不乱，国家其有不亡者乎！予读冯道《长乐老叙》，见其自述以为荣，其可谓无廉耻者矣，则天下国家可从而知也。予于五代得全节之士三，死事之臣十有五，皆武夫战卒，岂于儒者果无其人哉？得非高节之士，恶时之乱，薄其世而不肯出欤？抑君天下者不足顾，而莫能致之欤？[53]

司马光《资治通鉴》在引述欧氏之语后，复加长篇案语，从道德指向方面对冯道指斥得愈加酣畅淋漓：

天地设位，圣人则之，以制礼立法，内有夫妇，外有君臣。妇之从夫，终身不改；臣之事君，有死无贰。此人道之大伦也。苟或废之，乱莫大焉！范质称冯道“厚德稽古，宏才伟量，虽朝代迁贸，人无间言，屹若巨山，不可转也”。臣愚以为正女不从二夫，忠臣不事二君。为女不正，虽复华色之美，织纴之巧，不足贤矣；为臣不忠，虽复材智之多，治行之优，不足贵矣。何则？大节已亏故也。道之为相，历五朝、八姓，若逆旅之视过客，朝为仇敌，暮为君臣，易面变辞，曾无愧怍，大节如此，虽有小善，庸足称乎！或以为自唐室之亡，群雄力争，帝王兴废，远者十余年，近者四三年，虽有忠智，将若之何！当是之时，失臣节者非道一人，岂得独罪道哉！臣愚以为忠臣忧公如家，见危致命，君有过则强谏力争，国败亡则竭节致死。智士邦有道则见，邦无道则隐，或灭迹山林，或优游下僚。今道尊宠则冠三师，权任则首诸相，国存则依违拱嘿，窃位素餐；国亡则图全苟免，迎谒劝进。君则兴亡接踵，道则富贵自如，兹乃奸臣之尤，安得与他人为比哉！或谓道能全身远害于乱世，斯亦贤已。臣谓君子有杀身成仁，无求生害仁，岂专以全身远害为贤哉！然则盗跖病终而子路醢，果谁贤乎？抑此非特道之愆也，时君亦有责焉，何则？不正之女，中士羞以为家；不忠之人，中君羞以为臣。彼相前朝，语其忠则反君事仇，语其智则社稷为墟。后来之君，不诛不弃，乃复用以为相，彼又安肯尽忠于我而能获其用乎！故曰：非特道之愆，亦时君之责也！[54]

这个问题延及南宋，矛头已直斥王安石变乱价值体系之非。据《宋史·陈公辅传》记述，在经历了"靖康耻"张邦昌伪楚、刘豫伪齐，金人南下，兵荒马乱之后，陈于绍兴六年（1136）受召为吏部员外郎，旧事重提：

今日之祸，实由公卿大夫无气节忠义，不能维持天下国家，平时既无忠言直道，缓急讵肯伏节死义，岂非王安石学术坏之邪？……王莽之篡，扬雄不能死，又仕之，更为《剧秦美新》之文。安石乃曰："雄之仕，合于孔子无可无不可之义。"五季之乱，冯道事四姓八君，安石乃曰："道在五代时最善避难以存身。"使公卿大夫皆师安石之言，宜其无气节忠义也。

正是"靖康之乱"的无情事实，使"气节忠义"问题不能光停留在谈佛论道的学理之辩，一变而为"当下关怀"的现实焦虑。冯道的"但教方寸无诸恶，虎狼丛中也立身"已非关个人修养，而是民族大义问题。以后类似问题还出现过多次，比如明末钱谦益的"投诚"，比如现代周作人的"陷敌"。如果说唐人还曾对"安史之乱"中因"陷贼"而接收伪职的诸臣评价不一的话，后世则已形成全民共识，尤其以近世抗日战争时期为最，后话不提。

钱锺书曾以冯道《自叙》为"丧乱频经而身名俱泰，坦然自张得意，椎直少文"之作。[55]海外华人史学家王赓武近年著有《冯道——论儒家的忠君思想》一文，首先指出：

18世纪的时候，《续通志》的编者们把失节的文武官吏分为十类。在为最坏的分子所保留的一个项目下只有两个人：武将侯益

（886 ~ 965）和文臣冯道。二者都是五代时期（907 ~ 960）的人物，都被指责为“懵大伦且不知耻”。[56]

这就是后世理学的“诛心”之论。在屡述两宋及后世围绕冯道的腾议的同时，王赓武也尽量客观地分析了冯道的儒家志业和儒者生活，结论则是：

冯道不可能预见一种更为高尚的儒家思想会在他死去一百年后发展生衍。他也不知道他是活在一个过渡时代，而社会、政治及哲学价值上的重要变迁即将发生。[57]

围绕王安石对于冯道评论的争议，正是在五代以来价值观念发生重要变迁的“一百年后”，因而不能视作风雅闲谈。王氏熙宁变法之若干骨干人物，或许正是于此受到启发，才持“法度任他变换，好官我自为之”态度的。

第三个问题是“尊韩”与“非韩”。以陈寅恪“对历史抱同情之理解”的角度，重新审视宋人对于冯道的两种看法，不应回避五代和宋人在文化认识上的不同。冯道至多减轻了外族政权更迭中对于百姓利益的侵害，而欧阳修等却志在重建和确立一种影响深远的价值观念。陈寅恪指出：

唐代之史可分前后两期。前期结束南北朝相承之旧局面，后期开启赵宋以降之新局面。关于政治社会经济者如此，关于文化学术者亦莫不如此。[58]

生当否运，士君子何以自处？陈寅恪曾高度肯定了唐宋古文运动与理学“尊王”说的先后承袭关系，认为：

盖古文运动之初起，由于萧颖士、李华、独孤及之倡导与梁肃之发扬。此诸公者，皆身经天宝之乱离，而流寓南土，其发思古之情，怀拨乱之旨，乃安史变叛刺激之反应也。唐代当时之人既视安史之变叛为戎狄之乱华，不仅同于地方藩镇之抗拒中央政府，宜乎尊王必先攘夷之理论，成为古文运动之一要点矣。[59]

又言：

今所欲论者，即唐代古文运动一事，实由安史之乱及藩镇割据之局所引起，安史为西胡杂种，藩镇又是胡族或胡化之汉人，故当时特出之文士自觉或不自觉，其意识中无不具有远则周之四夷交侵，近则晋之五胡乱华之印象。“尊王攘夷”所以为古文运动中心之思想也。[60]

中唐“古文运动”为唐代文学和文化史之重要课题，前贤时彦之论述多矣。[61]本文雅不欲重开衅端，追摹前说。只想结合本文主旨，从思想史角度略述一二。

“古文运动”本质上究竟是一次“文体革命”“文学革命”，还是一场“思想革命”，或“儒学复兴运动”？近世以专业分门别类，治文学史者往往不治思想史，议论亦多止于古文散、骈之争。我们知道，先秦诸子著作均以先秦书写体的散文出之，且一向为经学典范。唐朝盛行南朝以来《文选学》，但对仗工整的骈文虽称“锦心绣口，骈四俪六”，无论如何不能表达明晰深刻的思想见解。所谓“文以载道”之论，实在是出于士子身处变乱，有话要说，“骨鲠在喉，不得不发”之故。无论是针对当时“三教论衡”之不痛不痒的论辩[62]，还是渴望祖述儒家价值理念，返本开新，并以此为中心，重构以“尊王攘夷”为现实关怀的《春秋》大一统格局和相应的价值体系，都需要有一种更加犀利的文风和一大批具有号召力和影响力的人，站在中央政权的立场登高一呼。“古文运动”的中坚和骨干无不出自中央官吏，原因之一或在于此。如柳冕原为大历时右补阙、史馆修撰；梁肃曾任建中时太子校书郎，权德舆元和年间任同中书门下平章事（宰相），欧阳詹贞元时为国子监四门助教，李观贞元间为太子校书郎，李翱元和时任国子博士、史馆修撰，樊宗师元和间登第为著作佐郎，吕温贞元时任集贤殿校书郎，更不用提韩愈、柳宗元和刘禹锡了。而“尊韩”正是欧阳修接续唐古文运动大旨的榫合点。故苏轼《居士集序》就径以欧阳修上侪韩愈：

> 其学推韩愈、孟子以达于孔氏，著礼乐仁义之实以合于大道，其主简而明，信而通，引物连类，折之于至理，以服人心，故天下翕然师尊之。自欧阳子之存，世之不悦者，哗而攻之，能折困其身而不能屈其言。士无贤不肖，不谋而同曰：“欧阳子，今之韩愈也。”宋兴七十余年，民不知兵，富而教之，至天圣、景祐极矣，而斯文终有愧于古，士亦因陋守旧，论卑而气弱。自欧阳子出，天下争自濯磨，以通经学古为高，以救时行道为贤，以犯颜纳说为忠，长育成就，至嘉祐末，号称多士，欧阳子之功为多。[63]

可知在欧阳修的追随者看来，“尊韩”对于庆历集团引领天下士风具有的重要意义。苏轼有意把“多士”时代定格于“熙宁变法”之前，突出了两种“新政”的不同指向，值得深思。这正是“庆历新政”与“熙宁变法”的又一过节，史学界似未经道者，故拈出一议，以求教正。

《邵氏闻见后录》卷十五：

欧阳公平生尊用韩退之，于其学无少异矣。

又叶梦得《避暑录话》：

王荆公初未识欧文忠公，曾子固力荐之。公愿得游其门，而荆公终不肯自通。至和初，为群牧判官，文忠还朝，始见知。遂有“翰林风月三千首，吏部文章二百年”之句。然荆公犹以为非相知也，故酬之曰：“他日傥能窥孟子，终身何敢望韩公。”自期以孟子，处公以韩愈，公亦不以为嫌。

钱锺书《谈艺录》注意到王氏虽被后人列为“古文八大家”之一，但他与欧阳修等“庆历新政”集团还有一个绝大的不同，就是对待韩愈的态度。他以为：

韩昌黎在北宋可谓千秋万岁，名不寂寞者矣。欧阳永叔尊之为文宗，石徂徕列之于道统，即朱子《与汪尚书书》所斥为轻薄浮诞之东坡门下亦知爱敬。子瞻作碑，有“百世师”之论；少游进论，发“集大成”之说……要或就学论，或就艺论，或就人品论，未尝概夺而不与也。有之，则自王荆公始矣。[64]

钱氏复以大段夹注，详尽列举“理学家孙明复始尊昌黎为知道，不杂于异端”，而石介本出孙氏之门，“《徂徕集》中几无篇不及昌黎”，“且每以昌黎追配孟子，盖全不以之为文士。皮日休《请韩文公配飨太学书》之意，至徂徕而发挥殆尽矣。”明确了王安石与北宋理学先导颇异其趣，并认为这并非偶然：

荆公于退之学术文章以及立身行事，皆有贬词，殆激于欧公、程子辈之尊崇，而故作别调，“拗相公”之本色然欤。朱弁《曲洧旧闻》卷三《余在太学》条谓：“欧公及许洛诸先辈，皆不以能古文许介甫”，然则“今生安敢望韩公”，真为负气语。[65]

笔者在《李晟与“关公斩蚩尤”传说》一文中，论及中唐时期忠义观念的转变与古文运动的兴起，曾以陈寅恪《论韩愈》为主，探及“韩愈等人发起的古文运动是以‘尊王攘夷’为中心思想，以‘修齐治平’为正心大道，以文体革新为阐述武器，并且涉及重立价值体系问题。”以为“唐代古文运动实际上是进行新一轮的价值评估，同时开始了重建华夏道德的学术准备。”故重视宋儒在承袭韩愈问题上的认识差别。[66]重复不赘。

考试与“奔竞”

黄仁宇以为：

> 今日九百年后我们从长时间远距离的姿态读历史，已无从确定以上各人的忠邪，同时也无此必要……融合中国传统以粗浅的道德观念批评历史人物的办法，这中间只有至善及极恶。我们如被这些观念蒙蔽，就容易忽视我们自身读史之目的之所在。[67]

其实讨论“熙宁新法”之党争问题时，南宋叶适已发表过许多今日可称“酷评”的意见，绝未仅以“粗浅的道德观念批评历史人物”。[68]历来检讨熙宁变法失败原因，“用人不当”都被视为主要问题。王夫之则直截了当地指出：“靖康之祸，则王安石变法以进小人，实为其本。”[69]以今世政治学者的视线而言，精英设计的贯彻落实，应当不靠“智商”而端赖“情商”，即干部队伍效忠的体系性保障问题。应该说，“熙宁新法”在培养自己的干部队伍上曾经进行过空前重大的努力。除了继续“庆历集团”奖励地方政府兴办学校外，还进行了三项改革，即：

一、变革科目，进士科专试服务现实的策论，取消涵育人文的诗赋。并且设立“新科明法，试律令、《刑统》，大义、断桉，所以待诸科之不能业进士者。”[70]

二、置换教材，确立以王安石的《三经新义》作为基准教材和考试内容；

三、在太学引入竞争淘汰机制，强化考试，奖优罚劣。熙宁四年（1071）在太学实施三舍法，生员按等差分隶于外舍、内舍、上舍。“各执一经，从所讲官受学，月考试其业，优等上之中书。其正、录、学谕，以上舍生为之，经各二员；学行卓异者，主判、直讲复荐之中书，奏除官。”[71]这种办法还扩大至在任官员的铨选，“熙宁四年，遂定铨试之制：凡守选者，岁以二月、八月试断按二，或律令大义五，或议三道，后增试经义。”[72]

尤其值得提到的是，在熙宁科举改革中，王安石特别突出了“一道德”的宗旨，以为：

今人材乏少，且其学术不一，异论纷然，不能一道德故也。

宋神宗亦谓“今谈经者人人殊，何以一道德？卿所著经，其以颁行，使学者归一。”[73]这里所谈的“一道德”，意在建立以王安石的经学思想和改革政策为中心的价值体系，确保选拔人才的思想统一，最大限度为自己的政治利益服务，以保障新法执行。以“政治第一”贯穿整个教育制度，可谓中国教育史上空前而非绝后的措施。

据载，宋神宗于熙宁三年（1070），“亲试进士，始专以策，定著限以千字。旧特奏名人试论一道，至是亦制策焉。”[74]可谓殊荣。这一期的天子抡才中，出了两个名著后世的人，这就是福建仙游人蔡京和他的弟弟蔡卞。蔡卞后来还做了王安石的女婿，当然得到他的特别赏识。鉴于蔡氏兄弟及其一门眷属后来在宋徽宗时代以“绍述”熙宁新法为名，重申“政治第一”的选材标准，以至“宣、靖间误国者，皆进士及第之人”。[75]直接导致了靖康亡国，此为常识，不谈也罢。

由于未能见到熙宁登科录的完整资料，笔者不能对熙宁改革科举选士的结果进行统计学意义上的总结，但在一个介绍仙游籍人士的网页中找到了一些熙宁进士的踪影。[76]他们是：

余授，博学能文，多所著作，历官校书郎，出为京西提举。

林豫，字顺之。与苏轼兄弟善，后辙贬，送以词，有“怒发冲冠，壮心比石”之语。历官七郡，皆有遗爱。后坐苏轼荐入元祐党籍。[77]

陈次升，字当时，绍兴【圣】中为御史。累疏论章惇、蔡京之奸，为卞所诬，谪南安军。徽宗立，召为侍御史，复极论章惇、蔡卞、曾布、蔡京之恶，惇等皆坐窜逐。崇宁初以宝文阁侍制出知颖昌府。录除名徙建昌，编管循州，皆以论京、卞故，政和初复旧职，卒，有《谠论集》。

陈开，字安明。调密州教授，太守苏轼深器重之，诸生力留，更七年而后代，密州儒风之盛自此始，后入为太学博士，召对进二答，其一排新法，其一去小人进君子，言议激动，当国者忌之，出为雄州通判，寻升宗正寺丞卒。

陈觉民，字达野。元祐中历知漳福建三州，所至有治行，改知泉州，时有司建言欲榷六郡，觉民陈五不可，未尝与朋僚谈作诙，官至中奉大夫。

奇怪的是蔡京乡里的熙宁进士中，竟然有这么多与苏轼兄弟相得之人。其他如《宋史》本传中举“熙宁进士甲科”的朱服，终亦“坐与苏轼游，贬海州团练副使，蕲州安置”。李清照之父李格非亦熙宁进士，“以文章受知于苏轼”，“绍圣立局编元祐章奏，以为检讨，不就。戾执政意，通判广信军。”[78]而张耒本“苏门四学士”之一。可见熙宁“一道德”的科举改革，并未保障培育的干部队伍集体效忠，恐怕这才是熙宁新法失败的深层原因。

明人薛应旂《宋元通鉴》还收集了这样一个故事：

（崇宁间）行三舍法于天下。荣州以王庠应诏，庠曰：“昔以母年五十二求侍养，不复愿仕。今母年六十乃奉诏，岂本心乎？”时严元祐党禁，庠自陈：“苏轼、苏辙、范纯仁为知己，吕陶、王吉尝荐举，黄庭坚、张舜民、王巩、任伯雨为交游，不可入举求仕，愿屏居田里。”朝廷知其不可屈，赐号处士。[79]

竟然处处与元祐党人攀连，实令蔡京等人难堪。其他出现在《宋史》本传中信守“熙宁变法”之旨，坚持维护新法利益的只有寥寥数人，如“熙宁进士第一”的徐铎，就被指责“编类（元祐党人）事状，流毒元祐名臣，忠义之士，为之一空，驯致靖康之祸，可胜叹哉”。邓洵武（即安石信用的权臣，信奉“笑骂任君笑骂，好官我自为之”的邓绾之子）则被评论为“邓氏自绾以来，世济其奸，而洵武阿二蔡尤力。京之败乱天下，祸源自洵武起焉”。《宋史》人物传的编选标准和评议，其实已部分解释了理学褒贬的价值取向。

关于当时士人逢迎权贵，以图左右逢源的情态，赵德麟《侯鲭录》卷八讲过这样一个故事：

曾说，孝序之子。元符中上书，论元符之政，论编人邪，为中等；后为二蔡客，上书诋元祐，美崇宁政事，为正论上等；后因陛对作，圣语令进擢；又背京从下，言章及之，遂贬丹阳闲居。尝送新茶与蔡天启，天启于简后批一诗云：“欲言正焙香全少，便道沙溪味却嘉。半正半邪谁可会？似君书疏正交加。”[80]

可见士人竞以阿谀为升腾法门，奉承即通显秘要。这里所说的“中等”“上等”，则关系王安石“考试竞争”之制度设计。

南渡之后政纲和学术思想又出现了变易，“新法”文献也损失殆尽。故太学“三舍”制度的具体情况今人已难窥其全貌。但南宋“永嘉派”著名诗人叶适（1150 ~ 1223）的家谱资料中还留存有一些记载。叶适《致政朝请郎叶公圹志》言：

公姓叶氏，讳光祖，字显之。祖公济，游太学无成，贳衰，去处州龙泉，居于温，至公定为永嘉人。

现存于温州市瓯海区《永强英桥叶氏宗谱》中叶适次子所撰的《叶文定公墓碑记》则言：

其先居处州龙泉，徙居温州。曾祖公济公，国学上舍生。[81]

两相合观，则叶适祖父叶公济熙宁年间曾入太学，且为“上舍生”。虽然不能确定叶公济从“优等”到“无成”的具体原因，但他在“成则王侯”的功利性考试中遭到无情淘汰，阮囊羞涩，无以为继，不得不离乡别井迁徙他处谋生的事实，已可见出单一思想和评价体系中竞争之惨烈。

按照熙宁年间的科举改革方案，太学上舍生成绩优良者可以免除解试直接参加礼部试或免除礼部试直接参加廷试，赐进士及第，可谓“一步登天”。这种功利性极强的思想灌输和评判标准，最易引起思想混乱。《宋史·选举志三》载：

崇宁以来，士子各徇其党，习经义则诋元祐之非，尚词赋则诮新经之失，互相排斥，群论纷纷……诏礼部详议。谏议大夫兼祭酒杨时言：“王安石著为邪说，以涂学者耳目，使蔡京之徒，得以轻费妄用，极侈靡以奉上，几危社稷。乞夺安石配飨，使邪说不能为学者惑。”……诸生习用王学，闻时之言，群起而诋詈之，时引避不出，斋生始散。诏罢时祭酒。而谏议大夫冯澥、崔鹍等复更相辨论，会国事危，而贡举不及行矣。

可见习学"王学"的三舍士子已成为既得利益集团,至少成为他们收买的对象。这次纷争，算是为北宋王朝"议论未定，兵已渡河"增添的又一脚注。按杨时为理学著名典故"程门立雪""吾道南矣"的主人公之一,明成化八年(1472)"封将乐伯,从祀孔子庙庭"。与此可窥南宋理学对于"王学"的立场态度。

王安石不愧古文兼论辩的高手，他在好几篇文章中谈论过自己的人才观。如在变法之初写的《材论》，言："人之有材能者，其形何以异于人哉？惟其遇事而事治，划策而利害得，治国而国安焉。"并驳斥"人才需待教育成就"的说法，以为"因天下法度未立之后，必先索天下之材而用之；如能用天下之材，则所以能复先王之法度，则天下之小事无不如先王时矣，况教育成就人材之大乎？此吾所以独言求而用之之道者"。自信"天下之广，人物之众，而曰果无材者，吾不信也"。实际上是以"先有鸡还是先有蛋"的循环逻辑，否定教育作用。又如《读孟尝君传》，以为："擅齐之强，得一士焉，宜可以南面而制秦，尚何取鸡鸣狗盗之力焉？"更视培育众士不如得一能士。这与他改革科举的建言相较，不异自掴耳光。司马光及门弟子刘光世《元城语录》言：

> 温公尝谓金陵曰："介甫行新法，乃引用一副真小人，或在清要，或监司，何也？"介甫曰："方法行之初，旧时人不肯向前，因用一切有才力者。候法已成即逐之，却用老成者守之。所谓'智者行之，仁者守之'。"

恐怕这才接近王安石论辩"材论"的真意，可惜他的如意算盘并未把人际关系的互动性计算进去。中国古来似无"潘多拉盒子"类型的神话，如有则自《水浒传》第一回"洪太尉误走妖魔"始。一旦把"真小人"的恶魔释放出来，事态就无法控制了。故苏轼弟子陈师道《上苏公书》言：

> 范文正谓：王荆公长于知君子，短于知小人。由今观之，岂特其短，正以反置之耳。古之所谓"腹心之臣"者，以其同德也。故武王曰："予有乱臣十人，同心同德。"而荆公以巧智之士为腹心，故王氏之得祸，大矣！闻狙诈咸作使矣，未闻托之腹心也。夫君子无弃人，巧智之士亦非可弃，以为手足可也。耳目且不可，况腹心乎？盖势在，则欺之以为功；势同，则夺之以为利；势去，则背之以为害。使之且难，

况同之乎？[82]

其实早在熙宁科举改革方案“出台”，下诏求言时，苏轼就已争论说：“夫欲兴德行，在于君人者修身以格物，审好恶以表俗。若欲设科立名以取之，则是教天下相率而为伪也。上以孝取人，则勇者割股，怯者庐墓；上以廉取人，则弊车、羸马、恶衣、菲食，凡可以中上意者，无所不至。”[83] 这是说过分功利的教育机制，容易导致“上有所好，下必甚焉”的局面，未必是为朝廷培育人才“固本培元”之长策。

引发争议的具体实例，是熙宁三年殿试对于考生叶祖洽试卷的评价，主考官员和神宗皇帝分歧甚大：初考官韩维、吕惠卿定为三等上，复考官宋敏求、刘攽定为五等中，详定官吴充、陈襄定第三，神宗却钦点为状头。于是编排官苏轼与刘攽、司马光等争谏叶之对策“阿谀时政”“阿谀顺旨”“阿时者皆在高等，讦直者多在下列”。[84]《宋史》本传盖棺论定，也说叶祖洽“性狠愎，喜谀附”，“以牟利黩货闻”，“人目为小训狐”。评赞甚至说他是“憸邪小人。由王氏之学不正，害人心术，横溃烂漫，并邦家而覆之；如是其惨焉，此孟子所以必辩邪说、正人心也”。[85]

宣政时期不仅继续如此，还设立许多禁忌以塞言路，营造“清明太平”的“盛世景象”。洪迈《容斋三笔》卷十四“政和文忌”条言：

> 蔡京专国，以学校科举箝制多士，而为之鹰犬者，又从而羽翼之。士子程文，一言一字稍涉疑忌，必暗黜之。有鲍辉卿者言：“今州县学考试，未校文学精弱，先问时忌有无，苟语涉时忌，虽甚工不敢取。若曰：‘休兵以息民，节用以丰财，罢不急之役，清入仕之流。’诸如此语，熙、丰、绍圣间试者共享不以为忌，今悉绌之，所宜禁止。”诏可。政和三年，臣僚又言：“比者试文，有以圣经之言辄为时忌而避之者，如曰‘大哉尧之为君’、‘君哉舜也’，与夫‘制治于未乱，保邦于未危’、‘吉凶悔吝生乎动’、‘吉凶与民同患’。以为‘哉’音与‘灾’同，而危乱凶悔非人乐闻，皆避。今当不讳之朝，岂宜有此？”诏禁之。以二者之言考之，知当时试文无辜而坐黜者多矣。

游酢身当其世，尝著有《论士风》更是语出惊人。他认为：

> 天下之患，莫大于士大夫无耻。士大夫至于无耻，则见利而已，

不复知有他，如入市而攫金，不复知有人也。始则非笑之，少则人惑之，久则天下相率而效之，莫知以为非也。士风之坏一至于此，则锥刀之末将尽争之，虽杀人而谋其身，可为也；迷国以成私，可为也；草窃奸宄，夺攘矫虔，何所不至！而人君尚何所赖乎？古人有言：礼义廉耻，国之四维。四维不张，国非其有也。今欲使士大夫人人自好，而相高于名节，则莫若朝廷之士唱清议于天下，士有顽钝无耻，一不容于清议者，将不得齿于缙绅，亲戚以为羞，乡党以为辱。夫然，故士之有志于义者，宁饥饿不能出门户，而不敢以丧节；宁阨穷终身，不得闻达，而不敢以败名。廉耻之俗成，而忠义之风起矣。人主何求而不得哉？惟陛下留意。[86]

这也是一种“道德拯救”说。虽然近于迂腐，但是将“廉耻”与“忠义”提高到这样的程度，对于后世“遗民”心理未尝没有意义。

近年张邦炜摭拾此题，著有《论北宋晚期的士风》一文[87]，特辟“隐逸与奔竞”专章论及此节，迭有新见。如引陆佃语“近时学士大夫相倾竞进，以善求事为精神，以能讦人为风采，以忠厚为重迟，以静退为卑弱，相师成风，莫之或止”，[88]以凸现时代风气之浇薄。考虑到此语实发于徽宗践祚之初，故其风不自政和、宣和始。元祐重臣王岩叟《请罢三舍法疏》就认为这样的竞争无益士子专心向学，反而败坏了学风：

自三舍之法立，虽有高行异材，未见能取而得之，而奔竞之患起；奔竞之患起，而赂贿之私行；赂贿之私行，而狱讼之端作；狱讼之端作，而防猜之禁严。博士劳于簿书，诸生困于文法。臣窃谓不必于科举之外，别开进取之多岐，以支离其心，而激其争端，使其利害得失日交战于胸中。[89]

张文且言逮至徽宗时代士风愈下：“当时人所说：‘百物踊贵，只一味士大夫贱’，是句双关语。所谓贱，既指经济上俸禄微薄，又指道德上人格低下。有人更是一针见血地指出：‘天下之患，莫大于士大夫无耻’；‘士大夫汨丧廉耻，乃至是耶？’连徽宗也供认不讳：‘今士大夫方寡廉鲜耻。’”[90]

可知围绕“熙宁变法”的反复，朝廷屡以“胡萝卜加大棒”的实用政策，用收买或者放逐的两极方式羁縻牢笼士人，已经严重地影响到士大夫心态，扭曲了“庆历集团”标立儒生“先忧后乐”的价值体系，刚刚振起的“斯文一脉”，亦随“元祐旧臣”如苏轼等人的逝去而扫地以尽。

教育无疑是一种重要的国家资源，也是标立社会价值体系的重要工具。关键其实在于教育内容，既可教人为善，亦可唆人作恶。20 世纪 30 年代德国纳粹即是利用国家教育工具培育出数以千万计的年轻法西斯的，后世中国也发生过类似情况。教育采用竞争淘汰机制，不过是强化价值指标，加速培养过程的一种手段。使用得当，固然善莫大焉，滥用则贻害无穷，不可不慎。

砥砺与倾轧

话题再回到北宋的“党争”。我注意到，欧阳修利用官方身份为庆历集团主要人物撰述神道碑时，每以“人品节义”相尚。如称赞范仲淹：“少有大节，于富贵贫贱、毁誉欢戚不一动其心，而慨然有志于天下。常自诵云：‘士当先天下之忧而忧，后天下之乐而乐也。’”[91]称赞晏殊：“为人刚简，遇人必以诚。虽处富贵如寒士，罇酒相对，欢如也。得一善，称之如己出。当时知名之士如范仲淹、孔道辅等，皆出其门……而小人权倖皆不便。”[92]称誉王质（王素之兄）：“初，范仲淹以言事贬饶州，方治党人甚急。公独扶病率子弟饯于东门，留连数日。大臣又以让公曰：‘长者亦为此乎？何苦自陷朋党！’公徐对曰：‘范公天下贤者，顾某何敢望之。然若得为党人，公之赐某厚矣。’闻者为公缩颈。”[93]嘉叹余靖任谏官时，“感激奋励，遇事辄言，无所回避。奸谀权倖屏息畏之一，其补益多矣！——然亦不胜其怨嫉也。”[94]此外，还赞赏石介：“遇事发愤，作为文章，极陈古今治乱成败，以指切当世，贤愚善恶，是是非非，无所讳忌。世俗颇骇其言，由是谤议喧然，而小人尤嫉恶之，相与出力，必挤之死。先生安然，不惑不变，曰吾道固如是，吾勇过孟轲也。”[95]称誉胡瑗：“为人师，言行而身化之，使诚明者达，昏愚者励，而顽傲者革。故其为法言而信，为道久而尊。师道废久矣！自景祐以来学者有师，惟先生与泰山孙明复、石守道三人而已。”[96]推奖孙明复：“治《春秋》，不惑传注，不为曲说以乱经。其言简易，明于诸侯大夫功罪，以考时之盛衰，而推见王道之治乱。”[97]

而曾巩在《寄欧阳内翰书》中也称赞欧阳修“蓄道德而能文章”，其逝世后又有苏辙为撰《神道碑铭》，继续扬清击浊。韩琦为撰官方《祭文》中，特别称赞到欧阳修的个人努力在转移士风方面的突出业绩：

> 在庆历初，职司帝聪；颜有必犯，阙无不缝；
> 正路斯辟，奸盟辄攻；气尽忘忤，行孤少同。
> 于穆仁庙，诚推至公；孰好孰恶，是焉则从；
> 尽得善纳，治随以隆。人畏清议，知时不容；
> 各砺名节，恬乎处躬。二十年间，由公变风；
> 公之功业，其大可记。

可见“庆历新政”虽然在政治上失败，但诸公仍然声气相求，努力道义，以文章阐发治学心得，挽救士人颓风，弘扬正气，努力不懈。正缘“庆历新政”及“元祐旧臣”的骨干核心能够固守节义，不逐时好，不阿权贵，不随意俯仰，才被后世理学标立为道德榜样。[98]

遗憾的是，王安石执政以后，对这些老朋友都曾痛下贬手，以便汲引新人。《宋史·王安石传》总结而言之：

> 吕公著、韩维，安石藉以立声誉者也；欧阳修、文彦博，荐己者也；富弼、韩琦，用为侍从者也；司马光、范镇，交友之善者也：悉排斥不遗力。

他实施“熙宁新法”的骨干之间与上述诸公正好相反，屡次出现勾心斗角、倾轧互陷的情况。故“新法”实施不久，核心即呈分崩离析之状：或如王氏父子与吕惠卿之交相构陷，[99]或如曾布之反复未安，或如邓绾之首鼠两端，或如黄隐之落井下石。[100]种种情态，不一而足。即便在“新法”全盛时期，还有唐埛因极言青苗法可行，“安石尤喜之，荐使对，赐进士出身，为崇文校书……数月，将用为谏官，安石疑其轻脱，将背己立名”，由此反目成仇。于是唐埛利用程序，当陛唱了一出“骂殿”，慷慨激昂，至诋安石为李林甫、卢杞。[101]魏泰曾言：

> 王荆公再为相，平日肘腋尽去，而在者已不可信，可信者又才不足以任事，平日惟与其子雱相谋。[102]

已有茕茕孑立之势，更不必说“元祐更化”时的“反复之徒，诋毁百端。”又《鹤林玉露》言：

> 后世之士，残忍刻核，能聚敛能杀戮者，则谓之“有才”；闹邻骂坐，无忌惮无顾蕴者，则谓之“有气”；计利就便，善排阖善倾覆者，则谓之“有智”。一旦临利害得丧、生死祸福之际，鲜有不颠沛错乱，震惧陨越而失其度者，况望其立大节，弥大变，撑柱乾坤，昭洗日月乎？此无他，任其气禀之偏，安其识见之陋，骄恣傲诞，不知有所谓战战兢兢、临深履薄之工夫故也。

也是宋人针对王学“实用主义”人才观而发的感慨。如果说元儒著《宋史》时已怀偏见，人言言殊，不尽一致，但王安石也自承“智不足以知人，而险诐常出于交游之厚”[103]，总该不诬。

司马光评论熙宁新法的干部政策时说：

> 王介甫引用新进资浅者，多藉以官。苟为己尽力，则因而进擢；或小有忤意，则夺借官而斥之；或无功，或无过，则暗计资考与常格，然后迁官。[104]

明确指责他以“效忠己说”为前提，官场利益为驱动，来吸引新法骨干队伍。一旦新法内部出现争论，则极易造成各保利益，互相攻忤。故宋人总结说，安石得势，则“当世学者得出其门下者，自以为荣”；失势，则“学者皆变所学，至于著书以诋公之学者，且讳称公门人”。[105]恰如冯道。一政之成败，尽系于一人之进退。政教之失，莫甚于此。

王安石晚年奉佛，舍宅建寺，也许正是出于对人事倾轧、世态炎凉的心灰意冷。而他致仕以后“口不言政”的避世态度，也与庆历、元祐人士的“宁鸣而死，毋默而生”形成鲜明对比。张舜民《画墁录》卷四《哀王荆公》诗，有“恸哭一声惟有弟，故时宾客合如何”句，可见晚景凄凉之态。谚谓“种瓜得瓜，种豆得豆”，王学既不重气节涵育，其佛门因果之论，得见于此乎？

更可叹金兵长驱入汴时，北宋臣民的表现甚至不如晚唐。不但眼睁睁让二帝被人牵着鼻子去“北狩”，自家的金银财宝，日常用具，甚至吃饭家什，都被抢掠毁坏殆尽。屠杀蹂躏之残暴，也较晚唐有过之而无不及。故靖康时李纲曾激愤上言：

自崇、观以来，朝廷不复崇尚名节，故士大夫寡廉鲜耻，不知君臣之义；靖康之祸，视两宫播迁如路人。[106]

如果我们知道，宋徽宗时代的权臣蔡京、蔡卞兄弟不但是“熙宁变法”中第一批录取的进士，蔡卞且是王安石女婿，而且他们正是以“绍述新法”为由，开始大刀阔斧的“革故鼎新”的话，那么北宋“突然死亡”的真实原因，也就不问可知了。

与之对照的是苏轼。他早年成名，却很快卷入“党争”，被罗织“夹带私盐”罪名；中年非言新法，因“乌台诗案”陷身缧绁，编管黄州；晚年名著“元祐党人碑”，逐放极边之地儋州。可惜后世长期“才名”掩盖了“人品”。他逝后，无论苏辙为之志铭（今《宋史·苏轼列传》多用其文），还是弟子李廌为之作诔（以“皇天后土，鉴生平忠义之心；名山大川，还千古英灵之气”），[107]都推崇或者推重而引以自豪者是他的忠义大节。连文天祥鼎鼎大名的《正气歌》及序，也是本于苏轼《潮州韩文公庙碑》而来的。这个碑记中，苏轼还有一段模拟问答：

或曰：“公去国万里，而谪于潮，不能一岁而归。没而有知，其不眷恋于潮也，审矣。”轼曰：“不然。公之神在天下者，如水之在地中，无所往而不在也。而潮人独信之深，思之至，焄蒿凄怆，若或见之。譬如凿井得泉，而曰水专在是，岂理也哉？”

本意是解答对于韩愈葬所与潮州相隔万里，何由享祀的疑问，也是出于一种现实的关切。[108]而正是苏轼回答之“公之神在天下者，如水之在地中，无所往而不在也”，后世为乾隆承袭，用来指代关公。其《御制关帝庙碑》言：

宋臣苏轼言：“神在天下，如水之在地中，无所往而不在。”顾由断港绝潢，达乎河济江淮，不能不以溟澥观其汇；由墟落廛市，赴乎赤畿望紧，不能不以都会统其归。[109]

至此，这句话已成为关公以一人之身，庙祀天下，何以能够分身显应的标准答案。这也意外地把关羽和苏轼连在一起。

激励抗金

有论者以为，宋徽宗所以会在宣和五年（1123）封赐关羽，是因为“金军不断南进，北宋江山岌岌可危。宋徽宗认为可以关羽的‘忠勇义气’，激励士气和民心。”[110]其实是想当然之论。

宣和五年是个非常微妙的年份：一方面金兵灭辽，破燕京后席卷而去，宋廷“以金帛换疆土”的政策正在顺利实施。王黼筹得数千万缗，向金买得六座空城，觍然入主燕山府，且任命王安中为燕山府路宣抚使，作《复燕云碑》勒石纪功，并与辽降将郭药师同知燕山府。童贯、王黼、蔡攸辈正在弹冠相庆之际：

> 五月，己未，以收复燕、云，赐王黼玉带；庚申，进太傅，总治三省事。郑居中为太保，进宰执官二等。癸亥，童贯落节钺，进封徐豫国公，蔡攸为少师。

另一方面又正酝酿北宋亡国根由。盖因辽国平州人张觉受到鼓舞，起兵以平、营两州归宋。金兵察觉偷袭，复破平州，并获得宋廷所赐诏旨，以此追索张觉。“朝廷不得已，令安中缢杀之，函其首，并（张）觉二子送于金。燕降将及常胜军士皆泣下。”[111]类同当年孙权函关羽首以赠曹操。这件纠纷成为两年后金兵起衅、南下灭宋的主要理由之一。南宋洪迈曾发表感慨说：

> 顷修《靖康实录》，窃痛一时之祸，以堂堂大邦，中外之兵数十万，曾不能北向发一矢、获一胡，端坐都城，束手就毙！虎旅云屯，不闻有如蜀、燕、晋之愤哭者。近读《朱新仲诗集》，有《记昔行》一篇，正叙此时事。其中云：“老种愤死不得战，汝霖疽发何由痊？”乃知忠义之士，世未尝无之，特时运使然耳。[112]

部分原因是因为蔡京等人“绍述”熙宁新法，急功近利，变乱了好不容易形成雏形的崇尚“忠节”的价值体系。钱锺书尝引宋人《遗史》记靖康时范琼言：

> 自家懑只是少个主人，东也是吃饭，西也是吃饭；譬如营里长行

健儿，姓张的来管着是张司空，姓李的来管着是李司空。[113]

说明利益与道德之联系，“享利则推有德，得食则事为君”。这种职业化的无所谓态度，正是造成“靖康耻”的直接原因。高宗登极之后，甚至不敢处罚“靖康之变”中这些陷主从贼、接受伪职之权臣：

张邦昌既废，范琼不自安。朝议以其握兵，特诏：“节义所以责士大夫，至于武臣卒伍，理当阔略。惟王宗濋首引卫兵逃遁，以致都城失守，不可不责。此外一切不问，以责后效。”[114]

连安史乱后的唐廷都不如。这里所说的范琼本为京城巡检，靖康初也曾积极抗金，金兵入汴却积极地服从金人指挥。靖康二年（1127）二月曾亲自押送赵佶夫妇同坐一辆破牛车，令皇亲、妃嫔、公主、驸马步行在后，同往金营投降。三宫六院中稍微有点位号的，全被他领着金人掳走；又是最先拥立张邦昌者，并杀害了以吴革为首准备起义的殿直甲士数百人。奇怪的是他居然南渡继续任职，浑若无事。建炎元年（1127）任定武军承宣使、御营使司同都统制，又带兵镇压叛乱。赵构对其靖康年间作为恨之入骨，先以温言慰藉，后寻他故捕获处死。后来“隆兴和议”时又出了一位胡昉，声言“朝廷官爵是买吾曹之头颅”。[115]更加强调自主作为，不以国家政权利益为念。

与此相反的是，建炎二年（1128）正月金兵蹂躏关陕时，民众已在关羽祠庙中集结反抗了：

真秘阁谢贶提点京西北路兼南路刑狱公事，专切总领招捉贼盗。先是，有撰《劝勇文》者，揭于关羽庙中，论敌兵有五事易杀：“连年战辛苦，易杀；马倒便不起，易杀；深入重地力孤，易杀；多带金银，易杀；作虚声吓人，易杀。各宜齐心协力，共保今岁无虞。”贶得而上之，诏兵部镂版散示诸路。[116]

可知当时关羽庙宇已分布在汴京以外。《三朝北盟会编》建炎二年正月：

金人既已渡河，陷同州，系桥为归路，西陷华、陕、岐、雍、陇、秦，陕右大扰，鄜延路经略司出兵攻同州，收复诸县，焚大庆关。檄召河南、河北豪杰共起义兵，并力击贼，远近响应。旬日间，以供状自达姓名：孟迪、种潜、张勉、张渐、白保、李进、李彦仙等，兵各以万数。又胜捷军卒张宗自称观察使，亦起兵于南山下。[117]

而河东一带组织了“忠义社”等民间武装，长期坚持抗金。此后宋军开始集结兵力，进行认真抵抗，终于遏制了金兵攻城拔寨、所向无敌的态势。史料表明，建炎二年高宗确曾颁诏，加封关羽为六字之“壮缪义勇武安王”，诰词云：“肆摧奸宄之锋，大救黎元之溺。”[118]此次封祀也是中国历史上第一次把关羽作为抵抗外侮、力战不屈的现实榜样予以褒扬，对于南宋三国故事转变为“讲史演义”有推波助澜之功。

岳飞抗金，也曾以关羽、张飞的兴复汉室，戮力王事作为榜样。据岳飞之孙岳珂编辑的《金陀续编·百氏昭忠录》辑录之孙逌《纪鄂王事》言：

（岳）飞常与人言：使飞得与诸将齿，不在偏校之外，而进退禀命于朝，何功名不立？一死焉足靳哉！要使后世书策中知有岳飞之名，与关、张辈功烈相仿佛耳！……飞武人，意气如此，岂易得哉？亦古人“豹死留皮”之意也。[119]

可知关羽在抗金将士心目中的地位。查《宋史·岳飞传》，建炎年间岳飞从属东京留后宗泽、王彦和杜充为部将，不能肆其志。推测岳飞以关、张功业自励，或当建炎二年闰六月岳飞部收复淮宁府、颍昌府（今许昌）、郑州、洛阳等地，七月破宗弼于郾城、颍昌，以麻扎刀、提刀和大斧“手拽厮劈”，大战“拐子马”，胜后并遣部将梁兴渡黄河之际。又洪迈《夷坚三志》己卷七“自立生祠（士人）”条言：

明椿都统立生祠于玉泉关王庙侧：昔日英雄关大王，明公右手立祠堂。大家飞上梧桐树，自有傍人说短长。[120]

也是以关羽为榜样，自励自勉，不怕旁人以其自视过高，议论讥笑的意思。案《续资治通鉴·宋纪一百三十五·绍兴三十一年》：

时山东豪杰开赵、明椿、刘异、李机、李仔、郑云等，各以义旗聚众。

则明椿亦山东抗金豪杰。以关庙为“劝勇”之场所，也证明流行于市井之间的“说三分”故事已把“义勇武安王”关羽作为激励鼓舞抗敌士气之象征。南宋还不断有发现“关羽印绶”的记载，借此激励士气。洪迈说：

荆门玉泉关将军庙中有“寿亭侯印”一钮，其上大环径四寸，下连四环，皆系于印上。相传云：绍兴中，洞庭渔者得之，入于潭府，以为关云长封汉寿亭侯，此其故物也，故以归之庙中。南雄守黄兑见临川兴圣院僧惠通印图形，为作记。而复州宝相院又以建炎二年因伐木，于三门大树下土中深四尺余，得此印，其环并背俱有文云："汉建安二十年，寿亭侯印。"今留于左藏库。[121]

"关羽遗迹"居然能在长江以南潭州、复州[122]、邵州、嘉兴等地重现，证实此时伪造"关羽印绶"也成为一种"时髦现象"。其中复州宝相院发掘印绶恰于建炎二年，与前述之关庙劝勇和赵构褒封同时，无疑延伸了关羽武勇护国的神迹传说，故后来转为南宋官民之保护神。南涛《绍兴重修（当阳）庙记》言：

王之行事，载于史册，若皎日之明，如高山之耸，历千余岁不与时而兴废。王之祠成，自宋政和乙未岁，迄今越五十年，殿宇破漏在将，诸老宿请于管军范公，愿再为完葺。范公欣然，首出己俸，鸠材募工，不阅旬而工告成。神既能安，人多受福。仆忝乡关，聊书厥实。[123]

就特别强调了关羽"御侮"和"善战"的特点，尤其是忠义大节，正气凛然，使得敌方亦敬礼有加。这正处在南宋、金"绍兴和议"以后的战略僵持阶段，也是儒士百姓特别渴望南渡君臣拥有的品格。

注释：

［1］参《管锥编》第一册，中华书局版，第 326 ~ 328 页。

［2］《大唐新语·规谏第二》："太宗尝罢朝，自言：'杀却此田舍汉！'文德皇后问：'谁触忤陛下？'太宗曰：'魏征每庭辱我，使我常不得自由。'皇后退，朝服立于庭。太宗惊曰：'何为若是？'对曰：'妾闻主圣臣忠。今陛下圣明，故魏征得尽直言。妾备后宫，焉敢不贺！'于是太宗意乃释。"此条采入新、旧两唐书。可知魏征最后还是被时论目为"忠臣"。

［3］《旧唐书·魏征传》。

［4］《贞观政要·太子诸王定分》。

［5］元初郝经对于汉、唐亡国有独特见解，以为："汉氏则大纲举而细目疏，

故其弊则祸起于外戚，而国窃于大臣；李唐则细目举而大纲疏，故其弊则祸起于衽席，而位移于藩国。”亦是指汉代确立了价值规范而无实施细则，而唐代虽有礼仪制度却没有确立价值规范。（《上宋主陈请归国万言书》，《全元文》第四册第 138 页，江苏古籍出版社 1998 年版）

［6］拙作《三教论衡与唐代俗讲》曾论及此，载《周绍良先生欣开九秩纪念文集》，中华书局 1997 年 5 月出版。除了唐人撰写有《孝经》外，《敦煌遗书》还存有《咏孝经诗》作为童蒙诵读之物。

［7］《管锥编 · 毛诗正义 · 四牝》，参中华书局版第一册第 134 ~ 136 页。

［8］《忠经》旧题“汉马融撰，郑玄注”。《宋史 · 艺文志》始予著录。《四库全书总目》卷九五认为“其为宋代伪书，殆无疑义”。余嘉锡《四库提要辨证》怀疑作者为曾著《绛囊经》的唐代居士马雄，惜无有力证据。故笔者仍从总目。

［9］在晚唐的敦煌写本中，显扬“忠孝”观念的作品已占有相当比例。其中不仅包括刘向《孝子传》中的董永、舜子至孝故事，还有现实中张义潮叔侄忠义归唐的故事。

［10］今人多有以李白古风《秦王扫六合》为颂扬嬴政，这是把诗面看实了。李世民未继大统前亦封秦王，且战功显赫。

［11］杜甫在“安史之乱”后有《奉赠王中丞维》诗，原注：“明皇云：从贼之臣，如陈琳之檄曹操者多矣。王唯独痛赋‘秋槐落叶’诗，故不得比陈琳也。”说明王固已“失节”，但尚可“优容”。晚唐诗人储嗣宗《过王右丞书堂二首》之二（《全唐诗》卷五百九十四）“感深苏属国，千载五言诗”，则径以王维比拟苏武，自注“右丞昔陷贼庭，故有此句”。这种评价上的变化，亦可见出伦理上的日渐模糊，也从一个侧面表明了儒士在晚唐混乱政局中的尴尬处境。不以苏武自况，还能比拟何人？

［12］《“六等定罪，三日除服”之论》，载《廿二史札记校证》第 434~435 页。晚清张亮采在《中国风俗史》中议论此节说：唐之后半部历史焉得不成为藩镇擅命之历史哉！全氏祖望曰：“收拾遗文，唐末忠义尚可得十余人。司空图、韩偓、孙合、罗隐、王居岩、朱葆光、颜荛、李涛、梁震、黄岳、张鸿、梁昊是也。又有许儒，见《王荆公集》，然亦寥寥矣。”（东方出版社《民国学术经典文录》本，1997 年版）语尤明决，可惜也是后见之明。又赵翼还有“明从贼官六等定罪”，谈及李自成进北京后南明朝廷拟定的由“一等应磔者”到“六等应杖赎者”，可以比较两者的惩处力度，以见出理学“忠义”价值观念标立以后，群情对于“失节叛臣”的愤恨。（同上书，第 823~826 页）

[13]《全唐文》卷五十五。

[14]《旧唐书·李晟传》论赞。

[15]《孟子·离娄下》。

[16]《新唐书·李晟传》论赞。

[17]原载《文学遗产》杂志 2000 年第 4 期。

[18]文渊阁本《四库全书》辑录雍正十二年《山西通志》载，山西芮城有“西平王庙：在陌底镇。祀唐功臣李晟。宋政和元年李弼亮记。”（133 册，卷 167，90 页）这个传说也许是附会此庙而来。

[19]参《管锥编》第三册，中华书局版，第 988 ~ 989 页。

[20]这正是当年关公斩颜良的地方。《三国志·蜀志》：“曹公使张辽及羽为先锋击之，羽望见良麾盖，策马刺良于万众之中，斩其首还，绍诸将莫能当者，遂解白马围。”《后汉书·袁绍刘表列传上》注：“白马，县，属东郡，今滑州县也，故城在今县东。”

[21][23]《全唐文》卷七〇九，第 3225 页。

[22]《全唐文》卷七〇九，第 3222 页。

[24]清人潘永因辑《宋稗类钞》卷之三“才干”言：“祥符中，中禁火。丁晋公主营缮宫室，患取土远，公乃令凿通衢取土。不日皆成巨堑。乃决汴水入堑中，引诸道竹木排筏，及船运杂材，尽自堑中入公门。事毕，却以斥弃瓦砾灰壤实于堑中，复为街衢。一举而三役济，计省费以亿万计。”（北京：书目文献出版社 1985 年排印本，第 226 页）这在大型建筑施工历史上可谓创举。

[25]钱锺书《管锥编》亦引此节，说明碑文史传之虚妄。

[26]《宋史·丁谓传》。又王夫之《宋论》言：“王曾，宋之君子也。丁谓之为小人，天下允之，万世允之者也。”但以王曾计陷丁谓为不然。参中华书局排印本 72 ~ 723 页。

[27]《续资治通鉴·庆历三年》。概况可参明人陈邦瞻《宋史纪事本末》卷二十九“庆历党议”，中华书局 1977 年排印本，第一册，第 231 ~ 250 页。

[28]中唐刘晏在藩镇割据、中央财政紧缺的局势中，提出“民不加赋而国用足”，主要是采用鼓励流通、以商补农的办法。比如过去食盐是民制、官收、官运、官销，他改为民制、官收、商运、商销。精减了官员，节省了开支，在不提价的前提下增加财政收入，做到了“官收厚利，而民不知贵”（《新唐书·食货志》）。其实比较刘晏和王安石的区别，即知“熙宁新法”在商业上实有倒退因素。枝蔓不谈。

[29]四库本《范文正公集》卷一《古赋》。

[30] 范赋结末两语尤为新警，故王应麟《困学纪闻》卷十七言："范文正《灵乌赋》曰：'宁鸣而死，不默而生。'其言可以立懦。"配合宋代相对宽松的养士环境，故宋人敢于建言，每以独立人格高标傲世，士风亦为之一变。千载之后，胡适犹以为范仲淹此语，比西人亨利·柏得烈"不自由，毋宁死"的著名口号领先了740年。

[31]《朱子语类》卷一二九。

[32]《斯文：唐宋思想转型》，第174页。

[33] 分别载《宋稗类钞》第392页，第376页。

[34] 胡仔《苕溪渔隐丛话》也有王安石"是定不知《楚辞》'夕餐秋菊之落英'，欧九不学之过也"的轶话，后嫁名于苏轼，为话本《王安石三难苏学士》袭用。

[35] 这个提法经历过一个漫长过程。胡三省提出"经史并重"，郝经、刘因则以为"古无经史之分"，王阳明言"五经亦史"，李贽认为"经史相为表里"，最后章学诚通贯前说，在《文史通义·易教上》明确总结为："六经皆史也。古人不著书，古人未尝离事而言理，六经皆先王之政典也。"

[36]《宋稗类钞》，第422页。

[37] 梁启超曾著《王安石传》，把王作为居安思危、变法图强的代表，多少有一点自况的意思在内。他在《叙论》中言："呜呼，仁宗之世，号称有宋全盛时代，举国欢虞如也，而荆公忧危之深，至少如此（指给仁宗的上书）。呜呼，靖康之祸，公先见之矣！"又言"荆公于数千年文学史中，固已占最高的位置矣！"鉴于时代背景和梁氏鼓动特色，故评论未必全面公允。该书有海南出版社1993年重印本，可以参看。

[38] 1999年3月24日《中华读书报》刊载邵纯《邓广铭改书名为哪般》的短文，对这个习惯性误说进行了纠正："1906年俄共内部讨论工人政党的土地纲领问题，普列汉诺夫曾在《社会民主党人日志》第5期上发表言论，警告俄国工人政党在土地问题上'不要重蹈王安石的覆辙'。列宁在《修改工人政党的土地纲领》一文中，含蓄地批评了普列汉诺夫的观点。因为含蓄，此文的后边加了一条注释，这条注释的一个括号中写道：'王安石是中国十一世纪时的改革家，实行土地国有未遂。'（《列宁全集》第十卷第152页）"。又按，《列宁全集》中译本第二版此处注为"普列汉诺夫同志在《日志》第5期中警告俄国不要重蹈王安石的覆辙，[王安石是中国十一世纪时的改革家，实行土地国有未成]。"（第十二卷，226页）又在414页详注普列汉诺夫是"从法国无政府主义者埃·雷克吕的地理著作中摘引关于王安石的材料"的，而雷克吕认为王安石的土地国有化"保

持了自己的国家共产主义制度达15年之久”。可知这种说法实出于编辑注言，而非列宁原话。考据向有“孤证不立”之说，不料此“误会”竟使王安石在马克思主义史学研究中长线飘红，列入神龛。复缘“变法”主题词深合清末及今日之“改革”主旋律，遂长期占据了宋史研究之正面显著位置，标签之下而鲜有深入研究。小错足以误学，于此可发一叹。

[39]《欧阳修全集》附录卷一载有欧死后王安石、曾巩、范镇、苏轼、苏辙的祭文，吴充的“行状”，李清臣的“谥议”、卷二有韩琦撰、宋敏求书《墓志铭》，苏辙《神道碑》，卷三载墨本《神宗实录本传》、叶涛朱本《重修实录本传》，卷四载《神宗旧史本传》，都是早于《宋史·欧阳修传》的文本。为后世提供了同一时代多个视点，以及不同时代对同一事物不同表述的范本。又王安石挚友王回（字深父，卒于治平二年）曾写《告友》（载《宋文鉴》卷一百二十七及《宋史》本传）特别强调人伦道德问题，不知此“友”是否介甫。其弟王向亦有嘲谑文《公默先生传》，描述“公议先生”受到学生质询背叛，而变为“公默”之经过，颇似影射安石。亦载《宋文鉴》及《宋史》本传。《欧阳修全集·祭王深父文》称赞他“利害不动其心，富贵不更其守，处于众而不随，临于得而不苟。”（第510页）这与王安石只叙友情的祭文（载《宋文鉴》第1879页）侧重点显然不同。

[40]王安石私德清廉，为当世公认。但传为苏洵所著《辨奸论》即直斥王安石人品“奸伪”，先后辑入《皇宋文鉴》和《古文观止》。学界亦有以此为邵伯温伪作者，可参清人蔡上翔《王荆公年谱考略》及今人邓广铭《〈辨奸论〉真伪问题的重提与再判》（辑入《邓广铭治史丛稿》）。钱锺书则以为非伪，参《谈艺录》增订本第402页。枝蔓不论。

[41]晚唐已检讨过“和亲”政策。范摅《云溪友议》言：“（唐）宪宗时，北虏数寇边，大臣议：和亲有五利，而无千金之费。宪宗曰：‘比闻一士人，能为诗，而姓字稍僻，其诗曰：山上青松陌上尘，云泥岂合得相亲？举世尽嫌羸马瘦，惟君不弃卧龙贫。千金未必能移姓，一诺从来许杀身。莫道书生无感慨，寸心还是报恩人。’侍臣曰：‘此戎昱诗也。京兆李銮欲以女妻之，令改姓，昱辞焉。’宪宗悦。曰：‘又记得《咏史》诗云：汉家青史上，计拙是和亲。社稷归明主，安危托妇人。若能将玉貌，便欲静胡尘。地下千年骨，谁为辅佐臣？’宪宗笑曰：‘魏绛，何其懦也！此人若在，可与鼎州、武陵桃源，足称其吟咏。士林荣之。’又苏郁有诗云：‘关月夜悬青冢鉴，塞云愁薄汉烟罗。君王莫新和亲策，生得胡雏虏更多。’”以此观之，富弼相反是“宁愿万金之费，亦不愿和亲”。事实上唐代以后，汉族政权即无以“和亲”羁縻少数民族的事例，清代满族皇室与蒙古贵族世代通婚不在此例。宫崎市定

也注意到“宋代以后，再没有见到和亲的事例”。他以为这是“彼此有强烈的自觉和意识的国民主义（nationalism）相互对立”的结果。（《东洋的近世》，《日本学者研究中国史论著选译》第一卷，第159~160页）

[42] 参山阳度正《周濂溪年谱·嘉祐五年庚子》。转引自《王荆公年谱略考》第136页。

[43] 欧阳修《明妃曲和王介甫作》及《再和明妃曲》都委婉表达了不同意见，可参《居士集》卷八。又有《明妃小引》为不和之和，云：“汉宫诸女严妆罢，共送明妃沟水头。沟上水声来不断，花随水去不回流。上马即知无返日，不须出塞始堪愁。”不同意见表述得更加浅豁。事实上欧阳修在嘉祐五年（1060）完成的《新唐书》，已描叙到中唐与回纥“和亲”时的尴尬，参本文第二节注文。

[44] 范冲字符长。父祖禹（1041~1098），嘉祐八年（1063）进士，为司马光撰述《资治通鉴》之主要助手之一。元祐中尝修《神宗实录》，尽书王安石之过，以明神宗之圣。其后安石婿蔡卞恶之，祖禹坐谪，死岭表。绍兴中亟诏重修神、哲两朝《实录》，召冲为宗正少卿兼直史馆，上谓之曰：“两朝大典，皆为奸臣所坏，故以属卿。”冲因论熙宁创置，元祐复古，绍圣以降，弛张不一，本末先后，各有所因。又极言王安石变法度之非，蔡京误国之罪。上嘉纳之。性好义乐善，司马光家属皆依冲所，冲抚育之。《宋史》有传。

[45] 转引自蔡上翔《王荆公年谱考略》，上海人民出版社1973年校点本，第123页。按蔡氏此著斤斤于为王安石洗刷恶名，特别批评了范冲父子利用史官地位修怨“诋毁”之情事，称赞陆佃能做持平之论。其实陆佃之孙陆游《估客有自蔡州来者，感帐弥日》二绝之一，亦道：“百战元和出蔡州，如今胡马饮淮流。和亲自古无长策，谁与朝家共此忧！”

[46]《宾退录》卷二，第15页（上海古籍出版社1983年版）。南宋对于“和亲”更加反感，是与“靖康耻”中两宫妇女北掠的悲惨境遇直接有关的。金人《靖康稗史·南征录汇》记述提出“原定犒军费金一百万锭、银五百万，须于十日内轮解无阙。如不敷数，以帝姬、王妃一人准金一千锭，宗姬一人准金五百锭，族姬一人准金二百锭，宗妇一人准银五百锭，族妇一人准银二百锭，贵戚女一人准银一百锭，任听帅府选择。”赤裸裸地要求用皇室妇女满足淫欲。《青宫译语》记载完颜宗望要宋徽宗将女儿富金帝姬给自己的儿子设也马，宋徽宗以已嫁为蔡京儿媳，不能不顾廉耻，再嫁二夫为由拒绝。并抗颜申辩：“上有天，下有帝，人各有女媳。”被呵斥出去。途中即以富金帝姬伴宿，回到上京之后，金太宗诏许：“赐帝姬赵富金、王妃徐圣英、宫嫔杨调儿、陈文婉侍设也马郎君为妾。”这也是理学深以为耻，并强调“饿死事

小，失节事大”，以闺德为夷夏之大防的原因之一。笔者曾有《续论“他妈的”》（载河北美术出版社 2001 年《闲磕儿》第 1 期）摭拾鲁迅话题，探及此节，指出此语并非出自南北朝，而实出于两宋。有兴趣者可以参看。

[47]《瓯北诗话》卷十一《王荆公诗》。赵翼此篇及《王荆公年谱考略》卷七集中展示了历史上关于此诗以及“和亲”问题的持续争论。又清代皇室与蒙古王公通婚已成惯例，故袁枚《明妃曲》云：“明驼一曲角数声，汉家宫女昭君行。六宫送别泪如雨，怨入民间小儿女。昭君上马鞍，手取琵琶弹。生来绝色原难画，影落黄河自爱看。诏书殷勤选容质，传到龙庭转幽咽。侍女浓熏甲帐香，倾城远扫天山雪。横波满面向名王，手拂穹庐作洞房。生长内家风味惯，酒酣时作汉宫装。从今甥舅息干戈，塞上呼韩日请和。寄言侍寝昭阳者，同报君恩若个多？”虽不写昭君自请出塞，但赞颂其胜任愉快，且和亲之功远胜汉室昭阳嫔妃娱上之乐，实已开曹禺剧作《王昭君》之先河。

[48]《宋稗类钞》，第 402 页。

[49] 中华书局 1984 年版。与此相关的还有如何看待扬雄忠节的问题。王安石曾以扬雄自况，施德操《北窗炙輠录》言：“荆公论扬雄投阁事：‘此史臣之妄耳！岂有扬子云而投阁者？又《剧秦美新》亦后人诬子云耳，子云岂肯作此文？’他日见东坡，遂论及此。东坡云：‘某亦疑一事。’介甫曰：‘疑何事？’东坡曰：‘西汉果有扬子云否？’闻者皆大笑。”如是则王安石的“忠节”观念更成问题。据《汉书》本传，扬雄曾受新莽伪职，并上《剧秦美新》以谀王莽，后因此置狱，“乃从阁上自投下，几死。”

[50]《东轩笔录》，中华书局校点本。

[51]《资治通鉴》卷二百九十一《后周纪二》。

[52]《偶作》，载吴处厚《青箱杂记》卷二“冯瀛王道诗虽浅近，然多谙理”条。

[53] 作为欧阳修的私人撰述，《新五代史》约于景祐三年至皇祐五年（1036～1053）撰成，而唐介实卒于熙宁二年（1069）。《宋史·唐介传》言，唐介在朝“数与安石争论。安石强辩，而帝主其说。介不胜愤，疽发于背，薨，年六十。”谥曰“质肃”。其孙唐恕、唐意，崇宁中亦因不同意蔡京“新法”辞职归田，杜门躬耕。靖康元年唐恕获诏起为监察御史，唐意亦蒙“召对，而贫不能行，竟饿死江陵山中”。又陆游之祖陆佃为荆公及门弟子，后被列入“元祐党人碑”，生母则为唐介孙女，著名的《钗头凤》词亦为唐氏曾孙女唐婉而作。他在《家世旧闻下》中屡以唐介之“忠言直节，备载国史”自豪，却没有夸赞其祖父之师王安石，可知南宋士人倾向。

[54]《资治通鉴》卷二百九十一《后周纪二》。按《通鉴》完成于元丰七年（1084），即王安石卒前两年。此段慷慨激昂，亦有深意在焉。又宋人马永卿《懒真子录》："同州澄城县有九龙庙，然止一妃耳。土人云：'冯瀛王之女也。'夏县司马才仲题曰：'身既事十二，女亦妃九龙。'过客读之，无不一笑。才仲，名棫，温公侄孙，豪杰之士。"见《宋人小说类编》本，《宋稗类钞·诙谐》亦载。也是对"正女不从二夫，忠臣不事二君"说的民间话语表述。

[55] 钱氏意见载《管锥编》第四册，中华书局版，第1545页。

[56] 王氏著作原载赖特编《中国历史人物论集》，台北正中书局1973年版。复辑入《王赓武自选集》，上海教育出版社2002年，第104页。

[57] 同上，第129页。

[58]《论韩愈》，载《金明馆丛稿初编》，上海古籍出版社，1980年版，第296页。

[59]《元白诗笺证稿》第五章《新乐府·法曲》，上海古籍出版社1979年版，第145页。

[60]《论韩愈》，同前。

[61] 南开大学《中国文学史》第十二章《唐代古文运动和韩柳研究》着重缕述近代各家论说，而于"弊帚"尤其"自珍"，可以参看。又朱国华以"布迪厄符号权力的概念，从分析文化资本和社会资本的角度入手，重新讨论了中唐古文运动兴衰的原因"，脱出了文学研究的窠臼，惟移植近代西方理论于此，尚缺乏若干中间论证环节。此外惟以"山东士族集团"立意，忽略了当时中央政权与地方藩镇之间的矛盾，以及"古文运动"参与者的社会身份。

[62] 拙著《三教论衡与唐代俗讲》曾以《白居易集》中参与三教论衡仪典的文字，论及"中晚唐的三教论衡，往往已流为形式甚至谐谑"的问题时，分析过这一有趣的现象。载《周绍良欣开九秩庆寿文集》，中华书局1997年5月。

[63]《欧阳修全集》卷首。又钱锺书《谈艺录》论及虞伯生《岁晚偶成》诗"老子难同非子传，齐人终因楚人咻"句时，以为上句指《史记·老子韩非列传》："北宋以还，尊韩退之为'韩子'，遂称古所谓'韩子'为'韩非子'。此处恐人误认退之，割截成'非子'。"（增订本第408页）可知韩愈在北宋地位之崇。

[64] 参《谈艺录》第62页。又钱氏以为《王荆公年谱考略》卷五辩"荆公非有意贬退之"时，有意对大量证据"均捨而不举，意在洗雪荆公，遂曲为之讳，亦异于实事求是者。又杜大珪《琬琰集删存》卷三保存有宋朝官修编年史实录之《王安石传》，亦言安石早有盛名，其学以孟轲自许，荀况、韩愈不道也。"（中州古

籍出版社，1990年）其实，以王之独立特行，“非韩”亦不足怪。只是后世理学大一统之后，他的热心辩护者们也对此心有所虚，为尊者讳，不敢张扬。

[65] 同上，第64页。钱锺书以为“俞文豹《吹剑录》谓‘韩文公、王荆公皆好孟子，皆好辩，三人均之好胜’云云，殊有识见。使孟子生于中古，或使当荆公之世，无涑水、旭江辈之非难孟子，恐《七篇》亦将如韩集之遭攻击耳。”复信手拈出“古来薄韩者多姓王”，从王安石列举到王闿运，读来平添兴味。又论列王安石诗文其实暗偷韩愈，有“荆公诗语之自昌黎沾丐者，不知凡几”一段，可参同书第69～70页。

[66] 原载《文学遗产》杂志2003年第2期。

[67] 《赫逊河畔谈中国历史·王安石变法》。

[68] 可参叶适《〈习学记言〉目录》卷四十七、四十八，中华书局1977年版。其中针对吕祖谦所辑奏议书启各类文章的观点发表了广泛的议论。由于宋人对“熙宁变法”的后果有切肤之痛，故对两派的具体政策议论都有犀利的批评和检讨。此为理学确立正统以前的评议，颇有价值。

[69] 《宋论》卷九，中华书局1964年校点本，第158页。

[70] [73] 《宋史·选举志一》“科目上”。

[71]《宋史·选举志三》“学校上”言：“（熙宁）八年，颁王安石《书》《诗》《周礼义》于学官，是名《三经新义》。”据黄宗羲《宋元学案》转引全祖望《荆公〈周礼新义〉题词》，宋代“国学颁行之版，为国子司业莆田黄隐所毁，故世间流传遂少。”又《四库全书简明目录》：“《周礼新义》十六本，附《考工记解》二卷，宋王安石著。原本久佚，今从《永乐大典》录出，惟阙《地官》《夏官》。其《考工记解》，则郑宗颜辑荆公《字说》所补也。”又《宋文鉴》卷六十一有吕陶《请罢国子司业黄隐职任》，《长编》卷三九〇有刘挚弹劾黄隐之文，均指责黄隐在元祐更化时不许诸生程试文字从王氏新说，引用者多黜落，对王死举哀者绳之以法等事，可以参看。影响一代士子之教材，虽盛行于活字印刷术发明之际，却几乎损毁不传。其间凝炼的反抗心理，炎凉世态，俱见一斑，可发浩叹。

[72] 《宋史·选举志四》“铨选”。

[74] 《宋史·选举志一》“科目上”。

[75] 李心传《建炎以来系年要录》卷一百二十七。

[76] 参 http://members.tripodasia.com.cn/websen/people/people-index.htm。

[77] 《苏文忠公集》卷六十三《奏议十三首》元祐七年十月有《乞擢用林豫札子》。

[78]《长编》卷四〇二，元祐二年六月戊申条。可参河南大学历史系主办《中国宋代历史研究网站》王曾瑜《李清照事迹七题》（http://go5.163.com/songdynasty/zhuanti/wangzengyu/liqingzhao.htm）。

[79]王庠字周彦，荣州（今四川荣县）人。闭户穷经史百家传注之学，曾受吕陶、苏轼赏识。

[80]《笔记小说大观》本第四辑第八册，第119页下。按曾谠为曾公亮侄，晋江（今属福建泉州市）人，曾知荆南州，子曾慥宣和间登科，著有《类说》。又蔡肇字天启，润州丹阳人。初事王安石，见器重。又从苏轼游，声誉益显。徽宗初入为户部员外郎，兼编修国史，《宋史》本传谓当时"言者论其学术反覆"，亦与曾谠相类。

[81]大榕树网站不著撰人之《叶适评传》。

[82]《宋文鉴》下册第1664页。

[83]《宋史·选举志一》。

[84]参近藤一成《王安石的科举改革》，《日本中青年学者论中国史·宋元明清卷》，上海古籍出版社1995年。这次殿试也是熙宁新法首次采用对策形式取仕，故影响深远。曾推荐过叶的林希在《野史》中也言，叶祖洽是由同乡那里得知神宗喜爱《孟子》，故多引孟子言，又在对策中盛赞变法。后世每以试卷而"先意承志"者，殆此为始乎?

[85]《宋史》列传第一百十三。

[86]《宋文鉴》中册，第912页。按游酢（1053～1123）字子通，改字定夫，号广平。建阳（今福建建阳市）人。熙宁五年受教程颢。元祐八年为太学博士，为拜见程颐立雪程门，传为佳话。为理学南传第一人，故被尊称为"道南儒宗"。

[87][90]《四川师范大学学报》2000年第二期。

[88]《宋史》列传第一百二。据《续资治通鉴·宋纪八十一》，元祐三年（1088）梁焘密具的"安石亲党"有"蔡确、章惇、吕惠卿、张璪、安焘、蒲宗孟、王安礼、曾布、曾肇、彭汝砺、陆佃、谢景温、黄履、吕嘉问、沈括、舒亶、叶祖洽、赵挺之、张商英等三十人。"可资论考。后章惇、陆佃、张商英等又以不同理由被蔡京列入"元祐党人碑"中。

[89]《宋文鉴》卷六〇。中华书局版，中册，第989页。

[91]《资政殿学士户部侍郎文正范公神道碑铭》，《欧阳修全集》，第144页。

[92]《观文殿大学士行兵部尚书西京留守赠司空兼侍中晏公神道碑铭》，同上，第161页。按宋词评价晏殊词，每以"典雅华丽"盛赞其"富贵气象"，如"无可

奈何花落去，似曾相识燕归来”一类。可知为人之道未必与其审美趣味趋同。

[93]《尚书度支郎中天章阁侍制王公神道碑铭》，同上，第150页。

[94]《赠刑部尚书余襄公神道碑铭》，同上，第166页。

[95]《石守道墓志铭》，《宋文鉴》卷一百四十一，第1967～1968页。

[96]《胡先生墓表》，《居士集》卷二十五，同上，第178页。

[97]《孙明复先生墓志铭》，《居士集》卷二十六，同上，第194页。

[98]陈乐素先生有《流放岭南的元祐党人》一文叙述熙宁、绍圣、崇宁年间元祐党人几度遭到流放，前赴后继，忠节砥砺，瘴烟之途不绝如缕，后世各地犹存纪念性建筑之情事。载中国社科院历史所宋辽金元研究室编《宋辽金史论丛》第一辑，中华书局1985年出版。

[99]据报道，2001年12月，全国一百多位专家学者出席福建省历史名人研究会吕惠卿分会成立大会。在学术报告中“比较集中”地认为，“吕惠卿是王安石变法时期最活跃、最有建树的人物之一，他锐意变革、坚持不渝、捍卫新法，被当时人称为‘护法善神’，本来应该与王安石一样作为一代改革家予以肯定。但是由于封建史家的价值取向偏见，竟把他列入《宋史·奸臣传》，千百年来一直蒙受不白之冤，应当予以平反”云云。会议得到了福建南安吕氏后裔的支持，著名实业家吕振万当选名誉会长，福州市文化局局长吕赣明当选会长。史学家和新闻界一起如此热心“服务”现实，颇疑实缘其他因素介入。如此则“名人后裔”的斗法，势将续写“宋学”新篇，也是当今学术“一道靓丽的风景线”。姑志备忘。

[100]吕陶有《请罢国子监司业黄隐职任》，指责他先“附会当时执政”，而“安石去位而死”后，又极力黜贬王学，“随时俯仰”，“隳丧廉耻”。见《宋文鉴》中册，第906~907页。

[101]见《宋史》本传。元人居然将其与王安石及王雱合为一卷，可知唐垧可书事迹仅此一桩。

[102]魏泰《东轩笔录》。《王荆公年谱考略》尝作《朋友考》言：“尝考荆公生平，其交游最厚者自曾子固而外，则有孙正之、王逢原、孙莘老、王深父、刘原父、贡父、丁元珍、常夷甫、崔伯易诸人，此皆文学行谊见推于当世大贤者也。而后人诋毁荆公，无论当时同行新法者既尽目之以为党，指之以为小人；即后来稍官于熙宁间，虽于新法之行无所与，亦必从而诋毁之，如于常夷甫、崔伯易其尤也。惟逢原、深父皆卒于嘉祐、治平，原父亦卒于熙宁元年，丁元珍撼轲兵戎间，莘老以议新法不合而去，子固在外十年，转走六郡，至元丰三年而后入朝。惟孙正之终身不仕，独幸得免耳。呜呼！荆公无党者也。”（第342～343页）以王安石“不树朋

党”辩解。以今世之眼光看，适足证明他的变法缺乏以“文学行谊见推于当世大贤”的道义支持，这正是和“庆历新政”集团相反之处。

[103]《与参政王禹玉书》（其二）。

[104]司马光《涑水纪闻》卷十六，第309页。

[105]王辟之《渑水燕谈录》。

[106]《续资治通鉴》卷九十八。

[107]朱弁《曲洧旧闻》言：“东坡之殁，士大夫及门人作祭文甚多，惟李廌方叔文尤传，如‘道大不容，才高为累。皇天后土，鉴平生忠义之心；名山大川，还万古英灵之气。识与不识，谁不尽伤？闻所未闻，吾将安放！’此数句人无贤愚，皆能诵之。”

[108]韩愈逝时已复为吏部侍郎，葬所显然距潮州十分遥远。故潮人关切他是否可以享受到潮州的供奉，也是其事虽不必而理或有之的问题。

[109]原碑在北京市西城区西黄城根北街国家祀典关帝庙，汉满两种文字书写。《光绪顺天府志》卷六《祠宇》录有全文。北京古籍出版社排印本，第149~159页。

[110]卿希泰《中国道教史》第三卷《关圣帝君》。

[111]此年概况可参毕沅《续资治通鉴·宋纪九十五》及《宋史》各传。

[112]《容斋随笔》卷十六《靖康时事》，吉林文史出版社排印本，第165～166页。

[113]《管锥编》第一册第340～341页。

[114]《续资治通鉴》卷九十八。

[115]王明清《挥麈三录》卷三。记胡昉“以大言夸诞得官”。《金史·仆散忠义传》言胡昉在议和时曾“以右仆射汤思退书来，宋称侄国，不肯加世字。忠义执昉留军中，答其书，使使以闻。诏曰：‘行人何罪，遣胡昉还国。边事从宜措画。’”坚持原则，但也受了一番惊恐。

[116]《续资治通鉴》卷一百十一。据《宋史·地理志》，熙宁五年分京西路为南、北二路，北路治河南府，伏牛山以北、桐柏山以东地区属北路；南路治襄州（宣和元年升为襄阳府），其西南地区属南路。元丰元年仍并为京西路，八年复分为南，北二路。自崇宁四年至北宋末年，京西北路东部分屡有改属，或属京畿路，或归隶本路。故难以确指，推断应在洛阳附近。

[117]《三朝北盟会编》卷一百十五。

[118]乾隆《解梁关帝志》卷之一，第66页。注明原出《荆门志》，《诰词》仅两句，“余文缺”。

[119] 四库本《金陀续编》卷二十八。

[120]《宋词纪事补正》卷九六。

[121]《容斋四笔》卷八。又赵彦卫《云麓漫钞》卷之五也有类似记载，文长不录。

[122] 即今湖北随州。据《宋史·岳飞传》，绍兴抗金时，朝廷授岳飞为黄、复州、汉阳军、德安府制置使，又授他为荆湖南北、襄阳府路、蕲黄州招讨使。此印与岳飞有无关系，不能骤定。

[123] 乾隆《解梁关帝志》卷三艺文上。按政和乙未岁即1115年，宋高宗绍兴年号止于三十二年（1162）。此碑既冠以“绍兴”，“约五十年”当是概数。

第五章

春秋学与关公崇拜

宋代《春秋》学

“熙宁变法”钦定王安石“新学”为官学，据说他曾“黜《春秋》之书，不使列于学官，至戏目为‘断烂朝报’。”[1]围绕《春秋》一经在熙宁变法中的波澜，后世人言言殊，莫衷一是。而王安石以《春秋》为“断烂朝报”的说法，不仅见于苏辙之文，其后周麟之、陆佃以及《宋史·王安石传》都曾经记载此语，遂成定谳。这是关乎“庆历新政”和“熙宁变法”的又一纷争。

孟子曾言“孔子成《春秋》，而乱臣贼子惧”，[2]极大地肯定了此书的经世功能。《史记·孔子世家》则说：

> 孔子在位听讼，文辞有可与人共者，弗独有也。至于为《春秋》，笔则笔，削则削，子夏之徒不能赞一辞。弟子受《春秋》，孔子曰：“后世知丘者以《春秋》，而罪丘者亦以《春秋》。”

《集解》刘熙注：

> 知者，行尧舜之道者也。罪者，在王公之位见贬绝者。

这就确立了《春秋》编著的体例和行文中含有浓烈的善恶褒贬之道德评价，甚至可以作为经世治国之大法。其间还有微妙区别，“体例”决定的是按照什么格式写，写什么。比如孔子立“义例”，每事开头必书周朝年月（正朔），以此为纪年之“经”，而以诸侯各国发生的事件为“纬”。这在分裂时代叙事体历史记载中，也是最能提要钩玄的办法。在理学“尊王”，维护正统，提倡“大一统”的观念中，这种体例本身就有极大的意义。“笔法”则是指叙文的详略和用字的内涵，深信《春秋》寓一字之褒贬，树立了价值体系。由于先秦典籍笔之简牍，文字务求简练准确，所以“削”还包含有删除修改的意思。而“笔则笔，削则削”的叙事，“一字褒贬”的含蓄，“言外之旨”的玄远，尤能激发读者想象发挥的余地。《春秋》三传一直是《春秋》学的中心话题，[3]其中《左氏传》以叙事纪年为主，但是多言鬼神之事，“艳而富，而失之巫”；《谷梁传》强调“著以传著，疑以传疑”的谨严；而《公羊传》意在发挥《春秋》的褒贬，从而找出“微言大义”和“非常异义可怪之论”。从董仲舒《春秋繁露》以来，汉唐诸儒深信《春秋》寓有“微言大义”，而探微索隐之风也一直未断。

在从唐人以注疏为学问的窠臼中解脱出来以后，宋儒开始了以“义理”为主的自主发挥。《春秋》学在宋代的兴衰变迁，尤能折射出他们在现实处境中进退维谷的挣扎和奋斗。鉴于《三国志》裴注曾谓“（关）羽好《（春秋）左氏传》，讽诵略皆上口”，[4]讨论宋代的“春秋学”，于理学接受关公崇拜的探讨自不无意义。

众所周知，宋儒是儒学发展的一个新阶段，而《春秋》学本来就是宋儒的起手功夫和看家本领。经过五代离乱，外侮内叛，重新建立一统王朝，标立“尊王攘夷”和“明夷夏之大防”，正是后世理学在政治上的主要成就之一。《春秋》本系“经中之史”，而且是记述“礼崩乐坏”、诸侯割据的一段历史，这为后世清理类似情况下的史实及变化脉络提供了一个模板。况且儒家诸多重要经典中，只有《春秋》学的“大一统”和“尊王攘夷”的宗旨，最能用来为宋初的现实服务。即便出于最直接的现实感受，宋初儒家学者也很自然地将研究视点集中在《春秋》上。

一般以为，宋儒创新始于刘敞（公是先生，1019 ~ 1068）的《七经小传》，而以世称“三先生”的孙复（泰山先生，992 ~ 1057）、石介（徂徕先生，1005 ~ 1045）和胡瑗（安定先生，993 ~ 1059）为理学先导。据《宋史·艺文志》“春秋类”著录二百四十部，在孙复之前有三十七种，之后有二百零三种。《四库全书·经部·春秋类》犹存宋前八人著述十二种，而宋人著述却有二十七人三十七种。可知“《春秋》学”大倡于刘敞以后，而以南宋为甚。《春秋》学家如孙复、孙觉、崔子方、叶梦得、吕本中、胡安国、高闶、吕祖谦、张洽、程公说、吕大圭、家铉翁等，亦代不乏人。

“三先生”中的孙复曾在庆历间任国子监直讲，与欧阳修为知交，也是新政集团人物之一。[5]他著的《春秋尊王发微》开宗明义指出：隐公“元年春王正月”的基本主题，“夫欲治其末者，必先端其本；严其终者，必先正其始。元年书王，所以端本；正月，所以正始也。”先就勾稽出《春秋》尊王的微言大义，“正君臣之分，明大一统之义”的主旨。他以舍弃前人传注、直探经文本义的研究方式与汉儒“三传”同侪，掀起了儒家经典研究史上的范式革命，尤其是更新了《春秋》学，使之“与时消息”，“与时偕行”，[6]同时也更具有现实的意义。

“正统之争”

钱锺书曾指出，杜预在《左传正义序》中提出的“微而显”“志而晦”“婉而成章”“尽而不污”和“惩恶而劝善”之五例，“乃古人作史时心向神往之楷模，殚精竭力，以求或合者也。”[7]这当然包括热心修史的宋人，《春秋》对于他们的意义、价值也不言自明。司马光喜《左传》，“自幼至老，嗜之不厌”，而有志于著史。据刘恕《通鉴外纪》介绍，所以有志于《通鉴》，就是想通过对古来断代史博采约记，“专取关国家盛衰，系民生休戚，善可为法，恶可为戒，使前后有伦，精粗不杂”，终成“一家之言”，以便使后世君主能够“鉴前世之兴衰，考当世之得失，嘉善矜恶，取是舍非”，有益于治道。可知司马光祖述的正是《春秋》之大旨，及其编年纪事的体例。[8]

唐人曾把修史视为畏途，“古文运动”的开创者韩愈曾抱怨说：“自古为史者，不有人责，则有天灾。”后来他预修《顺宗实录》，亦因此触犯禁忌，招致宦官非议。故欧阳修在《新唐书》卷一百三十二“史官传记”的论赞中感慨系之：

唐兴，史官秉笔众矣。然垂三百年，业巨事丛，简策挐繁，其间巨盗再兴，图典焚逸，大中以后，史录不存。虽论著之人随世裒掇，而疏舛残余，本末颠倒。故圣主贤臣，叛人佞子，善恶汩汩，有所未尽，可为永忾者矣。又旧史之文，猥酿不纲，浅则入俚，简则及漏。宁当时儒者有所讳而不得骋耶？或因浅仍俗，不足于文也？亦有待于后取当而行远耶？何知几以来，工诃古人而拙于用己欤！自韩愈为《顺宗实录》，议者闹然不息，卒窜定无完篇，乃知为史者亦难言之。游、夏不能措辞于《春秋》，果可信已！

欧阳修被认为是唐宋古文运动的领军人物，也是敢于担当、勇于任事的人。他在私修《新五代史》，以及后来和宋祁等人奉敕修撰《新唐书》时，也曾有意模仿寓“一字褒贬”的《春秋》笔法，以为：

圣人之于《春秋》用意深，故能劝戒切，为言信，然后善恶明。夫欲著其罪于后世，在乎不没其实。……惟其不没其实，以著其罪而信乎后世，与其为君而不得掩其恶，以息人之为恶。能知《春秋》此义者，然后知予不伪梁之志也。[9]

恰恰在他倡导“新史学”的先后，《春秋》学也大兴于宋，盖亦有自。

宋人著史之风颇盛，今存《四库全书·史部》辑存的即有数百种。其特点第一是“全能”，“史部”所分十五类二十四属每个类属都有大量宋人的著述；第二是开创了一些新的类属，比如《史部三》的“纪事本末类”；《史部七》“传记类”之“杂录之属”；《史部八》“史钞类”；《史部十一》“地理类”的“都会郡县之属”和“山水之属”；《史部十二》“官职类”的“官箴之属”；《史部十三》“政事类”的“邦计之属”“军政之属”和“考工之属”；《史部十四》“目录类”的“经籍之属”和“金石之属”，等等。这些新增的类属扩大了传统史学的范围，留存了很多具有价值的史料和史观，证明着宋代史学的创新精神；第三是“庆历新政”和“元祐旧臣”的很多骨干成员参与并推动了宋代“新史学”运动。除了欧阳修、司马光以外，王禹偁、范仲淹、王质、王素、宋祁、宋庠、曾巩、刘敞、刘攽、范祖禹、刘安世、苏洵、苏辙等词翰之臣，即“以文鸣于当世”者，也都列名于《四库全书》史部的作者之中，这个传统一直延续到南宋的陆游、辛弃疾、范成大等人；第四是南宋理学的主要成员（以《宋元学案》为标准记载）也差不多都参与了史学的工作。实际上在元代特殊的社会文化状况下，犹能完成胡传《春秋》注释以及《文献通考》等，并坚持修完宋、辽、金各史，也正得益于宋末史学的深厚积淀。故陈寅恪屡曰："宋贤史学，今古罕匹。"[10]"中国史学，莫盛于宋。"[11]也应当包含着对这些努力的肯定。

值得一提的是，在这股"修史热"中，重修《三国志》曾被一再提及。如王安石曾建议欧阳修、苏轼重修《三国志》，苏轼又转荐刘恕之子刘道原以自代，但终于没有进行，倒是与苏门有关的唐庚撰写了《三国杂事》。[12]另苏轼亦有重纂《后汉书》的打算，这正是与三国时代重合的一段由治而乱的历史时期。[13]南宋至元遂有多种三国新志出现，《四库全书》收辑有萧常《萧氏续后汉书》，郝经《郝氏续后汉书》等。可知三国一段历史，在宋人心中已经成为挥斥不去的问题。

古人把史学分为"经史之学"和"文史之学"。解经释典，提要钩玄，标立价值，可谓"经史之学"；而记叙前史，总结教训，树立榜样，则是"文史之学"。荀悦在《汉纪》卷一《高祖纪》中说：

> 夫立典有五志焉：一曰达道义；二曰章法式；三曰通古今；四曰著功勋；五曰表贤能。

就是传统史学共同追求的目标。这也是后世史官巨大的勇气和历史责任感。褒贬分明之"《春秋》大义"，遂成为一代人物事件之道德评价，或说价值系统的基准。

唐宋两代祭飨配祀的安排及其变化，已经开启了后世关于正统问题的争论。海外学人饶宗颐先生曾历时五载，足履三洲，"淹贯乙部，旁通别集，为独立之探究"，著有《中国史学上之正统论》[14]一书，对历代之争论爬剔梳理，其成就为学界所共识，不烦饶舌。但很少有人注意，钱锺书同时稍早之《管锥编》也从不同角度论列到这个问题，言简意赅，可为梳理这一公案作纲，可以参看。[15]

最初习凿齿论及三国正统，即主张用"春秋大一统"为统续之标准，以曹魏并未"抚有天下"为理由，提出把"王浚楼船下益州，金陵王气黯然收"之晋军平吴、"三分归晋"，作为"越魏继汉"的开始。这是祖述司马迁《史记》以汉“越秦代周”的前例，本来无可厚非。[16]他的观点影响到唐代史学家、《史通》的作者刘知几（661 ~ 721）。《史通》成书于中宗景龙四年（710），也许曾对开元十九年（731）和建中三年（782）唐代的武成王配祀中，保留着“三国并立”的格局发生直接影响。自韩愈《原道》仿照禅宗“传灯”之法，树立儒家“道统”以后，“正统”之说又超越了春秋时代的“宗子”概念，以及《论语·子路》中的“正名”理路，被赋予了“仁德”内涵。这就使宋代关于“正统史观”的争论更加激烈，但最终还是以理学的历史观念，重新厘定了统续的标准。

宋儒面临的头痛难题，便是如何以正统身份清理看待五代史实，以为本朝立国确立合法依据。他们手头可资参考的只有隋唐以前的南北朝史，而三国时代正是这一段混乱历史的开头，无可回避。欧阳修虽以古文健将著称，但初衷却以史官自任。在仁宗时撰《五代史记》（后称《新五代史》或“欧史”），曾撰写《或问》，以为朱梁掌有国家权力，修《梁史》不得以其为伪。但梁君乃贼乱之君，又不能视为天下正统。为了弥合两端，系统阐明这一观点，他以后又接连著有《原正统论》《明正统论》等专论七篇（后删为《正统论序》《正统论上》和《正统论下》），试图厘定“正统”的概念。具体到三国史，欧阳修在《原正统论》里先自设疑，云：“魏得汉而天下三分，论者曰正统，其可疑二也。”接着在《明正统论》中表明了他的选择：“魏与吴、蜀为三国，陈寿不以魏统二方面并为三志，今乃黜二国，进魏而统之。”不料这却捅开了一个马蜂窝。中国史学的“正统”之争由此大兴。饶宗颐《中国史学上的正统论》曾引《续资治通鉴长编拾补》卷六“王安石论苏轼为邪憸之人臣，欲附丽欧阳修。修作《正统论》，章望之非之，乃作论罢章望之，其论都无理”，而言“此王安石对正统之意见，盖附和章氏而反对东坡者”一节，不妨参看。南宋朱熹激烈反对欧阳修、司马光的看法，顺带把孙权也骂为“汉贼”：

> 学者皆知曹氏为汉贼，而不知孙权之为汉贼也。若孙权有意兴复汉室，自当与先主协力并谋，同正曹氏之罪。如何先主才整顿得起时，便与坏倒！如袭取关羽之类是也。权自知与操同是窃据汉土之人。若先主事成，必灭曹氏。[17]

其所以著《通鉴纲要》，目的就是纠正司马光的“帝魏观”。这也引起南宋史家轰然应和。作为历史人物，关公所以为理学史观目注心仪，正是为此。一旦确立了蜀刘为汉室正统之续，则有关关羽的所有正史记叙和稗官传说，全部都可以用来演义后世理学观念“伦常日用”之忠孝节义仁智武勇。实际上，理学史观的确立，正是为宋元以后三国戏曲小说的改编和经典化，创立了最重要的先决条件。

从现有方志资料看来，两宋时期关庙已经迅速扩散。笔者在各地方志搜罗的五十一座庙宇，实已涉及今日之十八省区。其中托言唐建者，或为毗沙门天王堂改建，或为“自我作古”者。值得注意的是，北宋中期关羽祠庙以西北边境与西夏对峙前线为多，而后金兵西、东、中三线三次入侵，战事亦曾反复胶结，故南宋初年关庙亦以山东及长江下游以及河南、荆楚、江西一带为盛，应当记载着宋军将士信仰的历史真实。

以上条分缕析，或可体会到宋儒在构建价值体系方面作出了世代相承的不懈努力，终于构建了一套以儒学为中心的价值观，并在元明清正式变为国家体系。而关公信仰也正是缘着这样的努力，演进为全民崇拜的“护国佑民”神祇的。下文再论。

理学史观

金兵南下之后，东京朝野上下议论沸起，围绕王学与《春秋》的争论，再次成为焦点。执政之臣抵御之计未安，却忙于平息物议。故有谚云：

> 靖康金退之后，吴敏、孙敏等秉政。有“十不管”之谣云：“不管太原，却管太学；不管防秋，却管《春秋》；不管炮石，却管安石；不管肃王，却管舒王；不管燕山，却管聂山；不管子界，却管举人免解；不管河东，却管陈东；不管二太子，却管立太子。”腐儒之误国，又岂下于妖人贼子乎？[18]

随后就是汴京倾覆，两驾北狩。待得康王泥马渡江，一度又屡遭金人追杀，惊魂甫定之后，主《春秋》“尊王攘夷”之论日益高涨。出于现实关切而追根溯源，废除《春秋》的王氏新学也招致了更加严厉的批评。《宋史·陈公辅传》言其上疏曰：

> 议者尚谓安石政事虽不善，学术尚可取。臣谓安石学术之不善，尤甚于政事。政事害人才，学术害人心，《三经》《字说》诋诬圣人，破碎大道，非一端也。《春秋》正名分，定褒贬，俾乱臣贼子惧，安石使学者不治《春秋》；《史》《汉》载成败安危、存亡理乱，为圣君贤相、忠臣义士之龟鉴，安石使学者不读《史》《汉》。

据说宋徽宗根本就没有读过《春秋》。徽、钦二帝及皇室成员被俘北上以后，李心传《要录》综合各书，曾有这样的记叙：

> （建炎二年八月）金人迁二帝，自上京至其国御寨，遂移居韩州……金遣晋康郡王孝骞等九百四人至韩州同处，仍给田十五顷，令种莳以自养。驸马都尉蔡倏尝劝上皇读《春秋》，上皇大善之，曰："恨见此书之晚！"[19]

这真是具有讽刺意义。鉴于"王学"摈弃《春秋》，故赵佶包括其皇子教育中当然阙失此经，可以想见赵构也从来没有接触过《春秋》。南渡仓促立国，纲常礼制百废待举。欲在战火之中重构社会伦常秩序，也需要明晰的理论的武器，以应对特别的、紧迫的现实。《史记》记载当年上大夫壶遂之问"孔子何为而作《春秋》"时，司马迁有一段回答就特别应景：

> 有国者不可以不知《春秋》，前有谗而弗见，后有贼而不知；为人臣者不可以不知《春秋》，守经事而不知其宜，遭变事而不知其权。为人君父而不通于《春秋》之义者，必蒙首恶之名；为人臣子而不通于《春秋》之义者，必陷篡弑之诛，死罪之名。其实皆以为善，为之不知其义，被之空言而不敢辞。夫不通礼义之旨，至于君不君，臣不臣，父不父，子不子。夫君不君则犯，臣不臣则诛，父不父则无道，子不子则不孝。此四行者，天下之大过也。以天下之大过予之，则受而弗敢辞。[20]

将《春秋》一经对于国君人臣父子伦理和纲常秩序之重要意义表露无余。故孙复的再传弟子胡安国先以《时政论》二十一篇进上，"其论之目，曰《定计》《建都》《设险》《制国》《恤民》《立政》《核实》《尚志》《正心》《养气》《宏度》《宽隐》。"并且声言"虽诸葛复生，为今日计，不能易此论也”。献言之后，“居旬日，再见，以疾恳求去。”以表无意于权势。这时的赵构也开始对《春秋》真正感了兴趣：

> 高宗曰：“闻卿深于《春秋》，方欲讲论。”遂以《左氏传》付安国点句正音。安国奏：“《春秋》经世大典，见诸行事，非空言比。今方思济艰难，《左氏》繁碎，不宜虚费光阴，耽玩文采，莫若潜心圣经。”高宗称善。寻除安国兼侍读，专讲《春秋》。时讲官四人，援例乞各专一经。高宗曰：“他人通经，岂胡安国比。”不许。

今日视之，赵构南渡之初，于经学诸书中独主《春秋》一经，不但是当时情势的需要，也是对熙宁王学的矫枉过正。从此胡安国得以专意传注《春秋》，且讼王学言：

> 自王安石废《春秋》不列于学官，安国谓：“先圣手所笔削之书，乃使人主不得闻讲说，学士不得相传习，乱伦灭理，用夏变夷，殆由乎此。”故潜心是书二十余年，以为天下事物无不备于此。每叹曰：“此传心要典也。”[21]

胡安国的注经特色之一，就是把他的现实关怀明确地写入传注。例如在卷一“鲁隐公元年”之“春，公会戎于潜”传云：

> 无不覆载者，王德之体；内中国而外四夷者，王道之用。是故以诸夏而亲戎狄，致金缯之奉，首顾居下，其策不可施也。以戎狄而朝诸夏，位侯王之上，乱常失序，其礼不可行也。以羌胡而居塞内，无出入之防，非我族类，其心必异，萌猾夏之阶，其祸不可长也。为此说者，其知内者之旨，而明于驭戎之道，正朔所不加也。奚会同之有书会戎，讥之也。

针对两宋的纳币求和，将“夷夏大防”的观念发挥得淋漓尽致。又如卷十“哀公十三年”之“夏，公会晋侯及吴子于黄池”传云：

> 黄池之会，圣人书法如此者，训后世、治中国、御四夷之道也。明此义，则知汉宣帝待单于，位在诸侯王上，萧傅（萧望之）之议非矣。唐高祖称臣于突厥，倚以为助，刘文静之策失矣。何况于以父事之如石晋者，将欲保国而免其侵暴，得乎？或曰：苟不为此，至于亡国，则如之何？曰：存亡者天也，得失者人也，不可逆者理也。

这更是针对性极强的历史批评，甚至认为即便亡社稷，也应当以保持中华文化为第一要义。故明清之际王夫之《宋论》言及胡安国《春秋》传注，认为对于稳定当时局势起了重要的作用：

是书也，著“攘夷尊周”之大义，入告高宗，出传天下，以正人心而雪靖康之耻，起建炎之衰，诚当时之龟鉴矣。[22]

胡安国之《春秋传》此后即成为南宋元明清科第之基本教材。而《春秋》一经的地位也从此孤标特出，未遭异议，一直影响到顾炎武“国家兴亡，匹夫有责”的著名议论。后话不提。[23]

又罗大经《鹤林玉露》卷之四甲编《春秋书国灭》条，说胡安国注《春秋》时，甚至明显地责备到徽、钦二宗的“北狩”：

胡文定《春秋传》作于渡江之初。其论国灭也，曰：“《春秋》灭人之国，其罪则一。而见灭之君，其例有三：以归者，既无死难之节，又无克复之志，贪生畏死，甘就执辱，其罪为重。许斯、顿牂之类是也；出奔者，虽不死于社稷，有兴复之望焉，托于诸侯，犹得寓礼，其罪为轻。弦子、温子之类是也；若夫国灭死于其位，是得正而毙焉者矣，于礼为合，于时为不幸。若江、黄二国是也。”其旨严矣。如刘禅、愍怀，皆《春秋》之罪人也。近时鞑虏入蔡，残金之主守绪，乃能聚薪自焚，义不受辱，庶几于江、黄。[24]

这等于借《春秋》大义，向国君守臣提出了国难当头的三种可供选择的出路：被俘、出走或者死难，并且明确宣示了死难殉节虽然“于时为不幸”，但是“于礼为合”的严厉要求。结尾罗大经提及蒙元入蔡灭金，金哀宗完颜守绪（1198 ~ 1234）自缢的史实，认为符合《春秋》“义不受辱”之旨，等于又为亡国君主树立了一个新尺度。这时距离南宋祥兴二年（1279）“厓门之战”失败，陆秀夫背负小皇帝宋恭宗赵昺投海殉国，只有45年。

徐梦莘回顾“靖康耻”前后北宋亡国的情况时，曾引乾道六年（1170）左宣义郎、秘书省校书郎兼国史院编修官刘焞的上书，感慨地说：

重念国难以来，州镇牧守不可胜数，仓卒之间，望风弃城，盖十八九；婴城自守，百无一二。至于整兵迎敌，以必死抗节者，又绝无仅有。[25]

这和南宋亡国文天祥、张世杰、陆秀夫等誓死抵抗的情况，已经形成鲜明对比。[26]

欧阳修在《新唐书·太宗本纪》中，首倡“《春秋》之法，常责备于贤者”之说。这里的“责备”，是“求全责备”之意，意即对于“贤者”应提出更为严厉的道德标准。在理学先导周敦颐“圣希天，贤希圣，士希贤”[27]的系列里，“贤者”正是儒士砥砺人品道德的第一级阶梯。如果我们再注意到，明末除了南明弘光以外，崇祯、唐王、鲁王和永历等几位或者临朝称制，或者监国之主，以及史可法、黄道周、李定国等一大批佐命大臣，陈子龙、夏完淳等一大批在野儒生都是以死殉职，所谓“死社稷”“死封疆”“死城守”者比比皆是的话，就更容易品出胡安国、罗大经的这一段话，对于理学评定亡国君臣的历史分量了。

不仅如此，黄宗羲（1610 ~ 1695）还标示出史家书写“殉职”的体例：“曰死之，曰战死，曰败没。”其间显有高下之分：

死之者，节之也；战死者，功罪半也；败没，则直败之耳。

显然认为“死之”是文臣一种主动选择的节义行为，“战死”已意味武将虽然尽力但没有尽到职责。至于“败没”则属于失职以后的身不由己，无足道哉。

黄宗羲此言或许出于对于崇祯煤山自缢的肯定，据载当京师将陷，臣僚屡上迁都“南徙”或“南巡”之言时，朱由检曾说：

国君死社稷，正也。朕死决矣！[28]

崇祯虽然以刚愎昏庸著称，临死一言总算是说了一句明白话。因此被南明朝廷谥为“烈皇帝”。

南宋理学史家首创“纲目”“学案”“本末”三体，即是欲以《春秋》经旨参以天理、人道、大纲、统闰，加以概括，编述为一体，以明经发覆，标立正道，订正统续，昭彰天理。而集理学大成的朱熹尝禀学于白水刘勉之、绩溪胡宪、屏山刘子翚三先生。《宋元学案·刘胡诸儒学案》全祖望案语云：“白水、绩溪、屏山三先生，晦翁所尝师事也。白水师元城（刘安世），兼师龟山（杨时）。绩溪师武夷（胡安国）。”刘安世是司马光的弟子，杨时曾在程颐门前“立雪”，胡宪就是胡安国的侄儿。

在重视师承渊源的南宋理学来说，这无疑是一份完美的谱系。朱熹也不负师望，大倡《春秋》“尊王攘夷”之说，这比较集中地表现在他和学生的讲谈录《朱子语类》中：

《春秋》大旨，其可见者：诛乱臣，讨贼子，内中国，外夷狄，贵王贱伯而已。

《春秋》只是直载当时之事，要见当时治乱兴衰。

此是圣人据鲁史以书其事，使人自观之，以为鉴戒耳。其事则齐威、晋文有足称，其意则诛乱臣贼子。[29]

因此，他在与友人书信中提及《通鉴纲目》时，一再强调目的是要以“《春秋》谨严之法”，“会归理之纯粹”。自称：“义例精密，上下千有余年，乱臣贼子真无所匿其形矣！”他还强调“夫《春秋》之法，君弑，贼不讨，则不书‘葬’者，正以复仇大义为重，而掩葬之常礼为轻，以示万世臣子遭此非常之变，则必能讨贼报仇，然后有以报君亲者。”[30]此番史论如果是针对两宫北狩、南渡偏安的现实，那么其中的经世涵义，也不言自明了。

王应麟（1223 ~ 1296）和胡三省（1230 ~ 1302）[31]都是素有家学和师承，跨越宋元的理学史家，也再一次经受了宗社覆亡、家国残破的深切痛楚。在他们笔下，“《春秋》大义”之说，又生出一层刻骨铭心的议论。如王应麟以为《春秋》之法在于“谨严”“切近”，以之行褒贬，正名分，明纲常，存天理。并举例言之：

《春秋》以道名分成，皆三纲之大者也。曰“成宋乱”，以宋弗督讨，而贿赂是取也；曰“宋灾”，以蔡般弗讨，而细故是恤也；曰“用致夫人”，以嫡妾无辨，而宗庙之礼乱也；曰“大夫盟”，以君弱臣强，而福威之柄移也。吁，其严乎！[32]

以春秋之宋国为例，颇有针对南宋亡国之祸的现实状况而发的意味。他还声言“拨乱反正，莫近于《春秋》”。[33]并以为：

民心之得失，此兴亡之大几也。林少颖云：“民之思汉，则王莽不能胁之使忘；民之忘汉，则先主不能强之使思。”唐与政云：“民心思汉，王郎假之而有余；民心去汉，孔明扶之而不足。”[34]

此中之“汉”，正如元人误读“汉寿亭侯”“汉锺离”之“汉”，亦寓有深意在焉。后文再论。

胡三省为他穷毕生精力注释《资治通鉴》的工作定位，则直截了当地说：

> 孔子定《书》而作《春秋》，《通鉴》之作，实接《春秋》后也。[35]

胡三省的同年黄震也是宋末理学的中坚人物，宋亡后饿于宝幢而卒，气节可知。他梳理了“道学”渊源流派，而且注意力集中在南宋当代史上，也对《春秋》“凡例”寓褒贬惩善恶的功用表示过怀疑，但仍然肯定《春秋》是为圣人“直书其事，善者、恶者，了然自见”，以达到“整一人心”的效果。[36]尤其值得提出的是，他也对司马光《资治通鉴》颇多批评，认为“必先正蜀汉之称而后可”，强烈呼吁为三国“正统观”全盘翻案。

《春秋》大一统

在中国历史上，“统一”向来是减少战争频率及其伤害，整合国家资源最为经济有效的方式。故自西周以来，“盛世”理想都与“统一”密切相关。而其思想及理论资源，即来自于《春秋》“公羊学”强调的“大一统”观念。又经过理学的发覆，对于中国宋后的历史发生了深远影响。所以中国自元代以后，就再也没有出现如南北朝、晚唐五代与两宋那样的以割据或者偏安之主，或者倚恃天险长期与中央政权抗衡，或者通过纳帛输金以求自保者，其中一个重要原因，就是源于“《春秋》大一统”的观念随理学扩展而深入君心民心。

按“大一统”是《春秋》公羊学阐发“微言大义”的主要模板和典范模型。为使读者明了其推演逻辑，略述一二于下。

“大一统”的思想资源主要来自以下典籍：（一）《春秋经》首条经文：“元年春王正月”。（二）《公羊传·隐公元年》：“何言乎王正月，大一统也。”（三）疏：“王者受命，制正月以统天下，令万物无不一一奉之以为始，故言大一统也。”（四）《汉书》卷七十二《王吉传》：“《春秋》所以大一统者，六合统风，九州岛同贯也。”

后世公羊家将“元年春王正月”划分成“元年”“春”“王”和“正月”。加上《春秋》书法惯常有的“公即位”三字，共得五个要素，即公羊家所谓的“五始”：“元年”为气之始；“春”为四时之始；“王”为受命之始；“正月”为政教之始；“公即位”为一国之始。并认为此“五始”显于《春秋经》之首章，可见其重要。

通过对“五始”进行词序分析，他们见出了“五始”之间存在着自下而上承载统系的逻辑关系：“诸侯”必载系于王之“政令”；“政令”必载系于“王”；“王”必载系于“天”；“天”必载系于“元”。但如果把这个逻辑顺序倒置过来，就产生出一个自上而下的伦理体系，即据“元”以正“天”；据“天”以正“王”；据“王”以正“政令”；据“政令”以正“诸侯、大夫”；据“诸侯、大夫”以正“民”。这正是理学家所认同的逻辑模式。“五始”亦可划为三端，即天、王、人。“元年”“春”应属天之类；“正月”“公即位”则属人事之类。“王”位于二端之间，上承天而下系人。这就是董仲舒所说的“置王于春正之间，非曰‘上奉天而下正人，然后可以为王也’云尔。”[37]

具体到政治运作，就是要求新君初立，必先颁历授时，以明正朔，并且进行种种礼仪鼎新，这都需要由确定新朝初年始于何日，即“王正月”的开始。[38]如《尚书·尧典》所载大尧继禅，即令羲和授历于民：“迴命羲和，钦若昊天，历象日月星辰，敬授民时。”何休解传文：“曷为先言王而后言正月？王正月也。”[39]今人陈立注曰：“以上系于王，知王者受命，布政施教，所制月也。王者受命，必徙居处、改正朔、易服色、书殊徽号、变牺牲、易器械、明受之于天，不受之于人。”[40]一部二十四史，每于《志》中详述天文历法、地理版图、服饰车舆、仪仗祭祀等等细节，就都是因应着这些变更而来的。

董仲舒把强调“大一统”作为思想、法制统一的基本规律，他曾指出：

> 《春秋》大一统者，天地之常经，古今之通谊也。今师异道，人异论，百家殊方，指意不同，是以上亡以持一统，法制数变，下不知所守。臣愚以为诸不在六艺之科，孔子之术者，皆绝其道，勿使并进。邪辟之说灭息，然后统纪可一，而法度可明，民知所以矣。[41]

正因为皇权“授之”于天，因此也应当“受制”于天。所以天象变化的征兆，通过儒臣的解释，可以用来警示君王，限制君权。故汉儒可以“天”为由，理直气壮地申说“民本”，如“屈民而申君，屈君而申天，《春秋》之大义也。”[42]“天下乃皇天之下也，陛下上为皇天子……夫官爵非陛下官爵，乃天下之官爵也。”[43]在汉、唐、宋各代，代表帝统的君权和代表儒家的相权，可以在这个前提下构成一种相互制约关系，就是这个道理。

宋儒大多不赞同《公羊》《谷梁》学褒贬善恶，“微言大义”的说法，朱熹亦然。但具体到南宋面临的现实，他的口风也有变化，认为：

> 《春秋》固是尊诸夏，外夷狄。然圣人当初作经，岂是要率天下诸侯而尊齐晋？自秦桧和戎之后，士人讳言内外，而“《春秋》大义”晦矣！[44]

面对北面强敌压境，南宋习《春秋》学的诸臣心理实在难以平衡。在主战、主和两派的纷争中，“恢复”始终是一个主题词，可以推想“大一统”已成为南宋士人的心意情结。最为著名的表述，便是陆游《示儿诗》：“死去元知万事空，但悲不见九州同。王师北定中原日，家祭毋忘告乃翁！”随着赵汝愚、韩侂胄主持“兴复大计”的失败，这个豪壮的旋律显得愈来愈微弱，“《春秋》大一统”的豪迈口气，在宋儒嘴里也逐渐变成嗫嚅，直至归于沉寂，最后传出“暖风熏得游人醉，直把杭州作汴州”。钱锺书《宋诗选注》笺注陆诗，尝说：

> 陆游死后二十四年宋和蒙古会师灭金，刘克庄《后村大全集》卷十一《端嘉杂诗》第四首就说：“不及生前见虏亡，放翁易箦愤堂堂；遥知小陆羞时荐，定告王师入洛阳。”陆游死后六十六年元师灭宋，林景熙《霁山先生集》卷三《书陆放翁书卷后》又说：“青山一发愁蒙蒙，干戈况满天南东；来孙却见九州同，家祭如何告乃翁？”[45]

虽经“端平入洛”，与蒙古共同灭金极其短暂的兴奋，但终于悲壮变成了悲怆，豪言沦落为难言。正缘如此，如果仅仅从个人或者小团体利益而言，宋儒尤其是理学诸公续绝往哲，建构文化努力的投入产出比，应该是最不划算的，因之常遭当时后世功利论者的批评、非难和耻笑。而陈寅恪于抗战期间偶读《建炎要录》，设身处地悟出“对历史抱同情之理解”，才打破历史学的冷漠，开创“宋学”研究之新纪元，对于宋儒的文化集成作出了新的评价。倒是理学的“北枝”把“《春秋》大一统”的声音放大出来，这就是元儒的“用夏变夷”，[46]贯穿于郝经、许衡、郑玉、赵汸等人的《春秋》学观点之间，并通过他们，达于明清。此题关系甚大，望有心者留意之。

钱锺书曾引《公羊传》“昭公二十三年七月戊辰”“不与夷狄之主中国也。然则曷为不使中国主之？中国亦新夷狄也”，认为“即言华夷非徒族类(ethnos)之殊，而亦礼教（ethos）之辨”。[47]这也是入元的理学重臣格于当时形势，不得不突破“族类之殊”，强调“礼教之辨”，以“行汉法”来承道统，对“大一统”进行重新诠释的原因。

郝经（1223 ~ 1275）家学素有渊源，其六世祖曾亲炙程颢，曾祖父郝震开始在乡里传授程氏之学，祖父郝天挺为“伊洛之学”的金朝理学大儒元好问之业师。他受到忽必烈召见，置诸侍从，并随蒙元统师伐宋，曾出使宋朝，为贾似道囚禁十六年之久，但志节不屈，被誉为“北朝文天祥”。虽然在政治立场上他是与南宋儒士对立的，但在理学和文化立场上却能同道“接轨”。从“《春秋》大一统”的逻辑，他认为“道统”高于“皇统”，皇统既系于天命，天命所归，则“夷狄”亦可“善治”，故特别推崇北魏孝文帝为“用夏变夷之主”，“迁都洛阳，一以汉法为政，典章文物与前代灿然比隆。”[48]既劝说忽必烈等蒙古新主“行汉法”，又说服南宋诸臣接受“能行中国之道，则中国之主也”。[49]所以他曾大力推崇关羽，并把这个历史榜样推荐给蒙元统治者。这在元初也的确显现过功效，另文再论。

和郝经明确的原则立场相比，许衡（1209 ~ 1281）更多的是随遇而安。他亦为金遗民，曾被忽必烈召为京兆提学，又任过国子祭酒。身处乱世，反对交互征战：

> 中国与夷狄，中国胜，穷兵四远，臣伏戎夷；夷狄胜，必溃裂中原，极其残酷。如此报复，何时能已！[50]

但既然历史大趋势已无可避免，他就转而以《中庸》“素夷狄行乎夷狄”一言为据，采取了“见在夷狄，便行那夷狄所当为之事”[51]的态度，并作诗言：

直须眼孔大如轮，照得前途远更真。光景百年都是我，华夷千载也是人。[52]

主张在“大一统”过程中扩大眼界，超越狭隘民族观念；正视现实，努力实现“华夷同风”。考虑到当时南宋处于弱势地位的现状，这里说的“华夷千载也是人”的平等，显然是汉族的奢望。他也主张“行汉法”，并向忽必烈建言“以北方之俗，改用中国之法，非用三十年不可”。[53]他和郝经虽然也经过蒙古灭金的“亡国之祸”，但毕竟都是以“北人”身份看待无可回避的蒙元“大一统”趋势，反而比南宋士人理智清醒。

与郝、许相较，郑玉（？～1357）是元儒中的《春秋》学名家。他家在徽州，生于元世，曾被元顺帝召为翰林待制，辞不赴，但所著《春秋阙疑》被作为至正（1341～1367）以后的官学读物。朱元璋部入徽，招请参与反元事业，他以“吾岂事二姓者耶”为由拒绝，并自缢以示志向，可谓“元遗民”的典范。在主张“王道”的同时，他也对“霸道”有所辨析，认为“霸道”虽有罪于商周盛世，却有功于春秋衰世，如齐桓公“九合诸侯，不以兵车，诚足以暂息当时之乱”。[54]联系现实，则纲常法制的统一，比“夷夏之防”更为重要：

今中国弑逆之贼，天子不能讨，方伯不能诛，邻国无声罪之师，大夫无沐浴之请。而夷狄能正之，夫子虽欲贬而不与，亦不可得矣！[55]

在“大一统”问题上代表着入元部分“南人”的感受体会。但与他同时同乡同道之赵汸（1319～1369）观点却大异其趣。赵一生仅守《春秋》一经，很得宋濂赞赏，并亲为其《春秋属辞》著序，四库馆臣亦以他为“元季翘楚”。入明后曾获征召参与修纂《元史》，但书成即辞归故里，不为明臣，是另一类型的蒙元“遗民”。他强调从《春秋》的书法看，必须严夷狄名分，谨华夷之辨，才能“信大义于天下”，但也有辨析之言。如他借解释《春秋》书法中的变化，举例说：

杞，夏禹之后也。其始朝也，以侯书之，一变而伯，再变而子，何也？大抵中国而夷狄则夷狄之。杞用夷礼，愈降愈下，圣人患之，故再夺其爵以示贬。

相反的例子则是：

楚，南方之夷也。其始聘也，以荆人书也。一变而书其臣之名，再变而书其名氏，何也？大抵夷狄而（中国）则中国之。用中国之礼，每进每善，圣人予之，故再进其法以示褒。[56]

联系元末明初的“华夷混杂”的状况，不难理解其意旨究为何指，也直接开启明人以“中国之法”再行“大一统”的自信，后话另表。

至于元明以后“大一统”的意义，除了学理上的探讨之外，更重要的是从“安史之乱”（755）开始，由中唐至五代、两宋，九州瓜裂导致民族间交互攻伐的局面，已经延续了将近600年。不仅在时间长度上早已超越春秋战国及“五胡乱华”，而且通过江南的开发，经济文化重心的转移，使得中国的南北整体依存的需求大为增进。这倒不止是北方民族艳羡江南的富庶繁华，如传说中的完颜亮闻听“三秋桂子，十里荷花”，便欲“南下牧马”[57]这么单纯。辽、金两国在经济上都需要依赖两宋的“纳贡”作为补充，实质上就是在变相地延续唐五代以来的“仰赖东南漕运”。蒙元不欲假手他人输纳，索性变成“自收自支”，于是开凿疏浚了南北大运河，使江南漕粮得以直抵大都，作为支撑这个“世界之都”的基本后勤保障。

但是成也萧何败也萧何。蒙元所以在失去江南以后，战斗力未伤元气的情况下，[58]不经背城决战即抛弃大都，远扬漠北，并非丧失了勇武强悍之气，而是腹枵无粮，难乎为继。盖缘朱元璋占据江南之后即断绝了漕运，等同于扼其咽喉，置之死地。日人桑原骘藏（1871 ~ 1931）在《历史上所见的南北中国》注意及此，曾于注释中广泛引用资料，证实蒙元不战自败的原因。[59]现缕述如下：

叶子奇《草木子・克谨篇》：

元京军国之资，久倚海运，及失苏州，江浙运不通；失湖广，江西运不通。元京残穷，人相食，遂不能师矣。

丘浚《大学衍义补》：

元朝承平之时，岁运几至四百万石。至其末年也，哀丐于叛臣，仅得十有余万石，最后升斗皆无焉。是时也，斗米至银六两。一时勋戚权贵，衣锦绣、袍珠玉，而枵腹忍饥，以为饿殍者何限，呜呼，可叹也哉！[60]

谢肇淛《五杂组》卷三：

今国家燕都（北京），可谓百二山河、天府之国，但其间有少不便者，漕粟仰给于东南耳。元时亦输粟以供上都，其后兼之海运。然当群雄奸命之时，烽烟四起，运道梗绝，惟有束手就囚耳。此京师之第一当虑者也。

近年河南社旗山陕会馆特地塑造了巨型“关公读《春秋》”铜像。表明关公不但熟读《春秋左氏传》，而且深明“《春秋》大一统”观念。这也是宋明理学所以要尊崇关公的重要原因。

故朱元璋大兵能够顺利挥戈北上，不战而胜。近代以前历史上以“北伐”而能一统天下者，亦仅此一例。

此外五代至宋黄河水患频发，为患极大，元、明、清运河系漕运命脉，都亟需实行南北东西的资源整合及“全流域治理”。可参卡尔·魏特夫关于“东方专制主义”源自“水文化”的论述及学术界相关争论，不赘。[61]

我以为必须包含这些经济上的实际需求与制度保障，才能全面正确地了解“《春秋》大一统”的概念在元、明、清三代被赋予的新含义以及相应的历史观和经济观深入人心的过程。而关羽在这一时期的榜样作用之一，就是或者代表正统，反对分裂；或者不甘偏安，努力兴复。这两种看去彼此矛盾的价值标准，却都被赋以“《春秋》大一统”的标识。后世官方关庙几乎都有“春秋殿”（亦称麟经殿）或者“春秋亭”之类建筑，造像也每塑为捋髯读《春秋》之形象，正说明关羽已经成为中华民族后世“《春秋》大一统”的精神象征。后文再论。

历代帝王庙

2004年7月，我曾应北京历代帝王庙管理处邀请去参观。该庙为明代嘉靖九年（1530）始建。《明会典》言：

> 嘉靖十年三月，历代帝王庙成。先是，中允廖道南请撤灵济宫神，改设帝王庙，礼部以所在窄隘，宜择地别建。于是工部相度阜成门内保安寺故址，旧为官地，改置神武后卫，地势整洁，且通西坛，可鼎新之。诏可，遣工部侍郎钱如京督工。工完，上亲诣庙祭。

清代仍之，民国后改为学校。近年北京市为实施“人文奥运”，决心搬迁学校，复建庙宇，于2004年4月依照原式鼎新竣工，对外开放。

马端临《文献通考》曾概述宋代开宝三年（970）以后开始修复历代帝王及功臣烈士的陵寝庙宇，后遂定为朝廷仪礼的经过。其中的升降贬黜，不仅出于帝王个人爱憎，也昭示着新朝标立价值体系的变化。明初朱元璋开始

北京阜内大街的历代帝王庙，是全国惟一一所代表宋明理学“春秋大一统”和“正统论”的儒家祠庙。今天供奉的均为乾隆时拟定的历代帝王牌位，不设像塑。但西南隅专有一院敬奉塑像的关帝庙。

着手将散居各地的历代帝王享祀集中于京城，惟“崇祀只创业之君，从祀惟开国之臣”，故数量极其有限。明清两代列入祀典的帝王人选曾经屡生变化，大致而言，朱元璋厘定的入祀诸君除三皇五帝外，还有夏禹、商汤、周文王、汉高祖、唐高祖、宋太祖、元世祖，黜去秦始皇不提，已经“越秦”而“以汉代周”，体现出宋元理学的正统观。后来又增加历代功臣作为陪祀。嘉靖北京建庙以后，二十四年（1545）“以礼科陈棐言，罢元世祖陵庙之祀，及从祀木华黎等”，也是迫于当时边境蒙古的压力。[62]满洲入主关内伊始，即在多尔衮摄政的顺治二年（1645）恢复元世祖祭享，增加辽、金开国君主及其功臣，也是为满人入主“正名”的意思。但政权稳定之后，顺治十四年（1657）福临接受臣工建议，增加“守成”之君如商中宗、高宗，周成王、康王，汉文帝、宋仁宗、明孝宗等的崇祀，而将未及混一宇内的“偏方之主”辽、金、元之太祖黜落。康熙开始大量增加“守业之君”的奉祀，六十一年（1722）曾颁谕：

> 帝王崇祀，代止一二君，或庙飨其臣子而不及其君父，是偏也。凡为天下主，除亡国暨无道被弑，悉当庙祀。有明国事，坏自万历、泰昌、天启三朝，神宗、光宗、熹宗不应崇祀，咎不在愍帝也。[63]

雍正仍之。如果说前代庙祀诸人名单，还带有后世君主出于自身或者开基、或者守业的个人色彩，那么乾隆四十九年（1784）再议奉享陪祀时，弘历就以辨明“中华统绪”作为出发点，通盘筹划出奉祀原则：

> 四十九年，谕廷臣：“曩时皇祖敕议增祀，圣训至公，而陈议者未能曲体，乃列辽、金二朝，而遗东西晋、元魏、前后五代。谓南北朝偏安，则辽、金亦未奄有中夏。即两晋诸代，因篡而斥，不知三国正统，本在昭烈。至司马氏以还，南朝神器数易，宋武帝手移晋祚，篡夺无所逃罪，其他祖宗得国不正，子孙但能守成，即为中主。且蜀汉至初唐不乏贤君，安可阙略！洎朱温以下，或起寇窃，或为叛臣，五十余年，国统不绝如线。周世宗藉余业，扩疆宇，卓然可称，而斥摈弗列，此数百年间，祀典阒如，又岂千秋公论？他若元魏雄据河北，太武、道武，胥勤治理，并宜表章。昔杨维桢著《正统辨》，谓正统在宋不在辽、金、元，其说甚当。今《通礼》祀辽、金，黜两晋诸代，

使后世疑本朝区分南北，非礼意也。明神、熹二宗，法纪坠失，愍帝嗣统，事无可为，虽国覆身殉，未可以荒淫例。皇祖彻神、憙，祀愍帝，具见大公。乃议者因复推祀桓、灵，亦思汉之所由亡乎？其再详议。”寻议增祀两晋、元魏、前后五代各帝王，并以唐宪宗平乱，金哀宗殉国，亦宜列祀。允行。[64]

现在的陈列是乾隆厘定的祭祀。此将历代帝王庙祀主列表如下[65]：

三皇时代	太昊伏羲氏、炎帝神农氏、黄帝轩辕氏
五帝时代	少昊金天氏、颛顼高阳氏、帝喾高辛氏、唐尧、虞舜
夏	禹王、启、仲康、少康、杼、槐、芒、泄、不降、扃、廑、孔甲、皋、发
商	烈祖成汤、太宗、沃丁、太庚、小甲、雍己、中宗、仲丁、外壬、河亶甲、祖乙、祖辛、沃甲、祖丁、南庚、阳甲、盘庚、小辛、小乙、高宗、祖庚、祖甲、廪辛、庚丁、太丁、帝乙
周	武王姬发、成王、康王、昭王、穆王、共王、懿王、孝王、夷王、宣王、平王、桓王、庄王、僖王、惠王、襄王、顷王、匡王、定王、简王、灵王、景王、悼王、敬王、元王、贞定王、考王、威烈王、安王、烈王、显王、慎靓王
西汉	高祖刘邦、惠帝、文帝、景帝、武帝、昭帝、宣帝、元帝、成帝、哀帝
东汉	光武帝刘秀、明帝、章帝、和帝、殇帝、安帝、顺帝、冲帝
三国蜀	昭烈帝
东晋	元帝、明帝、成帝、康帝、穆帝、哀帝、简文帝
南北朝	宋文帝、孝武帝、明帝，齐武帝，北魏道武帝、明元帝、太武帝、文成帝、献文帝、孝文帝、宣武帝、孝明帝，陈文帝、宣帝
唐朝	高祖李渊、太宗李世民、高宗、睿宗、玄宗、肃宗、代宗、德宗、顺宗、宪宗、穆宗、文宗、武宗、宣宗、懿宗、僖宗
后唐	明宗

后周	世宗
辽代	太祖、太宗、景宗、圣宗、兴宗、道宗
宋	太祖赵匡胤、太宗、真宗、仁宗、英宗、神宗、哲宗、高宗、孝宗、光宗、宁宗、理宗、度宗、端宗
金	太祖、太宗、世宗、章宗、宣宗、哀宗
元	太祖成吉思汗、太宗、定宗、宪宗、世祖忽必烈、成宗、武宗、仁宗、泰定帝、文宗、宁宗
明	太祖朱元璋、惠帝、成祖、仁宗、宣宗、英宗、景帝（代宗）、宪宗、孝宗、武宗、世宗、穆宗、思宗（愍帝）

乾隆在关于入祀标准的谕旨中既提到了“一统帝系”，帝王庙要体现“中华统绪，不绝如线”，又在给享殿题联中明确写道“治统溯钦承，法戒兼资，洵哉古可为鉴”，可知这是他对于历代“正统”，即新型政权合法权力来源的一次整体梳理。其中以蜀续汉，以五代后唐、后周续唐的旨意显豁。出于多民族融合的考虑，北方偏霸之主尚可入祀，却决不允许历史上任何偏安、割据之邦自立门户。这既是对于历代“正统”争议的一次总结，又何尝不是出于“《春秋》大一统”历史观念的考虑？

北京社科院《历代帝王庙保护利用评估报告》课题组曾以与太庙、孔庙并立而三的“皇家庙宇”定位历代帝王庙。[66] 窃以为并不确切。盖缘太庙为帝室之所祫，孔庙为儒学之所宗，历代帝王庙则为中华治权“正统”之所系，亦为其具象化标识。惟一的共同点，是他们都属于儒学系统。

此外东西庑配殿，还祀有经过乾隆钦定的历代功臣名将七十九位：

年代	东庑配祀名臣	西庑配祀名臣
三皇时代	风后、仓颉	力牧
五帝时代	夔、伯夷	皋陶、龙、伯益
商	伊尹、傅说	仲虺

周	召公奭、毕公高、召穆公虎、仲山甫	周公旦、太公望、吕侯、方叔、尹吉甫
西汉	张良、曹参、周勃、魏相	萧何、陈平、刘章、丙吉
东汉	邓禹、耿弇	冯异、马援
三国年代	诸葛亮	赵云
唐	房玄龄、李靖、宋璟、郭子仪、许远、李晟、裴度	杜如晦、狄仁杰、姚崇、张巡、李泌
辽		耶律赫噜(耶律曷鲁)
北宋	曹彬、李沆、王曾、富弼、文彦博	吕蒙正、寇准、范仲淹、韩琦、司马光
南宋	李纲、韩世忠、文天祥	赵鼎、岳飞
金	宗翰(黏没忽)	斡鲁、宗望(斡里不)
元	呼哩(木华黎)、布呼密(不忽木)	巴颜(伯颜)、托克托(脱脱)
明	徐达、常遇春、杨士奇、于谦、刘大夏	刘基、李文忠、杨荣、李贤

其中以国力孱弱之两宋入祀功臣名将最多，包括近年来备受争议的岳飞与文天祥。值得注意的是，三国蜀将中只有赵云，而无关、张。乍一看来似乎不可理喻，尤其是清代关羽地位极其崇高。历代帝王庙管理处作了这样一个附注说明："为突出三国时代的关羽地位，清代建有单独的关帝庙祭祀之。"位置就在帝王庙二门西跨北院之内。而张飞早有国家祭祀庙宇，故而不再列于陪祀。

据《历代帝王庙100问》说：

> 明代文献中没有发现有关关帝庙的记载，在《大清会典》中历代帝王庙图上有一处标明"关帝庙"三个字。《大清会典》是清代嘉庆年间编纂的书籍，据此推测，关帝庙至迟在乾隆末期似乎就有了，它有可能是乾隆帝或嘉庆帝建造的。[67]

此说也未必确切。万历初年开始编纂的《明会典》所附《今帝王庙图》中，二门外西跨院已经建有四座建筑物，与《大清会典》所指关庙所在地相合处正有一座，我疑心或者就是新建之关庙。按嘉靖由西南方位入嗣皇位，并按祖制把出生地锺祥升为承天府，荆州、当阳亦划入府治。关羽最初于当阳归天成神，也就顺理成章地替代永乐年间奉立的帝祚护佑神北方玄武（真武大帝），成为新的嘉靖一系帝祚保护神。后世名闻天下的正阳门西南偏小关庙，亦同时于嘉靖十年（1531）建成，不为无因。详细考辨留待后文，不赘。

《左传》兵法与讲史演义

《左氏传》在宋代还有一些相关可道之事。《宋史·儒林二·何涉传》载：

> （涉）所至多建学馆，劝诲诸生，从之游者甚众。虽在军中，亦尝为诸将讲《左氏春秋》，狄青之徒皆横经以听。

说来狄青（1008 ~ 1057）是北宋尤其难得的福将勇帅。他与吕蒙一样，都属于士卒出身，功至将帅的传奇性人物。《宋史》列传第四十九载，狄青字汉臣。汾州西河（今山西汾阳）人。行伍出身，善骑射。“临敌被发、带铜面具，出入贼中，皆披靡莫敢当。”却不肯除去年轻时触犯刑法脸上留下的黥记：

> 奋行伍，十余年而贵，是时面涅犹存。帝尝敕青傅药除字，青指其面曰：“陛下以功擢臣，不问门地，臣所以有今日，由此涅尔，臣愿留以劝军中，不敢奉诏。”[68]

曾在西夏前线征战多时，但是主要功绩是平侬智高时攻克昆仑关，其中混杂有关公崇拜的“神道设教”已见于前文论列。惟功高震主，以致仁宗忧虑，顾宰相曰：“速议赏，缓则不足以劝矣。”结果还是引发了猜忌。“青在枢密四年，每出，士卒辄指目以相矜夸。又言者以青家狗生角，且数有光怪，请出青于外，以保全之，不报。嘉祐中，京师大水，青避水，徙家相国寺，行止殿上，人情颇疑，乃罢青为同中书门下平章事，出判陈州。明年二月，疽发髭，卒。”[69]

值得一提的是，狄青是被庆历集团的尹洙首先发现转荐韩琦的，且“（范）仲淹以《左氏春秋》授之曰：‘将不知古今，匹夫勇尔。’青折节读书，悉通秦、汉以来将帅兵法，由是益知名。”推想何涉向“狄青之徒”讲的，应当就是《春秋左氏传》中的战例战法和奇妙的战争故事，这种方式至今尤为讲史演义者沿用。

又苏轼为司马光撰写的《行状》中说：

> 先生七岁时，凛然处成人。闻讲《左氏春秋》，爱之。退为家人讲，即了其大旨。[70]

亦此情景。朱熹也说：

> 看《春秋》，且须看得一部《左传》，首尾意思通贯，方能略见圣人笔削，与当时事之大义。[71]

也强调了《左氏传》的故事性。钱锺书则进一步指出：

> 《左传》记言，而实乃拟言、代言，谓是后世小说、院本对话、宾白之椎轮草创，未遽过也。[72]

这就不仅是历史实录，实际上是以《左传》为后世讲史演义、小说戏曲的滥觞。以此观之，三国故事为宋人讲史演义之始作俑者，或者换句话说，三国故事素以兵法战例擅长者而为听众喜爱，并非偶然。[73]

案《春秋左氏传》本为将帅必修之课。钱锺书尝言：“古之‘名将’而‘精通’《左氏传》者，梁章钜《退庵随笔》卷一三曾标举之，关羽、浑瑊、狄青等与焉。”[74]至于何以如此，钱氏亦有解释：

> 《新五代史·敬翔传》梁太祖问：“《春秋》所记何等事？”翔答：“诸侯战争之事耳。”又问：“其用兵之法，可以为吾用乎？”答：“兵者，应变出奇以取胜，《春秋》古法不可以用于今。”观《旧五代史·敬翔传》末附注言其“应《三传》数举不第，发愤”投笔，则其对梁祖语，或犹存余愤，乃已噎而劝人废食欤？后世言兵者称述左氏不衰；颜季亨《九十九筹》卷一〇《战律〈春秋〉》叹“《春秋》，兵法之圣也”，即以孙、吴等兵法诠《左传》；明陈禹谟撰《左氏兵略》，清魏禧《魏叔子文集》卷二有《春秋战论》一〇首，谓“左氏之兵”为“谋三十有二”，“法二十有二’焉。”[75]

钱氏且谓《春秋》所言兵事甚多。如言兵战之“诈敌”（可参观该书之《左传正义》一五“僖公二十二年”）；言“治兵”（参观一八“僖公二十七年”）；言“战亦戏也”（一九“僖公二十八年”）；言“先发制人”（二二“文公七年”）；言“两强相遇勇者胜”（四一“襄公二十五年（一）”）诸节。

《三国志·关羽传》裴注“羽好《左氏传》，讽诵略上口”，又见《吴书·鲁肃传》注引《江表传》，乃吕蒙向鲁肃所说：“斯人（羽）长而好学，读《左传》略皆上口。”两则均出于吴人记载，值得注意。此乃强调关羽好兵法谋略，非如后世文人理解为“知尊王，《春秋》大义”也。例证即是吕蒙也好读《春秋》，却为江东割据而掩袭关羽。而关羽之尽弃前功，兵败身死，亦因低估“吴下旧阿蒙”彼时亦在钻研包括《左传》在内的兵书故也。

由此看来，熙宁王学号称“富国强兵”之策，却黜去《春秋》，是一个重大失误，以致宣和、靖康之际主持朝政者徒知张皇，举对失措，远无统观料敌之长策，近乏临机应变之权智，终致覆亡的教训；与南渡之后，文臣武帅争讲《春秋》的原因，于经史两学之外，尚有别解。后来胡三省注《通鉴》总结历朝亡国教训时，就特别谈到用兵之道在于谋，“是知徒勇而无谋者，无益于成败之数也。”[76]作为儒士的史家，有鉴于亡国破家的切肤之痛，也终于注意到一再被他们鄙为“诡道也”的兵家者言。这算是对中唐以来文武纷争，或有宋以来的右文轻武的现象作了一个小结；也从理学的角度，为后世讲史演义推崇将帅谋略开了绿灯。此节与讲史演义的勃兴和发展关系颇大，幸望读者留意。

注释：

［1］四库本苏辙《苏氏春秋集解·自序》。

［2］《孟子·滕文公·章句下》。

［3］《春秋》三传指历史上鲁人左丘明编著的《左氏传》；鲁人谷梁子编著的《谷梁传》和齐人公羊子编著的《公羊传》，都是传注孔子《春秋》一书的，但侧重点及解释各有不同，因此各擅一时。此为专学，故不赘言。《管锥编》一语点破，

以为《春秋》经之于传，“尤类今世报纸新闻标题之于报道。苟不见报道，则只睹标题造语之繁简、选字之难易，充量更可睹词气之为‘惩’为‘劝’，如是而已。”（第162页）

［4］《三国志·蜀书·关羽传》注引《江表传》。

［5］吴充《欧阳公行状》言欧阳修“笃于朋友，尹师鲁、梅圣俞、孙明复皆贫甚，既卒，公力为经纪其家，表其孤于朝，悉录于官。”（《欧阳修全集》附录一，第1337页）

［6］“与时消息”出于《易·丰》：“日中则昃，月盈则食，天地盈虚，与时消息，而况于人乎！况于鬼神乎！”而“与时偕行”在《易》中出现两次：一次《乾传》：“‘终日乾乾’，与时偕行。”另一次《咸传》：“损益盈虚，与时偕行”。孔颖达疏云：“生物不息，言‘与时偕行’也。偕，俱也。诸儒以为建辰之月，万物生长，不有止息，与天时而俱行。……同于天时生物不息，故言‘与时偕行’也。”（《周易正义》卷一）

［7］《管锥编》第一册，第161页。

［8］唐庚（1071～1121）《唐子西文录》言：“苏黄门云：‘人生逐日，胸次须出一好议论。若饱食暖衣，惟利欲是念，何以自别于禽兽？予归蜀，当杜门著书，不令废日，只效温公《通鉴》样，作议论商略古人，岁久成书，自足垂世也。’”唐为眉州同乡，曾亲炙苏氏之门，可知苏轼晚年亦艳羡司马光著史之功。

［9］《新五代史》卷二《梁本纪·太祖下》。

［10］《隋唐制度渊源论略稿·兵制章》。

［11］《陈垣明季滇黔佛教考序》，载《金明馆丛稿二编》。

［12］这也是最早为“借荆州”翻案的书。唐庚以为“汉时荆州之地为郡者七，刘表之殁，南阳入于中原，而荆州独有南郡、江夏、武陵、长沙、桂阳、零陵。备之南奔，刘琦以江夏从之，其后四郡相继归附，于是备有武陵、长沙、桂阳、零陵之地。曹仁既退，关羽、周瑜错处南郡，而备领荆州牧，居公安，则六郡之地，备已悉据之矣。其所以云‘借’者，犹韩信之言‘假’也，虽欲不与，得乎？鲁肃之议，正合良平蹑足之几，而周瑜独以为不然。屡胜之家，果不可与料敌哉。”（《三国杂事》卷一）

［13］此节情况，笔者在《“说三分”与关羽崇拜：以苏轼为例》中曾有分证，故不赘。

［14］饶宗颐收集了中国历代关于正统问题论争的许多资料，结讼最多的就是三国正统问题，可以参看。该书小引作于1976年。上海远东出版社辑入“学术集林丛书”，1996年出版。

[15]《管锥编》第四册，中华书局 1980 年版，第 1240 ~ 1242 页。

[16]习凿齿是荆楚人，或许是他拥戴刘蜀的原因。

[17]《朱子语类》卷一百三十六《历代三》。

[18]潘永因《宋稗类钞·搜遗》，第 786 页。文中的“舒王”亦指王安石，“肃王”则指完颜宗望。

[19]丛书集成本《建炎以来系年要录》三，中华书局重印本，第 350 页。

[20]《史记·太史公自序》。

[21]《宋史·胡安国传》。

[22]《宋论》卷十一。

[23]胡安国惟与秦桧交厚，为其一玷，故曾受到主战派张浚等人的攻击。王夫之辨析曰：“尝读《胡氏春秋传》而有憾焉……顾抑思之，夷不攘，则王不可得而尊。王之尊，非唯诺趋伏之能尊；夷之攘，非一身两臂之可攘。师之武，臣之力，上所知，上所任者也。而胡氏之说经也，于公子翚之伐郑，公子庆父之伐于余邱，两发‘兵权不可假人’之说。……唯胡氏之言如此，故与秦桧贤奸回异，而以志合相奖。非知人之明不至也，其所执以为道者非也。”（《宋论》卷十，第 184 页）

[24]《鹤林玉露》，中华书局排印本，第 70 页。按罗大经字景纶，庐陵（今江西吉水县）人，生平不详，亦未被列入《宋史·道学传》或《宋元学案》中。但其书流行颇广，远达日本。明人孙矿题识谓“景纶盖积学好修之士，诗文卷欧苏，议论依程朱，而其笔力足以发之。所记述大约劲快，可人意。第十三卷内熙宁、绍兴士大夫肺肠骨髓之说，尤为中的。”叶廷秀言“其言以紫阳为鹄，学术治道多有发明，而不离王道。”而清代《四库全书总目提要》则说“大抵本文章之士而兼慕道学之名，故每持两端，不能归一。然要其大旨，固不谬于圣贤也。”（均载中华书局校点本附录）可知明清理学对他的认同。

[25]《三朝北盟会编》卷一百十四上。

[26]元人修撰《宋史》已列若干，赵翼《廿二史札记》卷二十九“《元史》补见夏金宋殉节诸臣”条（《校证》下册第 663~666 页）又补订了宋金守土殉难的将帅城守名录，可知南宋末年将士死节之多。且不说隋唐五代亡国时守将的望风而降，即与北宋相比，也不啻云泥天壤。

[27]《通书》。

[28]文秉《烈皇小识》卷八。上海书店复印本第 228 页。按文秉字荪符，长洲（今江苏苏州市）人，为东林人士文震孟子，文征明玄孙。崇祯甲申国变后隐居竹坞，乃搜讨思陵遗事，用编年体裁辑成此书。所记崇祯一代史事，于当日谏台奏疏采录

颇备。著有《先拨志始》六卷、《烈皇小识》四卷、《定陵注略》等。

[29]《朱子语类》卷八十三《春秋·纲领》。

[30]分别载《朱子文集》卷三七《答尤延之》、卷三五《答刘子澄》、卷二五《答张敬夫》。

[31]胡三省与文天祥、陆秀夫、黄震为宝祐四年（1256）同榜进士。其父胡钥亦曾专意于史注。

[32]《困学纪闻》卷六《春秋》。按此数例俱见《春秋》。《桓公二年》："公会齐侯、陈侯、郑伯于稷以成宋乱。"《襄公三十年》："五月甲午，宋灾，伯姬卒。天王杀其弟年夫。王子瑕奔晋。"《僖公八年》："秋七月，禘于太庙，用致夫人。"《庄公九年》："春，齐人杀无知。公及齐大夫盟于暨。"《公》《谷》两传对这些记载的解释各有不同。这几个例子与南宋末年韩侂胄、史弥远、贾似道相继威福乱政，谢太后被俘无踪，城阙宫室焚毁殆尽的情况不无相似。

[33]《通鉴答问》卷二《陈胜、吴广起兵于蕲》。

[34]《困学纪闻》卷七《孟子》。林少颖，字之奇，侯官（今属福建福州市）人，绍兴进士，为校书郎。《宋史·艺文志》著录其《观澜文集》六十三卷。唐仲友字与政，淳熙间任台州太守，因与朱熹纷争而为后世理学排斥。著有《诗解钞》《经义考》等，又《帝王经世图谱》辑入《四库全书》。《邓广铭全集》有《悦斋唐仲友生卒年份考》。

[35]《新注资治通鉴序》。

[36]参《黄氏日钞》卷七。

[37]《春秋繁露》卷二《竹林第三》。

[38]其中"正月"所以系于"人事类"，是与上古新朝制历有权选择一年之始攸关。上古三代不仅历法不同，一年初始的正月也各不同。依《史记》记载，颛顼帝和夏代都以孟春正月为元，即使用建寅，故改朝即须改历，如夏历以农历正月初一为元旦；殷历建丑，以农历十二月初为元旦；周历建子，以农历十一月初一为元旦；秦历建亥，以农历十月初一为元旦；汉武帝太初元年（前104）改用司马迁、洛下闳创制的太初历，又重新使用建寅夏历，以农历正月初一为元旦。以后除王莽和魏明帝一度改用建丑的殷历，唐武后和肃宗时改用建子的周历外，随着天文学的发展，历算日益精微，随朝更易变动历法显然不智，故以后各朝代又重新回复到符合四季规律的夏历，直至清朝末年，故至今"农历"犹称"夏历"。由于不再变更历法，所以"五行"作为"正朔"的一个别枝在宋后被突出出来。另话不提。

[39]《艺文类聚》岁时下，第97页。上海古籍出版社，1982年版。

[40]陈立《公羊义疏》第二册，商务印书馆"国学基本丛书"本，第17页。

［41］《汉书》卷五十六《董仲舒传》引董应汉武帝举“贤良”之策对。

［42］《春秋繁露》卷一《玉杯第二》。

［43］《汉书》卷七十二《王贡两龚鲍传》。又本题写作时曾参考过署为“东京买饼生”之《“大一统”简释》，原载《西湖评论》第171期。

［44］《朱子语类》卷八十三《春秋》。

［45］《管锥编》第一册，第215页。

［46］《孟子·滕文公上》：“吾闻用夏变夷者，未闻变于夷者也。”虽然不无“先进文化”的优越感，但最早提出了多民族共处及文化融合的概念，这为汉末何休《春秋公羊解诂》解释“夷狄而进于中国者，则中国之”的民族融合理念提供了理论支持。也成为元儒立论的基本立场。

［47］《管锥编》第四册，第1488页。

［48］郝经《陵川文集》卷三二。

［49］同上卷三七，《与宋国两淮制置使书》。

［50］《鲁斋遗书·语录上》。同时之刘静修《咏史》云：“纪录纷纷已失真，语言轻重在词臣。若将字字论心术，恐有无穷受屈人。”也反对用《春秋》义法对此易代大事的个人行为作一字褒贬，而强调“心术”之可用。

［51］《鲁斋遗书》之《〈中庸〉直解》。

［52］《鲁斋遗书》卷一一《病中杂言》。

［53］《鲁斋遗书》之《时务五事》。

［54］《春秋阙疑》卷八。

［55］《春秋阙疑》卷二三。

［56］《春秋金锁匙》。又《管锥编》曾引唐人皇甫湜文说此节，参第四册，第1488页。

［57］柳永描写杭州风景的一首词《望海潮》有“有三秋桂子，十里荷花”之句，相传金主完颜亮看了这首词，遂生南侵的野心。见《鹤林玉露》卷一。

［58］明初永乐等朝一直受到蒙古人的威胁，最有名的事件是明英宗率五十万大军亲征瓦剌，被俘于土木堡（今河北怀来县东），史称“土木堡之变”（1449）。随即蒙古军队兵临北京，于谦等誓死守城的事件。从历史上看，蒙古人也是“抚有华夏”之后惟一全身而退，仍然长时期保持着自己民族特性的少数民族。

［59］《日本学者研究中国史论著选译》，中华书局1992年出版。第一卷，第61页注67。

［60］《大学衍义补》卷三十四、“漕挽之宜”下条。桑原原注说：“所谓‘哀

丐于叛臣，仅得十有余万石’，“哀丐于叛臣”指元廷不得不“怀柔”盘踞江浙的张士诚，每年求其海运十余万石之事。但张士诚的海运到至正二十四年（1364）以后亦全部断绝，朱元璋即自立吴王，1368年称帝改元。

［61］1853年6月10日，马克思在一篇给《纽约每日论坛报》（6月25日3804号发表）写的时评《不列颠在印度的统治》中，提出了一个远非深思熟虑的观点：“在亚洲，从很古的时候起一般来说只有三个政府部门：财政部门，或对内进行掠夺的部门；军事部门，或对外进行掠夺的部门；最后是公共工程部门。气候和土地条件，特别是从撒哈拉经过阿拉伯、波斯、印度和鞑靼区直至最高的亚洲高原的一片广大的沙漠地带，使利用渠道和水利工程的人工灌溉设施成了东方农业的基础……节省用水和共同用水是基本的要求，这种要求，在西方，例如在弗兰德斯和意大利，曾使私人企业家结成自愿的联合；但是在东方，由于文明程度太低，幅员太大，不能产生自愿的联合，所以就迫切需要中央集权的政府来干预。因此亚洲的一切政府都不能不执行一种经济职能，即举办公共工程的职能。”（《马克思恩格斯全集》第九卷，北京：人民出版社版，第145～146页）以现代常识而言，这段话的论据和论证都经不起检验。比如东方政府制度相当繁杂，远非三个只负“掠夺”之责的部门；比如撒哈拉到青藏高原不是同一气候地质季风带，形成沙漠的原因也各不相同；比如东方的文明发展程度并不“太低”，尤其是和农耕时代的“西方”相比，等等。百余年后德裔美籍学者卡尔·魏特夫（Karl A. Wittfogel）摭拾此说，加以引申发挥，在所著《东方专制主义——对集权力量的比较研究》（徐式谷等译，中国社会科学出版社1989年版）中断言“东方专制主义”源自“水文化”，在90年代初期的中国史学界引起极大的兴趣、应合和讨论。（参李祖德、陈启能著《评魏特夫的〈东方专制主义〉》，中国社会科学出版社1997年12月版）可以参看。近年韩国学者宋荣培博士致力此问题，并在《儒家思想、儒家式的社会结构与马克思主义的中国化》（http://www.confucius2000.com/Confucian/songrujia.htm）中对上述说法进行了全面质疑，我以为很有道理。但不仅要考虑到“全流域治理”的管理需要，即中央集权和“大一统”，亦应包含续后的“内陆及海运漕运支持体制”，即中国社会的商业化规模及进程。这是一个相关而内容更加庞杂的专门问题。前辈学者多有论列，如史念海《中国的运河》，许辉《唐宋运河论述》、何荣昌《唐宋运河与江南社会经济的发展》、朱瑞熙的《大运河和唐宋帝国的统一》等专著专论亦对运河漕运与政治、经济、社会发展关系论述详赡，自可参考。略带一笔以示关注，不枝蔓。

［62］明代历代帝王庙祭祀诸主及典仪，可参《明史》志二六《礼四（吉礼四）》

“历代帝王陵庙”。

［63］《清史稿》志五十九《礼三（吉礼三）》。

［64］《清史稿》志五十九《礼三（吉礼三）》。

［65］北京历代帝王庙管理处编写《历代帝王庙100问》（香港国际出版社，2004年3月出版，第52～55页）及说明书，均承该书主编、管理处主任吉晓星持赠，谨致谢意。

［66］《历代帝王庙100问》第2～3页。又该书复自设疑：“南京历代帝王庙设有帝王塑像，而历代帝王庙不设塑像，只立牌位。为何有此变异呢？目前对此缺少研究。”（第18页）其实儒家祀典向来只设牌位，太庙、孔庙以及嘉靖所建天地日月坛无不如是。元时佛教像设泛滥，故朱元璋初立各省城隍皆有塑像，寻亦毁像设位。后文《护国佑民》将有举证。又涉及庙址选择问题（第19页），则应当考虑嘉靖时容纳三教的政策。按阜成门（元称平则门）内大街到自西迤东西四，元明时已相继建有三座佛道著名庙观。旧时北京儿歌言：“平则门，拉大弓，过去就是朝天宫；朝天宫，写大字，过去就是白塔寺；白塔寺，挂红袍，过去就是马市桥；马市桥，跳三跳，过去就是帝王庙；帝王庙，绕葫芦，隔壁就是四牌楼；四牌楼东，四牌楼西，四牌楼底下卖估衣”云云，即是说此。其中朝天宫建于明宣德七年（1432）为道教宫观，因雷击焚于天启六年（1626），民国时鲁迅曾住宫门口二条（今为北京鲁迅博物馆），即其原址仪门外。白塔寺、妙应寺，建于忽必烈至元八年（1217）为藏传密教寺院，历代帝王庙为儒家祭殿，广济寺（建于金元，明代天顺元年即1457年重建，今为中国佛教协会所在地）则为汉传佛教庙宇。长约一公里的大街上寺观庙宇如此密集，也是京师一大特殊景观。

［67］《历代帝王庙100问》，第159~160页。

［68］据委心子《新编分门古今类事》第五卷《异兆门下》“狄公默祝”引苏轼所记载，狄青本农家子，年轻时其兄与乡人号“铁罗汉”者斗殴至溺杀之，他自愿代兄受过。后被“逮罪人京，窜名赤籍”，开始军旅生涯的。

［69］又狄青生平的传奇性及其“临敌被发、带铜面具”的特点，亦为戏曲小说关注。后世戏剧有元·无名氏《衣袄车》（一作《复夺衣袄车》）、豫剧《烈火旗》、粤剧《狄青闯三关》、潮剧《八宝与狄青》、台湾乱弹戏《狄青斩蛟龙》《狄青平西辽》等。小说则有《狄青演义》、清人李雨堂《万花楼（狄青初传）》《五虎征西传（狄青前传）》《五虎平南传（狄青后传）》等。又司马光《涑水纪闻》载，侬智高攻广州，“使勇士数十人，以青黛涂面，跳跃上岸，广州兵皆奔溃。”（第258页）则狄青之“临敌被发、带铜面具”，或亦有“以傩制傩”的心理威慑功用。

[70]《苏文正公集》卷三十六《司马温公行状》。

[71]《朱子语类》卷八十三《春秋》。

[72]《管锥编》第一册，第162页。

[73]可参拙作《“说三分”与关羽崇拜：以苏轼为例》，论及三国故事在北宋的流传，以及宋代说话与讲史演义的演变等事，可与本文互相参证。原载卢晓衡主编《关羽、关公和关圣》（中国社科文献出版社2002年）。

[74]《管锥篇》第五册，第32页。

[75]《管锥编》第一册，第355～356页。

[76]《资治通鉴》卷一〇五注语。

第六章

“神道设教”与理学确立

神道设教

“澶渊之盟”是北宋武力收复五代以来北方失地的最后一次认真努力。这次战役虽然以小胜结束，但最终订立的盟约，却是宋廷每年向辽输纳白银十万两，绢二十万匹，名副其实地“化干戈为玉帛”。古云：“天子之事，惟祀与戎。”既然戎事不行，精力自然转向“祀”来。和议成立后，“上（宋真宗）既罢兵，垂意典礼”，[1]也是“偃武修文”的意思，倒也和太祖、太宗的政策相距不远。但对于宋真宗而言，“澶渊之盟”的输款结好，无论如何唤不起踵武汉唐的感觉来。既欲彰显盛世、则无论远述秦皇汉武，近譬唐代玄宗，致力祀事都是标明盛世、点缀太平之一大景观。《续资治通鉴长编》景德四年（1007）十一月条记载说，殿中侍御史赵湘曾上言请封禅，真宗不答。王旦等奏：“封禅之礼，旷废已久，若非圣朝承平，岂能振举？”真宗也表示“朕之不德，安敢轻议”？[2]但他的内心总有一点不甘：既不能收复燕云失地，建立祖宗梦寐以求的功业，又想当盛世的明君圣主。这种两难情结被聪明透顶的王钦若捕捉到了：

> 契丹既受盟，寇准以为功，有自得之色，真宗亦自得也。王钦若忌准，欲倾之，从容言曰：“此《春秋》城下之盟也，诸侯犹耻之，

而陛下以为功，臣窃不取。”帝愀然曰：“为之奈何？”钦若度帝厌兵，即谬曰：“陛下以兵取幽燕，乃可涤耻。”帝曰：“河朔生灵始免兵革，朕安能为此？可思其次。”钦若曰：“惟有封禅泰山，可以镇服四海，夸示外国。然自古封禅，当得天瑞，希世绝伦之事，然后可尔。”既而又曰：“天瑞安可必得？前代盖有以人力为之者，惟人主深信而崇之，以明示天下，则与天瑞无异也。”……帝犹尤豫，莫与筹之者。会幸秘阁，骤问杜镐曰：“古所谓河出图、洛出书，果何事耶？”镐老儒，不测其旨，漫应之曰：“此圣人以神道设教尔。”帝由此意决。[3]

“以神道设教尔！”一语道破天机。紧接着降神、天书、封禅、祥瑞等事也次第展开。“天书降神”的整个过程，《宋史·礼七（吉礼七）》中有比较详细的记述，笔者另有《“天书降神”新议——北宋与契丹的文化竞争》[4]，可以参看。

按“神道设教”之说，始于《易·观·彖》：

圣人以神道设教，而天下服矣。

钱锺书《管锥编》释《易·观·彖》，曾以大段篇幅论说“神道设教”，指出鬼神之教最初出于禁忌避讳，亦是宗教和礼法的萌芽：

按《礼记·祭义》：“因物之精，制物之极，明命鬼神，以为黔首则，百众以畏，万民以服。”可申说此二句，古人政理之要言也……盖世俗之避忌禁讳（taboos），宗教之命脉系焉，礼法之萌芽茁焉［Freud, *Totem und Tabu*，2，Aufl.，26（Gese-tzeskodex），91（Gewissen）］，未可卑为不足道也。李商隐《过故崔兖海宅》：“莫凭无鬼论，终负托孤心。”道出“神道设教”之旨，词人一联足抵论士百数千言。[5]

“神道设教”还是一把双刃剑，不仅用来辖制百姓，亦且可以警示君王，这也是理学政治文化设计的一个关键。宋真宗君臣虽然借用过这个口号，但未必具有这样完整的自觉。恰恰是在南宋明清的儒臣中，“神道设教”才逐渐发展完善起来的。钱锺书复言：

夫设教济政法之穷，明鬼为官吏之佐，乃愚民以治民之一道……于是赏罚之柄，乃移之冥漠之中，而蚩蚩之氓，其畏王鈇，不如其为鬼责矣。乃世之君子，犹有所取焉，以辅王政之穷。今日所传地狱之说、感应之书，皆苗民诅盟之余习也……王政行乎上，而人自不复有求于神，故曰："有道之世，其鬼不神。"华、陆、顾、文论神道，树义别于二魏。二魏为治人者言，法令之力所不逮，得宗教以裁约之；华、陆、顾、文抉剔治于人者之衷心，遭荼毒而不获申于人世，乃祷诸鬼神以冀疾苦之或苏。[6]

可见这个设计一直贯彻到清朝，都没有大的改变。后世批评者或谓之中国特有的"愚民政策"，毋宁说这种"宗教—法律"混合的现象是人类历史必经之阶段之一。即如欧洲人文发轫地之古希腊、倡导科学文艺复兴之意大利、以启蒙运动对抗神学的法国，或者以实用理性著称的英国，也无不具有"神道设教"的类似设计。[7]至今西人法庭宣誓犹手按《圣经》，口称上帝（God），用以约制"自由心证"的率意性，[8]亦中世纪"神道设教"（法律学术语称为"神誓"或"神示证据制度"）之遗意耳。

儒学宗教化

宋代优礼文官，不但言论相对宽松，而且有一套福利制度作为保障，特有的祠禄制度即其一端。当然这也是造成冗官现象的原因之一，所以招致的批评声音一直未断。[9]

设置祠禄制度的原因，《宋史·职官十（杂制）》说是"佚老优贤"，或者多领一份闲俸，或者为官员退养闲职：

大抵祠馆之设，均为佚老优贤，而有内外之别：京祠以前宰相、见任使相充使，次充提举，余则为提点，为主管，皆随官之高下，处以外祠。选人为监岳庙，非自陈而朝廷特差者，如黜降之例。

在京宫观，旧制以宰相、执政充使，或丞、郎、学士以上充副使，两省或五品以上为判官，内侍官或诸司使、副政和改武臣官制，以使为大夫，以副使为郎。为都监，又有提举、提点、主管。其戚里、近属及前宰执留京师者，多除宫观，以示优礼。时朝廷方经理时政，患疲老不任事者废职，欲悉罢之。乃使任宫观，以食其禄。

鉴于真宗朝祠禄之职都是现任实权官员兼领，我疑心这套制度建立的初衷，其实是为了收买官僚队伍，以取得他们对于“天书降神”的必要支持。《续资治通鉴长编》卷六七记载真宗曾向宰相王旦行贿一坛珍珠，即是著名的例证之一。赵翼就认为：

自真宗置玉清昭应宫使，以王旦为之。后旦以病致仕，乃命以太尉领玉清昭应宫使，给宰相半俸。祠禄自此始也。[10]

皇帝贿赂百官的事情，在中国历史上并不多见。《邵氏闻见录》卷一记载赵匡胤使曹彬伐江南，许诺“功成以使相为赏”。后来后悔，“密赐钱五十万。彬怏怏而退，至家，见钱布满室，乃叹曰：‘好官亦不过多得钱耳，何必使相也。’”宋代以政变开国，奉行稳定过渡的方针，并且接受晚唐五代教训，强调以文官辖制武帅，所以对于文士相当优容。无论是“半部《论语》治天下”的传说，还是“宰相须用读书人”的记述，甚至誓碑“不得杀士大夫，及上书言事人”的美谈，[11]都意图证实宋初君明臣贤、雍雍穆穆的太平景象。文彦博也以为宋代体制是“为与士大夫治天下，非与百姓治天下也”。[12]这决定了真宗不会在文官中采用强迫方式推行他的新设计。另一方面，经过中晚唐激烈的“三教论衡”和社会变革，“不语怪力乱神”的儒家抵制佛道、兼攻二氏的立场虽然有所缓和，但毕竟还没有退让到公然相信“降神”，崇奉“天书”的程度。这就决定了宋真宗的策略是“收买”而非“压服”。上下官员接受了祠禄宫观的职务和薪俸，也就意味着接受了“神道设教”的体制。作为平息反对意见，顺利推行新政策的必要成本，还是划算的。好在他刚刚裁减下一大批职务空额，不必顾忌财政上有无裕余。[13]

赵翼谓：“在京有玉清昭应宫、景灵宫、会灵观、祥源观等，以宰相执政充使。丞郎学士充副使，庶僚充判官，都监、提举、提点等各食其禄。初设时员数甚少，后以优礼大臣之老而罢职者，日渐增多。”[14]如《宋史·职官志十》载“元丰中王安石以左仆射、观文殿大学士为集禧观使；吕公著、韩维以资政殿学士兼侍读，仍提举中太一宫兼集禧观公事。元祐间冯京以观文殿学士、梁焘以资政殿学士为中太一宫、醴泉观使。范镇落致仕，以端明殿学士提举中太一宫兼集禧观公事”，都是油水颇厚的兼差。蔡京柄政时尤其注意提高官员工资福利，以牢笼官吏，收邀人心，这对官员日常补贴也确实起到了功用。朱弁《曲洧旧闻》卷六说：

蔡京丰吏禄以示恩，虽闲局亦例增俸入。张天觉作相，悉行裁减。邹浩以宫祠里居，月所得亦去其半。尝谓晁检讨曰："天觉此事，吾侪无异词。但当贫屡之际，不能不怅然。"乃知天下喻义者少。[15]

最后一句委婉地批评连邹浩这样的元祐党人，在高福利政策面前也难免气短，变成"小人喻于利"了。

用大臣权知祠禄之责，本源于"唐天宝七载，以给事中杨钊充九成宫使"，五代因之。宋真宗则以之为常差，以应付纷至沓来的降神、天书和封祀等职事。开始也许是权宜之策，但后来事情又起了变化。熙宁变法时，精明的王安石开始考虑用这些职务来安置反对派，"欲以此处异议者，遂诏：'宫观毋限员。并差知州资序人。以三十月为任。'"[16]但已非"优礼"，而是贬黜："大抵宫观非自陈而朝廷特差者，如降黜之例。"[17]王安石变法时期为此下过一系列的诏书，使它形成了一个特殊的职级序列。先是，"宫观毋限员。并差知州资序人。以三十月为任。"并特别指定："杭州洞霄宫、亳州明道宫、华州云台观、建州武夷观、台州崇道观、成都玉局观、建昌军仙都观、江州太平观、洪州玉隆观、五岳庙自今并依嵩山崇福宫、舒州灵仙观置管干或提举、提点官。"级别则比照同级官员降一级使用：

奉给，大两省、卿、监及职司资序人视小郡知州，知州资序人视小郡通判，武臣仿此。

这无疑壮大了冗官的队伍。不但没有裁减冗员，反而膨胀起来。正因为这一系列职务充当着波涛汹涌党争之"泄洪区"的作用，所以朝政越是反复，它的领域越在扩大。

赵构"泥马渡江"以后，一度颠沛流离，居无定所，宫观亦不复置，只保留醴泉观使、万寿宫使及佑圣观[18]使三种宫观使。但由于旧京官员随即南渡，夹屁股追了过来，祠禄制度遂欲罢不能，成为官员退养福利一个甩不掉的大包袱，而与两宋官制共相始终：

绍兴时，士大夫多流离，困厄之余，未有阙以处之。于是许以承务郎以上权差宫观一次，续又有选人在部无阙可入与破格岳庙者，亦有以宰执恩例陈乞而与之者，月破供给。非责降官并月破供给，依资序降二等支。理为资任，意至厚也。[19]

但是越到后来，这种恩赏优秩就越像是办干休所了。开始六十岁是个坎儿，后来则八十才是坎儿了：

旧制，六十以上知州资序人，本部长官体量精神不致昏昧堪厘务者，许差一任，兼用执政官陈乞者加一任。绍兴二十二年，臣僚言："郡守之职，其任至重，昨朝廷以年及七十，令吏部与自陈宫观，乞将前项指挥永为著令。"从之。盖不当请而请，则冗琐者流竞窃优闲廪稍；或当请而不请，则知进而不知退，识者羞焉。……绍熙五年庆寿赦，应文武臣宫观、岳庙已满，不应再陈者，该今来庆寿恩，年八十以上，特许更陈一次。京官以上二年，选人三年，凡待庶僚者，皆于优厚之中寓闲制之意焉。[20]

故陆游《七十一翁吟》有言：

七十一翁心事阑，坐叨祠禄养衰残。樽中无酒但清坐，架上有书犹纵观。吏部齿摇心怅望，将军髀满泪丸澜。客来共饭增羞涩，小摘山蔬不掩盘。

宫观祠庙的建筑耗费人力财力无数，也是后世批评的焦点。[21]倒是范仲淹发表过一个特殊的观点，后来因为美国经济大萧条时罗斯福1932年"百日新政"名噪一时，叫做"以工代赈"。《鹤林玉露》卷之三甲编《救荒》言：

皇祐间，吴中大饥。范文正公领浙西，乃纵民竞渡，与僚佐日出燕湖上，谕诸寺以荒岁价廉，可大兴土木。于是，诸寺工作鼎新。又新仓廒吏舍，日役千夫。监司劾奏杭州不恤荒政，游宴兴作，伤财劳民。公乃条奏所以如此，正欲发有余之财以惠贫者，使工技佣力之人，皆得仰食于公私，不至转徙填壑。荒政之施，莫此为大。是岁，惟杭饥而不害。近时莆阳一寺，规建大塔，工费巨万。或告侍郎陈正仲曰："当此荒岁，寺僧剥敛民财，兴无益之土木，公为此邦之望，盍白郡禁止之！"正仲笑曰："子过矣！建塔之役，寺僧能自为之乎？莫非佣此邦之人为之也。敛之于富厚之家，散之于贫窭之辈，是小民藉此以得食，而赢得一塔耳。当此荒岁，惟恐僧之不为塔也，子乃欲禁之乎？"

可惜的是，这么超前的经济手段，只有部分用来修筑公共工程，而大部耗费于寺庙宫观"无益之土木"。但也从另一方面证实着两宋宗教经济实力的雄厚。

那么，宋代花费如此巨大的财力物力，建立祠禄制度目的究竟何在？仅仅是为了贿买百官、优容秩老吗？我怀疑它的续后发展，越来越像是与佛道两教之外，别建一套以儒学为中心的祭祀体系，悄悄开始了“儒学宗教化”，或者“儒学道教化”的进程。

卿希泰《中国道教史》曾言：

> 北宋王朝修建宫观，主要是为了令道士进行为国祈祷醮谢等宗教活动。[22]

其实不确。从宋真宗大中祥符八年（1015）“置清、卫二指挥奉宫观”，到宋仁宗天圣元年（1023）“减玉清昭应宫、景灵宫、会灵观、祥源观清、卫卒以分配诸军，其工役送八作司；兖州景灵宫、太极观清、卫准此”，[23]看来，最初在宫观担任杂役的，并非束发道人，而是军营兵士和御作工匠。仪典也是佛道混合的。

宋代的道教和佛教事务，先由太常寺掌管，后归鸿胪寺，在制度上与文官儒臣的祠禄制度也有清晰的区分：

> 中太一宫、建隆观等各置提点所，掌殿宇斋宫、器用仪物、陈设钱币之事。在京寺务司及提点所，掌诸寺葺治之事。传法院，掌译经润文。左、右街僧录司，掌寺院僧尼帐籍及僧官补授之事。[24]

“儒学宗教化”最突出的表现，首先便是基于儒学的祖先崇拜，把皇室祖宗提升、放大成为国家祭祀的主要场所。没有一个朝代像宋代这样对自己的世祚延永如此操心。宋真宗先后修造了供奉“圣祖”的景灵宫[25]、用以供奉预言赵宋国祚延永“天书”的元符观[26]、供奉太祖出生处灵迹的祥源观（后为醴泉观）[27]、会灵观（后为集禧观）[28]等。而宋徽宗建神霄玉清宫，也是因为其还在藩邸时即自称梦见老君面谕“汝以宿命，当兴吾教”。政和三年（1113）十一月，又宣称他看见玉津园东有天神降临。[29]目的都是托名以重申天佑宋室，自我作神。

这里面还各自揣着小算盘。如“斧声烛影”之后，国祚可疑地落在了二房赵光义及其后代手中。“靖康耻”以后，这一房的嫡系子孙又可耻地被金人统统俘虏到了北方。[30]惟有康王赵构匹马过江，登基为帝，可惜一直生不出血胤子孙，只好把皇位传给了大房赵匡胤之七世孙赵昚即宋孝宗。[31]

但赵昚又在潜邸创建佑圣观，作为护佑长房一系帝位传承的保障，只是再不供奉“黑杀神”。据载：

佑圣观，孝宗旧邸也……淳熙三年建，以奉佑圣真武灵应真君，十二月落成。或曰真武像，盖肖上御容也。[32]

据《宋史·孝宗本纪》载：自佑圣观落成以后，孝宗几乎每年都要前往参拜一次。皇室延祚奉祀的主神，就这样悄悄发生了变化。宁宗又于嘉定二年（1209）颁布《诰词》以宣扬其神威，并特封为“北极佑圣助顺真武灵应福德真君”。《梦粱录》卷二载三月三日为北极佑圣真君圣诞之日：

佑圣观侍奉香火，其观系属御前去处，内侍提举观中事务，当日降赐御香，修崇醮录。午时朝贺，排列威仪，奏天乐于墀下，羽流整肃，谨朝谒于陛前，吟咏洞章陈礼。士庶烧香，纷集殿庭。诸宫道宇，俱设醮事，上祈国泰，下保民安。

另话不表。另据徐松《宋会要辑稿补编》，玉清昭应宫是一个混杂儒道的供祀体，既要顾全赵恒所述“降神”的细节，又要建构出一个国家祭祀体系。于是丁谓、李宗谔等几经“详定”，在正殿三前殿依次供奉玉皇、圣祖和紫微二十八宿。东位二圣殿奉太祖太宗并配享功臣，殿阁奉司命；西位则建二星殿奉周伯寿星，殿阁奉翊圣。太初殿以下对设八殿，分别供奉天蓬、真武、九曜、十二元辰、东西斗、天曹官，此外如太微五帝、天市垣、地司命、三十二天帝、天一、太一、辰岁星、太初以及太阳、太阴像，明庆殿环殿图八十一太一，东西廊图五百灵官。仪注也杂用儒家经典和道教科仪，如建安军范铸玉皇等铜像完成，迎往汴梁时：

又令增订仪注，请自京差道士威仪，迎玉皇、圣祖备道门幢节、扇拂，太祖、太宗以殿中伞扇。发日，设黄麾二千五百人，太常鼓吹四百人。[33]

宋廷还屡次加封春秋时“托孤救赵”之忠臣义士。仍然是庇护皇室血胤，强化中央集权之把戏耳。《宋史·吉礼八》：

初，绍兴二年，驾部员外郎李愿奏：“程婴、公孙杵臼于赵最为功臣。神宗皇嗣未建，封婴为成信侯，杵臼为忠智侯，命绛州立庙，岁时奉祀，其后皇嗣众多。今庙宇隔绝，祭亦弗举，宜于行在所设位望祭。”从之。十一年，中书舍人朱翌言：“谨按晋国屠岸贾之乱，韩厥正言以拒之，而婴、杵臼皆以死匿其孤，卒立赵武，而赵祀不绝，厥之功也。宜载之祀典，与婴、杵臼并享春秋之祀，亦足为忠义无穷之劝。”礼寺亦言：“崇宁间已封厥义成侯，今宜依旧立祚德庙致祭。”十六年，加婴忠节成信侯，杵臼通勇忠智侯，厥忠定义成侯。后改封婴疆济公，杵臼英略公，厥启侑公，升为中祀。[34]

事实上，当年“救孤存赵”之地究在何地，一直存在绛州（今山西新绛）和盂县（今属山西阳泉）的争议。约与洪迈质疑的同时，金大定十二年（1172）做过盂县县令的智楫曾为藏山撰写过《神泉里藏山庙记》碑文，其中已提及当时的赵氏于藏山“岁岁血祭，远近归祷”的情况。至今盂县还保存九座祭祀赵武（即“赵氏孤儿”）的庙宇。雍正十二年（1734）纂辑之《山西通志》言：

盂县藏山庙：踞城三十里有藏孤洞，祀晋赵武并义士程婴、公孙杵臼。额曰“报功殿”。宋封杵臼成信侯、婴忠智侯。元至治三年修庙建碑，后三十年达鲁噶齐达穆尔重修，吕思诚撰记。[35]

即是元人两歧的证明。至今为争旅游资源，两地纷争更上层楼。[36]枝蔓不赘。

综上所述，两宋朝廷兴造之宫观，都纯系皇祚延世之祈请，非关救赎苦难，普渡众生。这证明着它们非道非佛的特点。

其次是儒学虽然一向以周文化“慎终追远，敬天法祖”的设计为嚆矢，但是自觉地限制在岳渎崇拜和祖先崇拜两端来制定仪注，闹不出什么新鲜花样、多大动静。但是宋室“援道入儒”，借助道教的设醮符箓，程序繁复，仪典翻新，倒是别有一番光景。

宋主以谶纬得天下，道教也与两宋君主相始终。宋太祖曾改建周世宗太清观为建隆观，以待“有道之士”。[37]宋太宗先建上清太平宫以崇翊圣将军，又陆续建有太一宫等。真宗“以天书降日为天庆节，诏东京建玉清昭应宫”。就兼有祈嗣作用。[38]《续资治通鉴》卷二八言筹建昭应宫时：

谓欲殚国财用，规模宏大，近臣多言其不可；殿前都虞候张旻亦言土木之侈，不足以承天意。帝召问谓，谓曰：“陛下富有天下，建一宫崇奉上帝，何所不可？且今未有皇嗣，建宫于宫城之乾地，正可以祈福。群臣不知陛下此意，或妄有沮止，愿以此谕之。”既而王旦又密疏谏帝，帝谕之如谓所对，旦遂不敢复言。于是特建使名，令谓专总其事。[39]

赵恒建祠的高峰，应该是在昭应宫给赵氏“圣祖”上“玉皇大天帝”的尊号。

大中祥符八年春，正月，壬午朔，诣玉清昭应宫太初殿，奉表上玉皇大天帝圣号；遂奉安刻玉天书于宝符阁，塑御像冠服立侍。帝升阁，备登歌，酌献；还，御崇德殿受贺，大赦天下。[40]

请注意，这是“玉皇大天帝”的徽号在中国历史上第一次正式出现。前之典籍虽也有“天帝”“玉皇帝”等说法，[41]但都非确号。吕宗力、栾保群编著之《中国民间诸神》甲编“玉皇上帝”条曾缕述来源，以为其源于古代昊天上帝，顾颉刚、张政烺则以为其人格化后为张天师或张角。道教自唐代开始出现“玉皇”“玉帝”之称。[42]理或然矣，但是窃以为没有考虑到以下因素：一个新造神祇影响能够扩大至全社会和后世，必须借助特殊的社会力量。我以为这就是宋真宗托祖并在全国普建宫祠，实际上是把人间君主制度神格化，且为有宋君主以国家力量持续供奉一百六十多年（1015 ~ 1279）的历史，入元以后才开始转为道教及民间信仰，复列入神谱的。

后世道教神谱遂援玉皇大帝为最高神祇。宋金元不但是各种宗教和民间信仰大混杂的时期，也是小说戏曲开始大流行的时期。在这两种影响力极大的社会力量交互作用之下，“玉皇大帝”的形象、个性、祭祀、礼仪就显现出宋人而非汉人的影响来了。比如清人顾禄《清嘉录》谓玉皇寿诞为正月初九，而真宗正式上玉皇大天帝尊号亦在正月，可见附会之迹。近世有论者指出：

然民间所谓玉皇上帝并非道教之玉皇上帝，已有宇宙的教导者一变而为宇宙的统治者，且承袭上帝之称号与职司。使玉皇信仰普遍化者为宋真宗。[43]

明清以后神魔小说《西游记》《封神演义》又从而张扬之，故成妇孺皆知之仙界至尊。以致《聊斋志异》卷十二《鸮鸟》有言“天上有玉帝，地下有皇帝”，是把玉帝统领天庭，视同皇帝统治人间，或者说直以皇帝在世俗社会的权势，激发信众想象玉帝在天宫的权威。

惟有弄清楚两宋宫祠修建之主要目的，才能明白与之配套的祠禄制度之功用。这实际上开启了日本明治维新以后以“国家神道教”重塑“和魂”的文化、政治制度设计的先河。枝蔓不提。

又南宋淳祐九年（蒙古海迷失后元年，即1249年）：

> 六月，丙寅，诏："各郡各立一庙，以褒忠为额，凡前后没于王事，忠节显著之人，并祀之，郡官春秋致祀。"[44]

这又为符合儒家宗旨的造神运动颁布了新纲领。另话不提。

宋代祠禄作为制度创建，亦与文人士大夫切身利益密切相关，如朱熹就曾提举武夷山冲佑观。[45]道教的宇宙模式对于理学诸公的"格物致知"开了生面，因此他们在气、性、道和鬼神问题上都有响应，包括"气象"、学圣和伦常日用的修行功夫。明人标举程朱，康熙又将程朱理学颁布为纲常，所以明清时代的关公崇拜进入儒学已毫无窒碍。此时关羽崇拜覆盖全社会的功能，实际上已呼之欲出了。

自致不朽

两宋儒学秉入世之大旨，致力重整晚唐五代以来颓隳的纲纪，也面临着多方面困难："强干弱枝"造成高度集中的皇权、重商社会急功近利的习俗、佛教平民化对于儒学的冲击。学界前贤讨论理学，每以儒家经典为据。其实《老子》有言："故失道而后德，失德而后仁，失仁而后义，失义而后礼。"在道家盛行的宋代氛围中，宋儒从中偷得"道"与"德"的概念加以改造，建立起"仁义礼智"的纲常学说；复以老子标立的"圣人"[46]和儒家提倡的"贤人"作为理想人格，排定"圣希天，贤希圣，士希贤"的提升层次；打破社会的等级观念，以"君子小人"作为质别区划。[47]这都是重塑道德权威以制衡君权、重建道德标准以振作世风的文化努力。

很多神祇信仰都建立在"生死"之上，无论佛教的"轮回无常""西方极乐"，还是道教的"长生仙箓""不死之方"，抑或天主教的"天堂地狱""先知引导"，包括其宗教建筑、规仪、制度、艺术，都是在以不同方式昭示"往生彼岸"，以戒尤此生，劝众皈依。两河流域的宗教还特别表彰"殉教"，以致今日中东战局不断。另话不提。

但中国原始信仰素无"往生来世"的超时空观念，也没有描绘"彼岸"的习俗和遗存，故人轻死。老子曾集中讨论过这个问题，如《道德经》言：

民不畏死，奈何以死惧之。若使民常畏死，而为奇者，吾得执而杀之，孰敢？

民之轻死，以其上求生之厚，是以轻死。夫惟无以生为者，是贤于贵生。

人之生也柔弱，其死也坚强。草木之生也柔脆，其死也枯槁。故坚强者死之徒，柔弱者生之徒。是以兵强则灭，木强则折。强大处下，柔弱处上。

既然知道死之畏惧，便懂得生命之可贵，以追求人生意义与价值，同时亦认为“轻死”是对生命价值之愚昧，容易铤而走险，破坏社会秩序。“使民重死”才会促使人类追求永恒之境界，“不死”就是超越死亡。得道圣人和谷神是不死的，不死的形式则是“复归于婴儿”。因此道教也不擅描绘死后恐怖，后世东岳庙、城隍庙中那些妖魔鬼怪的乔张致，绝大多数都是打佛教哪儿趸来的。

儒家情况则略有不同。孔子和孟子都得享天年，故早期儒家著作很少谈及生死问题。孔子说过：“志士仁人，无求生以害仁，有杀身以成仁。”[48]孟子从“鱼与熊掌不可得兼”的两难命题，引申出“生亦我所欲也，义亦我所欲也，二者不可得兼，舍生而取义也”。[49]但先儒都不是实践者。至于死后的状态，由于儒家学说中理性精神一直占据着上风，故孔子言：“未知生，焉知死？”拒绝谈论死后为何。虔诚儒者应当如何看待生死，也成为论衡“三教”时儒家难以启齿的问题。佛教、道教都善于编造成佛登仙的人物故事，并绘成寺观水陆画用以影响民俗民风。由于没有建立起一套中心价值观念，而且佛教逐渐深入人心，故儒家体系及其“成仁”“取义”之说益发显得苍白无力。

随着识字率提高和蒙学教育普及，如何才能把先秦丰富的儒家资源通俗化，使观念性的伦理道德深入民心，便成了宋后儒学解决从“伦常日用”到道德榜样的大问题，而生死观念成为他们深入民风民俗的难题之一，既需树立历史榜样，又得树立现实榜样。突破先儒讳言“生死”的界限之后，理学终于为儒学带有宗教性的“彼岸”即“灵魂安顿”问题划出了道儿。这既非佛教报应轮回，亦非道教长生仙箓，而是历史“名节不朽”。其实这本来就算得上儒家专利，自然无需假借外说。

《左传·襄公二十四年》载，范宣子曾问穆叔何谓“死而不朽”，穆叔回答：

> 鲁有先大夫曰臧文仲，既没，其言立，其是之谓乎？豹闻之，太上有立德，其次有立功，其次有立言，虽久不废，此之谓不朽。[50]

后来这被总结为“三不朽”，又扩大到石刻的碑文版铭。汉人以“勒石燕然”，传之后世，与立功受赏，生前“封侯”，同为人生一大幸事，又进一步延伸到个人的历史声誉。[51]自《宋史》以后各代史书及方志纷纷表立“忠义”“孝友”等列传，又随理学观念对于家族社会的延伸扩大到“列女”。明后朝廷还有地方官员访察上奏，不待付史立传，即在其生前或故去时予以旌表，采用牌坊、祠堂或者其他旌表的形式显于乡里，形成制度，用以崇名节，厉风俗，以活生生的道德榜样激励乡人。故顾炎武《日知录》卷一三“名教”条总结说：

> 后之为治者宜何术之操？曰惟名可以胜之……曰名教，曰名节，曰功名，不能使天下之人以义为利，而犹使之以名为利。[52]

北宋前线宋军开创为当世尽忠守节之臣建立庙祀的先河。南宋临安和各地方普遍建立了名为旌忠、昭忠、褒忠等的庙祀，或新立神祇，以确立儒家神祇和国家祭祀体系，亦是为“《春秋》大一统”整合文化资源的需要。类似的榜样崇拜后来逐渐集中归于关羽、岳飞，固然由于时代变迁中源于理学“大一统”观念选择和淘汰的结果，但是也不应忽视初始阶段的形态。这种榜样的激励作用也确实表现出来，如《宋史·文天祥传》言：

> 自为童子时，见学宫所祠乡先生欧阳修、杨邦乂、胡铨像，皆谥“忠”，即欣然慕之。曰：“没，不俎豆其间，非夫也。”

理学后以“名教”著称，也是在与佛之“像教”、道之“仙教”的区别中自觉出来的。也许是稍嫌于儒家不善夸饰描绘，故死后理气无归，明代嘉靖出现以关羽名义刊行的《三界伏魔忠孝护国翊运真经》，为忠臣孝子展示了另一幅“不朽之域”：

> 慷慨赴义：或见危受命，或靖供尔位，或调和鼎铉，或侃侃尽瘁，或亭亭物表，或心如金石，或精忠贯日，或塞外植节，或抗志虏庭，或鼎镬不避，或裹尸马葬。是等是人，扬芳万年。生而不死，死而不亡，

炳炳忠孝，亘天不磨。或命终时当为天大元帅，天大将军，天大神王，永无轮回，永无百劫。[53]

正可以和儒家之“自致不朽之域”相比勘。只是这里使用了儒家尤其是理学的伦理，但开出的支票却是道教的仙箓。也是拿关羽崇拜作为榜样，展示出儒道既已合一，伦理价值观念亦趋于亲密无间。

理学发掘出这个价值非常得意，故特意将《大学》章从《礼记》篇中单独抽出，作为后世基础教材“四书”之一。陈寅恪特别重视，以为韩愈标举此节，是“吾国文化史中最有关系之文字”：

儒家书中最具系统易被利用者，则为《小戴记》之《中庸》，梁武帝已作尝试矣。然《中庸》一篇虽可利用，以沟通儒释心性抽象之差异，而于政治、社会具体上华夏、天竺两种学说之冲突，尚不能求得一调合贯彻，自成体系之论点。退之首先发见《小戴记》中《大学》一篇，阐明其说，抽象之心性与具体之政治社会组织可以融会无碍，即尽量谈心说性，兼能济世安民，虽相反而实相成，天竺为体，华夏为用，退之于此以奠定后来宋代新儒学之基础。退之固是不世出之人杰，若不受新禅宗之影响，恐亦不克臻此……此种研究经学之方法亦由退之所称奖之同辈中人发其端，与前此经诗著述大意，而开启宋代新儒学治经之途径者也。[54]

这就是理学强调实践性，即“伦常日用”的根本。

此外，孔圣人当年说：“若圣与仁，则吾岂敢！”[55]理学必须于此有所突破，才能让榜样力量充分发挥功用。于是周敦颐首推“圣可学至”，他在《通书·圣学章》说：

“圣可学乎？”曰：“可。”曰：“有要乎？”曰：“有。”“请闻焉。”曰：“一为要。一者，无欲也。”

可视为理学“学圣运动”的纲领，提出并回答能否“学至圣人”。复言：

圣希天，贤希圣，士希贤。伊尹、颜渊，大贤也。伊尹耻其君不为尧舜，一夫不得其所，若挞于市；颜渊不迁怒，不贰过，三月不违仁。志伊尹之所志，学颜子之所学。[56]

正是因为“圣可学至”，理学倡导的道德榜样，才可能成为后人可以触及的楷模。陆九渊持论在“援禅入儒”上走得更远。禅宗本讲一念之善，即可“立地成佛”，他则反复阐说“人皆可以为舜尧”，“涂之人可以为禹”。后世王阳明亦申说此理，强调“个个人心有仲尼，自将闻见苦遮迷”，“人胸中各有个圣人，只自信不及，都自埋倒”。钱锺书转引及此，曾言“皆如章水贡水交流，罗山浮山合体，到眼可识”，明白如话。[57]所以鉴于前辙，明清理学设计要以关羽为“武圣”，就是意图在领军将帅中树立起一个符合理学观念的道德榜样，以防止出现唐宋骄镇悍将，拥兵自重，不识大体的局面。

此外理学还标榜“气象”，拈取以与汉官威仪、魏晋风度、唐禅神姿并立为四。二程明确提出崇褒“圣贤气象”，是他们倡导赏鉴“圣学”的重要组成，如谓“仲尼浑然，乃天地也。颜子粹然，犹如和风庆云也。孟子岩岩然，犹泰山、北斗也。”[58]朱熹与吕祖谦则把“气象说”发挥到极致，他们合编的《近思录》第十四卷专言“圣贤气象”，列出道统，标立圣贤，条分缕析，比较品评，对孟子以下诸贤皆有所批评，声言逮及北宋理学先导才又重睹圣学气象。[59]并订立了一套品鉴裁量人物的“气象学”标准：如以“温润含蓄”为纯正，“英气发露”为有疵；“循守圣言”为轨仪，“敢为异论”为大忌；“尊道重义”为高尚，“谋求功利”为卑下；“修德养性”为学的，“擅习文章”为末技，等等，以此指导个人修养的取向。“气象说”认为涵育“圣贤气象”是变化气质、修养德性的一个重要方法。朱熹曾以“关羽擒颜良”为喻，强调专一精进。他以为：

> 读书理会义理，须是勇猛径直理会将去。正如关羽擒颜良，只知有此人，更不知有别人，直取其头而归。若使既要砍此人，又要砍那人，非惟力不给，而其所得者不可得矣。[60]

这也是一种勇往直前、旁若无人的气概。宋代以后援佛入儒，在庙宇塑像绘画上亦重视表现圣贤“气象”，以便习儒者通过“读图”过程，面对具体而微的形象，去体察、领会、感知历代圣贤的精神境界，又把佛教“设像以立教”的功夫引入了儒学庙堂。后世所以为关羽绘画造像，突出“丹凤眼”“卧蚕眉”以及“美髯”种种细节，包括戏曲扮演设计的特定造型道具服饰等等，也都是为了突出他的威严儒雅。一如明代理学大儒吕柟所言：

> 忠义之志，英烈之略，亦可于容貌间想见。[61]

理学“鬼神观”

理学已经意识到要在民间普及道德名节榜样，必须利用民间信仰，并且应与佛道区分，遂标立历史人物，逐渐替代宋代以前的道教神仙祠祀。

儒家本属上古巫师的流变，祭祀亦为其主业之一。孔子改造儒学，尚有“祭如在，祭神如神在”一语，虽然回避神灵是否存在，却没有否定祭祀存在。西周祭祀情况可以由儒家编订的《礼记》窥见，其中《祭法》和《祭义》两节集中表明先秦儒家认可的祭祀及其礼仪。鉴于儒家始终主张“礼”才是维系社会体制和教化方式的惟一途径，故于共事祖先、血胤祖宗及天地山川雨旸雷电等自然现象的崇拜外，还特地为卿士大夫列入祀典留下了相当空间。《礼记·祭法》言：

> 夫圣王之制祭祀也，法施于民则祀之，以死勤事则祀之，以劳定国则祀之，能御大菑则祀之，能捍大患则祀之，是故厉山氏之有天下也。

“庆历新政”还援引古例，为士大夫建立家庙，以表彰士风，激励后人。《宋史·仁宗本纪三》：“臣僚许立家庙。”《仁宗本纪四》：“十二月甲申，定三品以上家庙制。”文彦博就曾诏立家庙。《宋史·礼八》还列举了更多为当朝忠节贤能之臣立庙祭祀的事例。

儒家还有一个砥砺名节的武器，就是“谥法”。汉前史书例书谥号，而系统诠释“谥法”是由《汲冢周书》（亦称《逸周书》）辑录的。[62]其《谥法解》言：

> 谥者，行之迹也；号者，功之表也；车服者，位之章也。是以大行受大名，细行受细名，行出于己，名生于人。

历代帝王之庙号即是谥号之一种，卿士大夫亦可据其生前事迹品格，请求赐予谥号。由于谥号具有“盖棺论定”的性质，遂为后世儒家借重，发展成为一种劝诫士夫大爱惜声誉、砥砺名节的手段。谥号的封、赠、追、夺，还是朝廷褒贬儒臣的重要手段。此外还有官方以外给予人品风节概括评价的“私谥”。晚明文震孟在答复因东林党祸死于“诏狱”的周顺昌之子周茂兰为其父昭雪要求时，曾明确提出“‘赠、谥、祠、荫’，一个都不能少”，[63]

可见赠封官职（虚衔）、加谥、祠祭及荫子四项，已经成为表彰儒臣烈士的标准程序。如果加上碑版传记（包括"宣付国史馆立传"），就构成了儒家褒奖先贤、理学敦励士子希贤希圣的五种基本方式，实已构筑成儒家"不朽之域"相互联系支撑的主要框架。

从宋后关羽崇拜的发展轨迹来看，也是因为他"以死勤事，以劳定国，能御大菑，能捍大患"而由各处因地制宜，进行祭祀的。儒家对于关羽的崇敬，也是由封爵、加谥、立祠、荫后裔（如雍正三年仿照孔子在当阳、解州、洛阳、荆州、许昌选取关氏后裔世袭五经博士），而至碑版诔文，一板一眼进行的。其中其谥号"壮缪"受之刘禅，妥当与否历代都有争议。故宋代改谥"武安"，最后还是在清代由乾隆皇帝亲自出面解决，后话另谈。

社会组织结构方面，理学主张恢复宗法制度。作为配套措施，他们也力主建立一整套由社稷宗庙到平民宗族的祭祀体系，以明西周"敬天法祖"的文化设计。祖先崇拜既是上古流传下来的风习，又是标立"孝道"的特殊典仪，本来就在先秦儒家的制度设计里占据着重要地位。《礼记》特有《祭义》一章论说此节：

> 宰我曰：吾闻鬼神之名，不知其所谓。子曰：气也者，神之盛也；魄也者，鬼之盛也。合鬼与神，教之至也。众生必死，死必归土，此之谓鬼。骨肉毙于下，阴为野土，其气发扬于上为昭明。焄蒿凄怆，此百物之精也，神之著也，因物之精，制为之极，明命鬼神，以为黔首则，百众以畏，万民以服。

宋时巫风特盛，人们普遍相信灵魂不灭，"圣人设教"加以"鬼""神"的名号，使民知所畏敬。这也是构成理学"理气论"的依据之一。在宗法社会中，后世子孙就是依赖于祭祀活动，来上接祖先神明，表达感激之诚；也依赖祭祀活动以"合宗族"，增强亲族间的凝聚力，培养子孙敬顺的品德。张载"宗子法"提出"祭接鬼神，合宗族"，[64]即此之谓。

二程则以为从祭祀活动而言，子孙诚敬，气类感应处，便是"来格"。子孙为祖考之血胤，气类相同，故有感格之理。[65]因此也承认祭祀可以结交神明，卜筮、托梦也具有合理性：

> 祭无大小，其所以交于神明、接鬼神之义，一也。

卜筮之能应，祭祀之能享，亦只是一个理。蓍龟虽无情，然所以为卦；而卦有吉凶，莫非有此理；以其有是理也，故以是问焉，其应也如响。

人心在此，托梦在彼，亦有是理。只是心之感通也。死者托梦，亦容有此理。[66]

虽然采取审慎态度，只作出理性的推论，但毕竟承认了祭祀感应的合理性。随之配套而来，便是承认“卜筮”即为探测神明意愿的方式，“托梦”则是祖先昭告的途径，这就形成了与祖先神明对话的基本方式和双向信道。子孙与祖先血脉相连，便是同此一气。祭祀之礼，尽其诚敬，便可以致得祖考之魂魄附着歆享。

因此引申出理学对于多元民族，“华夷之辨”中的“神不歆非类，民不祀非族”的原则。朱熹认为：

陈后之问：“祖宗是天地间一个统气，因子孙祭享而聚散？”曰：“这便是上蔡所谓‘若要有时，便有；若要无时，便无’，是皆由乎人矣。鬼神是本有底物事。祖宗亦只是同此一气，但有个总脑处。子孙这身在此，祖宗之气便在此，他是有个血脉贯通。所以神不歆非类，民不祀非族，只为这气不相关。如天子祭天地，诸侯祭山川，大夫祭五祀，虽不是我祖宗，然天子者天下之主，诸侯者山川之主，大夫者五祀之主。我主得他，便是他气又总统在我身上，如此便有个相关处。”[67]

请注意，这正是理学论述祭祀的一个“总脑处”：“聚合祖宗之气”解释了两宋平民宗法提倡“合族而居”的必要；“不歆非类，不祀非族”延伸则为辨别华夷，保持种族传统的价值意义，等同“攘夷”之说；而“天子之祭”云云，则与理学“尊王”说条贯一致，又顺便提点到岳渎山川崇拜与祖先崇拜的“相关处”。祭祀活动并不限于祭祀父祖亲人，而是有着广泛的范围，如祭天地、社稷，山川。以及祈雨，这些活动理学家都不反对，甚至亲自参与其中。不过理学家不相信偶像之神，而以气为神。二程曾说：

问：如名山大川能兴云致雨，何也？曰：气之蒸成耳。又问：既有祭，则莫须有神否？曰；只气便是神也。今人不知此理，才有水旱便去庙中祈祷，不知雨露是甚物，从何出，复于庙中求耶？[68]

把雨云成因归结为“气之蒸成”，已具有初步的物质性科学意义。朱熹从两方面引伸二程之意，一方面山川集气，蒸腾而灵，气场特别强，故庙宇多建于此处。所谓神佛有灵者，其实就是山川之灵气，他说：

祈雨之类，亦是以诚感其气。如祈神佛之类，亦是其所居山川之气可感。今之神佛所居，皆是山川之腾而灵者，雨亦近山者易至，以多阴也……古人祭山川，只是设坛位以祭之，祭时便有，祭了便无，故不亵渎。后世却先立个庙貌如此，所以反致惑乱人心。[69]

另一方面，人诚敬则用心专一，更易感格“外气”。众人用其诚敬之心于一事，则感格之力就会大大增强。所以朱熹说：

众心之所辐辏处，便自暖，故便有一个灵底道理。[70]

这就是求神祈雨等祭祀活动，需要大规模群众参与的理论根据。朱熹知南康军，就曾亲自参加祈雨活动。这不是做样子给民众看的，他本人就认为这种活动具有一定的灵验性，他说：

昔守南康，缘久旱，不免遍祷于神。忽到一庙，但有三间弊屋，狼藉之甚。彼人言，三五十年前，其灵如响。因有人来，而帷中有神与之言者。昔之灵如彼，今之灵如此，亦自可见。[71]

入元之后，汉民族没有接受蒙古、西域的“统治阶级”的信仰，反而激发起强烈的祖先崇拜和本土神灵崇拜的热潮。关羽崇拜也借迹佛教脱颖而出，成为全国性的神灵，并在元明之际更上层楼。后世关庙联额屡有孟子“至大至刚”“配义与道”之语，就是以天地伦常之正气，形容关羽的森严“气象”。清代当阳知县蔡毓荣《重修玉泉山汉寿亭侯关公庙碑记》言：

夫侯自许先主以来，不自有其身久矣，死而化为日星河岳之气，充塞天地，无所不之，何有遗体之足念？又何侯智者之显烈哉！而人心有感，而动于侯所归藏与所显烈之处，尤无不肃然敬喟。然叹若侯之降鉴，凭依专在，是者故侯庙祀遍天下，惟玉泉山最著，于祀典亦最合。[72]

代表着明清理学综合了朱熹“凭依专在”的祭享，和文天祥“河岳正气”之示鉴的看法。后世关帝神迹所以擅于托梦显灵，而关庙亦素以灵签著称，就得益于二程“祭祀—卜筮—托梦”的理学模式。孟子曾言“吾善养吾浩然之气”：

敢问何谓浩然之气？曰：难言也。其为气也，至大至刚；以直养而无害，则塞于天地之间。其为气也，配义与道；无是，馁矣。是集义所生者，非义袭而取之也。行有不慊于心，则馁矣。我故曰："告子未尝知义，以其外之也。"[73]

肯定了人之灵魂终系于"气"。朱熹进一步以为，宗法血缘关系不仅适用于社会人生，也通贯于游魂世界。那些无子无孙的游魂虽不得血胤后代的歆享，他们的"气"也不是化为乌有，而是加入浩然日生的大化流行之中。理学是以"纲常"作为预设于天地之间的"天理"的，"浩然日生无穷之气"既然根植于"理"，亦非宗族血胤之歆享，这样就把游魂无归之"气"纳入了公共概念。这在国破家亡，生民涂炭的当口，对于鼓励忠勇奋发，殊死抗敌，具有特别的意义。故宋末文天祥著名的《正气歌》小引说：

孟子曰："吾善养吾浩然之气。"彼气有七，吾气有一，以一敌七，吾何患焉！况浩然者，乃天地之正气也。

复吟咏道：

天地有正气，杂然赋流形。下则为河岳，上则为日星。
于人曰浩然，沛乎塞苍冥。皇路当清夷，含和吐明庭。
时穷节乃见，一一垂丹青。
……
是气所磅礴，凛烈万古存。当其贯日月，生死安足论。
地维赖以立，天柱赖以尊。三纲实系命，道义为之根。

则把"理气屈伸"的学问之说，化为"纲常节义"的实践之论。文天祥列举事例写到了三国时代蜀汉名相诸葛亮的"或为出师表，鬼神泣壮烈"，显然有"出师未捷身先死"的自寓之意。但是对于熟听"说三分"演义体的平民百姓来说，志复炎汉而力战强敌，身加斧钺犹大义凛然的关羽形象或者更为典型。所以在宋金之际浓烈的悲剧氛围中，关羽才能在无形中被赋予汉民族的精神象征。用此文意诠释关羽之"义薄云天"，故奉祀之"无往弗在"，逐渐成为关庙碑文的流行用语，而"塞乎天地之间"一语，尤为后世关庙碑文所乐于引用。[74]

明清时期理学成为国家学说，"神道设教"也成为国家制度。清初蒲松龄曾言：

佛道中惟观自在，仙道中惟纯阳子，神道中惟伏魔帝。此三圣愿力宏大，欲普度三千世界，拔尽一切苦恼，以是故，祥云宝马常杂处人间，与人最近。而关圣者，为人捍患御灾，灵迹尤著。所以樵夫牧竖，婴儿妇女，无不知其名，颂其德，奉其祠庙。福则祈之，患难则呼之。何以故？威灵之入于耳者久，功德之入于心者深也。[75]

明确以关羽所以区别于佛道两教神祇，“与人最近”故也。正缘鬼神之气需要“聚”，儒家祠庙祭享仪典也是为合宗族之“聚”，关庙香火鼎盛之景象也成为儒学肯定其求雨功能的理由。清末“西学东渐”，何刚德（1855～1936）还在《客座偶谈》中说：

忆出关时，自沈阳行至吉林，八百里间山岭多以老爷为名。一日过一老爷岭，树木千章，参天蔽日。岭约里许，车行其中，四面阴森，赫赫然若有英灵之质旁临上也，心目为之震悚。归语涛园曰：“我过老爷岭不止一处，惟此处为最奇，俨若四壁皆关帝也。”涛园素豪放，亦作色曰：“此语摹写入神。关帝信有灵也。”

这就是将山林蒸腾之气，直接作为英风灵爽之气看待的实例。可知“理气说”始终作为理学关羽崇拜的依据，延续至清末。

注释：

[1]《续资治通鉴长编》卷六三。

[2]《续资治通鉴长编》卷六七。

[3]庆历时人田况《儒林公议》卷上记述王钦若所言事，后采入《宋史·王旦传》。

[4]原载《西北民族研究》2003年第1期。

[5][6]《管锥编》第一册《周易正义》五《观》。中华书局版，第18页。

[7]参《管锥编》第一册第19页。钱锺书谈论到古希腊奥古斯都大帝（St. Augustine，354～430）、哲学家亚里斯多德（Aristotle，384～322）、意大利政治家马基雅维里（Machiavelli，1469～1527）、法国哲学家孟德斯鸠（Montesquieu，1689～1755）和英国哲学家吉朋（Gibbon，1737～1794）对于“神道设教”的意见，

其中特别提到李伐洛（Rivarol，1753～1801）“兼明二意，既言宗教为法律之补充，复言民不聊生，乞灵宗教，以他生稍慰此生……亦正为马克思所谓宗教乃人民对实际困苦之抗议，不啻为人民之鸦片。”

[8]“自由心证”（free evaluation of evidence through inner conviction，中国现行法律称为“自由裁量”）是突破神学统治后欧洲大陆法系认可的一项听证制度。核心内容是：“证据的取舍和证明力的大小，以及案件事实的认定，均由法官根据自己的良心、理性自由判断，形成确信的一种证据制度。”是法国杜波尔1790年向宪法会议提交的一项法案中提出来的。

[9]如赵翼《廿二史札记》卷二十五《宋冗官冗费》说：“荐辟之广，恩荫之滥，杂流之猥，祠禄之多，日增月益，遂至不可纪极。”

[10]《廿二史札记》卷二十五《宋祠禄之制》。王旦为在儒家君权与文化立场对立时的两难尴尬始终感到不快。《续资治通鉴》卷三十三说他“祥符间，每有大礼，辄奉天书以行，尝悒悒不乐。临终，语其子曰：‘我别无过，惟不谏天书一节，为过莫赎。我死之后，当削发披缁以敛。’”但毕竟与真宗共相始终，以致王钦若有“为王子明，迟我十年作宰相”之慨叹。

[11]“半部《论语》治天下”出自《宋史》。述赵普每遇政事不能决，便于归家后查阅家中一箧中书，次日则问题迎刃而解。久之家人好奇，偷偷发箧一看，原来里面只有半部《论语》。时人便说赵普以“半部《论语》治天下”。《续资治通鉴》言赵匡胤欲改元“乾德”，后发现后宫缴自蜀国的铜镜上已有“乾德”年号，问宰相是怎么回事，皆不能答。独翰林学士窦仪答称，前蜀王衍曾称年号为“乾德”。太祖叹道：“宰相须用读书人！”（该人《石林燕语》说是卢多逊。《旧闻证误》则以为是陶、窦二内相）又《宋史·曹勋传》载“艺祖有誓约藏之太庙。”叶梦得《避暑漫抄》说，相传宋太祖在密室立一铁碑，后世即位天子秘密阅读，不得外传。金灭北宋后铁碑暴露，共计三条：第一不得擅杀柴氏子孙，第二不得杀害士大夫，第三子孙有渝此誓者，天必殛之。

[12]《续资治通鉴长编》卷二二一。

[13]《廿二史札记》卷二十五《宋冗官冗费》：“真宗咸平四年（1001），有司言：减天下冗吏十九万五千余人。”

[14]《廿二史札记》卷二十五《宋祠禄之制》。

[15]《笔记小说大观》本第四辑第八册，第135页下。按邹浩（1060～1111）字志完，晋陵（今江苏常州市）人。元丰五年进士，累官至右正言。曾因直言谪新州，徽宗立，复召为右正言。后坐党籍，谪永州。

[16]《宋史·职官志十》。

[17]《文献通考》，中华书局影印本，第550页。

[18]《文献通考》："渡江以后，宫观不复置，而观使有三：前宰相则得醴泉，宗戚则得万寿，又其次则得佑圣云。"

[19][20]《宋史·职官志十》。

[21]《容斋三笔》卷十三"政和宫室"条言："国朝祥符中，奸臣导谀，为五清昭应、会灵、祥源诸宫，议者固以崇侈劳费为戒，然未有若政和蔡京所为也。京既固位，窃国政，招大珰童贯、杨戬、贾详、蓝从熙、何沂五人，分任其事。于是始作延福宫……五人者各自为制度，不相沿袭，争以华靡相夸胜，故名'延福五位'。其后复营万岁山、艮岳山。"延福、艮岳为御园苑囿，与宫祠功用有别。

[22]《中国道教史》第二册，第593页。

[23]分别载《宋史·真宗本纪》，《续资治通鉴》卷三十六。

[24]《宋史·职官志》。

[25]《宋史·吉礼十二》："景灵宫。创于大中祥符五年，圣祖临降，为宫以奉之。天圣元年，诏修宫之万寿殿以奉真宗，署曰奉真。"《续资治通鉴》卷三十四："宫观总一千三百二十二区。"

[26]大中祥符七年十二月颁诏，于京城左承天门天书下降处建。

[27]天禧二年（1018）闰四月，奏称皇城拱圣营（赵匡胤出生在西京拱卫营）西南真武祠侧出"灵泉"，病者饮之多愈。真宗即命于其地建祥源观。《续资治通鉴》卷三十四："祥源观成，观宇凡六百一十三区。"卷五十五：至和元年（1054）"新修醴泉观成，即祥源观也。"《东京梦华录》卷三："醴泉观，在东水门里。"

[28]《续资治通鉴》卷五十三："皇祐四年（五月）丙戌，新修集禧观成。初，会灵观火，更名曰集禧，即旧址西偏复建一殿，共祀五岳，名曰奉神殿。"曾公亮、富弼、王安石都曾经提举集禧观。

[29]《续资治通鉴》卷九十一。

[30]赵翼《廿二史札记》卷三十"金元二朝待宋后厚薄不同"言《金史》载："宗翰以二帝及后妃太子四百七十余人，及宗室三千余人北去。"（第695页）可谓一网打尽。

[31]这里面也有名堂。《续资治通鉴》卷一百三十八："高宗未有后，而昭慈圣献皇后亦自江西还行在，后尝感异梦，密为高宗言之，高宗大悟。绍兴二年五月，选帝育于宫中；三年二月，赐名瑗；五年六月，听读资善堂；十二年正月，封普安郡王；三月出合就外第；三十年二月癸酉，立为皇子，更名玮；丙子，进封建王；三十二年五月甲子，立为皇太子，改名冲。""异梦"之说，或者是当初进言的托词，

或者是后世神异其事的借口。

[32]李心传《建炎以来朝野杂志》甲集卷二。又叶绍翁《四朝闻见录》乙集“佑圣观”：“观为孝宗潜邸，先自有神三见于云端，孝宗为之拜跪。既即大位，赐邸为观，盖龙潜初志也。”（第63页）

[33]《宋会要辑稿补编》，第25页。

[34]关于宋神宗朝提出此祀的经过，可参何冠环《宋朝表扬程婴公孙杵臼考》，载香港《岭南学报》新第1期第27页。此于元代戏曲《赵氏孤儿》有直接影响，并经耶稣会士译介传播欧洲，引起伏尔泰等“启蒙学派”代表人物对中华道德文明的由衷赞叹。在中国又通过清代《三侠五义》“狸猫换太子”风靡一时，至今戏曲扮演《搜孤救孤》仍是老生热门戏目。其中表现的“忠义节烈”的孤臣孽子情结亦足玩味，另文再论。

[35]文渊阁本四库全书《山西通志》，133册，卷166，第53页。另寻访到绛州“存赵”遗迹是由吴处厚进行并汇报朝廷的，载于吴著《青箱杂记》。但自洪迈《容斋随笔》即有无情诘难，其卷十言：“自晋景公至元丰，千六百五十年矣！古先圣帝、明主之墓尚不可考，区区二士，其复有兆域在乎？绛郡以朝命所访，姑指他丘垄为之词，以塞责耳！此事之必不然者也。”四库全书收录吴书，馆臣按语亦谓“晁公武《读书志》谓‘所记多失’，实又讥其记成都置交子务，误以寇瑊为张咏。案吴处厚以干进不遂，挟怒罗织蔡确《车盖亭》诗，骤得迁擢，为论者所薄。故公武恶其人并恶其书。今观所记，如以冯道为大人之类，颇乖风教，不但记录之讹。”赵翼则认为甚至连程婴等“存赵”故事也是“本《史记》采无稽之谈以听新闻，未必有其事也”。复举宋金元各一类似实事证之（《廿二史札记校证》卷三〇“郝经、昔班帖木儿”条，第715页）。今日观之，正可证实宋室之祀，实是“古为今用”。

[36]今人议论，可参《九月藏山好个秋》（http:// www.sxta.com.cn/lvwh/lywh49.htm）。

[37]此观最初或者是为陈抟准备的。据《宋史·陈抟传》，周世宗显德三年曾召陈抟至京师问道，赵匡胤却屡召不至。《续资治通鉴·开宝二年》载，赵匡胤征北汉时“（五月）次镇州，召道士苏澄入见，谓曰：‘朕作建隆观，思得有道之士居之，师岂有意乎？’对曰：‘京师浩攘，非所安也。’”这所道观在“斧声烛影”政权交接以前，曾用以检验张守真供奉之“黑煞神”灵验否（王钦若《翊圣保德真君传》，《云笈七签》卷一百三《纪传部·传一》）。太宗为黑煞神另建祠宇之后，此祠改由道士主掌，地位亦随之下降。《东京梦华录》卷三述：“建隆观，观内东廊于道士卖齿药，都人用之。”可得其概。

[38]《长编拾补》卷三十七“重和元年五月丁亥”条。

[39]《新安志》卷三《歙县沿革》：“祥符中议营昭应宫，计其工十五年而成。丁谓总领其事，以夜继昼，每绘一料，给烛两条，逾七年而就。”又《国老谈苑》卷二：“凡役工日三四万，发京东、西、河北、淮南州军禁军。调诸州工匠，每季代之；兵卒岁一代。并优其口粮、资值，选四厢指挥使忠佐二员董其役。”《宋朝事实》卷七《道释》：“宫凡三千六百一十楹。”

[40]《续资治通鉴》卷三十二。

[41]《集说诠真》引殷芸《小说》谓“周兴死，天帝召兴升殿”。白居易《梦仙》诗：“人有梦仙者，梦身升上清……仰谒玉皇帝，稽首前致诚。”（《白氏长庆集》卷一）

[42]《中国民间诸神》，河北教育出版社 2001 年新版，第 29 ~ 31 页。编者持赠，谨志高谊。

[43]《民间新年神像图画展览会 · 附录三》，北平中法汉学研究所 1942 年。转自《中国民间诸神》第 29 页。

[44]《续资治通鉴》卷一百七十二。

[45]《武夷山志》载唐天宝年间（742 ~ 755）始建天宝殿。南唐保大二年（944）元宗李璟为其弟李良佐“辞荣入道”，遂移建并命名“会仙观”。宋大中祥符二年（1009）增修屋宇。绍圣二年（1095）降旨大建宫殿，改名冲佑观。南宋词人辛弃疾、诗人陆游、理学家朱熹、刘子翚、张栻等都曾提举冲佑观。其中朱熹尤耽武夷，“琴书四十年，几做山中客。”（《武夷精舍杂咏诗 · 精舍》，《朱文公文集》卷九）

[46]《论语 · 述而》：“子曰：‘圣人，吾不得而见之矣；得见君子者，斯可矣。’”

[47]《论语 · 季氏》言：“孔子曰：‘君子有三畏：畏天命，畏大人，畏圣人之言。小人不知天命而不畏也，狎大人，侮圣人之言。’”

[48]《论语 · 卫灵公》。

[49]《孟子》卷十一《告子》。

[50]“不朽”观念大概源于金石之物能够历千年而不朽坏，可以用于葬仪。如《汉书 · 杨王孙传》：“口含玉石，欲化不得。”而葛洪《抱朴子》则载：“金玉在九窍，则死者为之不朽。”汉代出现了大量的葬玉制作，大如金缕玉衣、银缕玉衣、铜缕玉衣，小若口含、眼盖的玉石之类，也是在追求物质意义上的不朽。

[51]笔者另有《华夏精魂》一文，其中“书法与工具”曾探讨到中国书法材质由甲骨、钟鼎到汉唐以勒石记功，碑铭版刻为“不朽”，以至滥为“谀墓”的观念及其流变。参《书法集成》序，河北美术出版社 2001 年版。

[52]《管锥编》第四册，第 1244 页。

[53] 李一氓主编《藏外道书》，巴蜀书社 1992 年版，第四册，第 273~274 页。

[54] 陈寅恪《论韩愈》，《金明馆丛稿初编》，上海古籍出版社 1979 年版，第 288 页。

[55]《论语·述而》。

[56]《通书》。

[57] 参中华书局版《管锥编》第四册，第 1332 页。

[58]《粹言》卷二。

[59] 吕祖谦在《近思录·跋》中说："所载讲学之方，日用躬行之实，具有科级。循是而进，自卑升高，自近及远，庶几不失纂集之旨。"没有掩盖他们以此作为儒生变化性情气象的实用目的。又谓："读《明道行状》，可以观圣贤气象。"（参《宋元学案》卷十四）

[60]《朱子语类》卷五十二《孟子二》。

[61] 乾隆《解梁关帝志》卷之一。按吕柟，高陵（今属陕西省西安市）人，正德三年戊辰科状元。其学源于薛瑄，属程朱理学一派。嘉靖间曾任北京国子监祭酒。史籍中称吕氏讲席"几与阳明氏中分其盛"。曾增订胡琦《汉寿亭侯志》为五卷，今存明嘉靖刻本（北京大学图书馆藏）。

[62] 西晋初年汲郡（今河南卫辉市）有人盗掘魏王墓冢，发现了古简，辑出十万余字典籍。后经整理，析出《竹书纪年》《周书》等书。史学界对此问题尚有争议。

[63] 文震孟，长洲（今属江苏苏州）人，文征明曾孙，天启二年状元。天启、崇祯间侍讲经筵，官至礼部左侍郎兼东阁大学士，因阉党排挤致仕归里。

[64]《经学理窟·义理》。

[65]《程氏文集》九。

[66][67] 分别载《遗书》卷十五，卷二上、下。

[68]《遗书》卷二十二。

[69][70]《朱子语类》卷九十，卷八十七。

[71]《朱子语类》卷三。

[72] 民国《当阳县志》卷十六《艺文》。

[73]《孟子·公孙丑上》。

[74] 现存最早引用此意者，为蒙古族翰林阿鲁威撰写的元泰定大都《义勇武安王碑》（碑原在北京西四北大街双关帝庙。中国国家图书馆藏，索取号北京 322）。

[75]《关帝庙碑记（代孙咸吉）》，上海古籍出版社 1986 年《蒲松龄集·聊斋文集》卷二第 43 页。

第七章

“关公斩蚩尤”传说

“斩蚩尤”

四十多年前，一个叫《关公战秦琼》的相声曾经风靡一时，其结句谓“你在唐朝我在汉，咱俩打仗为哪般？”“他叫你打你就打，要是不打——他不管饭！”总是能引起一场哄堂大笑。据说这是讽刺军阀割据时代对文艺瞎干涉的，但与本文主旨绝不相干。

其实和现代存留的很多神祇一样，关羽崇拜也是在宋代重新发端，渐至后世勃兴的。看起来“关公斩蚩尤”较“关公战秦琼”更为荒诞，但影响却极为深远。其真实原由和涉及方面，则颇多有关两宋之重大问题，实际上的内涵还要深刻广泛得多。为叙述方便，我们且从“斩蚩尤”谈起。[1]

“黄帝战蚩尤”是关乎远古时期中原两大部族战争，决定中华民族最初走向的一项历史大事件。由于当时没有文字记述，所以长期以口传形式存在于神话之中。先秦载入各种典籍，已出现多重歧义，以致历代分证，代有异说。20 世纪 80 年代以后，又有专家根据文化人类学之现代考古学、民俗学等综合予以考探，意见亦不一致。[2]理由纷繁不叙。这里只谈宋后记述中经过变异的几种说法，按照出现时间的先后排列，以见其嬗变之迹。最早的应当是《大宋宣和遗事》元集：

山东嘉祥县武开明祠汉砖刻蚩尤像之线描摹本。蚩尤铜头铁额，头戴兜牟，背后插弓，手脚分别持有戈矛等兵器，或即“五兵”。造型奇特怪异，活像邻家淘气男孩，又如好莱坞创作的外星人。采自刘兴珍等编《中国汉代的画像石——山东的武氏祠》，北京外文出版社1991年日文版。

崇宁五年，夏，解州有蛟在盐池作祟，布气十余里，人畜在气中者，辄皆嚼啮，伤人甚众。诏命嗣汉三十代天师张继先治之。不旬日间，蛟祟已平。继先入见，帝抚劳再三，且问曰：“卿此翦除，是何妖魅？”继先答曰：“昔轩辕斩蚩尤，后人立祠于池侧以祀焉。今其祠宇顿弊，故变为蛟，以妖是境，欲求祀典。臣赖圣威，幸已除灭。”帝曰：“卿用何神？愿获一见，少劳神庥。”继先曰：“神即当起居圣驾。”忽有二神现于殿庭[3]：一神绛衣金甲，青刀美须髯；一神乃介胄之士。继先指示金甲者曰：“此即蜀将关羽也。”又指介胄者曰：“此乃信上自鸣山神石氏[4]也。”言迄不见。帝遂褒加封赠，仍赐张继先为视秩大夫，虚靖真人。[5]

请注意“绛衣金甲，青刀美髯”之说。“金甲”是沿袭《独醒志》《睽车志》等宋人笔记所载关羽为“金甲神人”“金甲将军”而来，“绛衣”之说则仅此一见，后世关羽则以“绿袍”为标准服饰。[6]元人胡琦《解池斩妖考辨》云：

《古记》云：宋大中祥符七年，解州奏解盐出于池，岁收课利以佐国用。近水减盐少，亏失常课……侍臣王钦若曰：“蚩尤，邪神也。臣知信州龙虎山张天师者，能使鬼神，若令治之，蚩尤不足虑也。”于是召天师赴阙上，与之论蚩尤事。对曰：“此必无可忧。自古忠烈之士，殁而为神。蜀将军关某忠而勇，陛下祷而召之，以讨蚩尤，必有阴功。”[7]

《三教源流搜神大全》成书于元代戏曲小说创作初兴时期[8]，故其增益特多，叙述最详，不啻“说话”故事，因而最接近神话本色，故文虽较长，仍须引用。其卷三云：

义勇武安王，姓关，名羽，字云长，蒲州解良人也。当汉末，与涿郡张飞佐刘先主起义兵。后于南阳卧龙冈三谒茅庐，聘诸葛孔明，宰割山河，三分天下，国号为蜀。先主命关公为荆州牧，不幸吕蒙设计，公乃不屈节而亡，追赠大将军，葬于玉泉山。土人感其德义，岁时奉祀焉。宋真宗祥符五年十月十七日，夜有神人自空而降，奏曰：“臣乃上天直符使者，玉帝有敕，后八日有圣祖轩辕降于宫阙。”言讫而去。帝次日与群臣议之，洒扫宫室，设祭礼。至日，圣降于延恩殿，帝拜于前。圣曰：“吾往昔人皇氏也，其后为轩辕，即汝赵宋之始祖也。吾以汝善修国政，抚育下民而来。”言讫，圣升天矣，帝大异之。帝与群臣议之，圣降之迹山[尚]存，天香未散。群臣贺曰：“陛下圣德所感，圣祖降于宫阙。”帝诏天下梵宫，并建圣祖宝殿。至祥符七年，解州刺史表奏云：“盐池自古生盐，收办官课。自去岁以来，盐池减水，有亏课程。此系灾变，敢不奏闻。”帝遣使持诏至解州城隍庙祈祷焉。使梦一神告曰：“吾城隍也。盐之患，乃蚩尤也。往昔蚩尤与轩辕帝争战地，杀

《三教源流搜神大全》义勇武安王像。此书被收入《万历续道藏》。

蚩尤于此地，盐池之侧至今尚有近迹。近闻朝廷创立圣祖殿，蚩尤大怒，攻竭盐池之水。”飒然而觉，得此报应，回奏于帝。帝与群臣议之，王钦若奏道；“地神见报，当设祭一祷之。”帝遣吕夷简持诏就盐池祷之。祭毕，是夜梦一神人戎服金甲持剑，怒而言曰：“吾乃蚩尤神也。奉上帝之命来此盐池，于民有功，于国有益。今朝廷崇以轩辕，立庙于天下，吾乃一世之仇也，此上不平，故竭盐池水。朝廷若能除毁轩辕之殿，吾令盐池如故。若不从，竭绝盐池，五谷不收，又使西戎为边境之患。”言讫而去。夷简飒然而觉，其梦中之事回奏于帝。帝亦梦之。王钦若奏曰：“蚩尤乃邪神也。陛下可遣使就信州龙虎山诏张天师，可收服此怪。”帝从之，乃遣使诏天师至阙下。帝曰：

《三才图会》“角觝图”（“书格”提供明万历刊本）之“蚩尤戏”。《史记·乐书》：“蚩尤头有角，与黄帝斗，以角抵人，今冀州为蚩尤戏。”梁《述异记》载：“秦汉间说，蚩尤氏耳鬓如剑朝，头有角。与轩辕斗，以角抵人，人不能向。今冀州有乐，名‘蚩尤戏’，其民两两三三，头戴牛角而相抵。”故亦称“角牴”。最初流行于北方农村，带有纪念蚩尤氏的意义。汉代民间出现了“蚩尤戏”发展而成竞技活动，由两个人在公开场合表演，已经具有后来摔跤的基本特色和特定文化内涵。晋代伊始，角牴又出现了另一名称——“相扑”，沿唐宋元明清之民族融合，演进成为今天之“中国式摔跤”。

“昨因立圣祖轩辕殿，致蚩尤怒，涸绝盐池之水，即今为患，召卿断之。”天师奏曰：“臣举一将最英勇者，蜀关将军也。臣当召之，可讨蚩尤，必其成功。”言讫，师召关将军至，现形于帝前。帝云：“蚩尤竭绝盐池之水。”将军奏曰：“陛下圣命，敢不从之！臣乞会五岳四渎，名山大川所有阴兵，尽往解州，讨此妖鬼。若臣与蚩尤对战，必待七日方剿除得。伏愿陛下先令解州管内民户三百里内，尽闭户不出，三百里外尽示告行人，勿得往来。待七日之期，必成其功，然后开门如往。恐触犯神鬼，多致死亡。”帝从之。关将军乃受命而退。遂下诏，解州居民悉知。忽一日，大风阴暗，白昼如夜，阴云四起，雷奔电走，似有金戈铁马之声，闻空中叫噪。如此五日，方云收雾散，天晴日朗，盐池水如故，皆关将军力也。其护国祚民如此。帝嘉其功，遣王钦若赍诏往玉泉山祠下致享，以谢神功。复其新庙，赐庙额曰“义勇”，追封四字王，号曰“武安王”。宋徽宗加封尊号，曰“崇宁至道真君”。

于前因后果交代得最为详尽。明人王世贞《关将军四祀图序》则云：

宋政和中解州解池盐至期而败，课輙不登。帝召虚靖张真人询之，曰：此蚩尤神暴也。帝曰：谁能胜之？曰：臣以委直日，关帅可也。寻解州奏：大风霆偃巨木，已而霁，则池水平若如镜，盐复课矣。帝召虚靖而劳之，曰：关帅，其可得乎？曰：可。俄而见大身，遂充廷。帝惧，拈一崇宁钱投之，曰：以为信。明当敕拜崇宁真君也。[9]

已删除蚩尤向轩辕寻衅之说，表现出儒生的谨慎和简约。又朱国桢《仿洪小品》（亦名《涌幢小品》）卷二十“关云长四则”之三：

山西盐池在解州，云长所产处也。相传黄帝执蚩尤于中冀，戮之，肢体身首异处，而名其地曰“解”。其血化为卤，遂成池。宋崇宁中，池水数溃，张虚静摄云长之神治之，池盐如故。云长见像于廷，于是加封拓祠。祠最伟，神亦最灵。池长百二十里，阔七里，周垣守之。每大雨，辄能败盐。必祷于神而止、蚩尤以其血为万世利，而云长周旋，永此利源，同于煮海。奇矣奇矣。[10]

明刊《历代神仙通鉴》卷一九：

宋元祐中，哲宗召三十代天师张继先（除澥池之害）。逾顷，雷。电昼晦。帝问：“卿向用何将？还可见否？”曰：“臣所役者，关羽也。”即握剑召于殿左，羽随见。帝惊，掷崇宁钱与之，曰：“以封汝。”（祀为崇宁真君）。（徽宗时）宫中有祟。见一道士碧莲冠，紫鹤氅，手持水晶如意，前揖曰：“奉上帝命，来除此祟。”良久，一金甲丈夫捉祟，擘而啖之。帝问金甲者何人，道士曰："所封崇宁真君关羽也。"

清初陈梦雷编著《古今图书集成·神异典》第三十八卷引《关圣帝君圣迹图志》：

《关圣帝君圣迹图志》：古记云：宋大中祥符七年解州奏，解盐出于池，岁收课利，以佐国用。近水减盐少，亏失常课。此是灾异，不可不察。奏入，上遣使往视，还报曰：臣见一老父，自称城隍神，令臣奏云：为盐池之患者，蚩尤也。忽不见。上怪而疑之，顾问左右，皆以灾害之生有神主之为言。上乃诏近臣吕夷简至解池致祭。事讫之夕，夷简梦神人戎衣，怒言曰：吾，蚩尤也。上帝命我主此盐池，今者天子立轩辕祠，轩辕，吾雠也。我为此不平，故绝池水尔。若急毁之则已，不然祸无穷矣。夷简还白其事，侍臣王钦若曰：蚩尤，邪神也。臣知信州龙虎山张天师者，能使役鬼神。若令治之，蚩尤不足虑也。于是招天师赴阙，上与之论蚩尤事，对曰：此必无可忧。自古忠臣烈士之殁而为神，蜀将军关某忠而勇，陛下祷而招之，以讨蚩尤，必有阴助。上问：今何神也？对曰：庙食荆门之玉泉。上从其言，天师乃即禁中书符焚之。移时，一美髯人擐甲佩剑，浮空而下，拜于殿廷。天师宣谕上旨曰：蚩尤为妖如此，今天子欲命将军为民除害，何如？答曰：臣敢不奉诏。容臣会岳渎阴兵至彼，并力为陛下扫荡之。俄失所在。上与天师肃然起敬，左右从官悉见悉闻，莫不赞叹。忽一日黑云起于池上，大风暴至，雷电晦暝，居人震恐，但闻空中金戈铁马之声。久之云雾收敛，天日晴朗，池水如故，周匝百里。守臣王忠具表以闻，上大悦，遂使致祭。仍命有司修葺庙宇。岁时奉祀。《广见录》[11]云：第三十代天师张继先，宋崇宁中应召平解池之祟，凡四诏赴阙，赐号虚静先生，视秩中散大夫。按李焘《通鉴长编》曰：崇宁四年六月丙子，御紫宸殿。以修复盐池，百官入贺。解池为水浸坏八年，至是创开四千四百余畦，积成盐实故也。以此考之，《广见录》所载年份不差，虚静之召，当在四年之前，盖崇宁尽五年也。世传虚静平盐池之祟，以为得神之助，斩池中蛟也。由是帝有崇宁真君之号。

钱曾《读书敏求记》则指出龙虎宗实为此说的幕后有力推动者，云：

《汉天师世家》一卷中称三十代天师讳继先者，宋崇宁二年投符解州盐池，磔蛟死水裔。上问：“用何将？”随召关某见于殿左。上惊，掷崇宁钱与之，曰：“以此封汝。”世因祀为“崇宁真君”。此当是关帝受封之始。”

综合起来，我们得到的说法有这样的出入：

传述者	时间	由来	关系者	法师	神迹	封祀
《宣和遗事》	崇宁五年	蚩尤变蛟在盐池作祟，布气十余里	石固同时出现	张继先	二神现于殿庭。言迄不见	
胡琦	大中祥符七年	水减盐少，亏失常课	王钦若	龙虎山张天师	祷而召之，以讨蚩尤	
《搜神大全》	真宗祥符七年	以蚩尤与轩辕之仇	王钦若 吕夷简	信州龙虎山天师	现形于帝前	义勇武安王
王世贞	徽宗政和中	蚩尤神暴		虚静真人	大身克廷	崇宁真君
朱国祯	徽宗崇宁中	池水数溃		张虚静	见像于廷	
《历代神仙通鉴》	哲宗元祐中			张继先	握剑召于殿左	崇宁真君
《历代圣迹图志》	徽宗崇宁年间	轩辕黄帝设庙，蚩尤报复	吕夷简 王钦若	张继先	擐甲佩剑，浮空而下	崇宁真君
钱曾	徽宗崇宁二年			张继先	召于殿左	崇宁真君

以上记载所由不一，年代起因也颇有出入。本文就从梳理这些差异开始。

首先是事件发生的可能时间。既然所有的记载中“斩蚩尤”一事，都肇于解池盐灾，自不妨以盐灾作为考察时间的参照。李庭《解州盐池重修二王神庙记》[12]记叙稍详：

宋两池置官八，而州有榷盐院，守二领之，使民入粟塞下，与钞以给，盐一岁之出，无虑四十万席。其利既博，而法益密矣。元符元年，霖潦弥月，沟浍皆盈，坏官亭、盐室不可胜记。讲臣义士，使驲旁午，睥睨惶骇，莫知所以拯之之术。崇宁四年春，遣耀州观察使王仲千发丁夫回山谷之泛滥，完堤防之缺，周池之土，作护宝堤百余里，又于堤之内起外堰以杀水势。外患既弥，客水浸涸，是岁盐宝初成……初年课才十二，次年倍之，越三年遂底成绩。

稍后马端临《文献通考》卷十六《征榷三》曰：

初，解梁之东有大泽，绵亘百余里，岁得亿万计。自元符元年霖潦池坏，至是乃议修复。……徽宗崇宁元年，解州贾考、南北团池，修治畦眼，拍磨布种，通得盐百七十八万二千七百余斤。州县以闻。……四年池成，凡开二千四百余畦，百官皆贺其役，内侍王仲千实董之。

据此，则知解池霖潦而影响盐课应从宋哲宗元符元年（1098）始，经过修治，崇宁四年"六月，丙子，御紫宸殿，以修复解池，百官入贺。解池为水浸坏八年，至是始开四千四百余畦。"[13]

上述"关羽斩蚩尤"传说涉及年代之解盐产量见下表[14]：

时　间	年　产　量	
至道二年（996）	373，545（小）席	43，517（千斤）
大中祥符九年（1016）	387，220（小）席	45，111（千斤）
元祐元年（1086）	366，970（大）席	80，733（千斤）
元符元年至三年（1098 ~ 1100）	基本停产	
崇宁元年（1102）	1，530（小）席	1，782（千斤）
崇宁四年（1105）	基本恢复生产	
政和元年（1111）	693，831（大）席	152，642（千斤）

由此表所示，则大中祥符、元祐年间解池本无事，何须自扰之？关羽"降妖赐封"一事即使属实，也只有在元符、崇宁两个关键年代才有可能发生。

与上述一些记叙不同，盐灾发生的真实原因，亦非"减水"或者"竭绝盐池之水"造成的，恰恰相反，是由于多雨以至"霖潦池坏"所致。沈括曾以中央大吏身份，亲往解池考察过，并在《梦溪笔谈》卷三《辨证》里总结过这次盐灾。他认为：

解州盐泽，方百二十里。久雨，四山之水悉注其中，未尝溢，大旱未尝涸。卤色正赤，在版泉之下，俚俗谓之“蚩尤血”。惟中间一泉乃是甘泉，得此水然后可以聚。又其北有尧梢水，亦谓之巫咸河。大卤之水不得甘泉和之，不能成盐，惟巫咸水入，则盐不复结，故人谓之“无咸河”，为盐泽之患，筑大堤以防之，甚于备寇盗。原其理，盖巫咸为浊水，入卤中则污淀卤脉，盐遂不成，非有他异也。

其中“蚩尤血”一语尤其值得注意。案宋人罗泌《路史·后纪四·蚩尤传》曰：“（黄帝）传战执尤于中冀而诛之，爰谓之‘解’。”[15]即解州得名之由来。乐史撰《太平寰宇记》卷四六“安邑”条则言：“蚩尤城在县南一十八里。”这证实北宋观念中解池与蚩尤的联系，为“关公斩蚩尤”的神话传说提供了民俗方面的依据。今解州盐池畔仍保留有蚩尤村的地名，亦当为这个神话传说的遗留。为易于理解当年解州盐池究竟发生了什么灾害，不妨再引用今人的叙述：

这次宋代盐业史上最为严重的解池事故，发生于元符元年（1098）秋季。这次事故的性质，是“盐池为水冲注”，即盐池区西南侧两条河渠的堤堰决裂，特别是涑水河与姚暹渠汇合处的小樊家堰被决，淡水侵灌盐池所致。小樊家堰附近，星罗棋布着许多小型的盐池，分属于河中府与解州，涑水河、姚暹渠两处堤岸及樊家堰“缘盐池周围阔远”，其护堰任务，本由两县县尉分段负责，派人巡视。这年九、十月间，恰值秋霖淫潦。护堰人员疏失。倚盐为生的“樊家堰小池等处人户”，又乘机取卤私煎，“盗决南岸，使水入池”，这样，便招致一场空前的灾祸。[16]

可知灾缘人为，弭祸亦系人力所致，非干神功。

前述记叙中所以屡屡提及王钦若，是因为他是北宋最著名的“道士宰相”。《宋史·王钦若传》记载了他出生时，有祖父预言，裴度刺字等异事，并谓其“及贵，遂好神仙之事，常用道家科仪建坛场以礼神”。“钦若自以深达道教，多所见明，领校道书，凡增六百余卷”。实际上他还是宋真宗“降天书符瑞”“托祖”和确立“神道设教”文化政策的关键人物。[17]王钦若是江西新喻人，与龙虎山颇有乡谊，三十一代天师张正随，就是他引荐给赵桓的。有人认为张正随被召赐是走了同乡关系的后门，《历代通鉴纲目辑览》：“于大中祥符八年（《续通考》作‘九年’）书赐信州道士张正随，号‘真静先生’”。分注：

初，汉张鲁子自汉中徙居信州龙虎山，世以鬼道惑众，正随其后也。至是召赴阙赐号。王钦若为奏立授箓院及上清观，蠲其田租。按钦若，新喻人。以“天书”提倡符箓，故庇其乡人而为之奏乞。[18]

有趣的是，在“黄帝战蚩尤”的最初传说中，黄帝系统正是用“旱魃”对付蚩尤系统的“水害”，才取得胜利的，或者是洪荒时代以神怪相争形式治除水患的另类表述。《山海经·大荒北经》：“蚩尤请风伯雨师纵大风雨，黄帝乃令下天女曰魃，雨止，遂杀蚩尤。”这与当时解池排水固堤之缮修工程也有一分相似。但宋人叙此故事，已有明显变化。真宗时代的《云笈七签》卷一百《轩辕本纪》云：

蚩尤率魑魅魍魉，请风伯雨师，从天大风而来，命应龙蓄水以攻黄帝。黄帝请风伯雨师及天下女祆，以止雨于东荒之地，北隅诸山，黎土羌兵，驱应龙以处南极，杀蚩尤与夸父。不得复上，故其下旱，所居皆不雨。蚩尤乃败于顾（阪）泉，遂杀之于中冀。

此时的“风伯雨师”和“应龙”都成了人人得用的工具，而非属下同盟。元人年久睽隔，仅知关羽主祈雨，遂妄度解池之灾为天旱减水所致，也是神话传说傍依附丽于史实的常态，不必深究。

明代脉望馆抄校本《古今杂剧》有无名氏杂剧《关云长大破蚩尤》[19]，谓：宋（仁宗）时，蚩尤神作祟，使解州盐池干涸，朝廷命寇准请张天师来京询问，方知其故。天师教吕蒙正之侄吕夷简至玉泉山访玉泉长老，请玉泉土地关圣。关“奉玉帝敕令”，并“启天庭亲上表，因此上差神兵命天曹”，去打败了蚩尤。范仲淹奉命为关公在解州立庙。驱邪院主宣玉帝旨，封关公为“武安王神威义勇”，“再封为破蚩尤崇宁真君”。揆诸史实，此剧尤为不经。饶宗颐曾辨析云：“查范氏殁于绍圣时，编剧的人不管年代先后，随便调兵遣将，是有问题的。”[20]但也正因不拘史实，此剧才显示出金元之际民间传说和民俗信仰的鲜明特征来。

“关帝斩蚩尤”后世不但在解州一带演为杂剧，进入民间祭赛，而且成为山西一道特殊的节俗景观。元大德元年（1297）芮城县《芮王庙记》已有明确的戏曲演出记载，其言：

> 夫民者神之主也，神本依人而行，果能祭之如在，何而不灵？可以占年而祈谷，可以请雨而祈晴，可以禳灾而祷嗣，此皆神之所司也。民和而岁丰，神降之以景福，如影响之应形声，谆谆乎毫厘之不差。若夫仗剑现宋帝之宫，霖雨退西狄之寇，活焦枯之稼而殿重兴，救张弟之厄而露台建。此自石碣具存，不复赘云。[21]（着重号为笔者所加）

这里首先把祭祀中戏剧活动“酬神娱人”的功能交代清楚。至于演出剧目，冯俊杰《考述》声言失考，只说：“至于其中隐含的‘仗剑现宋帝之宫，霖雨退西狄之寇’，‘活焦枯之稼’及‘救张弟之厄’等神灵故事，今已无从知晓。”是一憾焉。综前所述，这里所说的“仗剑现宋帝之宫”，应该就是《关云长大破蚩尤》。

在1985年发现的山西潞城抄本《迎神赛社礼节传簿四十曲宫调》（又名《周乐星图本正传四十曲宫调》，简称“潞城本”）第四部分《乐舞哑队戏排场单二十五个》中，还有一份《关大王破蚩尤》的剧目。据其“角色排场单”提示，角色包含以下诸位：

> 三帝、真宗驾头、寇准、金紫园、归使臣、城皇［隍］、土地、千里眼、顺耳风［风耳］、急脚鬼、宰相王钦［若］、张天师、鬼怪（八个）、炳灵公、风伯、雨师、雷公、电母、四揭地［谛］神、关公、关平、周仓、五岳阴兵、降蚩尤。上，散。[22]

则与脉望馆杂剧所载剧目的人物构成显然不同，不但时代由宋仁宗提前到宋真宗，以王钦若代替了范仲淹、吕夷简，而且增加了东岳神炳灵公的形象，更接近于正一派道教散播之关羽显圣传说。后文再表。

墨遗萍《蒲剧小史》曾以为锣鼓杂剧“是宋代‘村落百戏’之一，起于宋真宗请‘关羽斩蚩尤’的神怪故事。”调查者则言：

> 据赛戏艺人讲，此剧为赛戏之祖戏……临猗县民间有一种普遍流传的说法，认为铙鼓杂戏是唐德宗朝马燧营建龙岩寺时首创，因而也

叫龙岩戏，并认为从那时起每逢龙岩庙会必演该剧。而运城及解州一带则盛传铙鼓杂戏兴于北宋真宗朝，《关公破蚩尤》为它的开天祖戏。[23]

“兴于北宋真宗朝”的说法，山西戏剧史研究者每常引用，其实只是依据戏文人物内容断言，经不起推敲。如果与《大宋宣和遗事》所载合观，更像是金元之际的故事。后世山西之《关公破蚩尤》已成为特殊节俗，随手举例，即有康熙五十八年（1719）《汾阳县志》：

一日，簪皂角叶，禳瘟。童男女以红花子作繐配之。

光绪七年（1881）《翼城县志》：

岁时民俗：初一日，相传为关壮缪侯破蚩尤之日，人多于门旁插皂角叶，而粘印牛于门扉，如艾虎。

民国九年（1920）《虞乡县志》：

岁时民俗：一日，人人头戴柱钱，插皂角叶。俗传宋时蚩尤作祟，盐池水涸。关帝率神兵讨之，令神兵各戴皂叶，以为标记。蚩尤亦令妖兵头戴槐叶，意图混乱。及至日午，槐叶尽干，卒为所破。池水如初。

民国十八年（1929）《翼城县志》：

初一日，相传为关壮缪侯破蚩尤之日，人多于门旁插皂角叶，而粘印牛于门楣，或以色布作三角式，用线串之，间以枯蒜梗，令小儿佩带，殆皆避瘟之意欤？

酬神娱人，其此之谓。只是“显圣”之日期，何以异口同声地定为“四月一日”，尚待考证。民国《安邑县志》尝概乎言之：

蚩尤城：在盐池东南二里许。《黄帝经》叙黄帝杀蚩尤，其血化为卤，今之解池是也。《通志》载小颢者，蚩尤所居，注蚩尤城，今名从善村，本即古解城也。地之所以名“解”，以蚩尤体解得名。古因蚩尤血化为渤澥，澥殆即解池乎？《皇览》亦言帝杀蚩尤，身体异处，故别葬之。按《书》云蚩尤惟始作乱而略。史载参卢命蚩尤守小颢。参卢为炎帝之后。榆罔，《汉书》亦谓之参卢。考古者谓蚩尤亦冒炎帝之称，故古史有黄帝战炎帝之记载，实即征蚩尤故事。血化为卤，自是神话。至宋祥符间，又有因盐水涸，由天师请关公平蚩尤神话。相传宁济庙俗名圪塔庙，为关公驻兵处，从善村为蚩尤驻兵处。又云因蚩尤幻变，所部阴兵与关公所部者相同，无以为别，关公乃命阴兵佩皂角叶。蚩尤误认为槐叶。两兵相交，至日午槐叶曲卷，皂叶直舒，乃歼绝服槐叶阴兵。蚩尤神灭，盐池复旧，此事出于道书，识者疑之。但至今四月初一日人家门首尚插皂角叶，蚩尤村仍插槐叶，且村中人不立关庙，立则有祸焉。蚩尤之改从善，乃由新神话而来，并无谈黄帝神话者矣。[24]

这已是乡人具备近代神话传说学常识的解释了，值得注意。但亦有不确之处，下文分解。

按《宣和遗事》所谈，蚩尤之乱曾“布气十余里，人畜在气中”，本于《云笈七签·轩辕本纪》所叙“帝未克敌，蚩尤作百里大雾，弥三日，帝之军人皆迷惑。乃令风后法斗机，作指南车”的传说。蚩尤能兴大水，所以被视为“水兽”。而孽蛟本为水害，“水涸”则蛟现，“诛蛟”传说自然是附丽解池被水之灾。

但“孽蛟”何以一变而为“蚩尤”，亦有可说者。唐人苏鹗《苏氏演义》卷上云：“蚩者，海兽也。汉武帝作柏梁殿，有上疏曰：‘蚩尾，水之精，能辟火灾，可置之堂殿。’今人多作‘鸱’字，见其吻如鸱鸢，遂呼之为‘鸱尾’。”即今见古建筑屋脊之大嘴鸟形兽也。但宋人黄朝英《靖康缃素记》（《丛书集成》本）卷一“蚩尾”条则云：“‘蚩尾’既是水兽，作‘蚩尤’字可也。蚩尤铜头铁额，牛角牛耳，兽之形也。”可证宋徽宗时代人们观念中之蚩尤形象。

解池不过河东一隅，它的兴废为何引出偌大风波，以至后人附会不已，使“关羽斩蚩尤”的神话喧腾千载呢？此正关涉北宋“物质文明”和“精神文明”方面的两个绝大问题。下文续谈。

“天书降神”与“蚩尤作乱”

至于解盐之于“精神文明”，则攸关宋廷的信仰支柱，也即“内则升中告成之事举”。《礼记·礼器》云：“是故因天事天，因地事地，因名山，升中于天。”前引两则元人记载，都以关羽受封事系于大中祥符七年，这正

山西运城解州关帝庙端门右侧图

是闹得沸沸扬扬的宋真宗“降天书”事后，又相继举行泰山、华山封禅大典，并且亲祀汾阴之后土庙之后。

宋真宗是历史上著名的崇道之君。他听信道士之言，以“天书降世”为名，改元“大中祥符”之事，是道教历史上一件惊天动地的大事。罗贯中原著，晚明冯梦龙增补的《三遂平妖传》中已有描述，以其与本文主旨关系不大，故不论。但前引《三教源流搜神大全》就独具只眼，把黄帝与蚩尤争斗的一笔陈年老账与“关羽斩蚩尤”之事挂上了钩，因此不能不述宋帝室托名“轩辕之后”的一段史实。

史载，大中祥符五年（1012）十月，真宗曾称他梦见了景德中所睹“神人”，“神人”传玉玺之命云：

先令汝祖赵某授汝天书，将见汝，如唐朝恭奉玄元皇帝。……翌日夜，复梦神人传天尊言：“吾坐西，当斜设六位。”即于延恩殿设道场候迎。五鼓后天尊至，冠服如元始天尊像。六人秉圭，其中四人仙衣，二人通天冠，绛纱袍。真宗再拜于阶下。天尊与六人皆就座。

真宗再拜于西阶。命设榻，召真宗坐，令饮碧玉汤。天尊语："吾，人皇九子中一人也。是赵之始祖。再降，乃轩辕黄帝，凡世所知少典之子，非也。母感电，梦天人，生于寿丘，后唐时七月一日下降，总治下方，主赵氏之族，今已百年。皇帝既善为抚育苍生，无怠前志。"[25]

戊午日，宣称"九天司命上卿保生天尊"降于延恩殿，于是赵桓正式宣称，宋室为"轩辕黄帝之后"。《宋史·王钦若传》还说：钦若任景灵使时曾"阅《道藏》，得赵氏神仙事迹四十人，绘于廊庑。"

道教为真宗托祖，本踵唐时故智。陈寅恪曾指出："老子亦为唐皇室所攀认之祖宗。且受大圣祖高上大道金阙玄元天皇大帝之尊号，庙号太清宫。"开元二十九年（741）闰四月，道士就成功地让李隆基相信，他梦见的"玄元皇帝"曾降灵楼观。杜光庭也曾为前蜀后主王衍托祖王子晋，尊其为"圣祖至道玉宸皇帝"，[26]可知王钦若亦不过司法惯伎。而赵恒笃信道教，也乐于"托祖"，并欣然为其所托先祖圣君《轩辕本纪》制序。[27]

宋人乐史《太平寰宇记》卷四十六云：

解州：解州解郡，今理解县。本蒲州解县，唐天授二年析虞乡所置也。即夏桀鸣条之野，蚩尤之封域。有盐池之利。……蚩尤城在县南一十八里，《管子》记曰："雍孤之山出金，蚩尤爱之，以为剑戟。"《史记》曰："黄帝与蚩尤战于涿鹿之野。"按《皇览冢墓记》曰："蚩尤冢在东平郡寿张县，坟高七丈，常十月祀之。冢上有赤气，如一疋红练，人谓之蚩尤旗。其肩髀冢在山阳郡巨野县，与身异处，故别葬之。"《孔子三朝记》云："蚩尤，庶人之贪者，而有喜怒，故恶名归之。"其城今摧毁。[28]

这一大堆引述，无非证明了宋人观念中的蚩尤形象。我们当记得，传说中蚩尤所以在解池作乱，理由之一便是"往昔蚩尤与轩辕帝争战，杀蚩尤于此地盐池之侧，至今尚有近迹。近闻朝廷创立圣祖殿，蚩尤大怒，攻竭盐池之水。"这应当是道教造此传说的一个逻辑起点。盖缘"天书封禅"的道教背景，不过是抬出远古的轩辕黄帝作为赵宋皇室的祖系；又在国脉根本的解盐所在，进一步导演出黄帝和老对手蚩尤再次对抗，则可证明充当灵媒之道士神力，较唐人更上层楼矣。[29]

按解州池盐被视为灵异之产是很有历史的。《世本》《帝王世纪》等典籍都有“尧都平阳（今属临汾），舜都蒲阪（今属永济），禹都安邑（今属夏县）”的记述，都围绕解池建都，信非偶然。我猜想很可能就是依靠解盐这种上古时期最重要的民生战略物资建立起来的政权。换句话说，上古时期只要控制了解池，就能控制中原。先秦古籍《尸子》关于《南风歌》记述说：

舜作五弦之琴，以歌南风，其诗曰：“南风之熏兮，可以解吾民之愠兮！南风之时兮，可以阜吾民之财兮！”是舜歌也。[30]

就是歌咏促使解盐结晶之“南风”，能给当地百姓带来丰足富裕的。郦道元《水经注》对解盐产生的描述是：“紫色澄渟，浑而不流；水出石盐，自然印成。朝取夕复，终无减损。”《集古录跋尾》卷八《唐盐宗神祠记》引解州人张席对欧阳修所说：“夏月，‘盐南风’来，池面紫色，须臾凝结如雪。土人谓之‘漫生盐’。”吕祖谦也说“必南风起，此盐遂熟。风一夜起，水一夜结成盐。……如南风不起，则课利遂失。”[31]所以有论者认为：“早在四千多年前，解池附近这种神秘的‘盐南风’，已经引起人们的注意。它不仅因带来盐利而备受崇祀，而且，也成为诗歌和音乐创作的重要题材。”[32]

吴曾《能改斋漫录》以《左传》立论，辨析解盐所以独称为“盬”且与众不同之故，曰：

《左氏传》成公六年，晋人谋去故绛，诸大夫皆曰：“必居郇瑕氏之地，沃壤而近盬。”杜预注曰：“郇瑕，古国名。河东解县有郇城。盬，盐也，猗氏县盐池是。”孔颖达《正义》曰：“《说文》云：盬，河东盐池，字从盐。”然则盬是盐之名，盬虽是盐，惟此池之盐，独名盬，余盐不名盬也。陆德明《释音》云：“音古，盐也。”予按古今文士用盐字，无盬、盐之别。虽《魏都赋》“墨井盐池，玄滋素液”，政用盐池事。亦作盐字。又何耶？《管子》“书”“地”数篇曰：“楚有汝汉之金，齐有渠展之盐，燕有辽东之煮”。亦只作盐字。《汉书》亦然。当俟博识者。杜子美《盐井》诗云：“卤中草木白，青煮官盐烟。”杜田《补遗》曰：“许慎《说文》云：卤，盐池也。东方谓之斥，西方谓之卤。”又《汉宣帝纪》：“帝尝困于莲勺卤中。”注：“如淳曰：

莲勺县有盐池，纵横十余里，其乡人名卤中。师古曰：今在栎阳县东。”予按《吕氏春秋》称魏文侯时，吴起为邺令，引漳水以灌田。民歌之曰：“决漳水兮灌邺旁，终古斥卤生稻粱。”然则盐薄之地，名为斥卤。故《禹贡》云：海滨广斥。《左传》表淳卤，是也。淳卤地薄，收获常少，故表云：轻其赋税。予以是知如盐如咸字，皆从卤也。故盐亦作鹽。其说庶几是乎？

唐人眼中，解州池盐是“阴阳调和，神鬼驱造，不劳人而擅其利。与夫凿泉、煮海不相为谋”。[33]柳宗元《晋问》则有：“猗氏之盐，晋宝之大也。人之赖之与谷同。化若神造，非人力之功也。”[34]宋人则说“海盐、井盐全资于人，解池之盐全资于天，而人不与”。[35]人们把盐池、风谷视为某种神灵，因此早已立祠祭祀。唐代刘宇《河东盐池灵庆公神祠碑阴记》[36]曰：

天作渊极，神将宅焉。神者何？灵化之真宰也。夫神之俶落，实曰鹽宗。闾阎祷之，不在祀典。先皇朝有元老韩公滉之总邦赋，以大咸之功康济是博，上以供宗庙之费，下以代田野之租，升闻于天，请加礼秩。帝曰：可。于是册为灵庆公，俎豆之数，视于淮、济；享竭之期，载在王府。故及东都留守礼部尚书崔公纵，顷知河中院，以神之旧宫僻在幽阻，既崇其礼，宜敞厥居，是用迁置于斯，乃饬殿堂开像设，面渊沦之积水，跨逦迤之重冈，阴阴森森，容卫毕备，立卒走壁，俨然如生。虽水府灵居，未之若也。今职方郎中兼侍御史冯公兴，纂其是职，推置信让，无小无大，报之以德。顷以天久不雨，虑失其岁，职方于是斋心累辰，亲执牲帛，将至诚之德，告灵化之源。尝不朝而雨斯足，如是者数四。是则人有德于神，神亦有德于人，德交归焉。政是用长，宜其建石表异，征文纪灵，是以有太常博士崔君之颂也。逮夫石自他山而至，文自奉常而来，知解县池詹事府司直陆位，事以道自集，商以仁自来；知安邑池大理评事韦纵，财以清自丰，吏以明自肃。此二公者，以为职方之精意，可达于鬼神，如之何不奉矣，乃相与就其磨砻，覆以栋宇，自朔及望，揭焉而举。《洪范》曰“润下作咸”，夫叙赞灵庆公阴潜之功，亦所以表圣皇泽及于万姓者也。恐其颂或有阙，乃命山客重纪于背阴。贞元十三年（797）七月二日记。[37]

按“俎豆之数，视于淮、济”，则可推知盐池神在唐时之地位。据《史记·封禅书》：

及秦并天下，令祠官所常奉天地名山大川鬼神可得而序也。于是自崤以东，名山五，大川祠二。水曰济、曰淮。

这是秦皇时淮、济已入国家祀典之证据。《汉书·郊祀志下》：“淮于平氏，济于临邑界中，皆使者持节至。”是则淮、济祀典已成定制。由此知唐大历八年（773）、十一年（776）代宗相继赐号“宝应灵庆池”，“荐于清庙，编之史册”，并非无据。[38]他们也各有人格化的神，《三教源流搜神大全》卷二：“淮渎，唐裴说也。唐始封二字公，宋加四字公，圣朝加封四字王，号‘长源广济王’。”“济渎，楚伍大夫也。唐始封二字公，宋加封四字公，圣朝加封四字王，号‘清源汉济王’。”[39]但解州盐池本有之神祇并没有像通常那样被人格化，关羽在宋代受封“义勇武安王”似乎也寓有兼任解州池盐之人格神的含意。

另外还有深一层的原因在。许地山《道教史》[40]谓：“秦汉所封有八神：天主、地主、兵主、阴主、阳主、月主、日主、四时主，除天主及兵主外，都是山东底山。天主祠天齐，天齐是天底肚脐。兵主祠蚩尤。”《史记·天官书》云：“蚩尤之旗，类彗而后曲，象旗，见者王者征伐四方。”《太平御览》卷七九引《龙鱼河图》：“（蚩尤）造立兵仗、刀、戟、大弩。”《路史·后纪四》引《世本》：“蚩尤作五兵：戈、矛、戟、酋矛、夷矛。”[41]《云笈七签》卷一百引唐人王瓘《轩辕本纪》：“蚩尤始作铠甲兜牟，时人不识，谓是铜头铁额。”“于葛庐山发金作冶，制为铠甲及剑，造立兵仗、刀戟、大弩等，威震天下。”在道教之前身方士观念中，蚩尤即以“兵神”著称，如说其主兵灾之象，亦不过分。这个风习一直延续到宋，《宋史·礼志二十四·军礼》：“军前大旗曰‘牙’，师出必祭，谓之‘祃’。后魏出师，又建纛头旗上。太宗征河东，出京前一日，遣右赞善大夫潘慎修出郊，用少牢一，祭蚩尤、祃牙。”可知直至宋代，蚩尤犹有“兵主”的名分。

案《后汉书·虞诩传》引谚云：“关西出将，关东出相。”解池所在为（潼）关之东，虽然素以人杰闻，但认真拣选起来，却也并非易事。倘以尧舜禹或后稷、风后[42]降世，题目未免太大，但无论河东裴氏（宰相世家，即裴松之家族）或柳氏（解州柳宗元家族）的人物[43]，还是猗顿、伍员，尽是文臣谋士，不足以抗御蚩尤之凶猛蛮霸。“三箭定天山”的唐代名将薛仁贵固然也可列入传说，却远在河津，尚有距离。按《三国志·关羽传》：“羽，河东解良人。”权衡之下，搬演之神当然是素以“威猛雄壮”，且又生于“解良”之古盐池畔的关羽最为合适。何况他曾经是武成庙之从祀，后来在狄青征侬智高时还有率领阴兵万里救助乡人的神功恩德。[44]无论于国家祀典，还是岳渎崇拜，都理应为国出力。在其故里建庙，也是顺理成章的事。

按宋代河中府之府治，即在今山西运城市蒲州镇，距解池仅有百里之遥。真宗年间此地发生“禅瑞”，《文献通考·物异二》：

> 三年八月，解州盐池紫泉场水次二十许里，不种自生，其味特嘉。命屯田员外郎何敏中往祭池庙。八月东池水自成盐，仅半池，洁白成块，晶莹异常。祀汾阴经度制置使陈尧叟继献，凡四千七百斤，分赐近臣及诸军列校。

《文献通考·郊社十六》：

> 四年，亲祀汾阴后土，还至河中，亲谒奠河渎庙，亲谒华阴西岳庙，群臣陪位庙垣，内外列黄麾仗，遣官分奠庙内诸神。

宋真宗最宝爱的“祥瑞”，与最喜欢的“亲祀”次第相连。虽然没有记载说明在祀汾阴后土庙（今属山西运城市万荣县）的途中他是否亲临过解池，祭奠过盐庙，但是广结善缘，推恩及远，泽被关羽，也是可能的。

对于解州关庙的创始时间，早期记叙似有缺失。据《古今图书集成·神异典》卷三七：“宋真宗大中祥符□年饬修关圣庙。”《解州志》记叙亦谓：“关圣庙在城西门外，宋真宗大中祥符年间敕修。”惟韩文《正德修庙记》确言“距解城址西百余步，旧有关王祠，乃宋祥符甲寅敕建，元祐壬申重修。”[45]可知其缺失年份，应为“七”字。换言之，解州关庙的初创年代应为大中祥符七年甲寅（1014）。这一年也是西夏兵围攻宋环州而不能下，宋将折可适破其归师之时，也许就是戍守西夏边关的北宋将士，开始奉关羽为“擎天得胜关将军”的由来。此年郑咸之碑已言“侯之名闻天下后世，虽老农稚子，皆能道之。然谓侯英武善战，为万人敌耳。”[46]结合沁县元丰三年（1080）关庙碑记叙述关羽曾率阴兵救助乡人的故事，或者可以为北宋“说三分”的流行状况作一脚注，另文再论。顺便一说，赵恒也是在大中祥符七年，加号黑杀神为“翊圣保德真君”，复于元祐七年壬申（1092）重修庙宇的。

关羽的国家庙祀一向设立在其葬所当阳，唐代庙宇及咏诗俱在当阳。所以这次建庙，固然是宋真宗“神道设教”的政治设计所然，但也意味着关羽崇拜开始由楚地向中原，由南方向北方，由巫风淫祀向岳渎崇拜的转移。影响深远，后话不提。山西向有解州关庙“始建于陈隋”的说法，[47]实际上是在挪移佛教关于当阳建庙传说，并不确切。

直至明清，解州盐池尤为财赋重地。此后为池神加爵进封者不绝于史。[48]至今解池畔犹存有盐池神庙，其中包括关王殿。现存解州盐池庙之明代嘉靖十四年（1535）《河东运司重修盐池神庙记》就明确记载了“旧有盐池神庙，其为殿三，其妥神五。中殿神二，曰东西盐池之神；左殿神二，曰条山风洞之神；右殿神一，曰忠义武安王之神。”并且历数了所以在此敬祀关羽的原因，最后总结道：

> 《礼》有之曰：“君子生而敦行，能表正乡俗者，殁而祀之社，谓之乡先生。”礼也若王（按指关羽）者，固所谓以死勤事者也，又明神也，又乡先生也，殁而祭之社，以兴后学，以护国富民，不亦善邪！[49]

其实别的原因都是后世兴起的，惟有“乡先生”之说，可以证实关羽以乡人身份为盐池保护神的真实缘由。

可知儒臣本知其为“夫子不语”之怪幻，特碍于“神道设教”，故不予置辩也。

今人郭正忠还介绍说：

> 唐代的解池，大部分时期隶属于河东道蒲州。肃宗乾元三年（760），蒲州改为河中府。[50]而河中府的安邑县，一度曾隶于河南道陕州。[51]宋朝的盐池，则隶于陕西路解州的解县和安邑县。此时，把解盐笼统叫做“河东盐”的称谓，已被淘汰。人们多用“陕西颗盐”来指解盐。

如果有谁说起河东盐，反而多指并州的“土盐”了。[52]

了解历史上“河东池盐”与“陕西颗盐”的称谓变迁，有助于避免许多误会。称解盐为“陕西颗盐”，一方面意味着历史上晋、陕之间的密切关系，另一方面，也表明今日之山西省，曾包括历史上陕西路的一部分。换句话说，宋代所谓陕西商民，或西秦商民，原曾包括晋南商民在内。这种概念和涵义，对宋以后的民俗仍有影响。[53]

这对于我们理解后世遍布全国，并以关羽为供奉主神的“山陕会馆”的形成，尤有帮助。

盐业与宋代财政

先说物质文明。如众周知，食盐是人类及其畜养不可或缺的生活品，而盐税自西汉盐铁会议定为官方专卖品以来，即是国家最重要的财赋来源之一。唐代安史之乱后，由于中央政权直接控制的区域大幅度缩水，淮盐、浙盐、川盐都成为唐政权赋税的主要来源，更不必提近在咫尺，与长安、洛阳呈三角形的解盐了。白居易《白氏长庆集》卷四六《策林》第贰三目《议盐法之弊》论盐商之幸云：

臣又见自关以东，上农大贾，易其资产，入为盐商。率皆多藏私财，别营稗贩。少出官利，惟求隶名。居无征徭，行无榷税。身则庇于盐籍，利尽入于私室。此乃下有耗于农桑，上无益于筦榷，明矣。盖山海之饶，盐铁之利，利归于人，政之上也；利归于国，政之次也。若上既不归于人，次又不归于国，使幸人奸党，得以自资。此乃政之弊、国之蠹也。今若厘革弊法，沙汰奸商，使下无侥幸之人，上无折毫之计，斯又去弊兴利之一端也。

又白氏《新乐府·盐商妇》：

婿在盐商十五年，不属州县属天子。
每年盐利入官时，少入官家多入私。
官家利薄私家厚，盐铁尚书远不知。

陈寅恪认为：“然此等腐儒之议论，于唐代自安史乱后国计之仰给于盐税者，殊为不达事情也。”复引《新唐书》卷五四《食货志》云：“（刘）晏之始至也，盐利才四十万缗。至大历末，六百余万缗。天下之赋，盐利居半。宫闱服御、军饷、百官禄俸，皆仰给焉。”[54]

盐利中又以解盐为最甚。柳宗元曾言它的经销范围是：“西出秦、陇，南过樊、邓，北极燕、代，东逾周、宋。”[55]传统的政治中心长安、洛阳及新兴的汴梁地区都被囊括无遗。五代后唐同光二年（924）二月，有诏宣称：“会计之重，咸鹾居先。矧彼两池，实有丰利。”后周显德元年（954）十二月世宗甚至下诏，令“曹、宋已西十余州，尽食颗盐”。[56]

宋代以来，盐利的地位有增无减，谈论盐利在国家赋税中的比重时，宋人因时代不同而有三说：一是“当租税三分之一”，二是“计天下每岁所收盐利，当租赋二分之一”，第三种说法谓占国用“十之八九”。[57]至于盐利之丰，宋人甚至议论说，仅泰州“一州之数，过唐举天下之数也。”南宋学者吕祖谦评论宋代盐利时，有“惟海盐与解池之盐，最资国用”之语，而其他议论如“榷盐之利，国用所资”“国家经费之大，籍于盐利者居多”[58]等亦充斥史书。南宋更甚，以至有“南渡立国，专仰盐钞”的说法。不过已无干解盐，可不论。

解盐向有“颗盐”之称，南朝道士陶弘景甚至认为河东池盐最佳于医用。由于技术的提高，至迟在宋代已有“今解州、安邑两地所种盐，最为精好”[59]的声誉。以至有学者感慨地说：“中国历史上以盐钞立国者，此其例也。”[60]宋代不仅全盘承袭了唐代“宫闱服御、军饷、百官禄俸，皆仰给焉”的作法，而且扩大到“国家坑冶、铸钱、籴粮、和买、榷货收购、汇兑、金银及纸币流通等本钱，以及地方官司开支，基层公人杂费担任各个方面，无不随处可见盐钱的效用。”身为河东人氏的司马光《涑水记闻》卷四曾言：

> 王景曰：晋盐之利，唐氏以来可以半天下之赋。神功以此法令严峻，民不敢私煮炼，官盐大售。真庙以降，益缓刑罚，宽聚敛，私盐多，官利日耗。章献时，景为选人，始建通商之策，大臣陈尧咨等多谓不变。章献力欲行之，廷谓大臣曰：“闻外间多苦恶盐，信否？”对曰：“惟御膳及宫中盐善耳，外间皆是土盐。”章献曰：“不然。御膳亦多土盐，不可食。欲为通商，则何如？”大臣皆以为：“必如是，县官所耗，

失利甚多。”章献曰：“虽弃数千万亦可，耗之何害？”大臣乃不复敢言。于是命盛度与三司详定，卒行其法。诏下，蒲、解之民皆作感圣恩斋。庆历初，范杰复建议：“官自运盐，于诸州卖之。”八年，范祥又请“令民入钱于边，给钞请盐。”朝廷从之，擢祥为陕西提刑。[61]

解盐在北宋的销区，则如司马光所说，“旧制：河南、河北、曹、濮以西，秦、凤以东，皆食解盐。”[62]事实上，它的销售区域还包括了河东的晋、绛、慈、隰四州和今之安徽的宿、亳等州。我们知道，这一带正是当时中国的腹心地区。盐利同时还是军备和军费开支中来源的大头，如“陕西抗御西夏的‘边防财用’，多取自解池钞盐钱，‘可助边费十之八’。”[63]其于国计民生之影响，自然可想而知。

且说北宋诸帝积蓄资财，有若悭吝老儿窖藏聚钱。赵匡胤初平荆湖、成都，即储所获金帛置于内库，号为“封桩钱”。又以燕云十六州没于契丹，未能收复为憾，所以另储财资以待异日之用，故有他准备以“缣帛二百万（一说三百万）易敌人（一）首（级）”之说。以后历代帝皇均在府库中储藏国用之余财。《宋史·食货志》记叙了自元丰初，仁宗曾自制诗以名库，曰：“五季失图（一本作‘国’），猃狁孔炽。艺祖造邦，思有惩艾。爰设内府，基以募士。曾孙保之，敢忘厥志。”“一字一库以号之，凡三十二号。后积余羡赢为二十库，又揭诗曰：‘每虔夕惕心，妄意遵遗业。顾余不武姿，何日成戎捷。’”这个故事也道尽了历代宋帝积财储物以稳定政权、护疆保土的良苦用心。

但是宋代的财政支出也有前代不可比拟的苦恼。它继承的是五代十国的半壁江山，然后是澶渊之盟以后执行“以金帛换和平”的战略，带来庞大的纳币输款，又得应对西夏的战备开支，因此引起了持续的财政紧张。《宋史·食货志》云：“传至真宗，内则升中告成之事举，外则和戎安边之事滋，由是食货之议，日盛一日。”[64]“仁宗之世，契丹增币，夏国增赐，养兵西陲，费累百万”。以至“仁宗、英宗一遇灾变，则避朝变服，损膳撤乐，恐惧修省，见于颜色；恻怛哀矜，形于诏旨。”神宗初即位，就以“当今理财最为急务。养兵备边，府库不可不丰”为由，下诏令群臣建言。[65]其实这是理解宋史关键的一环：这种外强压境，“危若累卵”的局势经不起任何闪失。所以着眼于外敌者，希图通过王安石来变法以图强，即所谓“盖因天下之力，以生天下之财，取天下之财，以供天下之费”。而司马光等着眼于内患者，却生怕变法引起的社会动荡会激起民变，把本来就脆弱的局面搞坏了。这里的争论焦点，都是官僚集团之间操作性和实践性极强的具体问题，使用政治手段对待持不同意见的政敌也毫不容情。非如唐时形而上的“三教论衡”那样在进行意识形态方面的清议，后世史家亦不宜以“改革派”“保守派”简单概括。而“新”“旧”两党吵吵嚷嚷，一直到徽、钦二帝“北狩”，赵构“泥马渡江”，争论才重打锣鼓，另选话题。而王安石及其“新党”党羽蔡京者流，虽约金灭辽，却不料“前门拒狼，后门迎虎”，亦被责以罪臣，从此背上了“靖康耻”，造成北宋覆亡的历史包袱，而为后世理学所痛诟。南宋之主战、主和两派也在争吵不休，结果又重演了北宋覆没的一幕，后话不表。

宋朝曾特设专“置三司条例司（财政税收设计委员会）”的财税机构，不断擘划税源，改进财务，开源节流，反映着两宋君臣为增收节支，殚精竭虑的不懈努力。也使我们联想到，宋人所以在科技发明上留下了辉煌的篇章，说不定也有这种有形而沉重的财政压力一份功劳，如战后德国然。黄仁宇曾认为，北宋的朝代特征与传统体制已发生了相当大的变化。这主要体现在：

> 第一，赵宋王朝之为一个朝代国家，在中国历史上最富于竞争性，因此其行政效率非常重要。第二，其收入以银绢和缗钱作基础，也就是其经理倚赖于民间经济比较前进而灵活的部门，而把人力及食粮当作次要。第三，其税收底账根据五代十国间的数目字，比一般的将税率提高，同时政府大规模开矿铸钱，更使其数目字无法固定，也违反上述简单均一的原则。

因此断言：

> 综合这些条件，我们也可以说，中国在公元十一世纪已经在某些方面感受需要现代化的压力。[66]

《宋史·食货志》达二十万字，在二十四史中篇秩最多，而有关盐业盐政盐法及其沿革变迁又是其中最详细的。鉴于解盐在国家赋税中无可争议的地位，自宋代开国以来，围绕解盐的“全面榷禁”还是“局部通商”，以及“盐引”“盐钞”的变迁、回收以及贬值问题，已经几起风波。不仅使北宋臣僚中的“精英”尽皆卷入争论，连包拯、沈括都曾以中央大吏的身份亲至解州调查，更成为王安石与司马光两“党”之争的焦点之一。[67]因而解州池盐获灾，而且是重大灾害，当然会惊动朝廷，成为大事了。而佞通道教之北宋诸帝，如真宗、哲宗、徽宗等都会有所举动，也是意料中事。

宋代的财政政策是矛盾的。在撙节日常用度的同时，宋帝又毫不吝惜把大笔钱财花到信仰上，即所谓“内则升中告成之事举”。《宋史·食货志》言：“至道末，天下总入缗钱二千二百二十四万五千八百。三岁一亲祀郊丘，计缗钱常五百余万”，已占国家财政的将近四分之一。而“景德郊祀七百余万，东封八百余万，祀汾阴、上宝册又增二十万”，[68]则较乃父更进层楼。宋徽宗是一个笃信“丰亨豫大”经济学说，热衷于“大干快上”的君主。他的时代在财政上有一个“大跃进”，仅由上表解盐产量来看，比太宗、真宗时期就增加了将近四倍，比仁宗时期也增长了大约一倍。

《宋史·食货志》下一《会计》言：“及蔡京为相，增修财利之政，务以侈靡惑人主，动以《周官》‘惟王不会’为说。每及前朝惜财省费者，必以为陋。至于土木营造，率欲度前规而侈后观。元丰改官制，在京官司供应之数，皆并为职钱，视嘉祐、治平时赋禄优矣。京更增供给、食料等钱，于是宰执皆然。”其实，“蔡京消费经济学”的理论和实践，包括货币供应、官吏福利、通胀应对、消费刺激等等，都是极有兴味的“反思性”问题。如与黄仁宇“前现代”观点合观，尤其富于挑战性。可惜鲜见当今力主“消费经济学”者道及。

又《宋史·蔡京传》云：“时承平既久，帑庾盈溢，京倡为‘丰亨豫大’之说。”案《易·丰》：“丰亨。王假之。”又《豫》：“圣人以顺动，则刑罚清而民服，豫之时义大矣哉。”本谓富饶安乐的太平景象。徽宗初蔡京以此夸示国家财赋宽裕，主张皇帝当享“天下之奉”。[69]臣僚有敢倡言节俭者，辄扬言“事苟当于理，多言不足畏”，拒绝任何劝谏。结果大事糜费，“视官爵财物如粪土，累朝所储扫地矣。”最会花钱的也是这对君臣。他们不仅把列祖列宗对道教的尊崇提升到无以复加的地步，同时又亲自规划和参与设计了中国历史上一些有名的建筑大举措。如造宫观、花石纲、修艮岳等等，所费已然不赀，也花光了历代的结余，所谓“累朝所储扫地矣”。自蔡京以后，“丰亨豫大”多指好大喜功，奢侈挥霍。如李善长等《进〈元史〉表》还延伸到元代的奢靡：

“丰亨豫大”之言，壹倡于天历之世；离析涣奔之祸，驯致于至正之朝。徒玩细娱，浸忘远虑。权奸蒙蔽于外，嬖幸蛊惑于中。周纲遽致于陵迟，汉网实因于疏阔。

这是总结强悍如蒙元何以重蹈覆辙之论。作为一种历史经验，至今不失其意义。

案“惟王不会（kuài，会计）”一语本见《周礼·天官·冢宰》上“膳夫”条：

岁终则会。惟王及后、世子之膳不会。

也仅仅是对王室主要成员的伙食账不作年度性例行审计检查，以示尊重而已。同时“不会”的范围还有庖人、酒正、外府（掌管做服装的织物）、司裘（掌管王之裘服及祀天之服者）这类掌管个人消费物品的部门，而规定“岁终会之”的则有大府（掌管九贡九赋九功者）、司会（掌国之官府、郊野、县都之百物财用者）、职内（掌邦之赋入者）、职外（掌邦之赋出者）、职币（敛官府、都鄙与凡用邦财者之币者）、掌皮（掌管皮革敛集保藏及制作者）、典丝（掌管丝织品及保藏制作者）、典枲（掌管麻织品及保藏制作者）。可见即使对待王室，稍具商品价值物品的供应也是有制度性限制的。蔡京则无限制地扩大了皇室经济的内容和外延。

叶绍翁《四朝闻见录》乙集“宣政宫烛”条载有一则故事，颇可管窥一斑：

宣、政盛时，宫中以河阳花蜡烛无香为恨，遂用龙涎沉脑屑灌蜡烛，列两行，数百只，焰明而香滃，钧天之所无也。建炎、绍兴久不能进此。惟太后旋銮沙漠，复值称寿。上极天下之养，故用宣、政故事，然仅列十数炬。太后阳若不闻。上至，奉卮白太后以“烛颇惬圣意否？”太后谓上曰：“你爹爹每夜常设数百枝，诸人阁分亦然。”上因太后起更衣，微谓宪圣曰：“如何比得爹爹富贵！”[70]

徽宗一朝“有钱就折腾，没钱也折腾”的作法。实为历代君主少见。陆游是以史才自许的，他在《老学庵笔记》卷二叙述这段“折腾”情况时说：

崇宁间初兴学校，州郡建学，聚学粮，日不暇给。士人入辟雍皆给券，一日不可缓，缓则谓之害学政，议罚不少贷。已而置居养院、安济坊、漏泽园，所费尤大。朝廷课以为殿最，往往竭州郡之力，仅能枝梧。谚曰：“不养健儿，却养乞儿。不管活人，只管死尸。”盖军粮乏，民力穷，皆不问，若安济等有不及，则被罪也。其后少缓，而神霄宫事起，土木之功尤盛。群道士无赖，官吏无敢少忤其意。月给币帛朱砂、沉香乳香之类，不可数计，随欲随给。又久之，而北取燕蓟，调发非常，动以军期为言。盗贼大起，驯至丧乱，而天下州郡又皆添差，归明官一州至百余员，通判、钤辖多者至十余员云。[71]

又卷九：

政和神霄玉清万寿宫，初止改天宁万寿观为之，后别改宫观一所，不用天宁。若州城无宫观，即改僧寺。俄又不用宫观，止改僧寺。初通拨赐产千亩，已而豪夺无涯。西京以崇德院为宫，据其产一万三千亩。赁舍钱、园利钱一在其外。三泉县以不隶州，特置。已而凡县皆改一僧寺为神霄下院，骎骎日张，至宣和末方已。

接着就是与金相约攻辽，费用尤巨。“宣和用兵燕、云，厚赋天下缗钱，督责甚峻。民无贫富，皆被其害。”[72]

所有这些花费的来源，首先就得靠盐，尤其是解盐。赵佶手下还真有两个特别善于发盐财的亲信：一个是奉命修复解池，却惯于偷工减料的内侍王仲千。马端临《文献通考》卷十六《征榷三》：

仲千以额课敷溢为功，然议者或谓解池灌水盈尺，暴以烈日，鼓以南风，须臾成盐，其利则博。苟欲溢额，不俟风日之便，厚灌以水。积水而成，味苦，不适口。

结果毁了解盐。另一位是长袖善舞，擅长以制造通货膨胀来聚敛钱财的权臣蔡京。马端临又说：

崇宁间，蔡京始变盐法，俾商人先输钱，请钞赴盐郡授盐，欲囊括四方之钱，尽入中都，以进羡要宠。钞法遂废，商贾不通，边储失备，东南盐禁加密，犯法被罪者。民间食盐，杂以灰土。解池天产美利，与粪壤俱积矣。

结果也坏了解盐。因为提高数量往往牺牲质量，“多快好省”的圆满目标，在实践中却很难实现。其实，北宋中期的江邻几就指出过：“解池盐岁课愈多而不精。耆老云：每南风起，盐结，须以耙翻转令风吹，则坚实。今任其自熟，其畦下者率虚软。”所以，解盐之灾其实也是“托言天灾，实为人祸”。

这样的经济平面膨胀倒也热闹了几年，于是就捉襟见肘，穷相毕露了。宣和七年（1125）十二月，徽宗不得不下了一道《罪己诏》，承认“赋敛竭生民之财，戍役困军伍之力。多作无益，侈靡成风。利源酤榷已尽，而谋利者尚肆诛求，诸军衣粮不时，而冗食者坐享富贵。灾异谪见而朕不悟，众庶怨怼而朕不知。追惟已愆，悔之何及！”其实他不后悔也不行，因为此刻金兵已节节南下了。金人入汴梁的最初目的，就是根据徽宗君臣的夸耀向宋廷索要财富，标出的明码实价是“黄金一千万锭，白银二千万锭，帛一千万匹”。结果抢空宋宫，刮尽汴梁，也仅得到了“黄金三百万锭，银八百万锭”。[73] 俗云“慢藏诲盗”，但夸富卖弄，尤易“诲盗”。至于北宋覆亡之起因，究竟是在于“农民起义”，还是“财政崩溃”，筋筋节节，复杂纠葛。该是研究两宋政治和财政之专家费脑筋去缕述争论的事，按下不表。

这证明徽宗封赐关羽，自有特别实惠的考虑：一是解盐事关国库，万不能掉以轻心；二则是因为解池附近既然已有关庙祭祀，索性多磕一头。“宁可信其有，不可信其无”本为奉神之惯常心态，何况徽宗这样顽冥不化的佞崇者呢？顺势加封，锦上添花，也是理所当然的了。

解盐与国家财政

鉴于“关公斩蚩尤”的说法并非北宋乡人传说，而是来自宋末元初的记述，从传说学角度看来，更多带有对解州池盐对国家财政重要性的“想象”作用。因此对金元明清财政中解盐作用也须扼要清理，俾以见出这个传说所以流传甚久的缘由。

曾敏行（1118 ~ 1175）《独醒杂志》卷八言：

李若水（1093 ~ 1127）为大名府元城尉日，有村民持书一封。公得书读竟，即火之。诘其人“何所来？”对曰：“夜梦金甲将军告某曰：‘汝来日诣县西，逢着铁冠道士，索取关大王书，下与李县尉。’既而如梦中所见，不敢隐。”公以其事涉诡怪，遂纵其人弗治。因作绝句记之，曰：“金甲将军传好梦，铁冠道士寄新书。我与云长隔异代，翻疑此事大荒虚。”公初以书付火之时，母妻子弟惊讶求观，弗获，独见其末曰“靖康祸，有端公卒践之”之语。其后二圣北狩，公抗节金营，将死而口不绝骂，则知天生忠义，为神物已预知在先也。

这里出现“关大王托梦李若水”的故事，当然有激励忠烈之意。但其背景却不单纯。靖康元年（1126）十一月金人渡河，向宋钦宗索要“两河”（河北、河东两道），提出划黄河而治时，李若水曾担任过“河东大金军前告和副使”。[74]在这些文书交涉中，李若水充当了不同意交割河东的角色。事实上在后来的换文里，宋廷提供的交割河东道诸州名目中，仍然引人注目地拒绝列入解州所在的河中府，而在金人清单里，则针锋相对地列明了该地。最终宋廷拗不过金人强索，从此解池源源不绝的盐业收入只能成为南渡君臣的“梦中财富”了。

金朝同样把解盐作为国家财政的基石。《金史》卷四十九《食货志四》言：

盐。金制，榷货之目有十，曰酒、曲、茶、醋、香、矾、丹、锡、铁，而盐为称首。

盐使司官阶为正五品。在占领解池后，解盐“钞引则与陕西转运司同鬻，其输粟于陕西军营者，许以公牒易钞引。”其行销区域为“河东南北路、陕西东及河南南京府、陕、郑、唐、邓、嵩、汝诸州”。正是中原与南宋对峙的前沿各地，也自然会延续北宋的关公崇拜。因解盐引起的关公崇拜和经济利益，也相应扩大到这些地区。“关羽崇拜”能于“正其谊”外也“谋其利”，“明其道”时亦“计其功”，对当时当地百姓来说有着特别实惠的意义。

宣宗兴定四年（1220）面临宋、蒙古及西夏兵夹袭，还曾“以河中西岸解盐旧所易粟麦万七千石充关东之用。寻命解盐不得通陕西，以北方有警，河禁方急也”。可见金人犹如宋人，亦对解州池盐倚重甚深。今存解州常平村关羽祖庙传为关羽母亲投井处金代瘗塔，上嵌金大定十七年（1177）铭碑，文曰：

关圣于灵帝光和二年己未，愤以嫉邪，杀豪伯而奔。圣父母显忠，遂赴舍井而身殁。至中平元年甲子，里人为帝有扶汉兴刘之举，遂建塔井上。

还有一方记载“祖塔”修建经过的碑文《汉关大王祖宅塔记》，亦云：

义勇武安王世祖解人，兴于汉灵帝中平元年甲子，辅蜀先主，佐汉立功。伏以大王勇略，天资英谋神授，尽忠义于先主不避艰难，弃富贵于曹公岂图爵禄？当时志气，曾分主上之忧；今日威灵，犹赐生民之福。今者本庄社人王兴将一千五十四年前祖塔重修加完葺，伏愿神灵降佑，一境之中，万事清吉，风调雨顺，国泰民安。开为纪略，记大王威德之万一。深负惶恐。大金大定十七年丁酉三月十五日，张开谨言。[75]

末署“直下封村柳园社王兴立石”，颇疑此“下封村”即为今日常平村（里）之旧名，亦是后世传说中关羽之籍里“下冯村”。清人梁章钜所记民间传说“指关为姓”中曾说关羽原姓“冯氏”，也应当缘此而来。可知不仅托祖，连关羽祖宅祖庙的问题，早在金代就已经摆在了日程之上。其延续关羽崇拜风习，亦当为后世喧腾一时的“关公斩蚩尤”的传说增添色彩。元杂剧有“关羽斩蚩尤”的剧目，源于祭赛的山西运城地区的锣鼓杂剧，至今仍有该剧，据认为本属宋代村落百戏之一。[76]

蒙古军于窝阔台汗三年（宋绍定四年，金正大八年，1231）占领河东后，首先加强了对盐池的控制，借以担负庞大的军费开支。为了加大池盐的生产规模及征收盐课的方便，五年后（1236）以盐运使姚行简绘图献议，开始“芟莽夷榛”，特别设立河东都转运盐使司，并于解池北岸之潞村续建新城，今日之“运城”即由此得名。[77]

元廷重商，盐池宝产即为其牟利之要。故蒙哥汗1253年征蜀时，已把解盐当作一池筹措军费的聚宝盆：

癸丑岁，今上皇帝方经略川蜀，规措军储用度。……尝闻天下名山大川，有能产财用者，考之祭法，宜在祀典。况兹宝池，岁出亿万计，所以佐国用，备边储，通赆贯之货，省飞挽之劳。诚公家之外府也，财用之产，孰逾于此？[78]

关于盐业财政对于元代社会的影响，陈高华曾作出过这样的估计：

世祖晚年（至元二十六至三十年间），全国盐产为一百七十余万引，此时盐价为每引中统钞一锭，盐课收入应为一百七十余万锭。至元二十九年，“天下所入二百九十七万八千三百五锭”。以此计算，盐课占“天下所入”57%～56%左右（原注：我认为所谓“天下所入”并非全部财政收入，而是财政收入中的钱钞部分，不包括实物）[79]

元代前期解盐在盐政中占有最大份额，至元乙酉（1285）王利用《复立解州盐司碑》言：

我大元经始之用，仰于有司，或租或庸，或征或调，收盐铁之算，程榷酤之利，而盐为诸赋之首，解之盐又诸鹾之首也。[80]

而续后《盐池神庙记》则言：

凡舟车之运。徧梁、雍、陕、洛，河东、河内之境，数千里皆食其利会。其岁之入以缗计者二千万。[81]

如此“天生之财”，惟有敬神以答灵贶，何况处于元代的社会宗教大环境中。于是元廷不断修葺盐池神庙。早在蒙哥汗三年（1253）李德辉即奉旨在原灵庆祠废墟上重建神祠，并赐庙号曰“弘济”。此后陆续加封王号，扩大祠宇，代有增饰。关羽神祠亦赫然其间，成为继盐池自然景观之后河东又一人文景观，今为运城盐业博物馆所在地。日人妹尾彦达认为：

皇庆二年（1313）池神庙新建时，还没有池神庙内关羽祠庙之记录，而明嘉靖十四年（1535）重修时，关羽祠庙已经存在盐池神殿西边。池神庙内关羽祠庙的建筑年代不明。但如上述，在关羽信仰普及的元代末期，可能已经建筑完成，并可推测以祀东西两池神的盐池神为中殿，以祀中条神及盐风神（风洞神）的神殿为东殿，以祀关羽神殿为西殿之三殿制已经成立。[82]

如此说成立，则关公继宋金之后，再次成为解池保护神。

另一值得注意之点，则是汉传佛教在当阳玉泉寺崇奉关羽的同时，道教尤其是正一派却依旧掌管着解州关庙的祀奉。王纬《泰定修庙记》云：

圣朝至元三年，宗师应靖真人姜善信[83]奉世祖旨，护持本朝。凡庙之恒产悉主之，俾修其庙。姜公两建道院于庙左，即今崇宁宫。

大德七年地震庙坏，[84]提点崇宁宫张志安撤而新之。尝行部至解，躬谒于庙，遍观厥成。……志安，应靖之孙。[85]皇庆元年又奉仁宗旨。护持之初，志安与其众劳心勤力，言于州，州董其役，仍率僚佐属县，皆割俸以助，百工献艺。[86]

可知解州关庙仍由正一派道士主持，但元末似乎失去了控制。陈献《至正饰庙记》言：

王解人也，生为汉名将，殁为解土神。庙在治城之西，壮丽魁于寰宇。郡人有蔡荣者，睹其神庙颓圮，乃作而新之，至今三十余载。其子玉，念先志之未就，复施材佣工以喷饰之。郡文学薛彝偕玉丐文。予谓："一王之勋业，《汉史》所书，其英风义气，使人慕为善之福，惧为恶之祸，诚有助于风化。"[87]

元代中期随着漕运通畅，淮盐比重大为提升。一项统计说，盐赋占当时国家总收入的80%。而淮盐赋税收入又占全国盐课税总收入的三分之一到三分之二。关羽崇拜因之迅速延伸到淮上。冯子振《广陵修庙碑记》写得大气磅礴：

大丈夫忠愤不酬于尺寸，而庙食滂沛于九州岛；功名不留于须臾，而义烈感慨于千古。长河之北，大江之南，陋之而偏州，迂之而僻县，枵然数十家之聚，辄集金券地，画土伐木，宁鹑衣百结，不敢虚丹雘于云长之祀事；宁蜗涎一角，不敢乏牲酒于云长之亩宫。矧大邦剧邑，人物充斥之乡乎！

四百年赤帝之玺，睥睨于侥幸一旦之奸凶。刘表无意于中原，刘虞殒命于幽朔，卯金刀之胄，仅悬其一缕之绪于楼桑大耳之衰宗。云长奋起河东，与玄德遇，自尔周旋艰险，投涧抵隙，未尝不身亲其间。识者谓斩颜良于白马之围，不如破孟德于赤壁之斗；争鲁肃于益阳之濑，不如降于禁于襄阳之功。功勋垂成，腋下为厄，有志之士，盖深悲之。

呜呼，刘玄德辗转于公孙，羁縻于吕布，栖迟于袁绍，进无容足之地，退无寄迹之乡。四方响应之初，乍合乍散，乍奔乍离，殆不知其几矣。而云长不肯辄去，去辄复返，所谓“主在与在，主亡与亡”者也。

人间梗梗槭槭之夫，后云长千数百载，所以愿为之执鞭，不慕王之剪敌万人，不慕王之雄视百代，不慕王之块土聚三分之汉鼎，不慕王能赤手擎一面之荆州。其拳拳向云长之心，特以其当贼操九州之地已有其七之时，支吾扶植，技穷力竭，而不忍背弃流离颠沛之玄德耳。彼张翼德亦犹是也。英魂凛凛，虽死犹生矣。[88]

其中“主在与在，主亡与亡”，颇能代表蒙古战将驰骋欧亚，效忠于上的境况。而“长河之北，大江之南，陋之而偏州，迂之而僻县，枵然数十家之聚，辄集金券地，画土伐木，宁鹑衣百结，不敢虚丹臒于云长之祀事；宁蜗涎一角，不敢乏牲酒于云长之亩宫”，尤能体现关羽庙祀普及城乡之情景。

明代初年“禁海”，因此对于解盐的依赖一度远胜元朝。不但在解池周围高筑三道禁墙，而且派遣北京锦衣卫所直接管辖，俨然“中央特区”。晚明“通海”后政策放宽，东南海盐开采日多，但是解池神庙之供奉却丝毫不敢懈怠。清承明制，延续了这种祭祀。解盐在中央财政所占比例虽然大幅下降，但此时关公崇拜早已超越盐利及解池一隅，扩大成为国家主祀，无处不在，无地不灵的神祇了。另文再述。

注释：

[1]蚩尤传说涉及中华民族的起源问题，评价相当复杂。北京大学段宝林有《蚩尤考》（北京《民族文学研究》杂志 1998 年第 4 期）缕述民族文化学中蚩尤传说的意义，可以参看。本文仅从宋人和道教观念的角度论列，并不包含对于蚩尤及其传说的整体评价。特此声明。

[2]王先胜有长篇论文《“炎黄大战”的考古学研究》（http://www.xslx.com/htm/shgc/zgls/2004-03-30-16552.htm）缕述此项研究，部分学者认为“蚩尤大约总是死于临潼骊山、华县元君庙一带或山西解州，而不会是今之河北中部或河北涿鹿”。

1987 ~ 1988 年在河南濮阳县城西南的新民街南的西水坡，发现一处面积五万平方米的遗址，出土的三组蚌壳摆塑的动物图案尤为重要，第一组以 45 号墓为主，墓的右侧为龙，左侧为虎，第二组为龙、虎、鹿、蜘蛛，第三组为人骑龙和虎的图案。这是原始宗教活动的遗留。该遗址属仰韶文化后岗类型，经测定距今六千年左右。有人甚至明指蚩尤之葬所，就是这座墓地（王大有《中华龙种文化》，中国社会出版社 2000 年，第 87 ~ 88 页）。

[3]传言徽宗朝大内屡有神佛现身，不惟关羽。如蔡絛《铁围山丛谭》卷五："宣和岁己亥夏，都邑大水，几冒入城隅，高至五、七丈，久之方得解。时泗州僧伽大士忽见于大内明堂顶云龙之上，凝立空中，风飘飘然，吹衣为动。旁侍惠岸、木叉又皆在焉。又有白衣巾裹，跪于僧伽前者，若受戒谕状，莫识何人也。万众咸睹，追夕而没。白衣者疑为龙神之徒，为僧伽所降伏之意耳。上意甚不乐。"（中华书局 1983 年，第 92 页）但大士旁侍之惠岸、木叉，犹后世关羽旁侍之关平、周仓张本。道教及民间信仰往往依傍释徒体制，亦惯例也。案絛为蔡京三子，所述当为其父隐恶。类似事件而记叙相反者，如《邵氏闻见后录》卷三十："政和戊戌夏六月，京师大雨十日，水暴至，诸壁门皆塞以土，汴流涨溢，官庙危甚。宰执庐于天汉桥上。一饼师家蚤起，见有蛟螭伏于户外，每自蔽其面，若羞怖状，万人聚观之。道士林灵素方以左道用事，曰：'妖也。'捶杀之。四郊若江河，不知何所出，识者已知为兵象矣。林灵素专毁佛，泗州普照王塔庙亦废。当水暴至，遽下诏加普照王六字号，退复削去，先当制舍人许翰以词太褒，得罪。"（中华书局 1983 年，第 233 页）则俨然"水漫金山"之景象矣。似为《白蛇传》故事所本，俟考。

[4]明人王鏊《姑苏志》（《文渊阁四库全书》本）："江东神祠，在报恩寺西教场内。神姓石名固，秦人也。汉祖六年，灌婴平定江南，至赣城，神现于某山，告以克捷之期，士卒骇异。凯还，牲酒款谒，立庙赣江之东。至吴，孙氏迁神于吴境祭之，时有铙歌五章，见《乐府》。今在吴城，颇著灵异。"后称"江东王"。世所传"关帝灵签"原即"江东王签"，足见两者渊源。笔者另有《〈关帝灵签〉祖本研究》考证此事，此不枝蔓。

[5]《新刊大宋宣和遗事》，上海：中国古典文学出版社，1954 年，第 15 页。盖《宣和遗事》为《水浒传》之祖本之一，不著撰人，一般以为是南宋说话人的集体创作。近世亦有学者以其未能尽避南宋帝王名讳，且对北宋亡国和南宋苟安表明的强烈愤懑感情，以为是由宋入元之遗民所作。无论如何这该是现存最早的"关公斩蚩尤"传说。

[6]《景德传灯录》卷二七《天台智顗》叙国清寺修建之前，智顗亦见三神人"皂

帻绛衣”托梦，两者说词之间有无关联，颇可考究。

[7]张镇《乾隆解梁关帝志》，第105页。

[8]现存《三教源流搜神大全》为清末覆刻本，但混杂有明人之作。首有叶德辉序，略云：“曩阅毛晋汲古阁宋元秘本书目，子部类载有元版画像《搜神广记》前后集二本，后得明刻绘图本《三教源流搜神大全》七卷，即元版《搜神广记》之异名。惟又增入洪武以下神号及附刻神庙楹联等，知为坊估所杂窜。然于‘圣宋皇元’抬写多仍其旧，犹可推见元本面目。”故置于元时。

[9]万历《承天府志》卷十四《艺文》，《日本藏罕见中国方志丛刊》影本第258~259页。按王世贞（1526～1590）字元美，号凤洲，又号弇州山人。太仓人，嘉靖进士。南京刑部尚书。为官清正，不附权贵。精于吏治，乐奖后进，衣食寒士，时人推重为“后七子”之冠，独领文坛二十年。《明史》称为“才最高，地望最显，声华意气，笼盖海内。”史著丰富，主要著作有《弇州山人四部稿》《续稿》《弇山堂别集》《皇明名臣琬琰录》等。

[10]北京燕山出版社1995年排印本，第786页。按《明史》本传：朱国祯字文宁，号平涭，乌程（今属浙江湖州市）人。万历十七年进士。累官祭酒，谢病归，久不出。天启元年，擢礼部右侍郎，未上。三年正月，拜礼部尚书兼东阁大学士。韩炉罢，国祯为首辅。广微与忠贤表里为奸，视国祯蔑如。其冬为逆党李蕃所劾，三疏引疾。忠贤谓其党曰：“此老亦邪人，但不作恶，可令善去。”乃加少傅，赐银币，荫子中书舍人，遣行人送归，月廪、舆夫皆如制。崇祯五年卒。赠太傅，谥文肃。以史才自任，著有《皇明史概》《大政记》《开国功臣传》《逊国臣传》等。

[11]元初俞琰曾编成《通玄广见录》一百卷，疑即此书。按俞琰（1258～1314）字玉吾，号全阳子，又号林屋山人、石涧道人，吴郡（今江苏苏州）人。自少勤学，杂览博知，后从父训习举业，宋亡誓不为官，隐居著述，以词赋见长，尤好鼓琴作乐。精于内丹炼养，并以儒学《易》理论述丹道理论，糅合儒道二家之学。丹道继承南宗传统，主张清修，曾广集汉唐以来丹道歌诀，又撰作《易外别传》阐述邵雍“先天易”之秘理。还著有《周易集说》《读易举要》《周易参同契发挥》等。

[12]《寓庵集》卷七（《山右石刻丛编》卷二十七）。按李庭（1194～1277），华州奉先（今陕西蒲城）人。金末避兵豫陕交界之山中，后居平阳（今山西临汾），辟官。

[13]《续资治通鉴》卷八十九《宋纪八十九》。

[14]本表据郭正忠《宋代盐业经济史》（北京：人民出版社，1990年7月版）第631~632页表格数字。

[15] 文渊阁四库全书《路史》卷十三，第 22 ~ 23 页。

[16]《宋代盐业经济史》据《宋会要·食货志》二十四之三二、三三总结，第 960 页。

[17] 参李焘《资治通鉴长编》景德四年（1007）十一月条，不知为何《宋史·王钦若传》不载，却屡及王之贪赃枉法，并将宋仁宗评价他“久在政府，观其素为，真奸邪也”和王曾以他“奸邪险伪”录入文内。《宋史》成于元末，故元时正一派犹乐于传述王钦若和张天师与“关公斩蚩尤”之干系，但元以后的故事传闻就再也不提王有推荐之功了。有趣的是，后世《关帝灵签》五十六签为“王枢密奸险”，其辞言：“心头理屈强词遮，直欲欺官行路斜。一旦丑形临月镜，身投宪网莫咨嗟。”显然是凶谶。于此可见“关公斩蚩尤”传说过程的淘汰指向。

[18] 参平步青《安越堂外集·天师考》。

[19] 庄一拂《古典戏曲存目汇考》，上海：上海古籍出版社，1981 年版，中编“杂剧四”，第 675 页。《元明阙名作品》记叙此剧为“《今乐考证》著录。脉望馆钞校本，《孤本元明杂剧》本据脉望馆本校印。《也是园书目》《曲录》并见著录，题目作‘解州地盐池作乱’，简名作《大破蚩尤》。”

[20]《山西解县·关圣与盐》，载上海文艺出版社 1996 年 7 月版《澄心论萃》。

[21] 冯俊杰《山西戏曲碑刻辑考》，第 76 ~ 77 页。

[22] 山西师范大学戏曲文物研究所《中华戏曲》杂志第三辑（1987 年出版）第 108 页。该刊为万历二年抄本《迎神赛社礼节传簿四十曲宫调》资料及研究专辑，承小友秦岭回乡寻觅持赠，谨致谢意。该篇注释者亦言：“‘金紫园、归使臣’费解，存疑。”我疑心是因宋辽颤渊之盟后，两国互派使节引发出来的故事。拙著《超凡入圣——宋代儒学与关公崇拜》之《神道设教》一节曾探及此事与宋代关公崇拜风习之关系，可以参看。

[23] 任光伟《赛戏、铙鼓杂戏初探》，同上，第 206，207 页。我以为民间这种说法当依据民间赛戏而来。赛戏以解州立庙时代为宋真宗朝，故属之；杂剧写为宋仁宗朝，则另有依据，当依傍狄青征侬智高事而来。另文再论。

[24] 民国《安邑县志》卷十二《古迹记》。运城市地方志编纂委员会整理，1991 年出版，第 208 页。

[25] 李焘《续资治通鉴长编》卷七十九。

[26] 参《十国春秋》卷三十七《前蜀·后主本纪》。

[27] 张君房褒辑《云笈七签》卷一百。《资治通鉴》卷二一四“开元二十九年”胡三省注明言：“有宋大中祥符之事，皆唐明皇教之也。”

[28]《太平寰宇记》卷46，第18、22页。文渊阁本四库全书本。

[29]道士所述老子李耳之时代年纪与史家迥异，这是很正常的。杜光庭在系统神化老子及《道德经》方面作过极大努力，著有《道德真经广圣义》50卷，专列“释老君事迹，氏族，降生年代”。其谓“老君生于无始，起于无因，为万道之先，元气之祖。”“自亿劫之初至混沌之始，历羲娲一十八氏，三纪，五十八统，一百八十九代，代为国师。”“黄帝时，老君号广成子，居崆峒山。黄帝诣之，为说《道戒经》，教以理身之道。黄帝修之，白日升天。”载《正统道藏》第24册。“黄帝见广成子”事，原载《庄子·外篇·在宥第十一》。

[30]《尸子》的作者是尸佼，据称是商鞅之师。《史记》《汉书》均有记载。

[31]《历代制度详说》卷五《盐法详说》。

[32]《宋代盐业经济史》第41页。

[33]钱义方《盐宗神祠记》，载欧阳修《集古录跋尾》卷八。《全唐文》未收。

[34]董诰编《全唐文》卷五八六。

[35]吕祖谦《历代制度详说》卷五《盐法详说》

[36]《全唐文》卷六百二十。刘宇，不详其人。《全唐文》题注“宇，贞元中官侍御史。”

[37]此碑至今犹立于山西运城市盐湖区博物馆院内，笔者曾经目验。

[38]《唐会要》卷二十八《祥瑞》。

[39]明人于慎行对唐代封池盐神事进行了猛烈抨击。参《谷山笔麈》卷十七。这是对韩滉虚称祥瑞不满。看来以解池生盐佯作符瑞，原本朝廷重臣惯伎，宋人也不过“法古”而已。

[40]《道教史》，华东师范大学出版社《二十世纪国学丛书》版，1996年12月。按陈寅恪对许地山的宗教研究评价极高，尝言：“读许地山先生所著佛、道二教史论文，关于教义本体俱有精深之评述，心服之余，弥用自愧。遂捐弃故技，不敢复谈此事矣。”（参《金明馆丛稿二编·论许地山先生宗教史之学》）

[41]文渊阁四库全书本《路史》卷十三，第21页。

[42]风后故里在今山西运城市解州镇东门社东村，有“风后故里碑”及“风神庙”。按风后亦传说中黄帝战蚩尤的能臣，《云笈七签》卷一百《轩辕本纪》：黄帝战蚩尤不胜，“思念贤哲以辅佐，将征不义。乃梦见大风吹天下尘垢，又梦一人执千钧之弩，驱羊数万群。觉而思曰：梦号令，钧政者也；垢去土，解化清者也，天下当有姓风名后者。夫千钧之弩，冀力能远者也；驱羊万群，是牧人为善者也，岂有姓力名牧者乎？帝作此二梦及前数梦龙神之验，即作梦之书。令依二梦求其人，

得风后于海隅，得力牧于大泽。即举风后以理民，初为侍中，后登为相，力牧以为将。此将相之始也。”《太平御览》卷十五引《志林》：“黄帝与蚩尤战于涿鹿之野。蚩尤作大雾弥三日，军人皆惑。黄帝乃令风后发斗机，作指南车以别四方，遂擒蚩尤。”这都是宋人心目中的风后形象。黄河古渡口风陵渡是解池西南芮城县连接秦晋之著名要冲，传说风后陵墓在焉，即以得名。

[43]河东柳氏除了“狮吼”典故之外，人才亦代有所出。赵璘《因话录》卷三《商部下》言：“元和中，柳柳州书，后生多师效，就中尤长于章草，为时所宝。湖湘以南，童稚悉学其书，颇有能者。长庆已来，柳尚书公权，又以博闻强识工书，不离近侍。柳氏言书者，近世有此二人。尚书与族孙璟，开成中，同在翰林，时称‘大柳舍人’‘小柳舍人’。自祖父郎中芳以来，奕世以文学居清列。”

[44]详参山西沁县石刻博物馆收藏之元丰三年(1080)《威胜军新建蜀荡寇将[军汉寿亭]关侯庙记》，载冯俊杰编著《山西戏曲碑刻辑考》。后文再表。

[45]《乾隆解梁关帝志》卷之三，第205页。按韩文，山西洪洞人，自称宋宰相韩琦之后。为明弘治、正德年间户部尚书。《明史》列传第七十四有传。

[46]《乾隆解梁关帝志》卷之三，第167页。

[47]如《关公崇拜与关公文化》就有“解州关帝庙始建于隋代，宋明两朝盛极一时”的说法（http://www.tydao.com/sxren/minjiang/guanyu.htm）；又当地旅游介绍《武庙之祖关帝庙》亦言“据有关碑刻记载，远在陈隋之际，解州关帝庙已经修建”。

[48]据解池盐神庙碑记，宋徽宗并没有疏忽诏封解州、安邑两池神。崇宁四年仍应耀州观察使王仲千之请，封为“资宝公”和“惠康公”，而关羽受封“忠惠公”，正堪比邻。大观二年（1108）两池神晋爵为王，并分别建专祠奉祀，则加封关羽“武安王”矣。这也许证明，最终关羽并没有被局限为解池一隅的人格神。

[49]《山西戏曲碑刻辑考》，第210页。

[50]原注：《旧唐书》卷十《肃宗纪》。

[51]原注：《元和郡县图志》卷六《河南道·陕州》。

[52]原注：《涑水记闻》卷十五，参《宋史·食货志》。

[53]郭正忠《宋代盐业经济史》第39页。人民出版社1990年7月第一版。

[54]《元白诗笺证稿》第五章《新乐府·盐商妇》，上海古籍出版社，1979年版，第270～271页。

[55]《晋问》，收入《全唐文》卷五百八十六。

[56]《旧五代史·食货志》，中华书局校点本。

[57]第一说见《舆地纪胜》卷四十，亦见《太平寰宇记》卷一百三十。第二种出《太平寰宇记》卷一百三十。第三说见《要录》卷一百四十五。

[58]吕说参《历代制度详说》卷五“盐法”，后说分别见《宋会要·食货》三十二之二十五及《要录》卷九九。

[59]宋刊《重修政和经史政类备用本草》卷四《玉石部》。

[60]事实上，解盐问题在宋代财政史上已成专学，戴裔煊、钱公博、河上光一、河原由郎及郭正忠等学者之研究成果已卓然可观。本文只是利用了这些成果。此段感慨参郭正忠《宋代盐业经济史》第702页。

[61]司马光《涑水记闻》，中华书局1989年校点本，第72～73页。

[62]《涑水记闻》卷十五，第302～303页。

[63]参《宋代盐业经济史》第六章《盐产和盐利》第二节第二条《盐利在社会经济生活中的作用》，及第三条《盐利与军需》。

[64]《宋史·食货志》上一“农田”。

[65]《宋史·食货志》上六“役法下·振恤”。又参《续资治通鉴·宋纪六六》。

[66]《赫逊河畔谈中国历史·王安石变法》，北京：三联书店1992年北京初版。

[67]详参《宋代盐业经济史》第八章《宋代解盐政策与体制的历史变迁》。值得一提的是，苏轼和沈括也被卷入这场纷争中来。司马光曾公开指责沈氏阿附王安石，支持张景温扩大解盐官卖区，而苏轼因御史谢景温弹劾他卷入贩卖私盐，虽查无实据，仍外放杭州通判。在浙江他目睹新党盐法给百姓带来的灾难，非常痛苦，以至“每执笔断盐犯者，未尝不流涕”。(《苏文忠公集》卷四十八《上韩丞相论灾伤手实书》)沈括奉旨察访两浙盐政，与老同事苏轼相会，“求手录近诗一通”。苏轼口无遮拦，把对新党盐法发牢骚的诗抄录给沈。沈回京后“签贴以进”，并告发苏轼“词皆讪怼”，以至王铚《默记》认为，“其后李定、舒亶论轼诗，置狱，实本于括云。”主要罪证之一，即是苏轼《山村》诗中“岂是闻韶解忘味？迩来三月食无盐”之类对新盐法的抱怨。

[68]《宋史·食货志》下一“会计”。

[69]民国时有径以蔡京之“丰亨豫大”为“财神”的说法。《破除迷信全书》（李乾忱著，美以美教会全国书报部1929年版）卷一〇：“关于财神的历史，据说是起于宋朝的奸相蔡京……他似乎专门败坏，所以倡导‘丰亨豫大’的奢侈法，以取徽宗欢心。广兴土木，耗费国币，当时民间都羡慕他的富有。传说他是富神降生，他的生日又是正月初五日，所以民间也以正月初五日祭祀他为财神，以便发财……

蔡京被贬于广东海南岛儋县，未到贬所，死于路上。子孙二十三人都分擗远地以后，世俗就以为他的名字甚不光面，因此就打算另换一个财神。可巧当时宋朝的国姓是赵，并且‘玄’字也带着‘胤’字的一份，这才瞎起上一个‘赵玄坛’的名字，当作财神敬拜。”此本于西方宗教观念之批判。所云无稽，聊助谈兴云尔。

[70]中华书局1989年排印本，第83页。案宋朝内廷蜡烛华縻，所贻口实甚多，然亦有自。欧阳修《归田录》云：“邓州蜡烛名著天下，虽京师不能造，相传是寇莱公烛法。”赵令畤《侯鲭录》：“东坡云：‘诸葛氏笔，譬如内库法酒、北苑茶，他处纵有嘉者，难得仿佛。’余续之曰：‘上阁衙香、仪鸾司彩烛、京师妇人梳妆与脚，天下所不及！’公大笑。”

[71]陆游《老学庵笔记》卷二（中华书局，1979年版），第27页。又《夷坚志》丁集卷四谈到崇宁初年，御前倡优作场演三教论衡，讥讽当时滥施学校、孤老、安济、漏泽等“社会福利”而累及百姓时，云：“僧抵掌曰：‘二子腐生常谈，不足听。吾之所学，生老病死苦，曰五化。藏经奥典，非汝等所得闻。当以现世佛菩萨法理之妙，为汝陈之。盍以次问我？’曰：‘敢问生？’曰：‘内自太学辟雍，外至下州偏县，凡秀才读书者，尽为三舍生。华屋美馔，月书季考，三岁大比，脱白挂绿，上可以为卿相。国家之于生者如此。’曰：‘敢问老？’曰：‘老而孤独贫困，必沦沟壑。今所在立孤老院，养之终身。国家之于老者如此。’曰：‘敢问病？’曰：‘不幸而有疾，家贫不能拯疗，于是有安济坊。使之存处，差医付药，责以十全之效。其于病也如此。’曰：‘敢问死？’曰：‘死者人所不免，惟贫民无所归，则择空隙地为漏泽园。无以敛则与之棺，使得埋葬，春秋享祀，恩及泉壤。其于死也如此。’曰：‘敢问苦？’其人瞑目不应，阳若恻悚然。促之再三，乃蹙额答曰：‘只是百姓一般受无量苦。’徽宗为恻然长思，弗以为罪。”可与陆游记叙参看。

[72]《宋稗类钞·厚德》。

[73]参《续资治通鉴·宋纪九十七》。金国史料亦言第一次率金兵围汴梁时，就声言“京城破在顷刻，所以敛兵者，徒以少帝故。所以存赵氏宗社，恩莫大焉。今欲议和，需犒师之物金五百万两，银五千万两，牛马万头，表缎百万疋。”（文渊阁四库全书《钦定重订大金国志》卷四，第2～3页）金人第二次攻破汴京时价码翻了一番，“索金一千万锭，银二千万锭，缣帛如银之数。自御马而下在京共七千匹皆归于我。”（《大金国志》卷五，第21页）《大金吊伐录》载金主在“并入御笔誓书”的《事目》中提出的条件是“金五百万两，银五千万两，杂色表段一百万疋，裹绢一百万疋，马牛骡各一万头，驼一千头。”（第32页）钦宗忙不迭一口答应：“尽据城中所有，内自宫禁系官司，与士民宫观寺院等处，已行根刷。

虑或不足，须至稍宽期限，更于河北州县及外路州军起发送去。”（第 34 页）不是虚意敷衍，就是意度能够“根刷”得到，破财免灾。不料“累日下令于民间根刷金银，告谕之法不问奴婢亲戚，隐藏之罪至于籍没家赀，专命大臣谕以祸福，分遣庶僚广行敛取”，可谓专政手段用到极处，结果才凑集了“金共五十一万七千余两，银共一千四百三十万二千余两。虽未足六停之数，而实已竭尽公私之藏。”（《遣李棁持宝货物折充金银书》，第 46 页）破城以后甚至有金将率骑兵七百余入宫索金，一人一金，“时左藏库金帛已竭，乃于宫中索得金钗钏钿等共八百余两与之，不谢而去。”（《南渡录》卷一，第 189 页）

[74] 参佚名《大金吊伐录》，收入上海书店影印神州国光社 1951 年版《中国内乱外祸历史丛书》之《避戎夜话》）卷三“文献资料”《李若水状》《宋主书（告和，愿割河北三镇）》。

[75]《山右石刻丛编》二十一卷，第 153~158 页。并记言：石高一尺三寸五分，十四行，每行十七字。末题一行，行二十三字，均正书。塔在解州东二十里。胡聘之按：今《解州志》：“汉关圣先茔在州东十八里石盘沟三面条峰，前临咸海，深藏秀雄，为诞圣灵区。墓麓有关圣祖茔墓道碑。又里许，有常平村古庙，相传为关氏祖宅。有塔屹立。金大定十七年里人王兴重修，有碑记文，寥寥数语，辞意近俗。追叙原起处。”

[76] 墨遗萍《蒲剧小史》，油印本。

[77] 延祐时更潞村名为“圣惠镇”，渐筑池神庙、学宫、谯楼和隶役处所。至正十六年（1356）那海德俊任盐运使时始筑城，以形制略似，名“凤凰城”，后因盐运司所在而名“运城”。

[78]《解盐司新修盐池神庙碑》，《山右石刻丛编》卷二十七。

[79]《元代盐政及其社会影响》，辑入南京大学历史系元史研究室编《元史论集》，人民出版社 1984 年 11 月出版，第 307 页。

[80] 四库本《山西通志》卷一百九十六。

[81] 四库本《山西通志》卷二四〇。

[82] 参《河东盐池的池神庙与盐专卖制度》，载《第二届国际唐代学术会议论文集》，台湾文津出版社 1993 年出版。

[83] 姜善信，赵城（今属山西临汾市）人。年十九，自称太公望之后。师从华山道士靳贞常，修行有成，能推知未来事，声名知于江湖。忽必烈“在潜邸时召问，事多验。及即位，三见征聘，奏对多所裨益。”后善信募建龙门建极宫，世祖敕赐额碑，并手书殿阁额匾。亦奉世祖命修筑平阳尧陵。至元十一年卒，年八十七。李盘有《敕赐靖应真人道行碑》，辑入《山右石刻丛编》卷二十七。

[84]2003年3月在山西临汾市永和县发现的一块元代碑记言："平阳一路伤死人口：戌时地震，平阳一路人口死伤一十七万六千三百六十五口，五万四千六百五十户，大德七年八月初六日戌时地动，铁罗村李善。"（http://www.people.com.cn/GB/wenyu/68/20030311/941504.html）著名的洪洞县广胜寺前佛殿即毁于这次地震。

[85]"应靖之孙"当指张志安，为张道陵法裔。按宋徽宗大观二年封张道陵为"正一靖应真君"，宋理宗嘉熙三年封三天扶教辅元大法师靖应真君，元成宗元贞元年（1295）加封正一冲元神化静应显佑真君。

[86][87]《解梁关帝志》卷三《艺文上》。又王纬另有《重修盐池庙碑记》，辑入四库本《山西通志》卷一百九十六《艺文》。其中谈到延祐年间盐池神庙重葺，"命翰林臣纬，恭承明诏"云云。或即其人。文中也提到"役夫万余，畚锸云集，曾不逾旬，裒如山积。舟车之运数千里，皆食其利。其岁之入以缗计者二千万。"

[88]庙在扬州旧城三元巷，碑为天历二年（1329）立，辑入汪钧《十二砚斋金石过眼录》卷十八，亦载《解梁关帝志》卷三《艺文上》。按冯子振（1251～1348）字海粟，自号怪怪道，湘乡（今湖南省双峰）人。自幼"博洽经史，于书无所不读"。大德二年（1298）四十七岁登进士第，人称"大器晚成"。召为集贤院学士、侍制，以"轮番值日，以备顾问"；继授承侍郎，连任保宁、彰德节度使。晚年归里著述。史载扬州《汉寿亭祠碑记》由苏昌龄起句，冯子振脱草，赵孟頫书写，誉为"三绝"，或即此篇。

第八章

道教复兴与关公崇拜

道教复兴

据《新唐书》卷十五《礼乐五》，建中三年（782）置武成庙时，关羽已是从祀之一。《宋史》卷一百五《礼八》载：宋初复建庙，亦有孙膑、关羽等，并“诏孙膑等各置守冢三户……其有开毁者，皆具棺椁、朝服以葬，掩次日致祭，长史奉行其事。”则其当阳葬地原应有护墓旧庐及冢户，惟因后来赵匡胤以“取功业始终无瑕者”一度被黜。[1]张商英叙述的“有陈氏子，忽作公语”云云，即是以陈氏子为灵媒，传达关羽之神意。只是玉泉道场本为佛教寺院，何以也有传语“降神”之灵迹？当是踵继道教法术而致。但传说中徽宗召张天师事，亦非空穴来风。据《续资治通鉴》卷八十九《宋纪八十九》载：

> 崇宁四年五月，壬子，赐信州龙虎山道士张继元号虚静先生，汉张道陵三十代孙也。张氏自是相袭为山主，传授法箓者，即度为道士。

这个日子实际上正在六月解池修复，大张贺典之前。但两事踵接，关系道教与关羽崇拜之始，颇有辨析的必要。张继元，后文作张继先。

说来道教自汉末黄巾“太平道”及张鲁“五斗米教”政教合一组织之初始，就以“致太平”为号召，故对政治参与有特别的关怀。近人傅藏园（增湘）

《〈汉天师世家〉跋》云：

（张）鲁据地自王，以鬼道教民。然其旨主诚信不欺，作义舍以止行人，治道路以除罪过，禁酒禁杀，皆因其俗而施政，为民夷所便乐，其后封完府库，归命魏祖。五子封侯，保土安民。

实际上从汉末以来，中国高层政治舞台上一直活跃着道士的身影。他们或者以谶语纬言制造政权舆论，或者以祈禳斋醮为国家趋利避害，或者以驳难论衡撼动人主视听[2]，或者以奇学绝艺影响历法乐律。自分为丹铅、符箓两大派后，亦各以其长服务宫廷。晚唐五代道教一方面出现了闾丘方远（？～902）选录《太平经钞》，罗隐（833～909）撰著《太平两同书》，总结历史经验，探寻长治久安之术；另一方面又有杜光庭（850～933）参酌儒家伦理，全面修订道教的斋醮科仪，符箓派也一直跃跃欲试，希望一展身手。现在，这个时代终于来到了。

宋代是收拾残唐五代之混乱局面后开创的一统江山，也是道教大发展及系统化之关键朝代。关于宋代开国君主与道教之关系，一直有许多传说。比如释文莹在《湘山野录》中，就说赵匡胤兄弟未发迹前曾与一自称“混沌”或“真无”的道士游于关河，三人每剧饮至醉。御极后不再见，下诏于草泽遍访之。又说赵氏兄弟与赵普游长安，遇陈抟共饮。[3]甚至有赵氏母为逃避战乱挑兄弟于篮，适为陈抟所见，吟诗“莫道当今无天子，都将天子上担挑”的说法。[4]《水浒传》开卷亦云：

那时西岳华山有个陈抟处士，是个道高有德之人，善辨风云气色。一日骑驴下山，向那华阴道中，正行之间，听得路上客人传说：“如今东京柴世宗让位与赵检点登基。”那陈抟先生听得，心中欢喜，以手加额，在驴背上大笑，攧下驴来。人问其故，那先生道：“天下从此定矣。”

这些记叙虽不能证实，但从《宋史·太祖纪》中周世宗在世时已有“点检作天子”的谶语和陈桥驿兵变时“军中知星者扬言‘日下复有一日，黑光摩荡者久之’”的记载看来，传说之辞决非空穴来风。

案北宋诸帝俱崇道，尤以太宗[5]、真宗、徽宗三帝为甚，使道教发展自唐五代以来更上层楼。李焘记叙著名的“斧声烛影”之谜时，就已经出现了一位道士的身影：

> 初，有神降于盩厔县民张守真[6]家，自言“我，天之尊神，号‘黑杀将军’，玉帝之辅也。”守真每斋戒祈请，神女降室中，风肃然，声若婴儿，独守真能晓之。所言祸福多验，守真遂为道士。上（按即太祖）不豫，驿召守真阙下。壬子（按指开宝九年，即976年）命内侍王继恩就建隆观设黄箓醮，令守真降神。神言：“天上宫阙已成，玉鏁（锁）开。晋王有仁心。”言讫不复降。（此据《国史·符瑞志》，稍增以杨亿《谈苑》。《谈苑》又云：“太祖闻守真言，以为妖，将加诛，会晏驾。”恐不然也。今不取）上闻其言，即夜召晋王，属以后事。左右皆不得闻，但见烛影下晋王时或离席，若有逊避之状。既而上引斧戳地，大声谓晋王曰：“好为之。”（此据吴僧释文莹所为《湘山野录》，正史、实录并无之）[7]

咸平二年（999）立于盩厔县终南山上清太平宫之《圣宋传应大法师行状碑》，为张守真徒子徒孙诵其德所立，也是有关当事人最接近于事件发生年代的文献。其中记录此事过程亦最值得注意：

> 开宝□年，太祖皇帝□□□□□□□□□□驰驿臣目□，是年十月三日赴命，越十日，□□东都，趋文陛。天子被□，百辟剉叙。法师对扬，神气自若。左右为之动容。上询遇真君神异事，法师具对，□□□□□□□□□□□谓法师曰：真君降言，有类此乎？对曰：若陛下不之信，弃臣市，可验。无目人声，媟嬻上圣。帝然之曰：果正直之□。即日诏憩建隆观。十九日，太祖上仙，二十一日，太宗皇帝嗣统，命法师琼林苑醮谢上帝，结坛施法，至诚幽赞。潜通穹旻，真君降曰：大宋宗社□永时。太宗伺午夜秘殿，底诚稽首，再捧谢曰：仰赖上真，福浸生灵。誓当修奉。礼毕，□□师西归。[8]

这里面谈到了赵匡胤召见张守真时，承认确实曾因“真君降言”发生过言语冲突，可惜恰巧这一段关键文字漶漫，不能得情实，颇疑其语为“媟嬻上圣”的谣言，而由张守真以“弃市”赌咒自誓的情形看来，当时冲突的性质必定是十分严重的，肯定不止“天上宫阙已成，玉鏁开。晋王有仁心”这样几句。最重要的是赵匡胤死于此后六天，其间还发生过什么事情？赵光义在不在场？却又讳莫如深，令人生疑。但是可以肯定的是，赵光义登基之后置宸几万事于不顾，首先就搞“午夜秘殿”，祷谢真君，并立誓修奉，也有乖常情。[9]难怪后人每生疑窦了。

至于这桩千古悬案的真相为何，历史学家已经追究多年，考虑到此碑立碑时间实较元末《宋史》修成，甚至南宋李焘之著还要早上百年，且碑版之庄重公开，又非文人私记所可比拟，可补史书之缺失。但毕竟与本题关联不大，姑放在一边，只说与本题有关的“降神”。

从结果上看，成于北宋的道教典籍《云笈七签》卷一零三《翊圣保德真君传》[10]中分明记载着许多情事，证实“降神”在赵光义时代仍然在继续并且影响极大。例如赵光义嗣位后，寻召张守真于琼林苑为周天大醮，作延祚保生坛。醮罢，神降言托内臣王继恩转致君王，曰：

> 建隆元年奉帝言：“乘龙下降卫人君。扫除妖孽犹闲事，纵横整顿立乾坤。国祚已兴长安泰，兆民乐业保天真。八方效贡来稽首，万灵震伏自称臣。亲王祝寿须焚祷，递相虔洁向君亲。吾有捷疾一百万，诸位灵官万该（一作‘陔’）人。若行忠孝吾加福，若行悖逆必诛身。赏罚行之既平等，天无氛秽地无尘。爱民治国胜前代，万年基业永长新。”太宗览之，稽首称谢曰：“家国之幸！宗庙之幸！虔荷上圣赐以（一作“此”）格言。”

此后，在太平兴国初、六年、七年及至至道初年，张守真屡奏黑杀神降临之言。因此赵光义于太平兴国六年（981）敕封太平宫黑杀神为“翊圣将军”。

可知两则记叙中之“降神”，实则关乎宋代国祚，而最初临降之神翊圣保德真君，无疑为北宋护国之神。[11]

《四库全书总目·子部·道家类存目》谓王钦若《翊圣保德传》言：

> 翊圣真君降盩厔民张守真家，太祖、太宗皆崇信之。盖自张鲁之教有三官，天、地之外，独有水官，而木、金、火、土不与，故道家都尊玄武。此所谓“翊圣真君”，即玄武也。

四库馆臣虽称饱学宿儒，但此言不确。按陈元靓《事物纪原》卷二引宋初杨亿《谈苑》，谓“翊圣号黑煞将军，与真武、天蓬等列为天之大将。”又据《建炎以来朝野杂记》卷二述，赵构在靖康间入质于金，将上马，有小婢招儿独称见有四金甲神人护卫，构母显仁后宁信其有，言："我事四圣香火甚谨，必其阴助。及陷虏中，每夕夜深必拜四十拜。"绍兴十四年敕命于京城建"四圣延祥观"，"奉天蓬、天猷、真武、翊圣四将"。可知"翊圣"和"真武"本来在两宋并世而立，各自称尊。只是赵构无嗣，太宗一系之近支亲属又被金人一塌刮子掠到漠北，故不得不传位于长房（即赵匡胤后裔）赵昚（即宋孝宗）。赵昚则因帝系迁移，另建祠庙以奉真武为帝室护佑神，所以真武渐显，而翊圣渐隐，遂误以两神为前后承袭耳。此为另话，后文再谈。

在《圣宋传应大法师行状碑》中，曾言：

法师于古终南县私第仿构北帝宫，塑真君圣像。自是□远，从□者□奔走求□，日闻神异，故时人呼法师为"通灵先生张黑杀"。

既然普通居民能造出"黑煞神"来，宋代道教其他派别也利用接近皇室的优势，开始加紧造神。而影响后世比"黑煞神"更大的神祇，正是真武。

真武本名"玄武"，本为龟蛇之像。《楚辞·远游》："召玄武而奔属。"王逸注谓："玄武，北方神名。"洪兴祖补注言："玄武谓龟蛇，位在北方，故曰'玄'；身有鳞甲，故曰'武'。"《史记·天官书》："北宫玄武，虚、危。"《正义》："南斗六星，牵牛六星，并北宫玄武之宿。"意谓星象。同时又是方位标志。《云麓漫钞》卷九：

朱雀、玄武、青龙、白虎，为四方之神，祥符间避圣讳，始改玄武为真武，玄冥为真冥，玄枵为真枵，玄戈为真戈。

可见当时之真武，亦非无上神灵。天禧二年（1018）闰四月，奏称皇城拱圣营西南真武祠侧出"灵泉"，病者饮之多愈。真宗即命于其地建祥源观。《续资治通鉴》卷三十四："祥源观成，观宇凡六百一十三区。"卷五十五：至和元年（1054），"新修醴泉观成，即祥源观也。"已经呈现跃升态势。《朱子语类》则云："所谓'翊圣'，乃今所谓'晓子'者。真宗时有此神降，故遂封为真君。"

明洪武时（1368 ~ 1398）方孝孺为宁海（今浙江宁海市）关王庙所作碑记中，就有"炎光中灭寰宇分，奸雄巨猾胥噉吞。秽腥上闻帝为颦，大统重畀高皇孙。饬令神人下天阍，虬髯虎眉面赤璊。宝刀白马提三军，驱斩贼盗如孤豚”[12]等语，显然承袭《真武经》中真武降神的说法。只是关公后来居上，在晚明开始全面超越真武，清代则基本替代了真武的神功，也是儒家默认的以历史人物榜样代替虚幻神灵设教的主张最终占了上风的缘故。我们再看《三教源流搜神大全》或者《关圣帝君圣迹图志》有关关羽封神的说法，就会发现与此有几分相似之处，不过改成了宋真宗下诏，王钦若举荐，张继先发符。而关羽招领五岳四渎及阴兵，前往会战的情形，亦依稀再现。

明成祖时崇奉真武尤盛，盖缘朱棣以燕王藩邸，南下争位，亦须假凭神意。这一次替他出主意的，却是一名和尚道衍（姚广孝），可知真武崇拜已经融汇佛道。傅应麟《明书》卷一百六十《姚广孝传》言，朱棣决意发兵“清君侧”时，曾问计于广孝，对曰：

> “未也，俟吾助者至。”曰：“助者何人？”曰：“吾师。”又数日，入曰：“可矣。”……祭纛。见披发而旌旗蔽天，太宗（朱棣）顾之曰：“何神？”曰：“向所言吾师，玄武神也。”于是太宗仿其像。

这当然是托言，真实原因是真武神方位属北，正类于毗沙门天王。后来嘉靖入主，改以南方赤帝为佑，真武崇拜才逐渐为关羽所替代。后话不提。

又朱棣大军攻下南京后，建文帝的去向成为历史疑案。他如顺江而下，则可能达于海外；若溯流而上，则可能沿长江，转汉水，直达武当。故朱棣即位伊始，便一面于永乐三年（1405）开始，七次派遣亲信太监郑和下西洋，沿途细细寻访，并向海外公开宣示明廷易主；另一方面又以姚广孝“望气”所言，于永乐十年（1412）派亲信太监及隆平侯张信等为首领，发兵丁民夫二十余万，以三十年时间从容修建武当山真武宫观，以自己的保护神镇压其地“王气”。[13]使崇奉真武的香火臻于极盛，并从当时全真道之说，以关羽为真武麾下四大元帅之一。

其实“降神”之说，五代已盛。[14]邓子琴《中国风俗史》第五章《唐末五代风俗》第四节《民俗信仰中之坏风习》中，曾列《神怪之谈》为其一。其中缕述后唐明宗、李专美、马裔孙、司马诩、张沆、袁象先、朱友谦（即李继麟）、张承业、史匡翰、赵莹、张籛诸传所载有关降神之事件，其中五十九《袁象先传》言：

> 会淮寇大至，围迫（宿）州城，象先殚力御备。时援兵未至，颇

怀忧沮。一日登北城，憩其楼堞之上，恍然若寝。梦人告曰："我，陈播也。尝板筑是城。旧第犹在，今为抗军舍，可为我立庙，即助公阴兵。"象先纳之。翌日淮寇急攻其垒，梯幢角进。是日州城几陷。顷之有大风雨，居民望见城上有甲兵无算，寇不敢进，实时退去。象先方信神鬼之助，乃为之立祠，至今里人祷祝不辍。

又八十九《赵莹传》：

莹监修金天神祠。功既集，忽梦神召于前亭，待以优礼，谓莹曰："公富有前程，所宜自爱。"因遗一剑一笏，以前官谒之，一见如旧相识，即奏署管记。

托言"降神"现形以壮军威，本踵佛教密宗奉毗沙门天王之故技，笔者已于前文述之。而借助"灵媒"传言，却分明是道教从原始巫术"灵媒"中想出来的新点子。北宋皇帝崇道之初，道教系统本处于混乱之时，故张守真以平民之身居然能托言通神，干涉朝政。而真宗时的"汀州黠卒"王捷也"自言于南康遇道人，姓赵氏，授以小镮神剑，盖司命真君也"，景德四年（1007）五月，"真君降中郑家之正堂，是为'圣祖'"，亦能参与真宗朝天书降神诸事，"而祥瑞之事起矣。"[15]

托言降神以翊护君主的事情，实际上在宋仁宗时代又发生过一次。他曾"加号'上仙隐影唐将军'曰'道化真君'，'上灵飞形胡将军'曰'护正真君'，'直使飞真周将军'曰'定志真君'……于在京宫观营建殿宇。先是，上不豫，梦三神人自言其姓号，若在左右翊卫之，既寤而疾稍平……特表异之。"[16]则徽宗因关羽降神护佑而表封"真君"，亦承祖制。

"斩蚩尤"一事除杂剧外，后世《正统道藏》记载的一个故事，所述亦较详细。据《道法会元·地祇馘魔关元帅秘法》[17]载，关羽为北极紫微大帝之主将，称为"雷部斩邪使，兴风拨云上将，馘魔大将，护国都统军，平章政事，崇宁真君关元帅"。《道法会元》称赞关羽"英烈威灵，在生忠勇，死后为神，忠贯日月，德合乾坤"，并且曾"诛砍妖魔"。例证即是崇宁年间，三十代张天师奉诏往盐池除孽蛟时，在东岳庙行香，看到廊庙的关羽神像，问左右此是何神？弟子回答是汉将关羽，乃忠义之神。张天师便遣关羽诛蛟。实时风云四起，雷电交加，关羽即斩蛟于盐池上。张天师奏明徽宗，徽宗命召见。关羽现形于殿下，拽大刀执蛟首于前，不退。徽宗掷崇宁钱，封之为“崇宁真君”。天师责之非礼，罚下酆都五百年。

宋元之际形成了大量新的道教经籍，对同一神祇出身记叙，有着明显差异。此项记载中值得注意的，是关羽原为“北极紫微大帝之主将”和“东岳庙廊庙”神将两点。案汉代《重修纬书集成》卷六《河图始开图》：“黄帝名轩辕，北斗神也，以雷精起。”（请留意“雷精”之说，详后）“黄帝名轩，北斗黄神之精。”同卷《河图帝览》：“其中一星，主寿夭。”道教诸神谱系的架构是逐渐形成的，故后起之说较为繁复。《古今图书集成·神异典》卷一四引《北斗本命经》则以北极星为北斗七星之“长兄”之一，称北极紫微大帝（另一为“天皇大帝”），“掌握浮图纪纲元化，为众星之主领也。”同卷《老子中经》：“北斗星也，天之侯王也，主制万二千神，持人命簿。”故向有“北斗注死”之说，恰与东岳大帝“主人生死”相近。钱锺书《管锥编·史记会注考证·封禅书》中，曾参酌前说，探及东汉以来“以泰山为治鬼之所，死者魂魄所依”观念的由来，可资参考。[18]而正一派张天师系亦以“治精治鬼”，在道教中独树一帜。以此视之，“北极”“东岳”两说，实言关羽乃“治鬼”之神，所以能代表轩辕黄帝去惩治已死妖魅蚩尤之作乱。所谓“罚下酆都”云云，不过得其所哉而已。

又《云笈七签》亦曾提及关羽：

> 吴韬者，汴州开封人也，家富。为魏大将军，领兵三万，泝江入蜀。至戎州，值蜀将关羽总师五万拒之，与韬水陆大战。韬素好道，常持《黄帝阴符经》。是日阵败，告天曰：“吾闻持《阴符》者，危急之日，有阴灵助之，丧败如此，愿赐救护。”言讫，有二白衣谓韬曰：“汝自入峡，纵意杀人，幽魂咨怨，致此亡败。”韬曰：“危既如此，何以免之？”二神人曰：“汝速为冤魂告天发愿，请修黄箓大斋，拔赎亡者，如此当免失利。”韬如其言，即为发愿。关羽亦已收军，韬收合败卒，直至夷陵屯集。乃修黄箓道场三日，前二神人复见，谓之曰：“冤魂并已托生诸方，汝亦沾此余福，神兵密卫，必得大胜，慎勿杀人。夫天地生万物，一草一叶，尚欲其生长成遂，况人命至重，上应星辰，岂可非理致杀，恣汝胸襟也！古今名将，不及三世者，为其心计阴谋，

杀人利己。虽立功为国，亦须道在其间，善分逆顺，不枉物命，使功过显明，即必征伐有功，神明佑助。今蜀不久坐见败亡矣。”旬月，关羽兵至，收夷陵。交兵之次，风雷震击，大雨忽至，羽兵溃散，韬开门纳降，得蜀兵三千，擒其裨将，关羽领兵却回。自兹蜀亦削弱矣。[19]

按戎州为今四川宜宾，汉初沿袭旧称为僰道，汉武帝建元六年（前135）改为犍为郡，昭帝始元元年（前86）郡治由今贵州省遵义市西迁至于此，梁武帝大同十年（544）平定川南一带夷僚，为示“镇抚戎夷”，始将僰道城改称戎州。但是历史上关羽从未入蜀，此故事当后世道教托言所为。此刻关羽显然还不是道教雷神，否则也不会“风雷震击，大雨忽至，羽兵溃散”，反而该趁胜进军了。

而《道法会元》卷二六〇《酆都朗灵关元帅秘法》，则径称关羽为张虚静部下神将，封号“酆都朗灵馘魔关元帅”，手下副将则是“清源真君赵昱”，另有韦锡等飞天八将。实际上，五十代天师张国祥还亲自校有《太上大圣朗灵上将护国妙经》，辑入《续道藏》。这些都是“张氏世济其说”的例证。至于正一道派与“关羽斩蚩尤”的关联，下文单表。

据《宋会要》礼二〇之六、七，宋神宗曾规定“诸神祠无爵号者赐庙额，已赐额者加封爵”，爵分侯、公和王三等，女神封号分夫人和妃两等，神仙封号分真人和真君两等。又《文献通考·物异考三》“水灾”作者注引：

《详定九域图志》所言，郡邑祠庙多出流俗，一时建置，初非有功烈于民者。请申敕礼官纂修祀典，颁之天下，以仿先王之命。祀与《图志》，实相表里。从之。寻令礼部太常寺修祀典，已赐爵及曾封爵者为一等，功德显著无封额者为一等。若民俗所建祠，无功德为一等。各系上尚书省，参详可否。若两处庙号不同者，取一高爵为定。从之。[20]

可知宋代奉行“神道设教”以后，对于祠庙封赐政策就很宽泛。尤其是徽宗朝佞道，滥封也达于极致。关羽祠庙初得封赐，并无特别因由，不像进入南宋以后带有抵御外侮之精神象征的意味。《宋会要辑稿考校》礼二〇（上）“诸庙祠（上）”即列有“诸葛武侯祠、蜀汉寿宁［亭］侯祠、蜀将张飞祠、关平祠”等。《宋会要》礼二〇之二九复载：

一在当阳县。哲宗绍圣二年五月赐额“显烈”；徽宗崇宁元年二月封忠惠公；大观二年进封武安王。一在东隅仇香寺。羽字云长，世传有此寺即有此祠，邑民疫疠必祷，寺僧以给食。

有关北宋封赐关羽的经过，《古今图书集成·神异典》卷三七曾列出过一个清单：

宋真宗大中祥符□年饬修关圣庙。按《宋史·真宗本纪》不载。按《解州志》"关圣庙在城西门外，宋真宗大中祥符年间敕修。"

哲宗绍圣三年赐玉泉祠额曰显烈王。按《宋史·哲宗本纪》不载。按《关圣帝君圣迹图志》云云。

徽宗崇宁元年追封忠惠公。

大观二年加封武安王。

按以上《宋史·徽宗本纪》不载。李焘《续资治通鉴长编》："宣和五年正月乙卯，礼部奏请侯封。敕封义勇武安王，令从祀武成王庙。"

倒是从儒家角度把由赐额到封王的经过叙述得很详尽，但明言多出于后世轶史，惜其未言前文叙及仁宗赐额旌封之号，只有大观年间的封赐于史有据。

其实徽宗对于关羽的赐封，也算不得特别优渥。除了上述三国诸将外，他滥封之其他神祇往往还高过关羽。陆游《入蜀记》载甘兴霸庙祠事，尤能说明问题。记云：

（乾道六年八月）十三日，至富池昭勇庙。以壶酒特豕，谒昭毅武惠遗爱显灵王神。神，吴大帝时折冲将军甘兴霸也。兴霸尝为西陵太守，故庙食于此。开宝中既平江南，增江淮祠封爵，始封褒国公，宣和中进爵为王。建炎中大盗张遇号"一窝蜂"，拥兵过庙下，相率卜珓，一珓腾空中不下，一珓跃出户外，群盗惶恐引去，未几遂败。大将刘光世以闻，复诏加封。岳飞为宣抚使，大葺祠宇，江上神祠皆不及也。门起大楼曰"卷雪"，有钉洲正对庙，故庙虽俯大江而可泊舟。钉洲者，以锐下得名。神妃封顺佑夫人，神二子封绍威、绍灵侯，神女封柔懿夫人，皆有像，而后殿复有王与妃像偶坐。祭享之盛，以夜继日，庙祝岁输官钱千二百缗，则神之灵可知也。舟人云："若精虔致祷，则神能分风以应往来之舟。"庑下有关云长像。云长不应祀于兴霸之庙者。岂各忠所事，神灵共食，皆可以无愧耶？[21]

岳飞葺祠，封赐甘宁一门老少安座殿堂受享祭奠，而关羽犹独立庑下，仿佛司阍之门卫然。连陆游都觉得奇怪，更不用说后世习见关岳同堂而祀的信善了。于此一端，即可觇知关羽即使封王，但在宋代还没有形成全民共识的崇拜。

正一派崛起

关羽崇拜的持续推动力，主要来自道教与茅山派处于激烈竞争中之正一派。但于宋初政治影响极大的道士张守真究为何门何派，似无人追究。任继愈主编一卷本《中国道教史》言：

张守真本是一个搞些扶乩之类宗教迷信的人，他可能利用扶乩降神之机会编造一些玉皇派辅臣降世辅佐宋朝的神话，以讨好宋室。[22]

卿希泰主编四卷本《中国道教史》亦未言及于此。而且两书都忽略了前述《圣宋传应大法师行状碑》中所言：

法师姓张氏，讳守真，字悟元。后汉三正一扶教大法师，乃丞相留侯六代孙。法师即子房之远裔真嗣蔓延。不常厥居，今为盩厔人。

公然以张良之后，张陵嫡裔，正一派真传自居。所谓“留侯之后”，或者为其热衷政事，“料事如神”作借口，后世龙虎宗亦不过踵其故技耳。至于“斩蚩尤”事之有无，元人胡琦已辨之曰：

琦谓解池神怪之说，参诸前史，止称八年有水，君臣以修复而称贺，无召天师平祟之文，而两出于传记小说。一见于祥符时，一见于崇宁时。二天师之力，居多想多，张氏世济其说也。[23]

“世济其说”的“张氏”，正是指龙虎山正一派嗣汉天师府的张家，即徽宗“命弭解州盐池怪”者。事实上俞琰《广见录》所言“三十代天师张继先宋崇宁中应召平解池之祟，凡四诏赴阙”，并未入《宋史》及北宋其他笔记史料。“关羽斩蚩尤”却载于《正统道藏》中的《张天师世家》卷一，甚至列入《中国道教史》附录的《中国道教大事记》，可知后世戏剧小说特其通俗之工具耳。[24]

按三十代张天师即是《水浒传》第一回“张天师祈禳瘟疫，洪太尉误走妖魔”中描述的那位“头绾两枚丫髻，身穿一领青衣；腰间绦结草来编，脚下芒鞋麻间隔。明眸皓齿，飘飘并不染尘埃；绿鬓朱颜，耿耿全然无俗态”，“道行非常，清高自在，倦惹凡尘。能驾雾兴云，踪迹不定”的张继先（元）。只要看梁山群雄须尽从龙虎山上清宫石碣下放出，即可知道在《水浒传》成书过程中正一派地位之显赫了。

据《正统道藏》第三十册《玄品录》卷五《道品》的记叙，张继先为人“渊默寡言，清癯白皙”。他九岁袭教，徽宗以来曾四次被召，赐号“虚静先生”，视秩中散大夫，并赐昆玉所刻“阳平治都功印”，为张天师府世代保存。因此有关他的传说也格外的多而引人注目。《中国道教史》称他为“北宋张天师中最显名于世者”。[25]

照说黄帝自作宋帝之祖，蚩尤也自捣其乱，龙虎宗的正一派何以硬要出头，为黄帝来管这桩闲事呢？原来真宗在大中祥符五年（1012）十月给群臣说，曾梦见天尊向他传言道：

> 吾，人皇九人中一人也，是赵之始祖。再降，乃轩辕皇帝。凡世所知少典之子，非也。母感电梦天人，生于寿丘。后唐时，奉玉帝命，七月一日下降，总治下方，主赵氏之族，今已百年。皇帝善为抚育苍生，无怠前志。[26]

明言轩辕皇帝（黄帝）即赵宋王室之先祖。这在民族学上另有意义，笔者将专文探及。按汉时道教初兴，已笼统托言“黄老”，以黄帝、老子为道宗，以对抗佛教。东汉末年特有“黄老道”，即太平道、天师道之由自。[27]道教各派所奉至尊本有不同，如寇谦之创立的天师道及楼观道都以“太上老君”为尊，而稍后陶弘景创立的上清派茅山宗却以“元始天尊”为首。[28]宋廷崇道，所奉非一，但《云笈七签》首以《轩辕本纪》列于《元始天王纪》《太上道君纪》和《上清高圣太上玉晨大道君纪》之前，由编排秩序觇知，宋真宗的确是将黄帝崇拜置于诸尊之上。又《宋史·真宗本纪三》云：“（大中祥符七年）六月乙卯，禁文字斥用黄帝名号故事。”也是将黄帝“名号故事”作为皇家专利看待的。

而正一派所以附会黄帝，也另有夙因。除了《续道藏》正一部《汉天师世家》记载张道陵曾得黄帝《鼎书》外，还有一个大干系。《事物纪原》卷七：

元魏世祖时，赐寇谦之“天师”之号。后汉张道陵亦有“天师”之称，盖自《列子》言黄帝之称牧马童子曰“天师”始也。

这些说法也许是后来附会之言。按《庄子·外篇》之《杂篇·徐无鬼第二十四》云：

黄帝将见大隗乎具茨之山，方明为御，昌寓骖乘，张若、谐朋前马，昆阍、滑稽后车。至于襄城之野，七圣皆迷，无所问涂。适遇牧马童子，问涂焉，曰：“若知具茨之山乎？”曰：“然。”“若知大隗之所存乎？”曰：“然。”黄帝曰：“异哉小童！非徒知具茨之山，又知大隗之所存。请问为天下。”小童曰：“夫为天下者，亦若此而已矣，又奚事焉！予少而自游于六合之内，予适有瞀病，有长者教予曰：‘若乘日之车而游于襄城之野。’今予病少痊，予又且复游于六合之外。夫为天下亦若此而已。予又奚事焉！”黄帝曰：“夫为天下者，则诚非吾子之事，虽然，请问为天下。”小童辞。黄帝又问。小童曰：“夫为天下者，亦奚以异乎牧马者哉！亦去其害马者而已矣！”黄帝再拜稽首，称“天师”而退。[29]

请看这位“牧马童子”与《水浒传》描述的“牧牛天师”，像也不像？洪太尉因虎咆蛇盘惊吓之迷路，也正等同于黄帝一行的“七圣皆迷，无所问涂”，《庄子·徐无鬼》或即《水浒传》第一回“寻道”故事之原型。

庄子本为道家重要思想家，隋朝即诏以《庄子》为道教主要经典之一。天宝元年（742）二月，唐玄宗正式颁诏“庄子号南华真人”，“改《庄子》为《南华真经》”。[30]崇玄馆大学士陈希烈即上《请以〈南华真经〉宣付史馆奏》，“望宣付史馆，以昭灵应。”[31]可知庄子已入道教仙班。按寇谦之兴天师道以来，道士虽屡以“天师”自称，[32]但毕竟此处所说“天师”才是最早见于文献经典之称呼，又切合了正一派自宋代复出后以张继先开始“天师”排辈并谋求世袭名号的需要。引述《庄子》，自然应念及前缘，理当代黄帝出手。

关羽率阴兵在岭南为国却敌的传说早已风行三晋之外，请其回乡建功，也应该说“师出有名”。孙冯翼辑《皇览·冢墓记》：“传言黄帝与蚩尤战于涿鹿之野，黄帝杀之，身体异处，故别葬之。”则解池之得名本于此传说。而蚩尤后世亦被祀为神。《史记·高祖本纪》叙刘邦起兵时“祀黄帝，祭蚩尤于沛庭”。又《述异记》谓：“汉武时，太原有蚩尤神昼见……其俗遂为立祠。”加上沈括当时实地调查得知的“俚俗谓之‘蚩尤血’”的说法，则无论官方如何报告，将解池盐灾委之于蚩尤作怪，在崇信道教至于极点的宋帝那里都是可以交代得过去的说法。

又案张天师一系与盐利素有渊源，《太平寰宇记》卷八十五：

> 陵井监：按《图经》，汉时有山神，号“十二神女”，为道人张道陵指陵上开盐井，煎火为盐，历代因之。

“关羽斩蚩尤”事，亦为后世《张天师世家》所录。所以“世济其说”之故，亦有可以道及者。近人傅藏园（增湘）《〈汉天师世家〉跋》云：

> 此书见《续道藏》正一部，著录为四卷。此明万历甲午本，为五十代孙国祥所辑刻。余尝通观前后，而知其教之行于世，历长久而不衰者，盖非无故也。自道陵造作《道书》，以召号徒众，其孙鲁继之，雄据巴汉，垂三十年，观编中所纪，道陵得黄帝《鼎书》，受玄君《经箓》，及诛蛇伏虎青城山破鬼城数事，所侈为灵奇者，固妖妄不足信，然闭井煮盐，蜀人食其利至今。且其为教不外于旌善惩恶，而饰以鬼神报应之说，诱以丹箓升举之灵，耸动愚氓，以坚其信念。所谓“神道设教”，叔季人心迷昧，得此亦足救刑政之穷也。

又言：

> 继先（三十代）以盐池靖妖之功，赐号“虚靖先生”，频得觐见，礼数优隆。

据《中国道教史》，龙虎宗张天师一系的正式复出，始于大中祥符八年（1015）宋真宗召见信州道士张乾曜。天圣八年（1030）宋仁宗再次召请张乾曜，赐号“澄素先生”，并令世袭其号，蠲其租课。[33]值得注意的是，或许因为张守真传人政治上失宠，在王钦若《翊圣保德真君传》中，已言黑煞神把龙虎宗一系的世代得道，子孙不绝，应及后世，作为告诫张守真后代的榜样了：

清代《新编目连救母劝善戏文》插图。表现“仗剑”张天师与“持刀”关羽之间实际关系的戏曲小说插图不多，此即其中之一。另一持鞭黑脸多髯之神将，似应为玄坛赵公明。选自吕胜中编《中国民间木刻版画》，湖南美术出版社 1990 年 6 月。

张守真子元济，常斋戒诣宫。真君降言曰：汝父守真遭逢于吾，故令子孙受福。汝岂不闻信州龙虎山张道陵，至今子孙不绝，亦逢于上圣，得道之后，应及后世。汝亦于吾有缘，直须在家孝于父母，食禄忠于帝王，立身扬名，岂非好事！又诲之曰：无事莫街行，勤学必立名。扬名在天下，道荫有长生。又曰：为过自家知，善恶日相随。分明违天道，问汝阿谁痴？

有鉴于翊圣保德真君在宋代皇室的特殊地位，这番言辞无疑证实着龙虎宗正一派地位的提升。可见前引几种传说无论加诸真宗朝还是仁宗朝，都是依附张氏与宋室的关系而设，并非毫无巴鼻。而关羽“盐池靖妖”之说亦祖述张氏之先“诛蛇伏虎青城山破鬼城”之故智，复承接太宗“黑煞神”及真宗“降神托祖”轩辕黄帝之说成为北宋张氏龙虎宗正一派复兴时期灵异之迹最著者。南渡以后，茅山地处宋金对峙的最前沿，影响渐弱，龙虎山正一派势力由此坐大。不但历代嗣天师均得到皇帝的“先生”赐号，自三十五代张可大于宋理宗嘉熙三年（1239）命“提举三山符箓兼御前诸宫观教门公事”，主领临安龙翔宫，从此开始正式成为统领江南诸派道教的首领。

入元则更上层楼，《元史·释老传》载忽必烈曾于至元十三、十四、十八、二十五年（1276 ~ 1288）间四次召见张宗演，均命主领江南道教，制文且称“嗣汉三十六代天师”，并在京城“创崇真万寿宫，敕弟子张留孙主之”，作为奉旨朝觐的暂驻地。

不料这位“驻京办事处主任”张留孙后来却利用接近天咫的优势，又受到北派全真教的刺激，罗致天下英才，很快就发展出一只龙虎宗别系——“玄教”来，其声威气势都远远超过僻居山隅的本宗祖庭。袁桷《清容居士集》卷三四《有元开府仪同三司上卿玄教大宗师张公家传》云：

> 世祖尝亲祠幄殿，皇太子侍。忽风雨暴至，众骇惧，留孙祷之，乃止。又尝次日月山，昭睿顺圣皇后得疾危甚，亟召留孙请祷……若有神人献梦于后，遂愈……上大喜，命为上卿，铸宝剑，镂其文曰：大元赐张上卿。敕两都各建崇真宫，朝夕从驾。

从此“宠遇日隆，比于亲臣”，“朝廷有大谋议，必见咨询。”[34]折冲机枢，襄赞政要，身历五帝，掌教四十四年。至元十五年（1278）“赐号玄教宗师，授道教都提点，管领江北淮东淮西荆襄道教事”，并钦赐宝剑玉印。延祐二年（1315）又“领集贤院，领诸路道教事”，俨然执掌全国道教之牛耳，并在北京与全真教分庭抗礼。今北京朝外东岳庙即玄教所建，其规模建制丝毫不亚于全真教之白云观。

玄教事颇繁杂，与本文主旨相关者有三点值得注意：第一点是正一派正是通过与玄教的分中有合，分而又合，从而在元代取得道教的最高支配性地位的。由于朱元璋只承认嗣汉天师府，玄教消亡，全真教亦后继无人，明初道教权势遂尽归于龙虎山。第二点是玄教主要靠运作政治起家，其组织重点也在控制国家的各级道教管理部门，形同官衙，而于道教经义科仪却绝少建树，仍须仰赖正一经典，故龙虎宗教义亦得借其炎势而流播于北方。第三点是玄教传人中颇多精于儒术和理学之辈，因而加速了儒道的相互理解和结合。尤其是理学大师陆九渊家乡之象山毗邻龙虎山，他的著述讲学亦对正一派产生过影响。如玄教第二代大宗师吴全节曾在至顺二年（1331）向元文宗“进宋儒陆文安公九渊《语录》。世罕知陆氏之学，是以进之”。第四代大宗师张德隆则索性称其六世祖，“尝与里人共构精舍于所居之西，延陆文安公讲道其中，俾子弟受学焉。”[35]

进入元代后关羽崇拜开始纳入国家祀典，关羽的戏曲小说和宗教故事也开始了广为传扬，原因固然非一。就道教而言，则“降神靖妖”之神功，既因道教正一派之势张而彰扬，亦缘正一派之荣耀而扩散。[36]

道教《太上大圣朗灵上将护国妙经》，已开始假托关帝说咒传经了，由于这是较早出现为关公托封的经文，故全文照录：

> 尔时，兴国太平天尊义勇武安王汉寿亭侯关大元帅敕封崇宁真君，圣父聪明正直忠翊仁圣明王，圣母助顺明素元君，神子圣孙，参谋大将，麾下左右，统兵分兵之神，伏兵降兵之神，藏兵收兵之神，布阵摆阵之神，团阵走阵之神，水阵火阵之神，八方八煞四方四勇天丁，掣电轰雷，腾云致雨，鸣锣击鼓，发号施令，将军合司文武公卿，玉泉山得道仙真。吾授玉帝敕命，三界都总管雷火瘟部冥府酆都御史，提典三界鬼神。吾登坛示知尔众：日在天中，心在人中。日在天中普照万方；心在人中不容一私。宁为忠臣而不用，毋邪媚以欺君；宁为孝子而不伸，毋忿戾以怼亲。无论纲常伦理，无论日用细微，皆当省身寡过，不可利己损人。一念从正，景星庆云；一念从邪，厉气妖氛。善恶明如观火，祸福应若持衡。凡我含生，总盟此心。吾司雷部霹雳，奏疏速上天庭，昼察阳元功过，夜判冥夜鬼神。若人传写千本，胜看一藏真经，吾遣天丁拥护，自然百福来臻。即说咒曰：

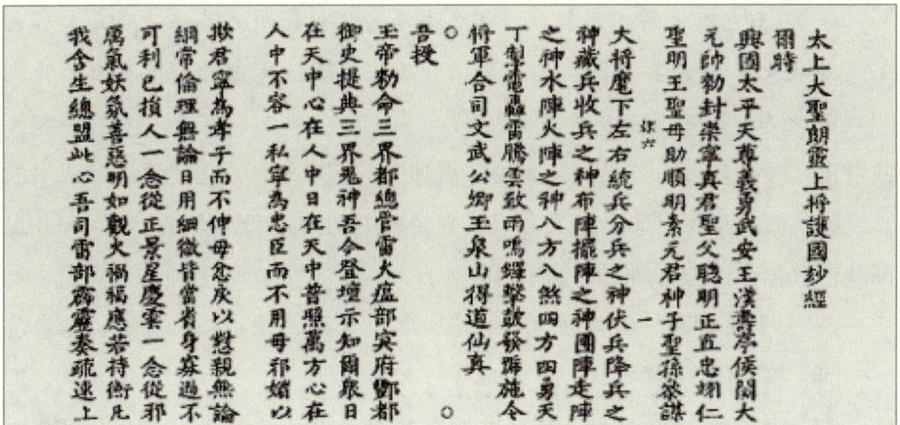
太上大聖朗靈上將護國妙經
爾時
興國太平天尊義勇武安王漢壽亭侯關大
元帥勅封崇寧真君聖父聰明正直忠翊仁
聖明王聖母助順明素元君神子聖孫參謀
大將麾下左右統兵分兵之神伏兵降兵之
神藏兵收兵之神布陣擺陣之神團陣走陣
之神水陣火陣之神八方八煞四方四勇天
丁掣電轟雷騰雲致雨鳴鑼擊鼓發號施令
將軍合司文武公卿玉泉山得道仙真 ○
吾授
玉帝勅命三界都總管雷火瘟部冥府酆都
御史提典三界鬼神吾今登壇示知爾衆日
在天中心在人中日在天中普照萬方心在
人中不容一私寧為忠臣而不用毋邪媚以
欺君寧為孝子而不伸毋忿戾以懟親無論
綱常倫理無論日用細微皆當省身寡過不
可利己損人一念從正景星慶雲一念從邪
厲氣妖氛善惡明如觀火禍福應若持衡凡
我含生總盟此心吾司雷部霹靂奏疏速上

《正统道藏》三十四册收录之《太上大圣朗灵上将护国妙经》影本。这代表了元代末年道教为关公托封的徽号。

大圣馘魔纠察三界鬼神刑宪都提辖使，三界采探捕鬼使者，元始一气七阶降龙伏虎大将军，崇宁真君雷霆行符伐恶招讨大使、三十六雷总管酆都行台御史，提典三界鬼神刑狱公事大典者，提督刑案神霄大力天丁、三界都总兵马招兵大使、统天御地诛神杀鬼大元帅。

尔时与会文武圣众，闻是经说，莫不踊跃，赞叹称善。若人虔心讽诵，上至帝王，下及民庶，即得星辰顺度，社稷安宁，人物康阜，灾厄蠲除。凡有请祈，悉应其感，一切人天，均沾利益，信受奉行，作礼而退。[37]

显然踵继佛教有关“玉泉山得道”传说，不过宣示信众“义勇武安王汉寿亭侯关大元帅”系受玉帝敕命，为“三界都总管雷火瘟部冥府酆都御史”，“吾司雷部霹雳”，亦兼有惩恶之使命。而“宁为忠臣”，“宁为孝子”，“无论纲常伦理，无论日用细微，皆当省身寡过，不可利己损人。一念从正，景星庆云；一念从邪，厉气妖氛”，则兼杂理学及道教之说。

明嘉靖隆庆时浙人田艺蘅《留青日札》说：

雷，天地之义气也。故春分而发，秋分而收，昼而作，夜而息。今则方春而震隆冬而轰，无分于昼夜而霹雳，此殆之其所暴然而辟焉。（重点号为笔者所加）

雷为“天地之义气”的说法比较新鲜。田坚执认为的理由是：

王充有《雷虚篇》，以雷之击人为偶然，辩之甚详。此或未尽天道之妙。天无妄灾，雷无虚击。今历观远近，所击死者，虽未必皆元恶之人，而不善者实居多矣。[38]

或者正是关羽何以由“义神”兼为“雷神”的儒家解释。但是嘉靖时成书的《三界伏魔关圣帝君忠孝忠义真经》则径称关羽为“三界伏魔大帝”，并提高其神权，在《关圣帝君诰》中自称为：

太上神威，英文雄武，精忠大义，高洁清廉，协运皇图，德崇演正。掌儒释道教之权，管天地人才之柄。上司三十六天星辰云汉，下辖七十二地土垒幽酆。秉注生功德延寿丹书，执定死罪过夺命黑籍。考察诸佛诸神，监制群仙群职。高证妙果，无量度人。至灵至圣，至上至尊。伏魔大帝，关圣帝君。大悲大愿，大圣大仁。贞元显应光昭

翊汉灵佑天尊。[39]（重点号为作者所加）

已经成为道教中统管三界十方、神仙人鬼的超级神祇了。从此关公即置身道教神谱之外，自成一格。

另康熙中《百城烟水》描述苏州著名的圆妙观，先缕述其晋、唐、宋时屡毁屡建的兴废过程，元代元贞元年（1295）羽士严焕文、张善渊复建后的神像是这样排列的：

左有玉皇、神州、五路、天医、真官、真武、三元、梓潼、张仙、三茅、机房、关帝、东岳、酆都十王、净乐等殿；右有雷尊、五雷、观音、三官、八仙、灵宝、转藏等殿，后有蓑衣、圣贤、高真、方丈等殿。[40]

则雷部尊神居然与玉皇等分庭抗礼，真武与净乐各为一神，关羽位居东岳之前，观音、八仙同享一体之祀。后人看起来颇似《西游记》之“大闹天宫”。元时道观祀像之随意，于此可见一斑。

另有一题，即关羽诞日向有六月二十四日一说，北宋曾以此日为二郎神诞日。但在张天师系统里，这一天又有什么特别意义呢？

前文已述黄帝“以雷精起”，《重修纬书集成·河图稽命征》：“附宝见大电光绕北斗权星，照耀郊野，感而生黄帝轩辕于青丘。”《春秋合成图》：“轩辕，主雷雨之神也。”《大象列星图》：“轩辕十七星在七星北，如龙之体，主雷雨之神。”《云笈七签》卷一百《轩辕本纪》：“其母西乔氏女，名附宝，瞑见大电光绕北斗，枢星照于郊野，附宝感之而有娠，以枢星降，又名曰轩辕。怀之二十四月，生轩辕于寿丘。”可见宋人也承认黄帝即古之雷神。《山海经·大荒东经》复言：黄帝战蚩尤，得夔牛于东海流波山，“以其鼓为皮，橛以雷兽之骨，声闻五百里，以威天下。”是为黄河中下游地区民间祈赛活动中大张锣鼓之本源。

鉴于元至明初以来，进入国家祀典之道教致祭越来越繁复，明朝弘治元年（1488）四月，礼部给事中张九功建言“乞敕礼部，稽之祀典，尽为厘正”。尚书周洪谟奉旨清查，言及雷神祭典时，曾道：

所谓九天应元雷声普化天尊，为道教所尊雷部主神。道教以为玉霄一府，总司五雷，雷部诸神皆受其统辖。又以六月二十四日为天尊示现之日，故朝廷岁以是日遣官诣显灵宫致祭。夫风云雷雨，每岁南郊已有合祭之礼，山川坛复有秋报之祭，重复致祭，非其所宜。以六月二十四日为神现示日，和设像名称，皆无所据，亦祈罢其祭告。[41]

则六月二十四日本为雷神示现之日。又《铸鼎馀闻》卷一：

明姚宗仪《常熟私志》云：致道观雷部前殿，列律令大神邓元帅，银牙耀目辛天君，飞捷报应张使者，左伐魔使苟元帅，右伐魔使毕元帅，火犀雷府朱天君，纠伐灵官王天君，黑虎大神刘元帅，魁神灵官马元帅，朗灵上将关元帅，雷公江使者（名赫冲），电母秀使者（名文英）。又雷尊殿在招真治，道房内奉九天应元雷声普化天尊，九天雷祖大帝。

《正统道藏》卷二六〇《酆都朗灵关元帅秘法》称关羽封号为“酆都朗灵馘魔关元帅”，可知雷部众神中的“朗灵上将关元帅”亦为关羽。但后世民间犹以六月二十四日为雷神“诞日”而祭之。案《山海经·海内东经》叙：“雷泽中有雷神，龙身而人头，鼓其腹，在吴西。”吴承泽《山海经地理今释》以为：“雷泽即震泽，《汉志》区具泽在会稽郡吴西，扬州薮，古文以为震泽，可证。”故三吴地区民间赛会独重祀雷神，亦渊源有自。

光绪八年《周庄镇志》：

二十四日，澄虚道院雷祖会。

光绪八年《苏州府志》：

二十四日为雷祖诞，又为杨山太尉诞，烧香者不绝。是月多食雷斋者，谓之斋月。

民国六年《同里志》：

二十三为火德星君诞辰。是日，里中水龙齐集渡船，庵前互相试验，观者如堵。

民国十四年《盛湖志》：

二十三日炎帝诞，士女拈香于火神庙。二十四日为荷花生日，又谓雷祖诞。持斋者毕集于雷尊殿，进香阗塞道路。

民国十九年《崇明县志》：

二十四日为雷祖诞，道士设醮，游街市，焚纸龙。

民国二十二年《吴县志》：

二十三日为火神诞。以神司火，祷谢者众。二十四日为雷祖诞，城中圆妙观、阊门外四图观各有神像，蜡炬山堆，香烟雾喷，有集众为雷醮者，延羽流颂经，拜表焚疏，颇形严肃。自朔至诞日茹素者，谓之“雷斋”。是日又为二郎神生日，患疡者拜祷于葑门之庙，祀之必以白雄鸡。又相传为“荷花生日”，群游于荷花荡，或遇雨而归，相率科头跣足，俗有“赤足荷花荡”之谚。

民国十一年《杭州府志》叙述稍详，曰：

二十四日，北山雷院炷香。（《万历志》）咸淳间，羽士陈崇真自闽来，卜居钱塘西湖，善雷法，因敕建雷院居之，赐号冲素真人。六月二十四日设醮醵资，郡人云蒸川赴，至今不衰。（《西湖游览志馀》）阖城烧香，是夜山上茶店以及摊场均备，亮如白昼。

如果这则方志记载属实，那么江浙盛行的以六月二十四日为雷神诞日的风俗，还可以上溯到南宋。

《淮南子·天文》：“北方水也。其帝颛顼，其佐玄冥，其神为辰星，其兽玄武。”《重修纬书集成》卷三《诗含灵雾》：“其北黑帝座，神名曰协光纪，其精为玄武之类。”同书卷六《河图帝览》：“北方玄武之所生，其帝颛顼，其神玄冥。北方七神之宿，实始于斗，镇北方，主风雨。”同卷《河图》：“北方黑帝，神名叶光纪，精为玄武。”可见“黑杀神”即“北方黑帝”，转而为真武亦与黄帝有关，且自有“主风雨”之神功。

我们知道，符箓派道教所以大兴祈禳斋醮，意图是感通宇宙天地之阴阳造化以趋吉避凶。在以农为本的传统经济模式中，自然灾害对于国计民生的影响是显而易见的，尤其是水旱两灾经常发生，关联尤为直接，道教符箓各派亦俱以祈雨灵验与否，作为争胜之由。而雨以云致风行，雷霆为号，此其常识之谈。《夷坚支志》甲卷五：

淳熙丙午，桂林连月不雨。府守张钦夫栻遣驭卒持公牒诣雷州雷王庙，问何时当雨。

即以雷鸣为致雨之征。故征信于人，莫若显示雷霆万钧之先导；宣示于民，亦莫若借助雷霆万钧之声威，故有专以“雷法”祈雨祷验之门派。前引陆游所述之神霄派道士林灵素[42]即以“雷法”著称，曾在宋徽宗时以“金门羽客”

烜赫一时。《宋史·方技传》云林在京师开神霄箓坛：

> 浸浸造为青华正书临坛，及火龙神剑夜降内宫之事，假帝诰、天书、云篆，务以欺世惑众。其说妄诞，不可究质，实无所能解。惟稍识五雷法，召呼风霆，间祷雨有小验而已。

这当然不是以今人科学眼光的批评，但毕竟承认他的雷法颇有功效。神霄派以雷法著称的道士还有一些，如创建人王文卿（侍宸）、萨守坚（萨真人）、邹铁壁、莫丹（月）鼎、谭悟真、陈楠、白玉蟾、彭耜等，一直延续入元。这些人有一个显而易见的共同点，即自陈楠以上都是江西人，陈、白、彭则承接神霄而傍依南宗，主要传行于福建一带。《杭州府志》提到的陈崇真，或即其中一位。这个系统专以雷法行世，包括“行持雷法，祈晴求雨”。道教的雷部神系大概也出于他们之手。如果考虑到《宋史》集纂于正一派玄教领袖道教之时，这种肯定就更值得寻味了。[43]

张继先就是以行持雷法，呼召雷霆的“正一雷法”传世的。《中国道教史》称：“该派自北宋末第三十代正一天师张继先起，吸收内丹术，改进符箓道法，形成正一雷法，而且为之一新，从而表现出新的活力。”第四十三代天师张宇初著《岘泉集》卷七《授法普说》，即为张继先“正一雷法”的说明。[44]

另有《东岳独体关元帅大法》一种，则索性载有召唤关羽的符咒和口令：

> 酆都大将，斩鬼馘魔。拖刀仗剑，运戟挥戈。威声烜赫，邪道消魔。大刀所拖，倾倒山河。随吾符命，速出北罗。上帝有敕，普济沉痾。急急如北帝律令。再一气合德云云。
>
> 俺折吉盘陀加利帝敕煞摄（煞文北气布）皂钱甲马发之。
>
> 关羽关羽，吾奉事汝。汝若负吾，天亦不许。吾若负汝，仙职不举。同结斯盟，相为终始。急急如新书律令。
>
> 信字召符：亻：速速通灵，北帝／关羽／威灵／威猛／上将／真形／圣者／神灵。四国八方。
>
> 关羽：结结咤咤，金那金那，留离留离，胥奴留离。闻召即至，不得有违北帝信令。违者斩尸。[45]

可知关羽一度还是道士可以拘魂招致的神将，不但要受天帝（北帝。疑即真武）约束，而且还与道士是“同结斯盟”的关系。道士所以选择关羽结盟，或者就因为他的人格传说中“忠义可嘉”，能够做到“吾汝不负”，因而在有难求助之际，可以特别信赖的缘故。虽不能确定此法成书年代，但应该是在关羽之神格尚未独立，仍然依附于东岳庙神系的时期。

此外，该书基本上以符咒图式口诀组成，属于道士实用性的作法教程，包括召雷方法，就提到“神霄玉府五雷使院”“祖师紫霄元明显德元君马道清”和“祖师太微侍宸洞玄高明君白玉蟾”，可知与神霄派颇有干系。这与《道法会元》收录的《正一灵官马元帅大法》《上清武春烈雷大法》[46]的情况相似，有兴趣的读者不妨自行翻检。而这正是为后世儒生深为诟病的。明代有署名“田家”者痛心疾首地说：

> 故穷村卑祠，邃壤猥庙，咸立将军诸神之旁，庚币邮庑，观寺店狱，鲜不塑镂将军，竞享纷荐，羽衲之辈，动以符牒，召将军供庾摄之役，又谓将军职天曹雷部，梁仙吏当听指挥，而里人行傩，则尸将军前导，舞蹈跪起，逮之俳优，倒与翻身，侮调斯极。将军有知，宁井心妖魔之挫，否邪？当其斩颜良，逼许都也，曹瞒虽猛黠超世，犹壮其气而扬其威，今乃并闾阎之戏具，巫觋之走卒，魑魅之侍胥焉。是所以悲将军者，深于临沮之死时矣。夫土水图画山川之灵，非真将军也。然肖其形，书其号字，是刻画将军，为侮慢计也。即死数千百年，不之恕也，是所以害将军者，惨于孙权与马忠矣。[47]

财神赵公明最初亦擅“驱雷役电”。《三教源流搜神大全》卷三云：

> 赵元帅，姓赵讳公明，终南山人也。自秦时避世山中，精修至道。功成钦奉玉帝旨召为神霄副帅……体则为道，用则为法，法则非雷霆无以彰其威……昔汉祖天师修炼仙丹，龙神奏帝请威猛神吏为之守护，由是元帅上奉玉旨，授正一玄坛元帅……天师飞升之后，永镇龙虎名山，厥今三元，开坛传度，其趋善谢功谢过之人，及顽冥不化者，皆元帅掌之，故有龙虎玄坛实赏罚之一司……驱雷役电，唤雨呼风，除瘟剪疟，保病禳灾，元帅之功大焉。至如讼冤伸抑，公能使之解释公平，买卖求财，公能使之宜利和合。但有公平之事，可以对神祷，无不如意。

这证实他也属于张天师系统的神祇。[48]从“神霄副帅”而兼“正一玄坛元帅”，正如神霄"五雷法"到"正一雷法"的转换，是否意味着正一派复出后也对其他门派有着某种借鉴承接呢?

前文曾道及,《道法会元·地祇馘魔关元帅秘法》所载关羽职务之一为"雷部斩邪使，兴风拨云上将"，受张天师征召"解池诛蛟"时亦有"风云四起，雷电交加"的配合。而风雷电雨本为自然现象，也许这正是关羽神格中所以有降雨职能之奥秘。其中雷能殛物，又使雷神凭空增添了道德方面惩恶的职责，如"雷部斩邪使"然。而解州盐池庙嘉靖碑也明言关羽"为老氏言者，又尊而神之，以为雷霆"。[49]可知元明时关羽已以"雷部主神"面目出现。扶正驱邪，惩恶扬善，这亦是后世赋予关羽神格中的最重要的教化功用之一。[50]就像赵公明在正一玄坛"掌赏罚之一司"，而"非雷霆无以彰其威"一样。笔者考察河北蔚县明洪武十年（1377）修造的玉皇阁（全国第四批文物保护单位）时，赫然发现东墙壁画之雷部众神像中居中之主神即为关羽。此外，后世以关羽与二郎神和雷神的诞辰重合，也反映着长江下游三吴地区奉祀关羽的特点。

全真派亦不甘人后，也将关羽和赵公明纳入自己的神谱系列。武当山为明永乐时与紫禁城同时修造之特大型道教宫观，各大宫观之真武像前均侍立四大元帅神像。四神帅又称四大护法神，亦称四大神将。名称是：正一灵官马元帅，名叫马光华，又称"三眼灵光""三眼灵耀""华光大王"、马天君、马王、马祖、马神等；都掌金轮如意赵元帅，名叫赵公明，亦称"赵公元帅"，传说姓赵名朗，字公明，民间称为"财神爷"。武当山宫观至今仍保存着明代御制的铜铸饰金赵元帅站像，其像顶盔披甲，着战袍，执鞭，黑面龙须，威严勇猛，造型生动。明成祖在武当山敕建财神庙，亦名黑虎庙，专奉赵公明神像；威灵瘟元帅，名叫温琼。传说温元帅"英毅勇猛"，玉帝封他为"亢金大神"，赐玉杯一只，琼花一朵，金牌一面，上有"无拘霄汉"四字，这是出入天门的特级"通行证"，众神将中，惟有他有此殊荣；显灵关元帅，名叫关羽。真武像前侍立明代御制的关元帅铜铸站像，戴冠着铠，红面美髯，执偃月大刀，衣带飘起，造型英武，威严侍立。四大护法神也是真武大帝麾下的三十六天将中成员。明代神话小说《北游记》中叙述了马、赵、温、关四元帅归顺真武大帝的故事，另文再叙。

南朝梁之著名道士陶弘景《刀剑录》曾提到关羽用刀，说他“为先主所重，不惜身命，自采都山铁为二刀，铭曰‘万人’。及败，投入水中。”唐代郎士元《关羽祠送高员外还荆州》“走马百战场，一剑万人敌”[51]；宋人张商英《咏辞曹事》：“月缺不改光，剑折不改铓。月缺白易满，剑折尚带霜。势利寻常事，难屈志士肠。男儿有死节，可杀不可量。”[52]可为佐证，说明唐宋祠庙中的关羽造像，有的仍然以剑为兵器。复检关汉卿杂剧，其中虽然格于《单刀会》题目正名，几次提到“三停刀”“偃月刀”，但更多谈及关羽所持的兵器仍然是剑。可以想见，长期以来所以关羽形象以持剑知名，可能主要受到道教因素的影响。至于何时改持“偃月刀”，另文辨析，不赘。

“磨刀雨”

道教源于巫术，是基于中国本土信仰发展起来的宗教。而中国本土盛行泛自然神信仰，甚至连素以“不语怪力乱神”的儒家先师都承认山川岳渎本来都具有自然的神性。殷商卜辞本有“贞舞，允从雨”。[53]《史记》卷四七《孔子世家》云：“吴客曰：‘谁为神？’仲尼曰：‘山川之神，足以纲纪天下，其守为神，社稷为公侯，皆属于王者。’”王肃注：“守山川之祀者为神，谓诸侯也。”韦昭注：“足以纲纪天下，谓名山大川能兴云致雨以利天下也。”按《礼记·王制》：

> 天子祭天地，诸侯祭社稷，大夫祭五祀。天子祭天下名山大川，五岳视三公，四渎视诸侯；诸侯祭名山大川之在其地者。

又《祭法》：

> 山林川谷丘陵，能出云，为风雨，见怪物，皆曰神。

又《公羊传·僖公三十一年》：

> 曷为祭泰山河海？山川有能润于百里者，天子秩而祭之。

是故嬴秦以来，历代皇帝都以祭封五岳四渎神灵为国之大礼。[54]唐玄宗曾有是举，“安史”乱后，不复有再。赵宋代周，结束了五代纷乱局面，重新实现了统一，不久即开始上承唐统而郊祀天下。[55]在第一批列入国家祀典的祠庙中，当然会有文、武二庙，而关羽也在唐宋进入武庙从祀。[56]许地山《道教史》认为：

祈禳本为宋国所重，墨子生于宋，故他的门徒多习祝史之事。道德家本不主祈禳，因为这是巫祝的要术，不是学清静无为的人所当的。但自墨道参入后，祈禳几乎占领道家施行方面的全部！秦汉间的方士都能祈禳，《淮南》有土龙求雨之文，董子甚且以儒家施行这事。祈禳之法到后来越盛，依《神仙传·王远传》所记，则汉桓帝时，学神仙的人已教人用符法禳灾治病了。汉魏道徒所知神仙不过如《神仙传》所载九十二人（自注：葛洪的自序中提到秦时阮仓所记有数百人，刘向所撰又七十余人）著者把墨子也入仙班，是一件很可注意的事。到五代时候。道士中还有会"墨子术"的，我们在史乘中找出底下一段话："是时魏州妖人杨千郎用事，自言有'墨子术'，能驱役鬼神，化丹砂水银。庄宗颇神之，拜千郎为检校尚书郎，赐紫。其妻出入宫禁，承恩宠，而士或因之以求官爵。"（自注：《新五代史》卷十四太祖子）

赵宋本据宋国故地，善"墨子术"者尤多，故有宋一朝特重祈禳。《宋史·礼志·祈报》曰：

祈报。《周官》："太祝掌六祝之辞，以事鬼神，示其福祥。"于是历代皆有禬禜之事。宋因之，有祈有报。祈用酒、脯、醢、郊庙、社稷，或用少牢；其报如常祀。或亲祷诸寺观，或再幸，或撤乐减膳，进蔬馔，或分遣官告天地、太庙、社稷、岳镇、海渎，或望祭于南北郊，或五龙堂、城隍庙、九龙堂、浚沟庙，诸祠如子张、子夏、信陵君、段干木、扁鹊、张仪、吴起、单雄信等庙，亦祀之。或启建道场于诸寺观，或遣内臣分诣诸州，如河中之后土庙、太宁宫，亳之太清宫、明道宫，兖之会真景灵宫、太极观，凤翔之太平宫，舒州之灵仙观，江州之太平观，泗州之延祥观，皆函香奉祝，驿往祷之。凡旱、蝗、水潦、无雪，皆禜祷焉。

陆游的一番言论，足以为宋人观念之代表。他说：

山川之祀，自《虞书》以来见于载籍，与天地宗庙并。或谓山川兴云雨，泽枯槁，宜在秩祀，非必有神主之。以予考之殆不然。“维岳降神，生甫及申。”山川之神与人死而为山川之神，一也。岂幸而见于经则可信，后世则举而不可信耶？柳宗元死为罗池之神，其传甚怪，而韩文公实之。张路斯自人为龙庙于颍上，其传尤怪，而苏文忠公实之。盖二神者所传虽不可知，而水旱之祷，卓乎伟哉，不可泯没，则二公亦不得而掩也。予适蜀见李冰、张恶子庙于离堆、梓潼之山，皆血食千载，非独未有疑者，盖其灵响暴著，亦有不容置疑者矣。[57]

说明韩愈、苏轼亦参与立神，且以信善之人多势众作为神明“不容置疑”的理由。此番作为正值理学接受“神道设教”设计的前后，故不奇怪。

以农立国，最怕雨误农时。故上古以来祈雨便是巫之基本职能，后来佛道两家也于此道各擅胜场，而儒家以地方官吏职司所系也于祈雨一事郑重为之。查商汤即有为民祈雨之举，《墨子·兼爱下》曰：

汤曰：“予小子履，敢用玄牝？”告于上天后曰：“今天大旱，即当朕身履。未知得罪于上下，有善不敢蔽，有罪不敢赦，简在帝心。万方有罪，即当朕身。朕身有罪，无及万方。”即此言汤贵为天子，富有天下，然且不惮以身为牺牲，以词说于上帝鬼神。

《荀子》虽“非鬼神”，但亦记叙说：

汤旱而祷，曰“政不节欤？使民疾欤？何以不雨致斯极也！宫室崇欤？女谒盛欤？何以不雨致斯极也！苞苴行欤？谗夫昌欤？何以不雨致斯极也！”

许地山《道教史》尝言道家巫术职能，主要有六，曰“降神”“解梦”“预言”“医病”和“星占”，其中也包括“祈雨”：

古时常以女巫祈雨。《周礼》女巫“日旱则舞雩”，舞师“教皇舞，帅而舞旱日旱之事”。古时祈雨必舞雩，《论衡·明雩》说鲁礼于暮春令乐人涉沂水以象龙从水中出，歌舞雩底歌，咏而行馈祭，所以《论语》说“浴乎沂，风乎舞雩，咏而归。”归在馈祭解。祈雨不应，甚至把巫焚烧。或曝于日中。《左传》僖公二十一年公因大旱焚巫尪，臧文仲以为无益。县子劝穆公底话也是一样底意思。

惟从唐碑记叙，当年冯兴以解盐池神祷雨，“尝不朝而雨斯足，如是者数四”观之，后世以关羽为祷雨之神灵，盖亦有自。惜未能明言所祷者，是否为后世喧闹五月之“磨刀雨”耳。后来关羽传说中“龙”的部分，以及民俗祈雨及民谚“大旱不过五月十三”，都于关羽寄予特殊期望。原其所由，当自宋代始。欧阳修有《祭桓侯文》[58]以祷雨，曰：

谨以彘肩卮酒，告于桓侯张将军之灵：农之为事，亦劳矣。尽筋力，勤岁时，数年之耕，不遇一岁之升。升租赋科敛之不暇，有余而食，其得几何？不幸则水旱，相枕为饿殍。夫丰岁常少，而荒岁常多。今夏麦已登，粟与稻之早者，民皆食矣。秋又大熟，则庶几可以支一二岁之凶荒。岁功将成，曷忍败之？今晚田秋稼而少雨，雨之降者，频在近郊。山田僻远，欲雨（一作高阜）之方，皆未及也。惟神降庥，宜均其惠，而终成岁功。神生以忠勇事人，威名震于荆楚，没食其土，民之所宜告也。尚飨！

据《居士集》，此文为欧阳修贬谪夷陵令任上所作，其地属于荆州。惟从结末语“神生以忠勇事人，威名震于荆楚，没食其土”观之，颇疑所祭者原应当为关羽而非张飞，其理至明。不知是后世传抄之误，抑或欧阳修确曾如此。[59]若推断不误，则北宋时关羽已成为民间祷雨之神。从“今晚田秋稼而少雨”一语推之，所祷必非民间所传五月之“磨刀雨”。

又《解梁关帝志》卷之一敕文云：

孝宗淳熙十四年加封壮缪义勇武安英济王。敕云：“生立大节，与天地以并传；没为神明，亘古今而不朽。荆门军当阳县显烈神壮缪侯义勇武安王，名著史册，功存生民。一方以依，千载如在。凡有祷于水旱雨旸之际，若或见于焄蒿凄怆之间，英烈言言可畏，而仰庙貌奕奕，虽远益新。爰启王封，仍加美号，岂特显尔神威德之盛，亦以慰此邦父老之情。尚祈灵聪，服我休显。可特封壮缪义勇武安英济王。奉敕如右。”[60]

开手破题四六，即作两比，当然出于两榜甲科之手。又黄茂才《武安王赞》：

气盖世，勇而强。万众中，刺颜良。身归汉，义益彰。位上将，威莫当。吴人诈，失不防。质诸心，吾何伤？严庙貌，爵封王。祚我宋，司雨旸。祷而应，弥灾荒。名与泽，蒙泉长。[61]

则知关羽的祷雨功能，在南宋已有定论。案宋代于祷雨一事极为重视，《邵氏闻见后录》卷第一曾描叙仁宗庆历年间祷雨，本欲偷懒图近便，却为谏官王素驳难。几番周折，终于决定在"日色甚炽，埃雾涨天"的情况下特意步行至西太乙宫祷雨，晚上又"即殿庭雨立百拜，焚生龙脑香十七斤，至中夜，举体尽湿"的故事。邵博未言何年，但李焘《续资治通鉴长编》卷一百四十一，将此事系于庆历三年（1043）五月戊子，并考证说："恐博所记西太一宫即相国寺、会灵观。及七年三月，祷西太一宫，则素不在谏院矣。又按《会要·祈祷门》，庆历三年五月十四日，幸大相国寺、会灵观祈雨。先是，谏官以天旱，请遣官祈雨。帝曰：'朕已于宫中蔬食，密祷上天，引咎责己，庶获丰楙之应。'宰臣章得象曰：'陛下奉天忧民，至诚如此，必有感召。'所称谏官，必王素也。当考详增入。"[62]可知在当时皇帝亲自祷雨，并非罕事。

有趣的是，道教典籍记叙当年黄帝系战蚩尤系，是以"旱魃"破解"水攻"而致胜的。《山海经·大荒北经》："蚩尤作兵伐黄帝，黄帝使应龙攻之冀州之野。应龙蓄水，蚩尤请风伯雨师纵大风雨。黄帝乃下天女曰魃，雨止，遂杀蚩尤。"《云笈七签》卷一百引《轩辕本纪》："复率诸侯再伐蚩尤于冀州。蚩尤率魑魅魍魉，请风伯雨师，从［纵］天大风而来，命应龙蓄水以攻黄帝。黄帝请风伯雨师及天下女祆，以止雨于东荒之地，北隅诸山，黎土羌兵，驱应龙以处南极，杀蚩尤与夸父。"

两说略有差异，但故事大体相同，或者反映的是洪荒时代人们常为水困的情形。盐池因"水潦"致灾而疑及蚩尤，倒是接近神话的本来面目。颇疑解池被水所以被"误会"为"水涸"，亦为关羽能够"掣电轰雷，腾云致雨"之神功灵迹张本也。

至迟在元代，关羽诞日已被官方定为五月十三日，恰当孟夏之中，明清仍之。惟由郝经《重建庙记》曾言"郡国州县、乡邑闾井皆有庙，夏五月十三日，秋九月十有三日，则大为祈赛"，如果加上一月十三的春祭，则是三祭，并无其他寓意。但由于五月十三恰好撞上了明清以后的农业进步，这个日子被赋予全新的意义。

据《元史》卷七十三，忽必烈曾于正月十五日"舁监坛汉关羽神轿"奉佛。

《清史稿·礼三》：

关圣帝君清初都盛京，建庙地载门外，赐额“义高千古”。世祖入关，复建庙地安门外，岁以五月十三日致祭。……（雍正三年）增春、秋二祭。洛阳、解州后裔并授五经博士，世袭承祀。寻定春、秋祀仪。

台湾民俗中至今尚保存着春祭之日，不过也许是因为年代已久，失其所自，而讹传为“关帝生日”。如1976～1983年编纂的《嘉义县志》就说：

岁时民俗：（正月）十三日关帝爷生……康熙五十二年（1713）北路营参将翁国桢建关帝庙于嘉义县内东部隅，参将阮蔡文、守备游崇功成之，日据后已拆毁无存。神像多混祀于县境若干庙宇，民多崇祀之。

（五月）十三日关平生：此日是关帝部属，即其义子关平神诞，世误为夏禹神诞，有关庙宇举行祭典。

1957～1960年编纂的《台南县志》亦云：

岁时民俗：（正月）关帝爷生（十三日）……此日是其神诞，除有关庙宇举行盛大祭典外，乡镇工商业者亦备办牲醴隆重致祭，并于傍晚设宴招待员工聚饮，旨在使员工效法关帝爷的信义清白之美德。

此亦物候使然，台湾地处热带，已无求雨之需，故乐于与年俗合并。而此俗在中土则因物候不同，传说亦多。试为分别言之。

清康熙时李光第等修《钦定月令辑要》曰：

（五月）十三日，关庙祭献：原《续文献通考》，汉寿亭侯关公庙五月十三日遣太常寺官祭。增《帝京景物略》：五月十三日进刀马于关帝庙。刀以铁，其重八十觔。纸马高二丈，鞍鞯绣文，辔衔金色，旗鼓头踏导之。[63]

而明清以来，此日又以“磨刀雨”，“大旱不过五月十三”等农谚盛行于黄河南北，其中缘故亦值得分析。[64]

郝经《重建武安王庙记》的记载：

郡国州县、乡邑闾井皆有庙，夏五月十三日，秋九月十有三日，则大为祈赛，整仗盛仪，旌甲旗鼓，长刀赤骥，俨如王生。[65]

证明至迟此时“五月十三”已经成为关羽祀日，惟显然无关农作，倒更像是游牧民族趁夏草正肥的阅兵式。自石敬瑭拱手送给契丹燕云十六州以后五个世纪以来，河北一带始终存在着农耕畜牧混合的经济形态。但自明初大量移民由山西进入河北、河南、山东饱经战乱蹂躏之地，即所谓“要问家在哪里住，洪洞县里老槐树”之永乐年间北方大迁徙，耕作作物、技术和相关民俗自应发生变化，以中国之大，农业区域跨越了若干个植物带，自然不能一概而论。以北方麦黍产区而论，农历五月中旬意味着麦收后二茬作物播种，亟需及时之雨。康熙三十一年山西《黎城县志》言：

> 岁时民俗：（五月）十三日为“关帝诞期”，飨赛三日。解州则于四月八日，乃忌日也。是月也，种椹、采艾、移竹、荐含桃、刈麦。按《阴阳书》云：“大麦生于杏二百日秀，秀后五十日成。小麦生于桃二百一十日秀，秀后六十日成。皆在五月。”《说文》曰：“麦金旺而秀，火旺而死。八月乃金旺之月，麦于是月而生。五月乃火旺之月，麦于是月而死。”《月令》：“孟夏登麦。”盖南北风土物候，自有不同也。

夏作播种季节的雨水，直接决定着秋粮的收成。但中原和华北地区由于多年连续性垦伐过度，夏季经常发生干旱少雨，且趋势越来越明显，所以五月中旬的祈雨就成为影响民生国计的重要仪典了。民国二十二年河北《沧县志》记述求雨仪式较详，曰：

> 乡民祈雨：五六月间旱，乡民乃祈雨。先有一二无赖子夜入关帝庙，负偶像置村外。翌晨，村人相惊曰：“关帝至矣！”乃结芦棚，击铙鼓，抬香案至偶像前。罗拜祈祷毕，舁偶像置之香案上，折柳作冠加像首，抬入棚。村人每日铙鼓进香者四五起。若斯三日，名曰“坐坛”。四之日，乃出巡，意使关帝见旱槁之景象也。先一人执大锣。带黄纸符数十张，书“祈雨”二字，入村粘树上或人家门户。大群之行前，二人鸣锣开道，一品执事列其后，再后为童子扮雷公、闪将、风婆、云童，壮者肩之行，再后十余人，再鼓钹四五随之，再后为龙公、龙母，手车一轮，上置水缸，贮水插柳，龙公推之，龙母挽之，作丑装丑态，以乐观者。再后为僧道，逢井泉或路祭者，则击法器诵经，笙管和之；再后为赤兔马，赤色骏马一匹，鞍辔陆离，马童作剧场装，

抡大刀，挽络缓步。再后为神案，四人舁之，关帝偶像在其上。社首四五人。长衫摇扇，安步左右。最后有抬大柳钵者，收祭品杂置钵中。出巡三日，归复安坛三日，如坐坛礼。前后凡九日。九日内微有雨，则归功于羽，演剧以酬之。或未出巡，雨已沾足，则仍具仪仗出行，名曰“夸观”。九日不雨，则曰“吾村关帝不灵”。次年复旱，则窃他村偶像以祈之。或两村出巡相遇，则争道曰：“吾村之帝，不让汝村之帝也。”东北一带有抬大土龙者，较之乞灵于关羽尚稍近理。

实际上董仲舒《春秋繁露·求雨》，已经记叙了西汉四月立夏日求雨的仪典：

> 夏求雨，令县邑以水日，家人祀灶。无举土功，更大浚井。暴釜于坛，杵臼于术，七日。为四通之坛于邑南门之外，方七尺。植赤缯七。其神蚩尤。祭之以赤雄鸡七。玄酒，具清酒、膊脯。祝斋三日，服赤衣，拜跪陈祝如春祠。

范晔《后汉书·礼仪志中》刘昭补注“闭诸阳衣皂兴土龙”亦云：

> 夏求雨，令县邑以水日家人祀灶，毋举土功。更大浚井。暴釜于坛，杵臼于术，七日。为四通之坛于邑南门之外，方七尺，植赤缯七。其神蚩尤。

可知明清乡民五月因祈雨而拜祭关公，实为承袭汉代四月拜蚩尤而来，真是匪夷所思。《春秋繁露》同卷也谈到了龙：

> 以丙丁日为大赤龙一，长七丈，居中央。又为小龙六，各长三丈五尺，于南方。皆南乡，其间相去七尺。壮者七人，皆斋三日，服赤衣而舞之。司空啬夫亦斋三日，服赤衣而立之。凿社而通之闾外之沟。取五虾蟆，错置里社之中，池方七尺，深一尺，具酒脯，祝斋，衣赤衣。拜跪陈祝如初。取三岁雄鸡、豭猪，燔之四通神宇。开阴闭阳如春也。

《后汉书·礼仪志中》刘昭注“官长以次行雩礼求雨”，亦云：

> 龙见而雩。龙，角、亢也。谓四月昏，龙星体见，万物始盛，待雨而大，故雩祭以求雨也。
>
> 一说，大雩者，祭于帝而祈雨也。一说，郊，祀天祈农事；雩，祭山川而祈雨也。

以龙为祈雨之神，其实是比较后起的一种说法。印度地处热带，只有雨季旱季之分，不应有春夏祈雨之典。融入中国后，始以中土原有之“应龙”，杂糅进佛教的“龙王”观念混合而成的。案“应龙”就是前述蚩尤率魑魅魍魉，“命应龙蓄水以攻黄帝”的那个家伙，但是《山海经·大荒东经》又云：“大荒东北隅中，有山名曰‘凶犁土丘’。应龙处南极，杀蚩尤与夸父，不得复上。故下数旱。旱而为应龙之状，乃得大雨。”“为之状”即有些地方民俗祈雨必须舞龙之由。《离骚》有“应龙何画？河海何历？”之问，王逸注谓“禹治洪水时，有神龙以尾画地，导水所注。”是应龙又兼为大禹之治水功臣。

致祷祈雨本承中土固有之岳渎崇拜，而在“三教论衡”中佛教亦不甘后人，故将《妙法莲华经》和《华严经》中之八位或十位“龙王”，也作出了中国式的解释。《法苑珠林》谓：

> 《分别功德论》：雨有三种：天雨细雾，龙雨甚粗。喜则和润，瞋则雷电。阿修罗为共帝释斗，亦能降雨，粗细不定。

复据《文献通考·郊社考》：

> （开元）十八年，有龙现于兴庆池，因祀而现也。敕太常卿韦绦草祭仪。绦奏曰：“臣谨案：《祭法》曰：能出云为风雨者，皆曰神。龙者，四灵之畜，亦百物，能为风雨，亦曰神也。请用二月，有司筮日池旁，设坛官致斋，设笾豆，如祭雨师之仪。以龙致雨也。”诏从之。

考虑到当时道佛两教纷争的背景，韦绦建议算是一个折中的方案，当然会得到主张“三教平等”的唐明皇首肯了。“二月二，龙抬头”的民谚，或者正因此而起。

自唐贞元起，“二月二”被定为道教之“中和节”，即以“踏青”为其特色。李商隐有《二月二日》诗：

> 二月二日江上行，东风日暖闻吹笙。
> 花须柳眼各无赖，紫蝶黄蜂俱有情。
> 万里忆归元亮井，三年从事亚夫营。
> 新滩莫悟游人意，更作风檐夜雨声。

以夜雨为忧思之由，可知其时尚在梓州东川节度使柳仲郢幕下。案此刻节气已近惊蛰，阳气萌动，万物复苏，以春耕播种季节喜雨，故北方有“龙抬头”之说，韦应物《观田家》云：

微雨众卉新，应雷惊蛰始。

田家几日闲，耕种从此起。

即是咏此。而江南以物候关系，早已春意盎然，此日曰“挑菜节”而未必需雨。宋人张耒《二月二日挑菜节，大雨不能出》诗云：

久将菘芥芼南羹，佳节泥深人未行。

想见故园蔬甲好，一畦春水辘轳声。

后世踵事增华，于“二月二”吃面条（曰“龙须面”），南方又有“二月二，照房梁，蝎子蜈蚣无处藏”等民俗，则是替代原出荆襄一带“除五毒”的端午习俗，沿袭成例。后话不表。

五月中旬急需雨水的传统麦作区域，似乎一直延伸到淮河流域。如万历四十二年（1614）安徽《滁阳志》云：

（五月）十三，农喜大雨。谚云：“五月十三下一满，都去饶州贩巨碗。”言获多也。

康熙十二年（1673）《滁州志》沿用前说：

（五月）农喜是月大雨。谚云：“五月十三下一满，都去饶州买豌豆（笔者按，应为‘买巨碗’之讹）。”言获多也。又云（五月）十三“大旱不过五月十三。”率验。

但是在长江以南的传统稻作区，却有完全相反的“畏雨”农谚。如嘉庆十七年（1812）湖南《祁阳县志》：

（五月）十三日为白龙生日，宜晴。谚曰：“五月十三下一遭，晒得南山竹也焦。”（道光三年《衡山县志》，光绪元年《衡州府志》同）

民国二十五年（1936）浙江《乌青镇志》：

岁时民俗：（五月）十三日忌雨。（《田家五行》云：“五月十三连夜雨，明年早种白头田。”）

五月中旬作物喜雨或畏雨的分野，在长江中游两湖地区似乎特别清晰，宜乎有“单刀赴会”磨刀雨之称。例如光绪元年（1875）湖南《兴宁县志》辨析道：

岁时民俗：（五月）十三日为龙生，喜雨。谚云："不怕五月十三漫，就怕五月十三断。"又，二十六日有雨为"分龙雨"，南阡北陌，晴雨各别。谚云："夏雨分牛迹。"（按：五月十三日雨，俗名磨刀雨，以关圣生日傅会之）

又光绪八年（1882）刊本湖北《孝感县志》：

（五月）是月也，移竹，刈小麦。俗呼"雨程途"。初四、初五为划船雨，十三日为关公磨刀雨……十七日，十八日为洗街雨，二十四、五日为分龙雨。语云："足不足，但看五月二十四、五、六。"又云："五月看三八。"谓初八、十八、二十八宜有雨也。惟二十日俗云"龙晒衣"，不宜雨。语云："打湿龙衣，四十日天干。"

同治十一年湖北（1872）《巴陵县志》叙说稍详：

（五月）十三日，谓之龙生日。可种竹，《齐民要术》所谓"竹醉日"也。（《岳阳风土记》）是日宜雨。谚云："不怕五月十三漫，就怕五月十三断。"以此卜后雨之有无。（《旧志》）《续博物志》云："五月雨为分龙雨。"未定何日，楚俗谓二十为龙会，二十后逢辰为分龙日，此日无雨则旱。（《旧志》）岳州滨江，气候尤热，夏月南风则郁蒸特甚，居民多病痢疟，皆暑湿所至也。湖湘间南风三日，则陂塘积水耗减已尽，土人谓之"南马杓"。江湘四五月间，梅欲黄落，则水润土溽，柱础皆汗，蒸郁成雨，故曰"梅雨"。（以上皆出《岳阳风土记》）夏潦水涨，暑湿并蒸，墙壁衣帽，往往潜生白醭，仓呠发热，米谷易霉。（《旧志》）

按宋人陆佃[66]《埤雅》已有"分龙雨"之说，略谓：

世俗五月谓分龙雨曰"隔辙雨"，言夏雨多暴至，龙各有分域，雨旸往往隔辙而异也。……四月二十为小分龙，五月二十为大分龙。大晴主旱，大雨主涝。

大晴大雨都不宜，既希望致雨而又非灾，所谓"小雨下得正是时候"。这个分寸也难拿捏，故须致祷求拜也。

由唐代二月"祭龙致雨"，到晚明及清代的"五月十三日，谓之'龙生日'"，意味着求雨的需求已由春作播种延伸到夏作播种，实则反映了中国"精耕细作"农业技术的长足进步。即北方由"春种秋收"的一季作物栽培，发展为“冬种夏收”和“夏种秋收”的一年两季或两年三季的作物栽培及技术。盖源江南地区早已能夏播轮作水稻及棉花、大豆等经济作物，并逐渐北移到黄河流域。白居易任盩厔尉时有《观刈麦》诗“农家少闲月，五月人倍忙。夜来南风起，小麦复陇黄。”[67]盖盩厔所需之刈麦南风，亦是解池所需之生盐南风也。北宋时亦有“五月麦黄水”的说法。刘跂《暇日记》“解冻水”条曰：

> 正月解冻水，二月白苹水，三月桃花水，四月瓜蔓水，五月麦黄水，六月山矾水，七月荛花水，八月荻苗水，九月霜降水，十月复槽水，十一月走凌水，十二月蹙凌水。元祐春初，部管人夫到滑州大河上，闻此。[68]

这是民间不断总结物候标示的结果。又《宋史·礼十六（嘉礼四）》云：

> 太宗太平兴国二年二月，幸新凿池，赐役卒钱布有差，六月，幸飞龙院。是后凡四幸。三年四月，观刈麦。

则汴梁四月亦可以观刈麦，但恐怕不会是常例。宋真宗时开始有计划地引进域外物种，以广生计，《湘山野录》云：

> 真宗深念稼穑，闻占城稻耐旱，西天菉豆，子多而粒大，各遣使以珍货求其种。占城得种二十石，至今在处播之。西天中印土得菉豆种二石，不知今之菉豆是否。

又《宋会要辑稿》叙述稍详：

> 大中祥符五年五月，遣使往福建取占城稻三千斛，分给江淮、两浙三路，转给种之。其法曰：南方地暖，二月中下旬至三月上旬下种。如淮南地稍寒，则酌其节候下种，至八月而熟。是稻即旱稻也。真宗以三路微旱则稻患不登，故以为赐，仍榜示揭民。[69]

占城在越南，西天为中印度，都是热带亚热带的物种。这恐怕是中国官方第一次大规模引进外来作物，目的应当是便于提前播下耐寒品种，以便达到一年两作或者两年三作之目的。日本史学界近年讨论宋代农村社会史时，曾争论过类似问题。据称“即按照一般观点，在华北普及二年三熟制的同时，江南生产力超乎其上，推广了水稻生产。以长江下游三角洲为中心修建了广大圩田、围田等水田，引进了占城稻等新品种，实行了稻麦二熟制、施肥、精耕细作等就是其标志，特别以苏州为中心的浙西地区，这些技术已普遍展开。”对此，大泽正昭综合论述了浙东陂塘灌溉地区生产力相对于浙西围田的优越性。足立启二则谓：“两浙对水的高度管理（干田）、稻麦二熟制、施肥、中耕除草等农业集约化发达地区是河谷平原和扇状地，以苏州为中心的浙西三角洲地区仍停留在极粗放的水平上，不仅两熟制不可能，甚至不能连作的耕地大量存在，也没有引入施肥技术。[70]这些讨论所掌握的证据恐怕还不完备，没有把各时代不同地区的农谚即当时富有总结性的实践经验作为重要证据考虑进去。

明初郑和远洋，即特别注意收集外来物种，尤以晚明与葡萄牙、西班牙海外贸易的成果最丰。由新发现的美洲大陆不断传入新的植物，使中国作物品系有了明显增加，其中特别是甘薯、马铃薯和玉蜀黍等类作物的引入，逐渐成为夏播秋收之大宗。这是自汉唐沿丝绸之路先后由中亚、西亚及欧洲引进物种以来对中国农业最重要的贡献。其中蔬菜就有辣椒、番瓜、西红柿和一些豆类品种，自不必说花生、烟草等影响深远的经济作物了。

这一时期的耕作栽培技术也有明显改进，使夏播的耕作区域沿广东、福建迤逦北上，渐次覆盖了整个中原、华北及西北、东北的部分地区。对比元代王祯《农书》、明人徐光启《农政全书》到宋应星《天工开物》，应该展示出这一时段中国农业技术的全面进展。例如《天工开物·乃粒》记载的旱稻栽培、水稻浸种法育秧和矿肥杀虫剂混合拌种等，至今仍在使用。尤其是《农政全书·荒政》提倡甘薯类种植，在明末天灾人祸中活人甚众。正是引进物种带来了农业巨大的变革，才会刺激农耕技术新的发展，不但在中国广大地区产生对“磨刀雨”的强烈需求，也带来清代前期中国人口的史无前例的急剧增长。

据《中国人口报》1995年7月3日《中国历代人口变化略表》报告，晚明万历六年（1578）中国总人口为六千零六十九万人，清初康熙二十四年（1685）即增加到一亿零一百七十一万人，百年间翻了将近一番，且在中国历史上首次突破一亿大关。到乾隆六十年（1795）则已达到二亿九千七百万人，从此稳居世界第一人口大国。[71]这应该是传统农业区域和成熟的物种及耕作技术容载量的饱和点。除稍早的湖广“填四川”外，乾隆以后又陆续开始了山陕“走西口”、鲁冀“闯关东”和闽广“下南洋”（包括台湾）的大规模外延式迁徙移民，把中土盛行之关公崇拜也带至新开发地区。

鉴于中国是世界上惟一具有连续不断人口记录的国家，这两百年间百分之五百的巨大增长，竟然轻而易举地破解了后起然而极其著名的“马尔萨斯循环”，[72]曾引起人口学家对这段历史统计之准确性的疑惑和严重怀疑。但经过一百多年来世界人口由十亿到五十亿的神速进展，使怀疑派领悟到庞大的人口基数，物种和技术的创新，以及持续的和平发展环境，与人口加速度大幅增长间的正比例关系。但也许正因为富足和由此带来的傲慢，耽误了中国进入新一轮的产业调整和科技革命。成败萧何，福兮祸兮？此题牵涉甚广，自有经济学家，人口学家和科技史家平章，不欲弄斧班门。

如果我们注意到，关羽崇拜就在这一时期，在广大的农耕地区中获得了重要的发展。而五月中旬的祈雨仪典，又是传统农耕社会中崇祀关羽最重要的祭典。那么，这个变化背后的文化密码，就不难破译了。[73]

针对祈雨神功的由来，又产生了对关羽形象和神格作出新诠释的需求，于是道教默认了“关羽原即龙之化身”的相应传说。清人《历代神仙通鉴》卷九曰：

> 桓帝时，河东连年大旱，蒲阪居民闻雷首山泽中有一尊龙神，相传亢旱求之极灵，集众往跪泣告。老龙悯众心切，是夜遂兴云雾，吸黄河水施降。上帝方恶此方尚华靡，暴殄天物，当灾旱以彰罪谴，而老龙不秉上命，擅取封水救济过民。上帝令天曹以法剑斩之，掷头于地，以警人民。蒲东解县有僧普静，晨出视之，溪边一龙首，即提至庐中，置合缸内，为诵经咒九日。忽闻缸中有声，启视已无一物，而溪东有呱呱声，发至关道远家（夏直臣关龙逄后）。（道远）名毅，世居解良常平村宝池里。（延熹三年）六月十五日，忽快雨如驶，一黑龙现于村，绕道远之庭，有顷不见。夫人流芳方娠，至二十四日产一子，啼声远达。普静索观，竖眼攒眉，超颔长面，遍体如噀血。普静点头曰：“忠义性成，神圣之质。”乳名寿，幼从师学，取名长生。及长，膂力敌万夫。读书明《易》象，尤好《春秋》。娶妻胡氏，于光和戊午

年五月十三日，生子名平（俗传平为继子，及年月日俱非）。后自名羽，字云长。

“云长”之字，也能给人以求雨的希望。明显顺应祈雨需求，道教对关羽生平重新进行了系统的诠解，也力图规范各种不同的传说。这里也可看出中明以来流行的通俗小说戏剧的明显影响。比如老龙抗命行雨，就与《西游记》叙泾河老龙为与相士袁天罡打赌争胜，故意违时行雨，触犯天条，被魏征“梦斩”一事相类；而普静之说则是和《三国志通俗演义》“玉泉显圣”中关羽惑于前孽，呼喊“还我头来”，而为普静喝破前生一事接榫。

道教系统还有一些神祇也具有类似的物候预示功能，如《铸鼎馀闻》卷二引宋娄元礼《田家五行杂占》曰：

二月八日俗谓祠山神（张渤）生辰，前后必有风雨，号“接客风”“送客雨”。初十日雨谓之“洗厨雨”。

明人田艺衡《留青日札》卷二八《祠山大帝》条：

（神）以二月八日生，先一日必多风，后一日必多雨。俗人相传，以为神请其夫人之小姨饮酒，故加以风雨，欲视其足也。可谓渎神矣。然至今此日风雨甚验，亦异事也。

清人顾禄《清嘉录》“冻狗肉”条：

（二月）八日为祠山张大帝诞，相传大帝有风山女、雪山女归省，前后数日必有风雨，号“请客风”“送客雨”，虽天气甚温，又必骤寒。俗有“大帝吃冻狗肉”之谚。[74]

是为以地区不同的江南风雨征验。历代所传愈加鄙俗之故无他，特以人格神之家务事以增强妇孺之印象耳，表达出民俗的人情纯朴。

另有一事似可道者，也与关羽及五月十三日颇有渊源。有一种传为关羽创制的艺术品——“关帝诗竹”，即每字状似一丛竹叶，在竹竿上组成一首五言诗。诗云：

不谢东君意，丹青独立名。莫嫌孤叶淡，终久不凋零。

还有一些地方是“风雨诗竹图”，以前句为《风竹》诗，另有《雨竹》云：

大业修不然，鼎足势如许。英雄泪难禁，点点枝头雨。

《关圣帝君圣迹图志》谓，“竹诗”之石碣系明代宣德间出土于徐州铁佛寺，为建安五年关羽“土屯约三事”“降汉不降曹”以后在曹营所写画，以当书信给刘备自明心志的。平心而论，此诗竹图的笔致、诗意都非上品，但托物言志，倒也中规中矩，且构思相当巧妙，应当是出自乡村文士的笔墨游戏。

按类似图诗有多种传世，散见于解州、涿州、徐州、荆州、奉节、少林寺、洛阳、西安、济南、桂林等地石碣，形态各有不同。以“托古前朝”惯例，此必清代始有之图。满人素敬关羽，或者还以此寄寓了入清以后明遗民自命清高的心态，故流传独广。后人不理解其中的曲折幽隐，遂以此诗为亵渎关帝，曾批评道：

> 帝之为人性情刚直，心地光明，其不肯久留之意，已不惮明言。一旦辞去，拜书封赐，何等磊磊落落，而顾为此暗昧之事耶！其笔力薄弱，恐后人所造。[75]

河南许昌春秋楼“关帝诗竹”碑拓片。传谓关羽在许昌时“明志”的之作，而春秋楼则正是关羽当年府第所在。

后话再表。至于何以选择竹为关羽言志致意之由，亦有可说者。自北魏《齐民要术》以来一直流传有“移竹日”之说，此风经文人煽炽，宋时已蔚然成俗。宋人陈元靓《岁时广记》云：

> 龙生日：《岳阳风土记》：“五月十三谓之‘龙生日’，栽竹多茂盛，又前辈作《苍筠传》云：‘筠每岁惟五月十三日独醉，或为人迎置他处，不知也。当时谚曰：此君经年常清斋，一日不斋醉如泥。有时倒载过晋地，茫然乘醉俱不知。’宋子京《种竹诗》云：‘阴地围墙植翠筠，疏枝叶茂与时新。赖逢醉日终无损，正似德全于酒人。’晏元献公诗云：‘竹醉人还醉，蚕眠我亦眠。’又云：‘苒苒渭滨族，萧萧尘外姿。如能乐封植，何必醉中移。’东坡诗云：‘竹是当年醉日栽。’”竹迷日：《笋谱》：“民间说竹有生日，即五月十三日，移竹宜用此日。

或阴雨土虚则鞭行，明年笋茎交至。一云：竹迷日栽竹，年年生笋。刘延世《竹迷日栽竹诗》云：‘梅蒸方过有馀润，竹醉由来自古云。掘地聊栽数竿玉，开帘还当一溪云。’然竹迷亦此日也。陈简斋《种竹诗》云：‘何须俟迷日，可笑世俗情。’”[76]

明清则普及到民间。如江南如嘉庆十三年（1808）刊江苏《如皋县志》：

（五月）十三日官府、小民、市井、船户无不作关帝会者。又名“竹醉日”，移竹必活。

民国九年（1920）刊江苏《六合县续志稿》：

（五月）是月十三日乃关帝诞辰，官民祭享，演戏建醮以娱神。神雨播秧，谓之磨刀水。移竹，谓之“竹醉日”。

而北方亦有相同风习。同治七年刊河北《盐山县志》：

（五月）十三日为“竹醉日”，栽竹易活。

光绪二十七年（1901）刊安徽《和州志》：

（五月）十三日雨，宜种竹（古谓“竹醉日”）。一曰“磨刀雨”。

竹以岁寒不凋，虚心有节，碧玉傲霜，洒然清风，直干凌云，与松、梅合称“岁寒三友”；又以枝干挺拔修长，绿叶疏密相间，形态清新雅致，而和兰、梅、菊并称为“四君子”。以此比拟不流俗品，独立高标，向来为文人雅士喜爱。目前发现最早的墨竹图见于唐章怀太子墓壁画，经北宋文与可及苏轼兄弟的大加提倡，始能自成一科。明人王绂总结墨竹通于书法，“干如篆，节如隶，枝如草，叶如真”，发展出一套笔墨趣味来，后遂大盛于清代，石涛、郑燮即是此中高手，郑氏甚至自叙“四十年来画竹枝，日间挥洒夜间思”。此类“诗竹”当成于墨竹风行以后，显示关羽已被雅士引为同调，受到由衷爱戴了。

此外，竹子从笋到枝叶杆都具有实用性，也是其他植物不能替代的。南方很多地区还以人工种植竹林，为其副业收入之主要来源，五月十三的“竹醉日”对于他们也有特别的意义。

后世隐秘社会崇尚关羽，洪门还仿照此图造出“朱洪竹”来。萧一山《近代秘密社会史料》是作者依据伦敦大不列颠博物院藏抄本编辑的，在《先锋问答》中有这样一段对话：

问：有经过什么地方？

答：经过广东惠州府石城县观音山苦竹坑。

问：你上去游玩无？

答：亦曾上去游玩。

问：见有什么东西。

答：见有二盆竹。

问：尔竹知多少枝？

答：一盆三十六，一盆七十二，共凑一百零八。

问：尔有取竹无？

答：我有取竹百零八枝。

问：尔一人如何取得咯多竹枝？

答：洪家兄弟千千万万，取之不尽，用之有用。

问：竹是乜名？

答：竹名朱洪竹。

问：有何为证？

答：有诗：广东洪竹世间稀，林中三六七十二。天下无人知此意，起手动脚便知机。[77]

这虽然是源于洪门传说中，共主为朱明后裔朱洪竹，故以竹为洪门暗号。但亦与关羽竹一样，是暗寓“复汉”，或者“身在曹营心在汉”的意思。另有一层，竹之繁殖系由根部串生，渐次蔓延开去，或者洪门亦以此隐喻组织发展，主要依赖地下串联之意。

“黄帝”“蚩尤”与律历星占

解州盐池庙嘉靖碑谈到关羽神迹的原因时，还说：

> 夫申自岳降，说为列星，盖元气所钟，终还造化，亦理之恒，无足骇者。[78]

这提醒我们还可以从天象角度解释“关公斩蚩尤”的传说。这并非始自北宋，殆无疑问。后世道教依傍纬书中的黄帝星职司之事造作神话神谱，已见前说。

但质疑后世附会之凭借究竟在何处，窃以为亦不能忽视宋元星占观念的影响。作为传说中的历史人物，黄帝、蚩尤固然往矣，但是在古代星象图里，他们却始终存在不灭并且各有执掌。这个情况与黄帝蚩尤的后世纠葛有无关联，亦需论及。

《重修纬书集成·春秋纬》云：

> 蚩尤伐矜，诛逆灭患。蚩尤起，天下之兵合，祸纷纷。[79]
>
> 蚩尤之旗，五精离芒，天运大兵。垂其彗，后曲而前长，四方并乱，天下灭，兵群猾，动帝座于堂。见则五寇行，主不正暴，必有反兵，期五年，天子忧，不以亡，则九年凶。加于斗宿，天子嚚嚚，出于列位，勉正四方。[80]

可知“蚩尤星”本主“兵灾之象”。《重修纬书集成·孝经雌雄图·三十五妖星》：

> 蚩尤星（在并[81]宿中），出月左方。日在丙寅，荧惑将出而不出。其与日合三十日。其未出三日，必有灾云，白、赤、黑色三物，厌日之光。赤色之星有两，赤方在其旁出，而生蚩尤之星，长十丈。其下有大战。正星变色而赤，期二年。[82]

中国拥有世界惟一的连续不断的天文观测纪录，也形成了独具特色的天文学和星相学，这自然是民族文化的骄傲。早期的星象观测例有皇家委派的官员担任，并确立了中国的星际天文分野和命名，基本格局也一直沿袭下来。随着历代天文观测技术的改进和天文知识的丰富，中国天文学总的说来是在不断发展。但也有例外，比如宋代。和其科技方面的整体辉煌相比，国家对于天文律历的关注和投资虽然最大最多，但业绩却可以用四个字来形容——“一塌糊涂”。

按东汉盛行谶纬以解经学。[83]魏晋之后佛学入主，谶纬之学遂由儒学流入数术占星之学，得传后世。值得强调的是，出于汉儒“天人合一”的政治理念，天文星象又在中国政治文化的设计中担负着重要的、不可替代的职能。拿出可靠准确的节气年历，以供天下臣民一体遵行的“奉正朔”，已经是政治权力正统化与合法性的基本象征了。而“天象示警”之类，亦其常见一端。邵博《邵氏闻见后录》卷八曰：

梁武帝以荧惑入南斗，跣而下殿，以禳“荧惑入南斗，天子下殿走”之谶。及闻魏主西奔，惭曰：“虏亦应天象邪？”当其时，虏尽擅中原之土，安得不应天象也。[84]

即其一例。南梁、北魏皆为历史上著名的佞佛之朝廷，犹然如此崇信天象之谶，余可知矣。此亦可以见出宋人观念中“荧惑入主”之示警象征。

天文历法又关乎“礼”，钱锺书《管锥编》言：

吾国古人每借天变以谏诫帝王，如《晏子春秋·谏》上之一八及二一以彗星为“天教”、荧惑为“天罚”。又《吕氏春秋·制乐》记文王、宋景公等事，后世史家且特设《五行志》。然君主复即以此道还治臣工，有灾异则谴咎公卿。如《汉书·翟方进传》：荧惑星变，“大臣宜当之”，致方进自杀；《晋书·石季龙载记》(上)：石宣欲杀王朗而无因，会荧惑守房，思以朗当之；《明史·世宗纪》：嘉靖十一年八月彗星见，乃“敕群臣修省”。此类亦史不绝书，有若反戈之击，入瓮之请。盖人事一彼一此，非一端可执矣。《荀子·天论》：“日、月食而救之，天旱而雩，卜筮然后决大事，非以为求得也，以文之也；故君子以为文，而百姓以为神。”杨倞注：“顺人之请，以为文饰。”神道设教，乃秉政者以民间原有信忌之或足以佐其为治也，因而损益依傍，俗成约定，俾用之倘有效者，而言之差成理，所谓“文之也”。[85]

虽然宋人武备一直不能得意，但是文化优越感却十分浓厚。钱锺书以为，“宋之于金，正犹古罗马之于希腊也，以武力则臣之仆之，而以文教则君之师之。”[86]纪历即其之一大端。这还曾使宋人在外交上露过脸：

淳熙五年，金遣使来朝贺会庆节，妄称其国历九月庚寅为己丑晦。接使伴检详丘崈辨之，使者辞穷，于是朝廷益重历事。[87]

纪历对于民间则又是另一番用处。嘉泰元年（1201），“监察御史施康年劾太史局官吴泽、荆大声、周端友循默尸禄，言灾异不及时，诏各降一官。臣僚言：‘颁正朔，所以前民用也。比历书一日之间，吉凶并出，异端并用，如土鬼、暗金兀之类，则添注于凶神之上犹可也，而其首则揭九良之名，其末则出九曜吉凶之法、勘婚行嫁之法，至于《周公出行》《一百二十岁宫宿图》，凡闾阎鄙俚之说，无所不有。是岂正风俗、示四夷之道哉！’”[88]“正风俗，示四夷之道”，已明白无余地表达了朝廷纪历一事的另一种政治文化用途。

对于一直努力创建正统文化的宋朝君臣来说，历法不准始终是一个令他们尴尬的问题。《宋史 · 律历志一》强调了星象观测的重要意义，并且很有感慨地说：

> 古者，帝王之治天下，以律历为先；儒者之通天人，至律历而止。历以数始，数自律生，故律历既正，寒暑以节，岁功以成，民事以序，庶绩以凝，万事根本由兹立焉。古人自入小学，知乐知数，已晓其原。后世老师宿儒犹或弗习律历，而律历之家未必知道，各师其师，歧而二之。虽有巧思，岂能究造化之统会，以识天人之蕴奥哉！是以审律造历，更易不当，卒无一定之说。治效之不古若，亦此之由，而世岂察及是乎！

古代天文星占的主要职责，无非是相互关联的两事：一事是观察星系、星座、行星、流星的相互位置、关系以及运动变化；一事是计算和预测为当时政治、社会和农业所关注的某一类天体运动，究竟会在何时发生，何地显现，以警示君上和百姓。而道教符箓派之设醮祈禳，正可在此时大显身手。故其关注之切，于国君重臣亦不遑多让。北朝道家祖冲之即以天文纪历闻名后世，隋代道士张宾曾主持“开皇历”的制定，唐代以“步罡推斗”和“推背图”闻名的道士李淳风也曾主持《麟德甲子元历》的制定。“隋末刘焯造《皇极历》，其道不行。淳风乃约之为法，时称精密”。[89]又《中国道教史》第二册曾辟专节《道教学者对天文律历的贡献》，列举了隋唐道士张宾、马赜、薛颐、傅仁、李淳风、尚献甫等人的多方面天文成就和著作。其中傅仁曾主持过唐初《戊寅元历》的制定，薛颐则在唐太宗时担任过太史令的职务。北宋则以陈抟《易龙图》为承继汉代纬学的代表，经邵雍等人的发挥与理学结合。但释道两家似乎都已经缺乏精于“天算历学”的学者了，这对宋代天文学当然也是损失。此不枝蔓。

观察星象是人类从未停止的活动。最初给星系、星座和行星命名，也大多使用神的名字。中外皆然，不足为奇。中国在观测仪器的设计制造方面，曾经长时期领先其他的民族国家，宋代也不输于前人。仁宗朝苏颂（1020 ~ 1101）等人奉敕制作的“水运仪象台”就以其活动式屋顶蜚声后世，亦是现代天文台开合式观测屋顶的始祖；今存苏州碑刻博物馆的“石刻星图”（1193 年绘制，1247 年勒石）原是给年轻的宋宁宗普及天文学知识的。上面至今能够辨认的星仍有 1434 颗，而欧洲天文学家直到十五世纪才绘制出 1022 颗的星图。

计算和预测的成果通常是以历法形式出现的。我国自夏以来，纪历主要参照月亮，故谓“阴历”（或“夏历”）；而实用性主要在于农业，故后亦称“农历”。简言之，以今日之天文学看来，律历制定的困难主要在于太阳视运动绕地球一周（回归年）的平均值为 365.2422 日，而月亮圆缺一次（朔望月，或称太阴月）只有 29.530588 天，12 个月则是 354.367056 天，比回归年少了 10.875144 天。所以每隔三年例设“闰月”，以平衡太阳和月亮闹的这点小别扭，不免截长补短，化零为整。如果事止于此，还是个麻烦的算术问题，有足够的耐心和细心就能搞熨帖。问题在于不能瞎补，得保证阴阳“合朔”在初一，还要分配妥当二十四个节气，以应农时，这就复杂得多得多了。南朝之道家天文学家祖冲之（429 ～ 500）在《大明历》中引进了“交点月”，首先应用了“岁差”的方法。把日食作为观测“合朔”的时机，并以此作为校验律历的标准，被认为是一个天文学上的创举，也大幅度提高了日食预报的准确度。但是误差总是积小成大的，到了盛唐时用初唐《麟德律》观测日食就已经屡次不合，遂在开元九年（721）命西域密宗“开元三大士”善无畏和不空的大弟子僧一行（张燧）[90]制定了《大衍历》。实地观测比较的结果，《麟德律》符合之十之三四，而《大衍律》符合者十之七八。从此历法又相对稳定了一段时期。

但是既然偏差还有，总会积微见著。又过了二百多年，后周显德年间，复命王朴重新制历，初名“钦天历”，宋初沿用之。但到了宋太祖建隆二年（961），“以推验稍疏，诏王处讷等别造新历。”两年后成，命名“应天历”。但“未几，气候渐差”，太平兴国四年（979），宋太宗又行“干元历”，不料“未几，气候又差”。然后陆续制作了“仪天”“崇天”“明天”“奉元”“观天”“纪元”诸历，“迨靖康丙午，百六十余年，而八改历”。这还不算完，“南渡以后，曰‘统元’、曰‘乾道’、曰‘淳熙’、曰‘会元’、曰‘开禧’、曰‘成天’，至德祐丙子，又百五十余年，复八改历。”历法都快变成年号了，可见这个问题始终困惑着有宋君臣。连以科学精神誉名后世的沈括也未能逃脱此劫，李焘就曾批评他说：

熙宁八年，始用《奉元历》，沈括实主其议。明年正月月食，遽不效，诏问修理推恩者姓名，括具奏辨，得不废。识者谓括强辨，不许其深于历也。[91]

《宋史·律历志》的撰写者还进一步埋怨道：

使其初而立法脗合天道，则千岁日至可坐而致，奚必数数更法，以求幸合玄象哉！盖必有任其责者矣。

但是这位先生想必也是“外行看热闹”，直到20世纪现代科学才能产生一种“千岁日至可坐而致”的历法，何况当时简陋的观测仪器。根据天象的实际变化不断修改，本是制历的一条正途。可惜宋人尽管创造出中国古代科技的辉煌时代，却由于其他越来越繁琐因素的介入，而在天文学上裹足不前，其实所差者只有一层窗户纸而已。

实际上，庆元五年（1199）颁布《统天历》时，杨忠辅已首先使用了一年为365.2325日的精密岁实数值，较欧人格里历早约400年。但是不知为何，“庆元五年七月辛卯朔，《统天历》推日食，云阴不见。六年六月乙酉朔，推日食不验。嘉泰二年五月甲辰朔，日有食之，诏太史与草泽聚验于朝，太阳午初一刻起亏，未初刻覆满。《统天历》先天一辰有半，乃罢杨忠辅，诏草泽通晓历者应聘修治。”开禧年间，另造《开禧历》附《统天历》行世。当时正值因理学崛起而导致的“庆元党禁”，闹得纷纷扬扬。稍后郭守敬（1231 ~ 1316）、王恂（1234 ~ 1281）、许衡（1209 ~ 1281）等由金入元的汉臣，于至元十八年（1281）发明了“简仪”，重新推算出与杨忠辅同样的岁时数值，并引入了伊斯兰历法（“回回历”）创制《授时历》，才补正了宋历之失，再造了中国天文学的辉煌，当然这是后话了。

律历不准的原因之一是仪器误差。据称王朴曾制“律准”，但和岘等人“以影表铜臬暨羊头秬黍累尺制律，而度量权衡因以取正。但累代尺度与望臬殊，黍有巨细”，度量误差必然导致计算误差。据周密《齐东野语》载：

姚虞孙乃出新意，用艺祖受命之年，即位之日，元用庚辰，日起己卯，号纪元历。于是立朔既差，定腊亦舛，日食亦皆不验，未几遂更焉。宣和间，妄人方士魏汉津唱为黄帝、夏禹“以声为律身为度”之说，不以絫黍，而用帝指。凡中指之中寸三，次指之中寸三，小指之中寸三，合而为九，为黄钟律。又云：“中指之径围为容盛，则度量权衡，皆自此出焉。”或难之曰：“上春秋富，手指后或不同，奈何？”复为之说曰：“请指之岁，上适年二十四，得三八之數，是为太蔟人统。过是则寸有余，不可用矣。”其敢为欺诞也如此，然终于不可用而止。此事前所未有，于理亦不可诬。小人欺罔取媚，而世主大臣方甘心受侮而不悟，可发识者一笑也。[92]

按皇帝手指也同百姓一样粗细长短不齐，以此作为基准，当然会使制历工作演变成为一场政治闹剧。深层因素其实不是科技，而是拍马的官僚任意改动基本标准。况且制历之初由于资料尚未校验，例需引证典籍，以明其渊源有自，即所谓“凡欲验取将来，必在考之既往”。翰林天文郑昭晏特为引用“《春秋》交食及汉氏以来五星守犯，以新历及唐《麟德》《开元》二历，复验三十事，以究其疏密”。[93]这种方法本来不错，问题是一涉及《春秋》，话语权力就会极度扩大，人人得而言之。盖儒生虽不知算学数术为何物，但研习《春秋》者众，而宋儒又最喜聚讼。如英宗时曾命司天监周琮、王炳、周应祥等修定唐历，历时三年完成，赐名《明天历》。[94]新法以“旧历气节加时，后天半日；五星之行，差半次；日食之候，差十刻”，周琮曾奉诏与司天中官正舒易简及监生石道、刘遘，翰林学士范镇、诸王府侍讲孙思恭、国子监直讲刘攽等“考定是非”，引证更繁，《春秋》三传亦在其中，而“言谈侃侃，总论古今，评议他人，毫无惭色。上推《尚书》‘辰弗集于房’与《春秋》之日食，参今历之所候，而易简、道、遘等所学疏阔，不可用，新历为密。”“后三年，验熙宁三年七月月食不效，乃诏复用《崇天历》，夺琮等迁官。”可见光是能说会侃，亦非治历之正道。[95]范镇也因制历问题与司马光争讼三十年，“镇说自谓得古法，后司马光数与之论难，以为弗合。世鲜钟律之学，卒莫辨其是非焉。”[96]南渡后《春秋》经学大家胡铨又著《审律论》，以司马迁之“六律为万事根本”立论，大谈“深惜后之谈兵者止以战斗、击刺、奇谋，此律之所以汩陈而学者未尝道也”云云，越扯越远，不知所云。枝蔓不提。而天文历算之学，终成以科技成就傲视后世的宋人隐痛。故《元史·天文志一》称：

宋自“靖康之乱”，仪象之器尽归于金。元兴，定鼎于燕，其初袭用金旧，而规环不协，难复施用。于是太史郭守敬者，出其所创简仪、仰仪及诸仪表，皆臻于精妙，卓见绝识，盖有古人所未及者。

又《宋史·天文志五》亦言“蚩尤之旗”云：

荧惑为南方，为夏，为火。于人五常，礼也；五事，视也。

火星之精，化为昭旦、蚩尤之旗、昭明、司危、天欃、赤彗。

则蚩尤星本为“荧惑”之一，又属于“妖星”之列。《天文志》又说，所谓“妖星”是指“五行乖戾之气也”，“形状不同，为殃则一”，“盖妖星长大则期远而殃深，短小则期近而殃浅。”值得注意的是，由于真宗“托祖”之故，天象中的“黄帝坐”已几经变化。在宋朝的天象学家和星占家的观念里，分明就是人间君王的代表。它和其他星体关系及位置的相互变化，以及所预示的前景，几乎涵盖了帝王从政治职责到个人生活中所有最主要的考虑。[97]

《宋史·天文志二》曰：

（太微垣十星）内五帝坐五星，内一星在太微中，黄帝坐，含枢纽之神也。天子动得天度，止得地意，从容中道则明以光，不明则人主当求贤以辅法；不则夺势。四帝星夹黄帝坐，四方各去二度。东方，苍帝灵威仰之神也；南方，赤帝赤熛怒之神也；西方，白帝白招拒之神也；北方，黑帝叶光纪之神也。黄帝坐明，天子寿，威令行；小则反是，势在臣下；若亡，大人当之。月出坐北，祸大；出坐南，祸小；出近之，大臣诛，或饥；犯黄帝坐，有乱臣。抵帝坐，有土功事。月晕帝坐，有赦。《海中占》：月犯帝坐，人主恶之。五星守黄帝坐，大人忧。荧惑、太白入，有强臣。岁星犯，有非其主立。荧惑犯，兵乱；入天庭，至帝坐，有赦。太白入之，兵在宫中。填逆行，守黄帝坐，亡君之戒。五星入，色白，为乱。客星色黄白，抵帝坐，臣献美女。彗星入，宫乱；抵帝坐，或若粉絮，兵、丧并起。流星犯之，大臣忧；抵四帝坐，辅臣忧，人多死。苍白气抵帝坐，天子有丧；青赤，近臣欲谋其主；黄白，天子有子孙喜。

月犯四帝，天下有丧，诸侯有忧。五星犯四帝，为忧。

天象星占另有“轩辕星”，与“黄帝坐”并无直接关系，似乎是主后宫嫔妃的。《宋史·天文志四》：

轩辕十七星，在七星北，后妃之主，士职也。一曰东陵，一曰权星，主雷雨之神。南大星，女主也；次北一星，夫人也，屏也，上将也。次北一星，妃也，次将也。其次诸星，皆次妃之属也。

从“权星主雷雨之神”的功能看，它也许才是轩辕黄帝的正星。可知星相学中的“荧惑犯太微”“荧惑犯轩辕”对于当时司职天象观察的官员来说，虽然不如日食、月食那样直接构成对深居中宫的皇帝与国难兵灾的莫大干系，但也非同小可，亦是“万万不可粗心大意”之政要大事。[98]

查《宋史》诸纪、志记载，北宋时期荧惑犯太微或轩辕星共计七十六次，其中太宗时期（976 ~ 997）九次，真宗时期（998 ~ 1022）二十四次，哲宗时期（1086 ~ 1100）十九次，都是其间比较活跃的时期。对于崇信天象的君主来说，就得做点积德行善的事情以求禳祈。又据《宋史》本纪，赵光义即帝位后，也许是民间对于天象的解释不一，也许是害怕不利于己的谶言传播，曾于太平兴国二年（977）冬十月丙子“诏禁天文卜相之书”。真宗景德元年（1004）正月辛丑又重申严禁：“诏：民间天象、器物、谶候禁书，并纳所司焚之，匿不言者死。”《宋史·石普传》说：“大中祥符九年，（石普）上言九月下旬日食者三；又言：‘商贾自秦州来，言唃厮啰欲阴报曹玮，请以臣所献阵图付玮，可使玮必胜。’帝以普言逾分，而枢密使王钦若言普‘欲以边事动朝廷’，帝怒，命知杂御史吕夷简劾之。狱具，集百官参验，九月下旬日不食。坐普私藏天文，下百官杂议，罪当死。议以官当。诏除名，贬贺州，遣使絷送流所。”就是一个严厉追查天象案的实例，虽大臣亦不能幸免。这当然也会对承继积累前人观测经验，造成一定障碍。

鉴于宋代历法一改再改，今人已无法准确推知当时的天象情况。现将《宋史》北宋诸帝纪记载的“荧惑犯太微”或“轩辕”的连续记载表列如下：

时　间	天　象	措　施	记　载
乾德四年（966）五月辛卯	荧惑犯轩辕	不载	太祖本纪
淳化元年（990）九月辛巳	荧惑入太微垣	大宴崇政殿。禁川陕民父母在出为赘婿。是月，蠲沧、单、汝三州今年租十之六。	太宗本纪
大中祥符八年（1015）五月丁亥 五月庚寅 五月辛丑	荧惑入太微 荧惑犯轩辕 荧惑犯太微上将	壬辰废内侍省黄门，禁金饰服器；庚子放宫人一百八十四人。	天文志、真宗本纪
天禧元年（1017）五月己酉	荧惑犯太微	乙卯纵岁献鹰犬。	同上
皇祐二年（1050）十月庚午	荧惑犯太微上将	乙亥，宴京畿父老于锡庆院。	仁宗本纪
治平元年（1064）五月己未	荧惑犯太微上将	壬戌以病愈，命宰臣谢天地、宗庙、社稷及宫观。	英宗本纪
元符二年（1099）闰九月壬申	荧惑犯太微左执法	己未，越王茂薨。	哲宗本纪

值得注意的是这九次天象活动中，有六次发生在五月。这与后世五月十三关羽生日的传说有无联系，也颇值得推敲。如有精于天象与民俗关系的朋友指教，或能释疑解惑。

京师正阳门月城之内的小关庙为中明至清两代祀关最重要的庙宇，其始建何时，何由兴建，史无明载，传说倒是很多。但是明代焦竑撰《正阳门关庙碑铭》给后人留下了一些可资考探的线索。其云：

> 国朝受命，宅内百灵效职，乃太微宫室之间，（关）侯实居之，俨如环卫。盖四方以京师为宸极，而京师以侯为指南，事神岂可不恭欤？[99]

无论如何，看来后人还是在太微垣黄帝星的旁边给关羽也留下了星宿的位置。此时的关羽虽已敕封为帝君，居“夹黄帝坐”之“四帝星”其一。属于“南方，赤帝赤熛怒之神也”，已经统制着荧惑星，当然也就永远镇伏着捣乱闹事的蚩尤星了。但他的基本职责，仍然是拱卫着星象中的黄帝。如果与正阳门关庙位于紫禁城南的位置合观，尤能体会到其地位重要之由，这里也直接拱卫着紫禁城内的帝王。[100]这个变化，实际上关涉着明代皇室统绪的一次变迁，另文分解。

按五方四极之神各有主司。古人郊庙祭典中例祭五方之神“青帝”“赤帝”“黄帝”“白帝”和“黑帝”，[101]道教也一直在努力为这些“天帝”的人格神造谱。“黄帝”例为中央之神，而明时北方神已为玄帝（即真武大帝）所居。五行南方属火，汉、宋两代五行亦属火德，故汉代后有“炎汉”“炎宋”之称，而两宋君主亦虔诚遵奉南方赤帝为感生神。后世戏曲小说和民间传说中的关羽“枣红脸”“赤兔马”，亦似应火德而设。如与前文所述关羽为雷神，六月二十四日同时又是火德星君生日问题合观，尤为明晰。此将在另文中讨论，不赘。

清承明祚，女真人亦从北方入关，君临中原，当然不能听任关公星宿的位置属南。于是出现了一种新的说法，认为他老人家的星象应在北斗第六星，且有诗云：“吾本天枢第六星，临风欲使万方宁。形容虽去神尤在，留得精英震百灵。”倒也另有一番说词可谈。

《史记·天官书》说：

> 北斗七星，所谓“旋、玑、玉衡，以齐七政”……斗为帝车，运于中央，临制四乡。分阴阳，建四时，均五行，移节度，定诸纪，皆系于斗。[102]

又据《索隐》引《尚书大传》，所谓“七政”指：春、秋、冬、夏、天文、地理、人道。即是说，自然界天地的运转、四时的变化、五行的分布，以及人间世事吉凶否泰，皆由北斗七星所决定。

其后的纬书更对此作了发挥。《云笈七签》卷二十四《北斗九星职位总主》云：“《黄老经》曰：北斗第一天枢星，则阳明星之魂神也；第二天璇星，则阴精星之魂神也；第三天机星，则真人星之魄精也；第四天权星，则玄冥星之魄精也；第五玉衡星，则丹元星之魄灵也；第六闿阳星，则北极星之魄灵也；第七摇光星，则天关星之魂大明也。”[103]并引《河图宝录》具体介绍道：“第六北极星，天之太常，主升进。上总九天上真，中统五岳飞仙，下领学者阶级。围七百七十里，有玄台玉楼。步刚真人号北晨飞华君，姓明灵，讳昌上元。冠飞精华冠，衣紫锦飞裳，执九斗玉策。”又说：“兆若屈滞疾厄，乞申希免，告请天之太常第六玉皇君。”则第六星的职司已然关系到千家万户每一个人。

清同治年刊《孝经传说图解》“冯履祥为父报仇”故事插图。明显地将关羽置于云霄与星宿之间，表达了古人质朴的见解。清人观念中，关羽地位已经超过玄武，他已经代表着天空显现的北斗七星中之第六星。

但《洛书》除了记述以上七名外，还记有另外七个名称，曰：

> 开阳重宝，故置辅翼，易斗中曰北斗：第一曰破军，第二曰武曲，第三曰廉贞，第四曰文曲，第五曰禄存，第六曰巨门，第七曰贪狼。[104]

请注意，这里的北斗第六星，正是明清以后民间讲唱说话所津津乐道的“武曲星”。宋元间道教经典基本上沿袭了另一种说法，如《玉清无上灵宝自然北斗本生真经》《太上玄灵斗姆大圣元君本命延生心经》等，称“贪狼”“巨门”等为北斗七星之名，并有紫光夫人感莲花，化生北斗七星的故事流布民间。略云：龙汉时有一国王名周御，其妃名紫光夫人。某日，夫人于莲池中沐浴，忽感莲花九朵化生九子。长为天皇大帝，次子为紫微大帝，其余七子为贪狼、巨门，禄存、文曲，廉贞、武曲、破军七星。而《太上玄灵北斗本命延生真经》及《上清灵宝大法》卷三十九等，即据此称北斗七星为“北斗阳明贪狼星君，北斗阴精巨门星君，北斗真人禄存星君，北斗玄冥文曲星君，北斗丹元廉贞星君，北斗北极武曲星君，北斗天关破军星君。”

按道教本以真武为武曲神。《玄天诰》云：

> 混元六天，传法教主，修真悟道，济度群迷，普惠众生，消除灾障，八十二化，三教祖师，大慈大悲，救苦救难，三元都总管，九天游奕使，左天罡北极，右垣大将军，镇天助顺，真武灵应，福德衍庆，仁慈正烈，协运真君，治世福神，玉虚师相，玄天上帝，金阙化身，荡魔天尊。

而关羽在星象位置上的变更，以及获得“荡魔天尊”神号，说明他在清代已经有全面取代真武大帝的趋势。这或许和天师道与全真道势力的消长有所干系。晚明有些地方立庙，甚至把真武庙置于关庙前偏。如崇祯《嘉兴县志》载：

玄天佑圣宫：在烟雨楼右，武安祠前。下有保安祠奉赵玄坛神像。明天启癸亥知县汤齐建。按玄武即斗牛女虚危室壁，七宿状如龟形，位居北方，属水。其下有螣蛇，星属火，故绘为龟蛇蟠结之状。宋代祀之，以厌火灾。今宫建于湖中，控挹大润，周慰闾阎，当知荧惑永为避耀也。[105]

结 语

总括而言，宋代以后道教开始成为推动关羽崇拜的重要力量。其缘由大致有四：

一是因为道教源于本土巫术，将神力法术或山岳河渎的神性人格化，本来就是其特长，所以藉解池盐灾推出神将关羽，乃是顺理成章之事。

二是藉“盐池靖妖”一事来表达符箓派道教关注民生国计的大旨。尤其是正一派张天师系的复出，需要一个既与早期张道陵传说“诛蛇伏虎青城山破鬼城”接榫，同时又靠近三十代天师张继先时代的新故事，以弘扬法力，重振道门。所以他们反复叙述张天师门下的“关羽斩蚩尤”神话，并把本体系甚至佛教中其他具有神力人物的神格神功转移到关羽身上，最终得到全民的认同。

三是在北宋时期的龙虎山正一派，最初不过是和茅山皂阁山并列的“三山符箓”之一。但到南宋和元代以后，正一派地位逐渐上升，终于成为掌握官方“道箓”，“总领天下道教”的第一大派，且享有世袭二品秩的特权。而关羽影响的不断扩大，也与正一派之地位的提高适成正比，其后还扩及其他道派。如笔者所见，明初永乐年间与紫禁城同时修造全真派武当山道观中，就有关羽的天尊造像。又据《关帝志》卷之一《封号》载，万历四十二年十月加封关羽为“三界伏魔大帝神威远震天尊关圣帝君”时，曾“特命全真道士周庀真等赍请，前去彼处供安，镇静方隅，肃清中外”。可知道教中崇奉关羽者，不独南宗正一派，亦延至北宗全真派。建于解州的国家祀典关庙的格局、形制和建筑纹饰，至今仍然保留着显而易见的道观风格。事实上，民间盛行的历代关羽封号中的“真君”“天尊”甚至“帝君”等称号，都属于道教词汇。

这是台湾《关帝籤》籤书的封面及题诗，诗句出自清中期的《关帝桃园明圣经》，说明关公已成为北斗星君之一，又恢复到他在黄帝神话中的位置了。据称这幅《关圣帝君像》原藏台湾故宫博物院，是清宫保存之像，1998 年中国收藏家协会曾以此图发行金箔纪念藏品。

四是宋元以来的道教发展中，曾有一个创建神谱的过程，这个努力有其多维性质：一个维度是模仿佛教，如尊老子以类释迦牟尼，创三清以象三宝，以王灵官作韦驮功能的护法神将等系列的道教体系；另一维度又仿照人间政权组织创立了天宫体系，如玉皇大帝，王母娘娘及其文臣武将，一直到城隍土地灶王神的系列；第三维度还要结合本土民间既有的岳渎崇拜建立仙班神系，例如东岳大帝等五岳四渎神祇、湖海山川，一直延伸至洞天福地，遍及全国。三维交叉，愈发显得叠床架屋，庞杂无序。这种构筑神系法统的努力成果，集中反映在元明间道教最盛之际出现的小说戏曲《西游记》和《封神演义》中，就展示的道教兜率、天宫、仙班、神将的不同组合及其体系，令读者眼花缭乱，著述者也支拙难应。类似作品还有描述真武、华光、观音、蕯真人、许真人等多种戏剧小说，宝卷说唱。

但关羽似乎还难以纳入这些体系中。明清以后数量众多的神祃（即民间祭祀张贴的木版神像），诸神济济一堂，有若合家欢似的展示中，关羽位置往往变化较大。而且道教也没有为关羽崇拜大量创制经典。今存道教通俗劝善文有《关帝觉世真经》《关帝明圣经》《戒世子文》等[106]，多属善书宝卷，而且出自清中叶以后。近世台湾相传，全世界的“儒道释耶回”五教教主已索性在清中叶推举关羽为第十八代玉皇大帝了，此亦出于民间信善的推戴，与道教经典并无干系。[107]

清代民间神祃之一。佛道仙三班排排而坐，俨若全家福。关羽作为仙班主神，位置正在玉皇、如来之间，俨然若“男一号”，可谓煊赫。左为元始天尊，右为张仙，关平、周仓仍侍两侧，但诸葛孔明却被挤到周仓身后了。请注意图中武当山（全真派）之真武大帝与龙虎宗（正一派）之张天师分庭抗礼，侍于玉皇两侧的情景。这是 1906 ~ 1909 年间俄人阿历克谢耶夫（V. M. Alexeev）从中国购买的“百份”之一，现藏俄罗斯圣彼得堡冬宫博物馆。转引自李福清《关羽肖像初探（上）》。

元杂剧里以关羽为主角或者重要角色的很多，其中不仅有《关云长大破蚩尤》的神异，还有像《关大王月夜斩貂蝉》《关大王斩红袍怪》这类不经之谈。但明清时期关羽受到理学的推戴和提升后，儒生就坚决反对道教如此利用“关夫子”了。如郎瑛引《桑榆漫志》明确指出：

关侯听天师召，使受戒护法，乃陈妖僧智顗、宋佞臣王钦若附会私言。至于降神助兵诸怪诞事，又为腐儒收册，疑以传疑。[108]

恰好这个时期儒生也在插手戏曲小说等通俗创作的改编修定工作，连“花关索”这样流传已广，而且还是显扬蜀汉征西南夷时，关索作为先锋功业彪炳的故事，都因于史无稽，在整理修订中删除了。

前述《新编目连救母劝善戏文》涉及关羽，算得“神魔小说”的例外。道教劝善俗文“目连宝卷”及“目连戏”等，属于“荐绅先生”所不屑理会的，因而还保留着部分早期形态。案“目连”故事是据佛教《佛说盂兰盆经》演化而来，以“劈山救母”为尽孝之高潮，本也是佛教中土化后的变化。

据孟元老《东京梦华录》卷八介绍，北宋时即在每年的七月十五（佛教称“盂兰节”，道教称“中元节”）前后，连续多日举行盛大“目连”戏曲演出，其风习一直沿袭到近代。由于该剧故事发生的时代地点皆无可稽考，故可容纳三教及其他所有之神佛仙鬼，不仅热闹非凡，而且可以随时代风气之转移，而变换人物故事。比如宋徽宗时的宦官杨戬，后来竟然成为阻挠目连救母的恶神。故能常演常新，民间影响极大。台湾新竹国立清华大学王秋桂主持之“中国地方戏与仪式之研究”丛刊，收集有海内外“目连戏”的多个专题，包含现存民间的多种演本。如王跃《（重庆）江北县复盛乡协睦村四社谌宅的“庆坛”祭仪调查》所引用的资料，就说明有些地方“目连戏”演出第一天剧目中例有“征蚩尤”一出，叙黄帝为大雾所迷，而后部将“葛三刚”之卵生五胞子喜、马、拉、雅、撒吞云除雾，最终降服蚩尤的故事。[109]可知该故事在传播中还不断变异，成长为传说学的所谓“母题”。

另一方面又有明万历时祁门文人潘之珍本以“褒善贬恶”宗旨改编成的《新编目连救母劝善戏文》。清乾隆间大学士张照又以唐代作为故事背景，以别“忠奸”为大旨，编成《劝善金科》连台本戏在宫廷演出，都是企望将该戏内容纳入理学“忠孝节义”的框架之中，但深入下层社会的仍然是民间戏文。“目连戏”已成现代戏剧界一门跨越文学、艺术、宗教、民俗和社会学的专学，[110]此中有关问题，笔者将在研究元明小说戏曲与关羽崇拜关系时一并探讨。

张天师的地位在清代受到了来自儒家的激烈挑战，盖因龙虎山张氏世袭特权是比照曲阜孔氏“衍圣公”的。笔者访“嗣汉天师府”时，见到大门至今仍镌有“麒麟殿上神仙客，龙虎山中宰相家”的鎏金大幅门联，道尽了世代富贵尊荣、进退自如的得意，故明代以来儒家一直对此不满。王夫之《噩梦》曰：“名爵为人主所必惜，固也。乃惜之于文臣，而以正二品之世爵，施之汉贼张鲁之苗裔，使与阙里并崇，因宋元之陋而流及于今，亦可长太息也。”朱彝尊《上史馆第一书》则云：“张道陵之后，腼颜受世禄，奉朝请，于义何居？”这些牢骚里面，既有恪守儒家“不语怪力乱神”的观念而生的“主义”之争，也有对张氏一门不经寒暑苦读，却坐享荣华富贵的不平之气。

结怨既久，遂于乾隆十二年（1747）以副都御史梅瑴成的上奏进行了一次翻旧账，揭老底的“总清算”。结果是张天师被连贬了三级：

经部议奏，言“正一真人至宋始有封号，元加封天师，秩视一品。明初改正一嗣教真人，秩视二品。本朝仍明之旧，而《会典》不载品级，盖以类于巫史、方外，不得与诸臣同列。即康、雍间曾褒封，亦用以祈求雨泽，非如前代崇尚其教，而比阶以极品也。”旋照太医院使例，授为正五品，嗣后袭补，照道官注。

案清室以喇嘛教为正宗信仰，除雍正外其他帝王对道教并无特别关怀，而雍正恰恰就死在内丹派炼士手里。儒臣选择这个时机出手攻击，使汉天师府气焰顿消。贬抑至此，连乾隆皇帝后来都看不过去了：

至三十年入京来朝，奉旨加恩升三品秩。谕旨言：“念其承袭已久，世守道教。旧例一品，未免太优，遽降五品，又过贬损。且其法官娄近垣现系四品，亦觉未协也。然朝觐筵宴大典，未便以道流厕身其间，一概停止，以肃体制。”[111]

从此天师府不复往日荣光。好在此时的关羽早已兼容三教，跨越种族，成为清廷以至全民普遍供奉的“护国佑民”神了。

注释：

[1]此次黜降孙膑、廉颇、关羽、张飞等二十二将事，亦有可说者。以与本文干系不大，拟于另文《宋代理学与关羽崇拜》论及。

[2]笔者另有《三教论衡与唐代俗讲》辨析这个问题，载《周绍良先生欣开九秩纪念文集》，北京：中华书局1997年5月。有兴趣者不妨参看。

[3]参魏泰《东轩笔记》（中华书局校点本，1983年10月）卷之一及宋乾道间人委心子《新编分门古今类事》第二卷《帝王运兆门下》“陈抟睨赵”条。注谓“出《朝野杂录》”。可见时人津津乐道。又追本溯源，“降神”之说来自《春秋》“庄公三十二年”的一段著名的记载“有神降于莘”，杜预《春秋经传集解》（上海古籍出版社校点本，1986年7月版）注此，曰“有神声以接人”。赵光义之“降神”

即是“神声以接人”，非如关羽在赵佶面前突现其形，“大身克庭”。

[4]《古谣谚》引《神仙传》，见《宋人轶事汇编》卷一。

[5]赵光义本人似乎也修成“半仙之体”。《湘山野录》卷中：“太宗善望气。一岁春晚，幸金明，回跸至州北合欢拱圣营，雨大下。时有司供拟无雨仗，因驻跸辕门以避之，谓左右曰：‘此营地他日当出节度使二人。’盖二夏昆仲守恩、守赟在营方卵，后侍真庙于藩邸，当龙飞，二公俱崇高。后守恩为节度使，守赟知枢密院事，终于宣徽南、北院使。”（中华书局，1984年，第32页）无论事之有无，这种说法都代表宋人对赵光义神秘能力的说词。

[6]李焘曾怀疑当初与赵匡胤兄弟同游“关河”的道士“混沌”就是张守真，参《续资治通鉴长编》卷十七辨析蔡惇《直笔》载“太祖召陈抟入朝，宣问寿数”事。（北京：中华书局，1985年，三册，卷十七，第379页）虽然于史无据，但张以一“黑杀神”代言，而能侍奉宋初三代皇帝，运作宫廷政治几达三十五年，既主持国家斋醮祈禳，又参与废立征战之大计。以“神道设教”而言，其影响力当不在名相赵普“半部论语”之下，事实上连赵普亦常向张守真请益。惜乎热门宋史，尚未见到此事的专题研究。

[7]《续资治通鉴长编》卷十七，第377～380页。又毕沅《续资治通鉴》此条亦引有几条不同记叙，并有所辨析，可以参看。以其无关本文大旨，不赘。另释文莹《续湘山野录》（中华书局，1984年，第74页）、邵博《邵氏闻见后录》卷一亦有相似记载，（中华书局，1983年，第2页）可知这种说法在宋代士人中颇为流行。

[8]辑入王昶《金石萃编》卷一百三十四《宋十二》，北京：中国书店影印本，第四册。又苏轼《出府记》言：“（嘉祐壬寅二月）十七日寒食，自盩厔东南行二十余里，朝谒太平宫二圣御容。此宫乃太宗皇帝时，有神降于道士张守真，以告受命之符，所为立也。神封翊圣将军，有殿。”可知其时犹庙貌庄严。

[9]《金石萃编》卷一百二十五辑有太平兴国五年（980）徐铉撰碑《上清太平宫碑》和端拱元年（988）王化基撰文《上清太平宫钟记》则是更早的有关“真君降神”的文献，有兴趣的读者亦可参考。以其枝蔓不赘。需要说明的是，这口大钟本为楼观道所有，太平兴国五年三月奉敕移于太平上清宫。也是道教教派势力消长的一个小插曲。

[10]《正统道藏》第五十四册。

[11]不知何故，这位“翊圣”虽然君临天下，却偏偏惧怕“散仙”刘海蟾。何薳《春渚纪闻》（中华书局校点本）卷三《杂记·翊圣敬刘海蟾》条：“真庙朝

有天神下降，凭凤翔民张守真为传灵语，因以‘翊圣’封之。（笔者案：张守真逝于真宗登基以前，此不确）度守真为道士，使掌香火，大建祠宇奉之。自庙百里间，有食牛肉及著牛皮履革过者，必加殃咎，至有立死者。一日，有人苎袍青巾，曳牛革大履，直至庙庭，进升堂宇，慢言周视而出。守真即焚香启神曰：‘此人悖傲如此，而神不即殛之，有疑观听。’神乃降灵曰：‘汝识此人否？实新得道刘海蟾也。诸天以今渐入末运，向道者少，上帝急于度人，每一人得道，九天皆贺。此人既已受度，未肯便就天职，折旋尘中，寻人而度。是其所得，非列仙之癯者。我尚不敢正视之，况敢罪之也。’”谚云“店大欺客，客大欺店”，或者“一物降一物，卤水点豆腐”，神仙亦然，可知所谓“翊圣”者在仙班之品秩并不算高。又“诸天以今渐入末运”句，岂非《春秋》所谓“将亡，神又降之，观其恶也”乎？

[12]四库本《逊志斋集》卷二十二。

[13]笔者1996年寻访武当时，发现真武宫等系列建筑工艺不凡，当地文物专家告知系出大内工匠之手，且与北京紫禁城同时兴建。原因为何，却人言言殊，莫衷一是。回京后因查阅有关载记，作此假说，姑置于此。待有余裕，再为详论。

[14]释文莹《玉壶清话》卷十：“虔州妖贼张遇贤，循州县小吏也。县村有神降于民，与人交语，不见其形，言祸福辄中，民竞依之。遇贤因置香果于神，神谓众曰：‘张遇贤是第十八尊罗汉，可留事我。’遇贤亲闻之，遂留其家，奉事甚谨。”（北京：中华书局，1984年版第105～106页）则“降神”一事亦渊源有自。按张遇贤系五代后晋天福七年（942）于南汉循州（治所在今广东龙川西）率众起事者。惟奉神者从五代之“罗汉”，一变而为宋初之“道士”，反映着释、道两家势力的消长。又奉神之人多为张姓，是否与五斗米之遗教有关，待考。

[15]毕沅《续资治通鉴》卷二六。此事在王辟之《渑水燕谈录》卷六、李焘《续资治通鉴长编》卷七一中均有叙述。王捷亦传达“圣祖”灵命之人，官至左神武军大将军。

[16]《续资治通鉴长编》卷一九八。

[17]《道法会元》为道教道法之大型汇编，共计二百六十八卷。其序作于元代至正丙申（1356），并提及三十九代天师张嗣成，当成于元末。

[18]《管锥编》第一册，第288~291页。

[19]《云笈七签》卷一百二十《灵验部》四《吴韬修黄箓斋却兵验》。

[20]《九域图志》是北宋官修的地理志图。大中祥符六年王曾奉命参照唐代《十道图》修成《祥符九域图》，以供朝廷确定赋役。熙宁八年由于上次编《九域图》

“历年兹多，事有因革”，“壤地之有离合，户版之有耗登，名号之有升降”，朝廷下令重新编纂《九域图》，以知制诰王存负责其事。元丰三年书成，因只有文字而没有地图，改名为《元丰九域志》。其后又经陆续修订，于元丰元年正式刊布，称为《元丰九域志》。自政和元年起朝廷又组织编纂《九域图志》，当时设立的负责编纂的机构称“详定九域图志所”，参与编纂者称“提举详定九域图志”。《文献通考》卷一一所提及的政和三年《详定九域图志》，显然就是此次朝廷组织编纂的地理总志。

[21]《陆游集》，中华书局1976年版第五册《渭南文集》卷四十六，第2436~2437页。刘克庄《灵著祠》咏：“甘宁关羽至今传，名将为神自古然。生不封侯三万户，死犹庙食数千年。”亦为是祠。案甘宁少为游侠，出身荆州渠帅，先依刘表，再投黄祖，终归孙权。在益阳他曾率“锐士五千”与荆州关羽的三万兵力隔江对峙，又以濡须口“百骑斫曹营”的勇猛彪悍而名著三国史。（参《三国志》宁传）这些都与宋朝南渡诸将的情形颇有相似处，恐怕也是南宋武人更喜爱他的地方。此庙明初犹存，据王圻《续文献通考》卷之一百十《杂祠》：“昭勇庙在兴国州东六十里富池口，祀吴将军甘宁，本朝改号‘吴将军甘公之神’，春秋祀之。”

[22]《中国道教史》，上海人民出版社1990年出版，第465页。又此处所言“玉皇派辅臣降世辅佐宋朝”云云，也是想当然耳，“玉皇”的概念是宋真宗时才提出来的，详后文。

[23]《乾隆解梁关帝志》卷之二《解池斩妖考辨》，第106页。

[24]《正统道藏》第五十七册。又卿希泰主编《中国道教史》第二卷，第1105页。四川人民出版社1992年7月初版。王国维《宋元戏曲史》叙宋元曲目，在“宋官本杂剧”中列《风花雪月爨》，“金院本”作《风花雪月》，“元杂剧”题《张天师断风花雪月》（《录鬼簿》题作《张天师夜断辰月钩》），这恐怕是早期张天师传说即藉戏剧流行的又一明证。

[25]见《中国道教史》第二卷第647页。

[26]《宋史·礼志七（吉礼七）》。按《史记·五帝本纪》：“黄帝者，少典之子，姓公孙，名曰轩辕。”赵恒借“降神”驳斥《史记》之说，显然踵继李唐托祖老子李耳之术，而欲超胜之，故将帝系直接三皇五帝，达于至极。

[27]可参牟锺鉴《道教的孕育与诞生》，任继愈《中国道教史》第一章，第7~8页。

[28]楼观道本来是托尹喜为祖师的，即《庄子·天下》与老聃并列，叹为“古之博大真人哉”之关尹，后又附会为《史记·老子列传》中“老子修道德，其学以

自隐无名为务。居周久之，见周之衰，乃遂去。至关，关令尹喜曰：‘子将隐矣，强为我著书。’于是老子乃著书上下篇，言道德之意五千余言而去，莫知其所终”之关令尹喜。此当为“三教论衡”激发所致。该派中的道士尹文操、李玄山、颜无侍、傅承说等即是导演高宗、玄宗看见或梦见老子降临，并为李唐托祖以“崇本”“尊祖”的骨干，可参卿希泰《中国道教史》第二册，第 142 ~ 145 页。

[29] 陈鼓应《庄子今注今译》（北京：中华书局 1983 年 5 月），认为此节故事的主旨是“发挥老子‘无事’‘无为’的思想。‘无事’即不生事，不搅扰从事，这就是道家勿扰民的思想。”（第 624 页）

[30]《隋书》，又《旧唐书·礼仪志》。

[31]《全唐文》卷三四五。据《旧唐书·张说传》附《陈希烈传》，陈为宋州人，以讲《老》《庄》得进，专用神仙符瑞取媚于上，后得权相李林甫引进，天宝四年以门下侍郎、崇玄馆大学士任相。

[32] 参唐人李冲昭《南岳小录》载“李天师”“薛天师”“王天师”“傅天师”等登仙成道事。可知隋唐以来，道士成名者都乐于自称“天师”，但谋求世袭者惟“张天师”一家。

[33]《中国道教史》第二卷第 579、596 页。又傅增湘《〈汉天师世家〉跋》：“宋自真宗以来，崇尚玄学，袭教之后，多召赴阙廷，宠袭道号，如二十四代以下正随赐号‘真静先生’，乾曜（二十五代）‘澄素先生’，嗣宗（二十六代）‘虚白先生’，敦复（二十七代）‘葆光先生’。至徽宗晚年崇道灭僧，徐神翁、林灵素之徒日进，天师后卫，尤蒙宠遇，继先（三十代）以盐池靖妖之功，赐号‘虚靖先生’。”此即张氏世系之始。张天师的封号及特权问题，南宋时似乎已有不同说法。陆游《老学庵笔记》卷五辨正道：“信州龙虎山汉天师张道陵后世，袭‘虚静’先生号，蠲赋役，自二十五世孙乾曜始，时天圣八年也。今黄冠辈谓始于三十二代，非也。又独谓三十二代为张虚静，亦非也。”（中华书局校点本，1979 年，卷五，第 70 页）笔者 2002 年 5 月曾参观龙虎山上清宫嗣汉天师府，元明旧建已在 20 世纪 80 年代被夷平，是一大憾焉。新起一片钢筋水泥，金碧辉煌。大门楹联云：“麒麟殿上神仙客，龙虎山中宰相家”。祖师殿除第一代张道陵外还供奉着张虚静，可知其在正一派中依旧地位崇高。

[34] 吴澄《张公道行碑》，《吴文正集》卷六四。又虞集《张宗师墓志铭》，《道园学古集》卷五〇。

[35] 虞集《河图仙坛之碑》，《道园学古集》卷二五。又黄溍《玄静庵记》，《黄金华文集》卷一五。

[36]这里面还有一重有待厘清的史实。《乾隆解梁关帝志》卷三王纬《泰定修庙记》云："庙岁久不治，又大德七年（1303）地震庙坏，提点崇宁宫张志安撤而新之……今志安走京师求文"云云，又言"志安，应靖之孙，皇庆元年（1312）又奉仁宗旨，护持之初志安与其众劳心协力言于州，州董其役，仍率僚佐属县皆割俸以助，百工献艺。"（山西人民出版社，1992年，卷三，第179～180页）则元代关庙之修葺，张志安出力多矣，惟不知其是否与正一派有关。

[37]末署"大明万历三十五年岁次丁未上元吉旦，正一嗣教凝诚志道阐玄弘教大真人，掌天下道教张国祥奉旨校梓。"载《道藏》第三十四册第746～747页（文物出版社、上海书店、天津古籍出版社1988年联合出版影印本）。显然承袭着北宋《元始天尊说真武经》，只是夸大职衔有余，而叙述故事不足。《道藏提要》曾断"此经盖出于北宋末或南宋初"，恐其未必如是之早。

[38]《留青日札》卷之九。上海古籍出版社1985年影明本，上册，第334~337页。

[39]《藏外道书》第四册，第273页。

[40]《百城烟水·长洲》，江苏古籍出版社1986年排印本，第193页。

[41]《明孝宗实录》卷一三。又《明史·礼志四》所载亦同，有节略。

[42]林灵素本名灵蘁（一作灵噩），字岁昌，或字通叟，温州永嘉人。家世贫寒，《宋史·方伎传》说他曾"从浮屠学，苦其师笞骂，去为道士。善妖幻，往来淮、泗间，丐食僧寺，僧寺苦之。"《正统道藏·历世真仙体道通鉴·林灵素传》则说他少时曾为苏轼书童，问其志，笑而答曰："'生封侯，死立庙'，未为贵也。封侯虚名，庙食不离下鬼。愿作神仙，予之志也。"则显为道教附会之语。"生封侯，死立庙"乃儒家树立的人生理想，如后世以关羽然。

[43]参《中国道教史》第三册，第115～128页。

[44]《中国道教史》第三册，第106页。又《正统道藏》第五十五册。

[45]李一氓辑《藏外道书》，巴蜀书社1992年8月影印本，第二十九册，第91页。全书仅有6页。

[46]《正统道藏》第二十九册，第1、7页。

[47]《天一阁藏明代方志选刊·隆庆岳州府志》卷九，上海古籍出版社1963年影印本，第963~964页。

[48]真武也声称收服过赵公明，见明代建邑书林余氏双峰堂刊《北方真武祖师玄天上帝出身志传》，简称《北游记》。说明全真派与正一派都在做收编散仙，扩大信众的努力。又明清时一些地方志如《姑苏志》《浙江通志》等，又称赵公明为三国蜀将赵子龙之从兄弟，则显属《三国志演义》小说戏曲风行之后的说法，不足

深论。

[49]《山西戏曲碑刻辑考》第210页。

[50]至迟从东汉王充《论衡》开始，已有“盛夏之时，雷电迅疾，击折树木，坏败屋室，时犯杀人。世俗以为击折树木坏败屋室者天取龙，其犯杀人也谓之阴过。饮食人以不洁净，天怒击而杀之，隆隆之声，天怒之音，若人之呴吁矣。世无愚智莫谓不然，推人道以论之，虚妄之言也。”（《雷虚篇》）以后演变为阴谴冥报。周作人以为“阴谴说——我们姑且以雷殛恶人当作代表，何以在笔记书中那么猖獗，这是极重要也极有趣的问题，虽然不容易解决。中国文人当然是儒家，不知什么时候几乎全然沙门教（不是佛教）化了，方士思想的侵入原也早有，但是现今这种情形我想还是近五百年的事，即如《阴骘文·感应篇》的发达正在明朝，笔记里也是明清最厉害的讲报应，以前总还要好一点。查《太平御览》卷十三雷与霹雳下，自《列女后传》李叔卿事后有《异苑》等数条，说雷击恶人事，《太平广记》卷三九三以下三卷均说雷；其第一条亦是李叔卿事，题云《列女传》，故此类记事可知自晋已有，但似不如后代之多而详备。”（《瓜豆集·说雷公》）认为这是佛教抄袭道教的少数事例之一。

[51]《全唐诗》卷二四八。又大塚秀高曾撰有《剑神的故事——关羽を中心として》（载日本《埼玉大学纪要》32卷第二号，1996年出版）专门讨论了关羽及其他历史人物的刀剑传说问题，收集分析了大量资料，不妨参看。惟未提及戏曲史料，亦未涉及剑器与道教之关系，故本文略缀数语，以为该文补充。

[52]张镇《乾隆解梁关帝志》卷四，第256页。

[53]《殷礼·征文》。

[54]笔者以为，这种观念正是中国传统文化中注意保护环境的萌芽意识。所谓“名山大川能兴云致雨”，“山川有能润于百里者”，其核心原因正是在于其大面积的封树植被涵养水土，且该处一旦进入封祀，则例禁樵采，历代相沿，古木参天，而祭官、僧寺、道观、书院亦点缀其间，成为一方胜景。以今日之环保观念视之，这类国家行为是有利于“可持续发展”的。传统文化遭遇颠覆以后，在“破除迷信”的口号下，名山大川的森林植相继受到50年代森林工业、大炼钢铁、60～70年代围垦开坡造田以及80年代以后商业性无序开发的摧毁性破坏，遂不复旧观，造成近世中国生态人文环境的急剧恶化，极可痛心。

[55]宋开国之初，礼仪未修，常出现临时将就之情事。可参释文莹《玉壶清话》卷二“太祖初郊，凡阙里大仪，修讲或未全备”条（第15页），及其后“擒刘张至阙下，欲献俘太庙，莫知其仪”条（第16页）。

[56]据《新唐书》卷十五《礼乐志五》，建中三年(782)始置武成庙，从祀即有“蜀前将军汉寿亭侯关羽”。此事牵涉颇广，当另文探及。宋人有《武成王从祀赞》：“剑气凌云，实曰虎臣。勇加一国，敌号万人。蜀展其骥，吴折其鳞。惜乎忠勇，前后绝伦。”（《乾隆解梁关帝志》卷四，第 359 ~ 360 页）即咏其事。

[57]《陆游集·渭南文集》卷十六。

[58]载《居士集》卷四十九。

[59]《夷坚志》：“涪江张恒侯庙，绍兴初，张魏公宣抚蜀中，有死卒更生，传神语欲助顺。未几，金娄室兀朮连犯汉中，皆败去。魏公承制，追封‘忠显王’。”则张飞之王封，亦自南宋始。按《三国志》本传曾叙“当阳之役，先主弃妻子走，使张飞以二十骑拒后，飞据水断桥，瞋目横矛，曰：‘身是张翼德也，可来共决死！’敌皆无敢近者。”此即其“威名震于荆楚”之神迹欤?

[60]张镇《乾隆解梁关帝志》卷一，第 66 页。按《宋大诏令集》（北京：中华书局，1962 年）未载此文，司义祖撰写之“点校说明”亦明言该集收录不全。如卷 135 ~ 136《典礼·天神》类的诏书仅止于徽宗宣和元年。故不能以此骤定淳熙敕文之真伪。姑仍保留。

[61]张镇《乾隆解梁关帝志》卷四，第 359 页。

[62]《宋史·太宗本纪》：“（八年）五月丁卯，诏作太一宫于都城南。”又《东轩笔录》：“太一宫旧在京城西苏村，谓之‘西太一’。熙宁初，诏作宫于京城之东西隅。”熙宁是神宗即位之年号。此次由城外搬进城内，恐怕与宋仁宗的此番遭际不无关系。

[63]文渊阁四库全书本《钦定月令辑要》，卷十，第 23 页。

[64]黄仁宇在《赫逊河畔谈中国历史·“藩镇之祸”的真面目》中，曾约略论及“我们从各种迹象看，河北在九世纪好像已经成为农业和畜牧的混合区域。”（北京三联书店 1992 年，第 124 ~ 125 页）可以参看。

[65]系年己酉，即蒙古海迷失后元年（南宋淳祐九年，即 1249 年）。《全元文》（江苏古籍出版社 1998 年排校本）第四册，第 385 页。

[66]陆佃（1042 ~ 1102）字农师，号陶山，宋山阴人。陆游之祖父，熙宁三年(1070)应试入京，授蔡州推官，召补国子监直讲。后擢中书舍人、给事中。安石卒，佃率诸生哭而祭之，时人嘉其无向背。迁礼部侍郎，预修《神宗实录》，后改知江宁府。后知泰州，又改海州。徽宗即位，召为礼部侍郎，命修《哲宗实录》。寻拜尚书右丞，转左丞。为政平恕，卒，年六十一。追复资政殿学士。所著有《陶山集》十四卷及《埤雅》《礼象》《春秋后传》等。《宋史》有传。

[67]《白居易集》卷一《讽谕一·古调诗五言》。

[68] 转引自《宋人小说类编·地理类》，北京：中国书店 1985 年影印本。

[69]《宋会要辑稿·食货》卷一，第 17 页。

[70] 参《日本学者研究中国史论著选译》第二卷，中华书局 1992 年。

[71] 学界还发表过一些不同资料，不尽一致。如傅衣凌曾据何炳棣《明清社会史论》的统计，认为“明初全国人口约有六千五百万，到了明末增加一倍。尤其值得注意的，即自清嘉庆五年（1800）的三亿又激增到道光三十年（1850）的四亿四千万人。”（1981 年天津《明清史国际学术讨论会论文集》，天津人民出版社 1982 年，第 5 页）其中对于明末人口的估计相差一倍。历史统计向为专学，不容外人置喙，本文所引亦只供参考，并非权威选择。

[72] 英国人马尔萨斯（Malthus，1766 ~ 1834）所著《人口论》（Essay on the Principle of Population）于 1789 年（乾隆五十四年）出版，该书对于达尔文《进化论》有相当巨大的影响。马尔萨斯认为人口是按几何级数增加，而粮食则是按算术级数有限地成长，若不能节制人口的成长，就会造成生存的竞争和不适者的淘汰。在第七章中他曾提出：“在某些国家，人口的增加似乎受到了推动。……这时期人口持续不断地增加，而生活资料却没有增加。中国似乎就是这样的国家。如果我们所知道的有关中国的各种记述是可靠的话，则中国下层阶级的人民已习惯于几乎靠少得不能再少的食物来维持生活，并且乐于食用欧洲的劳动者宁愿饿死也不愿意吃的腐烂变质的食物。”鉴于此项推断声明了前提，自然无需追究他对于中国人食谱的妄断。正好在该书出版的同一年，英国国王派遣的使节团在马戛尔尼的率领下到达北京，携带大量礼品并以谦恭态度要求与中国平等通商。可知英人此刻“所知道的有关中国的各种记述”仍然充满着矛盾。盖缘清代海禁使得西方贸易商人极为迫切地期待着与中国交换产品，却又对中国总是处于“出超”地位充满诅咒。这种矛盾态度一直影响到五十年后因“鸦片”挑起“战争”时国会的表决。另话不提。

[73] 后又有秋日望雨之说。乾隆时《帝京岁时记胜·占雪》云：“乡民于重阳日、十三日望雨，则不致冬旱。谚云：‘重阳无雨看十三，十三无雨一冬干。’”（潘荣陛《帝京岁时记胜》，北京古籍出版社 1981 年排印本，第 32 页）冬季祈雨，更是针对北方地区小麦越冬的需求而来，亦以十三为讯，或踵继五月十三之说而来。

[74] 案宋人吴曾《能改斋漫录》卷十八“广德王开河为猪形”条，及元人《说郛》本《三柳轩杂识》，俱言张渤疏通长兴至荆溪之圣渎时，曾幻为巨豕，如《西游记》述猪八戒拱“稀柿衕”然，故其祭祀例不用豕。张渤乃平民神祇，故民多嘲谑之谈。

明人善谑，意在房闱床笫偷情之事，清人之谑则在自嘲。江南“骤寒”之“冻”，岂惟狗乎？

[75]民国九年《解州志》。又《管锥编》第三册《全上古三代秦汉六朝文》九五《全三国文》六〇有辨析“张飞画美人，关羽补竹”图事，相当透彻，亦可参看。

[76]文渊阁四库全书本《岁时广记》卷二，第9~10页。

[77]萧一山《近代秘密社会史料》，国立北平研究院史学研究会1935年版，岳麓书社1986年简体重排本，第259页。原件为伦敦大不列颠博物院藏抄本Oriental 827G(1)又李子峰《海底》，1990年河北人民出版社覆民国刊本亦载。第182~183页。

[78]《山西戏曲碑刻辑考》第210页。

[79][80]（日）安居香山、中村璋八辑《纬书集成》（吕宗力、栾保群等校点，河北人民出版社1994年11月）中册，第934页。

[81]笔者按：二十八宿无“并”宿，疑应为“井”字之讹。

[82]《纬书集成》中册，第1045页。

[83]参《纬书集成》李学勤序。李序对西汉以后儒生“以纬配经”及其渊源沿革有所论述，此不赘。又冯友兰《中国哲学史新编》辟有专章《纬书的世界图式》，讨论到纬书中的宇宙发生论、时空图式等哲学范畴的问题，亦可参看。

[84]《邵氏闻见后录》，中华书局校点本，1983年版第62页。

[85]《管锥编》第一册《周易正义》五《观》。

[86]钱氏谓中原之君“盖欲以出境‘经典’之‘流’，起入室戈矛作用，今世各国设官专司‘文化交流’，略涵此意。”参《管锥编》第四册，中华书局版，第1339 ~ 1340页。

[87][88]《宋史・律历志十五》。

[89]《旧唐书・天文志》。

[90]开元十二年（724），太史监南宫说接受一行建议，在河南、北平地测日晷及极星，测出子午线每一度为三百五十一里八十步（约合129.22公里，现代测量数为111.2公里），此系人类第一次对子午线长度进行实测。次年，一行又与梁令瓒制作了水运浑天仪，这些当然有助于他制定新历，或者就是制定新历的前期准备工作。应当充分考虑到一行乃是善无畏和不空传人，在制定“大衍历”时或者也参酌过天竺、西域密宗天文历学及数学的成果，方成卓然一家。宋代困于外患，虽然民间海上贸易已经直达红海、阿拉伯湾以至非洲大陆东岸，但士大夫的精神灌注处都放到抵御外患、党争和理学上面了，似乎对于在数学和天文学上吸收外来文明注意不够，这应当是宋人历法落后的原因之一。

[91]《宋史·律历志十五》。

[92] 朱菊如等《齐东野语校注》，上海：华东师大出版社，1987 年出版，第 303 ~ 304 页。

[93] 参《宋史·律历志三》。

[94] 宋人制历之典故争端足以成专学，中华书局校点本《宋史·律历志一》起首即缕述诸历修改过程，不俱引。有兴趣者可以检阅。

[95]《宋史·律历志七》。

[96]《宋史·律历志四》。

[97] 宋人为天象星座重新赋予系统含义的例子，可见沈括《梦溪笔谈》。他在卷七《象数一》驳斥了古人“极无稽”之说，并言：“余按‘登明’者，正月三阳始兆于地上，见龙在田，天下文明，故曰登明；‘天魁’者，斗魁第一星也，斗魁第一星抵于戌，故曰天魁；‘从魁’者，斗魁第二星也，斗魁第二星抵于酉，放曰从魁；斗杓一星建方，斗魁二星建方，一星抵戌，一星抵酉。‘传送’者，四月阳极将退，一阴欲生，故传阴而送阳也；‘小吉’，夏至之气，大往小来，小人道长，小人之吉也，故为婚姻酒食之事；‘胜先’者，王者向明而治，万物相见乎此，莫胜莫先焉；‘太一’者，太微垣所在，太一所居也；‘天罡’者，斗刚之所建也；斗构谓之‘刚’，苍龙第一星亦谓之亢，与斗刚相宜。‘太冲’者，日月五星所出之门户，天之冲也；‘功曹’者，十月岁功成而会计也；‘大吉’者，冬至之气，小往大来，君子道长，大人之吉也，故主文武大臣之事；十二月子位，北方之中，上帝所居也，‘神后’，帝君之称也。天十二辰也，故皆以天事名之。”

[98] 作为政治危机的天象征兆，“荧惑入太微”被认为是“凶相”的历史，盖亦有年。《世说新语·言语第二》：“初，荧惑入太微，寻废海西。简文登阼，复入太微，帝恶之。时郗超为中书，在直。引超入曰：‘天命修短，故非所计。政当无复近日事不？’超曰：‘大司马方将外固封疆，内镇社稷，必无若此之虑。臣为陛下以百口保之。’帝因诵庾仲初诗曰：‘志士痛朝危，忠臣哀主辱。’声甚凄厉。郗受假还东，帝曰：‘致意尊公，家国之事，遂至于此。由是身不能以道匡卫，思患预防。愧叹之深，言何能喻？’因泣下流襟。”

[99] 焦竑（1540 ~ 1629）字弱侯，江宁人。万历十七年殿试第一人，官翰林修撰，为皇长子讲官。二十五年主顺天乡试，被劾，谪福宁州同知。大计镌秩，遂罢官。博极群书，自经史至稗官杂说无不淹贯，善为古文。并与利马窦（Matteo Ricci，1552 ~ 1610）等入华耶稣会士颇有交往。有《澹园集》。《明史》卷二百八十八有传。按明人刘侗《帝都景物略》曾记述：“万历四十二年十月十一日，司礼监太监

李恩赉捧九旒冠、玉带、龙袍、金牌，牌书敕封三界伏魔大帝神威远震天尊关圣帝君，于正阳门祠建醮三日，颁知天下。”已在焦竑撰碑之后，故不得作为正阳门建庙之始，其理至明。

[100]朱启钤之子朱海北言：“1914年（民国三年），先父启钤公时任内务部总长兼北京市政督办（相当于市长），有鉴于前门地区淆杂喧阗现象的亟待改善，乃向袁世凯（当时的大总统）提出《修改前二门城垣》方案。”此过程中不仅未动关庙，还曾将“关帝庙髹饰彩画”。（《正阳门城垣改建史话》，《文史资料选编》第27辑，1986年出版）

[101]南朝刘宋始在郊庙祭祀中增入五方之神，可参郭茂倩辑《乐府诗集》第二卷（中华书局校点本）。在这些郊庙歌辞中，五方之神分别被称为“青帝”（东方，青龙）、“赤帝”（南方，朱雀）、“黄帝”（中央）、“白帝”（西方，白虎）和“黑帝”（北方，玄武），赋予之色彩亦具有代表性。这种方位因素与明清两代崇祀关羽实有微妙影响，另文再表。

[102]《史记》第四册第1291~1292页。

[103]《道藏》第二十二册第181页。文物出版社、上海书店、天津古籍出版社联合出版。

[104]《重修纬书集成》卷六，第204～205页。

[105]《日本藏中国罕见地方志丛刊》影明本，第235页。

[106]据车锡伦编著《中国宝卷总目》（台湾中央研究院文哲所筹备处图书文献专刊之五，台北：1998年6月初版）统计，还有明万历刊本《护国佑民伏魔宝卷》及清末刊《护国佑民伏魔宝卷批注》《关帝显圣宝卷》《伏魔宝卷》《伏魔宝卷降乩批注》《关圣玉律宝卷》等数种。但与关羽当时享有的无上尊崇比较而言，仍旧不能算多。

[107]参覃云生《替关圣帝君封号——专家谈玉皇大帝改选》，台湾《时报周刊》170期，1981年。1997年初笔者访问台湾的民间关庙时也曾亲闻此种说法。

[108]郎瑛《七修续稿》卷四“辨正类·汉寿亭”。

[109]《（重庆）江北县复盛乡协睦村四社谌宅的“庆坛”祭仪调查》，台北：《民俗曲艺丛书》，1993年，第26页。此书为王秋桂兄馈赠，谨此致谢。

[110]明清儒士插手“目连戏”改编的大概情形，可参中国艺术研究院戏曲所刘祯《目连戏：文人与民间》（台北：中央研究院中国文哲所筹备处《明清戏曲国际研讨会论文集》，1998年8月）。这出戏历朝历代被改编过不计其数，最近一个版本当是1999年上映的中国产卡通片《宝莲灯》。

[111]傅增湘《〈汉天师世家〉跋》。又据《畅游龙虎山》网站《天师世系》：五十六代天师张遇隆于乾隆十七年“左都御史梅瑴成劾降为五品”，五十七代天师张存义于乾隆四十一年“袭爵，由五品晋三品，赐老子绣像，授通议大夫。”（http://www.lhsol.com/travel/daojiao_5.htm）此后终清之世，爵秩未再改变。

第九章

关公形象的确立

关公形象

“卧蚕眉，丹凤眼，五绺长髯；青龙刀，赤兔马，周仓关平。”这是后世人们熟知的关公形象。一般人会以为这形象是《三国志演义》描述确立的，其实不然。这种造型从何时开始，经历过何种演变，也有一个过程。不妨从现在收藏在俄罗斯彼得堡艾尔米塔什冬宫博物馆（State Hermitage Museum）的一幅金代关公神像谈起。

这件尺幅为60×31cm的木版刻像，原来是俄国著名探险家科兹洛夫（П.К.Козлов，1863～1935）1909年（清宣统元年）在内蒙古额济纳旗黑水城（Hara-hoto）一座西夏佛塔中发现携走的。由边框及左上方“平阳徐家印”题记看来，这幅关公神像应当是金人治下的雕版印刷中心平阳府（今山西临汾）著名的“平水刻”，也是迄今为止发现最早的关公神像，因此引发了研究者的兴趣。俄罗斯科学院通讯院士、世界文学研究所首席研究员李福清（B.Riftin）曾著文介绍，我也写有专文谈及。[1]

这幅神像沿袭了宋徽宗赐予关公的王封“义勇武安王”，画面上关公幞巾长袍，秀目长髯，不怒自威，作“游戏座”。随侍为一手结印契，宝冠虬髯之佛将，我以为即毗沙门天王之子二郎独健，而非后世关平。周围三将，一持“关”字大旗，一擎雕龙大刀，一握朴刀，显然都不是后世“周仓”，亦无赤兔宝马。倒是关公座前有一报子手拿报旗，口说手指，若有所陈。参照同时同地山西稷山县段氏金墓戏剧砖雕，可以证实此画并非一般供奉神祇，而是带有动态剧情描述的场面，我怀疑正是描绘后世著名的《单刀赴会》。

关羽相貌见于《三国志》者，仅为诸葛亮《答关羽书》中“犹未及髯之绝伦逸群也”，陈寿有“羽美须仪，故亮谓之‘髯’”的解释语。这就成为后世描述关羽形象最为明显的标志。

《元至治本全相平话三国志》中曾描述关羽“生得神眉凤目虬髯，面如紫玉，身长九尺二寸”，“虬髯过腹”。所以“古城会”前张飞不满，每以“胡汉”称呼关羽。[2]但“虬髯”本为胡像[3]，对汉末将领这样的说法难于为人接受，何况鬈曲的胡须竟然能够“过腹”，显然也不合情理。戏剧描叙就换了说法，《元刊古今杂剧三十种》之一《诸葛亮博望烧屯》中，有诸葛亮形容关羽的一段【金盏儿】：

> 生的高耸耸俊莺鼻，长挽挽卧蚕眉，红馥馥双脸胭脂般赤，黑真真三柳［绺］美髯垂。

元刊本关汉卿《单刀会》第一折乔公唱词形容关羽为：

> 他上阵处三绺美须飘。将七尺虎躯摇。五百个爪关西簇捧定个活神道。

这些都是竭力铺叙关羽相貌的神威勇猛。尤其是明抄本的改动处，在夸张渲染上更进层楼。关汉卿剧作在元明间影响巨大，他的描述也自然为嘉靖本《三国志通俗演义》所称用，成为关公标准相貌特征。其实元代戏曲挂的髯口也就是“三绺”，可参山西赵城明应王殿元代戏曲壁画。后世戏曲艺术演进，有了“五绺”和“满髯”。据说其中的“五绺”为关公专用，才形成后世关公的“标准像”，其造型亦为戏曲、绘画、雕塑等沿袭。

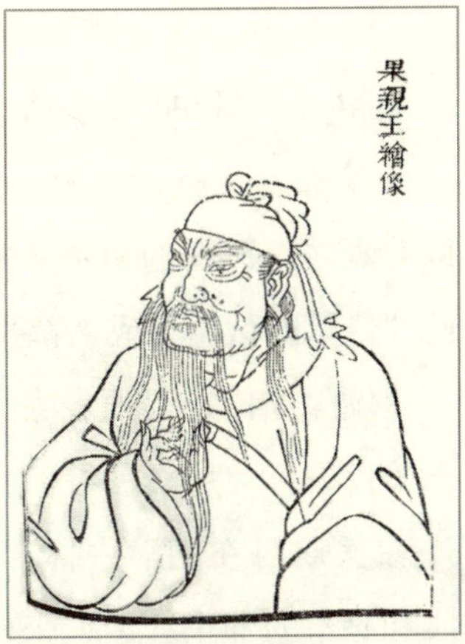

《乾隆解梁关帝志》所附“果亲王绘像”。（山西人民出版社1992年，卷一，第4页）请注意像中之“痣”的部位和比例。清代有两代果亲王，允礼（1697~1738）为康熙十七子，以善画肖像著称。死后无嗣，以雍正幼子弘瞻（1733~1765）过继。

但后人对此犹不满足，纷纷从“髯”入手，展开想象，竞以文辞饰言之。如《乾隆解梁关帝志》卷之一“陈寿本传称帝美须髯”条，罗列了一个系列：

方正学（孝孺）先生撰海宁庙词，称帝“虬髯虎眉面赤瑞”。商文恪公辂撰都城庙碑，称帝“修髯如戟”。李文正公东阳拟古乐府，称帝“髯如虬，眼如炬”。翁宗伯大立撰余姚庙碑。称帝“凤目虬须”。刘道开曰：“陈寿于《蜀志》人物，甚略其传。帝也未及其相貌。而‘丹凤眼、卧蚕眉，面如熏枣，身长九尺五寸，髯长一尺八寸’，仅见于罗贯中之《演义》，不知如何所考也。然寿之传桓侯也曰‘雄壮勇猛，亚于关某’。则罗说亦可想矣。”且言：“都城旧有帝像，言先朝从大内出者。其面色正赤，面有七痣，鼻准二痣尤大。须髯则稀疏而满腹，非五缕也。未知真否。”[4]

为什么会在关公长髯上大做文章呢？这是因为古代相术家认为，胡须是男子意志、性格及体质的外在反映，可据以测断荣衰休咎。《百家诗话》：

黄鲁直（庭坚）尝言：“髯多而疏秀者贵，密而短者，神奇不足。”

清廷大内“先朝”所传关像之“稀疏而满腹”，或者正反映了这一观念。《神相全编·论髭髯》：

髭髯黑而清秀者富贵，滋润者福寿，焦枯者蹇滞，劲直者性刚，不住财，柔者性柔，赤者孤克，鬓髮赤须者贫困。

又《冰鉴·须眉章》：

未有须眉不具而可称男子者，少年两道眉，临老一抹须。须有多寡，取其与眉相称。多者宜清，宜疏，宜缩，宜参差不齐；少者宜健，宜光，宜圆，宜有情相顾。

以此观之，关羽的胡须从宋人观念的“髯多而疏秀”，逐渐演变为明清时人的“修髯如戟”，或“髯长一尺八寸”，不谓无因。[5]钱锺书曾引《长僧》“落发除烦恼，留须表丈夫”的问题在明清通俗小说中影响颇大，词及“汉末美髯公”，可以参看。[6]

又双目在相学中称“河渎”，是精神游息之所，可据以察知神气的虚实和心术的邪正。金人张行简《人伦大统赋》上：“眼如日月之相望”，薛延年注引《玉管照神局》：

天地之大，托日月以发光，眼乃人一身之日月也。寐则神处于心，寤则神依于眼，是眼为神游息之宫。观眼之善恶，可见神之清浊。眼长而深，光润者大贵，黑如漆者聪慧，含神不露，灼然有光者富贵，细而深者，长寿兼性隐僻。

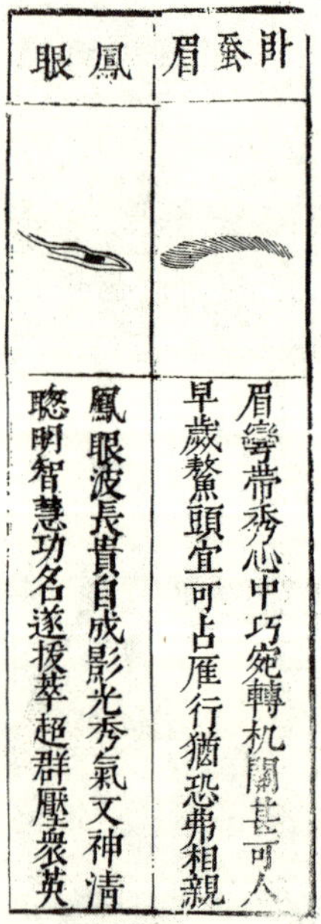

明代万历年间是关公崇拜的一个高潮期，此为王圻编著刊刻之《三才图会·人相类》对于“凤眼”“卧蚕眉”的品评。

明万历间刊刻之《三才图会·人相类》则言：

凤眼波长贵自成，影光秀气又神清。
聪明智能功名遂，拔萃超群压众英。

而关羽特点之“丹凤眼”，当然是贵人之相。

又“卧蚕眉”不知出自何典。案相学中“卧蚕”本指眼下泪堂部位肌肉丰起，如卧蚕状。宋人笔记称，

魏泰数举进士不利，荆公戏曰：“眼下有卧蚕者贵，如文潞公，有之而为相。公亦有，而未遇也。岂非白殭乎？”[7]

可知“卧蚕者贵”在北宋已成为相术家言。张行简《人伦大统赋》“眼如日月之相望”，薛延年注：

目下有壅肉，名曰卧蚕，有此相者，子多继嗣。

《神异赋》则言：

泪堂深陷，蠹肉横生，鼻准光垂，人中平满，

克儿孙之无类。

注："下眼眶为泪堂，宜丰满，不宜深陷。"则关羽此相，或为附会关平"继嗣"而来，后文再论。

又相术家认为可以根据眉相推断贤愚福寿贵贱。《神相全编》三《论眉》：

夫眉者，为两目之华盖，一面之表仪，主贤愚之辨。眉欲细平而阔，清秀而长，性乃聪明。若夫粗而浓，逆而乱，短而蹙者，性有愚顽也。

《三才图会》言：

眉弯带秀心中巧，婉转机关甚可人。

早岁鳌头宜可占，雁行犹可弗相亲。[8]

可知关羽形象自进入文学描绘之初已带有明显的神异色彩了。值得注意的是，相学这些说法至迟在金代已现端倪。前述之张行简，字敬甫，莒州日照人，为金代术数家，大定十九年（1179）进士第一，累官礼部尚书、翰林学士承旨、太子太傅。《金史》卷一百六有其父子列传，评谓："世为礼官，世习礼学。其为礼也，行于家庭，讲于朝廷，施用于邻国，无不中度。古者官有世掌，学有专门。金诸儒臣，惟张氏父子，庶几无愧于古乎。"可知其影响。他于天文术数之学皆有研究，撰述颇多。其中《人伦大统赋》一卷为后世相术家所宗奉，被收入《永乐大典》和《四库全书》。

而红脸本来就是戏剧脸谱，据南宋《梦粱录》卷二十言：

弄影戏者，元汴京初以素纸雕簇，自后人巧工精，以羊皮雕形，用以彩色妆饰，不致损坏……公忠者雕以正貌，奸邪者刻之丑形，盖亦寓褒贬于其间耳。

而彩妆影戏面具又素以"红表忠勇，黑表威猛，白表奸邪"，揣测金元杂剧中关公面色，应当已经涂成红色了。

"黄金组合"

一、关平

李福清著文，以为关羽右侧侍立，虬髯宝冠者为"关平"，值得商榷。所以容易被误认，原因之一是此人手势与关庙中习见之"关平捧印"

极为相似。李福清澄清了此点，但认为神像中的“关平”是“手做叉手礼”，恐怕仍然忽略了其中细微然而重要的差别。按“叉手礼”起于唐代，诗人温庭筠“每入试，押官韵作赋，凡八叉手而八韵成，时号‘温八叉’”。《事林广记》“叉手法”曰：

河北石家庄毗卢寺明代嘉靖年间水陆画中，关平仍旧侍立关公之侧，双手亦结印契，惟胡须、相貌已全然中国化了。

以左手紧把右手，其左手小指则向右手腕，右手则直其四指，以右手大指向上。如以右手掩其胸，不得著胸，稍令稍离，方为叉手法。

神像中此位从侍之手形，颇类佛家密宗“三密”之一的“手结印契”。[9]盖佛教密宗造像对手形最为考究，不同手形称为“印相”或“印契”，俱有特定之意义，向为识别不同佛像的重要依据。此外，他头带宝冠，身被铠甲，衣饰也明显异于众人，又极类敦煌发现的晚唐五代《大圣毗沙门天王》像，亦为虬髯。其于盔甲之外，锦络缝宽衫半臂的装束[10]及其神态，则颇像元代元统二年（1334）建浙江普陀山普济寺多宝塔多闻天王立像之装束。[11]此外四川夹江千佛岩宋代摩崖造像中，毗沙门天王的形象也是“上身着两裆长锁子甲，左手托塔，右手握腰间宝剑。”[12]这使我疑心这位“关平”别有来历，其实与佛教大有渊源。神像中这位奇特“关平”的出现，正表现出历史上关羽崇拜转期的初始阶段的一些形态，值得特别注意。

史载关平实有其人。《三国志·关羽传》：“（孙）权遣将逆袭羽，斩羽及子平于临沮。”“子兴嗣。兴字安国，少有令问，丞相诸葛亮深器异之。弱冠为侍中、中监军，数岁卒。”又《吴主传》亦谓：“建安二十四年，（潘）璋、司马忠获羽及其子平、都督赵累等于章乡，遂定荆州。”宋代已为关平建祠，《宋会要辑稿》“关平祠”条言：

在荆门州当阳县景德玉泉院。蜀将关羽子平祠，崇宁元年赐额“昭贶”，仍封羽忠惠公。政和二年九月封平“武灵”。[13]

按照后世儒家的说法，是感于其父子同难，颇合“忠孝”两全之道。值得注意的是，《三国志演义》第二十八回《斩蔡阳兄弟释疑会古城主臣聚义》是这样描述的：

> 却说玄德先命孙干出城，回报关公；一面与简雍辞了袁绍，上马出城。行至界首，孙乾接着，同往关定庄上。关公迎门接拜，执手啼哭不止。关定领二子拜于草堂之前。玄德问其姓名。关公曰："此人与弟同姓，有二子：长子关宁，学文；次子关平，学武。"关定曰："今愚意欲遣次子跟随关将军，未识肯容纳否？"玄德曰："年几何矣？"定曰："十八岁矣。"玄德曰："既蒙长者厚意，吾弟尚未有子，今即以贤郎为子，若何？"关定大喜，便命关平拜关公为父，呼玄德为伯父。玄德恐袁绍追之，急收拾起行。关平随着关公，一齐起身。关定送了一程自回。[14]

关平从此作为关羽副将，南征北战。第七十四回《庞令明抬榇决死战 关云长放水淹七军》叙庞德问及挑战小将是谁时："或答曰：'此关公义子关平也。'"

关平明明是关羽亲子，为什么反倒成了"义子"呢？此图所谓"关平"分明是佛教神将。不但手形与佛家有缘，而且面容、服饰、佩带也颇不一般。和关羽形象相反，他蓄的正是"虬髯"。据载唐太宗李世民蓄虬须，且可挂弓矢。[15]我们至今尚能从阎立本《步辇图》见到。这与佛教造像中的天王像如出一辙，与描绘关羽的技法则迥然有别。

在本书上册第二章《关羽成神与佛教"中土化"》里。我曾论述佛教战神毗沙门天王信仰在唐末衰落以后，关公在宋取而代之的经过。而天王之得力助手二郎独健，除了在四川都江堰独立成神变身"灌口二郎神"外，[16]在关公组合中也取代了历史人物关平的地位。所以后世民间以供祀之关平为关羽"义子"的说法，一直没有歇绝。这就把关平在《三国志》中只交代为关羽"子平"，而在《三国志演义》中则被描述为关定第二子，民间传说中他更因此成为了"二郎"，其中蕴含着的双重复杂关系作了一个巧妙的交代。后世关庙遂以关平长侍关羽之侧，最常见形象为白面无须，手捧印绶，与黑脸多髯之执刀周仓恰成一对。

这一说法随乾隆以后的移民潮流播到其他地区。黑龙江省虎林县的虎头镇关庙和新加坡古城会馆睽隔不知凡几，却异口同声介绍说关平是"义子"。

台湾也延伸了这个传说，如《台南县志》（1957 ~ 1960）说：

（五月）“关帝爷生”。（十三日）：此日是关帝部属，又是义子“关平神诞”，世误为关帝爷神诞。是日有关庙宇举行盛大祭典。

《嘉义县志》1983 也说：

（五月）十三日关平生：此日是关帝部属，即其义子关平神诞，世误为夏禹神诞，有关庙宇举行祭典。

这种说法，应当就是佛教护法神转移到关公崇拜中的表征。吾尝谓民间俗说中时有信史之遗存，此即一例。

二、青龙刀

关羽当初究竟用何武器，史无明载。罗忼烈曾据《三国志》关传中“刺颜良”的说法怀疑是“剑刺”，而以唐代郎士元诗“走马百战场，一剑万人敌”作为佐证，说明唐时祠庙中的关羽造像仍以剑为兵器。[17]北宋张商英《题关帝像》言：

月缺不改光，剑折不改铓。月缺白易满，剑折尚带霜。

势利寻常事，难屈志士肠。男儿有死节，可杀不可量。[18]

这里的剑已具有比喻的意义，或者在两可之间。复检关汉卿杂剧，其中虽然格于《单刀会》题目正名，几次提到“三停刀”“偃月刀”，但更多谈及的仍然是剑。举例而言，便有如下数次（文字据元刊本，后两则宾白为刊本所无，从明钞本）：

若是他宝剑离匣，准备着头。（第二折《滚绣球》）

一只手揝着宝带，臂展猿猱，剑扯秋霜。（第三折《幺篇》）

则为你三寸不烂舌，恼犯这三尺无情剑。这铁饥食上将头，能饮仇人血。（第四折《雁儿落带得胜令》）

却怎生闹炒炒军兵列，上来的休遮当，莫拦截。我都交这剑下为红，目前见血。（第四折《搅琵琶》）

我这剑界，头一遭诛了文丑，第二遭斩了蔡阳。鲁肃啊，莫不道第三遭到了你也？（第四折宾白）

这剑按天地之灵，金火之精，阴阳之气，日月之形。藏之则神鬼遁迹，出之则魑魅潜踪。喜则恋鞘，沉沉而不动；怒则跃匣，铮铮而有声。

今朝席上，倘有争锋，恐君不信，拔剑施逞。吾当摄剑，鲁肃休惊。这剑：果有神威不可当，庙堂之器岂寻常？今朝索取荆州事，一剑先交鲁肃亡。（同上）

最后这条，简直是对鲁肃“引而不发，跃如也”的武力炫耀了。关羽此刻犹谆谆于剑道，而丝毫不提那把使他可以更加威风凛凛的大刀。推想起来，当时的关羽传说故事，其实是以持剑为基础的。[19] 而宝剑在道士手中，则别有驱邪镇魔之功用，另话不提。

最早提到关羽用刀的似为南朝梁人陶弘景《刀剑录》，说他“为先主所重，不惜身命，自采都山铁为二刀，铭曰‘万人’。及败，投入水中。”“万人”之说，显然是沿袭了《三国志》的说法。[20]

种种迹象显示，大刀是宋代开始搀入关羽传说中的。山西沁县城关关庙最早的庙碑，为宋元丰三年（1080）《威胜军新建蜀荡寇将［军汉寿亭］关侯庙记》。该庙系熙宁九年应募至岭南平息侬智高之乱的军伍所建，他们在征战中曾祈祷过荔浦关庙，并立下“军誓”：

假威灵平蛮得儁，长歌示喜，高蹑太行，而北归旧里，当为将军构饰祠宇。

故侥幸得胜归里，葺庙之日，还特地派人“内回到桂州南荔浦县，去本祠下请到刀马，至当年六月内到军”，又“宪州斗子节级杜稹等一十五人，元丰二年三月，内献朱漆杆锯刀一口。”[21] 或许关羽善用长柄大刀的形象，就是从岭南传过来的，在当时已经深入人心。惟“锯刀”究为何样形制尚不

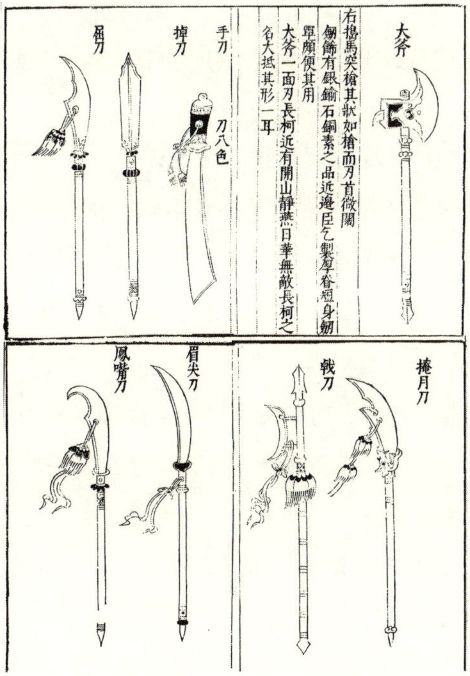

明万历覆宋绍定四年版《武经总要》卷十三“刀八色”图，下半部分四种刀形，皆有花哨之繐带璎珞一类装饰，未必是上阵之实用兵器，倒更像是銮卫仪仗所用。“书格”提供明版《武经总要》。

清楚。事实上，郑振铎编《中国古代版画丛刊》第一集中辑有明正德覆宋绍定四年版《武经总要》前集，卷十三“刀八色”中就无“锯刀”，而有“掩月刀”，其形式正与神像所绘相同。按《武经总要》一书是范仲淹《岳阳楼记》所言“政通人和，百废俱兴”的庆历四年（1044），由曾公亮集国家之力量编辑，经宋仁宗亲自核定出版的实用军事典籍。正因其具有重要性和实用性，所以南宋绍定四年（1231）重刻，明弘治、正德间又覆刻的。图 17 释文谓：

> 右：手刀，一旁刃，柄短如剑。掉刀，刃首上阔，长柄施鐏。屈刀，刃前锐，后斜阔。长柄施鐏。其小别有笔刀，此皆军中常用。其间健斗者竞为异制以自表，故刀则有太平定我朝、天开、山开，阵画、阵偏刀、车刀、匕首之名，掉则有两刃、山字之制。要皆小异，故下悉出。

以此知手刀等三种为军中“制式装备”，余则“健斗者竞为异制以自表”。[22]反观神像中负盾甲士所持之刀，刃细长而柄短，刀背亦薄，类屈刀，倒是一把实用利器。

据孟元老《东京梦华录》卷之七记载，北宋时每年三月皇帝出游，“驾临宝津楼，诸军呈百戏”例有表演：

> ……又爆仗响，有烟火就涌出，人面不相睹，烟中有七人，皆披发文身，着青纱短后之衣，锦绣围肚看带。内一人金花小帽，执白旗，余皆头巾，执真刀，互相格斗刺击，作破面剖心之势，谓之“七圣刀”。忽然爆仗响，又复烟火，出散处以青幕围绕，列数十辈，皆假面异服，如祠庙中神鬼塑像，谓之“歇帐”。又爆仗响，卷退。次有一击小锣，引百余人或巾裹，或双髻，各着杂色半臂，围肚看带，以黄白粉涂其面，谓之“抹跄”。各执木棹刀一口，成行列。击锣者指呼，各拜舞起居毕，喝喊变阵子数次，成一字阵，两两出阵格斗，作斗刀击刺之态百端。讫，一人弃刀在地，就地掷身，背着地有声，谓之“板落”。[23]

又卷之十十一月“下赦”描写仪式临结束时：

> 楼下钧容直乐作，杂剧舞旋，御龙直装神鬼，斫真刀倬刀。楼上百官赐茶酒，诸班直呈拽马队，六军归营。至日晡时礼毕。[24]

可见北宋真刀及长柄之倬刀，犹时作皇帝巡游时“花架子”兵之演艺道具。至于长柄大刀何时成为临战利器，马端临《文献通考·兵九》关于宋代演武制度的记叙，透露了一些端倪。据载，自太祖建隆三年开始讲武，率以劲射为主要内容。南渡之后才有所改变：

高宗建炎元年，始颁密院教阅格法，专习制御铁骑，摧锋破阵之艺习。全副执带出入，短桩神臂弓，长柄腁刀，马射穿甲，施用棍棒，并每年比拟《春秋教阅法》，别立新格。行下一日，短桩神臂弓给箭十只射，亲去垛一百二十步。长柄腁刀谓长一丈二尺以上，用毡皮裹为头者。余教阅振华军称，腁刀准此，引斗五十次，不令刀头低坠至地。并每营拣选二十人阅习放炮打。亲旨：长柄腁刀手本色相斗，并短桩神臂弓手，长柄腁刀手施用棍棒，各击虚三十次。

这让我们想起《水浒传》描写的大名府中杨志对索超的比武。面临金人的铁骑，长柄大刀究竟何时开始成为“普及型”兵器，犹有可说者。有几则关于战事的记载描述了同样景象：

绍兴四年(1134)韩世忠在扬州大仪镇与金将挞也会战，“传小麾，鸣鼓，伏者四起”，“背巍军各持长斧，上揕人胸，下削马足。”[25]

随从南宋抗金名将刘锜参加过绍兴十年（1140）年顺昌（今安徽阜阳）战役的文士杨汝翼，写过一篇纪实文字《顺昌战胜破贼录》说：

四太子（按即兀术）披白袍，甲马，往来指呼，以渠自将牙兵三千策应，皆重甲铠全装。虏号“铁浮图”，又号“扢叉千户”。其精锐特甚，自用兵以来，所向无前。至是亦为官军杀伤。先以枪揭去其兜牟，即用刀斧斫臂，至有以手捽扯者，极力斗敌。自辰至戌，贼兵大败。[26]

绍兴十一年王德在柘皋镇破兀术军时，也是“金人以拐子马两翼而进，德率众鏖战，（杨）沂中曰：‘敌便习在弓矢，当有以去其技。’乃令万兵各持长斧，堵人前，奋锐袭之，金人大败。”[27]

可知此前宋军破金兵铁骑的制式兵器，仍然以长斧为主。但长斧虽利，其刃较短，自不如腁刀刃宽而杀伤力大，所以建炎以后成为制式操练的必备项目。这从另一方面证实了长柄腁刀在南宋始成为作战时的常规兵器。

当然，或先有战将擅长长柄大刀者，著名的是《水浒传》中提到的“大刀关胜”。余嘉锡《宋江三十六人考实》[28]尝言：

关胜事不见于伪《齐录》《北盟会编》《系年要录》等书，《宋史》亦载之不详、以《金史》相参证，其情事乃粗可睹。盖（刘）豫请江南郡不遂，忿忿而赴济南，早怀不轨之心。及金人来攻，（关）胜为守将，骁勇善战，屡出城拒敌。豫所以不即投拜，且遣兵出战者，以有胜也。胜不死，豫不敢降。故反谋既决，遂先杀胜矣。胜诚烈丈夫也。

又引梁学昌等《庭立记闻》中王象春《齐音》"金兵薄济南，守将关胜善用大刀，屡战兀术"语，谓"其人当即《宣和遗事》中之'关必胜'，足为梁山泺生色。虽不知所据何书，当非杜撰。"虽然含糊，不失其例。南宋末年龚开赞曰：

大刀关胜，岂云长孙？云长义勇，汝其后昆。

这是因为关胜在姓氏、兵器和义勇三方面类似关羽，故有是说。也从另一方面证实关羽所用之兵器为刀，在宋、金、元之际始为南北所共识。

三、赤兔马

与后世流行的关公阵营黄金组合相比，卷首图还有一个明显的缺失，这就是三国戏曲小说以及民间故事里津津乐道的"千里追风赤兔马"。传说里的斩颜良，诛文丑，千里走单骑，关羽更不能没有好马快刀。可惜《三国志》中没有为关羽提供这样的神骏，惟一提及他的坐骑是"羽望见良麾盖，策马刺良于万众之中，斩其首还，绍诸将莫能当者，遂解白马围。"倒是《三国志·魏书·吕布传》提到"北诣袁绍，绍与布击张燕于常山。燕精兵万余，骑数千。布有良马曰'赤兔'，常与其亲近成廉、魏越等陷锋突陈，遂破燕军。"盖源吕布本来就"便弓马，膂力过人，号为'飞将'。""将"之所以能"飞"，当然有赤兔马一份功劳。故裴注引《曹瞒传》语，证实当时确有"人中有吕布，马中有赤兔"的时谚。唐朝李贺《吕将军歌》曾掇拾故典咏歌曰：

吕将军，骑赤兔。

独携大胆出秦门，金粟堆边哭陵树。

北方逆气污青天，剑龙夜叫将军闲。

将军振袖挥剑锷，玉阙朱城有门阁。

榼榼银龟摇白马，傅粉女郎大旗下。

恒山铁骑请金枪，遥闻箙中花箭香。

西郊寒蓬叶如刺，皇天新栽养神骥，

厩中高桁排蹇蹄，饱食青刍饮白水。

圆仓低迷盖张地，九州人事皆如此。

赤山秀铤御时英，绿眼将军会天意。[29]

保持着诗人一贯的怪异风格。也是借英雄宝马之相得益彰，叹息时彦英俊之难以遇合，“九州人事皆如此”也。

马是人类最早的伴侣之一，无论是耕作运输，还是驰驱应敌，好马宝驹都得到主人特殊的珍爱。传说里的中华名驹即有“飞兔”“腰褭”（或称“要袅”“骠褭”）。实际上在上古传说中，大禹即有名曰“飞兔”的神骏了。《吕氏春秋》言大禹之骑“日行万里，马也如兔之飞，因以为名。”南朝沈约在《宋书》中也曾写过：

飞兔者，神马之名也。日行三万里，禹治水勤劳，历年救民之害，天应其德而至。

周穆王“八骏”则有赤骥、飞黄、白蚁、骅骝、騄耳、騧騟（騟轮）、渠黄、盗骊。《拾遗记》曾记述周穆王八骏说：一名绝地，足不践土；二名翻羽，行越飞禽；三名奔宵，夜行万里；四名超影，逐日而行；五名逾辉，毛色炳耀；六名超光，一形十影；七名腾雾，乘云而奔；八名挟翼，身有肉翅。三国时“赤兔马”确为稀见之宝马，其名亦当结合“飞兔”“赤骥”而来。

蒙古向来是“马上民族”，且以铁骑征服天下。从他们的心理来看，良将之于骏马，不啻美人之于粉黛。不仅平添威武，更是上阵杀敌之利器，何况神勇如关公乎？于是欣然为之转借增益，借曹操之手将三国时代最快神骏赤兔，转赠给当时之最勇神将关羽。无名氏元杂剧《刘关张桃园结义》中形容赤兔马说：

至治本《三国志平话》“关公单刀会”插图。半幅画面表现的是乐队，另半幅关公揪扯鲁肃，旁立卫士持刀牵马已粗具后世周仓轮廓。

这马非俗，浑身上下血点也似鲜红，鬃尾如火，名为赤兔马……不是红为赤兔马，是射兔马，旱地而行，如见兔子，不曾走了，不用马关踏住，以此言赤兔马。又言道：马若遇江河，如登平地，涉水而过。若至水中，不吃草料，食鱼鳖。这马日行一千里，负重八百余斤。此马非凡马也。

至治本《三国志平话》最早表出赤兔马时，也有类似话语：

此马浑身上下血也似的鲜红，鬃尾如火。能日行千里，负重八百余斤。在旱地见了兔子，不曾走脱一个；若与江河，如履平地，在水中不吃草料，只食鱼鳖。

两本说法基本接近，或许出自同一来源。乍听起来马能“撵兔子”，像是在附会“赤兔马”之“兔”，“吃鱼鳖”则与后文“单刀会”渡江或“水淹七军”接榫。但戏剧和说书艺人这种夸张的形容，也许是为了“现挂”，随时可以用“兔子”“王八”插科打诨，是最容易现场出彩的。

其实历来关公乘骑也曾有不同说法。如元杂剧《单刀劈四寇》曾说关羽本来坐骑是“黄骠马”，仿佛《兴唐传》中的秦琼；又朱棣自称曾得到骑白马之关羽的神助，故京师独有“白马关帝庙”。[30]可知民间流传对神骏的颜色也各有喜好。这也曾一再引起信徒们的疑惑乃至争议。康熙时张潮《虞初新志》卷十四王谦《平苗神异记》言湖广宝庆武城步县城向有关庙，其康熙癸亥任知县时恰遇全州西延峒苗杨应龙入侵：

恍惚有赤面长髯大将，乘白马自天而下，指挥神兵八面旋绕，不得脱。余始惊异，旋问我军，所见无异辞。日既晡，振旅归，亟登城谒帝，仰见帝面，汗浃如雨，如甫释甲状，益加悚惕……独怪帝乘马故赤色，此独白。或疑马援尝伏五溪蛮，得毋伏波将军来耶？余谓不然，神像既汗浃，示灵爽矣。余非疑乘马者非帝也，疑帝之马何以白也。姑阙疑，以俟考。

文后又附吴宝崖言：

按明初明勋戚家畜一白马，肥且健。一夕关帝梦示曰：“某省寇乱，欲假尔马助兵。”旦起视厩中，马僵卧不起，盖摄其神往矣。殆奏凯，勋戚益敬服。京师人异之，因建白马庙奉帝。自是帝现身显灵，捍倭破贼，辄骑白马以为常。今大司马遂宁张公尝云尔。[31]

则说张鹏翮曾以京师白马关帝庙之白马为明廷专用之关帝坐骑，显然误解了明成祖征蒙古部的传说。

后世谓关圣显灵，亦每以庙前赤兔马塑像“流汗而喘”为据，亦踵前人故说。《管锥编》言：

> 《韩生》(出《宣室志》)有骏马，清晨每“汗而喘，若涉远而殆者”，圉人怪而夜伺之，则黑犬为妖，骑马适城南古墓。按西方志怪亦云人晨起见厩马疲顿，乃夜来为魇鬼所乘骋也（Nachts reitet er oft die Pferde, so daß man ihnen morgens anmerkt，wie Sie abgemattet sind）。卷四六〇《户部令史妻》（出《广异记》）家有骏马，恒倍刍秣，而瘦劣益甚，盖妻为苍鹤所魅，夜骑之行千余里，事与《韩生》此节略似。……令使之马如《庄子·人间世》所谓“绝迹无形地”，电腰风脚，一宵能返千余里，亦必不暇自运，何至瘏痡而“瘦劣”哉？[32]

以此观之，这类故事的原型很可能是由西域传来的。

四、周仓

后世关公“黄金组合”中，周仓最为实用，经常代替关公行使神权。如果说关平、青龙刀、赤兔马还多少有点影子的话，在《三国志》中却绝无周仓的任何记述。直到元代《全相平话三国志》中也没有出现周仓。但是在前引描述《单刀赴会》的插图中，关公身后站立着一位持刀牵马虬髯壮实的亲随。戏曲中最早明确出现周仓形象也是明抄本杂剧《单刀会》第三折开场，注明“正末扮关公领关平、关兴与周仓上”，关羽吩咐“孩儿与我准备下舡只。领周仓赴单刀会走一遭去”后，还有周仓的一段宾白：

《全相三国志平话》插图。关羽的三随从仿佛金代神像组合，不过两人拿着缴获于禁的将旗，而无相当于周仓的特别侍从。事实上后来在水淹七军的故事中，已经混杂有周仓能水的传说。

关公赴单刀会，我也走一遭去。

志气凌云贯九霄，周仓今日逞英豪。

人人开弓并蹬弩，个个贯甲与披袍。

旌旗闪闪龙蛇动。恶战英雄胆气高。

假饶鲁肃千条计，怎胜关公这口刀。

赴单刀会走一遭去也。

这也是剧中为周仓设定的惟一表演。可见直到元杂剧，周仓也还是无关轻重的角色。作为虚构人物的周仓何时何地进入关公信仰组合，同时担负着许多重要神职，一直是个未解之谜。

现存关公文献最早明确出现周仓的，是元末明初人鲁贞的开化（今浙江衢州市开化县）《武安王庙记》之“迎神词”中“乘赤兔兮从周仓”。《四库全书》馆臣特意撰写了一段批评文字说：

> 其文亦闻见颇狭，或失考证。如《武安王庙记》迎神词中有“兰佩下兮桂旗扬，乘赤兔兮从周仓”句。考周仓之名，不见史传，是直以委巷俚语，镌刻金石，殊乖大雅。[33]

也许就是四库总裁纪昀的个人疑惑所至。但细想之下，觉得这个挑剔并无道理。鲁贞既为“迎神”之词，需要描绘的只是当时祀神之风俗，自然无需考据历史。但这项资料说明至迟元末周仓已然正名正位，堂而皇之地进入关庙祭享之中，即使是在浙江山区相对偏僻之地。原其初始，如果确实得之“委巷俚语”，又进一步证明小说戏剧已将此形象扩散流播。事实上，讨论周仓形象究竟是民间祭享首先出现，还是“委巷俚语”首先出现，也是一个“先有鸡还是先有蛋”的循环论证。

四库馆臣这句基于理学，义正词严的公开质疑，不但没有破解周仓形象出现之秘，反而为乾嘉考据派添了一块心病，纪昀弟子梁章钜在《浪迹续谈》卷六“周仓”条中说：

> 《三国志演义》言关公裨将有周仓者，甚勇，而正史中实无其人。惟《鲁肃传》云肃邀关相见，各驻兵马百步上，但诸将军单刀俱会。肃因责数关云云。语未究竟，坐有一人曰：夫土地者，惟德所在耳，何常之有？肃厉声呵之，辞色甚切。关操刀起，谓曰：此国家事，是

人何知！目之使去。疑此人即周仓。明人小说似即因此而演。“单刀”二字，亦从此传中出也。然元人鲁贞作汉寿亭侯碑，已有“乘赤兔兮从周仓”语，则明以前已有其说矣。今《山西通志》云“周将军仓，平陆人，初为张宝将，后遇关公于卧牛山，遂相从。樊城之役，生擒庞德。后守麦城，死之。”亦见《顺德府志》，谓与参军王甫同死。则里居事迹，卓然可纪，未可以正史偶遗其名而疑之也。王棫《秋灯丛话》云周将军殉节麦城，而墓无可考。稽其遗迹，即长坂坡曹刘交兵处也。因访麦城故址，在邑东南四十里，久被沮水冲塌成河，仅存堤塍，名曰麦城堤。有任生者，梦将军示以葬所，遂告知县陈公，掘其地，深丈许，露石坟一座，颇坚固，乃掩之，而封树其上，植碑以表焉。或有疑任生之作伪者，夫去地丈余，乌知有墓？且一经掘视，昭然不爽，则英灵所格，岂子虚哉。

这实际上从另一个侧面，反证出元代以前周仓还不曾出现在关羽身边。梁氏以博闻多识著称，所以要迂曲反复地说明周仓之必有，实在是因自己信心也不足的缘故。又清代吴振棫《养吉斋丛录》卷七载：

嘉庆间，御史程世淳请避关帝神讳，增赵累、王甫等从祀。仁宗以“前代帝王，往哲明神，其名概不避用，盖临文不讳之义。至关平、周仓塑像，相沿已久，到处皆同。其赵累、王甫遇难事实，史传所载不同，毋庸增设从祀。”

程御史所奏为何，今虽不能详知，但自然是以《三国志》信史立言。惟嘉庆谕旨何以突兀出现关平、周仓“相沿已久，到处皆同”的问题，应是奏疏对于此二者的真实性和合法性提出了质疑。盖嘉庆为清帝中崇信关公最尤者，尤以林清“夺门之变”以后为甚。其以传统习俗偏袒关平、周仓，而又语气含混，颇有可究之处。亦待另论，此不枝蔓。

我怀疑周仓之形象其实来源于宋金之际的另一神祇。元人《湖海新闻夷坚续志》后集卷二《神明门》“周将军”条曰：

周将军乃灵顺庙部神。宋朝尝以马百匹，连鞍辔售于江北。索价太高。买者曰：“马有何奇而价如许？”曰：“吾马能行水上。”试之果然。议价定，明日再以数百骑来。北军骑之渡江，俄顷黑风四起，人皆坠水，但见蔽江纸马而已。忽见周将军旗于云间。宋赵制置奏于朝，封“翊应侯”。诰词曰：“大起风马之威”，指此也。[34]

按明成化间储巏[35]《泰州修庙记》虽谓“泰之庙不知何所始”，但在颂词中却用了“帝之去兮荆之野，联云旗兮风马”[36]，这正与“旗于云间”“大起风马之威”的说法相似，而泰州正是淮南之重镇。[37]

“灵顺庙”的这位“周将军”究竟是哪方神仙呢？元人《三教源流搜神大全》转引绍定六年（1233）宋人张大猷之《祖殿灵应集》有所记叙。文字稍长，谨录重要段落，以为论述起点：

五显公之神，在天地间相与为本始，至唐光启中乃降于兹邑。图籍莫有登载，故后来者无所考据。惟邑悼耄口以相传，言邑民王喻有园在城北偏，一夕，园中红光烛天，邑人糜至观之。见神五人自天而下，导从威仪，如王侯状。黄衣皂绦，坐呼床，呼喻而言曰：“吾受天命，当食此方，福佑斯人，访胜寻幽，而来止此。我庙食此，则佑汝亦无忧。”喻拜首曰：“惟命。”言迄，祥云四方，神升天矣。明日邑人来相宅……立像肖貌，揭处安灵。四远闻之，鳞集辐凑。自是神降格有功于国，福佑斯民，无时不显。先是庙号上名“五通”，大观中（1107 ~ 1110）始赐庙额曰“灵顺”。宣和年间（1119 ~ 1125）封为两字侯，绍兴中（1131 ~ 1162）加四字侯，乾道年（1165 ~ 1173）加八字侯。淳熙初（1174）封两字公，甲辰间（1184）加四字公，十一年（1184）加六字公，庆元元年（1195）加八字公，嘉泰二年（1202）封二字王，景【嘉】定元年[38]封四字王。累有阴功于江左，封六字王。六年（1233）十一月，告下封八字王。理宗改封八字王号：第一位，显聪昭应灵格广济王……第二位：显明昭烈灵护广佑王……第三位，显正昭顺灵卫广惠王……第四位，显直昭佑灵贶广泽王……第五位，显德昭利灵助广成王……盖五公既贵，不欲以祸福惊动人之耳目，而委是二神司之欤？

黄衣道士　紫衣员觉大师

辅灵赞翊史侯　辅顺翊惠卞侯

翊应助顺周侯　令狐寺丞

王念二元帅　打拱高太保

打拱胡百二检举　都打拱胡靖一总管

打拱黄太保　打拱王太保

金吾二太使　掌善罚恶判官[39]

可知“灵顺庙”本为江西德兴之神，其实和这里的银矿开采和白银崇拜颇有关联。笔者另有文专门考探，枝蔓不缀。[40]而与“周将军”同列之神，名称和职司都颇怪异，带有极浓的民间信仰本色。《天一阁藏明代方志选刊》辑入的《嘉靖徽州府志》中，倒是有一些关于他们的介绍：

灵顺庙：一名五显庙，又名五通庙……庙之从神：史侯德，姓孙氏；卞侯胜，姓项氏。宋嘉定二年（1209）封助灵史将军、助顺卞将军，淳祐四年封辅灵、辅顺二侯，宝祐五年（1257）加封辅灵翊惠、辅顺翊善二侯。周侯讳雄，信州玉山人，端平三年（1236）加封翊应将军，淳祐四年（1244）封翊应侯，宝祐五年（1257）加封翊应助顺侯……[41]

值得注意的是，在张大猷记述德兴祖庙源流的同时，“五显庙周侯”已悄然享有了独立庙祀。四库本《咸淳临安志》卷七十四“新城县”[42]条下有云：

周侯庙：在太平乡一十三里，地名渌渚。淳祐间（1241 ~ 1252）赐“辅德庙”为额，封“翊应侯”。后加“宣灵”。

“周将军”还在五显神庙的发源地取得了独立地位和神格。《嘉靖徽州府志》“黟县祠庙”载：

周翊应侯行祠：又名灵顺将军祠，有三。一在县东叶村；一在县西北横山；一在县西南胡村。[43]

“行祠”之说，表明他已经不再是本土神祇。与《湖海新闻夷坚续志后集》卷二《神明门》“周将军”条合观，所述为同一神祇无疑。周侯庙既能在南宋临安京畿和徽州故土独存，庙神当然具有独立神格，而且封赐的神号也有所增益。《古今图书集成》所叙由来有自，《神异典》卷五十《神庙部》引《杭州府志》言：

周宣灵王庙：庙在硖石镇审山（按即今海宁县东山）。侯名雄，字仲伟，新城渌渚人。嘉定辛未（1211）为母疾走，婺源祈佑五显，回至三衢而卒。附童子言：“五显灵侯，需我辅翊。生不封侯，死当庙食。”

衢于是乎立庙，新城继之。初称“七七太尉”。端平二年（1235）饶州表请：侯有阴捍常山土寇之功，封翊应将军。嘉熙元年（1237）两淮表请：神有神威扬边、强敌远遁之功，封威助忠翊大将军。淳祐四年（1244）改封翊应侯。宝祐五年（1257）加封助顺。咸淳七年（1271）加封正烈，十年（1274）加封广灵。旧制：神祠封锡，自二字至八字止，侯兼之，盖渥恩也。[44]

由此可知，“周将军”实为南宋后期对抗金元时迅速蹿红的浙赣明星神祇。他所具有的“阴捍常山土寇”，“神威扬边，强敌远遁之功”，鼓舞南宋军民斗志的作用正与当时关公神格相似或者相近，只是其封赐神号始终处于辅佐助威之位。如果注意到开化县正处于浙水之源，并由此通往婺源、德兴的要冲之上，或能解释“周将军”日后另外发展，最后由浙水名神汇入关羽崇拜的原因。

通俗文艺传播

郑振铎认为关汉卿著名杂剧《关大王单刀会》描述的关羽“大无畏的精神，至今还使我们始而慄然，终而奋然。”[45]当年的震撼力可以想知。值得注意的是，此剧已经每以“神道”直呼关公了：

恰便似六丁甲神簇捧定一个活神道。（第一折【金盏儿】）

上的霸时桥，曹操便不合神道，把军兵先暗了。（第一折【后庭花】）

那神道须（勒着）追风骑，轻抡着偃月刀。（第一折【赚煞尾】，以上俱乔公唱词）

那神道恒将卧蚕眉皱。（第二折【滚绣球】，司马徽唱）

看了关公英雄——像个神道。（第三折黄文宾白。以上据明钞本）

可知关羽形象在当时舞台上已经具备了充分的神格，受到超乎一般的尊崇隆敬，而且奠定了后世戏曲艺术中的基调。

历史记述中至迟隋唐时期已有三国故事的演出，但中国戏剧的发轫期毕竟还得由金元谈起。盖缘金人热衷汉化，蒙人拒绝汉化，他们的共同点则都是游牧民族短时崛起进入中原。在宗教和文化上如何与中原民族沟通融会，就需要发展出一种新鲜的形象传播手段。正如当年佛教传入中国，采用“设像传教”方式一样。但戏剧比塑像更为生动丰富，更容易跨越语言文字、风俗习惯、宗教文化的隔膜，因此也更容易被不同民族的观众理解接受。明初宁献王朱权列举元杂剧的主要题材，尝归纳为“杂剧十二科”，曰：

> 一曰神仙道化；二曰隐居乐道（又名“林泉丘壑”）；三曰披袍秉笏（又名“君臣”杂剧）；四曰忠臣烈士；五曰孝义廉洁；六曰叱奸骂谗；七曰逐臣孤子；八曰钹刀赶棒；九曰风花雪月；十曰悲欢离合；十一曰烟花粉黛（即“花旦”杂剧）；十二曰神头鬼面（即“神佛”杂剧）。[46]

这种排列不知道是按照剧目数量多寡，还是演出影响大小而论。稍加概括，则知第一、第十二两项攸关佛、道两教无疑，第二、第三、第四、第五、第六、第七通共六项则体现着鲜明的儒家伦理观念，其余四项则属于社会人情世态。于此可知，中土之三教都在尽量利用戏剧，寓教于乐，进行基本教义的宣传。其中关键其实涉及不同民族的“跨文化传播”（cross-cultural communication），这是一个近年由西方引进的热点话题，牵涉颇多，限于篇幅，枝蔓不缀。

元杂剧中“三国戏”很多，其中现存十三种关公戏尤其引人注目。可以看出描叙关羽战斗经历的占据了九出，即三分之二以上。其间虽有虚构夸张之情节，但毕竟属于“七实三虚”之类，多被采入后世儒士修订的《三国志通俗演义》之中。但也有例外，如《关云长单刀劈四寇》叙“四寇”为董卓余党李傕、郭汜、樊稠、张济。董卓被杀后，四寇命人下书索王允、吕布、李肃等人。吕布率兵往西凉府攻四寇，先锋李肃战败自刎；吕布与四寇交战，屡次鼻中出血，心中狐疑，撤兵退走。四寇遂兵围长安，王允坠城而死。四寇弹冠相庆，各封官职，欲徙献帝至西凉。国舅董承得知，先送献帝往洛阳，四寇追至黄河岸边，恰遇曹操至济州催粮至此，遂派出曹仁、许褚、曹霸、曹彰迎战四寇。此时刘备仍任平原县令，关羽回乡祭祖，返回平原时路遇曹兵。得知此事，怒而请战，先后刀劈四寇。董承为关羽请功，献帝遂封刘备为德州太守，关羽为荡寇将军，张飞为车骑将军。[47]

其他虚构之作如“怒斩关平”，略叙关羽生日时，孔明、张飞、赵云、黄忠等前往荆州庆贺，正欲返回西川，江夏张虎、张彪二寇作乱。孔明派小五虎（五虎上将之子）关平、张苞、赵冲、马忠、黄越迎敌。小五虎获胜，生擒二张。在驰马回营报功途中，关平战马踏死平民王荣之子。王荣前往荆州告状，州官不敢受理。王荣正欲自尽，幸遇关羽马夫指点，便到元帅府击鼓喊冤。关羽大义灭亲，欲斩关平，赵云等求情被羽驳回。张飞赶来，欲与赵云等各斩其子，使小五虎将同死。王荣见状，情愿息讼撤诉，关羽乃释关平。姜维前来宣诏，赐王荣黄金百两，免本处差役。[48]也是告诫有功将帅也应当约束子女部下，表现出浓重的民间立场。虽曰“演古”，实为“证今”。

至于“大战蚩尤”“三捉红衣怪”则显为“神仙道化”者流，是附会道教传说编演而成。比较独特的是“月下斩貂蝉”，以绝世之英雄与绝色之美女演绎一出悲剧，亦编演者发挥戏剧生旦角色优长，代相踵继之惯技，[49]即今影视“大腕儿名导”亦未免俗。设想当初之关公戏尽为金戈铁马，铜琶铁板，在戏剧充分流行之后难免会丧失部分喜爱缱绻旖旎的女性观众。故以关羽之标准大丈夫造型，与貂蝉标准美女之传说组合，适足展现儒家所主关大王“义不贪色”、公忠为体的主旨。该剧已佚，明清间有《三国演义》版本写吕布死后曹操将貂蝉带回许昌，复效王允连环之计，赐给关羽以离间刘关感情，最后被关羽所杀，或者是此剧遗绪。

尤其应该强调的是，在全国范围内围绕关羽的庆典祭祀活动都有热烈的戏曲演出；举凡关庙及山陕会馆等场所，又必备舞台，酬神娱人。元明民间戏剧演出中，关公戏目更多。由于史料缺乏，对其情况一向不甚了然，但近年山西发现的明代万历抄本《迎神赛社礼节传簿四十曲宫调》（简称《礼节传簿》）部分填补了这个空白。记载剧目中包含大量三国剧，约占全部剧目的三分之一。[50]而出现频率最高的戏目正是关羽戏，包括《战吕布》《破蚩尤》《古城聚义》《关公斩妖》[51]《斩华雄》《斩关平》《单刀赴会》《五关斩将》《三圣道化春秋》《关大王独行千里》十种。下面是《迎神赛社礼节传簿》第三部分《二十八宿值日开后》所列关公戏目出现次数：

亢金龙	杂剧《战吕布》
氐土貉	第四盏补空《破蚩尤》
房日兔	第六盏《古城聚义》；正队《过五关》
箕水豹	第四盏《斩华雄》；第五盏《关公斩妖》；第六盏《战吕布》；正队《过五关》
斗木獬	第四盏补空《斩华雄》《战吕布》
女土蝠	杂剧《五关斩将》
虚日鼠	第五盏《斩华雄》，《战吕布》，补空《斩关平》；第六盏《单刀赴会》，补空《古城聚义》；正队《过五关》
危月燕	第四盏《关公斩妖》
室火猪	杂剧《五关斩将》
昴日鸡	第四盏《独行千里》
参水猿	第四盏补空《破蚩尤》；第五盏补空《三圣道化春秋》
鬼金羊	正队《关大王独行千里》
柳土獐	杂剧《关大王破蚩尤》
张月鹿	第五盏《单刀赴会》
翼火蛇	第四盏《关公出许昌》；第六盏《古城聚义》

全部二十八个组合中，关公戏目的覆盖已达半数以上，实属绝无仅有。如果加上三国其他剧目，覆盖率更占到约三分之二。这与文人记载现存杂剧剧目比例显然有着很大的差异。这从一个侧面证实文人载记的不全，又从另一侧面说明三国戏尤其是关公戏已在民间赛社中受到的特别重视和欢迎。

从“平话”到“演义”

说起元杂剧，就不能不提到宋代的平话演义。宋代以倡导“三教圆融”见著，佛教早已汉化，道教势力大张，儒家更显现强势发展的劲头。而平民教育的普及和商业化社会的形成，已经呈现出历史学家所称“近代”雏形。

北宋“说话”无疑承接了唐代“俗讲”，但已明显消解了其中的宗教布道功用，转化成纯粹的商业行为。宋代“说话”已有“说三分”一科，且有专擅之艺人。宋人高承《事物纪原》卷九《博弈嬉戏部·影戏》：

宋朝仁宗时，市人有能谈三国事者，或异其说，加缘饰作影人，始为魏、蜀、吴三分战争之像。

又据南渡之初孟元老《东京梦华录》回忆“崇（宁）、（大）观以来在京瓦肆伎艺”说：“霍四究，说三分。尹常卖，五代史。文八娘，叫果子。其余不可胜数。不以风雨寒暑，诸棚看人，日日如是。”[52]于此可知，三国一段历史在宋代已经成为“说话”和影戏的表演内容之一。

什么叫“平话”？有论者以为就是“评话”，后世“评书”之祖。此言不差。但后世说书人何以取得“评论史实”的资格，却鲜有论列者。明人所辑《古今小说》第三十一卷之《闹阴司司马貌断狱》，或为宋人“说三分”之一。该篇居然以楚汉相争之宿怨，分派三国鼎立之是非；以道教神祇玉皇阎君，发明佛家“一饮一啄，莫非前定”因果。如以刘邦托生汉献帝，受尽韩信托生之曹操欺侮，“胆战心惊，坐卧不安，度日如年。因前世君负其臣，来生臣欺其君以相报。”又以司马貌断狱公正：

来生宜赐王侯之位。改名不改姓，仍托生司马之家，名懿，表字仲达。一生出将入相，传位子孙，并吞三国……只怕后人不悟前因，学了歹样，就教司马懿欺凌曹氏子孙，一如曹操欺凌汉献帝故事。

仿佛家庭纷争，邻里纠葛，毫无理学“尊王”之观念。又独以彭越后身为刘备，“千人称仁，万人称义”，有所偏袒。最有意思的是以关羽为项羽托生，“只改姓不改名”，与樊哙托生之张飞“二人都有万夫不当之勇，与刘备桃园结义，共立基业”。惟因前生有孽，“二人都注定凶死，但樊哙生前忠勇，并无谄媚；项羽不杀太公，不污吕后，不与酒席上暗算人。有此三德，注定来生俱义勇刚直，死而为神。”又似乡塾斤斤计较，自谓分别因果，妥帖安排。但已粗现“尊刘”倾向，与王彭转述的北宋说话若合符节，带有浓厚的民间平话特点。可见肯定出现在理学“帝蜀”论占据统治地位之前，却又与欧阳修所持“帝魏”论绝不相侔。[53]这大概就是以佛门因果之说，对《史记》和《三国志》史书记述之“实”与民间刍荛议论之“虚”作一混合，以见“平实”。只是史家辩证之风与民间刍荛之论，在北宋时已经超越陈寿史传和欧阳修、司马迁史官之评，径直“尊刘贬曹”，并直接影响了后世对于三国“正统史观”的评价。也使北宋关公崇拜更上层楼。

《东坡志林·怀古》言：

> 王彭尝曰：“涂巷中小儿薄劣，其家所厌苦，辄与钱，令聚坐听说古话。至说三国事，闻刘玄德败，频蹙眉，有出涕者；闻曹操败，即喜唱快。”以是知君子之泽，百世不斩。彭，恺之子，韦式吏，颇知文章。余尝为作哀辞。字大年。

查苏轼与王彭交游，在嘉祐末年(1061～1063)凤翔签判任上，故王彭为言“说三分”的情况恰在仁宗朝内的西夏前线。[54]苏门弟子张耒《明道杂志》亦说：

> 京师有富家子，少孤专财，群无赖百方诱导之。而此子甚好看弄影戏，每弄至“斩关羽”，辄为之泣下，嘱弄者缓之。一日弄者曰：“云长古猛将，今斩之，其鬼或能祟，请既斩而祭之。”此子闻甚喜，弄者乃求酒肉之费。此子出银器数十，至日斩罢，大陈饮食如祭者，群无赖聚享之，乃白此子，请遂散此器。此子不敢逆，于是共分焉。旧闻此事不信，近见有类似是事，聊记之，以发异日之笑。[55]

说明自北宋仁宗朝至徽宗朝，“说三分”早已形成“尊刘贬曹”倾向，关羽还受到特别的同情。“旧闻”不信、“近见”方知二语，证实此种现象并非孤例。

“说话”艺术在南宋又有长足发展，主要表现在三个方面：

第一是经过“靖康耻”和仓皇南渡以后，国破家残之恨、兵火爇焚之烬、故国黍离之思，南渡文士总结历史和评议时局，与说话之教化倾向及警世功能颇有共鸣，特别强调了价值判断具有的特殊艺术感召力：

> 说国贼怀奸从佞，遣愚夫等辈生嗔；
> 说忠臣负屈衔冤，铁心肠也须下泪。
> 讲鬼怪，令羽士心寒胆战；
> 论闺怨，遣佳人绿惨红愁。
> 说人头厮挺，令羽士快心；
> 言两阵对圆，使雄夫壮志；

谈吕相青云得路，遣才人着意群书；

演霜林白日升天，教隐士如初学道；

噇发迹话，使寒士发愤；

讲负心底，令奸汉包羞。[56]

即罗烨以为说话人责任在于“讲论只凭三寸舌，秤评天下浅与深”。“讲论”即“演”，“秤评”者“义”也。又言“讲历代年载兴废，记英雄岁月文武”。“英雄”一语，揭示蕴含有明晰的价值判断；“兴废”二字，则标示历史演进之因果链环。故“讲”说者“演”也，“英雄”“兴废”者“义”也，从而形成了“演义”一体，为“讲史平话”的新潮流派。[57]

第二个特点是由于南宋平民教育普及，而能经科举步入仕途者毕竟有限，所以很多儒士加入说话人行列。同时由于司马光编年体的《资治通鉴》突破了正史纪传体叙述，将历史因果链记述分明，更容易据此编纂故事，铺叙人物，把理学史观及其价值判断注入民间讲唱。这就是《醉翁谈录》记叙的：

也说黄巢拨乱天下，也说赵正激恼京师。

说征战有刘项争雄，论机谋有孙庞斗智。

新话说张、韩、刘、岳，史书讲晋、宋、齐、梁。

《三国志》诸葛亮雄才，收西夏说狄青大略。

第三个特点是“说话”演出场所已由集市庙会的“赶场”短篇，发展为专用演出场所“勾栏”的连续性长篇。也就是集叙事讲论于一体。罗烨《醉翁谈录》说：

举断模按，师表规模，靠敷演令看官清耳。只凭三寸舌，褒贬是非；略咽万余言，讲论古今。说收拾，寻常有百万套；谈话头，动辄是数千回……讲论处不滞搭、不絮烦；敷演处有规模，有收拾。冷淡处提掇得有家数，热闹处敷衍得越长久。

敷衍提掇，始成长话。盖讲史非长篇不能叙明前因后果，彰显扬善惩恶，且有商业上之莫大利益，故绝不能等闲视之，古今同理。即今日肥皂之“电视连续剧”，所以不惮时论讥评，观众厌烦，皆以灌水抻拉，“水多和面，面多和水”，刺刺不休为无上法门、秘籍宝典者，亦为此也。[58]史载南宋临安艺人能长期不转场，亦非日换短篇话本，而必得提掇敷演，讲说长篇才能坚持。

正是在这样的环境下，《三国志》人物描述及《资治通鉴》三国故事，受到书会才人的特别青睐，由宋入元，代有创建，为后世《三国志通俗演义》成书不断积累素材。

民间增益事迹

宋金元时人们在铺叙三国故事的同时，也开始专为关羽敷衍故事，这与《三国志平话》和三国戏曲似非同一源头。今解州常平村关羽祖庙犹存一座金代瘗塔，相传为关羽母亲投井处，上嵌金大定十七年（1177）铭碑，明言：

> 关圣于灵帝光和二年己未，愤以嫉邪，杀豪伯而奔。圣父母显忠，遂赴舍井而身殁。至中平元年甲子，里人为帝有扶汉兴列之举，遂建塔井上。

《山右石刻丛编》收载有一篇金人所作《汉关大王祖宅塔记》，自称“本庄社人”“直下封村柳园社王兴立石”，[59]可以视为民间为关羽托言“前传”及籍里的早期资料。颇疑“下封村”应为常平村（里）之旧名，且“封”“冯”谐音，后世民间关羽传说中，也有关羽本姓冯，因杀人避仇逃他乡，过关隘盘查时，随口指“关”为姓的说法。[60]这也是现存文献中关羽家世民间传说的初始阶段。

约在元大德到至大年间（1297～1308），当阳已有儒生在慨叹关羽“事机垂成，祸生于所，忽乃守其志，终始不回，卓然为汉忠臣，独见称于后世，庙食玉泉，至今不绝”的同时，开始在官方支持下探索典籍，访求

山西运城常平村关公故里祖庙之瘗塔。当地传说为青年关公怒斩地方豪强，亡命他乡，父母皆投故宅井内身亡。金大定十七年修建，清代两次重修。

传闻，系统编纂关羽事迹，裒集成册，取名《关王事迹》（又名《新编关王实录》）。[61]胡琦将关羽祖系、生平年谱、身后灵异，到历代封赠、碑记、题咏等，汇刊一处，为系统铺叙虚构关羽事迹奠定了基础。此外，《关王实录》又加入了几通符合理学观念之"关羽书札"，以白其"降汉不降曹"之曲折委屈。钱锺书曾留意到关羽书札问题，他在《管锥编》内引用《三上张翼德书》讨论其真伪，及其在明代士大夫中的流播问题时说：

> 关羽文无只字存者，而周亮工《书影》卷一〇云："关云长《三上张翼德书》云：'操之诡计百端，非羽智缚，安有今日？将军罪羽，是不知羽也！羽不缘社稷倾危，仁兄无俦，则以三尺剑报将军，使羽异日无愧于黄壤间也。三上翼德将军，死罪死罪！'右此帖米南宫书，吴中翰彬收得之；焦弱侯太史请摹刻正阳门关帝庙，中翰秘不示人，乃令邓刺史文明以意临之，刻诸石。不知米南宫当日从何得此文也。"一题一书之为近世庸劣人伪托，与汉魏手笔悬绝，稍解文词风格者到眼即辨，无俟考据，亦不屑刺讥。[62]

则伪托关羽书札是否宋儒为始作俑者？姑志质疑。还有一个细节值得注意。按《三国志》及其他史传皆称张飞表字"益德"，而至治本《三国志平话》和元代三国戏曲则均称"翼德"，胡琦此书亦作"翼德"。揣想改名本意，或许是以张飞为辅"翼"刘玄"德"之肱股干臣。最初当然是儒士做的手脚，但也见出与民间小说平话的互动影响。

宋元有关三国的"说话"情况，端赖现存日本的元代至治年间（1321～1323）福建建安虞氏刊本《全相三国志平话》得窥一斑。该刊图文并茂，文字还保留着质朴简略的话本特点，叙事亦与"据史演义"颇有差距，表现出浓烈的民间传播气息。元人戏曲小说互动性很强，很多人物故事究竟是先出自小说还是先出自戏曲，也还难以说清，但至少知道两者的转换性既强且快。或者文士刚刚搬演成剧，书会才人马上演为说部；或者小说甫一敷衍成篇，杂剧立刻粉墨登场。后世作为关公形象的一些特殊标志，如容貌、服饰以及"形象组合"的青龙刀、赤兔马，随侍关平、周仓，都先后出现在这一时期的戏剧小说描写中。

“汉人格萨尔王”

三国故事演进历史可述甚多，学术界关怀者也甚众，雅不欲复述所以，陷入“同构”。故另辟蹊径，以蒙藏著名史诗《格萨尔王传》和汉语词话本《花关索》为例，另行探讨。

关公故事在唐宋已经开始流传，元代的关公戏剧与小说平话愈加流行。此为常识，不劳分证。而元代开始传播的《格萨尔（Gesar）（蒙古史诗称为格斯尔 Geser）》，是在西藏、蒙古以及中亚地区广泛流传的一部口传史诗，《花关索》则是明初汉民族地区刊行的一个词话本。看上去两者可谓“风马牛，不相及”，只有一个共同点，就是同样形成于大约 14 世纪。如从传说学角度思考，展现出来的却是另外一个学术视野。

花关索自称是关羽第三子，其间的承袭关系简明清晰。而将关公与格萨尔王联系在一起，也由来有自。但关公信仰及其传说是否影响过格萨尔史诗，或者说格萨尔史诗中是否存在关公形象的影子？似乎还没有专文论及。本章拟由关公被称为“汉人格萨尔”的现象谈起，逐次涉及《格萨尔王传》中格萨尔的兄长甲擦的形象特征和角色设置，最后引出《花关索》唱本与蒙古史诗《格萨尔》的相似，进而探索这个奇特孤兀的唱本及傩戏，与蒙藏民族史诗产生的时代、地域的相关性问题。

需要申明的是，鉴于《格萨尔王》系口传文学，千百年来在西藏、蒙古各地的传播中虽有传承共同性的一面，但也与世界各地各民族所有口传文学一样，变异性和随意性也很明显。此为专学，笔者只是管窥蠡测，以期引起学界关注，而非擅自作结，静候方家续论。

著名德国学者海西希（Walther Heissig，1913 ~ 2005）曾认为，在中国的边疆少数民族地区：

> 关帝被当作战神，而过去早就有人把喇嘛教中的格萨尔汗当成了此神。他们作为战神，在肖像方面的相似性是不言而喻的。因此在边防地区的关帝庙中，把伟大的关圣帝当成关氏家族神圣的格萨尔汗，这完全符合嘉庆和道光时代的宗教民族融合政策……稍后不久，关帝

的神祇不仅仅被当成了战神，而且还被说成是格萨尔汗。[63]

李福清也介绍说：

在18世纪中关羽崇拜在蒙古族流行较广。1772年（乾隆三十七年）在俄罗斯工作的德国学者P. S. Pallas在西伯利亚旅行时，参观俄罗斯Kjakhta（恰克图）及对面的（属于清朝中国）买卖城时，也参观了那里的关帝庙（大概是北部最远的关帝庙）。当地的蒙古人告诉他，这就是格斯尔庙。这证明在蒙古人之间关帝形象很快与蒙古崇拜的藏蒙两族民间史诗最伟大的英雄Geser汗（格斯尔或藏语发音格萨尔Gesar）合起来了。[64]

台湾学者王明珂也注意到：

在当今或近代蒙古族与满洲人的"边缘族群"中，并非没有假借汉人祖先或神的例子：如部分东部蒙古部族近代以来一直有"满洲公主嫁来蒙古所携山东卫士后裔"之说；又如在内蒙古南部流传的关公与格萨尔（"藏族"史诗英雄）述事及其混合。这些又需要对近代汉、藏、蒙、满民俗文献作些研究，以及在相关地区作民族志田野调查。[65]

但是李福清列举材料尽出清代，复自设疑言"未知元朝亡后，明时蒙古人怎么崇拜关羽"。笔者认为可由藏、蒙两族共有的长篇史诗《格萨尔王》中探索。简单而言，理由有四：

一是年代相关性，据介绍，"关于这部史诗的产生，一般认为是自十一世纪以来，在藏族古老的神话、传说、故事、歌谣、谚语等民间文学的基础上，由人民群众集体创作而成；另有认为应当产生于十三世纪或更晚时间的观点。"[66]而作为下限的十三世纪，正是蒙古大军横扫亚欧大陆，八思巴活跃于蒙古宫廷，萨迦教派亦频繁往来汉藏地区之时。

二是故事由来发展与宋元间关羽故事演变契合。《格萨尔王》略谓藏民民不聊生，"请求天界梵天王派一位神子下凡来治理人间，解救百姓。梵天王答应了这一请求，派自己的三儿子担负了这一使命。"并先后战胜了魔、霍尔、姜国和门国，是为"著名的'四大降魔史'，亦是史书主要的，最为精彩的部分"。按密教中的"梵天王"原即毗沙门，其"三儿子"哪吒已经在道教中成为关羽的部将。[67]而"伏魔"正是密宗"梵天王"或忽必烈时代关羽神职的主要功能。

值得指出的是，在宋末元初《大宋宣和遗事》中出现了为了护卫解州盐池，在龙虎山张天师的召请下，关公率领阴兵大战蚩尤的传说以后，《格萨尔王传》也有与姜国争斗，又名《保卫盐海》的故事。大意说姜国国王萨旦受到黑魔神蛊惑，为了“夺取饮食调味的最佳品”，不惜纠集各路妖魔，发动战争，妄图侵占属于格萨尔岭国所有的“盐海”：

> 在被黑山阴影笼罩的角落里，那黑海中的波浪正翻腾。惊雷般的猛将白登格布，老妖魔吉吾托格，毒人拉乌斯斯等，是率领龙王部队的头领，赶快集合水妖兵。[68]

其间反复多次，两败俱伤，而护佑格萨尔的“白梵天王”降下预言说：

> 屈拉长官身穿金铠甲，明天要来闯营需防备。
> 这人智勇谁也难匹敌，当心岭军人马会失利。
> 无论派谁去同屈拉战，当心性命落在他手里。
> 要以赤兔神马为队首，列阵一方英勇去迎击。
> 行动由我梵天来运筹，争取这次战争夺胜利。
> 目前对他只用软办法，九年后如何对付全由你。[69]

“金铠甲”之说，或许就是蚩尤“五兵”的演化。赤兔神马一度被姜军大将屈拉夺走。但最后在白梵天王等天神的帮助下，姜国落得战将丧生，元凶丢首，以失败告终，萨旦王也死于格萨尔之手。这段史诗虽有唐代史实作为依托，但也留下宋人解州盐池传说“关公斩蚩尤”的浓重痕迹。或者可作另一种“双向互动”的假设：即《格萨尔王传》早期史诗有关内容曾在元初传入内地，道教曾据以丰富自己的传说。

第三也最重要的，就是《格萨尔王传》中对于格萨尔同父异母兄长甲擦夏尕尔（亦作“甲擦”“嘉察”“贾察”“奔巴王”等）形象的塑造。目前关于《格萨尔王传》与关公渊源的探索，差不多都集中在格萨尔本人身上。他们同为梵天王化身或其子[70]，都有南征北战的勋劳以及护佑众生的功能，尤其坐骑都是神奇的赤兔马（枣骝马）等等，都有几分形似神似处，但笔者以为，更值得进一步考探的还是《格萨尔》中他那具有汉族血统的兄长甲擦。

甲擦是汉妃所生，“在介绍自己来历时，反复提到自己是大汉皇帝一外甥，他的坐骑、宝刀均来自汉地，并以这种亲缘关系而骄傲和自豪。”这正是唐代以来藏汉“甥舅”之好的传统表述。而单单夸耀他宝刀之锋利，就用去了七十行诗：

> 我这柄“雅西噶彻”宝刀，是中华皇帝的传家宝；
> 是大自在天的命根铁，铁匠之神多吉勒巴锻造。
> 用魔鬼的黑血淬火，用毒蛇的毒汁打磨；
> 宝刀的刀柄是什么？蓝天大鹏的犄角。
> 请看宝刀的刀头，滚滚黑云压城堡；
> 请看宝刀的护手，喇嘛头戴莲花帽。
> 请看宝刀的刀背，像羊卓雍湖的波浪；
> 请看宝刀的刀面，像冰凝大地的寒光。
> 抽出我的“雅西噶彻”，如闪电劈开茫茫黑夜；
> 插上我的“雅西噶彻”，如流星消失在蔚蓝虚空。
> 我挥动宝刀扑向敌群，像霹雳击碎座座崖峰；
> 我的宝刀“雅西噶彻”啊，你的威名天神也震惊……[71]

类同元杂剧《关大王独赴单刀会》《关大王单刀劈四寇》一类对于青龙偃月刀的铺陈夸叙。甲擦生性刚烈威猛，忠信诚义，具有“万人敌”的声名，出入敌阵如入无人之境。他能一箭射穿九个木人，出入战场时白衣白马。白帐王发兵之前，霍尔国有一女预言家曾说，将有千名武士在单骑白人白马的手下丧生，此单骑之将便是指甲擦。果然，甲擦怀着对霍尔的仇恨，闯进了白帐王大营，砍断了敌营的旗杆，杀死了一批敌人，还赶回了一批战马。虽然作为指挥全军的大将，单独出击是考虑不周的，但是却使霍尔人从此如惊弓之鸟。这究竟是不是当年关云长“匹马刺颜良”的遗意呢？

《格萨尔王传》之《霍岭大战》是迄今所见到的汉译本中规模最大、文学价值最高的分部本。内有十数场大规模的战斗，塑造了数十个有性格的人物和精灵的形象，已有各种不同的整理本约七十万字，代表《格萨尔》艺术成就所达到的高度。而《甲擦捐躯》又是《霍岭大战》最动人的篇章之一。

现存《格萨尔》中的甲擦之死有着不同版本，但都是说因出内奸晁通勾结外敌所致。而他在保卫岭国，抵抗霍尔偷袭时，把兄弟的重托、岭国的荣誉看得比自己的生命还重。一种说法是：

当甲擦追赶他（按指霍尔大将梅乳孜）的时候，因为彼此各事其主，无法相让，梅乳孜只好避免交手，拍马奔驰而去。不幸甲擦因连日鏖战，人困马乏，当他欲跃马刺杀时，马不但未猛扑向前，却后退了数步，一个闪失，甲擦摔下了马，恰恰头部撞在梅乳孜的矛尖上。梅乳孜大惊失色，深有负罪之感，泪如泉涌，他说："我一心向往着雄狮大王的事业，谁知把坏事做到了奔巴王身上！你们岭国部队一味逞强，太不知节制，把我奔巴一生的愿望都毁了！"甲擦却含笑迎接死神，死得从容而又壮烈，使全岭国都沉浸在哀恸中！[72]

死于马失前蹄。而在另一种版本中，他却死于敌将的背信弃义和暗算：

嘉察一边往前狂奔，一边对坐下的白背马说："白背马呀白背马，今天上阵用着你。跃过悬崖翻石山，四蹄要像走平地；跳过大江和大河，就像水里金眼鱼；本领如同白雄鹰，跑路赛过闪电疾；今日我去杀仇敌，杀敌伙伴只有你；我俩闯进霍尔营，杀得他翻天又覆地；马儿马儿你听真，今天真正用着你，捍卫国土在此刻，冲锋陷阵要胜利。"

白背马懂得主人的言语，跑得四蹄生风，如空中的闪电。不知跑了多久，嘉察看见了，白背马也看见了霍尔那漫山遍野的兵马，那如丛林密布的刀枪。嘉察不顾一切地冲入霍尔的阵营，白缨刀左挥右砍，杀得霍尔兵血肉横飞；霹雳箭四射，射得霍尔兵滚翻在地。霍尔兵马顿时大乱，哭爹喊娘，四散奔逃。压后阵的辛巴梅乳泽一见嘉察狠命追来，只觉大事不好。硬拼的话，自己恐怕不是他的对手；要是不把他杀退，岭国的各路兵马一到，霍尔兵再退就难了。梅乳泽眉头一皱，想出一个主意。

梅乳泽骑着马跃出营来，站在一箭地之外对嘉察唱道："嘉察协噶呵，请你不要苦苦追赶。今天正巧是十五日，白帐王正在守月圆。他守月圆是行好，不杀不打结善缘。手指缠上白绸子，绸子上边贴封签。各种戒律都做好，守戒不动杀人刀。若是杀人把戒犯，天诛地灭不宽饶。我俩今天别真打，做个游戏玩一遭。"

嘉察一听，信以为真，便站在那里，不再追赶。“梅乳泽，你是霍尔的大辛巴，抢我们王妃不应该。霍岭两国要想罢战，除非交回我们的珠牡王妃和珍宝物品。”见嘉察没有再追赶的意思，梅乳泽高兴了：“大英雄嘉察，两国的事我们先不管，我俩今天比比武艺，若你胜我负，我自去向我们大王说，把珠牡和珍宝还给你们；若你负我胜，就请大英雄自动回岭国！”嘉察一听，点头答应了。辛巴梅乳泽提出先比箭，再比刀。嘉察连想都没想，立即抽出雕翎箭，搭在弓上，唱道：“辛巴梅乳泽你听着，要论比武我不示弱。你的战马我不射，射马的必要不太多；你的花鞍我不射，射鞍的必要不太多；辛巴的铁甲我不射，射铁甲的必要不太多；马鞍上的辛巴我不射，射死人的必要不太多；你头上的铁盔我不射，射铁盔的必要不太多；我要把你盔缨作箭靶，让你的盔缨往下落。”

唱罢，一箭射去，正中梅乳泽的铁盔缨，把它射得飞上了天。那利箭却闪着光，打了个旋，又飞回到嘉察的箭筒里。辛巴梅乳泽吓得变了神色，心中暗想：都说格萨尔厉害，这个嘉察也真够得上是大英雄，如今不除掉他，是走不脱的了。可惜呀嘉察，可怜呀大英雄，你就要做我的箭下鬼了，可这并不是我的本意呵！只因你苦苦追赶，霍、岭两国都不得安生，今天只好如此！想着，梅乳泽满面笑容地唱道：“你是好汉是朋友，讲仁讲义信用多。我往上不向青天射，射着日月有罪过；我中间不向太空射，射死雄鹰也难过；我往下不向大地射，射坏白莲花造孽多；我要射你头上的白盔缨，我的箭百发百中没有错。”

一箭出手，正中嘉察前额，嘉察疼得万箭钻心。但是，英雄并没有倒下去，他挺直身子，抽出腰刀，一夹马肚子，直冲霍尔阵营。辛巴梅乳泽早就躲了起来。嘉察左突右杀，杀死了不知多少霍尔人马。最后，英雄终于倒下了。

可怜嘉察协噶，格萨尔大王的兄长，岭国的栋梁，举世无双的英雄好汉，竟死于诡计之中。[73]

除了戏剧小说影响之外，不同民族，不同时代民间说唱艺人依据自身经历想象而敷衍改创的成分无疑起着主要作用，所以不同版本格萨尔故事描述甲擦之死也有不同。但从中仍然不难窥见当年关羽北伐襄樊、水淹七军、威震华夏之时，却突然遭遇孙吴偷袭，最后西附刘封时在临沮为潘璋所杀的经历。

正像关羽生前事迹在他整个传说故事中只占据小部分一样，甲擦死后的显圣故事也继续在格萨尔传说中发挥着重要作用，这在整部史诗中都显得孤兀特出。云南与纳西族有渊源的一种版本中，叙及岭国勇将旦玛寻求贾察帮助时，是这样描述的：

> 这时，旦玛想起了天母的预言，知道贾察灵魂的化身将要显灵。他一心想见到贾察，便兴高采烈地向前走去。这时，在东方天际，现出了各种犹如虹光一样的彩云。云缝中放射出黄金、白银、红铜和冰珠石发出的四种光芒。空中纷纷飘着五瓣花雨，隐约传来各种仙乐的声音。旦玛抬头向仙乐传来的地方看去，只见彩云中，显现出一座像白水晶堆成的宝塔，宝塔顶上露出了贾察的一半身影。只见贾察肩上挂着宝弓，手中挥着生前舅舅汉族皇帝赐给的那把“雅司尕缠”宝刀，面如十五皓月一般，容光焕发，带着微笑，两眼俯视着大地，看着旦玛。旦玛这时因见到贾察，心中无比高兴，他在似梦非梦感觉中，连忙像在雪地上滑倒了一般，连连向贾察叩头。这时贾察对着旦玛，以“面语消愁”的动听曲调唱道。

描绘的景象充满着庙宇祭祀的辉煌，和鼓乐戏剧的灿烂。毋庸置疑的是，这里的贾察只能“现形”，却已不能“助阵”来帮助自己的崇拜者，分明已是一个逝去英雄的形象。这正是宋元儒家祭祀中出现的关羽形象。这是否意味着藏、蒙民族初始接受的这个形象已经是个亡灵，仿佛《哈姆雷特》中他那死去的父亲呢？更重要的是贾察的垂训：

> 罪魁祸首霍尔白帐王，结果脖颈背上马鞍子。
> 最后大王刀下超生去，终于实现心意夺胜利。
> 英雄旦玛不必发脾气，怒气冲冲没有任何益。
> 一定要把暴躁脾气改，朋友之间不能伤和气。
> 霞鲁我十三岁那年起，作为军官率队抗强敌。
> 由于脾气不好性子暴，招致血洒荒郊身首离。
> 旦玛暴躁脾气定要改，他人教训应该牢牢记。

如果真的想念我贾察，我的吩咐你要牢牢记。[74]

贾察自言之“由于脾气不好性子暴，招致血洒荒郊身首离”，分明就是宋元小说戏曲观念中关羽所以会“荆州归天”的缘由。他所以“显灵”而不像佛教神祇那样能够随时“现身”，恐怕也是格于儒学信仰的限制。

但是在藏区流传的格萨尔故事中，在格萨尔远征伽地，受到伽域王子毒日梅巴魔力侵害最困难的时候，甲擦亡魂就直接披挂上阵，所向披靡了。此后嘉察屡经战阵，披坚执锐，且因他的亡灵系彩虹所化，刀不能分，毒不能侵，颠扑不破，故能所向无敌。连破隆纳巴姜、哈日梅巴、森格扎堆、尼玛赤尊、毒日梅巴及伽域王等，格萨尔因得以将伽域宝库一一开启，搬运一空：

从此，魔王当道的伽域，升起了善业的太阳。

嘉察完成了下界的使命，乘彩虹而去。王子扎拉虽想与父同去，无奈肉身难变，只得跪倒在地，请父亲的在天之灵保佑自己，保佑岭国百姓，保佑岭国的降魔大业早日完成，他父子能在天界相会。[75]

接下来的故事是格萨尔地狱救母，然后返升天界。走前——

格萨尔一一嘱咐儿孙辈的孩子们，要多做好事，多行善事，尊敬父母，要能听智者之言，不要听信坏人的谎言等等。然后，把王子扎拉叫到座前，对他说：

“孩子呵，你是嘉察的儿子，像你父亲这样的男子汉，世人中间难找寻。你要学习父亲，好好报答父母的养育之恩。现在我把岭国的国事托给你，把国王的宝座交给你，把岭地的百姓交给你。你要保持贤父的良规，保持我雄狮王的国法，对百姓要和气，不要把公众的财物据为己有，不要轻信闲言碎语。俗语说：‘如果武器常磨拭，战神自然会助你；若要马儿跑得快，全在平时细心喂。’叔叔的这些话你一定要牢记。”[76]

史诗的这种继位安排很有意思。按照《西藏王统记》或者《西藏王臣记》叙述，历代藏王传位亦为父子相传，活佛转世则须另选他门。格萨尔兄弟三人，为什么偏偏传给具有汉族血统的侄儿？或者正是世俗世界与宗教世界里刘备、关羽关系的错位——甲擦既是格萨尔世俗世界的忠心辅臣，其子又是格萨尔在神话世界里的继承者。

蒙古族地区流传的《格斯尔》中同样也有甲擦形象。有研究者认为：

> 哲萨希格尔（或扎萨希格尔）是格斯尔的哥哥，在藏文《格萨尔》中称甲擦协尕尔，同是藏文 rgya-tsha-zhal-dkar 一词的汉文音译。甲擦协尕尔据说是汉女所生，故称他为 rgya-tsha，即汉人的外甥。协尕尔 zhal-dkar 是白脸的意思。[77]

还有一事值得注意。1947 年青海互助县沙塘川天主教堂的德国传教士施罗德从教他土族（即白蒙古）语的朵家学生那里，得知当地民间艺人贡布会唱长篇唱诗《格萨尔》，便把贡布从小羊圈请去，在甘家堡天主堡天主教堂里说唱。1948 年这一份《格萨尔王传》记录稿在德国发表。其中涉及格萨尔与汉族神话传说的关系部分，施罗德有着自己独特的见解：

> 在蒙古尔文版本中，格萨尔的形象表现出强烈的中国神话学的影响，施罗德的保护人依夫拉老人和说唱艺人本人都将格萨尔比做中国的古代英雄二郎……如果对照格萨尔和二郎，便可举出一系列安多地区的蒙古尔人的和汉人的民间流传的两个故事人物的相似性……如果二郎很晚才在中国神话里出现，并首先在西部地区受人崇拜，那么差不多可以认为神话人物二郎出自格萨尔传说的藏语地区。更为久远的传说——格萨尔这个形象，或者替他安排的各种活动情节——不可断定。格萨尔传说可能将所有神话集中到了一个人物身上。完全可以想象，在中国和在西藏地区都有相同的传说题材，例如：射日、天狗、降服河流等，在中国，这些神话产生了各种英雄，如射日神话里有羿，治水的李冰，而在西藏却只有一位英雄——格萨尔。[78]

这是格萨尔史诗在不同时代、不同地域、不同民族中的另一种错综。请注意，二郎神和关公形象历来关系密切，笔者曾有专文探及宋代以来的二郎神崇拜。[79] 而灌口二郎在西南、西北民族地区形象的丰富性和解读的歧异性，也许更应该被视作不同民族之间宗教及民间传说双向，甚至多向长期互动的结果。但格萨尔与灌口二郎影像的重叠，毕竟给我们以相当充裕的想象空间。

“花关索”与蒙古时代随军演唱

关索是关公崇拜的一个特殊支派。至于这个形象何时出现，为何出现，始终笼罩着一层迷雾，几成专学。在《伽蓝天尊》一书里，笔者曾探讨唐五代“关三郎”传说与关公崇拜的关系。而在宋金之际以“关索”为绰号甚或名字的人士忽然很多，其中既有军官、盗寇，亦有江湖艺人。论者已经关注到这个问题，余嘉锡先生尝言：

> 宋人之以“关索”为名号者，凡十余人，不惟有男，而且有女矣。其不可考者尚当有之。盖凡绰号皆取之街谈巷语，此必宋时民间盛传关索之武勇，为武夫健儿所忻慕，故纷纷取以为号。龚圣与作赞，即就其绰号立意，此乃文章家擒题之法，何足以证古来真有关索其人哉。观宋人多名“赛关索”，知《水浒传》作“病关索”者，非也。[80]

周绍良先生却独具慧眼。以为：

> 从记载来看，宋代这么多人把他装点在自己的绰号中间，就地理来看，很多地方用他的名字作地名，那么我们可以相信，这绝不是简单的。虽然关索之名不见于历史书籍，可是绝不是到宋代才有的，它可能有一段在民间流传的长久历史。我很怀疑它是由迷信演变过来的。[81]

宋代究竟有无关索话本，已不能确考，但老友欧阳健举宋元话本《清平山堂话本·西湖三塔记》中之言为证：

> “是时宋孝宗淳熙年间（1174 ~ 1189），临安府涌金门有一人，是岳相公麾下统制官，姓奚，人皆呼为奚统制”之句，当为南宋人口气。词话叙宣赞被娘娘留住半月有余，有数个力士拥一人至面前。词话形容那人的“眉疏目秀，气爽神清”，道：“如三国内马超，似淮甸内关索，似西川活观音，岳殿上炳灵公。”词话以马超、关索、活观音、炳灵公来形容那后生，四人当中，观音、炳灵公原本就是神仙，马超、关索则是人杰，后来亦当归神。耐人寻味的是以“三国内马超”与“淮甸内关索”相对举，则关索非三国名人可知。若他确是关羽之子，又有绝大本事，就更有理由称为“三国内关索”；不称“三国内关索”

而称“淮甸内关索”，限定了他活动的地域（淮甸为今日江苏淮安淮阴一带）。[82]

唐宋人声口里何谓“淮甸”，读者当能自行检索。欧阳兄论说稍嫌啰嗦，但结论却毫不含糊，证实当时的“关索”传说尚未与三国关羽发生任何联系。而在元代至治年间所刊《三国志平话》中叙述诸葛亮南征时，只有“关索诈败”突兀一句，没有明晰人物和情节。万历年间《三国志传》始出现“关索认父”片断故事，但此缘何来，仍然令研究者摸不着头脑。

自从1967年成化戊戌（1478）本《新编全相说唱足本花关索出身传等四种》中，包括《新编全相说唱足本花关索出身传》《新编全相说唱足本花关索认父传》《新编足本花关索下西川传续集》《新编全相说唱足本花关索贬云南传》在上海嘉定出土，[83]海内外学人始发现关索的人物故事又展现出一条全新的脉络。说唱本大略为：刘、关、张在武成王（姜子牙）庙结义，因刘备怕二人有家小牵连，恐生悔意。关、张遂决心互杀家小以自誓。但张飞禁不起关平哀求，留在身边。关夫人胡金定因孕逃至娘家，生下一子，后因观灯被人拐与索员外为子。索又将他送至丘衢山班石洞花岳先生门下习武，此子遂以三家之姓，名为“花关索”。关索艺成回至外家，杀退贼人，成为统帅，惟缺一副宝甲。闻得鲍家庄鲍王有赤龙鳞甲，兴兵夺取。鲍王之女鲍三娘武艺超群，曾扬言如有胜她者，愿许之为妻。关索比武胜之，得到妻子、宝甲。认父之后与关羽同守荆州。关羽被东吴吕蒙、陆逊所害。关索曾先后下西川，征云南，为报父仇活捉吕蒙、陆逊，并将出卖关羽的糜竺、糜芳，一齐杀死以祭关、张之灵。刘备后来忧闷而死，诸葛亮亦回卧龙岗隐居不出，关索气死，鲍三娘回山继续称王。

语言鄙俚，叙事不经，一望可知。此中主要故事、关键人物不但与《三国志》史实、地理无关，且与元代文人所撰三国戏文甚至至治本《三国志平话》都了不相干。[84]何以至此？中外研究者见仁见智，各抒己见，争论激烈。但绝大多数都是围绕版本问题，如“罗贯中原本是否有关于花关索人物故事”而引发的，兹不赘。

此外，花关索故事里充满着血腥屠杀。比如破廉旬一战，“刀砍头头昏落地，枪刀衣甲火纷纷（纷纷）。低处恹恹流下血，死尸伴（绊）倒阵前人。三千娄罗（喽啰）被刀了，尽作南柯梦里人。”为了强调与关张报仇，词话本还大段铺叙关羽死后，花关索为报复吴人对荆州实行的屠城：

［攒十字］北斗看，星辰光，光如日中；

朱雀飞，玄武走，难□营门。

白旗暗，月旗□，天无光；

天又昏，地又暗，地暗昏沉。

马走人，人个个，斗争一命；

授旗枪，打罗古（锣鼓），多□逃生。

刀斫马，马中刀，刀伤马背；

枪枪人，人中枪，枪透人心。

开山斧，斫头三，刀出火焰；

铁棱角，鞍马足，马喊斯（嘶）声。

使弓，弓上箭，箭如雨点；

九稍炮，起万炮，炮发流星。

金头王，艮（银）头王，抓钩搭住；

千户伤，万户伤，死作冤魂。

杀场上，剁人头，人头乱衮（滚）；

杀吴王，军马败，尽散烟尘。

走到扬子江边去，两下儿郎没走门。

前头走的江中死，后面行人刀下亡。

荆州成（城）下横尸躺，扬子江中血水流……

座了荆州城一座，杀尽吴王断了人。

荆州成（城）里金和宝，犒赏儿郎来出兵。[85]

只从“炮发流星”一语，即知绝非描述三国事，倒像是蒙古军队在为报仇而实施的“屠城”。这段描述显然也与《关张双赴西蜀梦》中铺叙刘备、孔明咬牙切齿的唱段相似。关汉卿以刘备、诸葛亮与关张幽灵生死悬隔的角度，描述英雄男儿间的思念之苦，如第一折刘备所唱【油葫芦】描述听到关张噩耗之后的心急如焚：

每日家作念煞关云长、张翼德，委得俺宣限急。西川途路受受驱驰。

每日知他过几重深谷。不曾行十里平田地，恨征驼四只蹄。不这般插翅般急，踊虎躯纵彻黄金辔，果然道心急马行迟。

其报仇雪恨之心，也表述到咬牙切齿的程度：

【尾】："杀的那东吴家死尸骸堰住江心水，下溜投林流着血汁。我交的茜茜蓑衣满染的赤，变作了通江狮子毛衣。杀的他憨血淋漓，交吴越托推，一霎儿番为做太湖鬼。青鸦鸦岸儿，黄壤壤田地，马蹄儿踏作捣椒泥。"[86]

第二折诸葛亮【牧羊关】，亦有：

我直交金破震腥人胆，土雨湔的日无光。马蹄儿踏碎金陵府，鞭梢儿蘸干扬子江。

在能征惯战的蒙元世侯听来，恐怕别有一番动情之处。这类声口显然并不符合历史上的刘备、诸葛亮的形象和思想，却非常投合元代将帅快意恩仇，铁骑遍踏的武功和心理。盖缘《多桑蒙古史》言成吉思汗曾云：

人生最大之乐，即在胜敌逐敌，夺其所有，见其最亲之人以泪洗面，乘其马，纳其妻女也。[87]

此曲正是体现了蒙古黄金贵族秉承成吉思汗复仇征伐的原则。更加匪夷所思的是，同一批词话中的《新编说唱全相石郎驸马传》竟以五代后唐皇后、长公主一次口角纠纷为由，铺叙三关总兵、驸马石敬瑭带兵包围京师，斩杀皇后，逼宫登基的一段故事：

点起五方人和马，都是刚强惯战人。

老者不过三十岁，少者二十正当年。

见说厮杀能喜欢，听得看经骨也寒。

打人不雇（顾）老和少，杀人不管故和亲。

风起要放连天炮，月里轮（抡）刀要杀人。[88]

其荒诞无稽固不俟言。尤为骇怪的是属下官兵参与征战，绝无是非、正义可言，倒像极蒙元"佥军"制度下征发之壮丁随军掠夺的心理。

《花关索》与《格萨尔传》

前些年有人在完全没有弄清楚这批词话本丛书所以出现的时代背景，即贸然以“文化阐释”名义解读《花关索》词话，充满着对于后世《三国志演义》价值指向的诡异“颠覆”。如有人认为花关索故事“完全违背中国人古往今来一体禀遵的‘孝’的道德观念。过去历来认为孝道是上下各色人等一无例外都不敢公开声言违背的，而游民意识之强烈竟能达到与正统意识完全对立的地步，也使我大吃一惊。”因而“其在文化上的价值（正统的文史学家或许会称之为‘负面价值’）实在并不亚于长沙马王堆出土的帛书。”[89]还有学人径视“刘关张等人互杀妻小”的情节为“被《三国志》和《三国演义》‘忽略’的细节”，是“令人震惊的酷语公案。[90]或以此证实《三国志演义》价值观念之不实，暗示刘关张其实‘不仁不义’。”[91]温和一些的观点，也认为关索在关羽拒绝认亲后，所言：“看你今朝哪里去？如何不认自家人？好生今日认儿子，做个遮枪付剑人。若是言声爷不认，横山落草做强人。投了六国曹丞相，领其干戈动战争。来打兴刘铁脚寨，拿捉官员五虎人。”是民间话语对宋明理学“尊亲”伦理的“背叛”或者“颠覆”。[92]其实这些说法都是对《花关索》故事的来龙去脉毫无考证的信口之论，当不得真。

德国人，蒙古学家海西希（Walther Heissig）曾将蒙古英雄史诗的结构归纳为十四个大类，每一大类下面又分为一至三个层次。每个层次又分若干细节，共计三百一十八个不同层次的题目。被认为是目前国际传说学不同划分方式中“较符合史诗客观情况的”。[93]正因如此，他在《1478年明朝中文小说中的蒙古英雄史诗母题》中，特意将说唱本《花关索出身传》与蒙古史诗进行的比较，就更有续探价值了。[94]考虑到这个奇特唱本刊刻的时间，距离至正二十八年元顺帝远飏漠北（1368）不过百余年，如果把花关索故事与元代多民族混一时代的蒙古口传文学，以及格萨尔史诗作为“多元共生”现象联系起来看，或许能生发出另一层意义。

海西希在《花关索》与“蒙古史诗”之间，胪列了十四个这样的相关“母题（motif）”：

a. 出生时没有父亲；

b. 作为一个弃儿的童年生活；

c. 注定随道士学道；

d. 用一棵连根拔起的树作武器击退劫匪；

e. 寻找离去的父亲；

f. 凭胎记母子相认；

g. 战斗和英雄业绩；

h. 与新娘的战斗；

i. 将十二个劫匪收归门下；

j. 有超凡能力的助手；

k. 水中寻宝剑；

l. 夫、妇、子意外相聚；

m. 神奇的箭；

n. 从腿上割肉为关羽充饥。

由此贯穿起来一个“弃儿”及其流浪、学艺，获宝、战斗、成婚、认亲以及复仇的“成长”主题和“英雄”故事。海西希认为：

> 可以推测这是对当时蒙古连绵不断的战争、打猎和旅行商队状况的一种反映。
>
> 在卫拉特蒙古史诗《江格尔》中，英雄在少年时代就是一个可怜的孤儿。在《格斯尔》中，英雄也将自己看作是一个孤儿。尽管最伟大的统治者成吉思汗没有被称作孤儿的记载，但在古老的《蒙古秘史》中描述了年轻时候的铁木真（后来的成吉思汗）在失去父亲后的贫困，受迫害，流离失所，最后成为一个伟大君主的过程。

从这个角度审视《格萨尔王》，会发现它也同样遵循着大体相似的叙事模式。以降边嘉措译本《格萨尔王传》为例，第四回中“晁通设计陷害觉如”和第五回“遵旨意觉如假被逐”及“郭姆、觉如母子放逐”，就相当于海西希分类中的“英雄的弃儿童年（Mot.L112.2）”；觉如用珠牡送他的黄金辔头“如意珠”和黄金后秋“愿成就”降服烈马，夺得赛马冠军，也相当于“英雄的武装（Mot.4.8:）”及“备鞍等战斗准备（Mot. 6.2.2:）”。而至于珠牡形象，则近于海西希所言：

> （鲍）三娘在战斗中主要目的是保护她的父亲和兄弟，相似的还有在蒙古史诗，英雄故事及《格斯尔可汗传》系列中出现的“乐于助人的姐姐”形象。由蒙古文《格斯尔可汗传》故事改编而来，并由巴林说书艺人罗布桑演唱，于1984年记录的文本中，叙述格斯尔可汗如何成功经过三次考验之后，得到龙王的女儿诺尔苏格玛。在这一文本中，格斯尔可汗的妻子的形象并不是其他较为经典的蒙古格斯尔故事中的格斯尔可汗的配偶——阿日鲁高娃。

而“验婚”与“赛马”母题在蒙古史诗中的意义，则有蒙古族学人九月《蒙古英雄史诗考验婚研究》[95]、乌日古木勒《蒙古—突厥史诗英雄与骏马同时诞生母题的比较研究》[96]等专门研究。

其余如《格萨尔王传》中“降服五头妖秦恩”等可归入“将十二个劫匪收归门下”，听从白梵天王旨意去“东方查姆寺修学大力降魔法”类似“注定随道士学道”，而甲擦无疑就是他“具有超凡能力的助手”，“森伦与觉如相认”近于“寻找离去的父亲”。至于格萨尔的“九万良友箭”，更是神奇无比，屡现神效。海西希认为：

> 神箭的母题（Mot.D1601.4），当英雄喊到“射”的一刹那，具有魔力的神箭就如人所愿，射中敌人的要害。这些在蒙古文学作品中都有体现。我至少可以从十三部蒙古史诗中找出十八个例子，这一情节在神话中也曾出现。在西藏《格萨尔王传》中也可读到此类情节。

由于《格萨尔》是跨越藏、蒙、土、裕固等多民族甚至中亚更加广大地带的口传文学，其间随时代、民族和地域影响而发生的变异不可避免，因此将《花关索》列出母题与《格萨尔》一一比对，是一项相当艰巨的任务。海西希也说：

> 确定主题的起源时间和主题的线索几乎是不可能的。但是1478年《花关索传》的出版年代，却为确定中国叙事文学中何时融入了蒙古口头叙事传统提供了线索，并且可以据此确定在当时是否已运用了蒙古叙事主题。这种比较研究是必须的，而且任务是艰巨的。

如果我们注意到《花关索出身传》四种的上图下文的版式与元代平话

本相同，它们与同时出土的其他词话本的文字特点都是以唱词为主，间有说白。唱词多为七字句，穿插一些攒十字的段落。语言俚俗，错别字多，说明这些词话出自民间艺人之手，还被认为是后世“弹词”的开创之作。这与采集到的《格萨尔》及其他蒙、藏史诗的情况相同或者相似。这又启发我们可能开辟一条新思路：在元代民族—宗教大混一的社会状态下，汉、蒙、藏等民族各自的说唱史书有无交流、影响甚至包容的机会？而在明代以后又依据各自民族不同的经历、情感继续发展演进，从而形成不同的内容、风格特点来？或者换个方式说：蒙、藏民族进入中原以后，也曾模仿汉族佛教在中唐以后平民化传播，用艺人讲唱的方式书写各自民族的英雄及其事迹，曾经有过一段相互交流融合的阶段。明代以后则分道扬镳，从而形成了《格斯尔》《格萨尔》和《花关索》等类型人物和传说？[97]

愿举一例，以便类推：云南是今存傩戏“关索戏”最为盛行的地区之一，玉溪市澄江小屯“关索戏”的表演尤其引人注目。[98]但两宋都市开封、临安盛行的“关索崇拜”之时尚习俗，何以竟会穿越时空，出现在古称“边鄙之地”的云南一隅？就不得不从忽必烈征云南开始言说。

话说当年蒙古大军征云南大理国，走的是历史上从未经历过的奇险艰卓行军路线。据程文海撰《世祖皇帝平云南碑》载，忽必烈于宪宗二年（1252）“秋九月出师，冬十二月济河。明年春历盐、夏，四月出萧关，驻六盘。八月绝洮，逾吐蕃。十月渡大渡河，十一月渡泸，十二月薄其都城。”其军队“经吐蕃、曼陀，涉大泸水，入不毛瘴喘沮泽之乡，深林盲壑，绝崖狭溪，马相縻以颠死，万里而至大理。归由来途，前行者雪行三尺，后至及丈，峻阪踏冰为梯，卫士多徒行，有远至千里外者。”[99]而忽必烈所以舍近求远选择这条迂曲路线，除了兵法所谓“出其不意”之外，还因为“吐蕃”早已纳入蒙古帝国治下，这就是久处中原，昧于边事的战将不能想象也不屑为之的。而金、元特有“佥军”兵制，即征发平民随军征战，类于后世“壮丁”。[100]故随从蒙古大军征滇的，不但有姚枢、刘时中等北地汉人儒臣世侯，也有契丹、女真等被征服的北方民族（即元代别于南宋“南人”之北地“汉人”）。对此北京大学刘浦江有专论，从现代民族学角度有所论述。其中谈到关索戏流行的安徽也有女真族、党项族的后人，可以参看。[101]

云南大学古永继还进一步论述了平定大理国以后，还陆续有“遣戍者，有蒙古军、探马赤军（诸部族及色目军）、汉军（北方汉民军）、新附军（新归附南宋军）”开赴此地。故明代景泰《云南图经志书》卷一言：“云南土著之民，不独僰人（白族）而已，有曰‘白罗罗’（彝族），曰‘达达’（蒙古族），曰‘色目’（主要为回族），及四方之为商贾、军旅、移徙曰‘汉人’者，杂处焉。”[102]惟独没有探及当年大军既已“绝洮，逾吐蕃”，有无藏兵随从入滇，是一憾焉。而今日雄踞滇西北高峻雄奇地带迪庆州的康巴藏族，究竟是“自古有之”，还是夤何因缘扩展至此？似乎也鲜有道及者。

庞琳《元代入藏驿道考述》则从一特殊角度，论及忽必烈征云南之“南线”及中原经青海之“北线”两条入藏通道的锁钥，实为“吐蕃等路宣慰使司都元帅府”的治所——今日甘孜州的德格。[103]这与前述德格土司家族记载是吻合的。换句话说，德格作为蒙、藏及汉族经济文化交流中心的地位，实已在元代形成，顺理成章也成为随军征战的各民族说唱文学的交汇集散之地。其地所以有若许格萨尔遗存、故事，以致有足够信心自诩为“格萨尔故乡”的原因之一，或者正缘于此。

按《花关索认父传》里有一段描述“大国丞相曹操”为刘备一行设筵，“上有辽王下辽王，江南吕高天子”，“鼓乐喧天，生哥作舞，路歧祗应”。又言，“酒饮半酣食午后，曹公当下便开言。杂扮路（伎）歧都不要，只舞青锋刃一根。”分明是元人宴飨作乐之风。按“路歧”“祗应”和“杂扮”都是宋金元时代技艺演员的名称。南宋《武林旧事》说：

> 或有路歧，不入勾栏，只要在宽阔之处作场者，谓之“打野呵”。

即街头卖艺之人。他们经常选择教场附近空地表演，似乎特别受到军人的喜欢，南宋《西湖老人繁盛录》说：

> 十三军大教场、教弈军教场、后军教场、南仓内、前杈子里、贡院前、佑圣观前宽阔所在，扑赏并路歧人在内作场。

“祗应”则指官府出钱雇募民间艺人、伎人表演，如宋元话本《单符郎全州佳偶》言：

> 原来宋朝有这个规矩，凡在籍娼户，谓之官妓，官府有公私筵宴，听凭点名，唤来祗应。

而“杂扮”是指正戏演完后加演插科打诨的段子，大都扮演没有进城见过世面的乡下人闹的笑话。[104]

这些蛛丝马迹，都表明《花关索》词话中留下元代社会风俗的印记。正因为远离大都、中原繁华的都市城镇，不能享用专业艺人搬演杂剧之花团锦簇，急管繁弦。在边陲兵营蒙汉达官贵人的长夜宴筵，也只能由半专业或业余说唱者，自编、改编本民族故事人物，而后各自独立传承发展。

是否可以这样大胆猜想：在元代征战边陲的岁月中，多民族混合组成的军队中，汉民族采撷武勇之关索，配合元代的关公信仰，附会为关羽之三子征蛮，太行群雄随行的传说；而蒙、藏当初或许也有各自英雄的独立传说，经过宗教合一的途径，历经明、清，合而融汇为《格萨尔》(《格斯尔》或《江格尔》)史诗。从文艺规律上说，元代说唱艺术在不同民族中的发生、发展、交融，形成各自不同的人物故事和说唱形式。

亦如清代八旗官兵远征四夷，军营文化生活寂寥，遂发展为自编自唱自娱的“子弟书”“太平鼓词”“清音”等迄今犹存之独立曲艺品种。清初出征，八旗子弟曾采用俗曲、巫歌等曲调，填词演唱。乾隆时名将阿桂有平准部、定回部、扫金川、靖甘肃之功，传说其率部凯旋时，军士即用八角鼓击节，演唱俗曲以颂武功。又传说军士乘骑入京，以鞭击镫，边行边唱“天下太平”，谓为太平歌词，京城为之轰动，后以此形成以八角鼓伴奏的说唱形式“八旗子弟书”。八角鼓为满族乐器，传说由八旗八位首领各献一块好木料镶嵌而成。李镛在顾琳《书词绪论》序中说：

> 辛亥夏（乾隆五十六年）旋都门，得闻所谓子弟书者。

《天咫偶闻》则言：

> 旧日鼓词有所谓子弟书者，始轫于八旗子弟。

故有“太平歌词子弟书，开篇妙语似连珠。单弦牌曲八角鼓，风送时调满京都”之咏。道理是一样的。

注释：

[1]李福清《关羽肖像初谈》一文载台湾国立历史博物馆《历史文物（季刊）》第四卷第四期（1994年10月）及第五卷第一期（1995年4月）。著者持赠，谨志谢忱。此前还有德人 M. L. Dve《黑城的两幅版画（gravjury iz Hara-Hoto）》，Soobscenija Gosudarstvennogo Ermitazha，1967 vol.28）论及。我曾有专文《金代关羽神像考释》与李福清商榷，载香港《岭南大学学报》复刊第一期，1999年10月出版。

[2]巴蜀书社排印本《元刊全相平话五种校注》，1990年2月版，第417、422页。又写刘封征南郡，有韩国忠“身长一丈，环眼髯长，使柄大刀”，亦称“胡汉”（第458页）。

[3]《旧唐书》卷六二《李锜传》：“以胡、奚杂类虬髯者为一将，名曰‘藩落健儿’。”

[4]《乾隆解梁关帝志》卷一，山西人民出版社，1992年，第5页。

[5]张飞之“燕颔虎须”，盖亦有自。《后汉书·班超传》：“相者指曰：‘生燕颔虎须，飞而食肉，此万里侯相也。’又后世相术另有说法，谢肇淛《五杂俎》卷五《人部一》云：“崔琰须长四尺。王育、刘渊，皆三尺。渊子曜长至五尺。谢灵运须垂至地。关羽、胡天渊，髯皆数尺。国朝石亨、张敬修，髯皆过膝。然相法曰：‘须长过发，名为倒挂，必主兵厄。’验之，往往奇中。”以须长为凶灾之相，则显为后起附会之说，不足深论。

[6]出《王氏见闻》。参《管锥编》第二册，第751页。

[7]张氏《可书》，转引自《东轩笔录》附录二，中华书局1983年版，第190页。文中“荆公”指王安石（1021～1086），字介甫，江西临川人。“潞公”指文彦博（1006～1097），字宽夫，汾州介休（今属山西）人。可见北宋时“眼下有卧蚕”已为富贵之像。

[8]王圻父子《三才图会》身体七卷“书格”提供明万历刊本。

[9]“三密”为口诵真言咒语（语密），手结印契（身密，即运用手势和身体的姿势）、心作观想（意密）。密宗以为“三密”与诸佛之身口意相印，即可成佛。

[10]顾炎武《日知录集释》卷二十八“对襟衣”条：“赵宧光云：半臂衣也。武士谓之蔽甲，方俗谓之披袄，小者曰背子。《魏书·杨阜传》：阜尝见明帝著帽，披缥绫半袖，问帝曰：此于礼何法服也？则当时已有此制。”可知这种试样亦来自

胡服。（河北人民出版社排印本，下册第 1241 页）按魏明帝曹睿是喜欢在服饰上标新立异之人，《晋书》志十五《舆服》言："魏明帝以公卿衮衣黼黻之饰，拟于至尊，多所减损，始制天子服刺绣文，公卿服织成文……后汉以来，天子之冕前后旒用真白玉珠。魏明帝好妇人之饰，改以珊瑚珠。"

[11]《中国雕塑史图录》，上海人民美术出版社，1990 年 10 月出版，第四册，图 1862。

[12] 王熙祥、曾德仁《四川夹江千佛岩摩崖造像》。

[13] 影印稿本《宋会要辑稿》礼二〇之二九。按南宋与金沿河分治，当阳犹在宋境之内，可能是造成陷金汉民对于关平形象不够了解的原因。

[14]《三国演义会评本》第 353 页，北京大学出版社 1986 年出版。蒙辑校者陈曦锺持赠，谨志谢忱。

[15] 陈寅恪《唐人小说（汪辟疆校录）批注·虬髯客》，载《中国古籍研究》第一卷，上海古籍出版社 1996 年 8 月出版。汪氏注曰："小说（寅恪按：今《南部新书》有太宗虬须事）亦辨人言太宗虬须，须可挂角弓，是虬须乃太宗矣，而谓虬须授李靖以资，使佐太宗，可见其戏语也。（寅恪按：戏语恐非，以无所用其戏也。但大昌疑虬髯即指太宗，却有意义。可知宋人亦有疑此者矣。……《南部新书》："太宗文皇帝，虬须上可挂一弓。"《酉阳杂俎》："太宗虬须，常戏张挂弓矢。"）

[16] 笔者另有《宋代的二郎神崇拜》分述此题，载中国社会科学院《世界宗教研究》2003 年第二期。有兴趣者可以检索。

[17] 罗文系为刘靖之《关汉卿三国故事杂剧研究》所作之绪言。

[18]《古今图书集成·神异典·神像部》"艺文"二。"题关帝像"当为清人所拟。

[19] 承李福清提供大塚秀高《剑神的故事——关羽を中心として》（载日本《埼玉大学纪要》32 卷第二号，1996 年出版），该文专门讨论了关羽及其他历史人物刀剑传说的问题，收集分析了大量资料，惟未提戏曲。另于剑器与道教之联系，亦未涉及。中国自春秋即有铸剑及使剑的种种传说，后来道家亦有"仗剑作法"的传统，以至后世道士在驱魔降妖活动中，例有"桃木剑"之类作为道具。这在张天师系统中尤为突出，全真教系统的武当山亦以"剑术"闻名，为武侠小说张扬所本。是否与宋代以后剑术在实战技击中功能消退有关，也是一个颇有兴味的问题。另文再论。

[20] 陶弘景为南梁时著名道士，其观点应与裴松之注所代表的南朝士人略同，所以特别褒重关羽。

[21] 冯俊杰主编《山西戏曲碑刻辑考》，中华书局 2002 年出版，第 18 页。

[22] 沈伯俊、谭良啸主编之《三国演义辞典》（巴蜀书社 1989 年 6 月版，蒙编撰者赠书，谨志高谊）批注“青龙偃月刀”时，认为是“刀上铸刻有龙的长柄大刀”，但如宋图及金像所示，实系柄刀衔接处龙口衔刀，刀口有环，环上饰璎珞。这种衔接方式虽然美观但却未必实用，也是视为仪仗用器的原因。又明人《三才图会·器用》卷六言：“关王偃月刀，刀势即大，其三十六刀法，兵仗遇之，无不屈者。刀类中以此为第一。”显然是后世附会，因人设法。

[23] 孟元老《东京梦华录》，北京：中国商业出版社，1982 年出版，第 48 页。

[24] 孟元老《东京梦华录》，北京：中国商业出版社，1982 年出版，第 68 页。

[25]《建炎以来系年要录》卷八一。

[26]《三朝北盟会编》卷二〇一，《建炎以来系年要录》卷一三六附注亦载，但署名“郭乔年”。又邓广铭《有关拐子马的诸问题的考释》（载《邓广铭治史丛稿》，北京大学出版社 1997 年 6 月初版）中探讨了一个有趣的问题，即宋金战争中拐子马的使用及破阵之法。他引证朱熹后来两次谈到顺昌战役，一次是强调“持斧出，令只掀起虏骑，斫断马脚”（《朱子语类》卷一三二）。而在稍后的另一次谈话中，却强调“但闻多遣轻锐之卒，以大刀斫马足。每折马一足，则和人皆扑，又有相蹂躏者。”于此已足证后人乐道前事每好踵事增华，则当时说话艺人之伎俩亦与朱子相类耳。

[27]《建炎以来系年要录》卷一三九。

[28] 载《余嘉锡论学杂著》，中华书局版。

[29]《李贺诗全集》卷四。

[30] 有说北京地安门西白马关庙“始建于前燕（335~369），历代重修，至明英宗时始命今名”。（http://www.bjcx.cn.net/jdsy/zjhd/d18.htm）其实并不确切。刘侗《帝都景物略》卷之三曾记叙：“成祖北征本雅失里，经阔滦海至斡难河，军前每见沙蒙雾霭中，有神前我军驱，其巾袍刀仗，貌色髯影，果然关公也。独所跨马白。”（北京古籍出版社 1980 年重印本，第 97 页）按本雅失里为蒙古部鞑靼汗王，因杀明使臣郭骥，永乐八年（1410）朱棣率兵 50 万讨之。以和议息兵，后为瓦剌汗袭杀，但其余部阿鲁台对明疆的侵袭终永乐之世未能阻止。此说显为明廷后期传闻，可忽略不计。孙承泽《天府广记》卷之九则谓“京师谓之白马庙，盖隋之旧基也”。（北京古籍出版社 1982 年，第 101 页）

[31]《笔记小说大观》本，第 1 页。

[32]《管锥编》第二册第 814 ~ 815 页。

[33]《四库提要》介绍说，鲁贞字起元，自号桐山老农。开化人。“生当

元末明初，是集中文作于元者，皆题至正年号，其入明以后，惟题甲子，有栗里抗节之思焉。”称赞他“人品既高，胸怀夷旷，一切尘容俗状，无由入其笔端。故称臆而谈，自饶清韵。譬诸深山幽谷，老柏苍松，虽不中绳规，而天然有出尘之意，其故正不载文字间矣。”

［34］《湖海新闻夷坚续志后集》（北京：中华书局，1986年）卷二，第214页。又稿本《宋会要辑稿》礼二〇之一六一亦有“周将军庙”条，为常州宜兴县祀三国时吴鄱阳太守周鲂之子，注谓“旧号平西将军处”，“绍兴七年正月赐庙额‘英烈’，九年封忠勇侯，二十六年二月加封忠勇仁惠侯。”妻子封谥亦无关，故不赘。

［35］据《明史》“文苑”二本传：储巏字静夫，泰州人。九岁能属文。成化十九年乡试，明年会试皆第一。授南京考功主事。历郎中、太仆寺卿。正德二年改左佥都御史，总督南京粮储。召为户部右侍郎，寻转左，督仓场，所至宿弊尽厘。刘瑾用事，数陵侮大臣，独敬巏，称为先生。巏愤其所为，引疾求去。瑾败，以故官召，辞不赴。后起南京户部左侍郎，就改吏部，卒官。嘉靖初，赐谥文懿。

［36］《古今图书集成·神异典》卷三十七《关圣帝君》。

［37］《文献通考·舆地四》述扬州谓：“元祐初，领淮南东路兵马钤辖，中兴后本路安抚及两淮制置司。”泰州、真州俱其所属。

［38］景定为宋理宗赵昀(1225～1264年在位)的第八个年号，元年为1260年，与下文“理宗改封八字王号”显有不合。疑应为嘉定元年，即1208年。嘉定六年为1213年。且张大猷此文写于绍定六年（1233），不应词及四十年后之事。

［39］转引自吕宗力、栾保群《中国民间诸神》辛编《五显》，增订版第540～541页。作者持赠，谨志高谊。

［40］《〈周仓考〉补正》，原载江苏社会科学院《明清小说研究》2003年第2期。

［41］《嘉靖徽州府志》卷五，第43～44页。又此段后复有缀言：“按《旧志》，宋胡太史升云：‘唐开元初，五显神降于清化旧县之长林，乡人立祠像以乞灵，水旱疾疫，祷之皆应。升童时尚见小碑记载其事，因婺源与德兴争祖庙，辇之去。以此观之，则《祖殿灵应集》所载王瑜立庙之由，不可据矣。姑存之以俟识者。”笔者2002年5月曾专程往婺源、德兴两县寻访五显神庙遗存，惜其躬逢盛世，城宇一新。旧庙已了无痕迹，当地干部居民亦浑然不知，与当年两县争抢五显神的盛况不啻云泥。

［42］唐永淳元年(682)分富阳置新城县，宋代仍之，如神宗熙宁六年苏轼游历，有《往富阳、新城，李节推先行三日，留风水洞见待》和《新城道中二首》等诗。后仍归富阳，县治今称富阳市新登镇。渌渚古镇邻近桐庐，仍然存在。

［43］《嘉靖徽州府志》卷五，第48页。

[44] 中华书局影印本《古今图书集成·神异典》，第493册，第48页。海宁以钱塘观潮擅名天下，为明清南北查氏发祥之地，金庸即生长于斯。笔者于2002年9月亲往海宁追踪此线索，当地仍有周王庙镇，即“周宣灵王”，但已不在审山，为当地周氏聚居地。惜乡里文化界人士对此已毫无所知，庙亦毁坏无存。

[45]《插图本中国通俗小说史》第三册。

[46]《太和正音谱》，载《中国古典戏曲论述集成》第三册，第24页。

[47] 简称《单刀劈四寇》，作者不详。剧中人物均出自《三国志平话》之中，但情节却系《平话》所无。今存脉望馆抄校本和《孤本元明杂剧》本。

[48] 此剧为无名氏著，今存脉望馆抄校本和《孤本元明杂剧》本。民间传说亦有“关公斩子”，但难以断定孰为先后。

[49] 明清以后昆班中仍有《斩貂》一剧。

[50] 张之中《队戏、院本与杂剧的兴起》，《中华戏曲》第三辑，第156页。

[51] 学者注释《迎神赛社礼节传簿四十曲宫调》以为“《关公斩妖》疑即《关公破蚩尤》”（《中华戏曲》第三辑第83页）。笔者不同意此说。理由有二，一是传簿中同一戏目不应有两种不同名目，此亦不应视为孤例；二是元杂剧本有无名氏作《关大王三捉红衣怪》（已佚），或即其戏。

[52] 北京：中国商业出版社校点本。

[53]元至治本《三国志平话》叙因果事与此类同，惟叙述较简，观念更加模糊。如只交代“交曹操占得天时，囚其献帝，杀伏皇后报仇。江东孙权占得地利，十山九水。刘备占得人和。刘备索取关、张之勇，却无谋略之人。”“交仲相生在阳间，复姓司马，字仲达，三国并收，独霸天下。”倒仿佛欧阳修的“帝晋”观。这个故事框架还进入了至治本的《五代史平话》，韩信依然托生曹操，不过彭越是做孙权，刘备则另是陈豨，完善了两汉始终的因果关系。明人曾竞相演为传奇，有《愤司马》《小江东》《大转轮》等名目。理学不能接受这种说法，故自嘉靖壬午《三国志通俗演义》起，就完全删去了这段情节。清人索性名之《三国因》，甚至造出《反三国》的小说来，后话不表。

[54] 王彭为宋初勋臣王全斌曾孙，与苏轼交游时任凤翔监府诸军。详参《东坡全集》卷九十一《王大年哀词》。

[55]《梦粱录》卷二十云：“弄影戏者，元汴京初以素纸雕簇，自后人巧工精，以羊皮雕形，用以彩色妆饰，不致损坏。杭城有贾四郎、王升、王闰卿等。熟于摆布，立讲无差。其话本与讲史书者颇同，大抵真假相半，公忠者雕以正貌，奸邪者刻之丑形，盖亦寓褒贬于其间耳。”则影戏、说话两相影响，一本而两用。

[56] 罗烨《醉翁谈录·小说开辟》。

[57] 笔者多年以前曾有小文辨析这类“据史演传”的正名问题。参《〈三国演义〉还是〈三国志演义〉？》署名萧为，载1984年3月27日《光明日报》。

[58] 台湾中央大学康来新《发迹变泰——宋人小说学论》（台北：大安出版社1996年）第八章《城市论述中的时间感受》曾分证过这个论题。不妨参看。承著者赠书，谨志谢意。

[59] 胡聘之《山右石刻丛编》二十一卷，清刊本第153～158页。

[60] 参《坚瓠集》秘集卷三“指关为姓”条。梁章钜《归田琐记》亦有“指关为姓”一条，略谓民间传说关羽本不是“红脸关公”，他姓冯名贤字长生，为打抱不平在公堂上杀死熊虎及袒护恶霸的县令，亡命在外。逃至潼关，官府画影图形缉拿，过潼关时“随口指关为姓，后遂不易”。戏剧《关公出世》本此搬演。显然是据《三国志》本传开首“亡命奔涿郡”敷衍而来，但又要解释何以籍里会在“冯村”的缘故。又关公“名羽，字云长，一字长生，关其氏也”一语也见于泰定三年（1326）吴律为大都所撰《汉义勇武安王祠记》，拓片中国国家图书馆索取号“北京320”。

[61] 今存明成化七年张宁刻本、明嘉靖刻本及明万历刻本，中国国家图书馆有藏本。明嘉靖年间吕柟在此基础上重新编刻，成《义勇武安王集》六卷。清顺治末钱谦益又取胡、吕二书次第刊定，厘为八篇，即《本传考》《故事考》《谱系考》《坟庙考》《封爵考》《神迹考》《正俗考》《艺文考》，依旧称《义勇武安王集》。此外万之蘅《汉关侯事迹汇编》、周广业《关帝事迹征信编》、卢湛《关圣帝君圣迹图志》等则多踵继钱氏之编。

[62]《管锥编》第三册《全上古三代秦汉六朝文》九五《全三国文》六〇。按文中提及的周亮影为清初学者；米南宫为米芾，北宋末年著名书画家；吴中翰为吴彬，晚明书画家。焦弱侯为焦竑，晚明状元，学者；邓文明为晚明书画家。

[63]（德）海西希著，耿昇译《西藏和蒙古的宗教》。天津古籍出版社1989年出版。

[64] 李福清《关公传说与关帝崇拜》，辑入《古典小说与传说——李福清汉学论集》，中华书局2003年出版，第97页。著者持赠，谨志谢意。

[65]《论攀附：近代炎黄子孙国族建构的古代基础》注⑲。

[66] 本章介绍《格萨尔》内容，凡未另行注明引文出处者，均转自中国社会科学院文学研究所、少数民族文学研究所联合编著之《中华文学通史》第三卷，华夏出版社（北京）1998年出版。

[67]《今乐考证》著录阙名元杂剧《二郎神射锁魔镜》，已谈到哪吒为清源

妙道真君赵昱之弟，并与他一起擒获了黑风山的牛魔王。而《正统道藏》卷二六〇《酆都朗灵关元帅秘法》中则称赵昱为关羽部将，职责仍然是降妖伏魔。

[68] 徐国琼、王晓松全译本《格萨尔王传·姜国大战》，中国藏学出版社1991年，第10页。文本据其在云南德钦、中甸、维西和丽江等地采录。据该书《前言》，弗兰西斯的《西藏拉丁字典》对“姜”一词解释说：“‘姜’是个部族和地区的名字，其在云南省的西北部，首邑是三赕或丽江府。”并有历史上藏人与周边民族争夺盐池的相关史料介绍，可以参看。

[69] 同上，第781页。

[70] 有文章介绍说：“在藏文《格萨尔》里说他是天上‘白梵天王’的三个儿子中最小的儿子，名叫顿珠采尔保。在蒙文《格斯尔》里说他是天神‘好日禾斯塔’（汉译称‘玉皇大帝’）三个儿子中最小的儿子，名叫顿琼嘎尔布（蒙语称维勒布图格其）。”（http：//post.baidu.com/f？ kz=60741333）

[71] 廖东凡《雪域西藏风情录》（十六），西藏人民出版社1999年出版。注明此段诗行是作者与藏族学者唐本·次多合作翻译的。

[72]《中国少数民族英雄史诗》编者潜明兹，中国国际广播出版社2011年7月。

[73] 降边嘉措等译《格萨尔王全传》第十六回《巧施诡计晁通通敌误中暗箭嘉察捐躯》。

[74] 徐国琼等译本《格萨尔王传·姜国大战》，第255～257页。

[75] 同上第59回《伽域国君臣遭杀戮 永固城宝库被开取》。

[76] 降边嘉措等译本第66回《托后事扎拉继王位 携王妃雄狮返天界》。

[77] 王兴先《藏族、蒙族〈格萨尔王传〉的关系及所谓“同源分流”问题》，中国西藏信息中心（http：//www.tibetinfor.com.cn/wenxue/wenxu2002412133731.htm）。

[78]（德）瓦尔特·海希西《〈多米尼克·施罗德与史诗《格萨尔》〉序及导言》，赵振权翻译。《格萨尔研究》集刊第1、2期。

[79]《宋代的二郎神崇拜》，《世界宗教研究》2003年第二期；《二郎神、川主与李冰子》，《成都社会科学》2005年第一期。

[80]《宋江三十六人考实》，载《余嘉锡论学杂著》，中华书局（北京）1963年出版。

[81]《关索考》，原载《周叔弢先生六十大寿纪念论文集》（1950年，北京），《学林漫步》第二期转载（北京：中华书局1980年出版）。

[82] 欧阳健《关索索考》，《中华文化论坛》（成都）2005年第2期。

[83] 1967年上海嘉定县城东公社明代宣昶墓葬出土文物中，有一批明成化

七年到十四年（1471 ~ 1478）北京永顺堂刊印的说唱词话，计十六种。内容包括讲史类：《花关索出身传》《花关索认父传》《花关索下西川传》《花关索贬云南传》及《薛仁贵跨海征辽故事》《石郎驸马传》；公案类：《包待制出身传》《包龙图陈州粜米传》《仁宗认母传》《包龙图断曹国舅公案传》《包龙图断歪乌盆传》《包龙图断白虎精传》《刘都赛上元十五夜看灯传》《张文贵传》；传奇灵怪类：《开宗义富贵孝义传》《莺哥孝义传》。又南戏《新编刘知远还乡白兔记》一种。现藏上海博物馆。1973 年由上海文物保管委员会影印出版，合称《明成化刊本说唱词话丛刊》。按光绪《嘉定县志》卷十六载："宣昶字汝昭，授经乡里，治《诗》者多出其门，成化间领乡荐，选惠州府同知，补陕西西安府同知，居官以廉惠称。"此批书籍是其妻墓的随葬品。

[84] 其中"姚宾（斌）盗马"后世编入戏文。《中国京剧戏考》载录有《真假关公》（亦名《贤孝子》《姚斌盗马》），略谓曹操征云南，土司芦举御之。芦兵败，孙权与之通款，唆使往袭荆州。曹仁先攻荆州，为关羽所败。有猎户姚斌见土豪张志平欲抢李诚之女玉贞，救之，更救方雄失金之难。后避雨白云寺，得石匣及铠甲。姚母病，思食千里马肝，姚百计寻访不获。偶遇关羽帐下看马人傅万年，得悉关之赤兔马日行千里，乃往盗取，乔妆关羽拟溷出。为周仓识破，相斗；关羽见而勘问，姚斌实告，关羽喜而收归帐下。土司来攻，被关羽率姚斌等击败。较《花关索》故事有改动增益。此外北京崇文门外金鱼池曾有元代关庙称为"姚斌盗马庙"。神像威严生动，呼之欲出。关羽戎服正坐，怒色威严，逼视姚斌。姚斌袒臂赤足，头发系于柱上，但双目圆睁，威武不屈，侍将七人均虎视眈眈，赤兔马仰首长嘶。传为元代名匠刘元所塑。清人《日下旧闻》《天咫偶闻》均有记叙，1900 年庚子事变焚毁。可知花关索故事在大都之影响。成化本所以刻自北京，不为偶然。

[85] 朱一玄校点《明成化说唱词话丛刊》，中州古籍出版社 1997 年排印本，第 64 页。

[86] 吴晓铃《关汉卿戏曲集》，中国戏剧出版社 1958 年出版，上册第 51 ~ 52 页。

[87] 冯承钧译重排本，第 154 页。

[88] 冯承钧译重排本，第 154 页、第 80 页。

[89] 李慎之《发现另一个中国》，王学泰《游民文化与中国社会》序言。学苑出版社（北京）1999 年出版。作者持赠，谨致谢意。

[90] 朱大可《色语、酷语和秽语：流氓叙事的三大元素》，《南方文坛》（广州）2004 年第 1 期。

[91] 参见王学泰、李新宇著《〈水浒传〉与〈三国演义〉批判——为中国文

学经典解毒》，天津古籍出版社2004年出版。

[92]刘志琴《早熟而不成熟的思想启蒙》，《开放时代》（广州）2004年第6期。

[93]海西希《关于蒙古史诗中母题结构类型的一些看法》原载西德《亚洲研究》第68卷，1979年版。译文见中国社科院少数民族文学研究所1983年7月编印《民族文学译丛》（一）、赵丽娟译，史燕生校。评介可参徐国琼《论英雄史诗的"母题结构"及〈格萨尔〉中的"幻变母题"》，《西藏研究》1996年第4期。

[94]北京大学《东方文学研究通讯》2005年第1期，译者刘迪南、贾维、刘丽、郭西宁。

[95]中国社会科学院研究生院2001年博士论文。

[96]《内蒙古民族大学学报》（社会科学版）2005年第4期。

[97]笔者曾有《三教论衡与唐代俗讲》讨论到佛教培养专业艺僧由西天"梵呗"转讲中国历史人物善恶因缘的过程，并有系统理论及培育体系。而骈、散间杂，讲、唱相间正是其一大特色，并直接影响到宋人说话。可以参看。（原载《周绍良先生欣开九秩庆寿文集》，中华书局1997年）

[98]中国艺术研究院薛若邻对此有所研究，可参其著《关索戏》，载《中国傩戏、傩文化专辑》（上），《民俗曲艺》（台北）第69期，1991年；《关索戏和关索》，《戏曲研究》（北京）第十二辑等。

[99]碑今犹在云南大理市三月街，大德八年（1304）立，450×165cm。按程文海（1249～1318）字钜夫，歙县（今属安徽黄山市）人。以字行，《元史》有传。

[100]如忽必烈即位改元后，就曾"诏平阳、京兆两路宣抚司佥兵七千人，于延安等处守隘，以万户郑鼎、昔剌忙古带领之。贫不能应役者，官为资给。"（《元史·世祖本纪》）

[101]刘浦江《关于契丹、党项与女真遗裔问题》（《大陆杂志》96卷第6期，1998年6月）。又安徽大学王兆乾《池州傩戏与明成化本说唱词话——兼论肉傀儡》曾详尽叙及近代仍然流行的贵池傩戏《花关索》问题。按姚枢（1201～1278）字公茂，随其父家于许（今河南许昌市）。从忽必烈攻大理，咨谋军中，屡谏屠戮。后任东平宣抚使、大司农、中书左丞，出为河南行省佥事，入拜昭文馆大学士、翰林学士承旨。又刘时中名致，石州宁乡（今山西离石）人。忽必烈平定云南，"留大将兀良合台带戍守，以刘时中为宣抚使。"

[102]《元明清时期云南的外地移民》，《民族研究》2003年第2期。

[103]原载《西藏研究》（拉萨）1999年第4期。作者为青海省《交通史志》编写办公室退休人员。

[104]张庚《戏曲的起源与形成》，《中国大百科全书·戏曲卷》辞目。

第十章

跨越民族　共同虔敬

金人敬奉

前文披露金代关公《义勇武安王位》像，证实金人入主中原，也接受了关公信仰。这是一个颇有意思的现象：宋、金水火之势，何以共同崇拜关羽？我以为至少有以下几个缘由：

第一，金朝同北宋一样，把盐业作为国家财政的基石，自然会延续北宋的关公崇拜。在占领解池后，解盐“钞引则与陕西转运司同鬻，其输粟于陕西军营者，许以公牒易钞引。”其行销区域为“河东南北路、陕西东及河南南京府、陕、郑、唐、邓、嵩、汝诸州”。正是中原与南宋对峙的前沿各地。宣宗兴定四年（1220）面临宋、蒙古及西夏兵夹袭，还曾“以河中西岸解盐旧所易粟麦万七千石充关东之用。寻命解盐不得通陕西，以北方有警，河禁方急也”。可见金人犹如宋人，亦对解州池盐倚重颇深。因此宋徽宗时喧腾一时的“关公斩蚩尤”传说以及由此带来的关羽崇拜，也应当一直延续到金。元杂剧有“关羽斩蚩尤”的剧目，源于祭赛的山西运城地区的锣鼓杂剧。至今仍有该剧，据认为本属宋代村落百戏之一。[1]正因如此，关公故里民间传说开始与戏曲、话本相互作用。除前述解州常平村传为关羽母亲投井处的金代瘗塔铭碑外，还另有记载“祖塔”修建经过的碑文《汉关大王祖宅塔记》：

义勇武安王世祖解人，兴于汉灵帝中平元年甲子，辅蜀先主，佐汉立功。伏以大王勇略，天资英谋神授，尽忠义于先主，不避艰难，弃富贵于曹公，岂图爵禄？当时志气，曾分主上之忧；今日威灵，犹赐生民之福。今者本庄社人王兴将一千五十四年前祖塔重修加完葺，伏愿神灵降佑，一境之中，万事清吉，风调雨顺，国泰民安。开为纪略，记大王威德之万一。深负惶恐。大金大定十七年丁酉三月十五日，张开谨言。[2]

末署“直下封村柳园社王兴立石”。关羽纪念地俱在他乡，其父母殉身成仁的义举，无疑会加强关羽形象的完整性和亲情感，亦为“关王故里”和“关王诞辰”的新传说奠定了基础。

关羽事迹当时影响已远极他乡。元人碑记有同恕关于巩昌府（今甘肃陇西县）《关侯庙记》，记述：“相传金大定间，西兵（按指西夏）潜寇，城几不守，乃五月二十有三日，见若武安状者，率兵由此山出，贼骇异退走。随即其地而祀之。”并记述了金人设像崇奉的情况：

上焉有国，封之为武安王，庙之为义勇，为显烈；下焉郡邑乡井绘而为图，众以时享，绘而为像，字以常尊。至僧廛道聚，亦皆寓以香火。[3]

这也应当是平水金刻关像行销的市场基础。此外王恽关于河南汲县《义勇武安王祠记》中谈到的“县治即故尉司公廨，内旧有武安王祠。莫究其所始，而可见者金泰和初信武将军完颜师古重加修饬，昭默祷而答灵贶也”[4]，可知金人对新建关庙亦有热情，且不止于山右一隅。今存五个省市范围的方志碑记中，还多少留下了金人修建关庙的记述。

第二，时代及社会环境与汉末相近，而发端于北宋的“正统”之论也已在金占领地区发挥影响，关羽好读《左氏传》就受到特别赞颂。《乾隆解梁关帝志》卷三载金代田德秀《嘉泰重修庙记》[5]文，就已谈到：

昔汉火灰冷，群龙斗野。曹操以奸雄之心，挟天子以令四方，窥图神器，坐拟西伯，虽名为汉相，实为汉贼。先主以汉之宗室，禀宽厚之姿，负英雄之气，下将解黔首之倒悬，上则惧高、光之不血食也，屈体待士，冀完旧物。公于是时，意谓予曹则助贼为虐，逆也；予刘则辅正合义，顺也。于是委质于先主，如云风之从龙虎，左右御侮，周旋艰险，有死无二。及董督荆州也，降于禁，戮庞德，梁郏、陆浑，遥受印号，威声赫然，震迭华夏……于戏！士穷见节义。方曹氏势炽，炎刘力弱，事君不忘其本，见利不失其义，是岂增、布可同日论哉？……叙公之忠节休烈，亦将律天下后世之为人臣者。[6]

特别提及关羽“平昔好《春秋左氏传》”，以褒扬其“好学通古，深识远见，又有大过人者”，还应与理学北渐有关。宋、金一度南北睽隔，学术间不相交流。金朝原尚北宋“王学”，有“国初经术，祖金陵（王安石）之余波”[7]的说法。但金末理学已随宋金使者开始传播到北方，与北方原有的二程洛学传人结合起来，发生影响。晚金甚至贵族也开始习学《春秋》，金人刘祁《归潜志》卷三曰：

朮虎遂士元，先名玹，字温伯。女直纳邻猛安也。虽贵家，刻苦为诗，如寒士。喜与士大夫游。初受学于辛敬之，习《左氏春秋》，后与侯季书交，筑室商水大野中。恶衣粝食，以吟咏为事，诗益工。时余在淮阳，屡相从讲学。迨北兵入河南，被命提兵戍亳州，已而亳乱，见杀。

可以看作习《春秋》而尚“忠节休烈”的明证。

第三，金人虽然日益汉化，但北地汉人在社会大动乱之际犹思光复汉室，因而赋予关羽以特殊意义。据载，金兵占领河东时，曾下令：

今随处既归本朝，宜同风俗。亦仰削去头发，短巾，左衽。敢有违犯，即是犹怀旧国，当正典刑。不得错失，付逐处。[8]

这令后人联想到六百年后女真后人以“留发不留头”引起的江南大反抗。河东士民曾反抗割让，进行过坚决的抗金斗争。《关帝志》卷四《艺文》下辑有金国张珣《义勇行》诗曰：

忆昔天下初三分，猛将并驱谁轶群。
桓桓胆气万人敌，卧龙独许髯将军。
威吞曹瞒欲迁许，中兴当日推元勋。
惜我壮缪功不就，竟令豺兕还纷纷。
血食千年庙貌古，岁时歌舞今犹勤。
君不见
天都灵武巢未覆，抚髀常思汉寿君。[9]

此诗作者及著诗年代俱不可考。仅“竟令豺兕还纷纷”“天都灵武巢未覆”二语，可供推测其时当晚金内政外患纷乱之际，约与田德秀文相当。但本诗以“抚髀常思汉寿君”为结句，语虽不通，但其中之“汉”自具有特别的符号意义。

按“汉人”之称，虽源于“五胡乱华”，却大盛于辽、金、元之际，与“契丹”“女真”“党项”或“蒙古”“色目”等形成对举，尤其见于辽金元之典章制度，因而唤醒中原人之民族意识，证据之一如辛弃疾词《鹧鸪天·有客慨然谈功名，因追念少年时事，戏作》“燕兵夜娖银胡䩮，汉箭朝飞金仆姑”，正以“燕兵”与“汉箭”对仗。尤其是北地旧族竞相以“汉”为宗，遂有“汉寿君”这样并不规范的称呼。流播日久，以至“汉”与“寿亭侯”分离，甚至有造出此类印绶以冒充古董者。首先出现在南宋，《云麓漫笔》卷之五及《容斋四笔》卷八的有关记叙，就是此类问题开始模糊的明证。这些轶事，从另一面证实了辽、宋、金、元时期的民族冲突中，关羽崇拜亦是汉民族意识觉醒的产物。此题涉及颇多，下文专论。

我曾依据各地方志记载，对于宋金之际关庙的修建情况制作了一幅地图。图标中坐像为传唐人所建，立像为南北宋所建，头像为金人所建，以供读者观其大概。

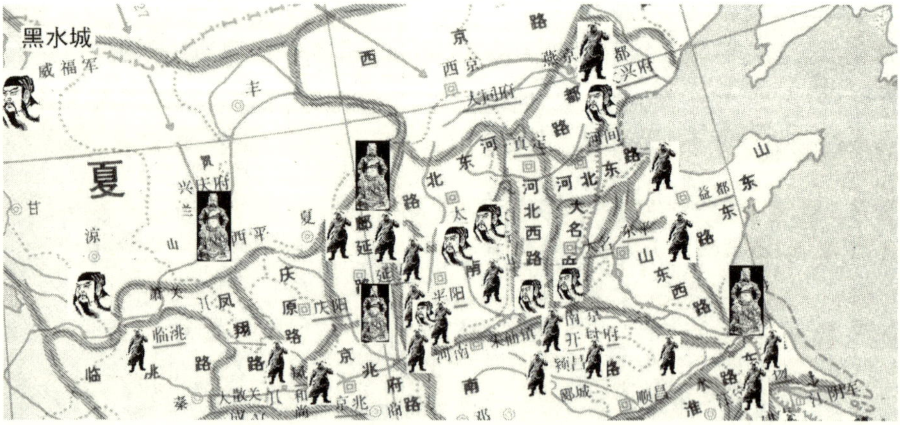

宋、金各地关王庙兴建概况

蒙人尊拜

从很多迹象看，宋代以后关庙都呈现出道家主祀，或者儒道合流，共同敬奉的现象。但《元史》中的一条孤兀特立的记载，颇令史家棘手，所以鲜有治元史或蒙古史的方家探及：

世祖至元七年（1270），以帝师八思巴之言，于大明殿御座上置白伞盖一，顶用素段，泥金书梵字于其上，谓“镇伏邪魔获安国刹”。自后每岁二月十五日，于大明殿启建白伞盖佛事，用诸色仪仗社直，迎引伞盖，周游皇城内外，云“与众生祓除不祥，导迎福祉”。岁正月十五日，宣政院同中书省奏，请先期中书奉旨移文枢密院，八卫拨伞鼓手一百二十人，殿后军甲马五百人，抬舁监坛汉关羽神轿军及杂用五百人……首尾排列三十余里。都城士女，闾阎聚观……岁以为常，谓之“游皇城”。或有因事而辍，寻复举行。夏六月中，上京亦如之。[10]

自八思巴介入蒙古皇室事务，元初宫廷法会供奉，仪典又表现出浓烈的佛教色彩。但何以会抬舁“汉关羽”为“监坛”，成为这样盛大游行的中心呢？陈寅恪认为八思巴为蒙古历史撰写的《彰所知论》于蒙古族历史及文化影响至巨：

《彰所知论》者，帝师为忽必烈太子真金所造。其书依仿《立世阿毗昙》之体，捃摭吐蕃旧译佛藏而成。于佛教之义固无所发明，然与蒙古民族以历史之新观念及方法，影响至深且久……蒙古民族其文化精神之所受于八思巴者，或转而在此不在彼，殆亦当日所不及知者欤！[11]

又在详细比较了《元朝秘史》《拉施特集史》《魏书·高车传》《北周书·异域传》及《元史·太祖纪》的“感生神话”变迁过程以后，得出了一个结论：

可知《蒙古源流》于《秘史》所追加之史层上，更增建天竺、吐蕃二重新建筑，采取并行独立之材料，列为直贯一系之事迹。换言之，即揉合数民族之神话，以为一民族之历史。故时代以愈推而愈久，事迹亦因愈演而愈繁。

陈氏复举《彰所知论》卷上《情世界品》中吐蕃王、蒙古皇帝的世系与《蒙古源流》比勘，发现《蒙古源流》记载之帝系与《元史》本纪说法的异同。其中《蒙古源流》仿照吐蕃王族与佛教结缘之托祖的写法是：

始成吉思，从北方多因国，如铁轮王。

这样的记述，分明是将成吉思汗托言为天竺战神北方毗沙门天王。前文已论及毗沙门天王战神功能已在宋代转为关羽，金人仍之。而元时毗沙门已演变为汉传佛教中的“北方多闻天王”。而据史载成吉思汗亦类关羽，非常重视孝亲、重义、守信。尤其他在“重义”方面，还有“仁义”“礼义”“通义”“情义”“侠义”等多个侧面，对此《蒙古秘史》都有故事世代相传，“并把‘忠诚信义’作为处理内部各方面关系的根本指导原则”。[12]故八思巴为忽必烈行“镇伏邪魔获安国刹”时所舁神像，或者混杂有对于成吉思汗的崇拜在内。这恐怕也是元代皇室在全中国厉行关羽崇拜的因由之一，不过不为汉传佛教、道教和汉族信众所知罢了。

蒙古战神腾格里像，原来供奉者当为成吉思汗。但从手持经幡杆的情况看，已经属于北多闻天王的变相，而与关羽像近似。现存德国海德堡波尔泰姆基金会，惜未注明年代。

这种佛教仪典后世或仍踵继，不过名目略有变化。《元史》卷二十九《泰定帝本纪一》言：

（泰定元年二月）甲子，作佛事，命僧八百人及倡优百戏，导帝师游京城。

请注意“倡优百戏”之说，说明仪典已经世俗化、演艺化，犹如民间祭赛。后来迭经演变，盛大的“游皇城”的宫廷佛事法会成为京师民间“赛关王”，由密宗虔敬繁复的佛事法会演变为汉人酬神娱人的传统“祭赛”“游神赛会”庆典。元末人著《析津志辑佚·岁时》言：

（五月端午）南北城人于是日“赛关王会”，有案，极侈丽。貂鼠局曾以白银鼠染作五色毛，缝砌成关王画一轴，盘一金龙。若鼓乐、行院，相角华丽，一出于散乐所制，宜其精也。[13]

“关王画”也许正是豪华版的唐卡。按“貂鼠局”为元代特有御前供奉之机构，[14]则“赛关王会”活动虽然减退了藏传佛教及宫廷色彩，豪华场景仍然得到宫廷支持。最大的变化是“赛关王”的日期已经由二月十五改为五月端午，更接近后世传言关公诞日的五月十三。此中因由，不可不辨。其实在忽必烈以“汉关羽”为监坛，举办盛大法事以前二十多年，被他倚为师佐的郝经已撰有一篇《重建武安王庙记》，其中谈到：

> 王讳羽，字云长，解梁人。起义于涿郡，争战于徐、兖，奔走于冀、豫，立功于江、淮，而殁于荆、楚。其英灵义烈遍天下，故所在庙祀，福善祸恶，神威赫然，人咸畏而敬之，而燕、赵、荆、楚为尤笃。郡国州县、乡邑闾井皆有庙，夏五月十有三日，秋九月十有三日，则大为祈赛，整仗盛仪，旌甲旗鼓，长刀赤骥，俨如王生。千载之下，仰慕而犹若是，况汉季之遗民乎？[15]

系年己酉，即蒙古海迷失后元年（1249）。全文立意沿袭了沁县关庙元丰宋碑和金人张珣《义勇行》的说法，尊刘反曹，兼及孙吴，并道明了当时崇关的普遍习俗。需要一提的是，后世每五月十三、九月十三作为关公春秋祈赛之日，也最先见于此碑。一些学者以其有“顺天府”字样，断为大都修建关庙，其实不然。该庙实建于今日之保定，而力主建庙之万户张公，正是由金入元，蒙古初期势力远在诸汉人世侯之上的张柔。

按郝经（1223～1275）陵川（今属山西晋城市）人。他曾在张柔家塾任教，又曾为忽必烈藩邸顾命重臣，《元史·郝经传》言：

> 宪宗二年（1252），世祖以皇弟开邸金莲川，召经，谘以经国安民之道，条上数十事，大悦，遂留王府。

尤以大局观念和儒家治术深受信任。他力谏忽必烈的两文，一是蒙哥攻蜀久不下时，上书忽必烈大胆批评蒙古用兵惟恃蛮力，而应辅之以“术”，即儒家经世济国之道，史称《东师议》；二是蒙哥死后建议忽必烈停止侵宋，立即北上争夺汗位，力言“修好于宋，归定大事”，“息兵安民，振旅而归”，史称《班师议》。[16]使忽必烈顺利夺得汗位。后来以国家草创，制度新规，方略未定，力陈经国大计，是谓《便宜新政》。在他南下出使之前，忽必烈还特意谕旨：“朕初即位，庶事草创。卿当远行，凡可辅朕者，亟以闻。”[17]

不料后来为贾似道羁留扣押十五年，忽必烈《伐宋诏》即以此为由兴兵，还朝两月后积病而逝。由于他羁宋期间坚持为忽必烈尽忠守节，被誉为“东南苏武”。他与文天祥虽然各为其主，但都尽忠守节。这样的错综荟萃一时，恰好显示出理学彰扬“节气”的南北影响，也是理学“纪纲”说趋于成熟，并转向实践的表现。

郝经服膺理学，自有家学渊源。他曾叙“高曾以上亦及（程）先生之门，以为家学。传六世至经，奉承余绪，弗敢失坠”。[18]也是朱熹《通鉴纲目》“尊刘贬曹”主张的拥护者，认为：“《通鉴》始更蜀曰汉，仍以魏纪事，而昭烈为僭伪，故（陈）寿书必改。”[19]在羁留真州期间，他还撰写了《续后汉书》九十卷，完成了欧阳修、王安石、苏轼曾经议而未行的重修《三国志》工作，犹“用朱子《纲目》义例，以昭烈为正统，魏、吴为僭伪”。在卷十六《关羽列传》中，文字较陈寿增加一倍有余，不但特意增加了“羽仪状雄伟，岳岳尚义，俨若神人”的描述，并在传后“议赞”中寄寓极为浓重的感情：

> 羽、飞从昭烈啑血起义，夙定君臣之分，期复汉室，百折兴王。阚如两虎啸风从龙，夹之以飞，雄猛震一世，号称‘万人敌’。羽报效于操，致书而去。飞瞋目横矛，而与操决。矫矫义烈，上通于天，汉于是乎不亡。及羽禽于禁，飞败张合（郃），犄角荆梁，蟠亘万里，示天下形势，贼不足平也。羽威震许、洛，权操堕胆，枭潜鼠伏，阴谋掩袭。壮哉乎！为汉家一死，无憾也。羽以死事昭烈，昭烈与飞以死报羽，君臣三人，始终不渝，共死一义，古所未有也。

对三国诸雄的赞叹轻蔑，爱憎分明。理学对于此段历史之道德评判于此一览无余，已成为后世演义《三国志》的纲目经纬。这虽然是他晚年之作，较之早年的《武安王碑》文意一贯，文笔简约，而文气却更为充沛。《四库全书》提要介绍郝氏《续后汉书》时特别赞誉其提倡忠义节烈的人、文一致。[20]

《元史》向以粗疏著称，对关羽崇拜几无记载。其实关羽崇拜不但纳入元廷国家祭祀体系，且在元代普及之广，已开明清全国崇拜的先河。《析津志》记载说：

> 武安王庙：南北二城约有廿余处，有碑者四。一在故城彰义门内

黑楼子街，有碑。自我元奉世祖皇帝诏，每月支与马匹草料，月计若干。至今有怯薛宠敬之甚。国朝常到二月望，作游皇城，建佛会，须令王监坛。一在北城羊市角，有碑二，记其灵著。一在太医院前，揭曼硕有记。一在南城阳春门东官窑厂南，有田教授所撰碑。一在开远坊，侍制赵灯撰。[21]

由此可以看出关羽崇拜的中心，实已转移到以大都为中心的北方地区。现存元代碑文中，已屡有翰林学士为之撰文者。除前述郝经、王恽、同恕、揭傒斯等名臣以外，泰定解州《修庙记》作者王纬也自称“翰林”。[22]

蔚州（今河北蔚县）《大元加封显灵英济义勇武安王碑铭》则记载说：

国家崇礼百神，祀典所载，罔不秩序。若蜀汉关将军者，宋封义勇武安王，名与德称，可谓竭尽无余蕴矣。本朝以武功定天下，所在郡邑，悉建祠宇，士民以时而享。[23]

以此观之，全国郡县普遍建立关庙，或者正始于忽必烈时代。元廷对于关羽和解州盐池神的崇拜，也一直循规蹈矩，贯穿着整个元朝。王圻《续文献通考》卷之一百十《杂祠》：

元成宗大德三年二月，加解州盐池神“惠康王”曰“广济资宝”。

泰定帝……（泰定）三年又遣使祀解州盐池神。

文宗天历元年加封汉关羽为显灵威勇武安英济王，遣使祀其庙。

顺帝……（至元六年）九月加封汉张飞武义忠显英烈灵惠助顺王。徐州牧董恩建吕梁洪庙，以祀汉寿亭侯关羽、唐鄂国公尉迟敬德，以二公于徐州皆有遗迹。

其中泰定朝对关羽庙的修复还有其他记述。《日下旧闻考》卷五十二有吴律《汉义勇武安王祠记》（或称《关庙纪略碑》），其言：

义勇武安王祠周天下，至梵宇琳宫，荒村穷谷，下至氓驿瓮牖，徧植之者……都城西市旧有庙，毁久弗修。泰定乙丑十月朔，宣政院使臣冯勒图采舆论以上闻，遂出内帑钱一万贯，命即故基作兴之。皇后赐如其半。乃命翰林院侍读学士臣阿尔威纪其实，侍郎臣马勒、提点臣完颜额森董其功。不两月，庙貌像设，焕然一新。[24]

在蒙古翰林阿尔威奉旨撰写的碑文中，还为关公特加敕封号为：

大元赠敕封齐天护国大将军、检校尚书、守管淮南节度使，兼山东、河北四门关镇都招讨使，兼提调遍天下诸宫神煞、无地分巡案官、中书门下平章政事、开府仪同三司、金紫光禄大夫、驾前都统军、无佞侯、壮穆义勇武安英济王、崇宁护国真君碑。

这些封号儒道间杂，看似无稽，而且与三国关羽了无干系，反映了元朝“滥封”习尚，但也开启了元明道教对于关公神职神功提升的先河。

我曾依据各地方志的记载，统计元时关庙已经超越了宋代，覆盖了相当于今日之二十个省级行政区域，且北至宁城、辽阳，南达海南，东至日照，西至固原、大理。可知当时各地官员士绅的确都在努力修建关庙。并据此制作了一幅元代关王庙的分布图（见下图），并不完全，仅供读者观其大概。

到了清代，满蒙都皈依藏传佛教，且世为姻娅，信仰趋同。康熙为使蒙古贵族摆脱藏僧控制，任命哲布丹尊巴主外蒙古，章嘉活佛主内蒙古，又

元代各地关王庙兴建概况

敕封一批蒙古贵族为活佛。科尔沁左翼中旗梵通寺第二世葛根阿旺丹·巴雅尔呸勒（1714 ~ 1761）出生于扎萨克图旗台吉徐特克纳家。乾隆六年（1741）由三世章嘉提名到北京将《智慧之鉴》译为蒙古文。之后又把藏文版《丹珠尔经》译成蒙古文，赐封为“科尔沁诺音呼图克图”。并附短文《给关帝献神饮法》，要求手中持酒，念献酒辞，简述关公之历史，赞扬了关公在汉藏地区对政教所做的贡献。供酒对象包括关公、妃子、公子以及使者、随从、关帝身后的大军，特别提到了关平和周仓。此外应蒙古喀尔喀济农贝子索南旺加多杰要求，雍和宫第四世阿嘉活佛洛桑绛央嘉措（1768 ~ 1816）又专门撰写了《向统辖中国地域战神之主大帝关老爷献神饮法·召引所欲之铁钩》。[25]

蒙古喀尔喀部对关公的信仰不亚于藏区。清代洛桑慈成为内蒙古察哈尔部人，著名的格鲁派学者，人称“察哈尔格西”。他的文集中有三篇祭祀关公的文章，即《护教大帝关老爷之祈供法·心愿普赐》《统辖中国地域战神之主大帝关老爷献神饮法·召引所欲之铁钩》《关老爷之桑文》。

现存蒙古地区藏传佛教关公信仰的文物遗存，尚有清代卓索图盟土默特左翼旗（今辽宁阜新蒙古族自治县）海棠山西藏佛教摩崖造像群中的三处关老爷（looye，looye burqan）造像及藏、蒙刻文。沈阳鲁迅美术学院艺术文化研究所李勤璞著有《海棠山摩崖石刻中的关老爷像及其藏蒙文刻文》[26]专文论析。第三尊关公“骑在马上，右脚踩着马镫，马立在机座上，头朝右，面转向我们、头微左倾。关老爷戎装，右手持大刀于右侧，左手在胸前捋胡子，共有五缕胡子。马回头反顾。老爷头部有光环，身前后有云彩，头部前后方各有一圆形物，拥在云朵上，那是日（后侧）、月（前侧）图案。身后侧、马臀上方是一个方形，内横刻‘有头体’藏文（dbu-can）阳文五行，整个像一枚印章，也确是一枚印章的一部分。这骑马像，背景是云朵，处在凹进去的佛龛之中。佛龛之外，穹顶阳刻藏文一行，乃汉语‘关老爷’音写；龛外左右则有一副阳文对联，蒙古文、直行，每行联语顶端装饰有祥云、底端有双层莲花瓣作为底座。”此尊造像佛龛上方的藏文译文为：“关老爷福寿就像月亮的如意宝贝那样美好，福禄就好比细长的悉多河水那样丰沛。”即汉文对联“福如东海长流水，寿比南山不老松”之意。造像身后藏文为“敕命以供奉、承侍、尊重的班禅额尔德尼”，藏文印章为“敕封班臣额尔德尼之印”。西藏札什伦布寺收藏有三体文字的金质如意钮“敕封班臣额尔德尼之印”，为康熙五十二年（1713）颁赐五世班禅喇嘛（Blo-bzang Ye-shes, 1663 ~ 1737）的印章，中为满文，右汉文，左藏文。李文认为，骑马关老爷像方形框内的藏文，正是这枚印章的藏文部分刻上去的，行次排列也一致。

此外阜新也流传过一些关老爷以及普安寺的颂歌，如《关公颂》：

为遵佛教光明路，关圣大帝显神灵。
清扫愚顽除邪恶，正觉路上他导行。
为剿奸佞众贼盗，弟兄结义成盟胞。
叩首北方拜昊帝，义气参天相友好。
同胞骨肉相离分，音信全无愁煞人。
袁绍大败曹操时，颜良文丑皆除尽。
盟兄消息传关中，言报流落云南境。
断弃汉寿亭侯职，携带皇嫂亲远征。
（口述：包旺札布。搜集整理：通乐歌）[27]

原注言：“早时，我省蒙古族民间有信奉‘关公’的习俗，除各处广建关帝庙外，每家佛龛中均供有‘关公’举行祭祀活动，演唱《关公颂》是对关公的颂扬。”邻近的锡埒图库伦札萨克喇嘛旗（今为内蒙古通辽市库伦旗）不但有赞颂关老爷的民歌，乾隆三十八年，生员、商贾等还自发建有关帝庙。[28]

藏族信仰

如果我们相信《元史》记述不误，那么八思巴既然能为忽必烈设法会，将关羽作为“监坛”极为隆重地推出，由情理推断，关公神灵应当在那时已经纳入萨迦派的神祇系统，并且随着元代中原与西藏异常密切的宗教联系传入藏区。明代以后这种宗教联系时断时续，所以宗教史家每论及此，多付阙如。

除了藏传佛教之外，藏族史诗中能否见到关公身影？李福清说：

在18世纪中关羽崇拜在蒙古族流行较广。1772年（乾隆三十七年）在俄罗斯工作的德国学者P. S. Pallas在西伯利亚旅行时，参观俄罗斯Kjakhta（恰克图）及对面的（属于清朝中国）买卖城时，也参观了那里的关帝庙（大概是北部最远的关帝庙）。当地的蒙古人告诉他，这就是格斯尔庙。”“这证明在蒙古人之间关帝形象很快与蒙古崇拜的藏蒙两族民间史诗最伟大的英雄Geser汗（格斯尔或藏语发音格萨尔Gesar）合起来了。[29]

1926年德国慕尼黑古董商Hugo Meyle卖品目录刊载的骑马关公像。标明为15世纪之西藏作品。原载李福清《关羽肖像初谈（下）》，台湾国立历史博物馆《历史文物（季刊）》第五卷第一期（1995年4月）。

今蒙古族与藏族的口传史诗《格萨尔王》已经相通，且有将关羽与格萨尔王事迹混同，或称其为“汉人格萨尔王”的说法，值得寻究。韩儒林有《罗马凯撒与关羽在西藏》开始探及藏族格萨尔王与关帝关系，而颇惜其语焉不详。[30]蒙古国学者丹顶苏伦（C.Damdinsurun）院士在研究格萨尔王传说时，亦曾著文专论此题，列举了许多有趣的事例，如“藏人、蒙古人把关公与喇嘛教大神Jamsaran（藏文Icam-srin，喇嘛教战神，与关帝一样红脸，但黄红眉毛，穿红衣服）。又说六世班禅（1738 ~ 1780）曾把关公说成是文成公主的保护神，他应乾隆之邀进京时，也曾宣传关帝即Jamsaran神及他的个人保护神Begdse。[31]证明藏人在崇拜格萨尔王的同时也在崇拜关羽，或者把两者混同起来。此外还可由蒙、藏两族共有的长篇史诗《格萨尔王》中探索。喇嘛教宁玛派亦据《格萨尔王传》，把他敬奉为“与生命有关的保护神、财神和其他神祇进行祭祀。”[32]亦类同毗沙门或关羽。

此外，《清稗类钞》尚有一条“蛮三旺”的记载，亦可资探考：

西藏神话以“蛮三旺”为最古。谓中古时妖怪横行，民受其害，刘备、关羽、张飞出而治之。战数十年，各不相下，遂鼎峙焉。“蛮三旺”之名，盖以此也。妖之尤者名杜，三头六臂，能变化，虽数百家之村落皆能吞之。杜眠时鼻孔出长蛇一条，为人所害，蛇即入杜鼻孔，杜遂警觉。故杜之横行，人莫能制。刘、关、张中，惟关之神行能变化，每与杜战，则刘、张守营。刘、张不能守，往往为杜所袭，甚至掳关之妻子。后为关夺回，怒妻无耻，欲杀之。将妻发系马尾以拖死。马不前进，鞭之亦然。痛鞭之，马遂作人语：“夫人罪不当死，虽杀我，亦不走也。”关不得已，遂将妻同载而归。后杜益骄横，关变为牛屎，被杜家人拾作柴料，关始入杜家。关又变为炉中杠炭，遂近杜身，杜不知也。杜眠时蛇出，关先杀蛇，后斩杜，妖患遂平。蛮民感其德，至今犹供奉之。[33]

经过一番“之乎者也”的语言转换，传说文本的原生形态已经大打折扣，但独特性仍然一望可知。其与中土宗教和小说戏曲，呈现出既有联系又有极大区别的一面。其中关羽先变“牛屎”后变“杠炭”一段，尤堪发噱，颇有《西游记》写猴头钻入铁扇公主肚腹中之妙趣。

“牛粪”一物，虽于汉人观念觉得不够雅洁，但在密宗中却另有意义。如《大藏经》收录的唐三藏义净制译《金光明最胜王经》卷七《无染著陀罗尼品第十三》中，就有“应作坛场方八肘，可于寂静安隐处，念所求事不离心。应涂牛粪作其坛，于上普散诸花彩。当以净洁金银器，盛满美味并乳蜜”的说法。又“神通变化”“三头六臂”云云，本为密宗“现量发圣”的变相。《蛮三旺》此处言关羽亦能变化神通，也是同一缘故。佛教各系中惟有密宗最强调护法神或金刚力士具有“降妖伏魔”的功用。毗沙门天王又称“毗沙门夜叉王”，即所谓“佛之臂指也。右扼吴钩，左持宝塔，其旨将以摧群魔，护佛事”。[34]密宗法器中的金刚杵（梵语叫伐折罗）、金刚橛，原来就都是降服妖魔的兵器。

其与小说戏曲的关联，亦有数点可谈。一是刘关张桃园结义时，揭出“上安社稷，下保黎民”的宗旨，是三国小说戏曲的著名情节。此言“中古时妖怪横行，民受其害，刘备、关羽、张飞出而治之”，表明认同《三国志演义》中刘关张“桃园结义”的宗旨。

第二，元明无名氏杂剧《刘关张桃园三结义》[35]中，描述刘备酒后醉卧，关，张目睹一条赤练链从他口中钻出走进鼻子去，一会又见有蛇从眼中来到耳边。原来这是“蛇钻七窍”，大富大贵之相，故乐于与之义结金兰。[36]这种现象道家修炼称之为“元神出窍”，而藏密瑜伽中亦有暂时以神识（灵魂）离开自己肉体，以便去往肉身不易到达的地方，完成肉体不易完成的事情，再回到肉体当中，则称为“灵体出游”或“神识出游”，都是修炼已成，道行高深的象征。此谓杜妖魔“眠时鼻孔出长蛇一条，为人所害，蛇即入杜鼻孔，杜遂警觉”，恐怕用错了典故。

“关羽杀妻”一段描述朴拙，尚留存着少数民族“抢婚”“夺妻”习俗的影子。按明成化本《新编全相说唱足本花关索出身传等四种》之一《花关索出身传》曾写桃园结义后打算共同举事，关羽曾建议“坏了老小，共哥哥同去”。约定互杀妻小，然后“将身回到桃源镇，弟兄三个便登呈［程］。前往兴刘山一座，替天行道作将军”。此谓关羽疑妻失身妖魔，故欲杀之，已具宋元理学提倡的道德观念，而坐骑忽然“作人语：‘夫人罪不当死，虽杀我，亦不走也。’”何由得知？或者正缘赤兔之马通灵故也。

最引人注目的，是这个故事里还没有出现关羽崇拜“黄金组合”中须臾不离的周仓、关平及青龙偃月刀，显示出关羽崇拜在藏族地区早期传说的形态。

满人呼为“关玛法”

清人吴振棫言：

> 本朝崇祀关帝，宫内祠宇亦多。顺治间封忠义神武大帝。旧时惟五月十三日致祭。雍正六年，定春秋二祭，如文庙仪。乾隆、嘉庆以来，屡加封号，纂四库书时，命将《三国志》之谥，改书‘忠义’。内府陈设书籍，一律刊正。咸丰间，楚粤逆匪之乱，显佑昭昭，大军克捷，因升春秋二祭为中祀。[37]

但在谈及满人初入中原，何以会崇祀关羽时，今之论者率以努尔哈赤、皇太极未入关前，便喜读《三国志演义》为据。其实不确。姚元之在《竹叶亭杂记》卷三里说：

伏魔呵护我朝，灵异极多，国初称为关玛法。[38]

“玛法”在满语中为“爷爷”之意，可知被视为民族自身历史的一部分，亦可见出崇祀程度之深且亲切。后世“关老爷”之称，或即源于此说。李福清曾转述俄罗斯汉学家格奥尔吉耶夫斯基（С.М. Георгиевский）于晚清采集的一个传说，略谓：

努尔哈赤请明神宗（万历）给他送一个保护神之像，神宗送给他关帝像，努尔哈赤认为关帝很像他的父亲，便把关帝宣为他建立的清朝的保护神。[39]

前辈同事马昌仪在沈阳采集的传说，则是努尔哈赤定都盛京时请人为其图像，第一个像不好，第二个像关帝但面太肥，皆不满意。第三个画师白脸像，介乎关帝与努尔哈赤之间。于是大喜，命塑为像，置于盛京关帝庙正殿。[40]

还有另外一种“托梦战胜”的传说：

努尔哈赤早在少年儿童时期即在其外祖父王杲家中学习了汉语文字，在青少年时代，他就熟读了《三国演义》等许多古典名著，尤其对三国人物关云长的忠、义、勇品格大加景仰，极力崇敬。至今，民间还传说着满族入关前的“关玛法显灵”的传说故事。《中国民间文学集成·辽宁卷·新宾资料本》就有一则《赫图阿拉城》的故事，说努尔哈赤战败正坐在赫图阿拉城内苦思良策，悠忽睡去，忽梦见仙人指点，关羽显灵。次日，他即以“关羽显灵”冲杀，战败明军，保住了建州老营。在建筑赫图阿拉城时，努尔哈赤为纪念关羽助战有功，特在城西高阜建筑了关帝庙，以示纪念。类似这样的传说故事，还有数则。[41]

上述三种传说都表达了清中叶后满人对于何以会称关羽为“玛法”（爷爷）的不解，遂与努尔哈赤联系起来，种种诠释，而非历史本来面目。蒙人崇彝曾任清末户部文选司郎中，为咸丰年间大学士柏葰之孙。他在《道咸以来朝野杂记》记载说：

满洲人家所供神板（在正室西墙高悬）。相传所供之神为关帝、马神、观音大士三神。

盖其本为家祀，风俗秘不示人。清末风气稍开，始有满族秘祀的记载陆续披露。光绪十七年《吉林通志》言：

> 祭礼：满洲无论富贵仕宦，其内室必供神牌，只一木板无字，亦有用木龛者。室之中，西壁一龛，北壁一龛。凡室南向、北向以西方为上，东向、西向以南方为上。龛设于南，龛下有悬帘帏者，皆黄云缎为之，有不以帘帏者。北龛上设一椅，椅下有木五，形若木方之座。西龛上设一杌，杌下有木三。春秋择日致祭，谓之“跳神”，其木则香盘也，祭时以香末洒于盘上燃之。所跳之神，人多莫知，相传以为祭祖。按所奉之神，首观世音菩萨，次伏魔大帝，次土地。是以用香盘三也。

须知此处“观世音”（或作“完立妈妈”“万历妈妈”“佛托妈妈”“赫托里妈妈”等）本为一人，这就是前述万历李太后自称的“九莲菩萨”。姚元之《竹叶亭杂记》已明言：

> 明万历之太后，关东旧称“万历妈妈”。盖其时明兵正盛，我祖议和，朝臣执不肯行。独太后坚意许可，为感而祀之。[42]

这与民国六年《沈阳县志·祭礼》所言“世谓清太祖请神像于明，明与后土，识者谓为献地之兆；再请，又与观音、伏魔画像，故宗祀之。一为朱果发祥女，一为完立妈妈”的说法大体一致。但是“请像”说法其实并不确切，只是此事真相本为清室不宣之秘。大体而言，建州女真本为明廷属卫，努尔哈赤亦曾接受过明廷赐封。《清史稿·太祖本纪》言：

> 邻部古勒城主阿太为明总兵李成梁所攻，阿太，王杲之子，礼敦之女夫也。景祖挈子若孙往视。有尼堪外兰者，诱阿太开城，明兵入歼之，二祖皆及于难。太祖及弟舒尔哈齐没于兵间，成梁妻奇其貌，阴纵之归……己丑（万历十七年，即1589年）冬十月，明以太祖为建州卫都督佥事。

据统计他曾七次进京。而李太后在通州建立景命殿，就是以观音、关羽为之“保国”“护国”的。[43]推测可能是太后奉佛，予外藩来朝赐以后土及观音、关羽（伏魔）佛像。董其昌曾言万历四十二年（1614）敕封关羽为“伏魔帝君”，也是托言“圣母降梦”的。据《清太祖高皇帝实录》记载，努尔哈赤是在万历四十四年（1616，天命元年）建立后金并称帝，万历四十六年（1618，天命三年）四月十三日以“七大恨”告天誓师，征伐明朝的。所以“请神像”

的具体时间如与努尔哈赤进京时间契合，则以万历三十六年（1608）十二月（已赐“护国”）的可能性最大。

进一步证实关羽崇拜深刻铭入满族习俗中的重要证据，是满族的“堂子”祭仪。早期努尔哈赤讨平满洲各部，都要先破“堂色”（即堂子），“掠祖像、神器”，类于“扫庭犁穴”，同时建立自己的“堂子”。时人记载：“五里许，立一堂宇，缭以垣墙，为祀天之所”。[44]凡有征伐等大事，都亲率诸贝勒等前往祭祀。天命六年（1621）在辽阳筑新城（即东京城）为都，就曾设堂子祭天。天命十年（1625）迁都沈阳，复在沈阳建堂子，以为祭天之所。《养吉斋丛录》云：

> 顺治元年，建堂子于长安左门外，玉河桥东。元旦必先致祭于此，其祭为国朝因循用旧制，历代祀典所无。又，康熙年间定，祭堂子汉官不随往，故汉官无知者。询之满洲官，亦不能言其详。[45]

十足满仪，绝无汉风。《满洲祭神祭天典礼》、[46]《清朝文献通考》及奕赓《佳梦轩丛著》等辑录了大批萨满仪典的祝辞。《满洲祭神祭天典礼》尝载乾隆上谕言：“若我爱新觉罗姓之祭神，则自大内以至王公之家，皆以祝辞为重。”其卷首言：

> 坤宁宫所朝祭者，为释迦牟尼佛、观世音菩萨、关圣帝君；所夕祭者为穆哩罕、画像神、蒙古神。

其中一年数季，一月数日，一日数次祷神，均需呼喊“关圣帝君”。在《坤宁宫月祭仪注》中明确神像供奉：

> 供佛之髹金小亭，连座奉安于南首启亭门次，于神幔上悬菩萨像，又次悬关帝神像。均于大炕上东向供奉。

坤宁宫每岁春、夏、秋、冬四季献神，神前祝辞，也要祈求关羽保佑。报祭、大祭的朝祭，祝辞也大体相同。此外清廷还有名为“求福”的特殊宗教活动，也称为“柳祭”。其所供之神为“佛托妈妈”，宫中尊为“佛里佛多额莫西妈妈”，大体相当于汉族所说的子孙娘娘。祭祀前，有司先斫求高九尺、围径三寸的完整柳树，安设于坤宁宫户外廊下的柳枝石上，上悬钱帛、彩纸、彩绸等。皇帝、皇后要向其行礼求福，萨满要按规定的宗教仪式祭祀，祈祷。在这里，关羽竟然又变成了保护生育之神，与佛托妈妈一起保佑清朝的子孙繁衍、昌盛。其神前的求福祝辞，也要恳切呼唤着关圣帝君等神灵。这种习俗也许与前述宝卷将无生老母与关公视同母子的信仰有关。可以见出关羽在满族年节及日常生活中的形象以及出现频繁程度，显然与当时流行的三国小说戏剧了无干连，而是深植心灵的信仰，视其为本民族的护佑神灵。祝辞最后几句兼顾吃喝养颜，祈求可谓细致入微，就更纯为私祀，无关国本了。除了对于神灵呼唤仍然带有原始风味外，其余文字显然经过熟悉汉文典籍之人润饰。

于此可知满族崇信关羽，的确与其萨满教信仰体系攸关，深入民族骨髓之中。这与明廷实用主义的敬奉已经判然有别。值得注意的是，满洲堂子祭频频呼唤的名义是道教封号“关圣帝君”而非“关玛法”，亦非雍正列入国家崇祀之称号，显然是承袭明代而来。而其列入国家仪典之事，后文续论。

民初满人改汉姓时，皇族以“金源氏”之后，故大多改姓了“金”，而满族八大姓氏之一的正红旗满洲哈达瓜尔佳氏则改姓了“关”。这既是取其音近，又寄寓着仍然崇信关羽忠义的意思。可知关公信仰影响之深，可谓沦髓浃肌，不可磨灭。

藏传佛教中的关公信仰

除了汉传佛教系统之外，中国还有另一个重要的佛教系统，这就是藏传佛教，也是藏、蒙、满等民族共同信奉的宗教。故置于此章独立论说。

20 世纪 90 年代以来，已有数篇探究藏传佛教与关公信仰关系的论文发表，提供了一些有价值的数据，作为继续探索的起点。可惜他们毫无例外都忽视了元代萨迦、明代噶举统治西藏时期的情况。

十七世噶举派大宝法王噶玛巴乌金·钦列多杰关于“关公与楚布寺的因缘”的一段谈话：

> 历史上记载，第五世大宝法王噶玛巴，被明成祖永乐皇帝迎至南京住了三年，由那时起这护法便来到楚布寺，从此就有此修持仪轨，当时可能称此护法为“噶玛汉神”。西藏格鲁派、宁玛派等几个大师也曾著作修持此护法仪轨，在拉萨更有一个关帝庙……我幼时的文法老师，

对三国时期的故事颇有兴趣，时常提起三国的故事，我也很欢喜听老师所说的故事。他对我说：“从前在楚布寺，也供奉关公，但“文革”之后便式微，你该要恢复这仪轨。”[47]

清代雍和宫关公唐卡。唐卡是藏传佛教特有的一种绘画或编织供奉的形式。

按楚布寺位于堆龙德庆县境内，距拉萨约七十公里，是噶玛噶举派的主寺。1256年（蒙哥汗六年），蒙哥汗赐予二世噶玛巴一顶金缘黑帽而得名“黑帽派”。从此逐渐形成以楚布寺为中心的活佛转世传承系统，而为西藏其他教派沿袭，成为世界独一无二之宗教制度。

明成祖朱棣继位后，确曾召请年仅二十岁的噶玛巴到京会见，并封噶举派教主为大宝法王、萨迦派为大乘法王、格鲁派为大慈法王。至今西藏档案馆还存有三件明代原始文档，都是诏封噶举派法王的。[48]他们与明廷的关系也一直延续到万历年间。蒙古俺答汗归顺明廷后，曾请求派遣藏族喇嘛去蒙古传布佛教，在万历六年（1578）请宗喀巴弟子根敦主巴的第三世呼毕勒汗锁南嘉错去到青海，赐给他以大批礼物，并封赠以“达赖喇嘛”称号。崇祯九年（1636）蒙古固始汗发兵结束了第巴藏巴的统治，并以全藏十三万户尊奉格鲁派五世达赖，从此格鲁派（俗称黄教）开始占据藏传佛教的领导地位。

藏族学者才让《藏传佛教中的关公信仰》和西藏民族学院陈崇凯《藏传佛教地区的关帝崇拜与关帝庙考述》两篇论文都介绍说，藏文史籍《如意宝树史》里记载说，由五世达赖亲笔所写的《尊赞神祀供文》中已经明确叙述了西藏民间普遍信奉的赞神来历：

来自汉地，且随文成公主成番域守护神，于松赞干布前做许诺之，鲁赞大威力者，愿往积崖山之住地。[40]

五世达赖还重塑了赤尊赞的形象，使他成为红脸金甲、威风凛凛的将军，从形体上与关帝更为接近。故其后土观活佛也认为关帝与尊赞应出自同一心识。护法护财，祈雨平安，也正是关公神在中原乡里地区的职司功能。拉萨奔巴日（汉语宝瓶山）为赤尊赞道场。每年藏历年正月初三，拉萨的男男女女都到山顶插旗、挂幡，祈请这位护法神保佑风调雨顺，六畜兴旺、家宅平安。藏历五月十五，称为“南瞻部洲烟祭日”，居民们则爬山头煨桑祭神。才让还介绍说，在布达拉宫中最多的是有二十只手臂的赤尊赞及他神仙妻子的画像。赤尊赞是西藏发生内乱时被佛祖派来的西藏人的保护神，因此达赖喇嘛把关公看作仁慈的赤尊赞的化身，并非偶然。后来西藏民间传说中，赤尊赞就是文成公主最早由长安带来的觉卧佛像之守护神。于是开始将赤尊赞附会成汉地的关圣帝君，遂与元代传入的战神关帝混为一体。

又清人《卫藏通志》卷六《寺庙》言：

拉萨东，二日，山南萨木秧地方，有俗称桑鸢的喇嘛寺，相传至今一千四十三年……内供关圣帝君像。传云：唐以前，其方多鬼怪为害，人民不安。帝君显圣除之，人始蕃息。土民奉祀，称尊号“格塞结波”。

“俗称桑鸢的喇嘛寺”即桑耶寺，位于山南扎囊县境内，始建于唐代宗宝应元年（762），建成于大历十四年（779），是藏传佛教史上第一座佛法僧三宝俱全的寺庙。

才让文章又指出：关公与藏传佛教的护法神尚论多杰东都（意为“降魔金刚”）也是同一心识。从“尚论”二字来看，松赞干布因迎娶文成公主，后世称汉人为舅，“尚”者即舅之义，而“论”之意即“大臣”，这与关公做过汉王的大臣一致；而“东都”意为“伏魔”，也与关公封号“三界伏魔大帝”相符。另据陈崇凯说，藏传佛教中还有一个与关公形象近似的赤面煞神叫“赞卡尔”，也可简称为“赞”。其神像常被以血或红色染之，这也成为关帝神像易于被藏族接纳的另一因素。

现存藏传佛教明确供奉关公的仪轨，见于第三世章嘉活佛若必多吉的《文集》中《关老爷之祈供法》。《祈供法》先扼要地讲述了煨桑祭祀仪轨，提到了煨桑用物、煨桑者应有的心态、所使用的咒语和手印等，其后便是对关老爷称之为“札喇钦”的祈祷用语，译文如下：

统领中国大地的大战神，自己曾应诺要守护佛法，

出于“色”种称为云长帝，大神眷属等临此地而安住。

血肉饮食似大海汇集，及无漏甘露加持请享用。

请做瑜伽圣法修炼之助伴，息灭所有违缘而助顺缘无余成，

使佛法广弘国境平安，瑜伽师徒及献资施主等，

无论住家、外出、做事皆平安，愿做心意似法成就之助友。[50]

可知章嘉已将关公看作是汉地的大战神。从用“札喇”来称呼关公，不难看出关公在藏族宗教文化中的地位。第二句源于关公从佛教大师受戒而成为佛教护法神的传说。第三句中作者将“云长”二字用藏文对应直译为“真仁”，“真”意为“云”，“仁”意为“长”，后面“加波”二字在藏文中一般称王、国王、皇帝等，这里当是“关圣帝君”之“帝君”的翻译。说关公出于“色氏”，不知所据何典。按色氏是古代藏族四大姓氏之一。第三、第四句实际上是指名迎请关帝及其属下神灵光临祭祀处，也表明了祭祀的对象。这在藏文祭祀文献中一般称为“请神”，字面意思可直译为“唤神”，要指名点姓喊叫，以免发生混淆。接下来两句是请关公等享用祭祀者所奉献的丰盛祭品。最后几句是向关公“托付事业”，包括祈求帮助修炼圣法、提供顺缘、佛法广弘、国泰民安、瑜伽师徒施主平安等。

修复以前的拉萨磨盘山关帝庙（朱正明拍摄）

章嘉活佛传记还自述乾隆元年（1736）他从西藏返回北京，途经四川一座名叫襄陵的大山。住宿当晚就梦见被一位红脸大汉请到山顶，献上食品并说：“此地以下的汉地都属于我管辖，

给我布施食物者在西藏也有不少，特别是后藏的老年高僧一再供给我饮食。从今天起，我要做你的保护者，明日你在途中将遇小难，吾可排除。”次日途中果然受到猴子的侵扰，但无大碍。章嘉第二次赴藏途经当地，在山下献酒祭祀红脸大汉时，出现一只老虎，一直将章嘉一行送到山后。后来章嘉住在北京，再次祭祀过红脸大汉。章嘉第一世札巴悦色生于青海互助红崖子张家，后改称“章嘉”。康熙四十五年（1706）封为“灌顶普惠广慈大国师”，蒙古各旗奉法“均尔一人之力，黄教之事，由藏东向，均归尔一人掌管”。自此成为格鲁派在内蒙古地区的最高教主。故能与达赖（主前藏）、班禅（主后藏）和哲布尊丹（主外蒙古）四大活佛并称为“黄教四圣”。[51]

支持三世章嘉写作《关老爷祈供文》的济隆活佛，也与藏传佛教中关帝崇拜有关。乾隆五十九年（1794）八世济隆意希洛桑丹贝衮波出任摄政，驻藏大臣参赞海兰察等捐款在拉萨城郊磨盘山南麓为其修建寺庙作为佛邸，乾隆帝赐名“卫藏永安寺”（藏语意为“功德林”），成为历世济隆活佛驻锡地，因而济隆又称为“功德林活佛”。此寺恰恰依傍着福康安、和琳在乾隆五十八年（1793）刚刚复建的关帝庙山下，不为偶然。藏族学者苏发祥说，根据藏文史料记载，福康安修建拉萨关帝庙拨银七千两，就是全权委托八世济隆经办，责令卓尼第巴·格桑南杰及李善堂业等负责施工的。故至今磨盘山关帝庙仍然归功德林养护管辖。[52]三世章嘉和七世济隆既然都是乾隆朝最为倚重的藏传佛教首领，他们对于关公神的推重，并将关公神引入藏传佛教供奉的重要神灵，也反映了乾隆本人对于关公的推重。

此外三世章嘉的传人三世土观活佛还言及六世班禅罗桑益西（1663 ~ 1737）幼年所写《王子义成证道记》中，亦言曾得一红脸者之帮助，并允诺要做他的保护神。[53]身处乾隆崇尚关公的高峰时期，三世土观撰述的《安定三界的大皇帝关云长的传说及其祈供法·激励事业雨露之龙声》也顺势将关公信仰正式植入藏传佛教供奉。其中心意旨是颂扬关公，祈祷吉祥，教导人们恭敬“三宝”。从祭祀文中可以看出，在藏传佛教里，关公是万能的，其职责无所不包。跟其他的藏传佛教护法神一样，关帝最主要的职责是消灭或制伏各种邪恶势力，即报害佛法、传播疾病、引起争斗等灾难的各种魔鬼。从“托付事业”的内容及祭祀者的心态看，祭祀者（即上师）与护法神的关系是微妙而复杂的，上师并非是一味的膜拜者。上师在请神等时与自己的本尊相应，是以本尊的面貌出现的。故上师有能力招请护法神，让护法神做自己的助伴，为其特殊的目的服务；护法神受上师的招请，享用祭品，受人钱财，自然要替人消灾了。另外，“托付的事业”并非单纯是为了上师本人，而提到了国泰民安及众生的幸福，这也体现了悲天悯人的大乘精神和土观本人作为一名受到清王朝重用的高僧的职责。

藏族学者冯智还进一步介绍说：

> 清军驻藏由于分布点较多，凡清军驻地（兵营）又多建有关帝庙，形成了在西藏的关帝庙群文化。据统计到20世纪60年代初，关帝庙在西藏尚存有十来座之多。当年清军除在拉萨建有札什城和磨盘山关帝庙之外，还在定日、工布江达、昌都等地建造了几座汉式风格的关公庙。见于史籍的还有：一是拉萨城东南方向的关帝庙。据《卫藏通志》载：“拉撒（拉萨）东南噶勒丹寺相近，其楼阁经堂佛像，与大小昭相似，内供关圣帝君像，传云唐以前其方多鬼怪为害，人民不安，帝君显圣除之，人始蕃息，土民奉祀，称尊号曰革塞结波。”二是后藏札什伦布寺旁的关帝庙。为康熙年间平定西藏后所建，史称“西藏自入版图以后，即其地建帝君庙，历昭灵应。”乾隆时驻藏大臣和琳曾做翻修，至今正殿门上仍悬挂着1794年和琳所书“慈悲灵佑”的匾额。三是山南泽当关帝庙。位于泽当镇西，东南靠贡布尔日山，北临雅鲁藏布江岸。为18世纪留居当地的汉民所建，当地俗称“汉神殿”或“格萨拉康”。四是藏北嘉黎关帝庙，康熙年间常驻嘉黎（此地为通拉萨之路）之清朝绿营兵丁所建，被当地人称为“加拉公寺”（汉神庙），“文革”被毁。[54]

此外川康滇边境沿传统兵道和商道还散布着很多关庙，形成另一条关公信仰的祭祀带。

其他民族崇奉

从现存元代碑刻来看，元朝为关帝庙建庙立碑者不仅有蒙、汉官员，而且还包含女真、维吾尔族官员。如巩昌府关庙的世代供养人就是陇西汪氏家族。其先为阴山（今内蒙古大青山）汪古部族，为金朝属部，隶西京路，故元人称出于“山西将种”；其中一支徙居巩州盐川（今甘肃陇西），先人世为其长，因取汉姓汪氏。[55]金元之际家族首领为汪世显（1195～1243），字仲明，以军功擢千夫长。巩州为金边防要地，置元帅府统军戍守。正大二年（1225）因平元帅田瑞谋反功，先后授领同知平凉府事、领陇州防御使。六年，改兼巩昌府（巩州升）治中，转同知，兼参议帅府机务，佐知府兼总帅，金亡前授便宜总帅，为秦、陇地区最大军事组织首领。入元后论功授为巩昌便宜都总帅，赐虎符，军民财赋皆听其裁决。统领二十余府州，辖土包括今之甘、宁全省和陕西、四川之半，面积之广为各地汉人世侯所不及。世显死，中统三年（1262）忽必烈追封陇西公；延祐七年（1320）元英宗加封陇右王。汪氏五代人与元朝相始终，“为官者一百八十余人，其中王者三，公者十”，号为“三王十国公”。[56]文渊阁四库本同恕《榘庵集》卷三《关侯庙记》谓：

> 皇元戊午（蒙哥汗九年，宋嘉熙元年），汪忠烈公神交千载，概遗构，毁撤首，营正殿，于后授兵告伐，应捷如响。贞肃公敬成先志，有严像设，躬荐苹藻。文贞公又绘东西序。

据《元史》本传，这里提到的“忠烈公”为汪德臣，即世显次子。中统三年（1262）谥忠烈，追封陇西公。“贞肃公”即其侄汪惟正，喜从文士论议古今治乱，尤喜谈兵，卒谥贞肃。

另揭傒斯奉诏撰写《敕赐汉昭烈帝庙碑》言：

> 前辽阳行省平章政事，今中政院使哈喇特穆尔[57]相，以私钱若干，而殿堂门庑、像设器物之属无不备。元统元年九月十日，为请于上降香币，以落其成。明年三月六日，又言之奎章阁侍书学士实喇卜[58]使奏，命臣傒斯纪其事于石，而上皆从之。[59]

以年代职衔合观，揭傒斯所述之“哈喇特穆尔”应即《续资治通鉴》卷

云南大理“三月街”古城的武庙（关帝庙）白族庙会表演

二百七《元纪二十五》“元统元年”条之“达尔玛”；“实喇卜”应为《元史》卷一百二十四《哈剌亦哈赤北鲁传》述其六世孙“沙剌班”，均为畏兀儿人。[60]这也说明大元混一天下，也将关公信仰传播到其他少数民族中。

当年忽必烈是先灭大理，后入南宋的。因此随军入云南的军队也把关公信仰很早带入云南。天启《滇志》记载：

大理府关王庙，在府治西南，元时建。

此为西南少数民族地区兴建关庙之始。明军进入云南仍之。嘉靖《寻甸府志》言：

寻甸府关王庙：在府西北一里许凤梧。所官每岁祭旗纛于此……祀旗纛、关王、关索，扬威振武，以靖地方……关索庙：去府治六十里。大门三间，正庙三间，穿堂一间，寝室三间。具庙记。

其中引人注目的是关索独立建庙，也与元明时流行的关羽之三子“花关索征南”有关。万历二十五年《贵州通志》：

普定卫关索庙：卫南四十里。昔关索领兵征南至此，有神应，乡人遂立祠于山巅。（元口口海夏言诗：云领千重海翠涌，将军祠庙爵嵯峨。金戈铁马何年事？王玺朱口此地过。西望险如秦道路，南征只为汉山河。艰难远适悲游子，感激临风发浩歌）又关索行祠：城南关外。

乾隆元年《云南通志》：

> 澄江府关帝庙：在府城南……关索庙：一在府城西北；一在江川县城北一在州城北。关岭，又名龙骧将军庙；一在新兴州城东南。

又雍正五年《宾川州志》言：

> 杂异：神威退贼：明正德间，宾川州北力角三营遇贼，村人皆避，惟卜御、连环二人持棒与贼斗，人谓其必死。顷之，贼奔退。后村人追得一贼，问之。贼曰："彼时见关圣，绿袍赤马，挥刀下来，是以逃也。"

也是"显形助阵"，与内地传说无异。按滇黔一线关索祠庙及地名极多，但花关索其人于史无征。我有专文考探其始末渊源，文长不赘。[61]

关公信仰风俗在西北民族中也有展现。民国《大通县志》：

> 大通县元朔山：去县城东南三十五里，人称北武当。石磴盘梯，川流萦带。山顶有太元宫，即关帝庙，故土人又呼老爷山。此外古庙不可胜计，盛夏花浓，名野芍药，每逢天贶，士民游集，称大会焉。

大通今为回族土族自治县，有汉、回、土、藏、蒙古等二十五个民族。这个活动虽然富于道教色彩，但也有喊"佛号"的仪礼。

此外，新疆察布查尔县的锡伯族是当年奉命由东北整体迁徙至此的，向视关公为最崇敬英雄，其在清代，每个牛录[62]都建有关帝庙。纳达齐牛录关帝庙已有一百五十多年历史，始于道光六年（1826）浑巴什尔河战役与张格尔叛匪激战，关羽从天而降，迅速扭转了战局。为此，锡伯营官兵一千五百人铸钟一口置于靖远寺内，钟扣铸有关羽头形，钟身刻有"忠义神武仁勇灵佑诸神帝君"铭文，以示边防将士对于国家的忠诚和对于关羽的敬仰。每逢农历五月十三日，各牛录军民还要在关帝庙内举行"磨刀节"等各类庆祝活动，名曰替关公磨刀，以激发民族忠义、勇武、团结的风尚。[63]

注释：

[1] 墨遗萍《蒲剧小史》，油印本。

[2]《山右石刻丛编》卷二十一，第153~158页。

[3] 四库本同恕《榘庵集》卷三。

[4] 四库本王恽《秋涧集》卷三十九。

[5] 四库本乾隆《山西通志》卷二〇二亦载。

[6]《乾隆解梁关帝志》（山西人民出版社，1992年）卷三，第172～174页。按此乃宋宁宗年号，约当金章宗泰和元年至泰和四年（1201～1204）。

[7] 元好问《屏山鸣道集说略》引，见《宋元学案》卷一百。

[8]《避戎夜话·大金吊伐录·枢密院告谕两路指挥（天会四年十一月二十九日）》。

[9]《乾隆解梁关帝志》卷4，第257页。

[10]《元史》志第二十七下《祭祀六》"国俗旧礼"。

[11]《〈彰所知论〉与〈蒙古源流〉》，原载1931年中央研究院《历史研究所集刊》第二本第三分，辑入《陈寅恪文集·金明馆丛稿二编》。上海古籍出版社1980年，第115页。

[12] 桑嘎《从〈蒙古秘史〉看成吉思汗的哲学思想》，又达林太《论成吉思汗重视"人和"的思想》。均辑入成吉思汗研究所沙日勒岱等编《成吉思汗研究文集》（1949～1990），内蒙古人民出版社1991年5月初版，第735～741页、第752～761页。

[13]《析津志辑佚》，北京古籍出版社1983年校点本，第219页。作者熊梦祥为元末时人。

[14]《元史》志第四十《百官六》："貂鼠局，副使二员，直长一员。至元十九年立。"

[15]《全元文》第四册，第385页。

[16] 以上两议俱载《元史·郝经传》。《全元文》卷一二一著录。

[17]《元史》卷一五七《郝经传》。

[18] 郝经《陵川文集》卷二七《两宋先生祠堂记》。

[19]《陵川集·续后汉书自序》。

[20] 乾隆尝诗兴大发，有《御题郝经〈续后汉书〉》五首："身充信使被拘留，

两国恰逢奸计投。愿附鲁连未遂志，空言思托著书酬。/陈寿宁称史笔人，续之尊汉见诚醇。独嫌董卓仍列传，即未叛臣亦乱臣。/褒贬从来不可诬，要公千载赏和诛。篡臣仲达只篡魏，篡汉宁非孟德乎！/福华编撰鄂功陈，羁绊江南十六春。未免南方君子笑，笑他不叛北方人。/帛诗或者假前题，学术忠诚孰可齐？设使子卿达地下，著书差胜娶胡妻。”最后一句是拿苏武（字子卿）作比。诗不算佳，但词意显豁。此外注语尚多，载文渊阁《四库全书·史部·续后汉书》弁首。

[21]《析津志辑佚》，第57页。惟揭曼硕（奚斯）所记碑，应当不是后文所言之碑。此外永乐抄本《顺天府志》又载“太和宫，在天师庙北去，关王庙义井头东第二巷内。”（第78～79页）应当又有一所关庙。

[22]乾隆《山西通志》卷一百九十六有王纬延祐春三月《重修盐池庙碑》，自署翰林，应即其人。

[23]光绪《蔚州志》卷九《金石志》上，题“九峻隐者春谷武元亨撰，辅国上将军前蔚州忠顺节度使孙高裕书，上都路蔚州儒学正皇甫逊篆额”，“至元复元之五年（1339年）十一月吉日建”。（蔚县人民政府办公室1986年5月排印本，内部发行）第216～217页。以上三人《元人传记资料索引》均失载。蔚县小友杨炜志持赠，并多次邀请笔者寻访当地明清关庙遗址，谨志谢忱。

[24]明清易鼎之际，此庙不知何故忽然多出一尊关像合并祭祀，故清人始称“双关帝庙”。原碑拓片藏中国国家图书馆，编号为北京320。

[25]阿嘉活佛传说为宗喀巴父亲鲁本格转世，第一世阿嘉·喜饶桑布（1633～1707）出生在今湟中县李家山乡柳树庄阿氏家中，故将该活佛系统称“阿家”活佛。后因汉字“阿家”的“家”字太俗，故改为“嘉”字。“阿嘉”成了这个活佛系统的称号，冠在每一世活佛法号之前。共传八世。地位较高，被僧俗大众尊为塔尔寺寺主。

[26]李勤璞《（阜新）海棠山摩崖石刻中的关老爷像及其藏蒙文刻文》，原载霍巍、李永宪主编《西藏考古与艺术》，四川人民出版社2004年出版，第427～452页。

[27]阜新蒙古族自治县民间文学三套集成领导小组编，《中国民间文学集成·辽宁卷·阜新蒙古族自治县资料本》（二）第79页。

[28]张灿《恭建关圣帝君庙碑记》，碑原在内蒙古自治区库伦旗（今属通辽市），中国国家图书馆中文拓片数据库索取号“各地5973”。咸丰七年（1857）重修，中国国家图书馆中文碑拓索取号“各地5972”。

[29]李福清《关公传说与关帝崇拜》，《古典小说与传说——李福清汉学

论集》，中华书局 2003 年出版，第 97 页。

［30］《中国文化研究集刊》二，成都华西协和大学，1941 年，第 50 ~ 57 页。

［31］李福清《关公传说与关帝崇拜》，第 95 ~ 96 页，又第 61 ~ 62 页。

［32］以上引文凡未注明者，均转自中国社会科学院文学研究所、少数民族文学研究所联合编著之《中华文学通史》第三卷。

［33］徐珂编纂《清稗类钞》第一〇册《迷信类》，中华书局 1984 年排印本。按《清稗类钞》实为徐珂民国初所辑录。徐珂为光绪时举人，曾入袁世凯戎幕，又在上海商务印书馆担任编辑，尤喜搜辑有清一代朝野轶闻以及士大夫阶层所不屑注意的基层社会事迹。谢国桢《前言》指出编者是"持之以比较严谨的态度，乃寝馈其中，广事博采，搜辑了野史笔记和诗文集大量的资料……皆根据当时史料秉笔直书"，但是，"此书也有其缺点，就是全书引用的资料，不注出处，若不经过检查，后人引用，就难以置信。""蛮三旺"就属于这一类孤证特出的传说。

［34］卢弘正《兴唐寺毗沙门天王记》，《全唐文》卷七三〇。

［35］简称《桃园结义》。今存脉望馆抄校本和《孤本元明杂剧》本。

［36］钱锺书《管锥编》曾论及于此，曾谓"吾国旧籍常载梦魂化蛇事"，并"举不甚熟知者数例"，包括《说郛》卷二四言崔日用见唐玄宗化蛇食藤花；《吕洞宾传》述吕游庐山，见睡僧顶门出一赤蛇游历种种，醒后自叙经历事等，可以参看。（第四册，中华书局增订版第 1426 ~ 1427 页）惟未注意何以比较集中地出现于元代。

［37］吴振棫《养吉斋丛录》卷之七，第 71 页。

［38］姚元之《竹叶亭杂记》，中华书局 1982 年排印本。按姚元之（1773 ~ 1852）字伯昂，嘉庆进士，历左都御史、内阁学士、各部侍郎。

［39］原文载 ПринципыжизинКитая, С_Петербург, 1888, c.179. 转自李福清《关公传说与关帝崇拜》，《古典小说与传说——李福清汉学论集》，中华书局 2003 年出版，第 97 页。

［40］马昌仪编《关公的民间传说》，花山文艺出版社（石家庄）1995 年出版，第 15 ~ 17 页。编者持赠，谨志谢意。

［41］《满族的关羽崇拜》（未署撰人）。

［42］姚元之《竹叶亭杂记》卷三，第 60 页。

［43］《明神宗实录》言："（万历三十六年十月）己巳，命中书官于十九日赍捧慈圣景命殿阁等处护敕碑文牌额，前去漷县安置撰写镌刻。"乾隆《钦定日下旧闻考》卷一百十言："景命殿在（通州）永乐店，其西为保国慈孝华严寺、护国崇宁至德真君庙。俱万历三十六年敕建，为孝定皇太后祝厘地也。（漷县志）。"

[44]（朝鲜）李民奂《建州闻见录》。辑入辽宁大学历史系《清初史料丛刊》本。

[45]《清史稿·礼志四》："（堂子）正中为享殿，五楹，南向，汇祀群神，上覆黄琉璃，前为拜天圆殿，北向。中没神杆石座，稍后，两翼分设各六行，行各六重，皇子列第一重，次亲王、郡王、贝勒、贝子、公，各按行序，均北向。东南为上神殿，三楹，南向。祭礼不一，而以元旦拜天、出征凯旋为重，皆帝所亲躬。其余月祭、杆祭、浴佛祭、马祭，则率遣所司。"

[46]乾隆十二年（1747）敕撰《满洲祭神祭天典礼》刊行于世，作为满洲贵族家祭的宫廷仪轨。是中国信奉萨满教诸族中惟一一部规范的跳神仪典，四十二年（1777）阿桂等奉敕翻译《满洲祭神祭天典礼》汉文本成书。以《辽海丛书》之一，辑入《丛书集成续编》第四十七册，第 209 ~ 308 页。这些祝辞仪典亦在《清史稿》卷六十《吉礼四》的记载中获得证实。

[47]噶玛噶举中国论坛。按十六世噶玛巴 1992 年在美国圆寂，身边四大弟子根据遗嘱指示，在昌都县拉多乡巴果寻找到 8 岁的转世灵童阿布嘎嘎。国务院对中国佛教协会报告第十七世噶玛巴转世灵童乌金赤列给予同意，正式颁布为第十七世噶玛巴。十三世达赖也表示认同。遂于 1992 年 9 月 27 日在历代噶玛巴大宝法王的根本道场——西藏当雄县堆龙的祖普寺大殿举行坐床典礼。2000 年为寻找历世噶玛巴活佛的法帽和法器，噶玛巴法王离开楚布寺。现住锡印度，暂居达兰萨拉"上密院"依止第十二世泰锡度仁波切为根本上师，学习完整的噶举教法。

[48]西藏自治区档案馆《历史的缩影和结论》陈列室（http://www.Tibetinfor.com.cn/tibetzt/dang_an/5/menu.htm）。

[49]才让文载《中国藏学》（北京）1996 年第一期，陈崇凯文载《西北民族研究》（兰州）1999 年第二期。又《如意宝树史》又名《印藏汉蒙佛教史如意宝树》，松巴堪布（Sum-pa mkhenpo，1704 ~ 1776）撰。成书于 1748 年，汉文译本有甘肃民族出版社 1992 年出版者。

[50]《章嘉国师若必多吉传》，土观洛桑曲吉尼玛著，陈庆英等汉译本，民族出版社 1988 年出版。

[51]顺治六年第一世哲布尊丹巴入藏学习经典，八年达赖迫令第一世哲布尊丹巴由觉囊派改宗格鲁派，外蒙古喀尔喀部也因此普遍改奉格鲁派。康熙二十七年（1688）喀尔喀部受准噶尔部噶尔丹的进攻，一世哲布尊丹巴劝说喀尔喀部南下归顺清朝，争取清朝援助，得到喀尔喀部部众的一致拥护。一世哲布尊丹巴遂于康熙三十年受封为呼图克图大喇嘛，总管喀尔喀部宗教事务。

[52]中央民族大学苏发祥《札基寺木匾考释》，《西藏研究》2005 年第 3 期。

[53] 李勤璞介绍说，蒙文《普安寺》谓班禅喇嘛也编写过“《赞关帝》圣经”，惟惜无汉文译本。

[54] 中国藏学研究中心冯智《清代拉萨扎什城兵营历史考略》，《西藏大学学报》2006年第1期。

[55] 王鹗《汪忠烈公（德臣）神道碑》，载民国间张维（鸿汀）辑录之《陇右金石录》卷五。

[56] 据新华网报道：1972年在甘肃漳县发现了汪氏家族自元初到明代万历年间的墓地200余座，出土文物多矣，曾作为“文化大革命”的胜利成果广泛报道，被视为珍品。

[57] 李梦生点校《揭傒斯全集》（据《四部丛刊》影本）此处作“哈喇帖木儿”。上海古籍出版社1985年点校本，第377页。

[58] 《揭傒斯全集》此处即作“沙喇班”。

[59] 文渊阁四库本《文安集》卷十二。传言揭傒斯为色目人之后，徐珂《清稗类钞·姓名稗类》：“改从汉姓不自清代始。如以蒙古后裔显于国朝者言之，则沔阳陆制军建瀛，其始祖即为蒙人，元鼎革时始收汉姓为陆，著籍沔阳。盖元季之乱，蒙古、色目诸族转徙流亡，其存者皆冒用汉姓，如福建之萨，萨都剌之后也；江西之揭，揭奚斯之后也；江南之廉，廉希宪之后也。”

[60] 赵翼《廿二史札记补遗》尝引“《御批历代通鉴辑览》总裁诸臣钦奉上谕”言，“我满洲与蒙古一字一音，即尽其一字一音之义，从无一音而有两字以至数字，惟汉字则一音有多至数字者。于是以汉字译清字者，得以意为爱憎，每取恶字以示见贬。不但于异国异字用之，即于同一汉文，颇有用是为抑扬者矣，此仓颉造字所以有‘鬼夜哭’之语也。”故下令颁布标准译音，以求“中外一统，治恰同文”，造成《元史》译名与《续资治通鉴》人名每有不合。

[61] 《关公故事在元代不同民族的衍生：〈格萨尔〉与〈花关索〉之比较》，‘2007台湾嘉义第三届中国小说与戏曲国际研讨会论文。

[62] 牛录（Niru）为满语村落之称，意为“强箭”，既是生产行政单位，又是作战单位，带有鲜明军事色彩和战争职能。在新疆锡伯族中一直沿用至今，现相当于行政区划中的乡一级。

[63] 《锡伯族：他们是崇尚关公的民族》，原载2006年5月24日《乌鲁木齐晚报》。

第十一章

汉民族的自觉与关羽崇拜

民族自觉

当年曹操表封关羽的爵号本为“汉寿亭侯”，其中“汉寿”为地名，“亭侯”为爵名，是汉代五等列侯中最低的一等。这在《三国志》中记载得明明白白。但从南宋开始便不断出现“寿亭侯”的印绶，“汉”字被独立出来，成为“汉代”的标志。这一明显失误居然延续了400多年，直到明朝嘉靖时有礼部官员上书澄清；又延后百年，至天启年间才得到正式纠正。在素重典籍的中国官场，这个现象颇耐人寻味。我以为其中展现的正是“汉民族”形成过程的一个侧面。试为次第论之，并求指教。

民族问题在中国历史上有着特殊的意义，一是出土的早期文物已经证实了中华大地文明初始即已呈现着“多元共生”的形态；二是中华民族的发展壮大是多民族融汇的结果；三是今日之汉民族本身也是多种民族血缘与文化交融的结果；四是中国境内仍然存在着数十个保留自己鲜明的语言文化宗教特性的少数民族。但这一命题如果回复到历史情景之中，则必须弄明白“民族”自觉意识的开始。

19世纪末，中国西北边疆历史地理学曾随考古学发现而盛行一时。日人宫崎市定在《东洋的近世》中，曾为中华民族的自觉意识选定了一个坐标点，这就是立于唐玄宗开元二十年（732）的《阙特勤碑》。[1]该碑系突厥毗伽可汗为其弟阙特勤所立，共分四面，一面用汉文记载了唐玄宗的哀悼词："受逮朕躬，结为父子，使寇虐不作，弓矢载櫜，尔无我虞，我无尔诈。"结尾以诗为颂："沙塞之国，丁零之乡，雄武郁起，于尔先王，尔君克长，载赫殊方，尔道克顺，谋亲我唐，孰谓若人，网保延长，高碑山立，垂裕无疆。"其他三面分别用突阙文（鄂尔浑）、古土耳其文和"一种异体文字"（按当今学者认为三面都是突阙文）书写记叙本民族征伐四方的历史及其与"汉人"由冲突到互市亲近结交的过程，且言葬礼时有"来自东方，即日出之方的莫离人，尚有叱利人、汉人、吐蕃人、阿拔人、拂菻人、黠戛斯人、三姓骨利干人、三十姓鞑靼人、契丹人和地豆于人等。这许多民族前来送丧和哀悼。"并警戒后人不要丢失自己的民族特性。[2]宫崎以为这块碑记本身就意味着民族意识的普遍觉醒：

> 民族意识的昂扬，使一定程度的文化成为必要，特别是以文字去记录历史。事实上，从这面碑上所记土耳其语的阙特勤传记中，可以看出这些民族终于察觉到本身的国粹，而且有意识地去努力维持。[3]

魏晋南北朝虽有"五胡乱华"之说，但当时入主中原的各个民族却没有创造自己的文字以书写本民族的历史，相反却有主动汉化的实例如北魏孝文帝然。事实上这些民族也多融合于中土，在中华民族的谱系中隐没不现。此为史家常识之论，无须多谈。当时虽有以"汉"为名的割据政权，但多出于少数民族政权。我认为晋虽混一宇内，但刘备推正汉室之影响并未因此消失。西晋"八王之乱"后，十六国中即有巴氐人李特之侄李寿在成都称帝，径改"成汉"国号为"汉"；荆襄张昌率巴蜀流民起事，亦推山都县吏丘沈为天子，改名刘尼，冒称"汉"后；就连北匈奴之刘渊立国也以"汉"称，理由是"昔王先人，与汉约为兄弟，忧泰同之"。可见"尊汉室以为正统"的观念，在当时也并未消失。

元代末年灾害踵接，政治黑暗，民族间矛盾也在加剧，故关羽崇拜在当时的汉民族中有何意义值得探讨。"汉人"之称虽然源于"五胡乱华"，却大盛于辽、金、元之际，与"契丹""女真""党项"或"蒙古""色目"等形成对举。尤其见于辽金元之典章制度，因而唤醒中原人之民族意识。尤其是北地旧族，竞相以“汉”为宗，遂有“汉寿君”这样并不规范的称呼。流播日久，以至“汉”与“寿亭侯”分离，甚至有造出此类印绶以冒充古董者。这些轶事，从另一面证实了辽、宋、金、元时期民族冲突中，关羽崇拜亦是汉民族意识觉醒的产物。而南宋儒上也认为：

> 以为民心之得失，此兴亡之大几也。林少颖云：“民之思汉，则王莽不能胁之使忘；民之忘汉，则先主不能强之使思。”唐与政云：“民心思汉，王郎假之而有余；民心去汉，孔明扶之而不足。”此中之“汉”，正如元人误读“汉寿亭侯”，“汉锺离”之“汉”，亦寓有深意在焉。[4]

本文正欲摭拾这个话题，深入论之。惟民族形成问题有其复杂性的一面，尤其是中华主体民族久以“华夏”“中国”等称呼载诸典籍，故“汉民族”形成问题曾在现代化进程中屡起聚讼，笔者论述亦当由此开始。

汉民族形成时间之谜

近代民族观念传入中国时，“中华民族西来说”亦随之登陆。为了反驳这种无根之谈，梁启超发表《中国历史上民族之研究》认为：

> 吾族自名曰“诸夏”，以示别于夷狄；“诸夏”之名立，即民族意识自觉之表征；“夏”冠以“诸”抑亦多元结合之一种暗示也。[5]

要言不烦，但也开启了中国民族学对汉民族形成问题的聚讼纷争之始。一般以为，“汉族”的称呼源于汉朝。如王桐龄《中国民族史》从民族间的通婚、各民族王朝王室和高官显贵的民族出身、民族之间互相更名、改姓等问题入手，以汉族为中心缕述为八期，分别是“汉族胚胎时代”论述“汉族内部之融合”；“汉族蜕化时代”论述“东夷、西戎、南蛮、北狄血统之加入”；“汉族休养时代”；“汉族第二次蜕化时代”论述“匈奴、乌桓、鲜卑、氐、羌血统之加入”；“汉族第二次休养时代”论述“高丽、百济、突厥、铁勒、回纥、沙陀、党项、吐蕃、奚，契丹血统之加入”；“汉族第三次蜕化时代”论述“契丹、女真、蒙古及西域诸国血统之加入”；“汉族第三次休养时代”；“汉族第四次蜕化时代”论述“满族、西藏血统之加入”。[6]林惠祥《中国民族史》则以为“汉以前只称‘华夏’，汉以后则称汉族。”[7]自“马克思主义民族学”传入以后，范文澜辄以汉族为秦汉以下“独特的社会条件下形成的独特民族”。[8]这曾经引发过一场“部族”还是“民族”的争论。反对学者也分为两派，一派以为“汉民族形成于鸦片战争以后”，一派以为“汉民族形成于明代后期”。[9]所以“形成”得如此之晚，其实是因为两派都在套用苏联专家格·叶菲莫夫“封建制度消灭与资本主义发展过程中形成为民族的过程”的模式。[10]

20世纪80年代以来，对于汉族形成的看法依然未能统一，只是差距在逐渐缩小。一种意见认为“汉民族形成是分为两步完成的”，第一步，华夏部族联盟或者形成于原始社会末期，或者形成于夏代。然后在秦汉形成民族；另一种则认为分三阶段形成，分别是夏商周、春秋战国和秦汉。[11]有的学者还试图定义，说是“以汉字为载体”，“以汉文化为主体”，“以汉朝为标志”。[12]但以上诸说似乎都忽略了一点，就是当时或稍后称呼“汉族”“汉人”者主要是周边民族和地区，并非中原民族的自主称谓。

近年又有论者试图综合诸说。以为：

> 汉民族族称的确定，经历了一个曲折的交叉的发展过程，即先后出现“秦人”“汉人”“唐人”之称；同时“秦人”“汉人”“唐人”三称又交叉使用。“汉人”之称在曲折、交叉的发展过程中，逐步取得主流地位，最后确称为“汉族”。[13]

并花了很多篇幅，缕述史籍记载之“交叉曲折”，如《史记·大宛列传》“闻宛城中新得秦人知穿井，而其内食商多”，《汉书·李广利传》移载此事，仅改“秦人”为“汉人”，等等。颜师古注《汉书》有“秦时有人亡入匈奴者，今其子孙尚号秦人”。“谓中国人为秦人，习故言也。”胡三省注《资治通鉴》亦有“据汉时匈奴人谓中国人为‘秦人’”。实物也证实了这一点，永寿四年石刻《刘平国治关亭诵》言：

> 龟兹左将军刘平国以七月二十六日发家，从秦人孟伯山、狄虎贲、赵当卑、万羌、石当卑、程阿羌等六人共来作□□□□谷关。

故王国维言汉代“皆谓汉人为秦人”。此外，法人伯希和（Paul Pelliot，1878 ~ 1945）注释《马可波罗游记》中的Cina含义，曾举古印度人称中国为Cina，希腊人称为Thin，罗马人称为Sinae，以及现代西语普遍称之的

China，都证明中国一直以“秦”名播海外。[14]

类似的例子不胜枚举，但都有着同样的缺陷，即这些证据所力图证明的，仍然是中土以外民族、地区对于中国国属的称谓，而非生斯长斯之主体族属的自我称谓。现代民族学认定，自我称谓（emic）才是一个人群自我界定最为有效的指数。[15]所以我认为需要追溯的重点和中心问题，恰恰应该是源于中原的百姓何时开始自称为“汉族”。

中晚唐外族缘于“安史之乱”进入中土，中华各族的融汇方式又出现了新的趋势。其中契丹、党项、女真、蒙古各族先后都建立了自己的国号，创立了自己的文字，独自书写本民族的历史，是其中最值得注意的特点。汉民族也正是在这样相比较而存在、相斗争而发展的民族格局中，开始了自我民族意识觉醒的。

从现存史籍看来，这一时期最早揭出“汉”作为民族徽别的，应当是唐哀宗天祐二年（905）孤悬一隅的沙州（今甘肃敦煌）归义军节度使张承奉。他闻朱温篡唐，即以“白雀之瑞”为谶，自立为“金山白衣天子”，建立“西汉金山国”。其国号之“西”为方位标识；“金山”为地理标志；“汉”当为族别标志。张氏殁后，祖籍为亳州（今属安徽）的长史曹议金继任为帅，“请命中朝，授本军节度使”，共历五世112年。北宋景祐三年（1036）为西夏攻陷，封除。

但汉风汉俗却未必能随国除而泯灭。元初刘郁曾随“皇弟旭烈兀统诸军奉诏西征，凡六年，拓境几万里”，归后写作《西使记》时，就记述说：

> 与八失别里南以相直近五百里，多汉民，有二麦、黍、谷，河西注潴为海。……又西南行，过孛罗城……西南行二十里，有关曰“铁木儿忏察”，守关者皆汉民……出关至阿里麻里城，市井皆流水交贯[16]……回纥与汉民杂居，其俗渐染，颇似中国。又南有赤木儿城，居民多并、汾人。[17]

则知五代以后汉民已有迁徙到天山南麓者。刘郁在这里使用了“汉民”“中国”和“并汾”三个概念，无疑都具有族属的认同感，只是“并汾”更强调地域乡情而已。

又自沙陀人石敬瑭献燕云十六州于契丹之后，燕晋汉人陷于异族。刘知远遂效仿刘备，托言东汉皇族之后[18]对抗契丹，建立“后汉”，仍以后晋石敬瑭用过的天福为年号，续为十二年（947）。其弟刘崇则依托契丹建立“北汉”，仍以其侄刘承祐用过的乾祐为年号，续为四年（951）。虽然看去仍然是踵继前人故技，但同样问题放置在隋唐以后，实质已经发生了变化。盖缘魏晋时代的“汉人”仍袭前朝国号之称，而此时的“汉人”已经具有族属自谓的意义。陈友谅于至正十八年（1358）起兵反元，二十年首先于江州称帝，国号又是定名为“汉”，连“改为刘姓，托名汉后”的传统把戏也都置之不顾，可知族属意识的强烈以及“汉”之族号本身具有的号召力和影响力。后话不提。

其间“汉”还曾被用于蔑称，北宋高承《事物纪原》卷十“称汉”条：

> 《演义》曰：今俗骂人曰“汉”，盖晋末胡乱中夏，故胡人骂中国曰“汉起”，南人骂北人为“胡”为“虏”。华夷自太始太素以还，有国号者至多，独以汉名曰，取两汉盛者也。

这里所说的《演义》非后世说部之小说，而是唐人苏鹗所著《苏氏演义》，[19]可知此说起源。又陆游《老学庵笔记》卷三曾经说过这么一个掌故：

> 今人贱丈夫曰“汉子”，盖始于五胡乱华时。北齐魏恺自散骑常侍迁青州长史，固辞，文帝大怒曰：“何物汉子，与官不受！”此其证也。承平日，有宗室名“宗汉”者，自恶人犯其名，谓“汉子”曰“兵士”，举宫皆然。其妻供罗汉，其子授《汉书》。宫中人曰：“今日夫人召僧，供十八大阿罗兵士，太保请官教点兵士书。”都下哄然，传以为笑。

陶宗仪《辍耕录》卷八“汉子”条也袭用过这个笑话。南宋人嘴里的“承平时”即指北宋。可知这个贱称沿袭已久，宋人已失其原意。《水浒传》第二十二回《阎婆大闹郓城县　朱仝义释宋公明》结末表道：

> 宋江已有八分酒，脚步趄了，只顾踏去。那廊下有一个大汉，因害疟疾，当不住那寒冷，把一锨火在那里向。宋江仰着脸，只顾踏将去，正跐在火锨柄上；把那火锨里炭火都掀在那汉脸上。那汉吃了一惊，惊出一身汗来。那汉气将起来，把宋江劈胸揪住，大喝道：“你是甚么鸟人！敢来消遣我！”宋江也吃了一惊。正分说不得，那个提灯笼的庄客慌忙叫道：“不得无礼！这位是大官人最相待的客官！”那汉道：

“‘客官！’‘客官！’我初来时也是‘客官！’也曾最相待过。如今却听庄客搬口，便疏慢了我，正是‘人无千日好！’”却待要打宋江，那庄客撇了灯笼，便向前来劝。正劝不开，只见两三盏灯笼飞也似来。柴大官人亲赶到，说“我接不着押司，如何却在这里闹？”那庄客便把跐了火锨的事说一遍。柴进笑道：“大汉，你不认得这位奢遮的押司？”那汉道：“奢遮杀，问他敢比得我郓城宋押司？他可能！”柴进大笑道：“大汉，你认得宋押司不？”那汉道：“我虽不曾认得，江湖上久闻他是个及时雨宋公明，是个天下闻名的好汉！”

这里所说的“那汉”“大汉”便是贫窘无靠中的武松，“好汉”当然是指宋江。“汉”字在宋后的民间称谓上又生发出这般变化，或许也正是汉民族自尊心提升的一个侧面或者注脚。

辽金西夏的“一国两制”

却说契丹从石敬瑭处接受了幽、云十六州以后，耶律德光就面临着既要确保契丹不被“汉化”，又须统治难以“契丹化”的汉人，于是首创“一国两制”政策。《辽史·百官志一》言：

至于太宗，兼制中国，官分南、北，以国制治契丹，以汉制待汉人。国制简朴，汉制由沿名之风固存也。辽国官制，分北、南院。北面治宫帐、部族、属国之政，南面治汉人州县、租赋、军马之事。因俗而治，得其宜矣。

又《百官志三》：

南面朝官：辽有北面朝官矣，既得燕、代十有六州，乃用唐制，复设南面三省、六部、台、院、寺、监、诸卫、东宫之官。诚有志帝王之盛制，亦以招徕中国之人也。

正因契丹作为一个多民族的国体，统治区域内已有大量汉民存在，促使契丹采用了“于汉人行汉法”的变通措施。在这种管理体制下，无论源自中土还是同化异族，凡是“中国之人”事实上都已被强化了“汉”的族别意识。这个体制又为前金承袭，《金史》志第三十六《百官一》言：

汉官之制，自平州人不乐为“猛安”“谋克”之官，始置长吏以下。天辅七年（1123）以左企弓行枢密院于广宁，尚踵辽南院之旧。天会四年（1126）建尚书省，遂有三省之制。至熙宗颁新官制及换官格，除拜内外官，始定勋封食邑入衔，而后其制定。然大率皆循辽、宋之旧。海陵庶人正隆元年（1156）罢中书门下省，止置尚书省。自省而下官司之别，曰院、曰台、曰府、曰司、曰寺、曰监、曰局、曰署、曰所，各统其属以修其职。职有定位，员有常数，纪纲明，庶务举，是以终金之世守，而不敢变焉。

请注意“平州人不乐为‘猛安’‘谋克’之官”[20]这一句。猛安、谋克本为金朝实行的一种兵民合一的基层政权形式，金朝女真族所建置的猛安、谋克，经过改革后纳入州县设置系统之中，与州县同隶属于节度使之下。猛安拟防御州，谋克拟县，各有品级。州县主要管汉人等，猛安、谋克主要管女真户，州县下为村社，猛安、谋克下为村寨。村社设里正，村寨设寨使，掌同里正。[21]这里说的是北地汉人不愿意接受女真人部族政权的编管辖制，深层原因则是汉人的宗法组织体系与游牧民族方凿圆枘，故不得不沿用辽法，用中土“汉官”的郡县制度进行管理。

同时之党项族建立西夏二十二州，属民亦包括汉族、吐蕃、回鹘、塔塔等。李元昊设立官制，亦采取凡属左右侍从一类都由党项贵族中选用；凡是仿宋官制而设置的则参用汉人的办法。

蒙古入主中原亦复如是。《元史》志第三十七《百官三》言：

国初未有官制，首置断事官，曰札鲁忽赤，会决庶务。凡诸王驸马投下蒙古、色目人等，应犯一切公事，及汉人奸盗诈伪、蛊毒厌魅、诱掠逃驱、轻重罪囚，及边远出征官吏、每岁从驾分司上都存留住冬诸事，悉掌之……皇庆元年，省二员，以汉人刑名归刑部。泰定元年，复命兼理，置札鲁忽赤四十二员，令史改为掾史。致和元年，以上都、大都所属蒙古人并怯薛军站色目与汉人相犯者，归宗正府处断，其余路府州县汉人、蒙古、色目词讼，悉归有司刑部掌管。

可见从辽太宗耶律德光（902 ~ 947）开创的这项制度实际上一直延续到元末，在广大的北方地区实行了400年之久，这在中国历史上是空前的。如果以为这还不足以强化汉人的自我族属意识，那么不可能想象还有其他任何办法来加强汉族的认同感和凝聚力了。

陈寅恪先生论及唐初文化民族之融合时，尝言：

> 融合其所割据关陇区域内之鲜卑六镇民族，及其他胡汉土著之人为一不可分离之集团，匪独物质上应处同一利害之环境，即精神上亦必具同出一渊源之信仰，同受一文化之熏习，始能内安反侧，外御强邻，而精神文化方面尤为融合复杂民族之要道。[22]

金元时期何尝不是如此。“汉人汉法”不仅使不同民族处于“同一利害之环境”，佛道两教、儒家思想及其他民间信仰，又使为“汉人汉法”约制的多个民族，在精神上走向“同出一渊源之信仰，同受一文化之熏习”。前述关羽崇拜逐渐为各个民族所接受，亦即“融合复杂民族之要道”例证之一。

说起来，中国传统区分“华夷”[23]的方式向有两种：一种主张血胤联系，严“夷夏大防”，强调“裔不谋夏，夷不乱华”；[24]另一种主张则以是否遵从华夏文化作为衡定标准，故有“中国入于夷狄则夷狄之，夷狄入于中国则中国之”的说法。所以前贤每以“文化种族”或者“血胤种族”两端作为民族区划之分属。窃以为从历史实际出发，合则两全，分则两伤。如果聚焦于辽宋金元时期的制度性演变，来揭示汉民族自觉意识的觉醒，或者更为公允。后文续论。

“汉人”的制度强化

鸦片战争以后“世界走进了中国”，也打开了雍乾以来士大夫日渐封闭的视野。由于有域外史料相参照，清末西北边疆历史地理成为一时显学，明初宋濂编述《元史》的局限性也因此暴露无遗。孟森（1869 ~ 1937）曾批评说：

> 《元史》自今五百年来，为一朝正史，然以其在汉土传祚不永，一切制度文物，又与汉土历代不甚沿袭，故在汉人不推为至隆极盛之朝。而在全球棣通之世，则泰西所震耸于东方民族者，视蒙古在汉唐诸大朝之上。元朝之于蒙古，乃其统辖汉族之一区，全蒙统治之域，逾此

远甚。汉人作《元史》就近处所见言之，自汉族以外，蒙古本部已不求甚解，又安知其功烈之所届，视并包汉族之伟大，有倍蓰以上者耶？[25]

江苏武进人屠寄（1856 ~ 1921）撰《蒙兀儿史记·行省宰相表》后论赞道：

论曰："治汉人当用汉法"，忽必烈汗所知也。至元初政，八坐之中汉人几居其半，其人又贤。当时治绩，论者至比之唐贞观焉。嗣时厥后，左右相专用蒙兀、色目人，即平章一位，亦几无汉人容足地，而治道日非矣。然则华夏声名文物，更数千年，民德虽衰，尚非游牧种人所能折棰而长治者欤？[26]

陈寅恪的古代民族语言绝学造诣，每使人以为深不可测。他在早年曾有短文《元代汉人译名考》[27]，由宋元时代外族的古拼音文献入手，提过一个独特的观点，似未引起方家续论，故不惮固陋，在这里拈出一说。

陈氏先从"治元史者，莫不知元代社会有蒙古、色目、汉人三阶级"谈起，复举陶宗仪《南村辍耕录》卷一"姓氏族"条载有"蒙古七十二种，色目三十一种，汉人八种"，但所举汉人之姓氏却为"契丹、高丽、女真、竹音歹、朮里阔歹、竹温、竹赤歹、渤海（原注：女直同）"。后世论者每遇及此，咸疑为"讹舛"，陈先生却以为"元代汉人之名，必有待发之覆"。因"兼采近年外国成说，核以蒙古波斯旧史之文，依其界说之变迁及涵义之广狭，立一假定之说，以解释之。"

他首先举证明代《火源洁华夷译语·蒙文编·人物门》，言"汉人"曰"乞塔"，[28]复举日本翻刻元泰定本《事林广记》庚集卷十《治元译语·人事门》"汉儿曰'托忽歹'，蛮子曰'囊家歹'"，校以"托忽歹"本为"扎忽歹"之讹，"而'囊家歹'之语，则本金人之故称也。"以此对照拉施特《蒙古史》古波斯原文之记载：

Khatai 国者，蒙古人称为 Djavkout，支那语谓之 Khanzi。以 Kara-monan（黄河）与 Matchin 过，即支那人所谓 manzi（蛮子）者为界。又与 Tchourtcheh 及游牧人所居 Kara-Khatai 荒漠之地接界。蒙古语 Tchourtcheh 之名，盖因支那人称此国为 Nangias。与 Khatai 以黄河为界。此水源出吐蕃及迦湿弥罗，常不可渡。其国都名 Khingsai。（即临安，殆"行在"之音译）距 Khan-balik（大都，按即汗八里）四十日程。

又以古波斯文旧题《译言史贯》第八篇复校，其言：

> Khatai 分为数国，其名随各种语言而不同。支那语为 Khanjo-tchou（tchi）Tchoun-Koué。蒙古语谓之 Djavkout。印度人谓之 Tchin。吾等（波斯人）谓之 Khatai。

然后详尽比勘了《蒙古秘史》征伐金国一段记述之蒙文对音，指出"扎忽惕"即 Djavkout，"或曰'乞塔惕'，即与《华夷译语》之'乞塔'同一字也。"亦即金人组成的"汉军"之谓。我想这应当是"契丹"（Kitaia，Cthaia 或 Cathay）的音转。而"'蛮子'即'囊家歹'"，即 Nangias，伯希和（P.Pelliot）认为"即华语'南家'二字之音译。"《三朝北盟会编》二二马扩茂斋自叙言"粘罕云：'你说的也煞好，只是你南家说话多捎空。'"即此之谓。《蒙古源流》蒙语对音 Nangiad-ulus，意译即是"中国"。陈氏的结论是：

> 殊不知蒙古语当日自有"囊家歹"之专名，以称"南人"，实不在"扎忽歹"即"汉人"总称之内……盖一时代之名词，有一时代之界说。其涵义之广狭，随政治社会变迁不同，往往巨大之纠纷讹谬，即因兹细故而起，此尤为治史学者所宜审慎也。

照此引申，颇疑 Khanzi 即为"汉子"，Khanjo 即为"汉军"的对音。

如谓陈氏此说成立，笔者还可以推导出两个结论。第一个是北地汉族既与契丹、女真等民族被蒙古一体视做"汉人"，则在元代管理体制下之民族融合，亦会强化这些民族"汉人"的族属意识，并将他们中的部分或大部分融入元后"汉族"之中，理由同前所述。且一般而言，部族种姓越多，则其融合为"民族"的时期越短，如早期华夏诸部族然。所以第二个推论是：蒙古族人数虽少，种姓却有七十二种之多，色目也有三十一种，"汉人"减至八种（其中高丽、女真都是今日的独立民族），而数以千万计的宋人（南人）居然只有一种"囊家歹"，说明无论从异族称谓还是自我认同，宋人的族属意识实远较同时代其他民族更为自觉。

《剑桥中国辽西夏金元史》说：

> 在 1215 年到 1234 年征服金朝之后的 20 年内，有两千多万定居人口，主要是华北的汉人，也有西夏的党项人、渤海人、高丽人以及中国北方的其他居民，处于蒙古人的统治之下。为了行政管理的目的，

这些新被征服的属民被称为“汉人”。而对于汉人来说，这个词本身指的则是汉文化共同体或汉民族共同体；当时在法律上被称为“汉人”的蒙古属民中的绝大部分当然也是汉人。但是这个词又用来指所有曾经在中国北方的金朝统治下的属民，不管他们是不是汉族，也不管他们是不是游牧民族。1275年至1279年蒙古人又征服了南宋，第四等人也随之被规定下来，这就是“南人”，它专指5000万以上的南宋遗民。[29]

事后证明，这种区分并没有缩小汉族文化共同体，相反却是壮大了这种共同体。经历元代以后，汉民族共同体及其活动的范围反而得到了极大的扩展。

在《管锥编》第四册二三七《全后魏文》论及张伦《谏遣使报蠕蠕表》“亦由中国多虞，急诸华而缓夷狄”时，钱锺书曾以大段文字缕述历史上多个入主中原的少数民族政权对于“华夷”观念的看法及表述：

汉人自称“华”而目鲜卑为“夷”，魏鲜卑自称“华”而目柔然为“夷”，先登之齐鲜卑又目晚起之周鲜卑为“夷狄”；后来南宋人之于金，金人之于蒙古，若是班乎。《中州集》卷四周昂《北行即事》第一首：“闻道昆仑北，风尘避仆洼。至今悲汉节，不合度流沙。”又《翠屏口》第二首：“玉帐初鸣鼓，金鞍半偃弓。伤心看寒水，对面隔华风。山去何时断，云来本自通。不须惊异域，曾在版图中”；金人对蒙古，俨然自命“汉节”“华风”矣。至北齐人自称“华”而目南朝为“夷”，则金人于南宋所未有焉。顾此特堂皇之语耳，私衷初不如是。[30]

窃以为此处所指“金人”周昂之诗作，即或未必代表女真贵族，但至少代表了北地汉臣的心态。与此稍后，还有金元世臣马祖常对于家世的自叙：

昔我七世上，养马洮河西。六世徙天山，日日闻鼓鼙。
金室狩河表，我祖先群黎。诗书百年泽，濡翼岂良鹈。
尝观汉建国，在世有日磾。后来兴唐臣，胤裔多羌氐。
《春秋》圣人法，诸侯乱冠笄。夷礼即夷之，毫发各有稽。
吾生赖陶化，孔阶力攀跻。敷文佐时运，烂烂应奎璧。[31]

虽然明承血胤原非汉族，但却俨然以跻身儒者自得，就是融入汉民族之代表性的例证之一。正因为汉民族的主体意识在明代已经形成，所以清朝定鼎中原遂不复以“对汉人行汉法”，而是融合满汉，[32]同时对其他民族实行区域自治（如对内外蒙古、西藏、新疆诸民族），或者“改土归流”（如对西南各民族）。实行少数民族区域自治的国策延续至今，后话不提。

相反相成的第三个例证，可由拒绝被异族同化的客家人入手证明。清末一度认为客家为少数民族，因为他们的语言、服饰、建筑、民俗，均与当地土著显有不同，故曾被诬以“客”旁加“犭”之名，19 世纪西方传教士在调查中也曾误以他们为独立“民族”。自罗香林[33]开创“客家学”以后，在资料收集和研究中发现客家人汉民族的族属意识特别强烈，不但自承“纯粹汉族”，而且有论者认为：

> 客家人的远祖多是中原大族世家，即从魏晋以来形成的“衣冠望族”……这些正是汉族传统文化的精粹，即正统观念：以忠君为表现形式的政治意识，家族观念，族群观念，保守的、固执的祖宗之法的道德价值，以及出身高贵、书香世家或诗书传家的文化教养而产生的优越感。[34]

客家人是在不同的历史动乱年代间，由中原不断迁徙到南方的，殆无疑义。流传很久的一首客家《迁流诗》言：

> 人禀乾坤志四方，任君随处立常纲。
> 年深异境犹吾境，深入他乡即故乡。[35]

我以为，这不但表明了他们已经具备了随遇而安，自觉适应环境的能力和心态，而且具有传承以儒家价值观念为中心之汉族文化的自觉。

但是对于客家大规模移民究在何时却有一些分歧。罗香林曾提出“五代宋初说”：

> 客家先民的移民运动，在五代或宋初是一种极其显著的事项，“客家”一名亦必起于是时。[36]

长期以来几为定论。但近年有学者提出异议，建议将时限后移到北宋末年。[37]并举宋末元兵大举南下，临安沦陷以后，以闽粤赣交界处为中心的客属“大本营”居民不顾艰危，出师“勤王”为例。如庐陵人（今江西吉安市）文天祥即有“今已约赣州诸豪，凡溪峒剽悍轻生之徒，悉已纠集”[38]之语，吴莱复在元兵南下时“自江西初起，崎岖山谷购募义徒，耕莽峒丁造辕门、请甲杖，不啻数万”。[39]明初宋濂《题文天祥手帖》中，亦谈及文天祥起兵抗元时，“赣州大姓起义旅相从者，如欧阳、冠、侯等，凡二十三家。”[40]在赣闽粤“客家大本营”及其附近地区几经争夺，极为惨烈。直至崖门海战失败，海上浮尸十数万，无人投降。这种景象结局，是在中国历朝陵替中从未出现过的。他们毅然挑起“兴复宋室”之责，颇有效仿蜀汉将相“知其不可为而为之”的气概。可见客家人汉族属意识的自觉，已凝聚入强烈的政治意愿。这种情形在明末清初又复出现，不为偶然。后文再论。

客家人对于关公崇拜也别有情怀。据介绍：

> 许多客家地区，几乎找不到城隍庙，却到处可以看到关帝庙，香火之旺，超过佛庙大雄宝殿，且给关帝庙赋予城隍庙的职能，如天旱祈求下雨，久雨祈求天晴，瘟疫流行祈求消灾祛病，出远门祈求平安，添丁祈求保佑等等，均将关公神像（多木雕），用四人大轿抬出游村、乡街道，或设坛供祭，十分虔诚。每家每户正大门二扇门的上端，恭贴关公坐正位，关平、周仓站立两侧的彩色画像（俗称“门神”），使关公又充当了保家驱邪的卫官，扮演了钟馗驱邪逐鬼的角色。甚至在现代城市的香港，几十层的高楼底墙角，年节也贴有关公像，设香案，求保佑，此乃香港客家人所为。为什么客家人在尊神活动中如此特别崇奉关云长呢？主要是客家人长期迁徙流漓，坎坎坷坷，极需有一精神寄托，用崇义来凝聚群体，谋求自身的生存和发展，这便自然把关公看成是义的化身，当作神来崇拜，又赋予更多的精神寄托。这就产生了上述有趣的演化。[41]

说明客家人信仰也是向海外传播关羽崇拜的重要渠道之一。但这只涉及客家普遍祭祀关公的现象，未中肯綮。香港凤凰卫视台大型节目《寻找远去的家园》续篇六十六报道福建连城培田村客家人的《关公祭》则言：

> 客家地区也有关帝庙。但是同闽南和广东等地把关帝庙当财神来敬供的情况是不太一样的。客家是把关帝当作中华民族的一位先贤来崇敬的，对关帝的敬仰主要是追慕其忠义，认为关帝忠义之气愈久愈烈，无日不在天地间。关帝以其忠义护国、护民，也正因为如此，才得到了客家人对其精神品格的崇敬。

可惜该片学术主持人未能深入“先贤”二字开掘内涵。我以为如果结合宋元、明清易代之际，客家人忠义相尚，护卫汉族政权的史实，才能得其情实。鉴于客家人的历史溯源及明确界分仍然在讨论之中，故目前难以征引古代客家文献考探其崇奉关公之始源。故仅于断代文献中概述，以期有明确文献可征之际，再行通贯之论述。

此外按照宋代的“五行说”，汉、宋均应“火德”而称帝，故有“炎汉”“炎宋”之称。元末战乱初起，刘福通等“红巾军”推戴韩林儿为帝，以其父“山童，宋徽宗八世孙，当主中国”为由，建国曰“宋”，建元“龙凤”。[42]当然也要顺接五行之“火”，以南方为尊。后话另提。与一些强调膏腴阀阅，世德勋烈的开国君主相比，朱元璋自称“淮右庶民”。他还上承元统，声言“自宋运既终，天命真人于沙漠入中国，为天下主。传及子孙，百有余年，今运亦终海内。”[43]这也是一个不寻常的政治姿态。

蒙元混一宇内，汉族仅为其治下广大帝国多民族之一种，不但丧失了往日的文化优越感，“南人”亦且成为社会底层之标识。沦落到如此地位，也还是中原民众士庶从未有过的体验。其民族意识的觉醒增强，也只能通过宗教、民间祭祀，或者其他儒家符号一再暗示。其实正一派所以要向元廷争取“嗣汉天师”的封号，也未必没有这层意思。好在蒙古、色目贵族涉儒不深，且敬奉神明，崇尚武功，对于“汉”究为朝代，抑或民族之徽号不甚了了。故关羽之“汉”将“汉”侯，与锺离之“汉”神“汉”仙，遂得以在皇室及翰林诸公眼皮底下公然走私，流播及杂剧小说，公开于民众之间，延续“汉烬”之炎尽，发为“大明”之复燃。此亦为民间文化遗绪之一脉，有意治中国文化史者不可不察也。

需要特别指出的是，元末各地之乱，固然有多种因素造成，[44]但是“胡汉”民族的对立被再次突出出来，激化了矛盾，亦其原因之一。有记叙说：

> （宰相）脱脱议军事，每回避汉人、南人。时方入内奏事，回头中书韩伯高、韩大雅随后来，遽令门者无入，奏曰：“方今河南汉人反，宜榜示天下，令一概围剿。诸蒙古、色目因迁谪在外者皆召还京师，勿令诖误。”于是榜出，河北之民亦有变，而从红军者矣。[45]

而红巾军初起，还只是打着“复宋”旗号，所谓“虎贲三千，直抵幽燕之地；龙飞九五，重开大宋之天。”[46]但后来宋濂草拟的朱元璋讨元檄文《论中原檄》

中，就不仅指责“元之臣子，不尊祖训，废坏纲常”，而且宣示了“驱逐胡虏，恢复中华，立纲陈纪，救济斯民”的宗旨，[47]明确提出了以文化为前提的民族主义政权诉求，在中国历史上这恐怕还是第一次。同时檄文又指出凡蒙古、色目人“愿为臣民者”则一视同仁，如同对待汉族一样“抚养无异”。

敬请读者注意，这里指的“中华”，虽然仍有“中国华夏”的传统涵义，但结合前述统称“汉人”“汉军”的北方许多民族，经过近百年的“汉人”指称和制度的混同管理，已经融入汉民族文化经济共同体的现实，意义已经宽泛得多了。这或许可以为“汉民族”的最终形成，作出一个了断。[48]下文续论。

“寿亭侯”印绶失“汉”之谜

论述及此，再来回顾自宋至明代有关关羽印绶及封爵的几则小传闻，就更加富于意味了。

首先是宋人关于“寿亭侯”印绶发现的报道，赵彦卫（约1140～1210）《云麓漫钞》卷之五言：

> 《荆门军图经》：关将军庙在当阳玉泉山。绍兴初，潭州人有得其印于水者。二十有三年（1153），寺僧法源白于高使君，得公牒，之潭州取之，归于寺。其文为“寿亭侯印”四字，方广一寸有半，其上有穿，穿有环，广如其印。有其上，并二环，各广七分，加其半以为之长，色皆刚莹异常，铜环，古所以佩也。三十有二年（1162），艮斋谢先生[49]自夷陵考试回，尝见之。荆门太守王公录云：“余幼时，侍先公为湖南提举，常平时得观之。印方二寸余，纽上有双环，阔可六七寸，篆不古，非汉魏间字体，莫可推晓。”或云：晋、宋以下，别有封寿亭侯者，亦未可知。予以庆元中因职事，尝于左藏封椿库见之，如其制。又有“关南司马”一印。[50]字皆作迭篆，不知何时在左藏，则是别有此二印也。毗陵人张驹（千里）好古，曩尝云：“建炎二年六月，复州宝相禅院因科修城木，于三门前大树下斸四尺余，得此印，环上刻‘建安二十年寿亭侯印’，今环上却无此字，又与荆门军所载不同。”

淳熙四年（1177）司马智亦有《玉泉寺寿亭侯印记》言：

绍兴中，洞庭渔人获寿亭侯印，竟以为金，报于官，纳长沙库中。时有光焰，吏不敢留，移文公安，送还侯庙。印径二寸，其制甚古。印钮有连环，四面两相贯，上有一大环总之，所以配也。淳熙四年冬，元庵真慈摹画印状，具本末，将献于东宫。是夕印留方丈，光发于函，辉烛楹庑。寺有仁宗皇帝所赐龙眉、龙角二物，宜与印同藏名山，永为镇宝焉。予与元庵为方外游，远访云迹，悉所经见。故得而详知。关前将军赞曰：呜呼！篡汉者，瞒也；成瞒篡者，权也。瞒，名汉臣也，实汉贼也；权，阳瞒敌也，阴瞒翼也。公批亢于前，而不虞奸于腋。七军甫淹，六师随厄，使永安之恨不在许昌，而在公安；建兴之师不出樊城，而出祁山。安乐之笺与归命之璧，而相后先，惜哉！虽然，不以间关而废兄弟，不以乱杂而废君臣，其峙如者山岳，澄如者川流，而炳如者日月星辰。呜呼！此其所以亘万古而犹神也。[51]

笔者前书曾经谈到建炎二年（1128）金兵蹂躏京畿时，京西有人于关羽庙前贴出《劝勇文》，谓金兵有“五可杀”，激励兵民奋起抗战，后为上所闻，高宗颁诏加封关羽为六字之“壮缪义勇武安王”，诰词云：“肆摧奸宄之锋，大救黎元之溺”的事。此刻忽然发掘出“关羽印绶”并神异之，信非偶然。司马智还首先提及曹、孙两家俱为汉贼，实开后世理学议论先河。又洪迈《容斋四笔》卷八《寿亭侯印》亦曰：

荆门玉泉关将军庙中有“寿亭侯印”一钮，其上大环径四寸，下连四环，皆系于印上。相传云：绍兴中，洞庭渔者得之，入于潭府，以为关云长封汉寿亭侯，此其故物也，故以归之庙中。南雄守黄兑见临川兴圣院僧惠通印图形，为作记。而复州宝相院又以建炎二年因伐木，于三门大树下土中深四尺余，得此印，其环并背俱有文云：“汉建安二十年，寿亭侯印。”今留于左藏库。邵州守黄沃叔启庆元二年复买一钮于郡人张氏，其文正同，只欠五系环耳。予以谓皆非真汉物，且“汉寿”乃亭名，既以封云长，不应去“汉”字，又其大比它汉印几倍之。闻嘉兴王仲言亦有其一。侯印，一而已，安得有四？云长以四年受封，当即刻印，不应在二十年，尤非也。是特后人为之，以奉庙祭，其数必多。

今流落人间者尚如此也。予为黄叔启作辨跋一篇，见《赘稿》。

三记所载，实为一事。赵彦卫仅从字体“不古”有所怀疑，司马智以“其制甚古”没有怀疑，洪迈则指出了四大疑点：除印体量过大，不合古制和刻印年代有误之外，复举“‘汉寿’乃亭名，既以封云长，不应去‘汉’字”，与“侯印，一而已，安得有四？”辨析尤为有力。他指出何以如此的原因：“是特后人为之，以奉庙祭，其数必多。”这印证了南宋“庙祭”已经普遍有以“关羽印绶”奉祀的现象，这或者还与张天师一系列以印符宝剑为驱魔作法之利器有关。[52]此印更被玉泉寺视为镇寺之宝，后来为复建寺庙，还与仁宗御赐之物一同拿到元大都宫廷，另文已叙。

又据王寔《东吴小稿》之《寿亭侯印铭并序》，顺帝至正六年（1346）汴、淮淤塞，两淮盐司差卜颜监浚，又挖出“寿亭侯印”一枚。考虑到时间地点因素，这枚关印究竟是宋人遗留之物还是模仿至正十年（1350）韩山童、刘福通等借治黄工程造为“石人一只眼，挑动黄河天下反”的谶言，就不得而知了。

赵翼曾以宋人熊方编撰的《补后汉书年表·异姓侯》称关羽为“寿亭侯”，“寿亭上少一‘汉’字”为“传写脱误”，说明出现这种错讹的已不止于印绶庙祭，还上了史书。但为何会失去“寿亭侯”前之“汉”字，赵翼推测过分简单，倒是值得拈出一说。

如以现存沁县《威胜军新建蜀荡寇将□□□□关侯庙记》而论，结合正文“将军关侯”的称呼，和“积功居多，累封为荡寇将军、汉寿亭侯”的叙述，中缺之四字，意补“军汉寿亭”应无问题。说明北宋民间祭祀时，关羽爵号之“汉”并未阙失。政和闻喜关庙立碑，已是关羽封王以后，故只称“王”而不称“侯”。金元诸碑代相沿袭称“王”，惟元泰定巩昌府关庙碑称“蜀汉前将军忠义侯关云长”。不知“忠义侯”之封始于何方，或系四库馆臣据乾隆谕旨改正所致，后文再论。但已足以隔断“汉”与“寿亭侯”之联系。这在明初就发生了问题。《明史》卷五十《礼志四》“南京神庙”：

关公庙，洪武二十七年建于鸡鸣山之阳，称“汉前将军寿亭侯”。嘉靖十年订其误，改“汉前将军汉寿亭侯”。以四孟岁暮，应天府官祭。五月十三日，南京太常寺官祭。

“订误”之事还另有所记。《明实录·嘉靖十年九月》言：

> 南京太常寺卿黄芳言：“汉关羽宜称‘汉寿亭侯’，盖‘汉寿’，地名；‘亭侯’，爵也。今去‘汉’而称‘寿亭’，误也。”疏下礼部，覆如其议。

明嘉靖二十五年刊本《三国志通俗演义》是现存最早的《三国志演义》版本之一，其开卷《三国宗僚》人物介绍中叙及关羽，亦仅言“寿亭侯”。可知礼部的这个学术性更正，并没有在社会上发生应有影响。清初王应奎《柳南随笔》卷五注意到一个细节：

> 《演义》又有曹操表关羽为“寿亭侯”，羽不受。加一“汉”字，羽乃拜命。[53]

反而突出强调于此，表明关羽“身在曹营心在汉”的正统立场，以致将近百年之后，关羽早已敕封为帝，成为全民崇敬的尊神，掌管祭祀的太常寺还不得不旧案重提，要求“典正”关羽的“神号”。清人李调元《新搜神记·神考》言：

> 熹宗天启四年甲子明祀，典正神号。六月十三日太常卢大申题称：“追祀汉前将军寿亭侯，原奉我皇祖特封三界伏魔大帝神威远震天尊关圣帝君，业已帝，而祀文犹侯，仰祈敕下部查议”云云。奉圣旨：“神号著遵照黄［皇］祖加敕封祀。此关圣帝君所由称也。”……考：明太常少卿黄芳田以“汉寿”系封邑，而“亭侯”爵也，上称“寿亭侯”者误。乃改称“汉前将军汉寿亭侯关”。愚按：孙承泽引宋司马智《玉泉寺寿亭侯记》云，据此则公固“寿亭”也。然终以邑名为是。

可见这个问题一直困扰着明廷，李调元本为清代鸿儒之一，甚至连他也没有真正弄明白“寿亭侯”何以致误。

如从绍兴元年（1131）伪造的关羽印绶“出土”起算，至嘉靖十年（1531）“订误”改正，汉时关羽封爵的错误书写已有400年的历史；如从乾隆时代的李调元起算，这则错误又被延续了200年。关公原有爵封在其信仰历史上，居然在这么长的时间内引起聚讼纷纭，不能定夺，可谓咄咄怪事。我们注意到前引《元史》及《续文献通考·杂祠》中凡提及关公者，都是“汉关羽”，包括“汉张飞”“汉诸葛亮”，把“汉”作为朝代名称。尤其明显的是该书记述元顺帝时“徐州牧董恩建吕梁洪庙，以祀汉寿亭侯关羽、唐鄂国公尉迟敬德”一条，以“汉寿亭侯”对照“唐鄂国公”，这个错讹就更明显了。

如果认为这只是单纯因为朝代、封爵之两“汉”重叠，故省略了一个“汉”字，以致成误，那么另有一个旁证，就是道教著名“八仙”之一的锺离权，何时竟然变成了“汉锺离”。

宋人《宣和书谱》卷一九言：

> 神仙锺离先生名权，不知何时人，而间出接物。自谓生于汉，吕洞宾先生执弟子礼，有问答语及诗成集。状其貌者作伟岸丈夫，或峨冠绀衣，或虬髯蓬鬓，不冠衣而顶双髻。文身跣足，颀然而立，睥睨物表，真是眼高四海而游方之外者。自称“天下都散汉”，又称“散人”。[54]

明人胡应麟《少室山房笔丛》卷四〇：

> 今世绘“八仙”为图，不知起自何代。盖由杜陵有《饮中八仙歌》，世俗不解何物语，遂以道家者流当之。要之起于元世，王重阳教盛行，以锺离为真阳，洞宾为纯阳，何仙姑为纯阳弟子，夤缘附会，以成此目。……盖宋时羽士假托锺离权，以诳王定国辈，其诗实唐锺离权所作而假托者。不详其世，以为即汉锺利昧，故自称生于汉，后世因以“汉锺离”目之。

清人《陔馀丛考》卷三四“八仙”条同意上说，并加考源说：

> 今戏有《八仙献寿》，尚是元人旧本。则“八仙”之说之出于元人，当不诬也。……锺离权见《宋史·陈抟传》：“陈尧咨谒抟，有髽髻道人先在坐。尧咨问抟，抟曰：‘锺离子也。’”又《王老志传》：“有丐者自言锺离先生，以丹授老志，服之而狂，遂弃妻子去。”

浦江清先生尝作《八仙考》[55]，指出“今通行本《宋史·陈抟传》无此数语，比瓯北所见不同，当有脱夺，或瓯北误记。”他别引郑景望[56]《蒙斋笔谈》谈及吕洞宾的一则记载以实之：

> 权，汉人，迩者自本朝以来，与权更出没人间。权不甚多，而洞宾踪迹数见，好道者每以为口实。

此外，他还复举《铁围山丛谈》《云麓漫钞》和《夷坚支志》中亦有关于锺离权赠诗、施丹、草书的记载，认为“《太平广记》无锺离权，锺离权的神仙传说起于北宋”。金元间全真道列入其神谱，但叙述支离矛盾。

白化文先生踵继其师，复据秦志安[57]《金莲正宗记》，赵道一《历世真仙体道通鉴》[58]及刘天素、谢西蟾《金莲正宗记仙源像传》[59]，记载综述，认为锺离权的来历应当是这样的：

> 道号正阳子，又号和谷子、云房先生。可能是陕西咸阳人，也可能是燕台（今北京）人。相传五代石晋时曾任中郎将，遇异人授以真诀得道。后来传道给吕洞宾和刘海蟾两人。托名唐代知名道士施肩吾所编的《锺、吕传道集》大约是在宋代定稿，奠定了他在道教特别是后来在全真道中的地位。至于神话的说法，则说他本为西汉大将，更有根据他的“手迹”签名“天下都散汉锺离抹书”，认为他就是由楚入汉的大将锺离眛的。”[60]

白化文还介绍说，北京大学图书馆藏有宋皇祐四年（1052）立碑，元至正八年（1348）摹立之《重刻汉锺离诗碑》艺风堂拓片，证实他的草书签押确为“天下都散汉锺离抹书”。元人的马虎，究竟是源于以“汉”字属下，还是以“抹”为“眛”，或者两者兼有，已不重要。但“汉”无疑已经是作为一个符号特别标示出来，以醒众目了。

如果进一步考察，发现在道教为“汉”锺离假托身世的过程中，他的出身及相貌也在发生偏移。元人《历世真仙体道通鉴》犹言：

> 父列侯，至云中府生。仙诞之时，异光数丈，状若烈火，侍卫皆惊。真人之相，顶圆额广，耳厚肩长，目深鼻耸，口方颊大，唇脸若丹，乳远臂垂，如三岁儿。

到了清康熙时，明阳宣史撰《历代神仙通鉴》卷九则描述为：

> 其先雍州渭城人，父章，于元初中为征北胡有功，封燕台侯，作宦云中。诞生权时，白昼有一长人，云是上古轩辕氏，当托生于此，大踏步进入卧房，见异光数丈如烈火，其日乃四月十五。生下不声不哭不食，至第七日乃跃起，曰：“身游紫府，名书玉清（一作‘玉京’）。”自幼知识轻重，因名权。及壮，脸若丹涂，俊目美髯，身长八尺。

无论怎么看去，这都是一个糅合了宋真宗托祖降神、道教造作神谱和元人杂剧中关公形象的综合体。其中“征北胡有功”和“轩辕氏托生”的“感生神话”，都带有明显的“汉族”标识，而“烈火数丈”与“脸若涂丹”二者，又是“南方赤帝”及“火德真君”的徽记，正类关羽。宋人记载有淳熙四年（1177）玉泉寺僧真慈将所获“寿亭侯印”献之东宫，“忽光焰四起，众皆惊，遂不复献云。”[61]实际上也是张扬此节。大约民间率先流行此说，宫廷尚未知晓，所以才闹出这场事故，不欢而散。

国族国家（nation-state）

近代“民族国家”（nation-state，或称“国族国家”）概念的形成，是16世纪以来欧洲经过一系列战争和外交的产物。其中以宗教为核心的民族价值观念的形成（nation），国家制度（state）、社会集团权益以及精确疆界（Country）的确立，是有效组合国家资源，进而实现近代化经济结构和社会转型的前提。近年来许多西方学者的研究，已经形成了一些共识。如美国学者安德森（Benedict Anderson，1936 ~ 2015）在《想象的共同体》一书[62]中，曾从历史的角度下手，将民族的起源与形成归结为nation与state的结合，即以价值体系为中心的宗教信仰领土化，故创造出nation-state词组。在现代民族学理论中特别注重西方近代资本主义兴起，与大众传播手段，首先是印刷术普及之间的交互影响，及其对于国家语言发展的作用，而“大规模印刷企业”（print-capitalism）带来的近代公共媒体效应，包括图书、报刊的普及传播所发挥的作用，更是“国族想象”不可或缺的生存脐带。[63]加尔纳（Ernest Gellner）则指出：

> 不论是把国族当作是一套自然的、由上帝赐予的，用来区分人群的方法，或是把国族看成是一个代代相承……的政治宿命，（这些看法）都是神话。真正的情形是：国族主义往往夺占了既存的文化，将它们转化成国族。[64]

许多研究国族及国族主义的学者也都持有相似看法，如霍布斯堡（E.J. Hobsbawm）特别强调国族塑造过程中虚构（invention）及社会工程等人为因素所发挥的作用。[65]柯列（Linda Colley）在研究近代英国国族认同形成过程时，也得出一个类似“工具论”的结论：

> 对大不列颠的积极认同，并不是一项既定资源，而是学习的结果。而无论男女，只有在认为有利可图时，才会去学习它。[66]

克拉斯（James Kellas）指出，只有伴随着18世纪以来长期而激烈的政治、经济、文化变迁，西方各国的“人民”（people）才有可能被塑造成“国族”。尽管“国族”有着不容否认的“现代性”色彩，但是国族主义者对其自身国族的表述（representation）与宣示，却几乎毫无例外地指向渺远的过去。所谓“民族复兴”“唤醒国魂”等等激扬人心的口号，都是“国族塑造”过程中屡见不鲜的手段和策略。用安德森的话来说：

> 纵使人人一致承认国族国家是个“崭新的”“历史的”现象……国族却总是从一个无从追忆的“过去”中浮现出来。[67]

许多相关的研究证实：一个社会群体往往是透过对“过去”的选择、重组、诠释，乃至虚构，来创造自身的共同传统，以便确立群体本质，界定群体边界（boundary），以维系群体内部的凝聚。[68]保罗·利克维尔（Paul Ricoeur）则指出，社会记忆与社会意义的创造息息相关，社会群体通常要借助过去的重大事件，来构筑对于自身的意象，并且不断利用共同的公共仪式来强化他们与这样的“集体过去”之联系。因此，历史意识形态（ideologies of history）对于社会群体的符号性建构（symbolic constitution）与社会凝聚力的创造，具有举足轻重甚至是决定性的作用。[69]E.霍布斯堡甚至宣称：如果不对“传统的发明”（invention of tradition）给予审慎的注意，便无法深入分疏“国族现象”的意象内涵。[70]比如英国历史必须溯源到1066年的“红脸威廉”（亦称“征服者威廉”，William the Conqueror），即使这位威廉根本不知道何为“English”；而采用西班牙文为“国语”的墨西哥人也将其历史祖源，延伸到难以稽考的阿兹特克人与玛雅人——阿兹特克人也不可能了解“墨西哥”的意义，可以说都是这种以“过去”为导向之国族想象内在逻辑的当然产物。[71]正是因为如此，所以西方史学在其现代化过程中，都决不会马虎对待它们各自的历史，把她看作是“任人打扮的小姑娘”。

鉴于文字产生既早，修史又有独特的传统，故中华民族不间断的文明历史一直有文字记述。尤其是宋金西夏元时期（约相当于红脸威廉由欧洲大陆入主英伦之际），由于活字印刷术的出现和成熟以及交通流转之便，官版、监本等官方印刷品与坊刻、宗教传播同时并存，至少达到了欧洲16世纪“大规模印刷企业”的普及水平，以满足“国族想象”生存脐带的需求，后人的“想象空间”自然受到更多的限制。这就需要我们不但尊重当时典籍，并给予符合现代学科规范的解释，又要注意把握和解释典籍记述中显示出来的中国与西方的民族发展过程有所不同。

曾任香港大学校长的历史学家王赓武曾对西方民族学使用的Nation State概念予以澄清，并告诫说：

> 多元民族的帝国是很平常的事情，世界到处都有过，但是多元民族的国家，也就是Nation，那就不同了。很多西方的强国以为，每个国家的境内，就应该只有一个民族为主，用一种语言，共享一个文化，一个社会，一个宗教等。主导的民族支配其他少数民族，这是民族国家，即Nation State的原则。所以多民族的国家，在欧洲来讲是不正常的，到现在还是如此。[72]

其说也是19世纪以来，以大英帝国为代表的西方列强处心积虑地肢解奥斯曼帝国和印度帝国的主要原因。

但是中华民族多元共存，互相影响，共同发展的渊源既久，历史上又同时存在着多种民族的“同化”和“异化”的现象。比如三国时代就有三种不同的民族政策，诸葛亮未出茅庐，已在《隆中对》里提出“西和诸戎，南抚夷越”的主张，也就是说在取得西川根据地后，要用和抚的基本方式来解决与生活在今天甘肃、青海的氐、羌和云贵川西南民族的关系问题。对此，史书记载和学者研究的结论，主要有这样几条：一是保持区域性民族自治，尽量少留汉兵，少派汉官；二是尊重当地民族习俗；三是待之以诚，取信于民，和少数民族保持友好关系，还指示部下官吏在当地广交朋友，“投石结草”，拜为兄弟。还带去了中原一些先进的技术，帮助发展少数民族经济。这对后世，尤其是明代的西南民族政策发生了相当大的影响。杨慎《滇载记》：

> 诸夷慕武侯之德，渐去山林，徙居平地，建城邑，务农桑。

明代中期一本叫作《滇略》的书记载，仅云南一地就有与诸葛亮有关的地名、遗迹四十多处，而当地少数民族对这些遗迹仍然“畏之如天地，爱之如祖考”。那还是在《三国志演义》没有广泛流行以前。此为后话不提。

清承明制，中国版图之内民族区域自治格局一直延续下来，既尊重并长期保持了少数民族各自的语言文化、社会宗教，又能互相影响，和平相处，共同发展。认真推究起来，影响中国至今的民族同化历史及现存民族的分布，与辽宋西夏金元时期关系极为密切，而这正是关羽崇拜形成的关键时期。

注释：

[1] 1889年（清光绪十五年）以俄国考古学者雅德林采夫为首的蒙古考古队发现了时间相当于唐代的《阙特勤碑》（Kul Tegin Inscription）和《毗伽可汗碑》（Bilga Inscription）。据介绍，两碑现立于地理坐标约北纬47.5度，东经102.5度的今蒙古国鄂尔浑河旧河道及和硕柴达木湖附近，相距约为1公里，亦为两人的墓园区。石碑用灰色石灰岩或不纯净的大理石所刻，其旁散布着许多唐代石刻人像，墓区为唐代所建的碑庙遗址。可参王大方《沉睡千年的唐代名碑——突厥〈阙特勤碑〉与〈毗伽可汗碑〉》，载《中华文化画报》2001年第6期。

[2] 1894年丹麦人汤姆森在《鄂尔浑和叶尼塞碑文的解读》宣布释读出双碑。此后中国学者展开了对《阙特勤碑》的研究和拓印，王国维在《观堂集林》卷二十《九姓回鹘可汗碑跋》中有详细记载。该碑已有多种译文，如韩儒林《突厥文特勤碑译注》，岑仲勉《突厥史论集》等。近年有芮传明译本（国学网 http://www.guoxue.com/study/oy/tujue/jteqb.htm）。

[3]《东洋的近世》，《日本学者研究中国史论著选译》第一卷，第204页。

[4]《困学纪闻》卷七《孟子》。林少颖字之奇，侯官（今属福建福州市）人，绍兴进士，为校书郎。《宋史·艺文志》著录其《观澜文集》六十三卷。唐仲友字与政，淳熙间任台州太守，因与朱熹纷争而为后世理学排斥。著有《诗解钞》《经义考》等，又《帝王经世图谱》辑入《四库全书》。《邓广铭全集》有《悦斋唐仲友生卒年份考》。

[5]《梁任公近著》，商务印书馆1924年出版，第61～62页。

[6]王桐龄《中国民族史》，北平文化学社1934年，第3～4页。王著所言“蜕化”，是指一个民族“常能吸收外来血统，销纳于吾族团体之中，使之融合无间……

造成庞大无伦之中国者，曰惟善蜕化之故”，意即民族同化。王桐龄（1878 ~ 1953）任丘（今属河北沧州）人，为梁启超弟子，曾留日学习，后为北京师范大学历史系主任。

[7]《中国民族史》上册。商务印书馆1936年出版。按林惠祥（1901 ~ 1958），石狮（今属福建泉州市）人。1921年陈嘉庚创办厦门大学时考取社会学系，为第一届毕业生。曾从美国导师拜尔教授学习人类学，1949年后为厦门大学历史系教授兼系主任。

[8]《试论中国自秦汉时成为统一国家的原因》，《历史研究》1954年第3期。

[9]参阅论文集《民族问题的形成》，三联书店1957年出版。

[10]载《民族问题译丛》，1954年第二辑。

[11]参徐杰舜《汉民族发展史》撮述，四川民族出版社1992年版，第11 ~ 12页。

[12]陈玉龙等《汉文化史纲》，北京大学出版社1993年。

[13]徐杰舜《汉民族发展史》，第215页。

[14]最近成都理工大学刘兴诗《CHINA释义新探》（载《四川文物》1999年）和上海东华大学周启澄《CHINA来历新说法：源于丝绸》（2002年11月8日杭州《新闻晨报》）以china之称非源于“秦”而是“丝”的音译而争讼。但斯意久已流传，算不得“新发现”。如伯希和《支那名称之起源》、岑仲勉《外语称中国的两个名词》、张星烺《支那名号考》、杨宪益《释支那》，此外还有林剑鸣《“支那”的称谓源于秦还是楚》（《人文杂志》1981年第6期）、汶江《“支那”一词起源质疑》（《中国史研究》1980年第2期）、黄兴涛《话“支那”》（《文史知识》1999年第5期）等。胡阿祥《“支那”考综述——中日关系史中的国家称谓问题研究之一》（《江苏文史研究》2001年第2期）可以参考。

[15]参见王明珂《华夏边缘：历史记忆与族群认同》，台北允晨文化出版公司，1997年，第72页。

[16]八失别里城即唐时北庭督护府所在地，位于今新疆昌吉州吉木萨儿县城北24里处。阿里麻里，《元史·地理志·西北地》附录作阿力麻里，废城在今绥定城西北13里，霍城东北三十里处。

[17]《全元文》第五册第66页。按刘郁字文季，浑源（今属山西）人。中统元年辟充中书都事，出尹新河，召拜监察御史。卒年六十一。

[18]两种《五代史》都说刘知远“其先本沙陀部人也”，世居太原。今存黑水城出土之北宋唱本残本《刘知远诸宫调》、宋人讲史《五代史平话》，以及元曲《白

兔记》、署名罗贯中《残唐五代史演义》等，均以刘知远早年的传奇经历为题材，但都未强调他血缘殊异，而是作为下层平民“发迹变泰”故事描述的。

[19] 苏鹗字德祥，武功（今属陕西）人，家居杜阳川上。光启年间（885—888）登进士第，仕履无考。著有《演义》二卷，已佚；《杜阳杂编》三卷，传世。

[20]《晋书·地理志·平州》：“后汉末，公孙度自号平州牧，及其子康，康子文懿，擅据辽东，东夷九种皆服事焉。魏置东夷校尉居襄平而分辽东、昌黎、玄菟、带方、乐浪五郡为平州，后还合为幽州。”宋人和盟，以纳币形式“恢复”燕云十六州。平州人张觉有意携平、营二州归宋，获宋廷嘉勉并赐诏旨，这成为金人以“违盟”口实南下灭宋的由头，参拙文《宋代理学与关羽崇拜》第一题第四节。

[21] 参张博泉《论古代边疆民族与疆域研究问题》，《吉林大学社会科学学报》1999 年第 3 期。

[22]《唐代政治史述论稿》上篇《统治阶级之氏族及其升降》。

[23] 中原部族以文化自大的心理，盖有年矣。《尚书·武成》云：“华夏蛮貊，罔不率俾。”孔传：“冕服采章曰华，大国曰夏。”孔颖达疏：“华夏为中国也。”拙作《理学与关羽崇拜》第六题之《春秋大一统》节中，已讨论过元儒“用夏变夷”及“素夷狄行乎夷狄”的变通性解释，可以参看。

[24]《左传·定公十年》。鲁迅《阿 Q 正传》摹写“精神胜利法”之名句，有“我总算被儿子打了，现在的世界真不像样……”在崇信“血胤说”者看来，变乱异族统治者的血统是“用夏变夷”最直接有效的做法。《元史·顺帝纪一》曾言“及明宗崩，文宗复正大位。至顺元年四月辛丑，明宗后八不沙被谗遇害，遂徙帝于高丽，使居大青岛中，不与人接。阅一载，复诏天下，言明宗在朔漠之时，素谓非其己子，移于广西之静江。”故自宋人起即有“金章宗之母，乃（宋）徽宗某公主之女也”的说法（周密《癸辛杂识》续集下，中华书局本第 212 页），又明人亦有元顺帝为宋之帝系血胤之说，参赵翼《廿二史札记》卷三〇《庚申帝》（《校证》第 709 ~ 710 页），清末复有乾隆为海宁陈家之后的说法，如天嘏《清代外史·弘历非满洲种》、许啸天《清宫十三朝演义》、燕北老人《满清十三朝宫闱秘史》等。孟森有《海宁陈家》辨析此事。

[25] 元史二种之《蒙兀儿史记》民国二十三年三月孟森序，上海书店 1989 年 12 月影印版。

[26]《蒙兀儿史记·行省宰相表》后论赞，第 1079 页上。

[27] 原载前清华学校研究院 1929 年《国学论丛》第二卷第一号，辑入《金明馆丛稿二编》，上海古籍出版社 1980 年版，第 90 页。

[28]此即斯拉夫语系对于中国的称谓，参笔者《超凡入圣》中《文化竞争(the cultural struggle)》一节有关“契丹”族名与国名的变迁问题的考辨。

[29]《剑桥中国辽西夏金元史》，第720页。

[30]《管锥编》第四册，中华书局版，第1478页。

[31]《石田先生文集》卷五《饮酒》第五首。按马祖常(1279~1338)字伯庸，先世为雍古特部，居于靖州天山(今内蒙古自治区四子王旗西北)。高祖锡里吉思金末为凤翔兵马司判官，即以马为姓。曾祖月合乃跟随元世祖忽必烈至汴，父润，任漳州同知，徙家于光州定城(今河南潢川市)，遂为光州人。元仁宗延祐二年(1315)廷试第二，官应奉翰林文字，后升监察御史。为人正直，以弹劾首相铁木迭儿，得罪权贵，被降职为开平县尹。后铁木迭儿死，得复官，历任翰林待制、礼部尚书、御史中丞、枢密副使等职。著有《石田文集》15卷。有学者因黄溍、元好问记叙，以其先世为西域花门贵种，基督教聂斯脱里派教徒，可参马文宽、李兰琴《〈马可波罗游记〉所录中国基督教初考》，商务印书馆1995年《中西文化交流的先驱马可波罗》，第196~199页。

[32]笔者另有长篇论文《纳兰词到〈红楼梦〉——试论满汉文化融合的青萍之末》分证这个趋势何以开始和如何开始，载故宫博物院、北京大学合办之《明清论丛》创刊号(紫禁城出版社出版1999年10月出版)。有兴趣者可以参看。

[33]罗香林(1906~1978)字符一，号乙堂，兴宁(今属广东梅州市)人。1930年毕业于清华大学史学系，曾师从梁启超、王国维诸名宿，历任中山大学、香港大学、珠海书院教授，获香港大学颁发之终身名誉教授荣衔。首创族谱学，又以《客家研究导论》《客家源流考》《客家史料汇编》等开创性著作，为客家研究之学奠定根基。

[34]陈运栋《客家文化的源流》(未刊稿)，转引自王东《客家学导论》。上海人民出版社1996年，第72页。

[35]转引自《客家学导论》，第133页。

[36]《客家研究导论》，台湾众文图书有限公司1981年，第18页。

[37]参《客家学导论》第五章第四节《关于客家民系形成于五代宋初的商榷》。其中征引王力《汉语史稿》(中华书局1980年出版)以元代《中原音韵》与清初耶稣会士的《西儒耳目资》比勘，发现汉语北南方言韵尾演变以至分离的规律时限一节，尤具说服力。但以杭州官话为据则较勉强，盖缘杭州及其附近地区似无大规模的客属群体存在。又关氏本为河东著姓，山西侯马市关公文化学会、广东省开平市关族图书馆及福建省姓氏源流研究会关氏研究室合编之《关氏三千年》据家谱证实，

北宋时已有关氏出现于钱塘、会稽、临海、瓯宁一线，而福建莆田关氏家族则始于山西蒲州府人关元棠至正十四年（1354）曾任福建兴化路海防府同知，从四品、关元荣（曾任浙江行省参政，从二品）兄弟元末因兵火阻隔，不能北上还乡，遂相与“隐居福建兴化府城北之待宾里霞溪之坂，名其乡曰‘蒲坂’，示不忘蒲州根本也。”（2001年10月刊印内部资料，参第116～149，第189页）惟笔者不知闽广关氏是否属于客家，尚待查考。以其事涉专门，关系到谱牒民系、方言流变、历史统计等多种学科，故不枝蔓。

[38]《文文山集》卷十七。

[39]《渊颖天先生集》卷一二。

[40]《宋学士集》卷四八。

[41]《客家人界定初论》，世界客家中心网。

[42]《明史·韩林儿传》。按《元史·顺帝纪》后至正十一年（1351）的记述中，已有“福通……复鼓吹妖言，谓山童实宋徽宗八世孙，当为中国主。福通等杀白马黑牛，誓告天地，欲同起兵为乱。事觉，县官捕之急，福通遂反。”《元史》记载显然早于《明史》。

[43]四库全书《明太祖文集》卷一洪武元年正月《即位诏》。朱氏在此诏及续后发表的文告中，即屡以“庶民”“布衣”自称，这与元代的黄金贵族及汉人世侯政治制度形成强烈的反差。

[44]元末人陶宗仪尝举一时谚小令，比较全面地概括了造成元末政治经济及社会总危机的诸种要素，说：“‘堂堂大元，奸佞专权，开河变钞祸根源。惹红巾万千。官法滥，刑法重，黎民怨。人吃人，钞吃钞，何曾见？贼做官，官做贼，混愚贤。哀哉可怜！’右《醉太平》小令一阙，不知谁所造。自京师以至江南，人人能道之。古人多取里巷之歌谣，以其有关世教也。今此数语切中时弊，故录之以俟采民风者焉。”（《南村辍耕录》卷二三《醉太平》）

[45]《庚申外史》卷上。其又言：“（民乱）事闻朝廷，省吏抱牍题曰‘谋反事’，至脱脱前，改题曰‘河南汉人谋反事’。识者知元朝不能有天下矣，‘河南汉人’可追乎？”如果属实，此亦激化民族矛盾之由。

[46]陶宗仪《南村辍耕录》卷二十七《旗联》。

[47]洪武二年朱元璋在《免北平燕南河东山西北京河南潼关唐邓秦陇等处税粮诏》中再次重申了民族主义，言：“重念中国本我华夏之君所主，岂期胡人入据，已及百年。天厌昏淫，群雄并起。”（《明太祖集》卷一，黄山书社1991年排印本，第4页）

［48］1912 年 2 月 12 日清室颁布宣布退位诏后，2 月 15 日孙中山曾在南京举行"民国统一大典"。亲率"国务卿士、文武将吏"拜谒明孝陵。并颁布了《祭明太祖文》（辑入《孙中山全集》第二卷）。《祭文》发挥了朱元璋前述提法："国家外患，振古有闻，赵宋末造，代于蒙古，神州陆沉，几及百年。我高皇帝应时崛起，廓清中土，日月重光，河山再造，光复大义，昭示来兹"云云。径以明承宋，这显然是在 19 世纪第一轮"近代化热潮"中，"民族—国家"学说盛行时汉民族之民族主义热潮的产物。类似提法可参拙作《宋代儒学与关羽崇拜》之《史学与"正统"之争》的有关注释。不赘。

［49］谢谔（1121 ~ 1194）字昌国，因斋名称艮斋先生，新喻南竹坡（今属江西新馀市）人。绍兴二十七年（1157）进士。著有《圣学渊源录》五卷，《经解》二十卷，《艮斋集》十卷，《艮斋讲义》三卷。《宋史》列传第一百四十八有传。按谢亦理学中人，《朱子语类》卷九八："谢艮斋说西铭'理一分殊'，在上之人当理会'理一'，在下之人当理会'分殊'。如此，是分西铭做两节了！艮斋看得西铭错。先生以为然。"

［50］连明人也跟着为这几方印的真伪着急。郎瑛《七修类稿》卷四十二《事物类》言："别部司马。《汉志》：大将军有校尉，有军司马，有军候，有军假司马假候，其别营领属为别部司马。《度尚传》：抗徐为宗资别部司马，击太山贼。又张超从朱儁征黄巾，为别部司马。皆汉官。王导为丹阳太守加辅国将军，上笺曰'仓舒爱子之宠，赠不过别部司马。'关羽、张飞亦为别部司马。"欲以此旁证"寿亭侯印"真伪。但明人既知宋学讲求的就是"无一字无来历"，伪造者当然也会深虑及此。

［51］明人孙承泽《天府广记》卷之九"附"，北京古籍出版社 1982 年排印本，第 101 ~ 102 页。此外赵翼《陔馀丛考》卷三十五"汉寿亭侯"条举宋荦《筠廊偶笔》记载清初"大内有寿亭侯印，九纽，连环四，翡翠烂然，傍有痕，似嵌宝石取去者。"则当时犹存"豪华版"仿品。或为明宫遗物。

［52］此节可参拙著《"关帝斩蚩尤"考》第五题第五节《道教论剑》，其中谈到张天师子孙相袭的重要法器和象征为"驱魔剑"和"五雷神印"问题。

［53］《柳南随笔》，中华书局 1983 年排印本，第 104 页。

［54］"天下都散汉"之称或以为新异。宋词《鹧鸪天》："我是清都山水郎，天教分付与疏狂。曾批给雨支风券，累上留云借月章。诗万首，酒千觞，几曾着眼看侯王。玉楼金阙慵归去，且插梅花醉洛阳。"旧题《西都作》，或者得其注解。作者朱敦儒（1081 ~ 1159）字希真，洛阳（今河南洛阳市）人。靖康、建炎间屡召不起。绍兴三年（1133）以荐补右迪功郎，五年（1135）赐进士出身，守秘书省

正字。历兵部郎中、临安府通判、秘书郎、都官员外郎、两浙东路提点刑狱，致仕，居嘉禾。词三卷，名《樵歌》。

[55] 辑入《浦江清文录》，人民文学出版社 1958 年出版。

[56]《蒙斋笔谈》—题叶梦得著。郑景望字伯熊，永嘉（今属浙江温州市）人。亦理学中人。全祖望《宋元学案》言：“永嘉诸先生从伊川（程颐）者，其学多无传，独先生（周行己）尚有绪言。南渡以后，郑景望（伯熊）私淑之，遂以重光。”

[57] 秦志安为全真道全盛时代之宋德方弟子，曾于蒙古窝阔台（太宗）时代（1234 ~ 1239）营造的著名的全真道“龙山石窟”（今在太原市西南 20 公里），共有大小洞窟八个。又在平阳主持《玄都道藏》刻印，动用五百多名工匠八年时间，印量共有七千八百卷。

[58] 简称《仙鉴》。题“浮云山圣寿万年宫道士赵道一修撰”。载《正统道藏·洞真部·记传类》。赵氏籍里生平不详。庐陵刘辰翁为此书作序，署年“甲午”。按刘辰翁（1231 ~ 1297）字会孟，号须溪，南宋庐陵（今江西吉安市）人。景定三年（1262）廷试对策。时贾似道专权，刘在对策中有“忠良戕害可伤，风节不竞可憾”等语。曾任濂溪书院山长，不肯担任官职。宋亡后埋头著书。以此推定，所署当为至元甲午（1294）。

[59] 辑入《正统道藏·洞真部·谱录类》。元泰定（1324 ~ 1327）间成书。著者不详。

[60] 白化文《“八仙”续考》，辑入胡小伟主编《闲聊丛书》之著者自选集《三生石上》，中国友谊出版公司 1998 年 2 月，第 122 ~ 123 页。

[61] 宋人许观《东斋纪事》亦有记述，参赵翼《陔馀丛考》卷三十五“汉寿亭侯”条。

[62]《想象的共同体》（*Imagined Communities : Reflections on the Origin and Spread of Nationalism* ，revised edition ，London : Verso ，1991）台湾时报书系有中译本。

[63] B. Anderson ， *Imagined Communities*，PP. 37-46。安德森认为“国族”并非完全是由语言、种族或宗教等既定的社会条件所决定的产物，而须透过“想象”始得存在。（见 P.48）。

[64]《国家与民族主义（Nations and Nationalism）》（Oxford: Oxford University Press， 1983）。

[65] 参《从 1780 年开始：国家与民族主义（Nations and Nationalism since 1780）》（Cambridge: Cambridge University Press，1990）。

[66]《大不列颠：打造国家：1707 ~ 1837（Briton:Forging the Nation, 1707-1837）》（New Haven, Conn.: Yale University Press, 1992, p. 295）。

[67]《想象的共同体》，第 11 页。

[68]《华夏边缘：历史记忆与族群认同》，第 51 页。

[69] Paul Ricoeur, *Phenomenology and the Social Sciences*, ed.by J. Bier, The Hague: Martinus Nijhaf, 1978, PP. 45-46）; cited from Ana Maria Alonso, "The Effects of Truth: Re-presentations of the Past and the Imagining of Community," Journal of Historical Sociology, Vol. 1, No.1（March 1988）, p.40.

[70] Eric Hobsbawm, "Introduction: Inventing Tradition," in Eric Hobsbawm & Terence Range eds., The Invention of Tradition, p.14.

[71] 参见《想象的共同体》，第 154 页。

[72]《海外华人的民族主义》，原为 1996 年在新加坡吴德耀文化讲座的演讲，辑入《王赓武自选集》，上海教育出版社 2002 年 6 月，第 307 页。这也是近世西方要瓦解奥斯曼帝国、印度帝国的依据。应当注意的是，日本部分右翼人士一直鼓吹中国应当分裂为十二个或六七个国家，台湾李登辉 1999 年出版的《台湾的主张》亦主张中国应划分为东北、华北、华南、蒙、藏、疆、台“七国”。从学理而言也都是秉承欧洲的 Nation 意识。这种说法既无视中国多民族共同发展的悠久传统，又找不到如此划分的历史起点和民族学依据，逻辑亦混乱不清。

第十二章

关公信仰的普及

明代社会的两次转型

前书曾叙及自中唐以后，由于茶、瓷开禁通商，人流物转加剧，引发了“唐宋社会转型”。元代又在规模空前、横跨欧亚大帝国的背景下，将商业洪流推向汹涌澎湃的高峰。以致一部《马可波罗游记》的描述景象真伪在欧洲被当作“神话传奇”，最终激发了“航海大冒险”，初始目的十有八九是希望寻觅这个“梦幻国度”，也从此改变了世界格局。晚明耶稣会士来华以后追寻马可波罗足迹，仍然不时发出“是耶非耶”的疑惑和争论，以致留下著名的“李约瑟难题”（the Question of Joseph Needham），至今困扰着中外学者，纷纭见解，不能统一。[1]以其事涉繁杂，本书不能包容，故略。

元亡明兴，中国社会再度转型。将唐宋元三代形成的商业洪流一手拽回循规蹈矩的乡里社会，完全出自朱元璋的个人爱憎。他还以《大诰》形式凝聚为法令律条，要求子孙世守，其中重要一环便是“崇本抑末”。在其《御制文集》中，紧接《即位诏》后的第一条诏书即为《农桑学校诏》：

> 农桑，衣食之本；学校，道理之源。朕尝设置有司，颁降条章，使敦笃教化，务欲使民丰衣足食，理道畅焉。何有司不遵朕命，往往给由赴京者，皆无桑株数目、学校缘由，甚与朕意相违。特敕中书，

令今有司：今后敢有无农桑、学校者，论拟违制，杖降罚；历年后，注以吏事出身。民有不奉天时而负地利者，如律究焉。呜呼！彝伦不整，实君、师之过；坐享民供，亦岂职分之当为？斯言既出，臣民听行，永怀多福。故兹敕谕，想宜知悉。[2]

他还颁布了相当于国家职能部门官员职责规范的一系列诰词，其中《户部尚书诰（侍郎同）》中说：

古称“天子富有四海”。斯言既出，永世人云，可谓患骄愚之君臣。何哉？盖斯言似理而实阿，以其德隐而道微故也。言“富有四海”，而为四海用，所以民为命而供君，君为民而集给，此所以道德也。其似理者何？以其尽海内以供之，岂不巨有者乎？此“言富”之理也。实阿者何？所以奸人若至君之左右，使掌之，动以富为首言，则君悦富而妄费，不问民瘼之艰辛。若贤臣必欲致君知民瘼之艰辛，当敷奏府库之储集，乃曰“民脂民膏”，若妄费则道德亏矣。若奏以艰难，谨以出纳，则府库仓廪有余，庶职禄备而军足食，民无横科，则国之常经定，大道张，君德美矣。[3]

鉴于朱元璋幼历极贫之境，长经贪贿之世，又惩于元廷忽视农桑，穷奢极欲，民不聊生，动乱频生，故特以此标明其新朝于元政之“反动”（笔者按：此取老子“反者道之动”之意，非“五四”以后之政治名词），这都是可以理解的。但是国家基于民本之“言富”，非为个人一己之私欲，而应“取之于民，用之于民”，以求社会的整体发展，而非量入为出，斤斤计较之自然经济状态。从朱元璋两谕措词看来，显然出于理学词臣之手，把《孟子》“民本”理想塞进其中。朱元璋的设计，标志着唐朝中叶以来延续六百余年的“重商”社会，在此拐了一个“之”字形的大弯，中国的社会形态重新回到“重农”的轨道上来。

由于《洪武大诰》身兼祖宗家法和国家法律的双重身份，故延续百年，迄无大变。但是随着新航线开通，亚欧贸易的庞大需求凸显，经济法则无由抗拒，商品和市场的新因素也不断冒出，终于深入宫禁。

正德即位后，曾于1516年模仿坊市，设立“皇店”牟利：

正德十一年冬，帝将置肆于京师西偏。（齐）之鸾上言曰：“近者花酒铺之设，或谓朝廷将以临幸，或谓将收其息。陛下富有四海，何至竞锥刀之利，至于倡优馆舍乎？”[4]

齐氏劝诫之言，正是出自《洪武大诰》。但是我们在晚明时期看到的，偏偏是不但两京大兴“倡优馆舍”，而且连皇帝都撇开中央财政，派出亲信太监作为“矿使”“钦察”，在全国范围与民“竞锥刀之利”了。[5]这无疑是又一次带有历史意味的社会转折。可惜其势还未延伸尽至，就遇到清军入关。满人从游牧渔猎社会一跃而至成熟的农业社会，故乐于“清承明制”。且由于反清复明组织与海外联系的政治原因，清廷不但重申明初“海禁”，一度还下令沿海居民内撤三十里，其后亦废除隋唐以来的海外贸易“市舶”制度，专以“广州十三行”为惟一口岸，经办官式贸易。从此中国经济模式又开始了一番新的轮回，直到“鸦片战争”西方用强力打破这一限制。

朱元璋的社会设计在中明以后遭遇严重挑战。无论从中国史还是世界史的视野来看，大明帝国面临的内外问题，实际上都植根于中明。从制度层次到实践层次上，都涌现出前朝从未出现的结构性挑战。比如正德短短十六年间，就先后发生宦官擅权、理学大臣与皇权的严重对立、皇帝自称喇嘛教“大庆法王”、朱寘鐇及朱宸濠两次“藩镇之乱”、刘六及刘七“流寇”问题，以及葡萄牙人进入中国海域，要求“通商”。又比如嘉靖嗣位引发“议大礼”造成理学大臣的分裂、崇道设醮、海疆“倭乱”、继之而来的是万历“三大征”（宁夏哱、刘之乱，西南“苗乱”，以及随之而至的壬辰“抗倭援朝”），[6]等等。恰巧碰上正德、嘉靖这两位堂兄弟还都是久荒朝政、行事怪异的“另类皇帝”，而嘉靖又是历史上最著名之崇奉道教的皇帝之一。相对前明的波澜不惊，中明可谓“多事之秋”。过去形容好的文章应当是“凤头、猪肚、豹尾”，其实研究热门明史亦当作如是观。如对中明历史没有透彻的概括，就永远理不清晚明那些夹缠故事的来龙去脉。

中明的思想界和经济界也是最为活跃的。王阳明援佛入儒，创立“心学”，搅动了程朱理学的一统天下，并直接影响到晚明小说戏曲的繁荣。加之葡萄牙人进入澳门，欧人东顾，沿海骚乱，实开近代中外交通、外交历史的新篇章，头绪更繁。而关公信仰又恰巧是在中明时期超越朱元璋钦定的国祀神格，扶摇直上，并且普及城乡，达于斯极的。这究竟是历史的偶然还是必然？也是一个引动人们兴味的问题。

晚明商业勃兴，史家早有定评。这实际上是一次社会的“再转型”，重新回复到“商品繁盛，人流物转”的轨道上来。但由于海上主动权的丧失，已经由宋元拓海，主动输出，一变而为客商登岸，被动供给的局面了。延至清代，则指定以广州为国家专卖场所，开放窗口更加逼仄。

自从署为毛泽东著《中国革命与中国共产党》第一章《中国社会》中提出“中国封建社会内的商品经济的发展，已经孕育着资本主义的萌芽，如果没有外国资本主义的影响，中国也将缓慢地发展到资本主义社会”[7]的著名论断之后，史学界考辨注释者众，其中“商品”“市民”和“资本主义萌芽”成为其中的三大主题词语。这是踵继20世纪20年代中日史家对于中国史分期的争论而来。只是“资本主义”及其“萌芽”定义甚难，且纷争极多，故本文仍以“社会再转型”代替之。

需要说明的是，以下几章对于关公信仰普及和扩散的论述就是在这个“之”字形的社会经济大背景下展开的。

军队神

宋金元军队都以关公为护佑战神，已见前文。明朝军队秉承宋元遗风，非常尊崇关羽，也一直流传着关羽“显神助阵”的神话。较早的是明太祖梦关羽邀“陛下鄱阳之战，臣举阴兵十万为助”。[8]以后又有永乐北征本雅失里，关公为之助阵的传说。[9]但都是夸饰帝王武功神佑之言，难以为据。洪武年间建立卫所制度，已把中原奉祀关羽习俗带至驻地，比较有代表性的记述有兰茂撰之成化昆明《关王庙碑记》：

> 圣朝洪武壬戌，平定云南，凡将帅之臣，介胄之士，咸慕公之神灵异，以扬威武之助。所在军卫，必建祠以祀之。[10]

不惟云南，其他卫所也大抵如是。如海南琼台、湖南茶陵、广西钦州、广东雷州、浙江严州、贵州新添卫关王庙、云南大理等。重要关隘明军皆建有关庙，甚至不止一座。如明代著名的“九边”[11]无不建有关庙，例如雍正《畿辅通志》记载：

永平府关帝庙：山海关者七，惟石门寨称最盛。

永平府即辖山海关，其中石门寨为其要冲之一。笔者三十余年前曾在此地柳江煤矿曹山井口做过井下掘进工，惜其关庙已经荡然无存。又乾隆《钦定盛京通志》载："宁远州关帝庙：有十六。"这是袁崇焕"宁远大捷"[12]获得重要胜利之所在，几乎每个卫所和重要哨所都建有关庙。据徐渭（1521～1593）记叙，早在嘉靖年间守备参将就开始捐俸修建关庙了。[13]此外锦州亦为明清之际边关重镇，"锦州府关帝庙：有十六。"[14]，且大多沿袭到清末。余外蓟州、宣化镇、大同镇、太原镇，榆林镇、宁夏镇、固原镇、甘肃镇嘉峪关瓮城内都建有关庙。明长城随九边而建，关帝庙宇多筑于险隘之间，为边关平添了一道壮丽的风景线。

海防重镇亦然。顾炎武曾有诗咏"南营乍浦北营沙，终古堤封在天涯。万里风烟通日本，一军旗鼓向天涯。"[15]浙江嘉兴乍浦镇是东南沿海的海防重镇，先后建有六座关庙。其中部分庙宇是清朝改建或创设的，这是因为郑成功复明及两次鸦片战争，杭嘉湖平原面临海上威胁。可知这个习俗也为清军延续下来，后文再论。

吴晗《明代的军兵》和郭汝瑰《中国军事史・历代兵制》都介绍了明代军队的组成及战斗力积弱的原因，枝蔓不叙。事实上自明军精锐在"土木之变"（1449）中丧没几尽，"时京师劲甲精骑皆没，所余疲卒不足十万，人心恐慌，上下无固志。"[16]幸有于谦鼓舞，处置得当，终于坚守京师城池不破。但是格于制度及腐败，士气一直不高。故提高斗志也须"神道设教"，"关公显圣"的传说因之频繁出现在地方志中，如《嘉靖延平府志》所载：

义勇武安王行祠：在城普通岭，神姓关，名羽，字云长。蒲州人。宋端平中建祠，郡人事之甚谨。相传正统十四年沙、尤寇叛，攻郡城，遥望城中皆赤面神兵，心慑丧，遂退。王师从而扑灭之。盖神阴佑之功也。

正德间刘六、刘七之乱，关羽崇拜也曾鼓舞过明军士气。如隆庆《仪真县志》言：

正德间刘贼过江上，我军列阵守江，贼遂西去。后闻贼见阵中有巨人红袍若王者，乃不敢登岸。

甚至连朱宸濠在谋反起事时，也忘不了祭奠关王庙。[17]可知奉关公为克敌制胜之神的传统，自宋代以来始终在军队里延续。晚明关羽崇拜之风大兴，明军中的督、监更视关羽为护佑之神。朱国桢言：

蹇理庵达，严事云长，每事必告。居皖，梦侯语之为“我公祖已守平阳，解在部中”。后起总督蓟辽。税珰高淮张甚，祷更力，阴得济其请，内帑亦然。累世信卜，叩之奇验。尝与联和至百韵，后为一小令来赠，末云：“再挥戈蓟北，重整江山。”果验。[18]

除了护卫一方的保佑神功外，关公得到军人崇信的另一个重要原因是他关怀远征戍军的疾苦。山西解州常平关帝祖庙侧，至今尚有“于保祠”一楹。其人为何，不见经传，当地乡人亦不知所以。现存的几种记叙，也因旨趣不同而显有差异，值得拈出一说。褚人获《坚瓠续集》卷四转述明人王同轨《耳谭》“关圣免军”故事云：

万历间，解州俞保补戍腾越，妻王氏将粒米作信香，日夜恳祷关圣祠。岁余，保在伍，梦关圣呼曰：“尔妇为汝虔祷，故来视尔。尔欲归乎？”保伏地愿归，已不觉随其马驰行。猎猎猛风，吹送有声。已落平沙林中，识是解州城外。因抵家叩门。王氏始疑，保具道所以，才启户，相抱痛哭，随诣庙谢。明日复诣州言状。移文腾越察之，称保离伍仅一日，而军籍复有“关圣勾免”四字。保遂得免。王氏有诗曰：“信香一粒米，客路万重山。一香一点泪，流恨入萧关。”

西安碑林正德《义勇武安王神像》即言：

然于保脱军于万里，荼生冱魂于九泉，事神之验，类多如此。[19]

清代道光年间重刊《关帝宝训像注》所载于保故事的插图

这个故事至迟在中明已经开始传播，实有极深厚的历史内涵，不独止于闺怨思乡之常情以及虔祷佛门而如其愿望之果报也。吴晗《明代的军兵》谈及明前期“军士缺伍，勾捉正身者谓之跟捕，勾捕家丁者谓之勾捕”，最为民害。[20]万历三年（1575）徐贞明尝疏言：

今数千里勾军，离其骨肉，军壮出于户丁，帮解出于里甲，每军不下百金。而军非土著，志不久安，辄赂卫官求归。卫官利其赂，且可以冒饷也，因而纵之。[21]

以此观之，于保还乡也可能属于戍卒思乡、卫官贿纵的老故事，不过假借“关公显圣”作为幌子，以搪塞上司追究罢了。清人仍之。《古今图书集成·博物汇编》卷三十八《关圣帝君部纪事》转述此事，又将时代远移至明洪武时，地点亦南挪至广东。[22]乾隆《解梁关帝志》中亦载此事，特别强调“至今黄童皓叟，皆能言之，而汪、于两家尚有人焉。”以期坐实了俞（于）保故事，是以常平关公祖庙之中至今犹存其祠。逃军正是洪武《大诰》重惩对象。《续诰·纵囚越关》条言：

洪武十九年四月，苏州府管下七县地方，捉拿黥面、文身、髡发在逃囚徒一十三名、无黥刺一十九名，逃吏二十五名、逃军六名。[23]

《三编》第五条规定：民敢有身藏空引，偷逃军、逃囚而去者，“枭令于乡闾，籍没其家，成丁家口迁于化外。”[24]无异于视逃军与逃囚同为犯人，全国为牢狱，关隘守将为牢头。此类记载在《洪武大诰》中曾多次出现。中后期虽然有所松弛，但征人思乡主题不能磨灭。

福建漳州东山铜陵镇亦为明初海疆铜山卫所，在台湾和海外华人中著名的铜陵关庙本来是基于边防护佑修筑的。[25]弘治四年《八闽通志》，其各州府县之“祠庙”横亘卷五十八至六十共一百二十一页，所记多为唐宋元的当地神祇，卫所供奉亦只有城隍、旗纛，惟有莆田、福宁有关庙记载。[26]万历元年《漳州府志》亦无关庙记录。推想或者明朝镇守边远的世袭指挥、千户等多不通文墨，故不像文人儒士善于自留碑版铭刻，以致早期关庙湮没不彰者众。其驻防原为军籍，也属“戍人远征”之列。万历元年刊《漳州府志》卷三十三记载：

铜山千户所：原额旗军一千二百二十名，充发在外。见（现）在军三百七十四名（差操一百七十名，出海二百四名）。事故军八百二十名。新选余丁五百三十名……田及围共一十六顷八十四亩七分三厘，该纳本色米三百五十四石……西门澳额调官军一千八百六十七员，名官快哨船二十只。内镇海卫轮班把卫总指挥一员，千户以下官军一千一百一十三名。[27]

在镇海卫及陆鳌、铜山、玄锺四所中，铜山所的陆地兵员仅属中等，而以水军为最多，现代兵制约略相当于团级单位。明末黄道周即为铜山所军籍，自幼就在东山关庙之侧读书，曾为关庙题联云：

数定三分，扶炎汉，平吴削魏，辛苦倍常，未了一生事业；志存一统，佐熙明，降魔伏虏，感灵丕振，只完当月精忠。[28]

明清之际郑成功军队曾长期占据东山岛，作为反攻复明的基地。据说清军克服后一度把东山作为弃地，当地百姓也被视为“弃民”。大约水军多由漕运船民而来，离乡背井多年，没有祖籍可以归里。于是东山岛民仿效招安明军遗户“共尊关圣帝君为宜，请置户名曰‘关世贤’”，编入民籍；公众议决集体以“关永茂”名字为户主，注籍成功。并仿效桃园结义：

考之上世，吾铜乃海外岛屿，为渔人寄居，民未曾居焉。迨明初，江夏侯德兴周公沿边设立，以此壤接粤境地，为八闽上游之要区，所以铜山名之。调兴化莆禧众来守此城，官与军咸袭封，是为军籍。里丁甲粮，世莫之闻。国（按指清）朝定鼎，凡天下卫所，仍旧无易……于康熙四十年将铜地户口编入黄册，而铜自此有丁粮之事焉。然泛而无宗，傍入门户，实非贻燕良策。因闻诏（安）邑有军籍而无宗者，共尊关圣帝君为宜，请置户名曰“关世贤”，纳粮输丁，大称其便。五十年编审，公议此例，亦表其户名“关永茂”，众咸为可。遂向邑侯汪公请立户，批准“关永茂”顶补十七都六图九甲，输纳丁粮。不但得划一之便，且幸无他户混杂，散而复聚，无而又有，将来昌炽，可甲字前……于是公诸铜人，当神拈阄，分为七房。小事则归各房料理，大事则会众均匀，叔伯甥男，彼此手足，并无里甲之别，终绝大小之分。不得以贵欺贱，不得以强凌弱。有异视萌恶，许共鸣鼓而攻。故此方为无偏无党，至公至慎。爰立石以垂不朽。

这就是康熙五十年（1711）为盟誓竖立的《关永茂碑记》。至今原住居民无论张王李赵，一概称关公为“关祖”，可知这是一个以关羽崇拜为信仰，由军籍“流户”改为“编氓”土著，异姓结为“宗亲”，形成超乎血缘宗亲的新型社会组织的特例，这恰好与明代社会转型后土著变成“流民”，“宗亲”散布异乡的大趋势逆向而动。其形态二百年来有无变化，没有作过调查。但至今铜陵每户人家的客厅正面，都贴着一幅巨大的关帝像，有立像、有坐像，形态不一，较多的仍然是读《春秋》坐像。笔者 1997 年 6 月到该地参加海峡两岸关公文化研讨会时曾目睹这一景象，叹为仅见。略志一笔，以期引起历史社会学研究者的重视。

清承明制，军队中的关公信仰甚至更上层楼。尤其是在乾隆时期。这位皇帝尤喜夸耀“十全武功”。曾作《十全记》一篇，并自钤“十全老人”印章一枚，因以号之。所谓“十全”为：平准噶尔为二；定回部为一，扫金川为二；靖台湾为一；降缅甸、安南各一；二次受廓尔喀降，合为十。后世有人讥为“好大喜功”，恐亦未必，中国现存版图就是大体形成于乾隆时代。这方面的专门问题，著述已多。本篇需要指出的是，关帝庙宇也正是随着乾隆朝清军的西征南伐逐渐覆盖到中国领土的其他地区的。

自晚唐五代伊斯兰教以“剑与火”的方式传教，进入西域，当地民族遂抛弃佛教的多元神教义，改宗伊斯兰一元神教义。毗沙门天王及其承继者关羽，自然也无缘在当地立庙。这个局面在乾隆朝开始改变。乾隆三十五（1770）年伊犁将军伊勒图撰《惠宁城关帝庙碑文》言：

> 往者天兵西指，电击霆诛，准噶尔之众不崇朝，而耆定规方二万余里，无不宾服向化。外则哈萨克、布鲁特各部落，皆延颈面内，愿为臣仆，惟恐后时。自古声教所不通，政令所不行，我皇上肤功迅奏，殊方重译，罔有不庭，此岂尽人力也哉！即以兹城之经始也。其地僻处荒徼，曩特为准夷回部往来游牧之场耳。今一旦焕然，与之更始，建城郭、立制度，同文共轨，人物嬉恬，商贾辐辏，四郊内外，烟火相望，鸡犬相闻，一转移间，遂称极盛。斯固由圣人在上，祯福锡极，独能过化而存神，要其潜期启默，俾万里之外，军民安堵，年谷顺成，无一物失。所之患者，岂非神威布获，有以襄此太平之盛烈也乎！[29]

已道尽清军声威，亦可知关帝庙已经成为新城规划之必建部分。据乾隆四十年（1775）《伊江汇览》载：该庙实建于乾隆二十八年（1763），且赐有御制“神佑新疆”匾额一。又1983年出版的《乌鲁木齐史话》说：

1755年讨平准噶尔部时，武圣关羽是清朝军队的“军魂”，于是就在平顶山头修建了一座朱红墙垣的关帝庙，所以人们把当时的乌鲁木齐称作“红庙子”，至今人们也还把那一带称作“老红庙子”。巩宁城修筑后，鼓楼北隅为关帝庙。

纪昀一度贬谪新疆，在他的《阅微草堂笔记》卷二十《滦阳续录二》记述说：

由乌鲁木齐至昌吉，南界天山，无路可上；北界苇湖，连天无际，淤泥深丈许，入者辄灭顶。贼之败也，不西还据昌吉，而南北横奔，悉入绝地，以为惶遽迷瞀也。后执俘讯之，皆曰惊溃之时，本欲西走。忽见关帝立马云中，断其归路，故不得已而旁行，冀或匿免也。神之威灵，乃及于二万里外。国家之福祚，又能致神助于二万里外。猬锋螗斧，潢池盗弄，何为哉！

“十全武功”中“定回部”，分别为平南疆大小和卓木之叛（香妃传说即源于此）、蒙古土尔扈特部由伏尔加河流域返回祖国等事。笔者曾经拜访过新疆喀什、库尔勒（巴音郭楞蒙古自治州首府，土尔扈特部聚居地之一）和内蒙古额济纳（土尔扈特部王爷驻跸地）等，当地关庙已无踪迹可寻，敬盼耆宿有以教我。惟1997年出版的《塔城地区志》（亦土尔扈特部聚居地之一）言：

清乾隆三十五年（1770）在“绥靖”城修建绥靖寺、万寿宫、关帝庙、先农坛等……同治三年（1864）毁于战火，现仅存城北楼关帝庙座基。遗址在今塔城军分区后院及柴草巷西侧魏家院内。

此外台湾关庙大为盛行，也与乾隆一朝有关。今所见台湾关庙尚无康熙朝建立者，大约初平明郑政权时，台南“开基武庙”奉祀的关羽仍被当地认为是护佑明廷的。台湾现存关庙碑文最早一篇，为雍正十三年（1735）彰化知县秦士望的《关帝庙碑》，犹言：

前之宰是邑者，创立庙基于城南，而经营未就，殿宇仍缺……草创殿宇，聊竭予诚。未满予志。至于后此之规模，何以开扩风雨，伺以无颓，不得不厚期于来者。[30]

而乾隆朝碑刻则有八篇，其中四篇是当时首府台南关庙的。因台湾关庙又关涉海外移民问题，后文一并论及。

据中国社科院考古所依据《乾隆京城地图》编制的《明清北京城图》逐一统计的结果，清末北京四九城内（即今二环路以内）仅以“关帝庙”名目存在的就有七十六座，以“伏魔庙（庵）”名义存在的则有二十五所，还不算以九城城门内（除德胜门独祀真武而外）的关庙及以高庙、红庙、白庙、鸭子庙、铁老鹳庙等俗名为称的关庙和各地会馆内所奉关庙。更不包括并祀或者附祀的庙宇在内。[31]真可谓人人敬祷人人拜，处处关庙处处香了。

嘉庆加封关羽，则缘于白莲教乱。《光绪荆州府志》卷二十七言：嘉庆元年（1796）白莲教聂杰人等在枝江、宜都举事，湖广督臣毕沅率兵剿于当阳时，军火匮乏之际，曾发生过这样一件事：

> 日夜督造火攻利器，而土人田国香诣告：“郡城西北隅关庙土中，隐隐有炮形。”随命吏往发之，得旧铜铁炮六十有二，铁丸一万六千四百有奇。佥曰：“此神灵出现也。”乃简送军营，竟藉其力，当阳以平。

并为此新建关庙，御匾“威镇华夏”。影响更广的事件则是嘉庆十九（1815）年白莲教徒林清等袭击大内的“夺门之变”，稗史传闻甚多，正式说法当来自嘉庆“上谕”，见于洛阳关林《加封关羽“仁勇”二字碑记》：

> 礼部咨祠祭司案呈，嘉庆十九年正月初五日内阁抄出。
>
> 奉上谕：“上年逆匪突入禁门时，恍惚之中，仰见关帝神像，畏惧奔窜，立就歼擒。本日又据那彦成奏：‘当滑城克复之时，贼匪于黑夜拼命突围，官兵施放枪箭，未能真切。忽城旁庙宇自行起火，照同白昼，官兵两路夹击，始将贼匪截回，悉数殄除。事定后乃知，城旁庙宇供有关帝神像，庙虽焚毁，神像岿然独存，毫无损动’等语。此次逆匪滋事，屡荷关帝灵爽翊卫，实深寅感。著该衙门于原定封号，敬拟加封二字进呈，候朕酌定，通颁直省，用答神庥。其滑县庙宇，候重修落成之日，该抚再行奏请御书匾额，敬谨悬挂，钦此。”
>
> 当经本部移会内阁，撰拟封号，去后嗣。“兹准内阁片称，所有

关帝封号，于本月十二日具奏，奉朱笔圈出‘仁勇’，钦此。”到部恭查原定关帝封号，系“忠义神武灵佑关圣大帝”。今奉旨加封“仁勇”二字，所有关帝神牌，应敬谨书写“忠义神武灵佑仁勇关圣大帝”字样，相应移咨河东河道总督，转饬所属，一体遵照可也。嘉庆十九年闰二月初三日。[32]

由保卫家国，又回复到神庇自身，已是国事日蹙的迹象了。剿灭白莲教乱时，清军在湖北、四川边远州县又新建、复建了不少关庙，夸饰武功之外复以为护佑。

直截了当宣示关公为清军护佑神祇的，当属道光八年（1828）在京师正阳门所立《加封关帝威号谕旨碑》：

道光八年正月二十三日奉上谕：我朝定鼎以来，关帝屡显灵佑。据长龄等奏：上年张格尔煽乱，遣其逆党扰近阿克苏。当官兵冲击之时，陡起大风，尘沙飞扬。该逆等遥见红光烛天，即被歼灭。又长龄等督兵进剿，师次浑河沿，该逆等竟夜扰营，风起猛烈。官兵乘风冲贼，俘馘无算。次早接仗时，据活贼佥供：因见红光中兵马高大，不能抵敌，即各窜逸。此皆仰赖关帝威灵显赫，默褫贼魄，用克生擒巨憝，永靖边圉。必应加展诚敬，以期亿万年，护国安民。著礼部拟加封号数字具奏。钦此。礼部钦遵谕旨，谨拟封号字样，于正月二十六日具奏。奉朱笔圈出“威显”。钦此。[34]

仍然踵继着类似唐代“毗沙门天王显圣”，或者宋金元明“关公显灵护佑”一类神迹。故德国学者海西希（Walther Heissig）认为：

满族人也奉关帝为战神。

从18世纪末一直到19世纪末，尤其是在嘉庆和道光等大清皇帝执政年间，清朝政府安定了中华帝国的边界省份及其本族的故乡满洲。他们在这些领土上遍修关帝庙。关帝作为一位国家的守护神和战神，受到清朝兵卒和官吏的崇拜。仅仅在甘肃、蒙古、新疆和西藏等地，就为此目的而建了六十六座关帝庙，并且由国库补贴。[34]

待到后来太平军起，模仿天主教组建“拜上帝会”，以“耶和华为天父，基督为天兄”，而洪秀全自称“耶稣之弟，天父之次子”，采用“政教合一”

形式组织起来。其信念一旦分裂，也无由弥合。虽有西方论者认为他们不过是“一方面揭种族革命之旗，一方面倡平等博爱之说”，“折中耶、儒，以作创立新的国教与建国。”[35]其实信仰上已经呈现出两河流域之“一元神教”的特征，同时摈弃了包括关羽在内的，中国传统的所有神祇信仰。攻城掠镇时也每烧毁关庙。这在笃信关羽的儒生商民中无异于“为渊驱鱼，为丛驱雀”。到底在江南多大范围内造成了抗拒情绪，值得思考。如宣统三年（1911）嘉定《黄渡续志》即言：

关壮缪侯庙：同治八年里人盛如瀚等募赀重建。粤匪之祸，镇赭为墟。惟乡间神祠尚存一二，余则概遭焚毁。

光绪十四年（1888）宝山县《月浦志（稿本）》亦言：

月浦镇武圣宫：在东镇。旧本武烈王庙，里民即其补为观音阁。道光间里人何葵扬等捐资重修。同治元年四月二十日毁于粤匪，女尼茅屋数椽于殿前。后募建大殿，圆寂后仅有小尼，不克住持香火，为还俗里人改为武圣宫。

同年太仓县《唐市志》言：

关帝庙：二。一在河东市中，一在语廉泾。嘉庆间里人移建南岳庙左。规模宏敞，与岳庙相仿。汪志伊有记。咸丰十年为粤匪所毁，片瓦无存。

又民国无锡县《泾里志（稿本）》：

东关帝庙：镇东去里许，明参政顾言于都中归，渡黄河，风作舟覆，举首前见云中现关圣像，跨马持刀作跃起状，舟因无恙。许愿还家，建庙于基左，以奉祀事。……咸丰间为粤匪所毁。

类似记载不胜枚举。尤其是商会会馆关庙被焚毁，事后重建者甚多。故咸丰加速敕封关羽，无疑具有与太平军尊奉西来宗教进行“文化对抗”的意义。咸丰时期所以会相继出现由民间编著，分别具有道教色彩的《关圣大帝返性图》以及托言佛教的《武帝明圣经》（一本题目作《桃园明圣经》）两种书刊，以降乩、降神形式大讲“忠义”教化，即应当与这一背景攸关，[36]同时也是催生后来“义和团”的文化温床。

另一方面，曾国藩以满洲八旗绿营疲赖无用，重新编练湘军时，实际上已在援引朱元璋乡镇里社之“保土安民”，利用乡兵团勇的坚韧顽强，宗亲戚里的团结信赖与之抗衡。这也是总结利用了朱元璋里社制度及嘉靖间东南沿海地区“抗倭”战争经验教训，立足精神文化，激活传统制度，故其虽然“屡败”，却能“屡战”。[37]

按湘军初起时，即有哥老会传入其中，曾国藩虽曾严令“结拜哥老会、传习邪教者斩”，但令行不止，反而迅速盛传于湘淮川楚各军。究其缘由，“一曰在营会聚之时，打仗则互相救援，有事则免人欺；二曰在营离散之后，贫困而遇同会，可周衣食，孤行而遇同会，可免抢劫，因此同心入会”。[38]以至“楚师千万，无一人不有结盟拜兄弟之事”。[39]反而加速了关羽信仰在湘军内部的传播。咸丰坚信战胜太平军也是“关帝护佑”的结果，固然迷信世祚神佑，但是从更加广泛的背景而言也可以说洪秀全刚刚趸来一知半解、现学现卖的西方教旨，还不足以撼动传统中国文化的根基。待到义和团将所有传统中国宗教及民间信仰捆绑一起，向洋枪洋炮的外国鬼子发起决死冲击时，就又是另一番景象了。不提也罢。

治安（警察）神

近世有所谓“黑白两道拜关公”的说法，就是指警察与“江湖社会”都拜关公的独特现象。但是何以如此？史上并无明文，民间亦无清晰说法。这倒是引起了我的好奇，着意考察了一番。

宋徽宗时代惟一存留的关庙碑记，是政和年间的《解州闻喜县新修武安王庙记》，可以见出北宋末年关羽崇拜在地域方面正逐渐扩展，崇祀的群体也在扩大之中。碑文言：

> 历世为将者，奋身决战，视死如生，苟临利害，不顾名节，此匹夫之勇，往往皆是也。及其风尘毕起，群孽争驰，忠以报上，勇以戡乱，虽千万人中，盖难其人矣。尝阅诸信史，载其勋烈，较其成败，故有优劣之异，及至临大节而不可夺，辉耀今古，舍忠勇轶群，孰得而跂及？惟王以义从昭烈帝，与飞为御侮，恩顾虽厚，未尝鲜礼，誓以其死，以事先主，可谓忠矣！至于率众攻曹，水溃七军，斩魏诸将，群盗畏服，

威震华夏，曹公避锐，可谓勇矣！观其曹公，感义而坚不能久留，虽图报曹公而□［委］心于先主，终始不变，卓然过人，何异夫镆邪之剑，至刚而不挠；松柏之干，岁寒而不易。其遗风余烈，凛凛乎如秋霜之严也。

王，解人也，去古浸远，神灵不替，故能阴相我朝廷，屡有显烈，由是累加封爵，以达神庥。闻喜，解之支邑也，中条稷山，南北相望，土广民饶，最为繁剧。崇宁初，二寇扰民，当职者深以为患。弓级董政实令诸众仅二十余年，盗贼畏惧，挺然建议曰：我辈以擒捕为职，戮力用命；匪神佑于其间，不能屡捷。故临出入，常祷于王，无不获功。信乎王之德，生而忠勇，其名不陨，降灵在人，应于不测。故上可以佑国家，远可以镇边疆，迩可以保乡闾，昭然鉴□，若在左右。何其一乡之人，不能建立庙貌，尊加严事，归报神德？于是与同列□立，郭安协力营干，冈（罔 wǎng“无，没有”之意）有异□［志］。遂卜县城之西，择为庙所，环垣周围，计地三亩。

大观三载，孟秋望日，殿庑方就，离轩之前，崇以为门堞；干位之隅，敞以为花圃。植木之繁，以聚清荫；面山之峰，以增远目。故岁时乡社之人，得以陈俎豆，备乐舞于庭。逮至政和七年，会令佐贤明，讼简刑清，政修废举，命使立石，乐其功之冈坠。

噫！尝谓王之行事，其忠节勇功，炳若丹青，乡人之所详闻。今略述其大概，俾忠义之士激昂奋励，以报朝廷，岂不伟欤？里人从政郎洪嘉其诚意，相属为文，以纪其实。

时政和七年（1117）九月望日记。[40]

胡聘之按语云：

《宋史·地理志》：解州为防御州，属县三，闻喜为望。《太平寰宇记》云：中条山在解县南三十里，其山西连华岳，东接太行，又稷下在解县东北六十七里，引《左传》杜预云：河东闻喜县有稷山，是也。记言“中条稷山，南北相望，土广民饶，最为繁剧”，检史志及《寰宇记》所书语，亦适合。又此碑云“崇宁初，二寇扰民，当职者深以为患。弓级董政实令诸众仅二十余年，盗贼畏惧。”崇宁元年至政和七年止十六年，此云二十余年，疑“二”字衍。观是碑所记，崇宁初河、陕以东，民已不靖。大观二年，盗遂纷起。此转补史所不及矣。《职官志》：迪功郎，旧官将仕郎。承信郎，旧官三班借职。秉义郎，旧官西头供奉。宣义郎，旧官光禄寺卫尉，将作寺丞。

所言甚是。但我以为这篇碑文的价值，在于展现了北宋胥吏崇祀关羽的一个侧面。按该碑立碑人署为：“迪功郎、县尉监管勾学事、专切管勾教说保甲吴翊，迪功郎、主簿兼权县丞吕翼，承信郎兼酒税杜安，承信郎兼酒税田辅，秉义郎权巡检来择，宣义郎、知解州闻喜县，管勾劝农公事，兼兵马监押，专管勾河渠堤堰等事，专切管勾学事教阅保甲任谏。”包含了北宋县一级设置领导班子的基本成员，即知县、主簿、税监和县尉。其中负责地方治安的主官是县尉和巡检。《宋史·职官七》言：

尉：建隆三年，每县置尉一员，在主簿之下，奉赐并同。至和二年开封、祥符两县各增置一员，掌阅羽弓手，戢奸禁暴。凡县不置簿，则尉兼之。中兴，沿边诸县间以武臣为尉，并带兼巡捉私茶、盐、矾，亦或文武通差。

巡检司：有沿边溪峒都巡检，或蕃汉都巡检，或数州数县管界，或一州一县巡检，掌训治甲兵、巡逻州邑、擒捕盗贼事。

倡议并“营干”立庙的人，实为当地的“弓级”董政。按“弓级”一职未载于《宋史·职官志》，但由岳珂《桯史》记叙宋孝宗淳熙年间，部胥通同作弊，将呈文“增城县尉司弓级陈某，获盗若干”中的“司”改为“同”，“笔势浓纤无少异”，遂使县尉张某“名登于进卷”，以骗取奖励升迁的故事看来，“弓级”应当是县尉属下负责捕盗的专责人员，类似后世刑警队长。[41]治下之员则为“弓手”。据高承《事物纪原》卷七《州郡方域部三十五》：

弓手营。《宋朝会要》曰：咸平五年八月，置县尉、弓手营舍。

按“弓手”原为“乡兵”之一，其初源于种世衡发现宋兵对抗西夏骑兵骚扰，弓箭是有效武器之一，于是大力提倡乡人习射。[42]后来则作为徭役，规定由富户或中等户充任或者雇役担任，成为地方的保安的基本力量。[43]熙宁变法时曾遭裁减，“曾公亮以为置义勇、弓手，渐可以省正兵。”而为王安石拒绝。司马光则提出了质疑：

悉罢三路巡检下兵士及诸县弓手，皆易以保甲。主簿兼县尉，但主草市以里；其乡村盗贼，悉委巡检，而巡检兼掌巡按保甲教阅，朝夕奔走，犹恐不办，何暇逐捕盗贼哉？又保甲中往往有自为盗者，亦有乘保马行劫者。然则设保甲、保马，本以除盗，乃更资盗也。[44]

从这块碑记看来，宋徽宗时代蔡京采用王安石之法时，也曾作过一些变通，故“保甲”与“弓手”制度并行。[45]

按北宋衙门胥吏向有自立祠宇、自立护佑神祇之习俗。叶适《石林燕语》卷五言：

京师百司胥吏，每至秋必醵钱为赛神会，往往因剧饮终日。苏子美进奏院会，正坐此。余尝问其“何神？”曰：“苍王。”盖以仓颉造字，故胥吏祖之。固可笑矣！官局正门里皆于中间用小木龛供佛，曰“不动尊佛”，虽禁中诸司亦然。其意亦本吏畏罢斥，以为祸福甚验，事之极恭。此不惟流俗之缪可笑，虽神佛亦可笑也。[46]

既然无稽之神都可以堂而皇之地供在京城诸衙门里，则关羽已然得到国家敕封，自然无可非议。其实此庙之立，主要是地方治安官员敬祷之用，已与沁县威胜军将士立庙宗旨显有不同。但碑所言“上可以佑国家，远可以镇边疆，迩可以保乡闾”，自然也可看作“军神”的延伸。

本文所以喋喋不休说到“弓级”“弓手”，正缘董政之流相信关羽当年也曾担任过类似职务。按《三国志·关张赵马黄传》：

先主为平原相，以羽、飞为别部司马，分统部曲。

据《三国志》各传，刘备、黄盖、吕蒙、孙盛等人都曾在微时担任过别部司马一职。又据《后汉书·百官志一》：“领军皆有部曲……其别营领属为别部司马，其兵多少各随时宜。……亦有部曲、司马、军侯以领兵。”则汉时别部司马本为领军之官，而非缉盗之职。但自从“说三分”将《三国志》故事化，这种区别或被当时的“说三分”艺人泯灭，至以“弓手”描摹关羽之出身微贱，因而在这一个阶层中也获得了广泛认同。

元人胡琦《关王实录》郑重记载说：

玉泉显烈庙有司马印二枚，相传以为汉印，王所配之。其一方一寸，刻文曰“别部司马”；其一方有五寸，两环相连，系于印纽。文已缺讹，惟左有“司马”字可辨。俟考。

明人吕柟则言：

印文古雅，类汉人刻。知传者非妄也。[47]

可知深信不疑。其实这样低微的官职，印绶何以出现两种规制？元、明两代文人都不以考据见长，不谈也罢。但是从一个方面证实了他们熟知关羽曾为“别部司马”的经历。这个传统后来还有延续，以至县尉司衙都修有关祠。王恽《重修义勇武安王祠记》言：

汲县县治即故尉司公廨，内旧有武安王祠。莫究其所始，而可见者金泰和初信武将军完颜师古重加修饬，昭默祷而答灵贶也。兵后废撤不存。有元中统癸亥（四年），薄聂元擒诘强御，未即厥事，假灵于神，已而如所愿，遂即治左复庙而貌之。癸未之水，又从而圮焉。至元丙戌真定录判刘聚来主县簿，以游击有功，田里颇安，不敢居其能，越神明是归，遂以起废为己任。[48]

主簿即地方治安主官，可知此风金元间犹存。又胥吏衙役亦官亦民，为中国社会一特别阶层。明初《大诰》苛刑峻法，部分即针对元代胥吏蠹民之陋习。但他们的信仰究竟为何，向无专说。如果和三国、《水浒》故事的演变发展合观，或者有些眉目。

元刊虞氏至治本《全相三国志平话》是今存最早的三国故事刊本，它描述刘备破黄巾后，到长安等待封赏。十常侍之一段珪公然索贿，张飞挥拳打落段的两颗门牙，得罪权势，结果分发安喜县尉。张飞夜入官宅，杀死太守夫妇及“衙内上宿”的“弓手”二十余人，又打杀前来问案的督邮，径上太行落草为寇。后因国舅董承招安，才转任平原县丞的。刘备既然两任县尉县丞，意度关、张作为属下，则正类岳珂《桯史》所记“县尉司弓级”矣。

嘉靖本《三国志演义》虽经理学儒生删定，但仍保留了若干情节。如第三则《安喜张飞鞭督邮》，亦言刘备平黄巾有功，却只授安喜县尉，关、张随从。复因受督邮之气，张飞怒打督邮，弃官而去。又第九则《曹操起兵伐董卓》谈及公孙瓒起兵伐董时：

统领精兵一万五千人起发，路经德州平原县过。军马正行之间，遥见桑树丛中，一面黄旗，数骑来迎，远远看见公孙瓒下马。瓒视之，

> 乃刘玄德也。瓒亦下马问曰："贤弟何故在此？"玄德曰："兄长失忘？旧日蒙兄保委备为平原县令，因此出城闲行，偶遇尊兄到此，乃大幸也。就请兄长入城歇马"云云。瓒指关、张而问曰："此何人也？"玄德曰："此是关某、张飞，备结义兄弟也。"瓒曰："乃同破黄巾者乎？"玄德曰："皆此二人之力也。"瓒曰："呀！空埋了大丈夫耳。"

后世以此添加在著名的"温酒斩华雄"上，突出关羽身虽寒微，但勇似天人。《三国志演义》第九回《曹操起兵伐董卓》写关羽自请出战，袁绍不识：

> （公孙）瓒曰，"跟随刘玄德，充马弓手。"帐上袁术大喝曰，"汝欺吾众诸侯无大将耶？量一弓手，安敢乱言。与我乱棒打出！"

就连讲究人物性格各异的《水浒传》，也不怕和"本云长孙"的大刀关胜形象重复，特意设置了一个酷似关羽的缉捕都头。第十二回《青面兽北京斗武 急先锋东郭争功》写道：

> （济州郓城县）本县尉司管下有两个都头：一个唤做步兵都头，一个唤做马兵都头。这马兵都头管着二十四坐马弓手，二十个士兵；那步兵都头管着二十个使枪的头目，一十个士兵。这马兵都头姓朱，名仝；身长八尺四五，有一虎须髯。长一尺五寸，面如重枣，目若朗星，似关云长模样，满县人都称他做"美髯公"。原是本处富户，只因他仗义疏财，结识江湖上好汉，学得一身好武艺。……那朱仝，雷横，两个专管擒拿贼盗。

李乔《中国行业神崇拜》"衙役"条曾列举草鞋三郎、老吊爷、秦琼、蒲圻大王、右太尉、谢子澄等。[49]但都是地方一时所祀，不足以概括全部。其中引郭立诚《行神研究》所言"捕快家多供秦叔宝画像。有案未破，必焚香叩祝，乞神佑，速获主犯"一则，虽然也有《说唐》一类小说作为渊源，但材料太近，且未注明来源。[50]震钧《天咫偶闻》引濮青士《提牢琐记》：

> 狱有神，有总司、分司，统尊之曰狱神。在祀殿者若关帝、龙神、门神。他若佛典部之大士、阎罗、社公，若道流之太乙、药王、瘟部、火部，皆为位以祀。别一楹祀前明椒山杨公，而刑部尚书王公世贞、郎中史公朝宾、司狱刘公时守得祔焉。

亦为清代衙司所奉，或者承袭晚明风尚，值得拈出。

按自清雍正奉关羽为护国佑民之神，列入国家祭祀以后，且责于惩恶扬善，阴司报应，位在城隍神之上。这对于旧时常年尊听上命，亲手置人于生死边缘的胥吏衙役阶层来说，良心亦须安顿，信仰即是归宿。由于澳门、香港和台湾早年割让，没有经历中国现代化过程中的文化变革，故清代胥吏衙役的信仰得以存留，并且作为汉民族主义纽带在对抗外来宗教侵蚀中得到某种意义上的强化。比如殖民时代香港英籍警官虽居高位，但也一定要拜谒关帝像，敬奉香烛，才能获得华人警察的认同。[51]日据时代台湾曾经撤毁关帝神像，此亦为“去中国化”之一部分，一如明治维新中的日本。故光复以后再次崇祀关公，仪礼及信众范围有所变动。后文再论。

1998年11月我自台北参加金庸小说国际研讨会，回程经过香港时曾蒙时任国际刑警组织副主席，中国公安部部长助理朱恩涛雅意安排，在香港警务处公共关系科接待下，实地参观采访了油（麻地）尖（沙嘴）警署的关公崇拜习俗。据介绍，全体警员每年有两次着装集体参拜活动，第一次是农历六月二十四日关帝诞辰日，第二次是岁末宣布升职的日期，都要摆设大三牲，行礼如仪。警署公共餐厅常年供奉的关帝像就是为此而设的。此外阅览室另有一尊小型关帝像，是为警署成员个人拜祷之用的：或为领受任务祈求神判，或因一时未破祷告神佑，或系结案以后感谢神庥，或缘个人原因致祷神灵而设的。据陪同的警官告知，澳门警方及台湾刑警也都具有共同的关公信仰和大体相似的敬祀礼仪。[52]

以关羽为警察神的习俗，还因为在海外任职华警的增多，近年开始传播欧美。据中国人民公安大学王大伟著文介绍说，当他陪同导师英国埃塞克特大学警察学研究所主任比尔·塔夫曼在北京购物时：

> 比尔上街买东西，王府井跑了一个遍，也没称心。原来他要置一张关公——关云长的画像。“关羽”的发音又不准，说成是Guan Dai（关岱）。说了半天，我才知道他是要买关羽的像。真是“林子大了，什么鸟都有”！问他为什么，他却说你无知，关羽是谁？是世界警察之父。警察研究所的所长嘛，没有关羽成什么体统？[53]

有趣的是，反而是昧于传统的年轻中国警察，误读了关羽名讳。从晚明传教士及明清欧洲商贸船队开始，西人早已习惯将关羽按照闽广口音和习惯称谓，敬读为“关帝（Guan Te）”，甚至称做“关帝公（Guantecong）”，或仿效北方，直呼为“关爷（Guamya）”了，17世纪欧洲出版物已经明确有此记载，李福清《关羽肖像初探》中曾予揭载。以其枝蔓，另文再叙。

农业神

关公所以会成为“农业神”，重要原因在于由岳渎崇拜发展而来的祈雨功能，前书已有分说。但是后世为什么会把祈雨之期锁定在五月十三，并且覆盖了不同物候的广大地区，我以为需要从元代以后的棉业种植开始考探。

蒙元之初郝经《重建武安王庙记》言：

> 郡国州县、乡邑闾井皆有庙，夏五月有十三日，秋九月十有三日，则大为祈赛，整仗盛仪，旌甲旗鼓，长刀赤骥，俨如王生。[54]

证明至迟此时“五月十三”已经成为关羽祀日，惟无关农作，倒更像是游牧民族趁夏草正肥的阅兵式。

按自石敬瑭拱手送给契丹燕云十六州以后五个世纪以来，河北一带始终存在着农耕畜牧混合的经济形态。[55]但自明初大量移民由山西进入河北、河南、山东饱经战乱蹂躏之地，耕作作物、技术和相关民俗应发生变化。以北方麦黍产区而论，农历五月中旬意味着夏作播种季节，而雨水又直接决定着秋粮的收成。但中原和华北地区由于多年连续性垦伐过度，夏季经常发生干旱少雨，五月中旬的祈雨就成为影响民生国计的重要仪典。故明清以来，此日又以“磨刀雨”“大旱不过五月十三”等农谚盛行于黄河南北。以中国之大，农业区域跨越了若干个植物带，自然不能一概而论，需雨日期何以如此一致？我以为元代开始的棉业种植，或许能够提供思考线索。

综述元代历史者，往往把元初棉花的引进和种植看作是忽必烈祖述开国君主素来“重农”的结果。以今日视点观之，种植不过是棉业产品的技术开发，加工贸易才是拉动经济增长和商业税收的手段。随着元帝国版图的迅速膨胀，新兴的世界性市场开拓，亦尾随蒙古铁骑而跟进。这一时期的南中国就像一个“世界工厂”，源源不绝地供应着当时富于独有“高新技术”含量的产品，如丝绸、茶叶、陶瓷、铁器和棉布。史载至元七年（1270）国内商业税银只有四万五千锭左右，而到至元二十六年（1289）就达到四十五万锭。二十年间商税收入增长十倍，繁荣可见一斑。其中作为新兴产业的棉布贡献不可忽视。难怪忽必烈要在这年“置浙东、江东、江西、湖广、福建木棉提举司”了。以后又把江南夏税可用木棉布、绢丝绵等物输纳，变成了常年的“岁征”。

棉花种植虽然与稻麦不同，但是依赖于水却毫无二致，甚至更甚。现代科学统计表明，生产一吨小麦需水500吨，一吨玉米需水340～600吨，而一吨棉花需水达到2500吨。中国现代棉花种植技术认为，“苗期：春季回暖早，降水适时，利于棉花适时早播，培育壮苗形成丰产苗架。”“棉花全生育期需降水量450～600毫米，不同生育阶段耗水量差异很大，其中开花—结铃期需水最多，约占全生育期耗水量的一半。此时遇旱减产也明显。”[56] 以下为现代棉花生长最需要雨水的时期：

发育期地区	出苗～现蕾	现蕾～开花
西北	5月中旬～6月中下旬	6月下旬～7月中旬
黄河中下游	5月上旬～6月上中旬	6月中旬～7月上旬
长江中下游	4月下旬～6月中旬	6月下旬～7月上旬
长江上游	4月中旬～6月上旬	6月中旬～7月中旬[57]

上表所列日期是今之公历。元代历法虽然号为精密，但已不可详考，现代使用的阴阳合历已是清初耶稣会士结合西洋公历所制历法，阴历一般较阳历晚一月左右，而传统技术条件棉花播种期也相应较晚。既然棉花种植以出苗—现蕾—开花期为有无收成的关键，以此推算，农历五月孟夏已是各地传统棉区植棉技术需雨的最后时刻。对于“大旱不过五月十三”的企盼，已不仅仅是棉农的心愿，亦为依赖棉业加工贸易的其他乡镇居民的共同意愿，故“关公诞辰”或者“磨刀雨”的庆典和祭祀热潮也由宋元延续到明清，由农村延伸到了市镇。[58] 今观元代“浙东、江东、江西、湖广、福建木棉提举司”管辖区域，明清两代仍多习惯于五月中旬求雨，或其遗俗。康熙《钱塘县志》、

民国《杭州府志》、康熙《海宁县志》、光绪《（无）锡金（匮）识小录》、光绪《常昭合志稿》、民国《吴县志》、同治《上海县志》、光绪《孝感县志》、《咸宁县志》、同治《江夏县志》、嘉庆《湘潭县志》都记载有五月十三赛社祭祀关公，以求雨水。类似习俗，亦应因之流播，最终造成全国混一的风俗。

明清方志虽然没有直接提及棉业生产与祭关风俗之间的联系，但不等于并不含有这种因素。原因无它，只是因为世代沿袭，司空见惯，习以为常，故略而不提。偏偏是钱锺书注意到了史料中这一类型的“历史失忆”：

> 举世众所周知，可归省略；则同时著述亦必类其默尔而息，及乎星移物换，文献遂难征矣。……然一代之起居饮食，好尚禁忌，朝野习俗，里巷惯举，日用而不知，熟狎而相忘；其列为典章，颁诸法令，或见于好事多暇者偶录，鸿爪之印雪泥，千百中才得十一，余皆如长空落雁之寒潭落影而已。[59]

何况棉业一节，也还不是关公崇拜走向全民化的惟一原因。此外，我们注意到这一时期的很多理学人物，如楼钥、谢枋得、胡三省、丘浚都开始关注到国计民生的技术细节。如果配合理学“神道设教”的设计、“岳渎崇拜”的传统和“伦常日用”的功夫，也许更能领会到这一类的民间习俗形成过程之中，也有儒家的一臂之力。

乡里神

尽管以《大诰》强行规范和推行了社会设计，但朱元璋也深知，光靠一时“民众运动”并不能持续久远，关键还得靠相应的制度体系运作来维持保障。这两件事情可以视为互为因果，即为了建立他理想中的社会形态制度，必须掀起一场疾风暴雨式的民众运动；而大规模民众运动的目的，也正是为了建立一套与元代形态截然不同的社会制度。

朱元璋于此深谋远虑。他曾认真总结元朝政权倾覆的原因，其中之一就是礼仪不修，“主荒臣专，威福下移，由是法度不行，人心涣散，遂使天下骚动。”就连元末各股义军队伍的先后失败，他认为也是由于“皆无礼法，恣情任私，纵为暴乱，由不知驭下之道，是以卒至于亡”。所以初登吴王之位，便把“制礼”作为要务，告谕群臣说：

礼法，国之纪纲。礼法立，则民志定、上下安。建国之初，此为先务。[60]

洪武二年（1369）八月，明太祖以“国家创业之初，礼制未备”，敕中书省传令全国各地举荐“素志高洁、博通古今、练达时宜之士。年四十以上者，礼送至京，参考古今制度，以定一代之典”。于是“儒士徐一夔、梁寅、刘于、周子谅、胡行简、刘余弼、董彝、蔡深、滕公琰至京”，入局参修礼书。[61]这些白衣秀士大多出于江南理学重镇，而宋濂却未能参与修礼大典。罗仲辉于此曾有详尽考订，可以参看。[62]

笔者注意到，《大诰》中还涉及鬼神祭祀的案例，如《初编·祭祀不敬第五十七》：

开谕：为一郡一邑之主，岂止牧民而已。其鬼神必欲依之。阴阳表里，以行人道，故谕之。出则辞于神，入则告于神。官长既敬，民必畏从之。民人既敬，鬼神莫安，一方善恶，灾临福临，必不至于妄加。谕后，曾几人虔恭敬畏？岂止不畏，江浦县知县刘进等，盗其祭帛；巩县知县饶一麟等，未祭而先食其牲牢脏肉；闻喜县丞周荣，以活鹿送人为玩物，以死肉奉祀于山川社稷之神。呜呼！人有不才者如是，然不旋踵而亡者几人，其祸安得而逃耶？[63]

受到惩罚的具体案例及责任人的情况，也明白标示于《大诰》中，如：

洪武十八年冬十月，宁国府教授方伯循，实封宁国府知府韩居一，其辞曰“于斋戒未祭，先食牲牢肉脏，又且饮酒。”及其勾问，其官府并无二项非为，余罪不律者有之。询其所以，府官严督学校，以致方伯循、生员张恒等五名憾是督责，遂于祭祀之际，窥伺府官饮茶，教授方伯循自行饮酒，径率诸徒诣斋所，将府官祭服四面揪打。若奉上司明文，擒拿有罪者。如此非为，人神共怒。且府、州、县教官，礼义风俗忠孝出焉。凡遇祭祀，则当训诲生徒，明以持心守戒之道，至期率赴坛所陪祀群神。非独本礼诚敬，将后生徒为政，不劳祀神，熟矣。其宁国府教授方伯循，不独不本礼以奉神，于坛所大辱掌祭之官，可谓罪不容诛。又有余罪，出纳学粮不明，改换文案，以致本府检举，非止一端。呜呼！有司提调学校，助君之急务也。生徒有奸顽者，师卒不能化，且得府官助其威严，以成成效，岂不美欤？奈何反与不才生往，诬辱提调官，罪当皆死。所在学校，想宜知悉。[64]

方伯循与生徒被判了死罪，表明臣民对待国家祭祀仪礼虔奉与否，也是《大诰》查究的重点之一。

朱元璋是中国惟一有过底层职业宗教者经历的皇帝。这对于他的成长经历和人格究竟发生了哪些影响，是个很有兴味的问题。揣想这类案件所以激起他的勃然大怒，或许和他开国之初曾建立一整套"神道设教"的文化设计攸关。出于自幼贫穷失怙，流落异乡的切身感受，他切望建立一个以农耕文化为社会基础，以乡里为基本区域，以神鬼为祭祀中心，均贫富，等强弱，互助互济的社会形态。

基于这一认识，他着手将人间政权"神道化"，以作为与城乡政权系统平行的基本体系，从而把宋元理学承认的"神道设教"组织化、制度化。除祖陵、太庙等攸关皇室血胤崇拜的祭祀体系之外，他还建立了一套以先儒崇奉的天地山川、岳镇海渎、风雨雷电等自然神崇拜的"坛壝"制度，以及儒家奉祀"文庙"、军神崇拜"旗纛"的等级制度，作为国家祭祀的原点。这也是各级礼志、方志不可或缺的内容。此为常识，不待多谈。值得注意的是作为政权体系的补充，他创立了城市—里社祭祀体系以及乡饮制度，影响颇广。后世关羽崇拜所以能够遍及城乡，正是借助这个祭祀体系得以实现的。

朱元璋的这个制度设计，在嘉靖"抗倭"时却大大促进了关公崇拜在江南闽广的普及。明军初始可谓懵懂打仗，既不知彼，亦不知己。"倭寇"数量虽然不多，但出没飘忽不定，于是不得不利用里社，结乡兵以自保，成为各地防务的首要选择。但乡兵仓促应战，作战素质不高。于是有士大夫开始以"神道设教"，增强凝聚，鼓舞斗志。起初并无固定神选。田艺蘅自述嘉靖三十四年（1555）他在杭州参与"抗倭"的亲身经历时说：

嘉靖乙卯，倭寇大作，直攻会城。余鸠集乡兵千人，为保障计。犹恐人心不安，乃择日筑高坛于西郊，以顺金方肃杀之气。刑性［牲］插［歃］血，为文告天，以求诸于古今名将，自武安王而下三十余人。后贼临方山，四日不退，乡兵迎敌，不战而遁。四方被掳人回云："贼人西望，见云中神兵众多，金甲神将形甚长大，旗帜分明，是以不敢交战而去也。”众皆闻言，踊跃感悦灵应，已略载之《回澜桥记》中。余忆古今，此事常有。

遂不厌其烦，缕述自晋王导求助钟山之神以御苻坚，唐太山阴兵助战以破李师道，一直到明指挥使祭告岳飞墓，“请岳云所贻神枪以破桃花洞贼”等等“显应”诸事，复自解嘲言：

此皆正神大道，吾儒所当行者。但如唐之使妖僧诵咒祈禳，宋之宰相闭门修斋诵经，则不可耳。

但也承认：

方倭寇焚烧湖市时，城中官府及士夫亦有就寺观设醮烧香，祈保退敌者。左道惑众，可耻之甚也！正神乃肯助正人，若邪神必反助妖人矣。因思国制，旗纛上所图天王等像，又不知何名，或昉于天宝间不空三藏之术也。[65]

所谓“金甲神将，形甚长大，旗帜分明”云云，则分明踵继了佛教毗沙门天王显迹安西城楼，或道教关羽于宋宫现身“大身克庭”之旧事，笔者在《伽蓝天尊》一书中已经详述，于此可知明代军队旗纛上犹存天王等像。至于设坛求助“古今名将三十余人”之“正神大道”，则分明展示出宋后理学敬祀鬼神之新发展。

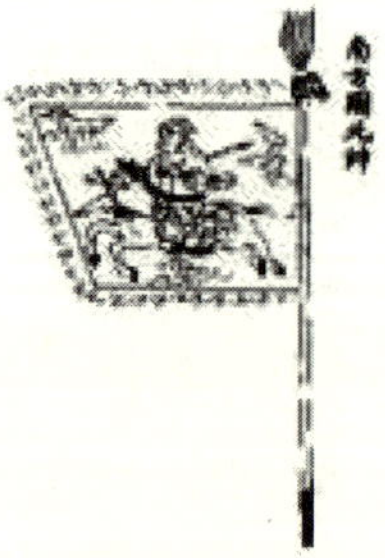

四库本戚继光编著《纪效新书》卷十六所附“南方关元帅”旗样式。这是他在浙江义乌抗倭时训练新军所奉的军旗之一。

但遍祷之三十余“正神大道”中，毕竟只有关羽才能够汇集综合各阶层信仰之大成，脱颖独出，成为“抗倭”斗争中的主神。此后战争一直在“半人半神”中进行。嘉靖“抗倭”战争中不仅涌现了一批杰出将领如谭纶、俞大猷、戚继光等人，而且经办此事的文官或文人如杨博、王忬、唐顺之、张经、赵文华、徐渭等人也纷纷虔敬关羽，流传有与关羽崇拜有关的文章或事迹，用以号召民众，鼓舞士气。江南、闽广也形成了关羽崇拜的浓烈风气。

如沈德符言：

唐以前，崇奉朱虚侯刘章，家祠户祷，若今之关王云。然自壮缪兴而朱虚之神又安之也。今世所崇奉正神尚有观音大士、真武上帝、碧霞元君。三者与关壮缪香火相埒，遐陬荒谷，无不尸而祝之者。凡妇人女子，语以周公、孔夫子，或未必知，而敬信四神，无敢有心非巷议者，行且与天地俱悠久矣。岂神佛之中亦有遭遇而行世者耶？抑神道设教或相禅而兴也？[66]

此外如嘉兴梅里、嘉定、苏州双凤里、无锡里睦、南通狼山同一时期兴建的关庙里，都充斥着类似记述，碑刻亦遍及江南各地。对于这一过程比较完整的叙述，当属唐顺之《常州新建关帝庙记》：

嘉靖三十四年，倭寇继乱东南，天子命督察赵公文华统师讨之。师驻嘉兴，军中若见关帝灵响，助我师者。已而师大捷，赵公请于朝廷立庙嘉兴以祀帝，事俱公所自为庙碑中。明年倭寇复乱，赵公再统师讨之，师过常州，军中复若见帝灵响如嘉兴，赵公喜曰：必再捷矣！未几，赵公协谋于总督胡公宗宪[67]，渠魁徐海等悉就擒。赵公益神帝之功，命有司立庙于常州。帝之庙盛于北，而江南诸郡庙帝，自今始……东南不淑，天堕妖星，岛酋海宄，凶逊复生。竞为长蛇，荐食我（注：疑缺一字）。帝灵在吴，能无怒乎？夷刀如雪，手弯不展。渠魁倔强，悉就烹脔。帅臣避让，岂我之力？阴有诛之，实徼帝福。维何作庙以祀，东南庙地，自今以始。毗陵巽隅，古庙将坛。若有待帝，鬼兵踞蟠。天阴仿佛，长刀大旗。生欲拯吴，没而来思。帝德吴民，无间生死。幺么小丑，永镇不起。郡人入庙，踊跃欢喜。竞起赴敌，强跳弱起。谁鼓舞之？帝有生气。[68]

某种意义上说，正是通过了这次磨难，关羽崇拜才迅速经由乡镇里社神祇，达到“家喻户晓，尽人皆知”的程度。这与当时《三国演义》刊本是否普及、三国故事传播到何等程度，没有逻辑上的必然联系。反而是江南关公崇拜的兴起与理学儒士与官方“神道设教”的运作颇有关系，藉以动员民众结乡邻以自保，提高军队的士气。或者这才是明儒插手《三国演义》整理刊行，或者书商竞相翻刻贾利的重要动力。

注释：

［1］所谓“李约瑟难题”，即英国李约瑟博士在其研究中国科技文明史（成果已集成长篇巨著《Science and Civilization in China》）的过程中提出来的。核心为“既然能有这么多早期科技成就，为什么中国没有近代科学呢？”围绕于此的中外聚讼可参见《学界关于“李约瑟难题”的部分见解》（http://www.oursci.org/ency/phil/066.htm）及《争鸣：李约瑟难题》专栏（http:// www.china.com.cn）。这是一个科学史的争议热点，但似乎很少从社会经济史角度考虑。

［2］张德信、毛佩琦主编《御制文集》，黄山书社1995年排印本，第21页。

［3］同前，第63页。洪武八年（1375）六月莒州日照县知县马亮、汾州平遥县主簿成乐考满入京，吏部上亮考：“无课农兴学之绩，而长于督运。”上曰：“农桑，衣食之本；学校，风化之原。守令不知务此，而日长于督运，是弃本而务末。”命黜之。上乐考：“能恢办商税。”曰：“商税自有定额，何俟恢办？若额外恢办，得无剥削于民？”命讯之。（孙正容《朱元璋系年要录》，浙江人民出版社1983年，第273页）

［4］《明史·齐之鸾传》。

［5］《明神宗实录》卷三四七载有（万历二十八年五月癸卯）直隶巡抚刘曰梧所奏：“为奸棍假托诏旨，擅置官属，窃弄威福，祸延京省。道路喧传，武英殿带俸中书程守训奉密旨访各处富商，搜求天下异宝，臣初不信，及至，则旌盖车马阗塞街衢，首有朱红金字钦命牌二面，继有二牌，一书‘凡告富商巨室违法致富，随此牌进’，一书‘凡告官民人等怀藏珍宝者，随此牌进’。四介胄骑士执之，其他戈矛剑戟拥卫如卤簿。臣为之色夺。”皇帝却置若罔闻，留中不报。可知矿监之外，复有公然往民间勒索掠夺财宝的钦差。“与民争利”，至此而极。

［6］万历二十年明军到朝鲜援助抗倭作战时，已“见朝鲜遍祀关帝，诵述满其国中”。载万立衡《关帝事迹汇编》卷二，转引自朱大渭《武将群中独一人——关羽人神辨析》，辑入《关羽、关公和关圣》。

［7］该文辑入《毛泽东选集》第二卷。据人民出版社该篇“说明”，“是一九三九年冬季，由毛泽东和其他几个在延安的同志合作写作的一个课本。第一章《中国社会》，是其他几个同志起草，经过毛泽东修改的。”

［8］参褚人获《坚瓠集·秘集》卷一“关圣庙”。

［9］参《帝都景物略》卷三《关帝庙》，第155页。

[10] 碑原在昆明市嵩明县杨林堡，成化四年（1468）立。中国国家图书馆藏，索取号“各地 9408”。

[11] 从明代初年开始，为了备边防御，明廷在北部沿长城一带先后设立了 9 个边防重镇，从东至西依次为辽东镇、蓟州镇、宣府镇、大同镇、太原镇、榆林镇、宁夏镇、固原镇、甘肃镇，简称“九边”，共驻守 40 万军队，以为日常御边之用。

[12] 袁崇焕临危受命，监军宁远。天启六年（1626）仅以一万军民，于城下大败后金 13 万兵，努尔哈赤随后病亡，史称“宁远大捷”。翌年又大败皇太极，史称“宁锦大捷”。

[13] 详见《蜀汉关侯庙记》，《徐文长逸稿》卷十九。（台湾伟文出版有限公司民国六十六年复印件，第 807 ~ 811 页）

[14] 四库本《钦定盛京通志》卷四十四，第 4 页。

[15]《海上》四首之三，载王遽常《顾炎武诗集汇注》，上海古籍出版社 1983 年出版，第 117 页。

[16]《明史》卷一七〇《于谦传》。

[17] 谢蕡《后鉴录》卷中“宁王起兵”：“二十三等日，宸濠遣洪椺祭旗纛、关王庙、教场三处。”（中国社科院历史所明史室《明史资料丛刊》第一辑，江苏人民出版社 1981 年，第 51、59 页）

[18]《仿洪小品》卷二十“关云长四则”之四。按蹇达，巴县（今属四川巴中）人。嘉靖四十一年进士，官至右都御史兼兵部尚书，总督蓟辽昌平四镇军事，曾为戚继光、李成梁上司。

[19] 陕西省博物馆藏“石号 741”。

[20]《读史札记》，三联书店 1955 年，第 120 页。

[21]《明史》卷二二三。

[22]《古今图书集成》卷三十七，492 册，第 34 页中。

[23]《洪武御制全书》第 841 页。

[24]《三编·空引偷军第五》。

[25] 黄仲昭撰，《中国史学丛书三编》第四辑（37），台湾学生书局民国七十六年据中研院史语所藏明刊本影印。福建东山铜陵关庙就建于洪武时。据《东山武庙谱·鼎建铜陵关王庙记》载：“国朝洪武二十年，城铜山以防倭寇，刻像祀之，以护官兵。官兵赖之。”（徐晓望《福建民间信仰源流》，福建教育出版社 1993 年 12 月，第 404 ~ 405 页）《明史·太祖纪》载该年江夏侯周德兴受命入闽整顿海防，在闽中沿海建立了许多卫所，铜陵即为其一。实际上关羽此时还是被作为“军神”

供奉的。

[26]《漳州府志·兵防志》，《中国史学丛书》（15），第710～711页。

[27]庙联犹存东山关庙。按黄道周，铜山所（今属福建漳州市）籍。天启进士，官礼部尚书。以节气著称于朝。唐王监国，封大学士兼吏、兵两部尚书，失败被俘，坚不投降。临终撕裂衣衿以指血书写："纲常万古，节义千秋；天地知我，家人无忧。"

[28]可参山西省侯马市关公文化学会、广东省开平市关族图书馆、福建省姓氏源流学会关氏研究室联合刊印之《关氏三千年》（2001年内部发行）《关永茂碑记》，第426～427页。承莆田关启新先生寄赠，仅志谢忱。该碑犹立东山铜陵关帝庙内，影印件存厦门大学历史研究所。

[29]转自张羽新《清朝对其保护神关羽的崇奉》（《出土文献研究》第四辑，中华书局1998年，第183页）。惟张注声称出自格琫额《伊江汇览》，但笔者查验中国社会科学院中国边疆史地研究中心的稿本，及全国图书馆文献缩微复制中心1990年出版之《清代新疆稀见史料汇辑——伊江汇览》，均未能找到该文。疑其别有版本或出处。姑志待考。又《清史稿·高宗本纪三》："（二十七年六月）己酉，以原任将军班第、参赞大臣鄂容安在伊犁竭忠全节，命于伊犁关帝庙后，设位致祭。"

[30]碑存台湾彰化市关帝庙，原大130×58厘米。辑入《石刻史料新编》第三辑（17）《明清台湾碑碣选集》，第138～139页。新文丰图书公司（台北）1986年出版。

[31]《明清北京地图》，北京：地图出版社1986年出版，包括明、清地图各一纸，统计书册一本。

[32]《中国关林》第115～116页，石碑高57、宽105厘米，今镶嵌于洛阳关冢南墙西侧。

[33]碑原在北京市正阳门关帝庙，中国国家图书馆中文碑拓索取号"北京1176"。按张格尔为大和卓波罗尼都之孙，是逃居国外的伊斯兰教贵族。自乾隆年间平定南疆大小和卓之乱后，波罗尼都之子萨木萨克逃居浩罕（中亚伊斯兰教国家，时称安集延），其第二子张格尔素有政治野心，阴谋潜回新疆恢复其祖先和卓时代的统治。从嘉庆二十五年（1820）到道光八年（1828）在浩罕统治者与英国殖民者怂恿支持下，三次潜入南疆发动叛乱，而以道光六年规模最大。张格尔率浩罕、布鲁特五百余人窜回喀什噶尔（今喀什）附近，以礼拜其祖先玛杂（坟墓）为名，利用南疆的反清情绪及其宗教影响，集众万余人发动叛乱。先后攻占喀什噶尔、英吉沙尔、叶尔羌、和田等城，自称赛义德·张格尔苏丹，复辟和卓统治。清政府命伊犁将军长龄调集吉林、黑龙江、陕西、甘肃、四川清军三万余人会师于阿克苏，组

织全面进攻，相继收复喀什噶尔等城。道光八年初，张格尔逃至喀尔铁盖山，被清军擒获，解至北京处死，叛乱平定。

[34]海西希著，耿昇译《西藏和蒙古的宗教》。天津古籍出版社1989年出版。

[35]（法）佩雷菲持：《停滞的帝国——两个世界的撞击》，北京：三联书店1993年中译本，第622页。

[36]2001年涿州“中国历史文化中的关羽”两岸研讨会上，中国社科院宗教所道教研究室王卡、汪桂平《从〈关圣大帝返性图〉看关帝信仰与道教的关系》、佛教研究室方广锠、周齐《介绍清咸丰刻本〈武帝明圣经〉》分别提交了介绍这两种书刊的论文，可以参看。（分别载《关羽、关公和关圣》第88～96、122～145页）

[37]曾国藩曾总结关羽失败教训，言：“以齐桓公之盛业，葵丘之会微有振矜，而叛者九国。以关公之忠勇，一念之矜，则身败于徐晃，地丧于吕蒙。”（《曾国藩文集》笔记二十七则“气节·傲”）看来也是熟读《三国志演义》的。又海宁冯氏《花溪日记》卷下引湖州守将赵景贤与太平天国忠王李秀成书：“至于谭将官传述台意，尤属非宜。汉寿亭侯归汉，千古美谈，我何人斯，而敢希冀乎？此在左右或言之必践，而贤则以为拟于不伦，华容道上，不知所报也。”按李秀成致书中有“为民父母，当以全身利人为要，若仅沽名殉节，不顾祸遍苍生，亦岂志士仁人之所忍为”等语。故以关羽辞曹归汉劝降。赵景贤时为候补道总理湖州团防。

[38]《曾文正公全集·杂著卷二》，《营规·批牍卷三》。

[39]李榕《十三峰书屋批牍》卷一。按李榕（1818～1890）字申夫，名甲先，剑州（今四川剑阁县）人。道光二十六年进士，授翰林院庶吉士，改礼部主事。因曾国藩保荐历升至湖北按察使、湖南布政使，为曾国藩心腹。同治己巳年罢任归里。

[40]胡聘之《山右石刻丛编》卷十七（第434~439页）。署“颍川阮升卿撰，汴阳吕唐叟书，江夏李师哲篆额。”按胡聘之字蕲生，天门（今属湖北荆门市）人。光绪年间曾继张之洞任山西布政使及巡抚，主持山西新政。任上辑有《山右石刻丛编》四十卷，共收后魏正光四年（523）至元代至正二十七年（1367）间山右（今山西）石刻七百余通。

[41]《五灯会元》卷十二：“无为军冶父实际道川禅师，昆山狄氏子。初为县之弓级，闻东斋谦首座为道俗演法，往从之，习坐不倦。一日因不职遭笞，忽于杖下大悟，遂辞职依谦。”《宋史·许应龙传》：“（宋理宗时）盗陈三枪起赣州，出没江、闽、广间，势炽甚。而盗锺全相挺为乱，枢密陈韡帅江西任招捕，三路调军，分道追剿。盗逼境上，应龙亟调水军、禁卒、士兵、弓级，分扼要害。明间谍，守关隘，断桥开堑，斩木塞涂。”则弓级职责仍然延续至南宋时。

［42］张载《省戍》言："种世衡守环州，吏士有罪，射中则释之；僧道饮酒犯禁，能射则纵之；百姓系者，以能射则必免；租税逋负者，以能射则必宽。当是时环之内外，莫不人人乐射。"（《宋文鉴》下册第1474页）

［43］弓手能否雇人充任，北宋曾有争议。据《宋史·食货志上六（役法下·振恤）》，苏轼"极言役法可雇不可差"，"司马光不然之"。后监察御史上官均主张"役之最重，莫如衙前，其次弓手"，"近许当差弓手户役得差人为代，此法最便"。以徽宗时代风气及建庙实力而论，推想董政或许是当地富户充任的地方治安官员。

［44］《宋史·兵志六（乡兵三）》。

［45］台湾中央研究院史语所黄宽重有《宋代基层社会的武装警备——弓手》探讨这一制度的沿革，载《宋代社会与法律——〈名公书判清明集〉讨论》（台北：东大图书公司，2001.4）第237～249页。

［46］《笔记小说大观》本第四辑第八册，第68页。苏舜钦曾因所管衙门祠神，卖废纸以具酒食，为政敌劾罢，则关系元祐党争事，下文再叙，

［47］乾隆《解梁关帝志》卷之一。山西人民出版社排印本，第8～9页。按吕柟（1479～1542）字仲木，号泾野，陕西高陵县人。正德三年（1508）戊辰科状元。其学源于薛瑄，属程朱理学一派，嘉靖间曾任北京国子监祭酒。史称吕氏讲席"几与（王）阳明氏中分其盛"。曾"建解梁书院居之，选少而俊秀者歌诗、习小学诸仪。朔望令耆德者讲会，典行乡约。"（《少墟集》卷二〇《泾野吕先生》，又见《陕西通志》卷六三《吕柟传》）曾增订胡琦《关王实录》为五卷本《汉寿亭侯志》，今存明嘉靖刻本（北京大学图书馆藏）。

［48］四库本《秋涧集》卷三十九。《全元文》第四册，第385页。按王恽（1227～1304）字仲谋，汲县人。祖上仕金，元将史天泽攻宋时接以宾礼，后"转翰林修撰、同知制诰，兼国史院编修官，寻兼中书省左右司都事。治钱谷，擢材能，议典礼，考制度，咸究所长，同僚服之。""裕宗在东宫，恽进《承华事略》……凡二十篇。裕宗览之，至汉成帝不绝驰道、唐肃宗改服绛纱为朱明服，心甚喜，曰：'我若遇是礼，亦当如是。'"卒后赠翰林学士承旨，追封太原郡公，谥文定。著述有《相鉴》五十卷、《汲郡志》十五卷、《承华事略》《中堂事记》《乌台笔补》《玉堂嘉话》，并杂著诗文，合为一百卷。《元史》有传。

［49］《中国行业神崇拜》，中国华侨出版公司（北京）1990年出版，第370～372页。

［50］郭立诚《行神研究》为中华丛书编审委员会（台北）1967年出版。按秦琼字叔宝，历城人，"始为隋将来护儿帐内"，"俄从通守张须陀击贼卢明月下邳"，

是唐朝开国元勋，封左武卫大将军，死后陪葬于长安昭陵。新旧《唐书》均有列传。民间说唱《响马传》及清人小说《说唐全传》却说他曾经作过历城县的“马快”，为救朋友不惜两肋插刀，实际上是《水浒传》中朱仝形象的重复。

[51] 李存葆《东方之神》（《当代》，北京：2002年第2期）说：“近年加（拿大）国警察署下达一道指令，允许华裔警察在办公室里摆放关公像。缘由是：一香港籍警察移居加国后，连破数个大案要案，既快且准，似有神助。加国警察署诘问其由，这位华裔警察回答：他每次办案前，都先要在家中祭拜关公。”若果如此，则是香港警察信仰在英联邦国家的延续。

[52] 另香港李慧筠（Li, Wai-kwan）有《警察的关帝崇拜及其意识型态的研究（The Police Force Worships Guan Di: Structure vs. anti-structure）《香港浸会学院学期报告》（paper for application of the Chinese University of Hong Kong, 1992）及《香港警察的关帝崇拜》（《台湾宗教研究通讯》总第5期，2003年出版）。有兴趣者可以参看。但中新网据香港媒体报道，2004年香港警察迁入新警政大楼时已不再设立关帝像，“警队新一代的领导层已表示不会鼓励拜关帝成为指定的供奉仪式，有些警区正考虑‘请走’关帝。”“也有资深警务人员透露，拜关帝不仅是一种传统，更演变成一种心理上的慰藉及上司与下属之间一条沟通的桥梁。”（http:// www.chinanews.com.cn / news / 2004 / 2004 -10-29/26/500117.shtml）百余年后的“回归”，却导致千年传统的消失，令人百感莫名。

[53] 王大伟《龙的盾牌——中国警察在英国》，北京：农村读物出版社，1999年，第7页。作者持赠，谨志谢意。

[54] 系年己酉，即蒙古海迷失后元年（1249）。《全元文》，江苏古籍出版社1998年排校本，第四册，第385页。

[55] 黄仁宇《赫逊河畔谈中国历史·“藩镇之祸”的真面目》曾论及“我们从各种迹象看，河北在9世纪好像已经成为农业和畜牧的混合区域。”（三联书店1992年，第124～125页）可以参看。

[56] 北京大学历史系一篇研究报告说：“河北全年总降雨量大致尚能满足棉花用水需求，但由于雨量分配不均，春旱现象较为常见。春间播种之后，倘遇天旱不雨阻害发芽，就只能改种大豆、粟等作物；或且早春不雨，便失去播种期。在棉苗生长期间，浇灌与不浇灌也大不一样，收获量可相差近一倍。据1936年满铁天津事务所调查科在定县的调查，灌水棉田可增产80%左右。”（张会芳《1928—1937年河北省的棉花改良》（http://dean.pku.edu.cn/jiaoxue/tzlw/427.doc）

[57] 参农业部中国种植业信息网《棉花的生长与气象》。

[58] 后世崇奉关公的行业亦包括丝绸业，网上有《吴江丝绸志》关于旧时盛泽各丝绸行庄皆秉烛守岁，争抢关帝庙头香的记载，可以参看（http://www.wj.js.cn/silk/fengsu/fs10c1.htm）。

[59]《管锥编》第一册第 304 页。北京：中华书局，1986 年第二版。

[60]《明通鉴》前编卷三。

[61]《明太祖实录》卷四四。

[62] 罗仲辉《论明初议礼》，辑入王春瑜主编《明史论丛》，中国社会科学出版社 1997 年出版。

[63]《洪武御制全书》，第 775 页。

[64]《初编·教官妄言第七十一》。《洪武御制全书》，第 783 ~ 784 页。

[65]《留青日札》卷三十八"神助阵"条，上海古籍出版社 1985 年影明万历抄本，下册，第 902 ~ 904 页。按田艺蘅钱塘（今浙江杭州）人。《明史》卷二八七其父田汝成附传，著有《大明同文集》《田子艺集》等。《留青日札》刊印于万历元年（1573），弁首《品嵓子小传》言其"海上变作，立草丈二檄，鸠义兵千人，保障里社。幕府诸大夫壮之，聘督临、余三邑兵四千，出入行阵者五年。"田还记载了"嘉靖三十六年督练乡兵事宜提督军门牌两面"，自诩"组织义兵保障一方"，所上十八策为"首载此事"（第 1185 ~ 1186 页），可知于"抗倭"组织领导具有实践，亦是他平生快意之事。

[66]《万历野获编》卷十四。

[67] 胡宗宪字汝贞，绩溪（今属安徽省黄山市）人。嘉靖十七年进士。三十三年出按浙江。因附赵文华，在平定江浙"倭乱"中得以总制大权。他与"倭寇"既受贿勾结纵容，又不时追歼的过程，很大程度上决定了这次战斗的曲折，但最后平息了"倭乱"。但攀附严嵩事始终被人追究，终竟瘐死。万历初复官，谥襄懋。《明史》列传之九十三有传。

[68]《古今图书集成·博物汇编》卷三十八《关圣帝君纪事》，中华书局影印本 492 册，第 34 页。按唐顺之武进（今属江苏常州市）人。嘉靖八年会试第一，后调兵部主事。倭寇屡犯沿海，唐顺之以兵部郎中督师浙江，曾亲率兵船于崇明，破倭寇于海上。著有《重修海州关侯庙开颜楼记》《常州新建关帝庙记》等。

第十三章

关公信仰的扩散

漕运神

漕河及漕运也是形成关羽崇拜普及的重要因素。交通状况向来是商品流通量的天然尺度之一，故论列经济史者不得不予以特别关注。鉴于中国传统社会中运河漕船载运量约相当于陆运十倍，故通达漕运亦是历代政府的主要考虑。

事实上，元代在大运河修通不久，就在徐州修建了“关尉神祠”以护佑洪险段的安全。皇庆年间（1312 ~ 1313）赵孟𫖯撰写的碑文说：

> 有元混一天下，凡东南贡赋之输，皆引道自此，故舟至益多，日百千万艘。有庙在洪之西陕，所祀二神，一为汉寿亭侯关公，公事汉昭烈，尝为徐州牧；一为唐鄂国公尉迟恭。传二公治水吕梁，徐州盖有二公遗迹。二公生为大将，殁而为神，其急人之患难，夫岂愆于素志也哉？[1]

明廷徙燕，例需江南漕粮物资源源供应京师，输纳边饷，故漕运不啻帝国生命线。傅维麟《明书》曾有“倚漕为命”之说。[2]但河、淮常灾，直接影响到南北运河的交通流量以及明祖陵、皇陵安全，这在中明一度成为严重问题。漕运如何趋利避害，一直困惑着治河臣工：

> 黄河自古为患，惟我国朝则借之以济渠之利。故今之治河与古不同。

古也专除其害，今也兼资其利；古也导之北，以顺乎就下之性；今也导之南，以避其冲决之虞。[3]

万历年间商业勃兴，又加剧着这种利害算计。李乐《见闻杂记》亦言：

大禹治河易，今日治河难。大禹时直欲除害，今并欲兴利，以故甚难。既欲顺其流不逆水性，必难得济漕运；既欲济漕运，难保淮西陵寝无冲决之患。[4]

正是这种兼顾两难的心理，使得治河、治漕工程在中明反反复复，难以用一致之思坚持下来。这一问题终于在万历时期由于潘季驯[5]的主持，得到了比较妥善的解决。他"以水治水""束水攻沙""导归阳海"的创举，得以"治河济运"。其间与关羽崇拜的关系，论者少有提及：

万历十八年十二月十九日，准礼部咨，该总督河漕右都御史潘季驯题称：本年五月内，因上源、汝宁、寿泗一带淫雨连绵，淮水暴涨，至二十七八日，雷雨交作，西风骤急，高堰将危。此时，从工所看到黄云一片笼罩武安王庙上，良久方散。又本庙僧人宗权有徒远归，从十里外望见庙前灯火盛张，至庙寻访无踪，须臾风转雨收，水势遂定，高堰溢而后安，实系武安王神功之力……臣因思关圣为炎刘社稷之臣，负乾坤刚大之气，淮北郡邑，因其用武之地，忠肝义胆，万古如生，故以其忠于炎刘者，而效之于我皇上；而以其昔日不忍溺此一方之民于孙曹，滔滔浊流者，而不忍渔其民于今日也。高堰未成之先，则为成之；既成之后，则为守之；烈风暴雨危急之际，则为阴培而力护之。此固我皇上诚格天，百灵效顺所致，而明神翊相之功，亦有不可诬者。所据该司历陈显异之状，与封号岁享之乞，似应陈请，伏望敕下该部再加查议……

奉圣旨：该部知道，钦此。钦遵抄出，到部送司，为照高家堰之设，所以捍御淮、颍诸流，而屏护淮、扬二郡，乃二百年来运道之关键也。自此堰冲废，无所堤防，而运道阻矣。据称武安王关某显应效顺，当筑堤之始，则反风拒水，以助兴之；及既成之后，则阴护默佑，以奠永绩。即梦寐之感通，见精灵之昭格。委当特加崇祀以报神庥。除封号着在令甲未敢别议外，所有遣官祭告，似应俯从。仍宜赐额题庙，未昭报贶，恭候命下……万历十八年十二月二十八日，本部尚书兼翰林院学士于慎行等具题。三十日奉旨加封尊号，特颁《衮冕肆辑图》，首冕服，次巾帻，又次公幞。赐庙额，遣官致祭。[6]

这应该是关公神像着帝王衮冕的开始，也是关羽晋封为帝的重要前奏，时间是万历十八年（1590）。高家堰关庙后世且"屡著灵异，保障河流"。潘季驯本人也是关公崇拜的热心参与者。有人记述说：

陈明卿《无梦园集》：归安昆山关侯庙，潘少保印江季驯建门额曰"武安王庙"，殿额曰"汉寿亭侯"。旁署羽书，出鸾笔。又题柱曰："昭昭与日月争光，悠悠共乾坤不老。"[7]

田艺蘅尝言"天妃宫（妈祖庙）为漕运奉祀之神"。[8]晚明以后随着关公崇拜的普及，漕运中逐渐替代天妃。《关圣帝君圣迹图志》言关公预报水患：

泰、邮创帝庙，始于有明丙辰（1496）。居兑向震，背路甓湖。一日帝显示庙僧，谓水溢己酉（1549），泛溢二十年。邮人将为鱼鳖，速迁吾庙居坎坎。待水乡吾镇之，邮城水阨可免。庙僧性定矢愿，易兑为坎，焕然改观。嘉靖间倭寇犯邮城，见丈许金身挺立阵前。寇惧，披靡去。[9]

以至有关公曾在湖漕泛滥时"用刀分水"的说法。又扬州江都县本为导淮入漕的要段之一，淮水一旦泛洪，将直接影响漕船安危，咸丰五年（1855）《甘棠小志》记载：

邵伯更楼康熙三十八年六月冲决，长五十六丈五尺，水深四尺，难堵塞。三十九年，（张）鹏翮恭奉圣谟，下埽堵塞，克月成功。四十年，置铁犀一座镇之。

顺着运河迤逦北上，沿途关庙不断，而以北通州漕运终点形成了另一组自元代以来陆续修建的关庙群落。其中不乏河道仓场的官员的敬奉。对于关羽在中国漕运史上的独特价值地位，似未经人道出，故絜之以期引起更多关注。

作为漕河运输的保护神，关公又延伸为漕河水利神。晚明范濂《云间据目钞》卷三言：

大涨泾为潮泥淤塞，方议开浚，忽九月内，渐深六尺，两岸如刀斧斲削，人工所不及也。桥边有关帝庙，颇赫奕。故一时居民，皆归功祷颂矣。

宋懋澄《祭武安王文》三篇，其中两篇都是针对当地漕河淤塞，影响农业水利而发的。其于关羽百般求祷，甚至攀扯到“关帝斩蚩尤”事，声言“德无大小，斩蚩尤于盐泽，而泽半天下，大王甚盛德也。今疏故流于一隅，又孰非大王无疆之德乎？”最后终于清淤疏浚，复其旧貌，于是再设隆重之祭，昭告神灵。[10]鉴于华亭、松江居于漕运起点的重要地位，这种崇奉自然别有意义。

财富神

关羽为什么又是什么时成为商业护佑神或者商业道德神的？这是很多朋友一再问及的问题。

其实财富何以会按照几何级数迅速增值的奥秘，即便连现代经济学、金融学尚未能完全参透，何况古人！故备感“神奇”。中国人从来就不缺乏对于“快速致富”的幻想，但“财神”的人格化形象毕竟来自佛教的灵感。西汉阜财，早铸“摇钱”之“树”；[11]中唐流转，亦有“青蚨”之说；[12]宋人重商，复版“财神”之“像”。[13]晚明商业繁盛，财神供奉也愈加普遍。即与今日“改革开放”，各路“财神”亦大行其道原因亦相仿佛。不过关公之所以为财神，作用、意义都与比干、赵公明、五显神有所不同。

晚清“文武财神”像。关羽显然凌驾于文财神之上。俄罗斯彼得堡宗教历史博物馆藏。转自李福清《关羽肖像初谈（下）》。

关羽与佛道两教的“财富之神”其实早有渊源，然而正式为商家敬奉之初始，还是应当聚焦晚明时期。

中国诸位“财神”起源既杂，功能也不相同，反映的社会心态颇为复杂。对于财富的追求本为自然心态，但佛教为了夸饰西天极乐，每以连篇累牍之章句，形容财富之无限。钱锺书曾以宋人笔记中记叙李后主佞佛，宋太祖遣僧为问，“以导其侈”，僧因问调后主曰“陛下不读《华严经》，安知佛富贵”一事为由，谈及佛经中对于财宝描写铺张之甚，言：

> 夫《华严经》反复描摹“佛富贵”，不过以琉璃、摩尼珠、璎珞、宝华诸物，张大其数，至百万千亿（如《升夜摩天宫品》第一九、《升兜率天宫品》第二三）；更可笑者，复以此等物堆迭颠倒，如云：“五百宝器自然盈满，金器盛银，银器盛金；玻璃器中盛满砗磲，砗磲器中盛满玻璃；码碯器中盛满珍珠，珍珠器中盛满码碯；火摩尼器中盛满水摩尼，水摩尼器中盛满火摩尼。”（《入法界品》第三九之三；参观《入法界品》第三九之四：“白银国土放黄金色光，黄金国土放白银色光；琉璃国土放玻璃色光，玻璃国土放琉璃色光”等，又《长阿含经》记东方小王迎转轮圣王，以“金钵盛银粟，银钵盛金粟”），想见其思俭技穷矣。即持较后主《浣溪沙》：“金炉次第添香兽、红锦地衣随地皱”等排场，亦犹以李庆孙《富贵曲》：“轴装曲谱金书字，树记花名玉篆牌”，较“笙歌归院落，灯火下楼台”，晏殊所谓寒乞相而非富贵气者（参观欧阳修《归田录》卷二、吴处厚《青箱杂记》卷五）。后主读之而为所耸炫，殆祸来神昧欤！[14]

所以历代佞佛之君主，每以大量金银珠宝制为宝器，供张佛堂以表其诚，同时也表示对于佛教彼岸的向往。盛唐佛教流行，大量珠宝也用于佛堂供张。宋初《艺文类聚》特设有“宝玉部”详细搜罗历代记载中的外方珍宝，不厌其烦，略可窥知北宋君臣对于此物的艳羡。蒙古黄金贵族礼佛亦动辄万金，故藏密圣地至今仍然为金妆银饰，珠宝粲然之地。为止阻凡人觊觎之心，又特为造出经文，以表毗沙门天王为其财宝的护卫神祇。故佛教来源之“财神”，多是财富之“保护神”，而非“创造神”。随着毗沙门天王在中国佛教中渐隐，其职司亦主要为关公所取代。这也是关公所以自然而然列于后世财神之本义。至今藏密中犹有类于毗沙门之“黄面财神”，担负此项职责。

道教模仿佛教造神，为求简捷，遂直指人心，造出投合信众需求的各路财神。其中赵公明骑虎挥鞭的道士形象，几可与张天师执符仗剑之像配为一对。他最初亦擅“驱雷役电”，也是接近道教之“商业道德神”观念的神祇，据《三教源流搜神大全》卷三，其职能为：

驱雷役电，唤雨呼风，除瘟剪疟，保病禳灾，元帅之功大焉。至如讼冤伸抑，公能使之解释公平；买卖求财，公能使之宜利和合。但有公平之事，可以对神祷，无不如意。

商贾如果不能取得垄断地位，就退而希望公平竞争。竞争公平，这可以说是古今中外普适性的要求。中国财神所以要取“公明”二字，其实正为此设。如果现实世界难以实现，就祈求神明世界中能够得到公平保障。万一有欺心瞒骗等事，则赵公明之“雷神”功能亦可彰显，以惩恶扬善。大概为了把赵公明与关羽更紧密地联系在一起，万历年间江南有些地方还产生了径以赵公明为“赵子龙之堂兄弟”的说法。今见最早的说法为成化年间王鏊所撰《姑苏志》提出的：

玄坛庙：在玄妙观前。神姓赵名朗字公明，与关羽同时，即赵云子龙之从兄弟也。

后代江浙多个地区均有记述。这种传统误读虽然浅陋，却从另一方面证实了江南地区明清两代三国戏曲故事借助关羽崇拜的流行影响。

从道教观念出发，关羽作为财神还另有一个隐性的引申层面，即嘉靖以后关羽位应南方，为“赤帝，赤熛怒之神也”。五行属火德，亦正与关羽“扶汉”之“汉室”五行属火，故称“炎汉”相同。因此中明之后民间盛行关公是“火德真君下凡”的传说。《太上洞真五星秘授经》曾以南方火德真君为“主长养万物，烛幽洞微。如世人运气逢遇，多有灾厄疾病之尤，宜弘善以迎之”。[15]其中“长养万物，烛幽洞微，运气逢遇”都是商家所谓“生意”的必备条件。所谓“生意”即《易》“生生之谓易”之意，或《大学》谓“生财有大道”，此与西文以“忙碌”为词根的 business 差别很大。人类以火为食物、温暖和安全的象征，上古祭天以“燔祭”，就是熊熊大火以载歌舞，其炽热燃烧的形态颇能令人联想到“兴旺”“火爆”“热烈”的意象。故“火神”或者“火德真君”亦被纳入财神之列。且有多家关庙同祀火神，或者火神庙同祀关公。《扬州画舫录》记载也说扬府关帝庙侧建有火星庙，不谓无因。旧时专门设立有一种财神组合，为“关公、财神、火神”，其实也是摸仿佛教“西天三圣”或者道教“三清”的“三位一体”神。而以隐然身兼财神、火神的关羽居中，就是为此而设。

选择关羽这样的历史人物来充当商业的保护神和道德神，也说明了儒家制度下的两难处境：既要维护商贾的合法利益和要求，又要限制他们的“惟利是图”，所以才会从商界传出“以义制利”，“以义取利”的种种说法。早在中明，蒲州商人王文显就说：

> 夫商与士，异术而同心。故善商者，处财货之场，而修高明之行，是故虽利而不污。善士者引先王之经，而绝货利之途，是故必名而有成。故利以义制，名以清修，各守其业，天之鉴也。[16]

京师仙城（潮州）会馆清代碑文更以长篇大论，反复述说及此：

> 然而利与义尝相反，而义与利尝相倚者也。人知利之为利，而不知义之为利；人知利其为利，而不知利自有义，而义未尝不利。非斯馆也，为利者方人自争先后，物自征贵贱，而彼幸以为赢，此无所救其细，而市人因得以行其高下刁难之巧，而牙侩因得以肆其侵凌吞蚀之私。则人人之所谓利，非即人人之不利也耶？惟有斯馆，则先一其利而利同，利同则义洽，义洽然后市人之抑塞吾利者去，牙侩之侵剥吾利者除，是以是为利而利得也，以是为义而义得也。夫是之谓以义为利，而更无不利也。[17]

关公作为“义神”，无疑在其中起到了重要的制衡作用。

行业神

行业本为社会分工之不同，从秦汉间“士农工商”的粗略之分到明人的“三百六十行”之说，[18]本身就是一个技术发展、专业分工和社会演进的产物。沈榜在《宛署杂记》中曾详细记载万历十年（1582）“宛平、大兴二县原编一百三十二行”的情况，包括本多利厚如典当行、布行、杂粮行等计一百行，本小利微如网边行、杂菜行、豆腐行、裁缝行等计三十二行。另据洪焕椿对于现存苏州明清工商业碑刻的统计，当时有三十多种“主要行业”，五十多种“商业铺行”。[19]可以见出当时城市商贸及服务行业的大致分类。

行业所供诸神虽然来源不一，但大多都是道教系统甚至明清间流行的通俗小说《三国志演义》《西游记》《封神演义》中的人物，这正反映着它的素朴。所奉神祇大底表示着四种意向：第一种是与行业创始神话有关的，其中最多的是轩辕黄帝及其臣属；第二种是财富创造神；第三种是财富保护神；第四种是共神，即社会普遍供奉的神祇。具体分类可参李乔《中国行业神崇拜》，其中谈及行业“借神自重”一节尤可注意。[20]

雍正二年（1724），河南省赊旗镇因市场上戥秤问题，经行会协商，遂立石道：

> 原初，码头买卖行户原有数家，年来人烟稠多，开张卖载者二十余家，其间即有改换戥秤，大小不一，独网其利，内弊难除。是以合行商贾会同集头等齐集关帝庙，公议称足十六两，戥依天平为则，庶乎校准均匀，公平无私、俱备遵依。同行有和气之雅，宾主无乖戾之情。公议之后，不得暗私戥秤之更换，犯此者，罚戏三台。如不遵者，举称禀官究治。惟日后紊乱规则，同众禀明县主蔡老爷，发批钧谕，永除大弊。

同治九年（1870）又重刻石，告示商民，以维护市场公平交易。这又是超越各业，“借神明誓”的又一实例。

现据手头可以查询到的资料，将明清以降崇祀关公的行业按所辑资料年代前后加以排比（《基尔特集》[21]单独列出），共得三十余种，可以分为五大类别。第一类与关公历史形成的各种功能有关，包括盐业、茶行、军界、监狱、银钱业、典当业、武师、教育界、绸缎业、洋布业、成衣业、盲瞽业、命相业等；第二类与其工具有关，如刀行、骡马业等；第三类取其大刀快利，如皮革业、木作业、木商、纸业、厨业、屠宰业、皮箱业、肉铺等；第四类与祭祀有关，如漆作业、描金业、香烛业、棚行等；第五类则与“贱业”提升地位有关，如豆腐业、粪业等。此外烟草业取其“火”。至于面业、水炉业、洋货、酱园业、糕点业、干果业何以推举关公为其行业神，则待再考。

会馆神

会馆源出于各地生员赴京应试时居停止息的“试馆”，殆无疑义。故其首先出现在京师，沈德符《万历野获篇》卷二十四云：

京师四方所聚，其各有会馆，为初至居停，相沿甚便。

稍后亦有人从当时京师的户籍管理制度方面作出解释：

会馆之设都中，古未有也，始嘉、隆间。盖都中流寓之土著，游间屣士绅，爰隶城坊而五之。台五差，卫五组，兵马五司，历听治详焉。惟是四方日至，不可以户编而数凡之也。用建会馆，士绅是主。凡入出都门者，藉有稽，游有业，困有归也，不至作奸；作奸未形，责让先及，不至抵罪；抵于罪则藉得之耳，无迟于补。[22]

自从明代实施开中法，晋商一度以“极临边境”的地缘优势捷足先登，逐渐成为有势力的商人群体。晋士晋商为活动方便而设会馆于京师，其实也是儒、商合流的途径之一。当时会馆规模较小，功能主要是晋籍士人聚会场所。《晋冀会馆碑记》就记述了设立会馆之初衷：

历来服官者、贸易者、往来奔走者不知凡几，而会馆之设，顾独缺焉。……虽向来积有公会，而祀神究无专祠，且朔望吉旦群聚类处，不可无以联其情而冷其意也。议于布巷之东蒋家胡同，购得房院一所，悉毁而更新之，以为邑人会馆。

又《临襄馆山右馆财神庵三公地重修建筑落成记碑》载：

吾乡自前明，即有山右会。

清乾隆三十二年（1767）《重修临汾东馆记》载：

临汾为山右平阳首邑，其立馆于京师也，自前明始。

可知地域性工商会馆之设，大抵起于晚明晋商。但作为社会转型中的“新生事物”，则不仅止于京师。如商埠要冲苏州之岭南、潮州、三山（福州）等会馆，也自称溯自前明万历时期，可见会馆型制作为商业社会的“新生事物”，发展非常迅速。地域性会馆是跨行业的，不像行业会馆那样带有规范行业行为的性质，更多强调乡情乡谊，亦犹“乡社”之延伸。这在很多会馆的宗旨中都有揭示。如康熙五十七年（1718）京师《修建临襄会馆碑记》称：

会馆之立，所以联乡情，笃友谊也。朋友居五伦之一，四海之内，以义相投，皆为兄弟。然籍同里井考，其情较洽。籍同里井，而于他乡遇之则尤洽。

乾隆二十八年（1763）苏州《陕西会馆碑记》，叙述更为直接明快：

我乡幅员之广，几半天下。微论秦、陇以西，判若两者，即河、渭之间村墟鳞栉，平时有不相浃洽者，一旦相遇于旅邸，乡音方言，一时蔼然而入于耳；嗜好性情，不约而同于心。加以岁时伏腊，临之以神明，重之以香火，樽酒簋餔，欢呼把臂，异乡骨肉所极不忘耳！[23]

也是"月是故乡明"的意思，显然为切身体会，有感而发。会馆本为"离乡背井"游子所设，与孔孟夫子基于"井田制"的社会设计全然不同，但清儒也能找到二者间的契合点。同治潮州《汀龙会馆志·馆志序》就道出儒家立场对于这个"新生事物"的肯定和激赏：

或曰：会馆非古制也，而王律不之禁者，何耶？予曰：对人治天下，使民兴于善而已，会馆之设，有四善焉：以联乡谊，明有亲也；以崇神祀，明有敬也；往来有主，以明礼也；期会有时，以明信也。使天下人相亲相敬而持之礼信，天下可大治，如之何其禁耶？

证明其实这是一方"乡土孤岛"，而"异乡骨肉"之欢，所临神明也因之具有鲜明的地域性质，比如江西会馆例供许真君（旌阳）、徽州会馆例供朱夫子（熹）、潮州会馆例奉韩夫子（愈）等等。但普遍受到欢迎的仍然是"义神"关羽。会馆与行业在商业神崇拜中互为经纬，才能为四海为家的商人编织出一个更为阔大的公共空间。既是同乡聚会"坐论一堂以谋商业之公益"的地方，又是对外同心协力，对内调解纷争的所在。曾经发生过这么一件事：北京崇文门税务监督和中间人牙行曾经勾结一起，讹诈山西商人，会馆议决后通告说，"凡涉同行公事，一行出首，众行俱宜帮助资力，不可藉端推诿，致失和气。使相友相助，不起半点之风波。同泽同胞，永固万年之生业。"终于打赢官司，维护了自己的正当权益。

会馆还是行业自律，坚持商业道德的阵地。河南舞阳山陕会馆至今保存着一块碑，记叙的就是乾隆五十年（1785）"公议杂货行规"的结果：

买货不得论堆，必要逐宗过秤，违者罚银五十两。不得合外分伙计，如违者罚银五十两。不得沿路会客，如违者罚银五十两。落下货本月内不得跌价，违者罚银五十两。不得在门外拦路会客，任客投至，如违者罚银五十两。不得假冒名姓留客，如违者罚银五十两。结账不得私让分文，如违者罚银五十两。不得在人家店内勾引客买货，如违者罚银五十两。不得在栈房门口树立招牌，只写某店栈房，如违者罚银五十两。每年正月十五日演戏各家俱有齐备，如有违者不许开行。有新开行者，必先打出官银五十两。到店吃饭，俱要饭钱。

会馆还承担着一项道义责任，这就是存寒恤孤，为独死异乡的同乡送终埋骨。商人逐利而行，流动性大，风险也大。一旦有病无钱，灾难踵至，会馆都会发动同行相助，“知单传到，即刻亲来，各怀公愤相救，虽冒危险不辞，始全行友解患扶危之谊。”这就使“独在异乡为异客”的游子倍感温馨。

会馆的兴建由各帮商人自愿捐款，管理由大家委派专人负责，是传统社会结构中难得的公共场所。而关公精神中的“信义”，又是中国传统道德中“亲亲”之外难得的公共伦理。以山西会馆而言，由于河东地区在明前隶属陕西东路，语言风俗也与陕西比较接近，故陕西商人乐于与山西商人共同出资修建“山陕会馆”，以扩大地域之间的联络，后来又将甘肃商帮也吸纳在内，发展成为“三秦会馆”以至全国各地曾经出现无数大大小小的“山陕会馆”“三秦会馆”，其中河南社旗、舞阳、开封及山东聊城的“山陕会馆”、四川自贡的“西秦会馆”已被列入全国文物保护单位。这些会馆也都乐意张扬关公的乡亲乡情，如河南社旗山陕会馆关帝庙对联言：

浩气已吞吴并魏，休光常荫晋与秦。

此外，这些会馆无不以关帝庙及舞台为其特征，对中国戏曲的繁荣和普及起到了难以估量的作用。笔者有幸应邀参观过其中几座山西或者山陕会馆，如洛阳、开封、社旗等地，其规模宏敞，建筑精良，实已超过当地一些著名的梵宇琳宫。尤其是贵州铜仁地区石阡县万寿宫（晚清江西会馆）内，不但关帝庙占据首座，而且戏台侧面三国戏雕工之精美亦称一绝。可知作为商品流通的后期现象，关羽崇拜已经独成系统，超胜佛道两教和地域隔阂，俨然成为一方通邑人流物转、商贸繁华的重要标志和象征了。

考试神

促使晚明朝臣进一步信仰关羽的一个因素，或许与万历二十二年（1594）吏部铨选的一次改革有关，这就是“掣签法”的出现。赵翼尝言：

吏部掣签始于明万历中。孙丕扬为冢宰时，大选，外官竞为请托。丕扬创为掣签之法，分签为四隅……至于起复调简，地僻孤缺，或人浮于缺，则又借附近之地，以通签掣之穷。吏部之有签，自此始也。见《明史·选举志》及《东林列传》，亦见顾仲恭《竹签传》。按于慎行《笔麈》谓孙公患中人请托，故创为此法，一时宫中相传，以为至公，下逮闾巷亦翕然称颂。[24]

明廷三年一次的铨选，也就是官员的分配、提拔、调任，将仿照正阳门掣关侯签的方式来决定。所以造成这种方式，部分原因缘于吏部本职工作内评判能力、考核政绩的标准和机制，出现了混乱；部分原因则是由于“中贵干托”，也就是宦官利用权势走后门，批条子；另外就是门户林立，党争激烈。这使主管铨政的吏部伤透了脑筋。《明史·孙丕扬传》说：

（万历）二十九年拜吏部尚书。丕扬挺劲不挠，百僚无敢以私干者，独患中贵。二十九年，文选员外郎倪斯蕙条上铨政十八事，其一曰议掣签。尚书李裁拟行报可，孙丕扬踵而行之。请谒。乃创为掣签法，大选、急选，悉听其人自掣，请寄无所容。一时选人盛称无私，然铨政自是一大变矣。

以今日视点观之，采取掣签之法意在“公平”而非“效率”，只能算作“无法之法”。全国府州县虽然行政级别相同，但按其出产、交通、公务、治安、边防等综合因素，历来分为若干等级，惟各朝称呼不一。其间利益差别，责任重轻，关系甚大。而候选官员的能力、经验甚至心态，本来就各不相同。掣签获得重任优差者，未必愿意或者能够愉快胜任。

著名例子是袁宏道。他为万历二十年进士，庶吉士考满分发，正好赶上孙丕扬改革，掣得吴县县令之差。以他二十八岁年龄，及当时吴县经济文化发展态势，无疑被视作上等肥缺，海内优差。惟迎来送往，公务繁剧，使袁宏道很不开心。一年后便再三上书乞归。今见《袁宏道集》卷七《去吴七牍》满篇诉苦之声，甚至把自己做官，比作猴子入笼，“不肖岂习为令者？一处剧邑，如猢狲入笼中，欲出则被主者凡扃，欲不出又非其性，东跳西踣，毛爪俱落。”[25]他先是借口为祖母詹氏尽孝，“初意亦谓河南、江西近地，去家不远，可迎养耳。不意走姑苏三千里外，有若隔天。”最后索性耍赖，声称自己也已“气结不伸，积渐成病。神思恍惚，恨不即死”，甚至“前已力疾，同两衙官盘明封识在库，谨束装维舟，以待台命”，不论批准与否，都要一走了之。[26]但在私下与友人书中，却说“掷却进贤冠，作西湖荡子，如初出阿鼻，乍升兜率，情景不可名状。”

到了崇祯年间又增加了一个遴选高级阁员的新花样，叫作“枚卜”。按明代内阁成员分别称作首辅、次辅、群辅。为了补充内阁成员，崇祯依照祖宗法规，先由九卿共同提名，选出六名以上候选人，叫作“会推”；“帝仿古枚卜典，贮名金瓯，焚香肃拜，以次探之”，叫作“枚卜”。[27]

明代掣签铨选，使士人更加相信关庙灵签。清代更盛，如王士祯就自述说：

> 京师前门关帝庙签夙称奇验。予顺治己亥谒选，往祈。初得签云：“今君庚甲未亨通，且向江头作钓翁。玉兔重生应发迹，万人头上逞英雄。”又云：“玉兔重生当得意，恰如枯木再逢春。”尔时殊不解。是年十月，得扬州推官。以明年庚子春之任，在广陵五年，以甲辰十月迁礼部郎。所谓“庚甲”者，盖合始终而言之。扬州濒江，故曰“江头”也。然终未悟后二句所指。至庚申年八月置闰，而予以崇祯甲戌生，实在闰八月。过闰中秋四阅月，递谋圣恩，擢拜国子祭酒。于是乃悟“玉兔重生”之义。谚云：“饮啄皆前定”，讵不信乎？[28]

以现代观念而言，“掣签”基于数论中的随机概率，并不神秘。在前提平等的条件下，确实可以体现出某种意义上“公平、公正、公开”理想境界。故现代社会中凡有“博弈论”参与的活动，也经常采用掣签方式。如国际足联决定分组名单，如各种彩票抽奖摸奖，等等。中国历史上用于处理政治事务的成功事例当推乾隆时决定以“金瓶掣签”方式决定喇嘛教活佛转世灵童的产生，既尊重了西藏的宗教自治传统，又充分体现着中央政府的意志和西藏活佛合法的权力来源，可谓“双赢”。以其无关本题，不赘。[29]

“夫子”之称向来是公认大儒的专利。自《论语》每以夫子称谓孔子以来，只有孟轲、朱熹等有限几人尝被以“夫子”之称。但万历以后开始泛滥，以致关羽在明清之际也被称作“关夫子”，算得一桩奇事。有记载说：

> 关羽而称夫子，奇闻也。王夫之《识小录》，谓主考本称举主，万历以后称老师，崇祯末年称夫子。关羽之称夫子，盖亦自崇祯始也。[30]

明清科举称为“五经分房”，即以《诗》（《诗经》）、《书》（《尚书》《书经》）、《礼》（《礼记》）、《易》（《周易》）、《春秋》（《麟经》）五部儒家经典分房出题，考生则各习一经，类似今日之报考文、理、医农各有试题。清代加一《礼经》（《周礼》），合为“六经”。其中《春秋》向被称为“经中之史”，需要熟悉大量典故，被认为是较难的一科。考中之后也容易进入词翰清贵、记注修史一类接近“天咫”的位置。晚明文坛一时盟主如文震孟、钱谦益都是以《春秋》获隽的。《三国志》曾引《江表传》谓“羽好《左氏传》，讽诵略皆上口”，遂被奉为《春秋》权威。故治《春秋》一经者每以关羽托梦，示以必隽，或者签卜以占吉凶。根据现有资料，最早在嘉靖时期已经踵继关羽护佑“抗倭”，而在江南出现。嘉靖四十一年（1562）王三锡撰嘉兴《义勇武安王神祠碑记》就自承说：

> 叔承上公车春闱前数日，卧燕邸，梦至一室，四面皆火，度不能脱。遂仰空吁王，王忽现形与语曰：汝能忆十一年前王镇之事乎？免汝曹于兵燹，而活汝曹于庐室者，谁欤？叔承叩颡谢过，再拜祈脱。王携手出叔承曰：与汝一第，吾乃以柳汁染子衣矣。语毕，似梦非梦。叔承大感悟书绅，无何，果捷南宫，不殿试而旋。百务未遑，而规摹商酌，洗橐中金粤，数月而祠宇告成。[31]

明言获隽为关羽神佑，只是未谈及通过何种渠道影响到考试录取。但说很快就出现了梦中获得关羽亲授《春秋》题目，帮助考试的传说，益可知科举之士所以虔心致祷之由。乾隆十九年（1754）抄本《信义志》言：

> 信义关帝阁：在盛安桥左。（明万历壬午，魏尚贤[32]应试，将入闱，仿佛梦汉寿亭侯神授以密语，是科果登贤书，乃建新阁，以酬感应。本朝康熙中仇士俊作《重修信义沿塘关帝阁引》）

道明就是真人真事，而且坦然自承，流传当然就更加久远。如果说这还需要自己用功读书的话，那么等而下之者便开始直接祈求关羽漏题了。这时的关羽更像谆谆教导的师长，如《古今图书集成》所言泉州李光缙事；[33]可用祈愿关羽、鼎新关庙的方式获隽，如崇祯苏州《重建虎丘关圣殿碑》所述张国维事；[34]或者关怀举子应考过程中实际困难，如陆粲《庚巳编》叙顾兰事；[35]或者为士人伸冤出气，如《留青日札》所述陈益修事。[36]正是这些传说鼓舞了士气，使得有些士人在应考中出色发挥，又使更多士人在万历"科举分流"政策影响下屡试不第时愿意把关公作为精神上的寄托和倾诉对象。宋懋澄《祭武安王文》就讲述了他父亲屡试不中，死后也要魂依关帝庙的故事。[37]

清代随着《关帝灵签》的风行，则关羽已不止《春秋》一经，且已成为科举甚至馆选的万能神了。如袁枚言：

> 秦状元大士将散馆，求关庙签，得"静来好把此心扪"之句。意郁郁不乐，以为神嗤其有亏心事也。已而试"松柏有心赋"，限"心"字为韵。终篇忘点"心"字。阅卷者仍以"高等上"。上阅之，问："'心'字韵何以不明押？"秦俯首谢罪，而阅卷者亦俱拜谢。上笑曰："状元有无'心'之赋，主司无有眼之人。"[38]

作为词翰馆臣尽管押韵有误，但考官也居然走眼，尽可以用关帝灵签的神示搪塞过去。当然也有轻薄子弟考试时企图蒙混过关，侥幸过考，也来祈求关帝的笑话。冯梦龙《古今谭概》第八《不韵部》"俗谶"条附则言：

> 宗师岁考前一日，往往有祷于关圣者。或置等（戥）子一件于神前，谓之"一等"。其祝文曰："伏愿瞌睡瞭高，犯规矩而不捉；糊涂宗主，屁文章而乱圈。"更可笑。

可知不仅虔心科第者例须拜祷关公，连科场中的小混混也不免于是。台湾彰化、嘉义、台南等县志均称关羽为"文衡圣帝""博学经书"，实司天下考试铨选之权。相比之下，文昌帝君掌此权衡，反而后起。

嘉庆五年（1800）二月，据川陕总督勒保奏称，在白莲教军攻打梓潼七曲山时有文昌星护佑，嘉庆因赐匾"化成耆定"，重修京师文昌宫以奉"文昌帝君"，并颁谕旨称：敬思文昌帝君主持文运，以后应列入祀典，由礼部主持每年春秋祭祀。自此清廷始正式划分功能，以关羽为武曲，文昌为文曲。所以尊奉关羽为科举衡文之神的历史传统，尚且早于文昌。故四川梓潼七曲山文昌祖庙，第一进即是金面衮冕之关帝塑像。

江湖神

“江湖”其实是一个含混不清的概念。大体而言，中国自周代开始以宗法社会为理想，在乡在土为常态，后世儒家也缘此建立了以“血缘宗亲”为主轴的一套政治制度和伦理体系。而对于离土离乡，长期飘零在外的群体，无以名之，后来通常概括为“江湖”。其中既包括世代从事远途运输的漕运马帮，也包含随之流浪的演艺人士和商帮，后来又出现了因为政治原因自愿流落远土他乡的志士如“天地会”等。所以除商帮另论外，本节所述包含了以上三种社会群体。

自宋代依赖漕运以来，运河漕船的长途运转，本身就是一个复杂的流动社会。《明史》卷七十九《食货志三·漕运》缕述了明代漕运制度及其沿革。大体而言，明清漕运是在总结宋元的基础上发展变化来的，但也有两个重大变化，一是舍弃海运，专赖河运；二是军民分运。其间经历“自成祖迁燕，道里辽远，法凡三变。初支运，次兑运、支运相参，至支运悉变为长运而制定”的变迁，差别只是运程长短，比例大小，军民漕船共同担负漕运的总体情况却无变化。

明廷优惠漕军，代有加厚，也是沿袭宋元制度，默许沿途经商，以抵消运输成本风险，且供军人赡养家口之需。这是一个便于牟利但又充满风险的行业，同时又是一个由于流动性强，官方机构难以监管约制的组织。从另一角度来看，暴露的并不仅止于漕军肆无忌惮、主管克扣贪污、官员徇私舞弊这类官场通病，而是展示出漕运携带私货雄厚的商业利润空间，尤其是在促进商品流通方面展现出来的巨大潜力。此后万历时期实行“一条鞭法”，漕运亦可折银承包，贻误漕粮已经不成其为问题。

明代漕运还有相当一部分是由民运担负的。所谓民运分为两种情况，一种是江南各地运至官方指定地点转运者，如“浙江、江西及苏州等九府，运粮三百万石于汴梁”；如“江西、湖广、浙江民运粮至淮安仓”，再转由军船运输。第二种情况是明廷出自江淮地带，习食大米，故于“漕粮之外，苏、松、常、嘉、湖五府，输运内府白熟粳糯米十七万四十余石，内折色八千余石，各府部糙粳米四万四千余石，内折色八千八百余石，令民运。谓之白粮船。”早在宣德六年（1431）恢复“支运法”时，负责漕运的平江伯陈瑄已经疏言民运之不便：“江南民运粮诸仓，往返几一年，误农业。”成化时复行“长运法”，“粮皆军运，而白粮民运如故。”隆庆时陆树德曾上长篇《民运困极疏》，把民运艰苦道来淋漓尽致。[39]如果连军运生存尚有困难，试问这些民运船夫身经官府盘剥，船主求索及运军欺凌三重压迫，何以生存？史无明载，查询结果似亦无专题研究，姑以存疑。但以现代观念视之，维系交通体制尤其是长途运输，必定会有可靠的组织及其体系性支持以及活动的公共空间和足够的商业利润，才能长期维持运转。此中肯綮，莫非是宋元以来水上商业网乎？

漕运充满风险，故每一灾害降临，无论军运民运都需祈祷神灵护佑，而邵伯镇关庙已被认为是漕运保护神的标志。《甘棠小志》复言：

> 关帝庙：一在铁牛湾，住持僧悟明言：庙为康熙靳文襄建，[40]乾隆二十六年陈中丞匾云“神威永奠”，联云“独持大义昭千古，更挽狂澜为万民”。跋言：“辛巳七月十九湖河涨满，兼遇暴风，水跃东堤，已及庙龛。官民惊恐无措，忽而中止，得保无虞。神灵显应，非等寻常。用是重新庙貌，敬上匾联，以志神得于不朽。抚江使者桂林陈宏谋[41]敬识并绘。”有乾隆三十一年镇人张启、龚世恒、高禧泽、符启裕献联云：“神敕止西风，激浪胥恬，保障堤工忻赐兆；宝刀分江水，威灵再显，匡维黎庶庆安澜。”并跋言：“帝君于二十六年显圣保堤，业经督抚两宪纪颂。本年六月朔，郡城庞姓豫献刀盔，据述三次示梦，有‘用刀分水’之说。时运河干涸，舟楫难行。未数旬，雨水骤至，堤势甚危。若遇西风，势必溃决。迨后月余，风恬浪静，万民安堵。因感帝德，再祀以垂不朽。”末书“高岚敬书。”壮缪庙之在铁牛湾者，[42]则于更楼决口既塞时，建犹有征。[43]

《明史·河渠志三》谓：“徐、吕二洪者，河漕咽喉也。”有记叙说：

某年六月二十五日，五府船总泊徐洪漏下。倏然叆叇儵昱，飘风暴雨，倒海摧山。篙师榜人，惊魂殆化，船未覆者杪忽。官民千百许人号吁狂呼，声震九天。忽睹空中沉沉阒阒，万骑千军并奔，应声"救汝！救汝！"者。三转盼，霍然四除，星月在樯。鷁首浮物二焉。亟引之，则三元帝君之一，及武安王金身。异哉！千百生灵之死致生，竟二神巨力矣。[44]

则不惟河工需要祈请关公，漕帮亦须祷请关公显灵，为急难时的佑护神祇。这又给中国秘密社会的信仰增添了内容，并赋予新的解释。张岱《西湖梦寻·关王庙》言：

北山两关王庙。其近岳坟者，万历十五年为杭民施如忠所建。如忠客燕，涉潞河，飓风作，舟将覆，恍惚见王率诸河神拯救获免，归即造庙祝之，并祀诸河神。冢宰张瀚记之。[45]

不仅漕运军民依赖关羽护佑，过往商人也信仰同一神祇。这也是南北运河沿线城镇关庙明显增加的原因之一。漕军本为以漕船为单位的利益共同体，首领公推，各司其职，共担盈亏，具有"自组织体系"，故有不烦官僚插手的自信。清代漕运制度凡经三变，仍然是军民合运的格局。但是所恃八旗不过戴甲十万，且忙于东征西讨，自然不可能用满人组建这样一支非作战的漕运部队。换句话说，支持清廷漕运的基本队伍，应当仍然掌握在富有专业知识技能的明军降兵手中，只是改编成了绿营。故明代漕政的所有弊病也都大体保留下来。康熙初年改为"漕帮"制度，民运之"漕"运开始结"帮"，制度化亦应当由此开始。乾嘉时期漕运已经困难重重，而道光开始废止河漕，改由海运。某种意义上说，漕帮溃散也是世界"工业革命"淘汰的必然结果。但也从此把他们推向了社会，自谋生路，因而成为秘密帮会的最大一支。

按"漕帮"亦称"青帮"或"清帮"，其起源向来说法并不一致。但多指向清代，大都基于民间秘密会社"教外别传，不立文字"的口头传说。其中"康熙说"显与漕帮形成年代相关，"乾隆说"与漕运不畅有关，"同治说"则与河运改为海运有关。从社会学角度考察，其实最重要的影响因素仍然是道光朝废漕通海，漕帮虽仍然从事水上运输，但已失去国家漕运这个固定客源，不得不自寻生路之故。与《清史稿·漕运》关于漕帮的文字比较，不难发现，民间传说在时间原始（明末）与地点原起（浙江，杭州为京杭大运河起点）两个要素上都是吻合的。且漕帮创立宗旨主要属于互济性的福利社团，类于欧洲中世纪的基尔特。鉴于水手向来是离土离乡，脱离乡村宗法社会，从事职业也属于专业性、协同性极强的工种。古今中外，概莫能外。何况漕运作为国家经济命脉，自中唐延续至清中叶已历经千年风霜，多为世代传承。由于职业流动性极强，明清因制度变革而裁撤或者因易代不愿继续前业而退下来的水手未必可能拥有耕地、农作技术或者其他谋生手段，只有在漕运及其延伸产业中继续存续。多数人员还会在这一行业或者衍生、附属系统中寻求工作或者保护，包括依靠“跑码头”为生的戏剧杂技艺人，因之自成组织体系和流动社会。[46]有记载说：

以先入者为长辈，次入者为幼辈，已及六七辈。辈不知若干人，均已口号字第为凭，随地联络。所至不携分文，可得居处饮食。遇事群起而应之，口号相通，趋救立致，不必素相识也。[47]

可见这个流动社会内部具有很强的凝聚力，事实上早已形成了“自组织”和“自治性组织”，能够在“市场法则”内外生存。由于漕运广及南北，不但人数众多，且机动性很强。除了基尔特性质的互助互济之外，还具备为了团体经济利益而把持码头，甚至抗衡官府的力量。但由于长期以来没有明确的政治诉求或代言人物，故漕帮之作为多表现在物质利益上面。基于“牟利冲动”，他们既可以与私盐挂钩，形成强大的走私集团；也可以和沿漕运路线活动的反政府武装呼应；更可以沿途经商，控制码头相关行业，成为地方恶势力的代表或其组成部分，这又是明显不同于欧洲基尔特之处。

这些帮派长期逸出国家日常行政管理制度之外，基于口头传说和通俗小说戏剧建立起来的系列信仰以及维系组织体系之纪律、仪轨及切口（包括隐语、手诀、茶碗阵、自造字词和联络接头的诗谜暗号等）也不为常人所知。

另江湖上有“三教九流”，“三教”谓“儒道释”，“九流”所指，说法不同。署为“金老佛”的《三教九流江湖秘密规矩》有“九流则分为上、中、下三类，各流有各流之规矩，绝不相浑”的说法，出现比较晚近。现仅依据此说，将九流职业胪列如下：

分等 / 分类	上九流	中九流	下九流
一流	宰相	医生	忘八（妓院业）
二流	尚书	金（算命业）	龟（纵妻卖淫者）
三流	督抚	飘行（卖字业）	戏子
四流	藩臬	推（测字业）	吹（吹鼓手）
五流	提台	琴棋	大财（要大把戏者）
六流	镇台	书画	小财（要小把戏者）
七流	道	僧	生（剃头业）
八流	府	道	盗
九流	知州	麻衣（看相者）	吹灰（开烟馆者）

从“下三滥”的“九流”看来，这应当是清末民初的职业谱系。除正当商贾、手工业者及地方治安官吏以外，这个排列大体涵盖了出没沿漕码头的各色人众。只是将政府高官列入其中，可谓“谑而近虐”，述者也诧异“不知如何亦以江湖视之”。

陈国屏《清门考源》曾缕述明代漕帮的历史及其清代转型的情况，颇为详细，有兴趣者可以参看。[48]

漕帮转型为清（青）帮以后，家庙陈设中虽然设有“关帝殿”（横匾“忠义传心”，对联“九伐威名襄夏政，千秋正统懔春王”），[49]但大率以佛教为主，且强调乾隆皇帝赐额赐匾，香堂亦只供列位祖师，其他仪式隐语也没有敬奉关公的特别标识。[50]

另清帮自称北禅“临济宗”一派，自然是傍依临济宗以“行游”为修行的宗旨。其“香堂执事”所设十二职司，也许就是模仿临济宗的组织形式而来。笔者注意到，清代京师关庙颇有几座是临济宗募建的，如康熙二十四年“临济正宗法派”行渡撰文的京师《重修铁匠营内官监关帝庙功竣纪善碑记》[51]、雍正十二年临济正宗三十四世通理撰文的京师《重修关帝庙碑记》[52]等。其中雍正碑是标明临济宗僧徒二十年来在京师近郊，居然募化到数百亩香火地的四至清册，说明临济宗也重视以募建关庙，为游方行脚弟子落脚的地盘。

注释：

[1] 嘉靖《徐州府志》卷八。台湾《中国史学丛书三编》本，第573～575页。赵孟頫（1254～1322），吴兴（今浙江湖州）人。著名书画家，官至翰林学士承旨，封魏国公，谥文敏。《元史》有传。

[2]《明书》卷六九《河漕志》。

[3] 见嘉靖十三年正月甲子总理河道右副都御史朱裳会、工部郎中郭秉聪、韩廷伟等奏疏，《明世宗实录》卷一五八。

[4]《见闻杂记》复印件上册，第89页。

[5] 潘季驯，乌程（今属浙江湖州）人，嘉靖二十九年进士。四次总理河道，在前两次治河实践和总结前人治河经验的基础上，提出"筑堤障河，束水归槽；筑堰障淮，逼淮注黄；以清刷浊，沙随水去"的治水主张。把筑高家堰作为治理黄、淮河的首务，筑石工堤三千丈，增强湖堤抗御风浪的能力，延长有效使用期限。著有《两河经略》和《河防一览》等书，阐述其治河方略和经验，对后世产生深刻影响。

[6]《古今图书集成》卷三十八，中华书局复印件第492册，第30页上。《明神宗实录》卷二百三十未载，疑出自《礼部传册》。

[7] 谈迁《枣林杂俎》和集"汉寿亭侯"条。按陈仁锡，长洲（今江苏苏州）人。天启二年榜眼，以不肯撰魏忠贤铁券文削籍归家。崇祯初召复故官。《明史》卷二八八《焦竑传》中附传，著有《无梦园集》等二十多种。

[8]《留青日札》卷之六，复印件上册，第320页。

[9] 转引自《古今图书集成》卷三十七，492册，第35页下。

[10]《九钥集》，北京：中国社会科学出版社，1984年出版，第200～202页。

[11] 由于史无明载，上古至西汉商人有无信仰以及信仰为何的问题向付阙如。三星堆一号铜树所代为何，尚不清楚。近年三峡地区大兴工程，续有铜制"摇钱树"出土，但大型完整者多盗运海外。此题研究尚在起步探索阶段。刘不朽有《太阳神树之嬗变：从扶桑诸神到摇钱树》（http://www.chinawater.net.cn/Journal/Three_Gorges/200006/24.html）试为论之，可窥一斑。

[12]《太平广记》卷四百七十七"青蚨"条，将母子之情与钱币的反复滋生联系一起，且能克服空间距离，以此可致交易之钱自动回归，颇具想象力，显然是当时产生期票"飞钱"的神话版。钱锺书尝论及此观念的古今中西渊源，参中华版《管锥编》第二册第830～831页。

[13] 孟元老《东京梦华录》卷十二记载："十二月近岁节，市井皆印卖门神、钟馗、桃板、桃符及财神、肫驴、回头鹿、马、天行帖子。"颇疑"财神"之兴，源于奉行重商主义之北宋。

[14]《管锥编》第四册，第1257～1258页。

[15] 辑入《正统道藏・洞真部・本文类》。

[16] 李梦阳《明故王文显墓志铭》，《空同集》卷四。

[17] 李华《明清以来北京工商碑刻选编》，北京：文物出版社，1980年出版。按该会馆在在今宣武区王皮胡同5号。

[18] 徐珂《清稗类钞・农商类》言："三十六行者，种种职业也。就其分工而约计之，曰三十六行；倍之，则以七十二行；十之，则为三百六十行；皆就成数而言。俗为之一一指定分配者，罔也。至三百六十行之称，则见于明田汝成《游览志余》，谓杭州三百六十行，各有市语也。"明杂剧《白兔记・投军》中也有"三百六十行"之说。其始当出于明代。

[19]《明清苏州工商业碑刻集后记》，江苏人民出版社1981年第二版，第391～392页。

[20] 李乔《中国行业神崇拜》，第18～23页，又"借神自重"部分参见第36～40页。中国华侨出版公司1990年出版。（台湾版更名《中国行业神》上下卷，云龙出版社出版）

[21] 基尔特（Guild，语源为德语Kelt）是中世纪欧洲形成的一种同业性质，且基于互助扶持的精神所成立的团体，除了保护会员职业利益外，也对会员的死亡、疾病、窃盗、火灾等灾害共同出资救济。被认为是欧洲"社会主义"思想的源头之一。《基尔特集》为20世纪初外国学者对于北京行会、寺观、会馆的一次大型调查的材料刊集。孔祥毅《晋商行会——自治自束自卫的商人机构》曾对基尔特与晋商行会之间的异同作了初步比较，可以参看。

[22] 刘侗、于奕正《帝都景物略》卷之四《稷山会馆唐大士像》。

[23]《明清苏州工商业碑刻集》，第332页。

[24]《陔余丛考》卷二十六"吏部掣签"，第447～448页。《明史・选举志》言："其初用拈阄法，至万历间变为掣签。"黄云眉《明史考证》卷二（第534～536页）已辨其误，可以参看。孙丕扬，《明史》有传，传末赞曰："孙丕扬创掣签法，虽不能辨材任官，要之无任心营私之弊，苟非其人，毋宁任法之为愈乎！盖与时宜之，未可援古义以相难也。"

[25]《与张幼于》，《袁宏道集》卷十一，第479，501页。按张献翼，长洲（今浙江苏州）人。为人佻达放浪，冯梦龙《古今谭概》屡载其事。著有《文起堂正续集》等。

[26] 钱伯城《袁宏道集笺校》，上海古籍出版社1980年版，上册，第313、321页。按袁宏道，公安（今属湖北荆州）人。《明史》有传。

[27]《明史·钱龙锡传》。

[28]《池北偶谈》卷二十二。按王士祯，新城（今山东桓台）人。早中甲科，历官至刑部尚书，颇有政声。著有《居易录》《香祖笔记》等。《清史稿》有传。

[29] 2000 年8月北京《第九届国际清史研讨会暨故宫博物院建院七十五周年纪念》，有王家鹏《金瓶掣签之策成因与乾隆治理西藏方略》，或可参看。

[30]《老圃丛谈》。撰者不详，转自《三国演义资料汇编》，第744页。

[31] 崇祯十年《嘉兴县志》卷六，《日本藏中国罕见地方志丛刊》影明本，第235～236页。又光绪二年《梅里志》卷三，《中国地方志集成》乡镇专辑（19），第31～32页。按王三锡，嘉靖癸丑进士，守制归里，适倭寇数万入寇，协谋设策，募收死士，夜出劫贼，多所斩获。后建三公祠于城隍庙间壁，祀公与阮、金二公焉。卷九《仕宦》第116页。又李芳，嘉靖乙丑进士，知曲周县事，远近肃然。归年未四十，慕义施仁，一镇德之。江阴人为建祠，崇祀名宦。卷九《仕宦》第115页。

[32] 据《信义志·人物》：魏尚贤读书好行义，敬事神。明万历壬午赴棘闱，梦神语指示，诫勿泄。果登贤书。绝意仕进，日务为善。割产赡族，置役田以为官费，公私赖之。遇事不吝赀财，凡邑里桥梁、庙宇、古迹多有为尚贤所建置者。

[33]《古今图书集成·博物汇编·神异典》492册第39页，第三十八卷《关圣帝君纪事》。

[34]《虎阜志》卷四《祠祀》。此处之"公"指张国维。顺治二年他拥鲁王监国，督师钱塘江。次年因方国安叛降被俘，赋《绝命词》，写"忠孝不能两全，身为大臣，谊在必死。汝二人或尽忠，或尽孝，各行其志，毋贻大母忧，使吾抱恨泉下！"投园池死。乾隆四十一年谥"忠敏"。

[35] 陆粲字贞山，长洲（今江苏苏州）人。嘉靖进士，补工科给事中。挺劲敢言，以争李福达狱下诏狱廷杖。寻疏论张璁贬贵州都镇驿丞，迁永新知县。精《左传》。

[36] 陈梦雷编著《古今图书集成·神异典》第三十八卷，谓引《留青日札》。但该书万历初年已刊，不应语涉明末清初之事，显为引误。

[37] 王利器校注《九钥集》，北京：中国社会科学出版社，1984年出版，第190页。按宋懋澄，华亭（今属上海）人。万历壬子举人，喜交游天下豪杰，抵掌论家国事。父尧俞为嘉靖壬子南监，父子皆屡试不第。其子征舆少与陈子龙、李雯等定交，号为"云间七子"，入清成顺治丁亥进士。历官自宗人府丞至副都御史。

[38]《子不语》卷二。秦大士，《清史稿》有传。

[39] 转引自黄云眉《明史考证》第652～653页。按陆树德，松江华亭（今属上海）

人。嘉靖末进士。隆庆四年改礼科给事中。极陈民运白粮之患，请领之漕臣，从之。

［40］靳辅，汉军镶黄旗人，顺治时官内阁中书。康熙十六年（1677）至二十七年及三十一年间，先后任河道总督十余年，康熙评价甚高。有《靳文襄公奏疏》等著作传世。

［41］陈宏谋，临桂（今属广西桂林）人，乾隆朝为东阁大学士。历任甘、晋、陕、鄂、赣、闽、湘、苏巡抚，两广、湖广总督。

［42］此地旧有关庙，徐积山《甘棠东河头关帝庙记》："埭上蕞尔地也，而睢阳之庙则有二，壮缪之庙则有三。"咸丰《甘棠小志》：康熙四十年治河曾于运河口大墩上置铁犀一座镇水，铭文"维金克木蛟龙藏，维土制水龟蛇降。铸犀作镇奠淮扬，永除昏垫报吾皇。"实为测水之具，今犹存邵伯文化站。《小志》作者董恂咸丰二年督运漕粮，补撰铭言："淮水北来何泱泱，长堤如虹固金汤。冶铁作犀镇甘棠，以坤制坎柔克刚。容民畜众保无疆，亿万千年颂平康。"

［43］《中国地方志集成·乡镇专辑（16）》。

［44］《古今图书集成》卷三十八，第492册，第37页上。

［45］张岱《西湖梦寻》卷三《西湖中路》。按张岱，浙江山阴（今属绍兴）人。家世仕宦，博学多闻，交游颇广。但科举不第，转而著述，惜经过战乱率多散佚。以晚明小品文知名后世。

［46］比如演艺界今之所谓"腕"，实为古代"扬名立万"之"万"（由佛教符号卐字演变而来），意为某个专业方面的名声，为江湖社会通用之语，初不限于演艺界也。金庸小说用此，犹存古意。

［47］陈锦《勤余文牍》卷一。转引自《会党史研究》第295页。

［48］《清门考源》，河北人民出版社覆民国三十五年刊本，第四章《漕运沿革》、第五章《粮船制度》、第六章《粮帮组织》、第七章《粮帮分类》、第八章《八省调兑》及第三章《清门溯源》。

［49］按梁章钜《楹联丛话》卷五："上联：九伐威名襄夏政；下联：千秋正统懔春王。兵部署中关帝庙联。上句移他处不得下句，'春王'对'夏政'亦巧而新。"可见此联亦由官署偷得。

［50］《清门考源》第十二章《家庙传录》、第九章《香堂规范》。

［51］原在北京市西城区地安门西大街恭俭胡同，中国国家图书馆索取号"北京652"。

［52］原碑在北京市海淀区上庄东北玉河村。中国国家图书馆索取号"北京8608"。

第十四章
民间托经与全民道德神

《朗灵护国妙经》与雷神关公

关公为中华民族全民信仰，尤其是道德方面的神祇，殆无疑议。但何以至此，历代学人却论者纷纭。论者一般以为关公所以成为全民道德神，是“封建统治阶级”或者儒学倡导的结果。虽然不致大错，但是却系懵懂，未能察其渊源流别。笔者从近年搜寻所得，发现道教及民间宗教以托经形式出现的几种关帝经文才是重要线索。本文即循此踪迹，结合历史背景试为解读，切望方家教正。

其实在关公封帝以前，道教已有《太上大圣朗灵上将护国妙经》，开始假托关帝说咒传经了：

> 尔时，兴国太平天尊义勇武安王汉寿亭侯关大元帅敕封崇宁真君，圣父聪明正直忠翊仁圣明王，圣母助顺明素元君，神子圣孙，参谋大将，麾下左右，统兵分兵之神，伏兵降兵之神，藏兵收兵之神，布阵摆阵之神，团阵走阵之神，水阵火阵之神，八方八煞四方四勇天丁，掣电轰雷，腾云致雨，鸣锣击鼓，发号施令，将军合司文武公卿，玉泉山得道仙真吾授玉帝敕命，三界都总管雷火瘟部冥府酆都御史，提典三界鬼神。吾登坛示知尔众：日在天中，心在人中。日在天中普照万方；

心在人中不容一私。宁为忠臣而不用，毋邪媚以欺君；宁为孝子而不伸，毋忿戾以怼亲。无论纲常伦理，无论日用细微，皆当省身寡过，不可利己损人。一念从正，景星庆云；一念从邪，厉气妖氛。善恶明如观火，祸福应若持衡。凡我含生，总盟此心。吾司雷部霹雳，奏疏速上天庭，昼察阳元功过，夜判冥夜鬼神。若人传写千本，胜看一藏真经，吾遣天丁拥护，自然百福来臻。即说咒曰：

大圣馘魔纠察三界鬼神刑宪都提辖使，三界采探捕鬼使者，元始一气七阶降龙伏虎大将军，崇宁真君雷霆行符伐恶招讨大使、三十六雷总管酆都行台御史，提典三界鬼神刑狱公事大典者，提督刑案神霄大力天丁、三界都总兵马招兵大使、统天御地诛神杀鬼大元帅。

尔时与会文武圣众，闻是经说，莫不踊跃，赞叹称善。若人虔心讽诵，上至帝王，下及民庶，即得星辰顺度，社稷安宁，人物康阜，灾厄蠲除。凡有请祈，悉应其感，一切人天，均沾利益，信受奉行，作礼而退。[1]

显然踵继佛教有关“玉泉山得道”传说，不过宣示信众“义勇武安王汉寿亭侯关大元帅”系受玉帝敕命，为“三界都总管雷火瘟部冥府酆都御史”，“吾司雷部霹雳”，亦兼有惩恶之使命。而“宁为忠臣”，“宁为孝子”，“无论纲常伦理，无论日用细微，皆当省身寡过，不可利己损人。一念从正，景星庆云；一念从邪，厉气妖氛”，则兼杂理学及道教之说。

《正统道藏》卷二六〇还有《酆都朗灵关元帅秘法》，称关羽封号为“酆都朗灵馘魔关元帅”，可知雷部众神中的“朗灵上将关元帅”即为关羽。

案明嘉靖、隆庆时田艺蘅《留青日札》说：

雷，天地之义气也。故春分而发，秋分而收，昼而作，夜而息。今则方春而震隆冬而轰，无分于昼夜而霹雳，此殆之其所暴然而辟焉。

雷为“天地之义气”的说法比较新鲜。田坚执认为的理由是：

王充有《雷虚篇》，以雷之击人为偶然，辩之甚详。此或未尽天道之妙。天无妄灾，雷无虚击。今历观远近，所击死者虽未必皆元恶之人，而不善者实居多矣。[2]

或者正是关羽何以由“义神”兼为“雷神”的儒家解释。

鉴于元至明初以来，进入国家祀典之道教致祭越来越繁复，明弘治元年（1488）四月，礼部给事中张九功建言“乞敕礼部，稽之祀典，尽为厘正”。尚书周洪谟奉旨清查，言及雷神祭典时，曾道：

> 九天应元雷声普化天尊，道教以为玉霄一府，总司五雷，雷部诸神皆受其统辖。又以六月二十四日为天尊示现之日，故朝廷岁以是日遣官诣显灵宫致祭。夫风云雷雨，每岁南郊已有合祭之礼，山川坛复有秋报之祭，重复致祭，非其所宜。以六月二十四日为神现示日，和设像名称，皆无所据，亦祈罢其祭告。[3]

则六月二十四日本为雷神示现之日。后世许多地方有关公诞日为六月二十四日的说法，虽言康熙时出于解州常平村关公祖庙井中发现的汉代石碑，其实是儒士多情，故作虚幻，以应“四戊午”神异之词。其真切来源，实应于此处寻求。

《关王忠义经》与嘉靖“抗倭”

嘉靖既佞道教，又崇祀关公。这两种因素对于《三国志演义》的大流行有无关系，值得探考。不妨由《关王忠义经》谈起。

《关王忠义经》（又名《三界伏魔关圣帝君忠孝忠义真经》，此题目应为万历以后增益）今已辑入李一氓主编之《藏外道书》第四册。其首载“净口”“净身”“净心”“安土地”“净坛”等神咒醮仪以及“祝香”“长跪礼奉”“真志心忏悔”“志心发愿”等礼节，以表供奉关羽之虔诚，更于《伏魔关帝忠孝护国翊运真经》中大讲忠孝节义及因果报应。其中《关圣帝君济世消灾集福忠义经·述志章第一》假借关羽口吻，用四言韵语自述生平事迹，已经十分接近同时《三国志演义》的描述，值得注意。其言：

> 关圣帝曰：
>
> 吾本东汉，解良居民。黄巾作乱，天下招兵。
>
> 观榜涿郡，偶遇刘张。桃园结义，生死不忘。
>
> 吾习《春秋》，吾知武艺。始除黄巾，三战吕布。
>
> 许田射鹿，投鼠忌器。土基被困，失散兄弟。
>
> 曹操奸雄，奏封寿亭。吾奉二嫂，吾思兄弟。

诛良斩丑，挂印辞曹。霸陵桥上，挑起锦袍。
吾宿义司，明烛达旦。独行千里，五关斩将。
吾斩蔡阳，古城会叙。后遇子龙，周仓归义。
冒雪隆中，三顾卧龙。义释曹操，恕斩黄忠。
领牧荆州，劝农讲学。单刀赴会，谈笑自若。
赤壁鏖战，水淹七军。生擒庞德，华夏威名。
初封前军，继加五虎。定鼎西川，荡寇神武。
吾无所长，惟持忠义。扶汉诛奸，死无畏避。
吾年近六，有命在天。视我赤心，听我微言：
为子尽孝，为臣尽忠。父慈母爱，兄友弟恭。
夫妇倡随，朋友信义。乡邻婢仆，真诚和气。
吾言浅近：
天地不尊，神明不惧。五谷不重，三光不避。
小秤大斗，杀生害命。奸淫诈逆，集微成着。
如此人等，神明厌弃。先夺其魂，后杀其体。
举世昏迷，自谓得计。一旦无常，委之天地。
谛听吾音，玩此真昧。[4]

道教还通过这部经书大大提高了关羽的神权，谓其：

掌儒释道教之权，管天地人才之柄。上司三十六天星辰云汉，下辖七十二地土垒幽酆。秉注生功德，延寿丹书；执定死罪过，夺命里籍。考察诸佛诸神，监制群仙群职。高证妙果，无量度人，至灵至圣至上至尊伏魔大帝关圣帝君。[5]

请注意连加的四个“至”字，实已将关羽视为融汇三教之最高神祇，这与嘉靖时代的佞道氛围也颇为合辙，不为无因。

需要注意的是，这部书虽然以道经形式出现，但是表述的价值观念却是地道儒家的。其中所述“许田射鹿”“秉烛达旦”[6]“周仓归义”等事，均不见于元至治本《三国志平话》。而“恕斩黄忠”则差异较大。《平话》本述黄忠力战张飞、魏延、关羽三将，未见胜负。“关公言曰：‘此乃大丈夫也，世上皆无。’军师高叫：‘三将停马！’武侯美言说黄忠降了汉。”[7]

显然不能将黄忠之降归结于关羽之“恕”。但此经讳言关羽死事，则与《平话》相同。

至于《忠义经》出现的时间，可由分析《关王忠义经》之序探讨之：

关王《忠义经》十九章，皆王自制也。晋陈寿演俗通义，似近鄙亵。兹宋学士孙奭编述，南渡中丞张守订梓，相传五百余年，漫无可稽，世人亦不知有是经也。维侯忠义昭寓［宇］宙，功烈垂史册，祠祀遍天下，黄发稚齿，极海穷边，靡不崇重。而侯之随在普灵，威英显赫，千载一日。博幸生同侯乡，籍侯庇久。嘉靖丙辰巡抚荆楚。荆故侯保障区，迄今家尸户祝，顶礼如在。比还省，辞楚王殿下，王询侯故里事，复出《忠义经》示博，拜赐踊跃，若侯陟降也。归舟检阅，后先紊叙，简篇遗逸，字画错乱差讹，遂为校订重录。首揭侯像，并述侯辞曹之书，后人仰侯之赞，汇成一帙，携之京师。继役开中，未遑锓梓。适都督刘显移兵守川广，因以贻之，俾刻荒镇，以作士气，以风忠义，且播之天下瞻奉者，有所持诵则效云。兵部尚书蒲州杨博叙事。[8]

请注意这里提到的“嘉靖丙辰”（1556），亦即嘉靖近臣黄锦、陆炳捐资重修当阳关庙，徐阶为记之时。按杨博是嘉靖年间名臣之一，张居正《襄毅杨公墓志铭》曾谓杨博，“（嘉靖）乙卯入为兵部尚书，寻加太子少保。丙辰丁父忧，戊午召还本兵。”[9]按照常理，他不可能同时“巡抚荆楚”，除非“丁忧”之事发生在“巡抚荆楚”以后。但也另有证据说，杨博的确服膺这位“乡先贤”并随时礼敬之：

京师前门有汉前将军庙，颇著灵显。前明大司马杨博过之，必投一“乡晚生”名刺。以杨与侯同为蒲州人也。[10]

首要线索就是赠书的“楚王殿下”究为何人。按《明史》列传第四《诸王》曾记述嘉靖二十四年（1545）正月十八日楚王府发生过一出世子英耀淫乱，忤逆弑父的人伦惨剧，文长不录。嘉靖丙辰承袭楚王一爵的，正为其弟英佥。明室素重道教，嘉靖尤甚，何况关羽此时已经成为皇室私祀主神。楚王府经此惨变，或者有道士编造出这部《忠义经》，劝他以“忠孝节义”为出世圭臬；或者楚藩延请写手编纂此书，欲以“福祸果报”劝醒世人，都是有可能的。若此说成立，则《关王忠义经》很有可能从早期明刊三国故事中受到启发，将关羽故事及“忠义”大旨摘出标示，加以道教咒语符箓，予以推广，以迎合嘉靖帝心理。无论出自道士还是藩王，都是可以理解的。至于序中扯到北宋孙奭、南宋张守，以证明经出于宋，则出于宗教“制经托古”的惯技，不必当真。

此序中谈到的“都督刘显”，倒是值得注意的另一个人物。而刘显“移兵守川广”之事，倒确实发生在这一当口。《明史·刘显传》言：

嘉靖三十四年，宜宾苗乱。巡抚张臬讨之，显从军陷阵，手格杀五十余人，擒首恶三人。诸军继进，贼尽平。显由是知名。

他是曾与俞大猷、戚继光一起参与“抗倭”战争的一线统帅，传记也在《明史》中同列一卷。[11]更值得拈出一说的是其子刘綎。据《明史》记载，綎“勇敢有父风”，“部曲多健儿，綎拥以自雄”。且“为将数被黜抑，性骄恣如故。尝拳殴马湖知府詹淑”，在重文轻武的明代，恰似一出“怒鞭督邮”。万历四十七年（1619）在与努尔哈赤作战时，他率领蜀兵孤军深入三百里。因盟军杜松、李如柏、马林部及从属朝鲜军皆畏缩不前，故先胜后败，陷入重围，“殊死战”，于军中殁。亦类关羽荆州之败。且言刘綎“于诸将中最骁勇。平缅寇，平罗雄，平朝鲜倭，平播酋，平倮，大小数百战，威名震海内。綎死，举朝大悚：‘边事日难为矣。’綎所用镔铁刀百二十斤，马上轮转如飞，天下称‘刘大刀’”。其为人行事乃至最终结局，都极像是在追慕关羽。

万历二十二年（1594），在邻近洛阳的解州关帝庙，“因道士张通元之请，进爵为帝，庙曰‘英烈’，敕封‘关圣帝君’。”时仪典隆重：“遣官奉九旒珍珠冠一，玉带一，四蟠龙袍一，黄牌一面，上书封号一十六字，至京都正阳门供讫。”[12]并在颁赐醮词中郑重其事地宣告：

切念朕躬奉天御世，尊为亿兆之君；法祖保邦，位称神人之祖，精勤图治，默赖神庥。凡有护国之灵，悉登尊崇之祀。恭惟关圣帝君，生前忠义，振万古之纲常；身后威灵，保历朝之泰运。除邪辅正，圣德神功；保劫康民，福幽利显。既赞干元之化，宜宣帝号之封。所传《三界伏魔大帝关圣经忏》，足以师世淑人，安供名山福地，以乘久远。用是朕发诚心，颁赐帑金，印造《伏魔经忏》。特命全真道士周庇真等赍请，前去彼处供安，镇静方隅，肃清中外。关圣帝君以今年八月十五日，位证南方丹天三界伏魔大帝之位。天人共庆，三界推尊。兹建醮典三日，安供圣经，庆贺圣帝。自天伊始，永安帝位，不在将班。鉴观万天，巡游三界。悉清人鬼之妖，全消未萌之患。庶使边防镇静，四夷无干扰之虞；朝野奠安，海宇乐升平之化。常历岁月，永荷神庥。[13]

但此经内容究竟如何，笔者囿于闻见，尚未查悉，有待方家指点。

《觉世真经》与道德重建

关羽作为全民道德楷模，背后当然有儒家不断以伦理诠释的推动作用。这已从明清以来各地纷纷树立的关庙碑文中显示无遗，只是仍然囿于《三国志》记述。但是到了嘉靖年间的《关王忠义经》里，已开始据《三国志演义》增饰的情节立言。不仅直白地进行"忠孝节义"说教，而且声言会对当时市井习见的"小秤大斗，杀生害命，奸淫诈逆"种种恶习毫不含糊地严惩，以及对漠视信仰，"天地不尊，神明不惧。五谷不重，三光不避"情形的厌憎。配合诵此经时需要进行的还有一整套醮斋仪礼，可以视为道教藉关羽神介入军队，乃至全民道德教化的一种尝试。

到了清代，这种情形就更加明显了。现存记载表明，传为康熙七年（1668）出现的《关圣帝君觉世真经》，就是这种努力的新一轮开始。乾隆十年（1745）夏纶撰《觉世篇注证》，乾隆三十年（1765）沈维基又撰有《觉世宝训图说》，都是阐述这部经书的。今见最早的《关圣帝君觉世真经》碑版，为乾隆四十三年（1778）刻于常熟的《关圣帝君宝训》，此外还有乾隆四十七年（1782）立于京师香山，五十四年（1789）立于正阳门关帝庙及法源寺的几版碑刻，[14]也证明了乾隆朝应是其广为流播的时期。

该经又称《关圣帝君训世真经》《觉世篇》《觉世宝训》，简称《觉世经》，成书年代不详。一种说法是传于清初：

相传康熙七年夏，降乩于沃乡之桩园，授之王贞吉等，帝亲制序。[15]

另据西安碑林博物馆所藏嘉庆十年（1805）所刻碑文的自述，来源则是：

昔海曲刘可学游于太行，夜梦帝君，授经垂训四百三十二言。越数日，西河公署中，复隆鸾笔，与所授经文无异，遂广其传。[16]

只是两说涉及的地域“沃乡”“海曲”以及当事人物“王贞吉”“刘可学”都无由查证，而这正是民间鸾书惯用的手法。十八世纪以后民间善书又将《太上感应篇》《文昌帝君阴骘文》与《关帝觉世经》三部结集，以“三圣经”之名刊行，遂成了中国民间宗教的“圣经”。

《觉世经》篇首即述明立意大旨为“人生在世，贵尽忠孝节义等事，方于人道无愧，可立身于天地之间”。并标立：“敬天地，礼神明。奉祖先，孝双亲。守王法，重师尊。爱兄弟，信朋友。睦宗族，和乡亲。敬夫妇，教子孙。”仍然是以儒家五伦为教化之核心价值体系，同时又增加了“时行方便，广积阴德。救难济急，恤孤怜贫”，“创修庙宇，印造经文。舍药施茶，戒杀放生。造桥修路，矜寡拔困。重粟惜福，排难解纷。捐资成美，垂训教人”等公共领域的道德规范，以及对于“瞒心昧已，大斗小秤。假立邪教，引诱愚人。诡说升天，敛物行淫。明瞒暗骗，横言曲语。白日咒诅，背地谋害。不存天理，不顺人心。不信报应，引人做恶。不修片善，行诸恶事”等商业、宗教活动中欺诈行为的谴责，涉及的范围相当广泛。篇末还以“我作斯语，愿人奉行；言虽浅近，大益身心。戏侮吾言。斩首分形。有能持诵，消凶聚庆”，毫不掩饰地宣示了其托经训世，“神道设教”的面目。从时代历史诸因素综合看来，这应当是在明清之际经历重大战乱以后民间重建价值体系的一种努力，也可以视作将关羽塑造为全民道德神的开端。且已开始脱离三国史志、小说、戏曲故事，独立传播价值信仰，也应该是戏曲小说广泛流传以后的情形。

接下来的则是雍正四年（1726）竖立于正阳门关帝庙的《关圣帝君应戒士文》，选择“四民之中，惟士居首”作为说教对象，以“科目征求”“甲第蝉联”作为教化显应，结撰而成。从时间上看，当然有配合雍正帝提升关公为祀典主神，比隆孔子的国家行为有关联。但是所举事例不但与《三国志》及其演义小说戏曲无关，且大多不见经传，事涉孝亲、悌弟、恩妻、拒淫、戒狎、友朋、修德、放生、守法、阴骘诸端，几乎涉及当时士人日常生活的各个方面。值得注意的是，立碑具名的十三人中，有八位著籍“长白”，这是满洲的另一种书法；三人著籍“三韩”，应是朝鲜国的书法；仅有两人著籍大江南北，均为史籍不载之人士。[17]应当视为非主流文士对于当时士风的一种匡正努力，亦不借助三国史志，独立成为士子道德神的一种标志。

道光、咸丰年间，鸦片战争带来的外侮以及太平天国造成的内乱，形成自康熙平定“三藩”以来清廷面临的最大危局。尤其是外来宗教文化对于中国传统价值体系的全面挑战和冲击，更是前所未有的严峻。此时又有咸丰六年（1856）竖立于洛阳关林的《关圣帝君新降警世文》出现，声言“前过江南，见人心风俗，日就颓靡”，指斥“不忠不孝，不仁不义，不畏天命，不畏大人，不畏圣言”的忤慢，“出口则以无稽之言为新闻，谈天则以闺阃之说为妙语；称富贵则抛姓而谄媚，提君子则呼名而诽谤”的社会失序，道德沦丧、物欲横流的种种恶习，“处丰亨则日就华靡，不计家中升斗；论人品则多生嫉妒，每求贤士瑕疵。笑贫趋富，恬不知羞，竟无一人挽其气习：人面兽心，伊于胡底！并不喜指出迷津。丧事用鼓吹，以人死而为乐；祝寿演杂著，忍害礼而不衷。奢侈成风，何况人贫财乏：天良丧尽，尚求富贵荣华。”呼吁救亡续绝，“当作顶天立地之男儿，勿为自暴自弃之凶子。”

值得注意的是，此文还借关公之口，严厉指责世人敬奉不管善恶果报，惟知修庙祈福的荒谬：

> 每年观吾儿所奏，问田宅、问官事、问功名、问求财富，无一个问及阴阳果报；一月计周仓所称，许挂袍，许送对，许上油，许修庙宇，无一个许开劝善经文。人心风俗，大概如斯，尽其奸险，万言莫罄。决洪泽之波，不足以洗尽其浇薄；纵横河之水，不足以荡其凶污。[18]

对于乾隆以后遍及城乡的关公供奉只注重形式，却忽视内涵的现象深表不满。而语气之严厉，又适足与清廷当时风雨飘摇、险象环生之政局成为正比。

与此同时，咸丰六年（1856）在边陲云南还刊刻有一部道教劝善书《关圣大帝返性图》十卷。再刻于粤东，曾在滇、粤一带传布。光绪四年（1878）京师人王伍乔（别号洗心道人）游历至粤，发现该书，认为它是“众善之魁”，于是募资重镌，欲其流布海内。此为假托关圣大帝约同文昌帝君（张亚子）、孚佑帝君（吕洞宾），并特邀儒、释、道三界神仙佛祖共同飞鸾降喻，劝化世人的。其主旨为返性，主张“返回人的天赋之本性，返回到仁义忠孝的伦理道德之中。以关帝等天神降世告诫的方式，讲述孝悌忠信的道理，从而劝世人返回其本性，弃恶从善，由此人心向化，社会稳定，世道升平。”

此书另外一个特点便是集合了三教的许多神祇，以设坛降乩的方式传达“圣谕”。据统计，“按照先后降笔的大小神灵统计，总共有 137 位圣贤仙佛临坛乩示，其中道教神仙就占有 109 位，儒教圣贤有 18 位，佛教佛祖有 10 位。按照降临坛场的次数多寡统计，其中临坛训谕次数最多的神是马天君（马灵官），共降临 29 次；其次是关帝，共临坛 22 次；再次是孚佑帝君，19 次；文昌帝君，16 次；再者是土神 14 次，周将军 14 次，王天君 13 次，等等。”[19]可知也是由此书开始，关公信仰开始与其他神祇组合而呈现泛化，为后世义和团抗御外来宗教侵入、捆绑多种本土民间神灵信仰创立了范式。

《桃园明圣经》与道德救亡

于后世民间影响最大的关公鸾书，当为《关圣帝君应验桃园明圣经》，又以《武帝明圣经》《明圣经》《桃园经》《明圣桃园经》《桃园明圣经》《盖天古佛应验明圣桃园经》《古佛应验明圣经》等名目流传于世。有学者据咸丰年间山西太原府忻州的一个刻本研究，以为错杂的名称反映了该典籍流通的广泛与岐杂。所以现存咸丰本首有“神谕鉴定真经善本”字样，表示只有该本才是正统无误的真经。亦不能确定起于何时。自述来历为：

汉汉寿亭侯，略节《桃园经》。书于玉泉寺，夜梦与僧人。

其强调与玉泉寺佛教授受之源，最初或许出于佛教为适应其信众对于关公道德神形象日益增长的需求而造的。研究者注意到，光绪壬午年（1882）刻本却将“僧人”改为“凡人”，或许与当时民间宗教崇奉关帝者，不欲让僧人独擅传播《明圣经》之美有关。[20]但我认为更明显的是反映出此经在不同宗教间传布过程中的泛化。证据便是该书首叙，即以关帝口气谕令：

太上老君三界灵，众圣五岳雷电神。五湖并四海，日月斗星辰。天下城隍听号令，万方土地各遵行。万圣朝真均奏议，普天之下尽颁行。于是救苦大仙、太上真君、太白金星公同注解，复奏明章，行于四海。皇图巩固，万民永赖。

实际上已捆绑了道教系统三界五岳、城隍土地神祇，都与佛教无虞。何况其后刊登《文昌应化张仙宝诰》《灵官王天君宝诰》《圣帝宝诰》等三种宝诰，亦皆道教神灵，包括“宝诰”之称，亦与佛门毫无瓜葛。

《桃园明圣经》的起源不能考实，但忻州刻本中刊载有道光八年（1828）因平息张格尔乱，加封关公“威显”的“上谕”。[21]而方广锠、周齐据该书四序探考，第一篇署为“道光二十年庚子（1840）”，正是“鸦片战争”发生的当年。其后有分别题署为咸丰二年（1852）、五年（1855）的序文，分别对应着太平军占领南京改称天京之年，及太平军占领武汉后声威席卷长江中下游之年，显然有以关公神威显灵，平息当时的内忧外患之意。考虑到咸丰刻本序二卢昌桀声称他是于咸丰二年始得该《明圣经》，曾于咸丰五年特意到江西关帝庙求正补遗，然后印刷传送。而序三邓显隆则称是于咸丰五年得到《明圣经》，并称该书“从外省传来”，可见最迟至咸丰初年，本经已经在南方诸省广泛流传。这就更加显露出在当时外来宗教侵蚀中国的情势之下，儒、道有亟须合一，连手阻挡的趋势。后文又附有前述《觉世经》《戒士文》等，亦可以径视作同期类似经文后出而集其大成者。

《明圣经》经文虽然不长，内容却颇驳杂。但其大旨可由其末所附“王熺钦奉汉室汉寿亭侯关圣大帝敕令（嘉庆十五年正月二十四日）”窥知：

> 大帝曰：吾曾言，日在天上，心在人中。心者，万事之根本。儒家五常，道释三宝，皆从心上生来。仁莫大于忠孝，义莫大于廉节，二者五常之首。圣人参赞化育者，此而已；仙佛超神入化者，此而已。自有天地以来，这个无极太极之理，浑然包罗，古今长悬。

明确以“忠孝、廉节”诠释儒家“仁、义”之大要。其中“汉室汉寿亭侯”之称，已寓有强调正统之义了。又在篇首《功德文》中明言：

> 圣经所言：孝弟［悌］忠信，礼义廉耻，八个字化解。愿世人敬而诵之，体而行之，庶足挽人心而维风俗。

正式推出儒家“八德”之目，继续显现出儒道合流的一贯趋势。

经文除了多次、反复引用当时已十分流行的《三国志演义》、戏曲中人们熟悉的关公及其组合的形象、情节之外，还为关公另加封号，增加神格。如《圣帝宝诰》介绍关公说：

> 太上神威，英武雄文；精忠大义，高节清廉；协运皇图，德崇演正。掌儒、道、释教之权，管天、地、人才之柄。上司三十六天星辰云汉，

下辖七十二地冥垒幽酆。秉注生功德，延寿丹书；执定死罪过，夺命黑籍。考察诸佛、诸神，监制群仙、群职。高证妙果，无量度人。至灵至尊，伏魔大帝关圣帝君，大慈大悲，真元显应昭明翼汉天尊。

这显然是由元末皇帝敕封之号，尤其是明中叶《关王忠义经》赐号沿袭发展而至的。事实上已将关公置于上天诸神之首，人间万事之主，阴界诸司之掌的至尊位置了。“翼汉”二字又突出了民族主义主旨，不过此时明清之际的满汉隔膜已近消失，所以可径视作代表中华本土传统文化。

毫不夸张地说，这部经文也将中国民间的关公信仰推到了极至。近年台湾鸾坛所以坚执认定世界儒、道、释、耶、回五教教主曾公推关公为第十八代玉皇大帝（亦称玉皇大天尊、玄灵高上帝），且上溯至道光四年（1824），或同治三年（1864），亦当秉此而来。[22]

这套经文还仿照佛教诵经日课的形式，创立了一套《诵经款式》，包括奉像、斋戒沐浴、点烛上香、茶酒鲜果、三跪九叩，并要求信徒先跪诵《王灵官宝诰》与《关圣帝君宝诰》。这大体相当于佛教在诵经前奉请八大金刚，做法事时奉请诸天神祇之类。接着念诵《关圣帝君降笔真经》，最后念诵《关圣帝君应验桃园明圣经》。诵完一遍之后，“叩头起身，又停一息间，养顺其气，然后再诵”。要求“总以心到气到为第一要紧”。还要求最好在四更后、五更初诵经，说“此时养足精神，元气清醒，万物静寂，烦躁不生。兼以彩烛清香，光辉朗照，心专气聚，诵之倍觉神灵英爽”。方、周论文认为：“这说明这种诵念法实际相当于一种宗教的修持，且这种修持是以道教的修持法为基础发展而来，这也是值得注意的。”

这部经书毕竟是托言神灵“降乩”而来，文词不免通俗鄙俚，但也毫不隐讳流传初期曾经受到质疑。如咸丰忻州刻本序一就承认该经虽然文字并不文雅，但无非欲传正气。希望诵此经者，以四书五经目之。而在《王熠钦奉汉室汉寿亭侯关圣大帝敕令》中，又针对时人批评，诸如文字“骄矜”“浅近”，以及“投胎转劫”之说，作了一番辩解。一方面说“以我为骄，我固不辞；以我为浅，我亦不辞”；另一方面又恐吓说：“如再有擅行诋毁者，轻则令瘟火灭之，重则命周仓斩之。毋悔。”由此亦可窥知，《明圣经》在初期流传过程中并非一帆风顺。

或许意识到毕竟文词亦须雅驯，此经方能广其流播。于是后来有好事者因“书于玉泉寺”一语，嫁名宋儒朱熹，又造出《朱子删正〈桃园明圣经〉奏议》一文，意图补苴罅漏，争取儒生支持，至少减弱他们的反对声浪。该文骈四俪六，将经文之始上接汉魏，中历五代北宋，迤逦至清。且谓儒生之《小学》《格言》篇目，不如道教之《阴骘》《觉世》经文通俗易懂，化人既迅且捷矣。[23]

尤以台湾通行的《桃园明圣经》，对于“忠孝廉节”一段增饰特多。其言：

> 君使臣以礼，臣事君以忠。日用朝廷禄，当思补报功。
> 报国臣之本，惜卒将之宏。不饰文臣过，不灭武将功。
> 纪录文华殿，举劾建章宫。丹心如赤日，位必至三公。
> 秦桧世为犬，岳飞四帅中。
>
> 为人子，孝为先，孝顺两字紧相连。
> 勿恼怒，常使欢，暖衣饱食毋饥寒。
> 病医药，必自煎，即须尝过献亲前。
> 夜不解衣朝不食，时时刻刻在身边。
> 尔能孝顺尔子孝，点点滴滴看檐前。
> 大舜孝，帝传位，二十四孝极周全。
> 在生不供养，死后祭灵前。
> 不孝子，惹灾愆，虎啥蛇咬病相缠。
> 官刑牢狱遭充配，水火之灾实可怜。
> 或自悬梁刀毒死，不孝之人苦万千。
> 速速改过莫迟延，世人孰无过？改之为圣贤。
> 人无过，笃行全。
>
> 廉生畏，洁生严。细检点，避疑嫌。
> 希贤希圣由天命，学礼学诗听自然。
> 却周粟，隐山川，为人似玉无瑕玷，立志如同铁石坚。

守己禄，莫倘偏，损人利己子孙冤。
廉者不受嗟来食，志士不饮盗之泉。
辞俸原宪洁，畏金杨震廉。
坐怀不乱柳下惠，闭户无容鲁仲连。
鸱食曾如蝤李美，瓜祭何胜菜根甜？
俸禄止堪供礼仪，举家食费仅盘桓。
百簣抬回失节物，满箱装裹昧心钱。
笞杖徒流谁不怕？劝尔抬头看上天。
纵容男仆如狼虎，谋占军民地与田。
势败运衰参诘告，拔冢平房冤报冤。
妇男穷极为娼盗，恨杀当初恶要钱。

人之节，如竹又如月。广大与高明，圆容更清洁。一生直不弯，挺挺欺霜雪。一劲参天秀，舞风弄明月。娥英泣竹林，点点班皆血。即如苏武杖，数有十二节。李陵污其奸，苏武敬其烈。仲升使西域，三十六国却。节义全，神圣悦。或掌天曹事，或补城隍缺。或生公与侯，富贵千年业。乱臣弄贼子，每把忠良灭。一见虚欢喜，心口各相别。心藏丈八矛，意存三寸铁。舌下有龙泉，杀人不见血。贪酷克奸谗，自殒儿孙绝。

吾不吃长斋，吾不信异说。地狱即城隍，三宝星日月。救济急难人，就是解冤结。

其中所引历史典故甚多，如言“忠”之秦桧、岳飞，“孝”之舜帝继位，“廉”之原宪、杨震、柳下惠、鲁仲连，“节”之苏武、李陵、班超（字仲升）等，多是儒家经典中耳熟能详的中国故事，叙来也的确平易亲切，满足了非佛徒、非异教的信众心理。

《桃园明圣经》民国以后在大陆究竟有何影响，讫无专门研究，姑存阙疑。但此后在台湾的发展却非常迅速，而且至今不衰。台湾学者蔡相辉言：

日本统治时期，台湾善堂甚至佛堂都广泛流传一本《关圣帝君明

> 圣真经》。善书理论上是扶鸾请神降临乩示，再由笔生笔录整理成书，通常都不会有作者署名，其著作年代也不会被署上。以其经文较前述《觉世真经》多出许多，加上降乩过程繁复，添加许多咒语，且以书籍形式流传，其撰述年代可能在日据时期的大正年间（大正元年为民国元年）……这本书从1895年台湾割让日本后一直流传至今，为关圣帝君信仰被用为社会教化的重要数据。

分析个中原由时，他指出：

> 台湾光复后，日本留下的神社被改为忠烈祠，但却无法取代政府祀典及指导官箴的意义，仅成重要节日政府慰问遗族的象征；民间庙宇虽多恢复，但清朝祀典只文庙获政府认同，于孔子诞辰遣官致祭，其余皆任其自生自灭。为民间普遍敬仰的关帝，其庙貌虽仍兴盛，信徒也曾因应时代变化将《关圣帝君明圣经》以白话批注流通，并在信徒集会场合宣讲。

表明实际上正是由于日据时代刻意的文化阻隔，加之民国十六年（1927）政府废弃武庙祭典传统，光复以后的台湾大量坚持传统信仰的民间关公崇拜信众，已经无由皈依、接续中华传统，只能仿照其他宗教诵经方式将熟稔之《桃园明圣经》重新翻造，自行解释。并径自溯源，以为经书的“编造年代为道光二十二年二月间，由同安籍的苏廷玉撰写，其子苏士准请人摹镌于泉州关岳庙”。[24]这应当出自泉州籍信善之口。可知民族重要信仰的变更，会在历史上造成多大的隔膜和断裂。

正是通过这一系列的民间经文善书，使儒家以“四维”“五常”“八德”为标志的价值体系，借助关公形象的文化符号，终于深入普及到中国社会下层，使他成为了名副其实的全民道德神。

善书宝卷和民间宗教中的关公信仰

与民间托经并行的另外一条线索是善书宝卷。这似乎是在万历年间突然出现的，如《护国佑民伏魔宝卷》《三义护国佑民伏魔功案宝卷》及《销释万灵护国了意至圣伽蓝宝卷》等，编撰传述关公超凡称神入圣的种种经历。

《护国佑民伏魔宝卷》径以刘关张结义为第一、二品，“三官保本，玉帝封神”为第三品，“转凡称圣”第四品，成神第五品，封帝为第六品，岳飞替职为帅第七品云云。但接下来则话题一转，却谈及关羽先后得到师罗、观音点化，转世先以“养气”结为“圣胎”，“从海底，往上返，滚上昆仑。霹雳响，金门乍，开关展窍。养婴儿，成正觉，滚出云门。”然后“男儿怀孕，委实稀罕。怀孕整三年，先小后大，不方不圆。功圆德满，入圣超凡。玄门开放，滚出天外天。”降世凡尘，最终皈依无生老母名下的大段经历：

> 伏魔爷，根基深，不是凡人。元是南方火帝君。临凡下世在东土，保国护民。（第十三品）

这意味着关公已非“过去神”，而是“现世神”了。他与无生老母的关系也颇不寻常：

> 超了凡，入了圣，皈家认祖，七宝池，洗荡了，六根六尘。聚佛牌，标了名，答查对号，伴定了，无生母，永不沾尘。（第二十二品）

此外还有“答查对上号，婴儿见了娘。捽着手走西方”（第十品）、“婴儿灵山会上我亲娘……婴儿见娘，赴到灵山不回乡”（第十五品）等句，直白地将无生老母与关公之关系比拟母子。

这些显然超出历史及文学范畴，属于新起的民间宗教神话。其中“无生老母”所指为何，值得推敲。

《明史·后妃列传》言：

> （李太后）顾好佛，京师内外多置梵刹，动费巨万，帝亦助施无算。居正在日，尝以为言，未能用也。

她曾宣称梦授《九莲菩萨经》（即《佛说大慈至圣九莲菩萨化身度世尊经》），后又有《太上老君说自在天仙九莲至圣应化度世真经》（今存万历四十四年御刊本），万历初年遂建京西慈寿寺，立“九莲圣母像”及“伏魔帝君像”碑，为之祈寿祝祷，碑背面分别刻有“瑞莲赋”和“伏魔偈”。此外在京师长椿寺“李太后之牌位”，画轴写明“九莲菩萨之位”。顾炎武《圣慈天庆宫后记》也证实了这一点：

> （泰山）碧霞元君之宫前一殿奉元君。万历中尊孝定皇太后为九莲菩萨，构一殿于元君之后奉之。[25]

可知李太后生前已被视作“九莲菩萨”化身，亦犹乾隆、慈禧愿意被人称作“老佛爷”之意。又《酌中志》卷十六：

大内西北之隅，建有英华殿一处，前菩提树两株，闻系九莲菩萨慈圣皇祖母所植，高二丈，枝干婆娑，下垂至地，俨若佛菩萨慈悲，接引众生也者。[26]

即是说此。故美国罗格斯大学教授于君方言：

这一点值得我们注意。因为这是因为李太后和她的儿子万历皇帝曾推动“九莲菩萨”的信仰，而这个菩隆不但是观音的化身，而李太后在她生前和她死后都被称为九莲菩萨。[27]

李太后由何处获取《九莲经》，亦有踪迹可寻，这就是顺天保明寺（亦称显应寺、皇姑寺）。乾隆时奉敕修撰的《京城古迹考·显应寺》言：

寺在黄村，俗呼皇姑寺。明正统八年，驾亲征也先，陕西吕尼叩马谏而死。及复辟，肉身不坏，乃塑而建寺焉。赐额保明寺，康熙五十一年灾，五十三年奉敕重建……配殿二：一为汉前将军关侯，一为灌口二郎神。[28]

据《中国秘密社会》考证，该寺创始人“吕尼”实为直隶开平中卫屯，生于嘉靖四十一年（1562）之张氏，九岁“志脱尘寰”，发愿创经、十二岁带经入顺天保明寺祝发修行，法名归圆、万历元年（1573）将所创五部六册宝卷刊刻成帙的。该寺属于西大乘教，组织以“三花五叶”（或三宗五派）、九干十八枝为特色，“这一组织名称在《九莲经》中也有提到”。[29]但这个考据并不确切，至少推论吕尼与张氏的关系上有误。皇姑寺早已与关庙有关。嘉靖十九年（1540）亲信太监黄锦所立京师《重建关王庙记》中，就赫然列有“皇姑寺住持张氏”与内官监太监五十八人的名字。[30]万历五年（1577）李太后建慈寿寺时将关羽殿设为护法伽蓝，说不定就是仿照皇姑寺来的。

按保明寺一向与内宫女眷关系密切，沈德符《万历野获编》曾载嘉靖六年（1527）一道上谕，略谓桂萼既奏请毁尼寺，亦不应令皇姑寺独存：

乃旨出之后三四日，不知何人哀奏两宫，皇伯母见谕，以皇姑（寺）为孝宗所建，似不可毁。圣母亦以孝宗为言。盖小人进祸福之言，故两宫一时传谕。次日圣母又谕：欲建一寺，即将此寺与我，亦好。盖此寺乃皇亲内宫供给布施，必有请告之者。[31]

嘉靖佞道，故于佛寺兴废，了无萦怀。不料弘治皇后与嘉靖生母同时出来为皇姑寺保驾，逼迫嘉靖收回成命，可见其于内闱影响之深。沈德符也感慨此事内情颇不简单："按世宗此旨，已洞见宫内隐情。"弘治十二年（1499）有《保明寺碑记》，嘉靖四年又有《敕赐顺天保明寺碑记》，叙述该庙及吕尼之始末渊源，[32]应该较沈德符得于传闻之言更为准确。嘉靖十二年（1533）内监还曾为皇姑寺铸钟，该钟现存北京市大钟寺博物馆。可知其与历朝宫廷内闱关系极为密切。则李太后应当也是由皇姑寺接触到《九莲经》的。

谭松林主编《中国秘密社会》言，《九莲经》有"嘉靖二年五月吉日重刻本"，原名《武当山玄天上帝经》，简称《皇极经》或《皇极宝卷》，万历年间才改称《九莲经》的。"此教以无极、太极、皇极为三世教义"。[33]在明代二十四品的《九莲经》传本中，尝预言"皇极佛"将要替代现世的"太极佛"，成为世界的新主宰。"皇极"之说，恰与进关前清太宗皇太极之汉文书写名讳极为相近。但究竟是努尔哈赤为其子命名之初，即已有意于此名，还是后来满洲立朝，附会成改朝换代、有利新朝的谶语？亦未可知。洪承畴顺治八年为京师关帝庙撰碑，为昭圣皇太后（即太宗之妻孝庄文皇后）祝厘，也用了"力扶皇极"这样字样，未必无因。

按皇太极生于万历十八年（1590），正值努尔哈赤首次来京师朝贡领封之际。明廷九莲菩萨之赐及《九莲经》教义，亦或由此际得知。事实上满洲皇族命名，着意于汉语之文意有解，正是由皇太极开始的。孟森尝考证辽东旧门善友会（流传关外的闻香教一支）曾投书后金，以天聪皇帝为"天遣真主"，"五百年间必生之圣人"，并有"牛八江山功满回天宫，天聪掌教，各位诸祖下世，拥护当今天聪皇上掌教"等等说词，亦为一证。[34]"大清"国号得名之由，或者亦应从循此线索搜寻探秘。无关本题，枝蔓不赘。

此外台湾发现的《皇极金丹九莲正信归真还乡宝卷》三十二品，系民国十年（1921）由河北传入。其中系统增添"八牛"为未来佛的谶言，则具有明显"反清复明"宗旨而伪造入书的。近年学术界对此经卷的研究争论，可参《中国秘密社会》第三卷《清代教门》之《清代教门代表性经卷——〈九莲经〉》一节。[35]惟该书似未注意到万历李太后所奉之"九莲菩萨"与其间的联系，是为憾焉。

关羽还在其他秘密会社中得到尊崇。如白莲教是元代以来影响甚广的一个民间宗教，清代中叶在川陕鄂豫一代势力发展很快，起事亦声势浩大，嘉庆、道光年间成为清廷的腹心之患。其经卷中也有关羽崇拜的明确内容。喻松青先生在其研究白莲教的著作中就曾提到：

> 白莲教经卷《护国佑民伏魔宝卷》和《三义护国佑民伏魔功案宝卷》，即奉关帝为伏魔神，他降伏妖魔，法力无边。其中《护国佑民伏魔宝卷》，颂扬关帝出苦敛众、化人为善、安邦定国、保今护民、显灵降圣、万神拥戴等等。

这种内容使得视关羽为清皇室保护神的官员十分恼怒，以致痛斥为“邪教造经，反诬关圣为邪教”，“亵污圣人，罪大恶极”。[36]喻师还介绍说：

> 清茶门教还诵念《伏魔宝卷》和《金科玉律文》。《伏魔宝卷》全名《护国佑民伏魔宝卷》，分二十四品。卷内胪述关帝事迹并善因自种、福慧自修等思想……颂扬关圣的宝卷，除《护国佑伏魔宝卷》外，还有《三义护国佑民伏魔功案宝卷》。此卷前半照《三国演义》铺叙成文，后半部说观音化为师罗，度他还源。清茶门教所诵念的《伏魔宝卷》，卷文多三字两句、四字一句组成的十字调，与梆子腔中十字乱弹相同。如：“拈着香，来哀告，青青天天。大慈悲，来加护，可可怜伶。俺三人，愿不求，富富贵贵。只求俺，弟兄们，平平安安。”“俺三人”即指刘、关、张三人。还有：“手打着，莲花乐，口把佛念。动不动，发现出，无字真经”等，确实是“鄙俚不通，俗陋已极”。它之所以在民间秘密宗教中传诵流行，是因为它所宣扬的桃园结义，异姓兄弟的忠义坚贞，正是秘密结社中劳苦群众所向往和需要的情操。[37]

一些规模较小的秘密教派信仰中也有关公：

> 长生教是明代万历年间汪普善即汪长生创于浙江衢州的一个民间宗教教派。创教后，很活跃，流行于衢州及太湖周围各地。徒众有男有女。创教之韧，曾得力于一个女教首姜妈妈（即汪长生的表姐姜徐氏）。雍正五年间，曾遭清廷查明饬禁，但不久徒众变相崇奉。乾隆三十三年再次被查禁。长生教吃斋诵经，希求长生，设有斋爱，主

持人称斋公，供奉弥陀、弥勒、关帝、韦陀、三官、观音等神，所诵经卷有《心经》《金刚经》《下生经》《普静如来检教宝经》等。[38]

从流行地域及供奉神祇的情况看，这个教派也许是与漕运有关的一个明显带有佛教倾向修行群体，而无政治上的诉求。

又晚明有综合佛道的新兴宗教“黄天教”者，教主为万历时万全县（今属河北省张家口）守备军人李宾，亦有“普静”或者“普净”之名，民间宗教专家李世瑜先生1948年曾专程作过调查。万历年间正为关羽崇封“伏魔大帝”、《三国志演义》小说戏剧大流行之时，颇疑其立教之初，亦曾借小说名头，藉以传法，点化世人。故其传播极为迅速，其教义以宝卷形式流布，延续至清乾嘉年间，始治以“邪教”之名，并影响至江南“长生教”。但无实证，姑置存疑。任继愈主编《中国道教史》有专章论及，参该书第十八章《黄天教与道教》，枝蔓不赘。

清代道光年间河北巡抚黄育楩抄收了六十八部民间秘密宗教的经典，在他的《破邪详辨》中曾断定“无生老母”是万历年间创立还源教的弓长与弘阳教飘高杜撰出来的。其他秘密宗教的领导者如普明、普静、吕菩萨、米菩萨等，也都将无生老母奉为教主。[39]李世瑜与韩书瑞研究认为，这些人都受到罗清与他的“五部六册”所影响，或自称是他的后代。而“老母”之名明嘉靖二年（1523）早就出现在《皇极金丹九莲正信皈真还乡宝卷》中了。[40]该卷大意是说宇宙初创，乾坤冷清，上天发下九十六亿仙佛星祖菩萨临凡，并安排“三会收元”接济归天。现值皇极世，由弥陀负责收仙，故造经演卷，普度世人，并安排“三宗五派”“九干十八枝”预为准备。亦民间伪造之经书宝卷一种，但为明清秘密宗教如金丹道、闻香教、八卦教、青莲教、先天道、金幢教以致近世一贯道等奉为经书，影响甚大。这又开出关羽崇拜的一派别枝。不但在晚明社会与宫廷合作，对于当时的关羽崇拜有推波助澜之功用，且直接影响到清廷及后世秘密社会。

1949年以后，大陆地区大力扫除民间会道门，民间信仰的经文及宝卷也鲜现于世。而在台湾开放教禁以后，还陆续出现了一些以关公信仰为皈依的新兴宗教或团体，如玄门真宗、桃园明圣经推广协会等。笔者赴台学术交流时，曾有过交往。枝蔓不赘。

注释：

［1］载《道藏》第34册第746～747页（文物出版社、上海书店、天津古籍出版社1988年联合出版影印本）。末署“大明万历三十五年岁次丁未上元吉旦，正一嗣教凝诚志道阐玄弘教大真人，掌天下道教张国祥奉旨校梓。”显然承袭着北宋《元始天尊说真武经》，只是夸大职衔有余，而叙述故事不足。《道藏提要》曾断“此经盖出于北宋末或南宋初”，但观其对于关公封赐之名衔繁复，恐其未必如是之早，当为继承发展元代封赐而致。

［2］《留青日札》卷之九。上海古籍出版社1985年影明本，上册，第334～337页。

［3］《明孝宗实录》卷一三。又《明史·礼志四》所载亦同，有节略。

［4］李一氓主编《藏外道书》，巴蜀书社1992年影印本，第四册，第275页。按元末至正年间山西宁乡、襄陵俱存有碑刻言：“上天立眷命，皇帝圣旨：敕封齐天护国大将军，检校尚书，守管淮南节度使，兼山东、河北四门关镇招讨使，兼提调遍天下诸宫剎，无地分巡案，管中书门下平章政事，开府仪同三司，金紫光禄大夫，驾前都统军，无佞侯，壮穆义勇武安英济王，崇宁护国真君。”（胡聘之《山右石刻丛编》卷三八）实已开后世民间封赠关公极崇尊号之始。也是信善仰之弥高，而儒士学人弗道也不理解的掌故。

［5］《道藏辑要》星集七，清光绪三十四年二仙庵刊本。

［6］《许昌三国大观》录有成缪《许昌拜关夫子祠》一首，中言“通宵秉烛垂千古，大义经天著五常”句。注谓“成缪，宁陵人，明成化进士。”（第231页，但在《明清进士题名录》中未查到此公）则“秉烛达旦”之说，至迟出于此时。

［7］钟兆华《元刊全相平话五种校注》，巴蜀书社1990年排印本，第459页。

［8］《藏外道书》第四册，第273～274页。

［9］《张太岳集》卷十三，上海古籍出版社影明万历本，第159页。乾隆《山西通志》卷一百九十八有许国撰《杨襄毅公神道碑》，亦未道及巡抚荆楚之事。姑志存疑。《明史》本传略谓杨博（1509～1574）字惟约，蒲州（今属山西运城）人。嘉靖八年进士，累迁山东提学副使，转督粮参政。二十五年超拜右佥都御史，巡抚甘肃。召拜兵部右侍郎。转左，经略蓟州、保定。首筑碉堡、墩台以御敌。隆庆诏以吏部尚书理兵部事。六年进少师兼太子太师。明年秋，疾作，三疏乞致仕归。逾年卒。赠太傅，谥襄毅。

［10］王应奎《柳南续笔》“关庙投刺”条。中华书局（北京）1983年排印本，第175页。按王应奎（1683～1759）字东溆，号柳南，常熟（今属江苏苏州市）人。

诸生。少以诗名，却屡试不第。退隐山居，埋头著述。有《柳南随笔》《续笔》《柳南诗文钞》《海虞诗苑》等行世。

［11］《明史》列传一百《刘显传》略谓：刘显，南昌（今江西南昌）人。生而膂力绝伦，稍通文义。家贫落魄，冒籍为武生。嘉靖三十四年宜宾苗乱，巡抚张臬讨之。官副千户，输赀为指挥佥事。曾以总兵官主持江西、广东、并在福建与俞大猷、戚继光共同抗倭。隆庆改元，以军政拾遗被劾，贬秩视事。用巡抚谷中虚荐，还故官，移镇贵州。四川巡抚会省吾议征都掌蛮，令显移镇其地。复被劾罢，省吾奏留之。复平叙州都掌蛮，击西川番没舌、丢骨、人荒诸砦，西陲以宁。九年冬卒官。

［12］据《周礼·礼图》：大夫以上贵族所戴之冠称“冕”，前端成串垂玉称为“旒”。旒的数量与贵族的等级对应，“天子九旒，诸侯七旒，大夫五旒。”“四蟠龙袍”指袍上绣龙为四爪，天子自用之服为五爪金龙。

［13］《乾隆解梁关帝志》卷一，第 67 ~ 68 页。

［14］香山碑刻为中国国家图书馆中文拓片资料库索取号“北京 5135”，题写者苏麟署为“镶蓝旗护军统领，镶黄旗满洲都统，管理健锐营大臣，公中佑顾得胜额巴图鲁舒亮之子”。按舒亮为乾隆朝著名将领，曾参与金川、平回、平台、平白莲教诸役，屡立战功，图形紫光阁。《清史稿》卷三百二十八有传。正阳门碑资料索取号“北京 1280”。刻石者汪承霈为乾隆十二年进士，善诗古文辞，能书擅画。曾任工部左侍郎，后官至兵部尚书。此外宣外法源寺亦存碑版（中国国家图书馆中文拓片数据库索取号“北京 812”），题刻者陈万青（1742 ~？）字远山，号湘南。桐乡（今属浙江）人。乾隆四十六年（1781）一甲二名进士（榜眼），授编修。纂修《三通》《四库》《永乐大典》。主持江西、山东、广东等乡试，擢为陕甘学政。于此可知《觉世经》已得到当时满汉文武的共识。

［15］周广业、崔应榴辑《关帝事迹征信编》卷三十《书略》，乾隆癸巳（1773）刊本。

［16］碑刻原在陕西省西安市西安碑林。中国国家图书馆中文碑拓索取号“各地 7114”。

［17］碑原在北京正阳门关帝庙，中国国家图书馆中文拓片资料库索取号“北京 1172”。撰文者为长白洪德元，具名立石者为三韩光基、襄平张兆武、长白赫成峨、长白贵昌、长白五事通、长白石方泰、三韩吴英曾、长白兴泰、三韩孙琦长、长白长庚、金台顾祥麟、长白王琰。

［18］《中国关林》第 126 ~ 127 页。石碑共有 8 块，镶于钟楼台基西墙。刻石者署“西亳李显基”。篇中以关公口吻自述来源言：“昨四月十五日赴瑶池晏［宴］，遇吕、冷诸仙，方及此事，皆为太息。今遇吴生可师，周生大抡，虔诚祈请，因再降笔于此，以昭前意。”则生员吴可师、周大抡应为始作俑者。

［19］具体内容、介绍可参中国社会科学院世界宗教研究所道教研究室王卡、汪桂平《从〈关圣大帝返性图〉看关帝信仰与道教之关系》，载《关羽、关公与关圣》，社会科学文献出版社（北京）2002 年，第 88 ~ 98 页。

［20］参中国社会科学院世界宗教研究所佛教研究室方广锠、周齐《介绍清咸丰刻本〈武帝明圣经〉》，载《关羽、关公与关圣》第 122 ~ 145 页。

［21］碑原在北京正阳门关帝庙，中国国家图书馆藏有该碑原拓，中文碑拓索取号“北京 1176”。

［22］台湾《时报周刊》1981 年第 170 期曾发表《漏发的选举公报——关公历代封典谥号考释》及覃云生《替关圣帝君封号——专家谈玉皇大帝改选》等文讨论这一现象。王见川《转变中的神祇——台湾“关帝当玉皇”传说的由来》缕述了这一过程（台湾中央研究院文哲所，“宗教与二十一世纪台湾”研讨会论文）。当代佛教的回应，则可参看范纯武《近现代中国佛教与扶乩》（台湾《圆光佛学学报》第三期第 283 ~ 285 页），有兴趣的读者可以自行翻检。

［23］台湾钟奕坤《朱子删正桃园明圣经奏议——讲解》，标点错字有所更正。其解释言：“《桃园明圣经》在清朝末年之前，可说是断简残篇，次序不合，故朱熹朱夫子于清末时期，奉第十七代玉皇大帝，删正这本《桃园明圣经》，并将删正的经过与成果，以《奏议》方式作报告。我们由经文‘孔明原是广慧星，即是前朝严子陵，此生诸葛亮，再宋朱文公’中，可知朱夫子在清末时期已经成神。所参照的版本为天圣七年（1029）的玉泉真本。”（http://www.pro-confucius.com/course/tymsj20040329.htm）可知踵事增华之迹。

［24］蔡相辉《台湾的关帝信仰及其教化功能》，亦载《关羽、关公与关圣》第 163 ~ 187 页。按此经至今仍然盛行于台湾，近年又成立《社团法人中华〈桃园明圣经〉推广学会》，声言“时值末法，世风日下，人心浇漓，纲常沦丧。杀父弑母，贪赃枉法，见利忘义等事，时有所闻。尔虞我诈，唯利是图者，亦处处可见。致世界有如杀戮战场，实在令人悲叹。关圣大帝不忍世人坠陷万丈深渊，特慈悲著述《桃园明圣经》，以发扬忠孝廉节、五常八德之旨，实乃导正时弊，净化人心之最佳南针。其经文不仅气势磅礴，雄伟浩荡，且处处隐藏奥妙玄机，使人出迷省悟，虽一字半语，皆足以感天地动鬼神。读诵起来，更令人震撼身心，热血沸腾。诚心持诵，即可感应灵验；恪遵力行，更能返回本来，以达圣贤仙佛之境。”并准备“博采众议，订定最正确之《桃园明圣经》版本，作为全球统一版本。”且愿意“与大陆相关之关帝桃园明圣经研究会联谊交流”。（http://www.ctm.org.tw）可见作为一个过程还在继续，且仍然是维系两岸文化联系的一条纽带。

［25］《日知录》卷十。

［26］《酌中志》第 119 页。

[27]《“伪经”与观音信仰》，载《中华佛学学报》（台湾）第八期（1995年7月出版第126页）。其中叙述到李太后宠信保明寺（即皇姑寺）吕尼，而吕尼崇信白莲教系统宝卷。

[28] 励宗万《京城古迹考》，北京古籍出版社1981年排印本，第20页。

[29]《九莲经·三华五齐朝真品第十六》，可参谭松林主编《中国秘密社会》第二册，第213～218页。明人蒋一葵《长安客话》言：“自平坡东转，望都城，平沙数十里。中经黄村，有保明寺，是女道尼修道处……凡贵家女缁髡皆居其中，人不易入。”按嘉靖《敕赐顺天保明寺碑记》言，该庙系“顺天府宛平县香山乡黄村吕氏于正统年间于此置买田产”而创立，则张氏实为第二代住持。

[30] 碑原在北京市西城区西四北大街双关帝庙，中国国家图书馆中文拓片资料库索取号“北京324”。

[31]《万历野获编》卷二十七“毁皇姑寺”条。又谈迁《枣林杂俎》智集“吕尼阻驾”、蒋一葵《长安客话》卷三“皇姑寺”及西大乘教《普度新声救苦宝卷》等亦有记载。据说朱祁镇复辟，改元“天顺”后，曾为该寺赐额“顺天保明”，倒读即是“明保天顺”。

[32] 碑原在北京市石景山区西黄村。中国国家图书馆中文拓片资料库索取号分别为“北京6719”“北京6725”。康熙五十二年改由清宦陈枝盛夫人张氏独立供养，径称关帝庙。

[33]《中国秘密社会》第二册，该书还探讨了《皇极经》的原作者为正统至正德间（1444～1510）人。参第233～238页。

[34] 详参孟森《满洲老档译件论证之一》，载《明清史论著》，中华书局1959年出版，第338～352页。

[35]《中国秘密社会》丛书，共七册，福建人民出版社2002年出版。

[36] 喻松青《明清白莲教研究》，四川人民出版社1987年出版，第274页。

[37] 同前，第159～169页。宝卷引文见黄育楩《破邪详辩》卷一。或许正因清廷严禁的“邪教”屡有崇拜关公的说法，清中期道咸年间才不断有儒士托为关帝《桃园明圣经》等“正经”出现。

[38] 同前，第201页。

[39]《续刻破邪详辨》第71页。

[40] 此本后为周绍良收藏（吴晓铃有藏抄本）。参见周著《明万历年间为九莲菩萨编造的两部经》，《故宫博物院刊》（北京）1985年第二期，第37～40页。

第十五章

国家封祀

唐宋封祀

封祀是儒家视为国家大事的重大典仪，《春秋左传·成公十三年》记载刘子曰：

"国之大事，在祀与戎。祀有执膰，戎有受脤，神之大节也。"

认为君主的基本职责，就在于运用祭祀来宣示文化政策，运用战争来表达领土和统治意志。除了例行敬天法祖的"岳渎""祖先"崇拜之外，唐王朝一项影响深远的文化建设就是宣布以国家大典来祭祀孔子和姜尚（太公望，即后世俗谓"姜太公""姜子牙"），以明示价值体系的引导取向。孔子祀典以后虽然也陆续有所增改，但总的趋势是稳定的。而唐祀姜尚，凡有四变：《新唐书》卷十五《礼乐志五》：

> 开元十九年，始置太公尚父庙，以留侯张良配。中春、中秋上戊祭之，牲、乐之制如文宣。出师命将，发日引辞于庙。仍以古名将十人为十哲配享。……上元元年，尊太公为武成王，祭典与文宣王比，以历代良将为十哲像坐侍。秦武安君白起、汉淮阴侯韩信、蜀丞相诸葛亮、唐尚书右仆射卫国公李靖、司空英国公李勣列于左，汉太子少傅张良、齐大司马田穰苴、吴将军孙武、魏西河守吴起、燕昌国君乐毅列于右，

以良为配。后罢中祀，遂不祭。

此时于三国惟配孔明，颇合于太宗李世民对他的褒扬。

安史之乱后的形势变化，使国家祀典的价值取向也发生了相应偏移。首先是在礼仪使颜真卿的倡议下大幅度增加了武成王庙祀，尤其是兴唐保唐诸将的配飨反映出颜真卿的孤旨苦心[1]。他意图奖掖历史上功臣名将，用榜样的力量引导握有实权的各路藩镇节度忠心保国：

建中三年，礼仪使颜真卿奏："治武成庙，请如《月令》春、秋释奠。其追封以王，宜用诸侯之数，乐奏轩县。"诏史馆考定可配享者，列古今名将凡六十四人图形焉……魏征东将军晋阳侯张辽，蜀前将军汉寿亭侯关羽，吴偏将军南郡太守周瑜、丞相娄侯陆逊……魏太尉邓艾，蜀车骑将军西乡侯张飞、吴武威将军南郡太守孱陵侯吕蒙、大司马荆州牧陆抗……礼部尚书闻喜公裴行俭、兵部尚书同中书门下三品代国公郭元振、朔方节度使兼御史大夫张齐丘、太尉中书令尚父汾阳郡王郭子仪。

扩大配飨的结果是魏蜀吴并立，而且吴人居然占据了半数。关羽也在这时和张飞一同进入了庙祀，这也许与当时叛乱藩镇多出于河北的情势有关。颇疑李商隐《骄儿诗》描述的"或谑张飞胡，或笑邓艾吃"的元和间唐人说话，亦与这次扩大配飨的背景不无关联。不料诏令颁布次年即发生了李希烈、朱泚等人大规模叛乱，提出这个设计的颜真卿也命丧强藩骄镇之手。配飨的历代诸将也跟着吃了挂落，被毫不客气地撤去祀位，请出武庙：

贞元二年，刑部尚书关播[2]奏："太公古称大贤，下乃置亚圣，义有未安。而仲尼十哲，皆当时弟子，今以异时名将，列之弟子，非类也。请但用古今名将配享，去亚圣十哲之名。"自是，唯享武成王及留侯，而诸将不复祭矣。

赵宋代周，结束了五代纷乱局面，不久即开始上承唐统，郊祀天下，再次将关羽、张飞列入武成王配祀。也许出于"杯酒释兵权"的需要，赵匡胤不久又改了主意。李焘《续资治通鉴长编》卷四"太祖乾德元年（963）"言：

初，上幸武成王庙，历观两廊所画名将，以杖指白起曰："起杀已降，不武之甚，胡为受飨于此？"命去之。左拾遗、知制诰高锡因上疏论王僧辩不克令终，不宜在配飨七十二贤之列。乃诏吏部尚书张昭、工部尚书窦仪与锡别加裁定，取功业始终无瑕者。癸巳，昭等共议请升汉灌婴……凡二十三人；退魏吴起，齐孙膑，赵廉颇，汉韩信、彭越、周亚夫，后汉段纪明，魏邓艾，晋陶侃，蜀关羽、张飞……凡二十二人。

这立刻招致了反对意见。两天以后，秘书郎、直史馆梁周翰上言表示异议：

> 臣闻天地以来，覆载之内，圣贤交骛，古今同流，校其颠末，鲜克具美。……关羽则为仇国所擒，张飞则遭帐下所害。凡此名将，悉皆人雄，苟欲指瑕，谁当无累，或从澄汰，尽可弃捐。况其功业穹隆，名称烜赫，樵夫牧稚，咸所闻知；列将通侯，窃所思慕。若一旦除去神位，摈出祠庭，吹毛求异代之疵，投袂忿古人之恶，必使时情顿惑，窃议交兴。[3]

梁周翰旗帜鲜明反对“吹毛求异代之疵，投袂忿古人之恶”。不但“法祖”旧制，也是针对“兵革未靖，宜右武以起忠烈”的宋初现实。赵匡胤考虑的重点不同，他建立武成王庙是满足武将也能“功业不朽”的要求，变革“配飨”的标准不啻警告他们千万注意要“保持晚节”。否则无论你“资格多老，功劳多大”，也可能撤销待遇，身后没有冷猪肉吃。所以他对梁周翰的上书采取了“冷处理”的方式：

> 上以升降之制，有所惩劝，不报。

“惩劝”二字包含的现实内容，不言而喻。不过他在修复历代帝王陵寝及功臣烈士宗庙时，也包括刘备、关羽、张飞和诸葛亮。[4]赵光义又推恩及远，“至道二年（996）制曰：‘五岳四渎、名山大川及历代圣帝明王、忠臣烈士有祠宇在处，并令精洁致祭。近祠庙陵寝处并禁樵采。’”[5]这也是玉泉寺关羽祠宇能够延续至宋的原因吧。

时与势移，康定、庆历年间宋廷用兵西夏招致惨败，内乱亦起，亟须“右武以起忠烈”，于是宋仁宗按照范仲淹建议颁行“新政”（1043），对武成王庙配享也进行了调整：

> 初，建隆议升历代功臣二十三人，旧配享者退二十二人。庆历仪，自张良、管仲而下依旧配享，不用建隆升降之次。[6]

这也意味着恢复了关羽等人的配享。其实早在大中祥符七年（1014）真宗亲祀汾阴后土庙时，已在关羽故乡解州新建了关庙，郑咸《元祐重修庙记》提到关羽事迹已经广泛传诵，“老农稚子，皆能道之”，特别强调他不事强主，不计爵禄富贵，对“汉之宗种”生死相从的忠义气节，足以传世。请注意其中“庙久不治，里中父老相与经营，加完新焉”数语。[7]这也是关羽崇拜由葬地当阳向故里解州，或者说是由楚地向中原的一次重要转移，也成为后来道教“关公斩蚩尤”神话的契机。

宋神宗欲强兵耀武，所以特地颁定历代功臣祠庙的等级及升降爵次，并明确划分了“人”与“神”的政策界限。《宋史·礼志八》言：

> 诸祠庙。自开宝、皇祐以来，凡天下名在地志，功及生民，宫观陵庙，名山大川能兴云雨者，并加崇饰，增入祀典。熙宁复诏应祠庙祈祷灵验，而未有爵号，并以名闻。于是太常博士王古请：“自今诸神祠无爵号者赐庙额，已赐额者加封爵，初封侯，再封公，次封王，生有爵位者从其本封。妇人之神封夫人，再封妃。其封号者初二字，再加四字。如此，则锡命驭神，恩礼有序。欲更增神仙封号，初真人，次真君。”

也就是说，公、侯、王三爵尤为功臣之封赏，而真人、真君则已为“神仙”名号矣。以此观之，关羽由人而神的区分，正在后来道教加封其为“崇宁真君”之际。李焘《续通鉴长编》记载，宣和五年（1123）关羽曾被敕封为“义勇武安王，从祀武王庙”，但旋以礼部奏启，“从祀将例，不显谥号”，故除“义勇”，仍称“武安王”。也许是在玉泉和广西的关羽祠庙宋仁宗时已经“赐额”且汉代业已封侯的缘故吧。苏东坡门下弟子李廌《济南集》已有《关侯庙》诗，其云：

> 三方各虎踞，猛将皆成群。屹然万人敌，惟髯称绝伦。
> 仗节气盖世，横矟勇冠军。艰难戎马间，感慨竹帛勋。
> 凤阙控蛮楚，庙食汉江濆。神游旧战地，庭树起黄云。[8]

其集未编年，故难以骤定写于何时，由诗意看应当是游楚之作。按李廌文字虽然曾得苏轼激赏，但一生科名未遂，故游历有限。现存李廌集有其应赵德麟邀约，曾去襄樊一带游历，或者作于此时。李廌逝于宋徽宗大观三年（1109），其时中原尚称承平，但瞻仰关庙已勾起他的无限感慨。

明代国祀

唐宋两代关羽都曾进入武成王庙陪祀，但位次并不显赫。北宋虽然已为关羽封王，爵次高于其他陪祀，但也还不惟此独尊。元代封敕甚为杂乱，则因主奉藏传佛教，而道教也热心参与之故。明代开国即以理学建构制度，朱元璋在南京初立十庙而无关庙的情况曾引起后人猜测。故传言：

> 明初，英灵坊十庙将成，高帝梦神谒陛前，求立庙。帝曰：卿于国无功，是以不及。神曰：陛下鄱阳之战，臣率阴兵十万为助，何谓无功？帝颔之，神乃去。明旦命工部为立祠。[9]

盖缘朱氏久立长子朱标为嗣，并指定宋濂为首的一批理学重臣为其讲经，目的是培养出中国第一个“理学皇帝”。不料洪武二十五年（1392）朱标因病早逝，经过反复考虑权衡，朱元璋决意按照西周宗子之法，摒弃已立藩王之诸子，径以朱标十六岁的次子允炆为帝嗣，以齐泰、黄子澄、方孝孺为其师傅。但他也惟恐主弱臣强，重蹈元代泰定帝以后强臣废立、继位失序的覆辙，故于次年再开杀戒，这就是明史著名的“蓝玉案”。洪武二十七年（1394）复关羽庙祀，应当是为余下的武将树立忠君尚义的典范，以确保建文嗣位时能够有一批忠心武臣保驾。殊不料百密一疏，祸起萧墙，起兵篡位的却正是皇子朱棣，也应了那句“千虑一失”的老话。洪武三十五年（1402），建文面临破城危急之时，惟有祷神以冀奇迹时，京师关羽祠也果然派上了用场：

> 辛卯，遣江阴侯吴高祭开平忠武王；神乐观提点周原（玄）初祭北极真武之神；后军提督陈旭祭汉寿亭侯之神；礼部员外郎宋礼祭都城隍之神。[10]

可谓“临时抱佛脚”。朱棣即位不久即开始在北平营建京师，永乐十九年（1421）正式迁都。《明史·礼志四》载：

> 汉寿亭侯关公庙，永乐间建。成化十三年，又奉敕建庙宛平县之东，祭以五月十三日。皆太常寺官祭。[11]

北京故宫博物院除收藏有宣德时期宫廷画师商喜绘制的大幅《关公擒将图》，还有戴进绘制的《三顾草庐》图轴，尺幅斐然可观。其中有关羽幞巾葛袍之另种风格形象，与《擒将图》迥异，可资比较。颇疑此两幅画均是宣德帝为重修京师“寿亭侯庙”（或另有“三义庙”计划，如后世正统帝修建者然）准备的壁画粉本，但不知何故未能建庙，所以没有派上用场，遂闲置于大内库藏之中。一般而言，庙宇更新都是在原址翻修，而非移址另建，故知以护佑明廷著称之白马关庙实由明宪宗（年号成化）朱见深在洪武初所建关庙的基础新修。也许经历“土木之变”和“夺门之变”，皇室对于关公的信奉更上层楼。《万历野获编》卷一“复辟诛赏之滥”条言：

天顺元年正月，南内夺门之功，升赏过滥，不必言矣。乃至无目人刘智，亦拜漏刻博士。以致教坊司乐工高鉴升司乐，俱见之明旨。不亦重辱此盛举哉！以故朝天宫道士朱可名、大兴隆寺僧本金，皆以诵经所祝乞官。而山西按察司俞本，亦以曾祷关羽庙祐上还京，且录告神诗文以献矣。

证实当时“勤王”，还的确有拿关公崇拜说事儿者，亦可见出道士、乐工在拥立皇帝中亦有作用。据载正统年间朱祁镇曾于紫禁城西南隅建立了一座“三义庙”，专门祀奉刘、关、张君臣兄弟。[12]

作为朱祁镇事先册立的太子，成化帝朱见深在这次帝位承继的反复中一度失去东宫储位，一定对究竟什么才是“帝与二人，寝则同床，恩若兄弟……随帝所往，艰险不避，君臣义气，彼此固结，久而不替……炎鼎已失而复存，汉祚已绝而复续”[13]深有所感，故树立忠节榜样的同时，也在宗教各派中广结善因，左右逢源。就是他首先开启了明廷“传升”道官的制度，又命勋旧与嗣汉天师结为姻亲。[14]成化十七年（1481），朱见深又特为京师关庙颁赐祭文，云：

惟神天挺英豪，而号万人之敌，理涵麟史，以兴一国之图。酬德报功，烈侯嘉谥。逮于有宋，敕命灵魂，复统阴符之兵，剿灭蚩尤之怪。妖氛既绝，旱虐随消，天降甘霖，池水若镜。生民获利，国课充输。公快私忻，惟神是赖。尤冀佑皇图永固，更希眷灵祚之悠长，遣使达诚，持香致敬，灵威显赫，昭格是祈。

既肯定了关羽知晓《春秋》（亦称“麟史”或者“麟经”）大义，又宣示出正一派托言“关公斩蚩尤”的神异佑民，显示出儒道合流的趋势。从此明廷的关羽崇拜正式走上了儒道合一的轨道。关羽祭祀既然沿此两途开始升温，重心也开始第二次大转移，形成以全国政治文化核心地带——京师为中心的国家崇拜，并持续影响四百余年，直到清末。

《明武宗实录》卷五载：“（弘治十八年九月辛丑）礼部进孝宗敬皇帝梓宫发引祔享仪注”时，已把关羽庙列为太常寺祭告对象。这次祭礼提升虽然并不引人注目，却为后世皇室供奉打开了闸门。成化年间，礼部侍郎倪岳曾上《正祀典疏》，把很多热门神灵列入“淫祀”，包括梓潼帝君、文昌之星、张天师、大小青龙神、东岳泰山神、北极佑圣真君（真武）、崇恩（萨真人）、隆恩真君（王灵官）、洪恩灵济真君（二徐），甚至城隍神，但却特别声明：

> 正大之神汉寿亭侯、宋文丞相，俱祀典应祭。[15]

洪熙至弘治期间，关庙一直得到地方官员的维修或者复建，还有词臣学士苗衷、商辂、李东阳，翰林钱福，主管大僚如礼部尚书周洪谟，江南名士如祝允明等，为之立碑撰记。祭祀虽不显赫，却为中明的提升预设了前提。朱棣自北方取得帝位，故立真武为主神。嘉靖则是自南方承嗣取得帝位的，所立重神为谁？按照规制，他出生之锺祥（潜邸）也因之升格为承天府，与应天府（南京）、顺天府（北京）并立为三，即所谓“升州为府，拟两京兆，声名文物，非列郡可比”。[16]只是承天府辟处一隅，地瘠人寡，不足以称通都大邑，故将荆门、沔阳等三个府州归入承天府辖治。关羽殉难之地当阳原属荆门，亦于嘉靖十年（1531）归并入承天府治下。[17]按朱厚熜原拟将其父兴献王陵（后称显陵）移葬北京昌平帝陵一系，以彻底完成转移帝系，以“皇太孙”身份继承大统的愿望。为此他曾专程回锺祥谒陵，进行考察，也是惟一的一次离宫远巡。途中曾经遭遇火灾，被随驾锦衣卫指挥陆炳冒死救出：

> 十八年从帝南幸，次卫辉。夜四更，行宫火，从官仓猝不知帝所在。炳排闼负帝出，帝自是爱幸炳。屡擢都指挥同知，掌锦衣事。[18]

但在最后关头，嘉靖还是因为怕断了“龙脉”而放弃迁葬，决定其母死后仍然归葬显陵，规格为帝陵。这就更加凸现出帝嗣南来的意义。徐阶曾有《重修当阳庙碑》，谈到当阳关庙曾在嘉靖年间大规模重修，捐助者则为：

> 黄公名锦，在司礼务德而奉公，陆公名炳，有文武才，其志在安

社稷，观于兹举，可以得其人之概矣。[19]

请注意，这两个人正好都是嘉靖归省的随驾，也是他身边最有权势的亲近权侍。他们联手重建当阳关羽祠庙，或者是知悉嘉靖的真实想法，甚至得到嘉靖本人的默许。[20]现存关庙碑帖中已有嘉靖十九年（1540）由黄锦之弟、锦衣卫指挥同知黄锈用其二子黄澄、黄淇祈福名义，在京师修造关庙的《重建关王庙记》，共同参与者亦有“内官监等衙门太监等官”共五十八人。[21]其事“恰好”踵接在嘉靖归省之后，不为无因。只是事关帝胄“移祚”，改神护佑，当时或为皇室不宣之秘，只有贴心近侍可得窥知而已。

另外前明官方祷雨仪典通常是致祷龙神，而嘉靖（十二年）却开启了京师祭祀庙宇遣官致祭时增加关公祈雨的先例。

庚子，上遣中官传谕礼部曰：朕惟时雨未降，麦槁矣。已敕顺天府官率属祈请，久未感通。自二十九日为始，致斋三日，其遣尚书言祭北极佑圣之神，侍郎若水祭东岳泰山之神，侍郎春祭都城隍之神，卿道瀛祭汉寿亭侯之神，务秉洁诚以迓神贶。以来月三日行事。[22]

另有证据表明，此时京师的祀典关羽封谥已经由“侯”而“王”，且关庙也被锡以“护国”之名：

《明护国关王庙记》：存。嘉靖十七年五月立，徐锦书。碑阴题名。在西皇城根白马关帝庙。[23]

而京师白马关庙恰好是国家祭祀关庙。将皇室护佑神已然转移为关羽的信息公开释放出来的人，是嘉靖儿媳、万历生母亲李太后。京师正阳门小关庙的兴起，这更是一个代表性实例。

嘉靖佞道，无所不至，五行风水自然是题中必有之义。从登基伊始一系列“争大礼”的行动中，已尽可见出他在维护出生地及血缘世系方面的不遗余力。而此刻既已认定帝系由北转南，则护佑皇室之主神，亦应代表南方。

万历间焦竑《汉前将军关侯正阳门庙碑》说：

国朝受命宅中，百灵效职，乃太微、营室之间，侯实居之，俨如环卫。盖四方以京师为辰极，而京师以侯为指南，事神其可不恭！[24]

以正阳门与紫禁城的位置关系，证明关羽此时已经成为南方之神，替代了北方真武大帝地位。因而正阳门关庙起初虽然只有三楹，但地位之尊崇，却出

民国时期撤除瓮城后的正阳门，左侧（西偏）为关帝庙，右侧（东偏）为观音庙。

于全国关庙之上。万历在理学群臣及太后逼迫之下，不得已令爱子福王朱常洵离宫就藩时，托言梦母后传言，敕封关羽为“三界伏魔大帝”，也令亲信太监在此颁诏设醮。

以史官自命的钱谦益也说：

> 惟壮缪侯，虎臣国士。王封帝号，崇我明祀。
> 羯奴蛾贼，盗贼之靡。游魂未灭。惟帝之耻。
> 都山铁刀，东沸黑水。长沙铜柱，肃镇南纪。
> 阴护金绳，阳耀玉玺。佑我皇明，亿万年只。[25]

“王封帝号，崇我明祀”以及“金绳”“玉玺”之说，毫无疑问是指明室子嗣世祚，绵延不绝。儒臣厘定关羽封号应为“汉寿亭侯”而非洪武祀仪之“寿亭侯”，并订正祀仪也正好在修建正阳门关庙这年。《明世宗实录》嘉靖十年（1531）九月条言：

> 南京太常寺卿黄芳言：“汉关羽宜称汉寿亭侯，盖汉寿地名，亭侯爵也，今去汉而称寿亭，误也。”疏下礼部，复如其议。[26]

关公何时正式成为明廷护佑神的？明清两代文士大夫纷纷揣测，说法不下十几种。但最有权威的说法，还是出自万历四十五年（1617）皇帝朱翊钧本人撰写的碑记。此碑至今犹立，可惜无人道及。这就是北京宣武区万寿西宫的《御制敕建护国关帝庙碑记》。其中说道：

> 朕惟立天纲，扶人极，流行今古而不息者，惟此正气。人禀是，生而豪杰，殁为名神。往往凭山川显灵，异荡氛祲，驱妖厉，拯灾厄。

致令疑者卜，惧者祷，岁时昏旦，士女走集，邀福鼎功，远迩响应，无问裔夷华夏。庙食历千百载，崇奉不衰，则云长关帝一人而已……唐宋迨今，历著灵迹。曩朕恭谒祖陵，俄顷空中仿佛金甲，横刀跨赤，左右后先，若护跸状。朕感荷灵威……帝秉火德，荧惑应之。颜如渥丹，骑曰赤兔，尽其征也。阳明用事，如日中天，先天则为南，当乾；后天则重明丽正，天且弗违。朕志符定，询谋佥同……赫声濯灵，郁蒸磅礴。朗照所及，朕明正午之运，历万古而常存。真有如日得天，而能久照者，庙食并无穷云。[27]

明确说明关公不仅地位最崇，护佑帝祚，而且位证南方，永葆大明。如果联系此刻蒙古喀尔喀部和建州女真来自北方的威胁，这个认定就更加意味深长了。

回念明清易代之际，关羽作为“聪明正直之神”，理应是非分明，拯汉抗虏。为什么竟然两边都予以护佑？或者究竟应该护佑明廷，还是襄助满洲？当初肯定困扰过关羽神的信众。文秉《烈皇小识》崇祯十二年（1639）纪事提供了这样的答案：

岁底，上于宫中符召天将。宫中每年或召仙，或召将，叩以来岁事，无弗应者。以前一召即至，至是，召久之不至；良久，帝下临，乩批云：“天将皆已降生人间，无可应者。”上再拜叩问：“天将降生，意欲何为？尚有未降生者否？”乩批曰：“惟汉寿亭侯受明深恩，不肯下降，余无在者。”[28]

此年正值明廷与农民军及皇太极两面作战，且呈战争胶着状态之际。而关羽虽“受明深恩”，却不肯降生护佑，显然天意已决。文秉在崇祯十七年（1644）三月纪事复言：

（崇祯十七年三月）十五日癸卯，日色益晦。正阳门外伏魔庙杵，忽自中劈。又南京孝陵夜哭。[29]

正阳门关庙自嘉靖以来即被明廷视作帝祚护佑的象征，南京明孝陵则为朱元璋陵寝，更是明皇室祖先崇拜的象征。两地同时发生异兆，分明证实明廷大势已去矣，势难回天。当天李自成正叩居庸关，明守关总兵唐通、提督太监杜之秩开关迎降。此刻距李军入城，只有四天。

《关圣帝君圣迹图志》是卢湛在康熙朝编著的，代表着降清明臣对于“奸臣误国”的看法。其中也谈到关公降乩：

> 明崇祯皇帝请仙，问国祚。吕祖降乩曰：“当问之伏魔帝。”崇祯曰：“若何致之？”云：“可遣大兴令往正阳门庙迎请。”是夕，庙祝梦帝曰：“急起开门。有大兴令奉旨到此，汝可令其复旨，云我即见驾也。”崇祯设香案，以迎中堂。周延儒跪，左右无人。俄而帝降，拜行君臣礼，崇祯亦答拜，以国事问。帝曰：“妖魔太多。不可为矣。”延儒问：“妖魔何在？”帝微笑曰：“你就是第一个妖魔。”延儒惊骇，不能起。[30]

这位周延儒就是后来被锦衣卫关押在关帝庙的首辅。也是证明“天不佑明”，是以必败。这显然是明朝遗民的无奈叹息。但是又不甘愿接受改朝换代的事实，于是关羽又有拒绝大清旗号的新“神迹”出现。谈迁记载顺治四年（1647）事说：

> 丁亥正月初三，仁和临平镇戍主寓东大桥之关庙久矣，是日小卒忽作神语，责数其罪。戍主怖谢，请修庙。小卒素不知书，至是手疏里人名，醵建揭旗以募。或书国号，即裂之，但书神号而已。戍主因避他舍。其事予友人目睹。[31]

虽然强调“目睹”，未尝不明白其实也是自欺欺人。而偏偏满人也自信“关帝佑我”，吴振棫《养吉斋丛录》之八：

> 金陵有在房山者。明人辽东一役，惑于形家之说，疑与本朝王气相关，遂劚断其地脉，且建关帝庙为厌胜之术。此诚愚极，不知天命之有所归也。顺治十四年，遣官修复，立金太祖、世宗陵碑，并令有司时祭。

但是作为历史上的“扶汉功臣”，关公在明清易代中究竟应该护佑哪方？这个灼人的疑虑，相信始终萦回在信众的脑际，成为折磨他们两百年之久的心病。直到清末，还有人关心此题，并且做出了一个合乎“民本”而非“国本”的解释：

> 祀典则以前清为盛。有清入关，战时每显灵助战，以后遇有战役显应，则必加封号，祀典渐隆。他处庙像皆坐像，京城官祭之庙则用立像。因其庙皇上或亲诣祭也。或疑曰：“壮缪显灵助战，如果有其事，然不助明而助清，则又何说？”应之曰：“壮缪助清，亦助明也。

明不能制闯贼，借助于清，以拯民水火，谓之‘助明’，亦何不可？”此说亦言之成理。总之，正直之谓神，壮缪一生殆不失“正直”二字。当其始从昭烈，旋为魏武所罗致，嗣觉魏武不轨于正，以昭烈为彼善于此，复从而为之戮力。伐吴之役，亦以当时大局尚纷，民生涂炭，不得不冀得一当，以致太平。秭归蹉跌，则关乎天数，死有余恨也。[32]

也算是为明清之际关羽崇拜的恩怨纠葛，做出一个了断。不知读者诸君以为然否？

西洋教士与关羽崇拜

晚明关羽崇拜还曾遭遇另一重挑战，这就是一批西洋教士深入中国，由于“一元神教”的原因，对于当时方兴未艾的关羽崇拜想亦应有相当介绍评价。可惜这一部分的资料还没有“浮出历史”。这是一个时代的特殊问题，无由搁置，姑系于此。

有关明清之际耶稣教会或其他西方传教士来华问题的研究，一直受到中外学人的重视，但却较少涉及天主教与中国本土宗教的冲突磨合。尤其是其与当时汹涌澎湃的关公信仰有无抵牾轩轾，更是鲜有道及者。也许囿于闻见，笔者惟见李天纲的著作稍微涉及这个问题：

在 JAP Ⅰ SIN 42/2b《摘出问答汇抄》，耶稣会士从三部汉语旧作中抄录了四个题目；“答敬城因并岳渎火土之神”（摘录《口铎日抄》），“答拜天地”（自《辨敬录》），“答择地”（自《答客问》），“答祀关公”（自《答客问》），全都是持反对态度的。[33]

又说：

像“关帝”这样连国家也承认可以祭祀的“古名贤忠义，虽祀之，可也”。对此，耶稣会明确地说：“是淫祀也。”[34]

据李文介绍，《答客问》全名为《祭祖答问》。作者署名“文都辣、徐慕义”：

文都辣即西班牙方济各会士，和李安堂一起到达福建的两个最早的西班牙传教士之一。文都辣后期到山东济南传教。1659 年回欧洲报告“中国礼仪之争”。1669 年带了六名年轻的方济各会士回中国。该会反对中国礼仪，后逐渐与耶稣会合作。作者自署“逸民文都辣”，“逸民”即为天主教徒，而作者籍隶“云阳”则表示入籍中国。

并认为：

《祭祖答问》应该是在康熙朝罗马发布禁令之后，天主教会不得已而请中国人劝解中国人的小册子。[35]

这应当是圣方济各会士的态度。他们也的确以罗马宗教裁判所决定的审查标准，对每一种信仰方式仔细考察后，决定在教区内令教民弃置或焚毁中国本土神像。许大受的《圣朝佐辟》有“辟废祀”一节，抗议天主教毁灭中国民间社会的偶像崇拜，可以代表教外的儒家士大夫对天主教禁止中国礼仪制度的反感。其中特别谈到新近封敕的“关圣帝君”：

经传所定五祀、方社、田租等位，《祀典》所载“捍大灾、恤大患、死勤事、劳本国”等诸灵爽以上，及吾夫子之圣神。凡从夷者，概指为魔鬼，唾而不顾，以为谄天主之妙诀，必督令弃之厕中。其有龛室者，令舁至本邑戎首之家所私设天主堂内杂烧之，嗟嗟！以大圣大贤、精忠仗义之神明，或受人彘之刑，或受秦火之烈，何惨也！举历代我朝所褒崇之圣哲，即关公为神皇，近年所新加帝号之英灵，而恣意私戕，又何逆也！[36]

许言“人彘”是指吕后虐待戚姬，“秦火”是指秦始皇焚书，可谓气愤已极。而耶稣会严谟的《草稿》（抄白）中则说：

目今我国祖宗外祭祀已死之人，类有两样，须为分别。一样是国家祀典。如先圣先贤，及本处忠孝节义等祀法古常典礼者。此可祀者也。一样是流俗邪祀。如将人类名流作神灵供事，祈签焚楮，下愿求福等，为魔鬼之借托，欲以僭古上帝百神之事者，则不可祀者也。又有一种原是常典所祀者，被人入邪其中，变作淫祀，处处遍祀，一用祭野鬼之法矣，则当悉禁其邪祀邪礼，以仍归于常典中而后可祀者也。[37]

因此，李天纲认为：“这样三类划分，可以看出，耶稣会对官方的祭祀没有办法，只得妥协，而对民间的祭祀，则借助儒家，采取了有限的妥协措施。”[38]耶稣会士由于在中国连续传教时间较长，对于中国文化浸濡较深，也善于同中国官方妥协，至以“西儒”身份周旋于宫廷庙堂及民间儒士之间。他们后来对于祭祀关羽采取某种默许态度，也是可以理解的。

崇祯早年曾笃信天主教，随着他入登大宝，徐光启又于崇祯五年（1632）以礼部尚书兼内阁大学士，参预机务。天主教的势力开始深入内苑禁掖，从来没有像这一时期那样，有机会实现合于中世纪欧洲的“政教合一”，可以视为耶稣会士宫廷传教之历史性的机遇。故其排佛斥道之举也一度毫无顾忌，达于斯极。徐宗泽《中国天主教传教史概论》说，崇祯初年天主教所以大举进入宫闱，是出于对万历、天启间由南京礼部侍郎沈傕两次发动“南京教案”，[39]天主教士及信奉华人受到迫害以后，由徐光启策划采取的反击措施：

> 自南京教难平息后，徐文定益知西士在中国传教，非筹划一永久坚固之基础，不能平安无事。朝廷之宠幸，官绅之友谊，终不可持公。又见利玛窦已故世，杨廷筠、李之藻亦相继离开人世。李之藻临终之际，又握公手以圣教相托。徐公自沈傕失宠后，虽入阁拜相，而年已经古稀，于是深谋远虑，欲为圣教筹一久安之计。此计维何？即令明廷正式承认传教士之永久居留问题也。会钦天监推算日月食，屡屡错误，乃从修历方面进言。……自徐文定公荐举汤若望等修历，汤公得皇上宠幸，出入宫禁，颇形利便。与太监等往来，常乘机与言圣教道理，圣教化行禁内。约在 1630 年（崇祯三年）太监庞天寿首倡奉教，同时领洗者十人，庞天寿取圣名 Achillēe（笔者按：庞氏于永历四年庚寅，即 1650 年，上书教皇，谓“信心崇奉二十余年”）。初由十人，渐至四十人，妃嫔皇子亦有奉教者。禁中安治圣堂一座，汤若望屡次在内举行弥撒，施行圣事。数年之内，宫中之受洗者有五百四十人之多。此皆当日神父所记载，并非虚语。[40]

可见崇祯初年天主教在宫禁活动频繁，颇有成效。但李天纲之论尚有瑕疵。按天主教士对于关羽崇拜的态度，从苛严到宽容之间发生的一百八十度转变，或者和当时一件宫廷秘闻有关。文秉《烈皇小识》尝披露过崇祯初年的一件轶事：

> 上初年崇奉天主教，上海（按即大学士徐光启籍贯），教中人也。既入政府，力进天主之说，将宫内俱养诸铜佛像，尽行毁碎。至是，

悼灵王病笃，上临视之，王指九莲华娘娘，现立空中，历数毁坏三宝之罪，及苛求武清云云，言讫而薨。上大惊惧，极力挽回，亦无及矣。时阁臣皆从外入，素不语文义。上既痛悔前事，特颁谕内外，有“但愿佛天祖宗知，不愿人知也”等句，几不成皇言矣。[41]

《明史·悼灵王传》亦言：

生五岁而病，帝视之，忽云：“九莲菩萨言：帝待外戚薄，将尽殇诸子。”遂薨。九莲菩萨者，神宗母，孝定李太后也。太后好佛，宫中像作九莲座，故云。

听起来并不像五岁小儿的言语，颇疑是太监宫女为反对崇祯改信天主教，毁像灭佛，利用皇子生病所作的警示。案明清宫廷太监向来就是崇信关公最笃的一个特殊社会群体。

太监（古称阉寺或宦官）是被逐出中国家族制度的一个特殊群体。他们自幼净身入宫，作为皇室的个人奴隶失去人身自由，从事大大小小的杂役苦差，永难出头。但也有极少数幸运儿一步步接近天咫，从而襄赞机密，掌握要枢，位极人臣。尤其明宫十二监以司礼监为首，并特设司礼监秉笔太监充任皇帝私人秘书，有权在内阁“票拟”上代皇帝“批红”。[42]明代太监影响宫廷的大事很多，不仅有尽人皆知的郑和、王振、汪直、刘瑾、魏忠贤等人专信之宠，还有英宗复辟的“夺门之变”，崇祯自缢时王承恩之殉，都证实着皇帝与亲近太监之间实际上有着一种生死相依的关系。关羽“桃园结义”之事迹虽不相类，但在他们心目中也许正是“忠义护主”的合适榜样。有记载说“明朝费用甚奢，兴作亦广，其宫中脂粉钱四十万两，供应银数百万两……宫女九千人，内监至十万人。饭食不能遍及，至日有饿死者。”[43]万历时“内府二十四监棋布星罗，所役工匠、厨役、隶人、阍人，以及诸珰僮奴亲属不下数十万人。”[44]明廷亡，“时中珰七万人皆喧哗出走，宫人亦奔走都市。”[45]可见明宫太监宫女数量之多。是故明代宫廷愈演愈烈的关羽崇拜中，太监也是一支不可忽视的推动力量。

赵世瑜《黑山会的故事：明清宦官政治与民间社会》致力于宦官退老赡养组织黑山会的组织形式时，曾接续梁绍杰研究，探及京西护国寺的问题，[46]这是一处自明以来太监赡老的所在。《酌中志》卷二十二言：

京师墨［黑］山会地方，有赠司礼监太监刚公讳铁之墓焉。寺中藏有遗像三轴，皆曰靖难时有功之太监，至今宛平县有祭，凡掌司礼监印者继续修葺。又曰“三义庙”，盖祠先主、关、张君臣也。其五虎将军像，庞士元先生像，皆先监掌印时令经营内官率塑匠往钟鼓司，仿汉时装束服饰以塑之，非出自古本流传也。[47]

赵世瑜认为：

在明清各碑文中，这里并没有出现过三义庙的名称，但由于黑山神祠或护国寺的神谱在佛教诸神中，还有忠义之神武圣关羽，可能其伽蓝殿或后来的武圣殿中确塑有刘关张的塑像，而民间对于关羽的热衷远超神话了的宦官刚铁和释迦牟尼，因此以讹传讹，使其俗称“三义庙”。[48]

据现存碑拓资料，有嘉靖八年（1529）张鹏举撰文的京师《关王庙重修记》，已言：

我邑东村名曰饶乐府，古来有之，而义勇武安王庙，亦古之遗址也。成化十七年六月，内府甫政修之，仍其旧。

这也是太监热心修葺关庙的明证。嘉靖以后更见热衷，如嘉靖十九年（1540）蔡文魁撰写，有多名“内官监等衙门太监等官”及锦衣卫官员参立的京师关庙碑文，额题亦为《重建关王庙记》。三十五年（1556）内官监太监郑玺在为宫廷修缮准备石料的房山建立关庙，有《大石窝关王庙竖立碑碣记》存世。四十三年（1564）又有掌外厂太监杨寅捐资，在京城帽儿胡同建庙，御马监、尚衣监、内官监、外厂掌厂官等内监四十三人立碑。[49]同年又有太监卢添保供用库外厂诸臣供奉香火。万历三十年（1602）“御马监衙门太监等官”五人、“内府供用库署库事、御马监衙门太监等官”三十七人，“掌库太监二等官”数十人及其他太监立碑重修。[50]事烦不絮，读者可自行翻检。可知明代太监、锦衣为关羽立庙，已经蔚然成风。

万历年间关羽被崇封为帝君，事实上也有太监的推波助澜。《明宫史》“道经厂”条言：

习演玄教诸品经忏。凡建醮做好事，亦于隆德殿或钦安殿悬幡挂榜，如外之羽流服色。而云璈清雅，俨若仙品。此厂掌厂林朝者，神庙时最有宠，如汉寿亭侯关君为“敕封三界伏魔大帝”之号，实朝所奏请也。

光庙登极，升朝乾清宫管事。[51]

则崇祯容忍耶稣会士在皇宫内任意毁像灭佛，无论招致什么宫廷力量对抗，导致何种后果，都不能忽视太监的力量。

至于撤像原因，也有不同说法。耶稣会编《圣教史略》说，崇祯十三年（1640）汤若望上书劝崇祯信仰天主教：

皇上因左右不乏奉教之人，已习闻其说，阅若望奏本，颇为心动。虽未能毅然信从，而于圣教之真正，异端之无根，固已灼有所见。有一事可证，时有以军饷乏绝告急者，皇上即命将宫中多年供奉之金银佛像悉数捣毁，以充兵饷。远近哄传崇祯皇上弃绝异端，要奉天主教。

将宫内毁像之举推诿于军饷不继。文秉所述却迥然不同：

京师天主教有二西人主之，南怀仁、汤若望也。凡皈依其教者，先问：“汝家有魔鬼否？有则取以来。”魔鬼即佛也。天主殿前有青石幢一，大石池一，其党取佛像至，即于幢上撞碎佛头及手足，掷弃池中。候聚众多，然后设斋邀诸徒党，架炉鼓火，将诸佛像尽行熔化，率以为常。某年六月初一日，复建此会。方日正中，碧空无纤云，适当举火。众共耸视，忽大雷一声，将池中佛像及诸炉炭尽行摄去，池内若扫，不留微尘。众皆汗流浃背，咸合掌西跪，念阿弥陀佛。自是遂绝此会。[52]

刘若愚《酌中志》卷十七说得比较平缓：

隆德殿旧名立极宝殿，供三清上帝诸尊神。崇祯五年九月内，将诸像移送朝天等宫，六年四月十五日更名中正殿。

王誉昌《崇祯宫词》吴理注则叙述玄妙：

乾清宫梁拱之间遍雕佛像，以累百计。一夜殿中忽闻乐声锵鸣，自内而出，望西而去。三日后奉旨撤像，置于外之寺院。

《崇祯宫词》注言：

内玉皇殿，永乐时建。有旨撤像，内侍启钥而入，大声陡发，震倒像前供桌，飞尘满室，相顾骇愕，莫敢执奏。像甚重，不可动摇，遂用巨絙拽之下座。时内殿诸像并毁斥，盖起于礼部尚书徐光启之疏。光启奉泰西氏之教，以辟佛老，而上听之也。

此中有无关公神像，不得而知。但永乐所建玉皇殿都敢动用暴力撤毁，其他可知。

耶稣会士所以会利用崇祯奉信时机，采用激烈手段灭佛传教，且敢于把正在隆盛的关公崇拜也列入“淫祀”，可见毁坏佛像神像的真实原因还是出于宗教斗争。而毁佛灭神之举戏剧性的收煞，当然不会有“大雷摄物”之类神异，推测很可能是出于崇祯信仰之突然改换又不愿意声张，并有严词禁止天主教泄露于外之故。经此一役，耶稣会士终于明白了关圣帝君这样的神像虽未正式列入佛道之列，但宫廷地位亦难动摇，自然对此莽撞之举噤若寒蝉。甚至连“崇祯入教”这样的“特大喜事”，载记也讳莫如深。所以有关天主教传教论著虽有多种，似乎都未明确道及于此。

明清之交的激烈战事，逼使天主教士不得不暂时偃旗息鼓，待时再起。但满洲新贵入关前已接受喇嘛教，对于佛教正在兴头之上。耶稣会只能退而求其次，重新以修历、制炮和工程规划设计获得新朝廷的信赖。但是自雍正元年（1723）却以关羽比隆孔子，以儒家礼仪、谥法尊崇以后，驱赶宫外传教士于澳门，宫廷传教士则沦为才艺侍从，天主教士也根本没有机会再提关公崇拜是否“淫祀”的问题了。

崇祯毁坏宫内佛像之事，《明史》本纪未载，或者出于乾隆时清代馆臣对于天主教一度灭佛的隔膜。

清代崇封

万历四十四年(1616)努尔哈赤在赫图阿拉(今属辽宁新宾)建都称汗时，已经修建有关帝庙。崇祯九年（1636）皇太极定都盛京（今辽宁沈阳），建国号为“大清”，亦建有关帝庙，并于崇德八年（1643）赐额“义高千古”。

顺治八年(1651)正月十二，十四岁的顺治皇帝开始亲政。也是在这年，洪承畴为地安门原明廷祀典关帝庙撰碑言：

恭惟关圣帝君殚心汉室，力扶皇极，□烺烺于史册间。英风正气，昭垂今古，威灵显应，震慑中外。是以历代以来，追王追帝，精禋□□也。至于京师内外，庙宇颇多，而于此建而圮，圮而复修者，大都以北面居中，具瞻尤切，各致其诚云尔。我国家开基定鼎，示民向化，凡神之能庇于人，人得祀之。荷兹帡幪，谁不祝愿我后，安社稷于灵长，受共求于无疆。于此□等所以乐于从事也。[53]

此刻洪承畴本人官衔，署为“少师兼太子太师、实支正一品俸、内翰林秘书院大学士、兵部尚书兼都察院右副都御史”，碑阴则有以“内翰林院学士院掌院事大学士范文程”领衔具名的官员三百五十余人之多，但尽为汉官，不杂满人。这时江南抗清已渐平息。回念当初洪承畴带着“招抚南方总督军务大学士”的头衔前往招安时，曾有多少故人朋友唾弃劝降，不屈而死。在这块碑记文字的背后，已经走过了黄道周、金正希、江天一、顾咸正、孙兆奎、阎应元、夏完淳、张煌言等一长串烈士忠魂。[54]

关羽崇拜曾经振奋过明代士子大夫的纲常节义，将帅兵丁的团结奋战，乡社里民的保境绥靖，这在朝代交替的血雨腥风中经受着又一番荡涤。历史沉重的一页，就这样被翻过去了。

顺治九年（1652），敕封关羽为“忠义神武关圣大帝”。三年以后，年轻的顺治皇帝还亲自撰写了一篇简短的《皇帝御制重建忠义庙碑记》：

朕闻国家灵长之运，必凭藉高穹元贶，而乃永于无疆者，其明社崇报，当何如耶？兹都城北德胜门外土城前，旧有关圣庙一座，创自明朝，已历多年。其间污漫倾颓，瞻礼不雅。朕念神威赫奕，忠义昭然，有感必应，有祷即灵。随发诚意，遣官重饰庙宇，庄严圣像。

文从字顺，典雅得体。只是树碑地方原为明代于谦修建的中央禁卫部队祀关之所。《日下旧闻考》一百七言：

一在西红庙东，旧称团营关帝庙。考明景泰间，于谦迎三大营兵，分十营团练。英宗复辟废之。成化间复立，增为十二。此庙乃明代团营所祀之神，俗称东红庙，与西庙对峙者也。本朝顺治十二年奉敕重建，赐名“忠义”。[55]

无疑宣告清军正式承袭明军传统，以关羽为“护佑军神”。

康熙八岁仓促登基，在接受皇帝教育的期间是否受到关羽崇拜的影响，尚不能确知。但洛阳关林现存一方碑刻，多少透露出一些消息。这就是康熙五年（1666）立碑的《敕封碑记》（全名为《忠义神武灵佑仁勇威显关圣大帝林》，又名《关圣帝君行实封号碑记》）。该碑洋洋洒洒，长达四千五百余言，几乎把《三国志》及《三国志通俗演义》甚至小说戏曲不载，只在宗教或民间传说中才有的关羽所有故事神迹都复述了一遍。[56]即称之为当时流行之《三国志演义》缩编本，料亦不为过分。而撰碑者董笃行的具衔中，有“陪侍经筵”一职，恐怕也就是现今初中老师的意思。尤其引人注目的是石碑体量宏大，通高 4.7 米、身高 3.1 厘米、宽 1 米，厚 0.3 米，实属关庙碑石中的“巨无霸”。加之立于八角碑亭内的规格和碑后具衔列名众多官员，无论如何都应当算作今存关庙的“第一碑”。也就是在这块碑额之上正式将洛阳关庙命名“关林”，比配曲阜孔林。[57]毫不夸张地说，这篇碑文为同时而稍后的毛纶、毛宗岗父子编定《三国演义》提供了相当自由宽松的想象空间。[58]同时开启了清代官方民间崇尚关羽的又一轮高潮，也预示着今后以《御纂性理精义》《圣谕广训》等为代表的程朱理学及其史观再次君临天下。《钦定日下旧闻考》载，二十多岁的康熙还曾为正阳门关庙赐额：

康熙十六年御书“忠义”匾额。（《大清一统志》）

从方志记载看，各府州县未建或者颓圮复建的关庙，大都是在康熙年间新建复建起来的。这也为雍正年间关羽崇拜的再次升温预伏了条件。钱锺书曾注意到，雍正是熟读《演义》而不读《三国志》的，也同乃父少年时一样：

> 姚伯昂《竹叶亭杂记》卷八：“雍正间，札少宗伯因保举人才，举孔明不识马谡事。宪皇帝怒其以小说入奏，责四十，枷示。”原奏语不识如何措辞，若夫孔明忽先主遗诫，不察马谡之“言过其实”，致贻后悔，事见《蜀书》谡本传，非《演义》臆造也。雍正知小说有之，而浑不知正史亦有之，足见其曾读小说，复见其未曾究正史。挟人主之尊，浅学自雄，妄作威福，其不信《演义》与京朝士夫之误信《演义》，楚固失而齐亦未为得矣。此段掌故是《演义》脍炙众口之一证，雍正与札某君臣均熟读斯书也。[59]

这从一个侧面证实了《三国志演义》在当时朝野的流行程度。雍正虽然在处治兄弟政敌上，大有违背“三年无改于父道，可谓孝矣”的古训，但在“守制三年”中却极表恭敬之仪。每月朔望必亲诣恩佑寺拜祷康熙灵位，对于祖庙也毕恭毕敬，以此显示“孝为天下先”。他正式追封关公三代的时机，其实也与此有关。《清世宗实录》卷三十一：

（雍正三年四月）庚午……礼部议覆给事中李兰奏，追封关帝祖父爵号。据称：《圣迹图志》一书所载关帝系夏臣关龙逄后裔，祖讳审，父讳毅，世居解梁常平村宝池里等语。查《圣迹图志》乃系近时卢湛所撰，与正史不合。尊崇正神，理宜详慎。亚圣孟子之父，未详名讳，止称先贤孟孙氏，所以阙疑也。应照此例，追封关帝三代俱为公爵，牌位止书追封爵号，不著名氏。于京师白马关帝庙后殿供奉，遣官告祭。其山西解州、河南洛阳县冢庙，并各省府州县择庙宇之大者，置主供奉后殿，春秋二次致祭。从之。[60]

不假时日，急切如此。而这些官祀庙宇则受北京地安门国家祀典关庙统辖，[61]这显然是在模仿朱元璋对于城隍神的制度设计。

由于雍正正式排除了卢湛《关圣帝君圣迹图志》传说及解州知州王朱旦等造出的“关帝祖系”，于是官方重新厘定关羽诞辰为五月十三，三代祖考也仿孔孟之例，只写封赠，不书姓名，并且成为后世制度。于是解州关庙、当阳关陵、洛阳关林也与曲阜孔庙、孔墓、孔林“三孔”一样，成为国家重要祀典所在。此外还在这三处以及许昌、荆州命地方官员寻找关氏后裔，受封世袭五经博士，以承关帝庙血胤之祀，也是仿照孔庙祀典。经此封祀，除了祭孔为三跪九叩，祭关为二跪六叩的差别外，其余皆与尊孔相当。以致称为“武圣”“关圣人”，也由此而起。

据赵慎畛《榆巢杂识》记载，康熙初禁戏剧“不得装（扮）孔子及诸贤”。雍正五年（1727）“禁演关帝”，也是照葫芦画瓢，沿着尊孔路数走的意思。[62]事实上，正是雍正这次不次崇封，奠立了关羽在儒家中的尊隆地位，也使关羽崇拜达于斯极。自此关羽崇拜正式进入了国家祀典，全国府州县关庙又掀起了一轮重修关庙后殿，官方春秋致祭的高潮。这是比配儒家祭孔祀典，与明代崇奉关羽的意义已截然不同。如果没有儒家议礼的正式参与，关羽也决不会登上中华民族的最高圣坛。其实现代以后中国学者对于关羽崇拜现象的叙事、议论或者“消解”，每每大谈官方正统意识形态的影响云云，也正是以此作为源头的。清人叶名沣《桥西杂记》言：

雍正三年，奉上谕，孔子圣讳，理应回避……嗣后除四书五经外，凡遇此（丘）字，并加阝（邑）为邱……庶乎允协，足副尊崇先师至圣之意。

又民国年间齐如山先生撰写《京剧之变迁》时，曾特意讲明了一个典故：

戏中每遇关公的戏，皆不许直呼其名。本人则称“关某”，通名时则名只称“关”字，别人或敌方则都称其“关公”。比如《战长沙》，黄忠则说“来者可是关公？”一般学者对此极端不满，且讥为不通。其实这也有个来源，在清朝以前，文庙武庙，几乎是一样的郑重。故孔、关二人的名字，皆须避讳。“羽”字虽不能严避，而特将其笔划缺末两笔。“羽”字本为三撇，后特改为两点，就是因为关公名字的关系。所以乾隆年间，张得天奉旨编《鼎峙春秋》，每遇关公之名，皆不敢直书。自己则说“关某”，他人则呼“关公”。戏界至今，尚相沿袭。但此亦不必讥其无知，如果讥其无知，则学界现在写“羽”字仍写为两点，是与戏剧界无知等。[63]

至于关公名讳禁忌，乾隆是否特别在意，还有另一条史料可供参酌。嘉庆丁丑（1817）翁方纲为法式善所著《陶庐杂录》作序，曾言：

梧门姓孟氏，内府包衣，蒙古世家。原名运昌，以与关帝（云长）字音相近，诏改法式善。法式善者，国语“奋勉”也，其承恩期望如此。[64]

连谐音都要“诏改”，可知关帝“避讳”之说得自传言，或非虚妄之语。

而同时关羽避讳事虽未见载记，至少也应当在此崇祀关羽之际。明万历刊印之《三才图会》关像说明，也的确为三撇之“羽”。但康熙初年奉敕编纂刊刻的《古今图书集成·神异典》卷三十七、三十八俱为关公事迹，其名即刻作两点“羽”。康熙五十五年敕编的《康熙字典》未集中，41 页“羽部”内文均作“羽”，但是篇首篆字却作“[illegible]”。[65]或为清代书体导致“羽”字写法不同。另有作者说，连满文中“羽”原来书写为“[illegible]”，后来也因避讳写成了“[illegible]”。[66]此方面真相尚待发覆，姑志以待方家指教。

乾隆中期是弘历对于关羽话题最感兴趣的时期。他在三十四年（1769）十一月亲撰《御制重修关帝庙碑记》，再次褒崇关羽，并由儒家立场剖明所以崇祀之由：

人之道，非圣无以臻其极，至圣不可知而谓之神，如《书》所谓

"乃圣乃神"，与夫炎帝之谓神农，夏帝之称神禹者，希焉。若神之道，畋畋穆穆，自日星河岳，虔逮坊庸门溜之各颛其职，靡不缘司契以定主名，则纯乎神，而非人之所得预者。生为英，殁为灵，其功德匆沫于世，世亦相与俎豆尸祝以神之，然未有不推本乎正直聪明，足立万祼人伦之表，故景仰峯然，尊而宗之，以为圣神焉。盖圣而神之，所以著圣道也；稽神而圣之，所以明神道之正若是者。尝求诸先圣先师而外，厥惟关圣大帝，克以当之。

把"神"看作"至圣不可知"，无法解释之现象。同时又宣布从关羽事迹中摒除"其他稗野所载，怪伟荒忽，事迹不见正史者，阙而不书，惧亵神并诬圣也"。并强调指出关羽作为道德榜样的作用：

宋臣苏轼言："神在天下，如水之在地中，无所往而不在。"顾由断港绝潢，达乎河济江淮，不能不以溟澥观其汇；由墟落廛市，赴乎赤畿望紧，不能不以都会统其归。于焉求神之所凭依，讵惟是褒大其封，鼎新其宇，用备昭报之靡文云尔哉！将阐夫神与圣之所从来，所以为人道扶植纲常，助宣风教，即致祀之原，胥不外是。[67]

文中特别提及关羽"至我朝而愈显，且神迹不可殚记，而于行师命讨为益彰"。"我国家久仰灵威，近于西师之役，复昭蒙佑顺，因特敕封曰忠义神武灵佑，并太常议于地安门外神庙，恭书新号神牌，门殿易盖黄瓦。"碑末自署"乾隆三十四年岁在己丑仲冬之月上澣御笔"，即十一月上旬写就的。

配合乾隆日程考察，此所谓"西师之役"是指征缅。他曾为大军受阻，亲信主帅傅恒染病焦虑，一度考虑撤兵。不意三天之后，忽得傅恒奏疏报告"缅王请降"。[68]度其日程，即便"八百里飞驿"，乾隆旨意也不可能到达云南，正好自下台阶。于是乾隆另降堂皇谕旨，体面收兵。这本来属于战略僵持局面，谁更能坚持，便能获取全胜的问题。但孔子注《易》之《系辞传》有谓："阴阳不测是为神。"又说：

知几其神乎？君子上交不谄，下交不渎，其知几乎？几者，动之微，吉之先见者也。君子见几而作，不俟终日。

乾隆当然也乐意甘居"见几而作"的君子，而以"阴阳不测"之"神"功归于关羽"佑顺"。这是对于关羽神功的又一解释。故其撰写碑文中，喜悦感服之情由衷而生。

傅恒本为孝贤纯皇后富察氏之弟，即乾隆小舅子。其信用之专，赏赐之重，乾隆一朝，无出其右。[69]坊间稗史小说更于其间多有传言揣测，枝蔓不赘。傅恒家族亦世崇关帝，傅恒及其子福隆安、福康安均亲撰有关帝庙碑文，并家奉景山东街关帝庙一座，不为偶然。

乾隆崇敬关羽可谓不遗余力。由于濡染汉文化程度较乃祖乃父都深，又特好附庸风雅，显示文治，既然在追赠封荫上雍正已经按照儒家礼仪做足了尊关文章，于是他就决心干预历史。光绪《顺天府志》记载，乾隆二十五年（1760）改关羽原谥“壮缪”为“神勇”，三十三年（1768）加封“灵佑”。又御书正阳门关帝庙联：“浩气丹心，万古忠诚昭日月；佑民福国，千秋俎豆永山河。”四十一年（1776）特令改谥“忠义”。到了编纂《四库全书》的时候，他实在按捺不住，特谕更改蜀汉封赠关羽的“壮缪”谥号，严厉指责陈寿修史“不公”，并把自己的理解强加于《三国志》，并希望能够“传信万世”：

> 乾隆四十一年七月二十六日，奉上谕：关帝在当时力扶炎汉，忠节凛然。乃史书所谥，并非嘉名。陈寿于蜀汉有嫌，多存私见，遂不为之论定，岂得为公？从前曾奉世祖章皇帝谕旨，封为忠义神武大帝，以褒扬盛烈。朕复于乾隆三十二年降旨，加“灵佑”二字。用示尊崇。夫以神之义烈忠诚，海内咸知敬祀，而正史独存旧谥，隐寓讥评，非所以传信万世也。今当抄录《四库全书》，不可相沿陋习。所有《志》内关帝之谥，应该为“忠义”。第本传相沿已久，民间所行必广，虑难以更易。著武英殿将此旨刊载传本，用垂久远。其官版及内府陈设书籍，并著改刊，此旨一体增入。钦此。[70]

颁布这条上谕时，乾隆正在巡行东北，一定多有感触。我猜想中国各地民间关于“关羽与龙”的种种传说神话，也正是在道教的煽动下丰富其“想象”的。

关羽“改谥”之议，其实始于北宋，宋徽宗当初追封关羽为“义勇武安王”，就是有意避开蜀汉的“壮缪”封谥。明人于此也有讨论，如以史家为己任的朱国桢就说过：

> 《三国志》：云长谥曰“壮缪”，其义谓壮于出兵，缪于料敌云尔。

众以穆穆之义解之。夫以穆为褒词耶？不足重。以缪为贬词耶？不足轻。大抵英雄不能违时，时命大缪，则云长取曹仁而不足，且有陆逊拟其后。时命大顺，则石勒取王浚而有余，孙纬以劲兵邀，极罢，不能得之掌股间也。[71]

从汉前文籍记叙，则壮缪之"缪"，实非褒义。乾隆改谥"忠义"，亦秉承康熙十六年（1677）为正阳门关庙御书之题匾，虽然非如他所希望的"传信万世"，但是毕竟厘定以"忠义"为关羽形象的核心价值。二百年来，迄无大变。此举也在正统儒家士大夫中获得了好评。如梁章钜《退庵随笔》卷十就认为：

今吾乡街巷，皆有关帝祠。有但呼为"老爷"，皆未免近亵。即士大夫无不知敬关帝者，而尚以当时之旧谥为称，亦断不可。

光绪《顺天府志》还言及此后几朝封谥关羽的经过。如果配合当年国之大事，就知道这种封谥不啻祈求关羽为清廷"救亡"：

年代	加谥关公	大事记
道光八年（1828）	加封"威显"	河督张井报称：乾隆间洪泽湖尚可泄清刷淤，有利漕运。嘉庆间黄水稍涨即易倒灌。现淤积已高，不能涮淤。
咸丰二年（1852）	加封"护国"	太平军于道光三十年（1850）起事于广西金田，次年占领广西，本年北攻湘鄂，清廷震动。黄河决口。
咸丰三年（1853）	加封"保民"，升入中祀	太平军顺江而下，东取金陵，3月29日入城，随即定都，开始北伐。冬，颁布《天朝田亩制度》。
咸丰六年（1856）	加封"精诚"	太平军回援"天京"（金陵），破清军江南营，清军主帅向荣败走丹阳，忧愤而死。天京"洪杨之变"。
咸丰七年（1857）	加封"绥靖"，进帝三代王爵。	太平军石达开率部数十万人脱离洪秀全，清军攻克武汉、九江，尽收江西、湖北。太平军由盛转衰。
同治九年（1870）	加封"翊赞"	长江重庆—宜昌段发生特大洪灾。天津望海楼教案。李鸿章任直隶总督，编练新军，及"洋务运动"开始。
光绪五年（1879）	加封"宣德"	日本乘隙吞并琉球。清廷设立海军事务衙门，命醇亲王奕譞总理。李鸿章筹办北洋水师。派遣学童赴美学习。

谥法虽然起源于周，但后世却为儒家所独推重。儒家所以讲究并不断严明谥法，意图就在尽力提倡儒家价值体系，以树立符合其价值观念的榜样。每字亦各有其义。梁章钜《南省公余录》卷五“列圣尊谥取焉”则反映了清中后期对于“谥法”的重新厘定，如“安仁立政曰神，则天广运曰神；克定祸乱曰武，保大定功曰武，刑民克服曰武，德威遐畅曰武；如天好生曰仁，教化溥浃曰仁”等等。如果有人将关羽谥号所有的涵义整理一遍，就会发现褒奖于他的品德究竟有些什么内涵外延值得总结。

比较特别的是咸丰一朝，内忧外患，接踵而至。先是为太平军所迫，朝政风雨飘摇；接着又遇英法联军直攻京师，仓皇出逃热河，可谓狼狈之极。所以此际接连四次加封关羽。

当太平军以金陵为都，改称“天京”，举兵北伐，与清军激战于黄淮地带时，《清文宗实录》中突兀出现了这样一条记载：

> （咸丰四年四月）癸酉，谕内阁太常寺奏，“遵旨呈进关帝庙图式一折。关帝显佑我朝，神威叠著。上年加崇封号，升入中祀，一切典礼悉照中祀举行。”前据太常寺奏请展拓庙制，以示尊崇致敬之道，以实不以文。关帝庙奉有年，若遽易旧规，转不足以妥神灵而昭诚敬。所有庙宇规模著悉仍旧制，无庸增拓。乐器一切，均照本年春季陈设。至跪拜礼节，仅行二跪六叩，虽系照中祀例，然满洲旧俗于祭神时俱行九叩礼，嗣后亲诣致祭，亦朱定为三跪九叩礼，用伸伛恪之诚。

并以中祀之礼，追赠祖上三代王爵，将关公祀仪完全追比孔子：

> 跻列中祀，行礼三跪九叩，乐六奏，舞八佾，如帝王庙仪。五月告祭，承祭官前一日斋，不作乐，不彻馔，供鹿、兔、果、酒。旋追封三代王爵，祭品视崇圣祠。[72]

自此在国家级仪礼上，关帝崇祀已经达于顶点。既然关羽崇拜升格，太常寺拓展庙制的要求也不过是照章办事。可怜咸丰愁兵愁饷，愁将愁帅，哪里还有财力余裕来为遍布全国府道州县的官建关庙拓庙增制？所谓“崇奉有年，若遽易旧规，转不足以妥神灵而昭诚敬”云云，不过是掩盖财力窘迫的堂皇借口罢了。于是允准用儒家最高礼仪进行虔敬参拜，以致诚祷。

这道谕旨还无意中透露出，满洲皇家私下进行的堂子祭关仪典，对关圣帝君早已超越雍正厘定的制度，采用“九叩”大礼了，只是汉臣包括负责制礼的太常寺官员还蒙在鼓里而已。顺带一说，也正是此次国库窘迫，官建关帝庙不得不“悉仍旧制，无庸增拓”，才使后世府道州县城的孔庙保持了一庙独大的体面。

清末胡思敬《国闻备乘》卷三还谈到咸丰皇帝的宠妃那拉氏（即慈禧）也十分崇敬关公：

> 正阳门外关帝庙，屋甚卑隘，相传神像为明熹宗手塑。车驾出城，必入庙拈香，祈签者甚众，孝钦亦笃信之。

说起慈禧对于关公的崇信，也有不少轶事可说。“庚子之乱”，列强调兵进入使馆，清宫已在其大炮射程之内。可她仍然在颐和园逗留观望，似乎期待着什么奇迹出现。光绪庚子《都门纪变百咏》：

> 颐和园里闹神仙，疑有疑无鼎沸传。
>
> 卫士仓皇宫监走，大家跪请佛爷前。

自注言：

> 皇太后、皇上驻跸颐和园。五月十二日夜二鼓后，喧传神仙下降。附近居民争购香纸，向空跪拜。喧嚷之声，达于大内。翌日遂有回銮之谕。旋步军统领拏获造言生事之李群仔一名，立即正法。宫中称太后为老佛爷。[73]

此虽未明言传闻所降，究为何神，但以“五月十二日夜”见之，其必为关羽无疑。这一耽搁，使那拉氏连热河行宫都无暇顾及，只得仓皇间经河北、山西，远飏西安。不知为何，他们在途中没有恭谒山西解州的祀典关庙，而是拜祷了洛阳关林。据沈德本洛阳《奉委重修关林记》言：

> 光绪二十七年秋，皇太后、皇上銮盟幸洛，诣关帝陵庙拈香，发帑银千两，命太守苏完瓜尔佳氏文公（字仲恭）重修庙宇。乃于二十八年夏，札委德本任其事。[74]

谕旨敕命的修庙工程，居然一拖再拖，等同今日之转包。乱世修缮，其弊可知。待到庆亲王和李鸿章与列强谈妥条件以后，慈禧、光绪终于可以起驾回銮的时候，又郑重其事在洛阳拜谒关林。刚刚获得御帑补贴修缮的洛阳关林，只有驻锡僧人才知道落下了什么样的后遗症。光绪三十三年（1907）《重修关陵圣庙记》言：

> 辛丑岁，皇太后、皇帝圣驾西巡回辇，驻跸河洛，登临伊阙，瞻礼圣庙。见垣宇多半堕落，即发帑金千两，命太守文升宪督工，将前后殿宇尽行补葺，焕然一新。不意修者未察其毫末，葺者未审其幽渺。僧在庙焚香礼拜，蓦见圣帝正三殿背后金刚墙西北角，擎天玉柱朽崩摧坏，金梁难支，如不急为修理，恐致殿宇有患。[75]

待到慈禧、光绪两宫回銮，抵达京师时，城阙残破，已非旧时幽燕。娘儿俩面对的正阳门外城，也非市井繁荣，车水马龙景象。清人尚有笔记载记此事。略谓慈禧回京，先在马家堡车站下了火车：

> 旋允直督袁世凯之请，带铁路洋总管进见。太后谢其一路料量之妥善。洋总管退，太后始升舆，舆旁有一太监随行，指点沿途景物。太后注视，道逢外人，太监呼曰："老佛爷快看洋鬼子。"太后微笑不语。过南城，直入前门，至所谓关帝庙者下舆，入内拈香。太后跪于神前，有道士数人赞礼。时正阳门楼上立西人颇伙，下视院中，历历可睹。太后仰见之，俯首而笑，遂登舆直入大内。到万寿宫，确系下午二点钟也。[76]

德国人卫礼贤同时记载则是：

> 慈禧太后从西部的避难所回到了自己的都城北京。这是次胜利的回师，使团的女士们可都不想错过这个大场面。尽管太后一度被大家极度仇恨，认为她是想灭绝外国人的恶魔中最大的一个，可现在她却成了好奇心的焦点。女士们聚集到皇城南边最大的门道前门。太后乘着黄色的轿子，夸耀着皇家的威严，顺着笔直的大道进入了皇宫。她甚至忘记了祖宗关于圣驾光临时，所有的人都应该回避的训诫。她在前门侧面的两个小庙里举行了献祭活动，一个给慈善之母观音，一个给王朝的保护神关帝。事实上，她还向聚集在一起的陌生人群和蔼地点头致意。使团的女士们则兴奋地挥动手中的手绢。[77]

这时距离宣统三年庚戌冬月隆裕太后正式宣布清廷逊位，只有九年。《我的前半生》中溥仪回忆说，清室逊位以后：

> 陈（宝琛）师傅最信卜卦，并为我求过神签，向关帝问过未来祖

业和我自己的前途。

袁世凯去世那天，消息一传进紫禁城，人人都像碰上了大喜事。太监们奔走相告，太妃们去护国协天大帝关圣帝君像前烧香，毓庆宫无形中停了一天课。[78]

恐怕这也就是紫禁城里四百年关公信仰的最后回声了。

民国祀典

宣统三年清廷宣布逊位，次年元月民国宣告成立。中国历史又郑重其事地翻过了一页。

民国三年（1914），北洋政府海陆军部“呈请崇祀忠烈，并祀武庙”获得批准时，袁世凯以大总统身份致辞，说：

允陆海军部之请，特将关帝及岳王合祀武庙。凡有军人宣誓的大典，均在武庙行礼。

且言：

关帝一生忠义，护国保民，千古为神的根本，在此忠义二字……我们军人要学关帝，惟有一心尽忠于国家，一心尽忠于元首。[79]

武庙增加岳飞，当然是为了给他当年力战金兵正名，也是与清代极端崇祀关羽划清一条不大的界限。国家祀典武庙也是在仓促间设在醇贤亲王庙（后为西藏驻京办事处，现列入全国文保单位）中。陪祀有二十四将，据《察哈尔通志》第二十六卷记载：

民国四年奉文，关岳祭祀每年春分后第一个戊日，各地方长官及军警官一体致祭。近年废。正殿正中位次：关壮缪侯、岳武穆王。两序从祭位次：东序，张飞、王浚、韩擒虎、李靖、苏定方、郭子仪、曹彬、韩世忠、旭烈兀、徐达、冯胜、戚继光；西序，赵云、谢玄、贺若弼、尉迟敬德、李光弼、王彦章、狄青、刘锜、郭侃、常遇春、蓝玉、周遇吉。

其废祀年代则为民国十七年（1928），即国民革命军率师北伐，以国民党为主的中央政府改组，统一政令之际。但蒋介石退守台湾二十年后，又拨官方资助在日月潭重建“文武庙”，前殿孔子，后殿关岳。笔者也曾参观此庙，气势恢宏，庙貌一新。近年归还民间社团管理，改以关公作为主祀之神。可见天下之事，了犹未了。

又有相关插曲，聊以补阙。民国废止关岳庙祀十一年后，日军在侵华建立“华北临时政府”期间，曾于民国二十八年（1939）恢复“武庙”祭祀，其令文略谓：

> 唐代崇祀武成王，佩哲沾飨，比隆文宣。宋元相承，明初始罢。民国合祀关、岳，未定武庙之称，但为将士忠烈之型，而非兵家韬钤之祖。国之大事，在祀与戎。宜正万众之观瞻，永作三军之典范。兹特兴复武成王庙，制定祀典，颁行各省市，虔缮庙宇，春秋时享。

并厘定配祀：“左为汉留侯张良、清靖海侯施琅；右为汉武乡侯诸葛亮、清大将军岳钟琪。”此外十二将分别为“齐上卿管夷吾、燕昌国君乐毅、吴将军孙武、秦大将军蒙恬、汉丞相萧何、汉淮阴侯韩信、汉大将军卫青、汉骠骑将军霍去病、汉寿亭侯关羽、唐军师李靖、唐胡国公秦叔宝、宋少保岳飞。”还有从祀历代名将七十二位。[80]这种替代，固然有故示复古以与清朝、民国拉开距离的表示，但亦不无显示“文人掌军”之矜持。尤其明知关岳为“将士忠烈之型”，恐为抗日将士榜样，却偏要卖弄“兵家韬钤之祖”，以消弭道德榜样的影响。配祀诸将不伦不类，也是仓促间拉在一起的。这次庙祀也没有什么值得一提的影响，但是尽量贬低、消除民间关羽、岳飞影响之意却很显豁。这与日本人明治维新以后对于关羽的排斥态度是一致的。

注释：

［1］颜氏实不迂腐，安史乱前他曾以平原太守预侦其谋，乱起又募死士万人防河津，并联合十七郡推为主帅，“横绝燕赵”，《唐书·颜真卿传》充满了他纠劾仪礼的记叙，万曼《唐集叙录》（中华书局 1982 年版），颜真卿“（唐）代宗晏驾后为礼仪使，前后所制仪注，令门生左辅元编为《礼仪集》十卷”。可知颜是勤勤恳恳地做这项工作的。五代后亡佚，宋人吴兴沈氏辑其佚稿编著为《颜鲁公集》，

刘原父为序。

[2] 奇怪的是关播明明是提议撤销关羽配享的，却在宋人《佛祖统记》中被列入关羽后裔。《乾隆解梁关帝志》卷之一《子孙传》：“关播，（关兴五世孙）康之之后，唐德宗时为平章政事。《（山西）通志》称为解州人，云长后裔。”按《旧唐书·关播传》：“关播，字务元，卫州汲人也。”他曾得到过显宦内眷的特别关照，“大历中，神策军使王驾鹤妻关氏，以播与同宗，深遇之。”和著名的奸相卢杞关系也不错，“卢杞以播柔缓，冀其易制，骤称荐之。……时政事决在卢杞，播但敛衽取容而已。乏于知人之鉴，好大言虚诞者，播必悦而亲信之。”他推荐“可致将相”的人才却在李希烈、朱泚的叛乱中失败得一塌糊涂，以致“中外哂之”。德宗遣咸安公主和亲回纥，关播曾奉命持节护送，如后来胡证护送太和公主然。

[3]《宋史·梁周翰传》。

[4] 参马端临《文献通考》卷一百三《宗庙十三》。

[5]《宋太宗实录》卷七十六。

[6]《宋史》卷一百五《礼志八》。

[7] 文渊阁四库全书本《山西通志》卷二百〇二，第 67 ~ 68 页。该碑未系年，明正德间韩文撰解州关庙碑言“乃宋祥符甲寅敕建，元祐壬申重修。”元祐壬申为 1092 年。

[8] 四库本《济南集》卷一，第 11 页。

[9]《古今图书集成》492 册第 34 页中。又清人褚人获《坚瓠秘集》卷一“关王庙”条亦言：“南京十庙将成，克期祭告矣。高皇梦一人赭面绿衣，手持巨刀，跪而谓曰：‘臣，汉寿亭侯关羽也。陛下立庙，何独遗臣？’上曰：‘卿于国无功，故不及。’神曰：‘陛下鄱阳之战，臣举阴兵十万为助，何谓无功？’上乃颔之，神去。明早，命工部别立一庙于旁，限三日而成。”这应当是后人对于朱元璋刻薄寡恩而善于托梦的演绎。

[10]《太宗实录》卷十。载《明实录类纂·宫廷史料卷》，1019 ~ 1020 页。按朱棣篡位后将建文帝四年从官修史书抹去，径承朱元璋年号。故有洪武三十一年闰五月（戊寅，1398）至洪武三十五年七月（壬午，1402）的记载。

[11]《宛署杂记》卷十八《万字》亦语焉不详：“敕祭汉寿亭侯庙……永乐年，庙祭于京师。成化十三年，奉敕建庙宛平之东，中塑神像，前为马殿，外为庙门。”规制仍然不高。而同书《言字》中则说“在积庆坊，宋建。我朝英宗皇帝梦神骑白马至是地，因敕赐重修。有御祭，名为‘白马关帝庙’。商辂记”。英宗一段似指“土木堡之变”时“救驾”传说，亦是附会之言，不必深究。

[12] 徐阶嘉靖四十年《重修三义庙记》，载沈榜《宛署杂记》第二十卷《志遗四》，北京古籍出版社 1982 年排印本，第 258 页。

[13] 成化二十二年《御制重建三义庙碑》语。载《宛署杂记》第十八卷《恩泽》，第 202 ~ 203 页。

[14] 四十七代嗣汉真人张玄庆成化十三年“入觐，锡燕内庭。遣中官梁芳传旨，聘成国公朱仪女为配。”事见《汉天师世家》卷四，《皇明恩命世录》卷七亦载。按成国公朱能以翼辅朱棣夺位封公，征云南死，其子朱勇在“土木之变”中战死，故能与明廷共相始终。据载朱勇“赪面虬须，状貌甚伟，勇略不足，而敬礼士大夫。”亦仿《三国志》所载之关羽。《明史》列传三十三有传。

[15]《清溪漫稿》一，转自《皇明经世文编》影明本第一册。（中华书局 1987 年再版，第 658 ~ 663 页）倪岳，《明史》有传。

[16] 万历《承天府志》李维桢序，辑入《日本藏中国罕见地方志丛刊》。

[17]《明史·地理志五》：“承天府：安陆府，属荆湖北道宣慰司。太祖乙巳年属湖广行省。洪武九年四月降为州，直隶湖广布政司……弘治四年，兴王府自德安府迁此。嘉靖十年升州为承天府。十八年建兴都留守司于此。领州二，县五。东南距布政司五百七十里。”

[18]《明史》卷三百七《佞幸》。

[19]《解梁关帝志》卷之三，第 215 ~ 216 页。

[20] 陈梦雷《古今图书集成·博物汇编·神异典》第三十七卷《关圣帝君》言：“嘉靖三十五年重新当阳墓庙：按《关圣帝君圣迹图志》：嘉靖十年称汉关帝寿亭侯。又于三十五年司礼监太监黄锦、太保都督陆炳出白金二千五百两，重新当阳墓庙。前知县黄恕原议，准建。”志以备考。

[21] 碑原在北京市西城区西四北大街双关帝庙，中国国家图书馆索取号“北京 324”。参与者还有“皇姑寺住持张氏、信女张氏”等。证实皇姑寺与明后宫的特殊关系。

[22]《明世宗实录》卷一四九。

[23] 吴廷燮《北京市志稿·金石志》卷七《祠庙金石》，第 427 页。

[24]《澹园集》卷十九。台湾伟文图书出版社有限公司《明代论著丛刊·焦氏澹园集》，台湾民国六十六年影印本，第 765 页。按焦竑（1540 ~ 1620）字弱侯，明代江宁（今江苏南京市）人，万历十七年（1589）殿试第一，官翰林修撰，曾贬为福宁州同知，归家不出。藏书丰富，皆亲手校订，有《焦氏藏书目》二卷。著作集为《澹园集》。

［25］《牧斋初学集》卷八十二，第1735页。

［26］这个考证实际上早在弘治时已由程敏政作出。程历授翰林院编修，内阁掌书诰敕。卒赠礼部尚书。著有《宋遗民录》《休宁志》等。

［27］碑原在北京右安门护国关帝庙。拓片载首都图书馆《北京记忆》网站（http://www.bjmem.com/bjm/yjjs/my/200711/t20071113_4105.html）。承网站负责人王炜提供，谨志谢忱。案明代护国关帝庙在今宣武区白纸坊路北侧盆儿胡同西。其东原有正一玄教总廷敕建宏仁万寿宫（万寿东宫），故俗称"万寿西宫"。为宣武区文物保护单位。

［28］《烈皇小识》卷六，第173页。按万历成书之《三界伏魔关圣帝君忠孝忠义真经》已称关羽为"三界伏魔大帝"，而《关圣帝君诰》更称其为"太上神威，英文雄武，精忠大义，高洁清廉，协运皇图，德崇演正。掌儒释道教之权，管天地人才之柄。上司三十六天星辰云汉，下辖七十二地土垒幽酆。"早已统领三界，燮理阴阳。

［29］《烈皇小识》卷八，第231页。又《卍新纂续藏经》卷八十七明初《山庵杂录》卷之下："宋度宗为北兵攻急，命道士设大醮，奏章天庭，问国家重事。是时高公伏章久不得报。既立易事。问故。高公云：'为天门不开。'"亦犹斯意，只不过把宋末"天公"换成了明末"关公"。

［30］《关圣帝君圣迹图志》成书于康熙三十一年（1692）。编著者卢湛，江南桃源（今江苏泗阳县）人。

［31］《枣林杂俎·和集》"汉寿亭侯"条。

［32］何刚德《客座偶谈》，上海古籍书店1983年复印本，第316～317页。按何刚德为光绪进士，曾在京任京曹十九年，后官江西建昌及江苏苏州知府。此书为民国所刊。还著有《春明梦录》等四种。

［33］《中国礼仪之争：历史·文献和意义》第二章《中国礼仪之争的汉语文件》。上海古籍出版社1998年，第204页。

［34］［35］《中国礼仪之争：历史·文献和意义》第二章《中国礼仪之争的汉语文件》。上海古籍出版社1998年，第207页、第128～129页。

［36］辑入徐昌治编《圣朝破邪集》卷四（香港建道神学院．1996年出版）。按许大受是浙江湖州府德清县人。其父许孚远曾在万历年间任福建巡抚，因之他对"中国礼仪之争"有所了解。

［37］同前，第211页。署为"乙亥秋月"（康熙三十四年，1695）。这是福建泉州人严谟（教名保禄）等六人给当时的福建代牧主教穆若瑟（Jose Monteiro,

1646 ~ 1720）的一封信，作者因为为耶稣会写了大量为中国礼仪辩护的文章，受到了后来到达福建的著名的阎当主教的迫害，不让他们进行教堂生活。他上书耶稣会请求帮助，并与别的修会争论中国礼仪细节问题的。（第 148、158 ~ 164 页）此外严氏还特地写有《天帝考》呈送罗马教廷。李天纲说严家“全面介入了礼仪之争”，也是他坚持主张用“上帝”一语翻译 God 的。（第 221 ~ 224 页）方豪：《中国天主教史人物传》有《严谟传》（中华书局影印公教香港真理学会编，台北：光启出版社 1970 年出版本，第 105~107 页）。

[38] 同前李天纲书，第 211 ~ 212 页。

[39]“南京教案”是天主教入华后首次与中国本土信仰发生严重对抗冲突，其间又夹杂着东林与浙党的纷争，情况比较复杂。主要事件是万历四十四年（1616）五月沈㴶《参远夷疏》，题为“奏为远夷阑入部门，暗伤王化，恳乞圣明申严律令，以正人心，以维风俗事”。攻忤传教士以“大西洋”与“大明”“相抗”，“诡称天主”，是将“驾轶”在“天子”之上。开局翻译西书则为“举尧、舜以来中国相传纲维统纪之最大者，而欲变乱之”，“暗伤王化”。又言传教士用天主教“诳惑小民”，不祭祀祖先，“是教之不孝也”，“是率天下而无君臣，由后言之，是率天下而无父子”。当时柄政者内阁首辅方从哲遂下令包围南京教堂，逮捕信徒，驱逐传教士，押往澳门。

[40]《中国天主教史概论》第七章《中国天主教——自利玛窦逝世至明末》，上海书店 1990 年覆商务印书馆 1938 年排印版，第 199、202 页。宫中传教事，其注谓“萧若瑟神父《天主教传行中国考》（P.Colombelpp.458sp）”；又庞天寿即永历时请命愿命赴罗马教廷请求援兵者。永历四年，卜弥格司铎赍带亦已受洗之永历皇太后及庞氏致罗马教皇及耶稣会总会长书赴欧，略效申包胥哭秦廷之意，搬取救兵。原件摄影曾刊载于《东方杂志》八卷五号。此正所谓“病急乱投医”。

[41] 文秉之父文震孟亦于崇祯元年以侍读召。改左中允，充日讲官。一度贬归，复于五年即家擢右庶子，进少詹事，八年特擢礼部左侍郎兼东阁大学士，入阁预政。未几忤温体仁辞归。著有《文文肃公日记》，故文秉所记宫廷争议事独详。又《明宫词》注“福王可似悼灵王”句引《彤史拾遗》：当妃居启祥宫时，皇五子有疾，两河催饷者，日三至。武清侯孽子李国正，讦其兄国瑞，藏禁物。自庄房土地外，精环宝累万万。上召见国瑞，谕以输饷。辞不能，上怒责之。既而国瑞死，皇五子疾剧。有凭之为言者曰：“吾九莲菩萨也！上待吾家薄，吾将逝去。此皇五子慧，随我行！”先是，神宗时孝事慈圣皇太后。有言慈圣为“九莲化身”，遂以慈圣像，装九莲菩萨祀之。武清侯即慈圣家也。至是宫中祷九莲，彻三昼夜，而皇五子终不起，

谥曰“悼灵王”。后上至妃宫，思悼灵哀之。值寇乱甚，河南诸王多被害。怆念骨肉，呼老宫婢能言宫中往事者，使言之。因言福王之国时，神庙钟爱王，出宫门召还者三，且约三岁当入朝。当大渐时，犹顾视贵妃以河南为念，今何如矣！上唏嘘而起。又《崇祯宫词注》载，田贵妃所遗二子，托懿安抚养，十六年元旦，朝懿安于仁寿殿，行四拜礼毕，复四拜，谢抚皇子也。（史梦兰《全史宫词》，中国戏剧出版社《中国古典文学名著百部》之一，第 227 页）

[42] 司礼监职能本为监督、管理皇城的仪礼、刑法、关防门禁之责，并掌管书籍字画、内府印刷等事务。吕毖《明宫史》“司礼监”言：“司礼监提督一员，秩在监官之上，于本衙门居住，职掌古今书籍、册页、手卷、笔、砚、墨、绫纱、绢布、纸札，各有库储之。选监工之老成勤勉者，掌其锁钥。”后来随着皇帝“荒政”，职权逐渐延伸至掌理内外奏章、照阁票批朱等，还控制东厂、锦衣卫，相当于外廷的内阁，故时人称秉笔太监为“内相”。治所在今北京市东城区吉安所右巷 10 号。清代改为宫眷死后停灵的处所。

[43] 余金《熙朝新语》卷四。

[44]《万历野获编》卷二十四。

[45] 王誉昌《崇祯宫词》下。序署“康熙壬申（1692）”，所述为“白头宫女在，闲坐说玄宗”之意。辑入《甲申朝事小纪》，北京：书目文献出版社 1987 年出版。

[46] 梁文全称为《刚铁碑刻杂考——明代宦官史的一个谜》，载赵令扬、梁绍杰辑录《明代宦官碑传录》，香港中文大学 1977 年出版，第 314 页。

[47]《酌中志》卷二十二，第 203 ~ 204 页。按刚铁墓在今北京八宝山革命公墓“褒忠护国寺”内，现存殿堂一百四十余间，为市级文物保护单位。传刚铁为永乐朝太监。原名刚炳，因其常手持百余斤的铁枪冲锋陷阵，永乐尝称之为“铁”，遂名刚铁。其墓坊匾额刻有“敕建开国元勋司礼监太监刚公神道”十五个大字。民间俗传“当初辽国武将大耳韩昌进攻北京，在老山扎营，刚铁在八宝山抗击。打了一天一宿，韩昌终于被刚炳削掉了脑袋。无头的韩昌骑着马又跑了二里地，身子才从马上摔下来。后来掉脑袋地方叫上庄，掉身子的地方叫下庄。刚炳脱下战袍，晾了三天才干，这地方就叫挂甲店。”《酌中志》复献疑曰：“《宋史》列传有云：某与辽将刚铁大战于某处云云。则此墓得毋辽将冢耶？抑刚公亦是辽裔，而名偶同，英猛同耶？”查《宋史》列传十三《薛怀让传》，谓后汉薛怀让守邢州时，有契丹将留麻答守镇州，“遣副将杨安以八百骑攻怀让，又命刚铁将三百骑继之。怀让战不胜，退保本州岛。”则其本事远在五代，亦无关北京。

[48] 赵世瑜《狂欢与日常——明清以来庙会与民间社会》，三联书店（北京）

2002 年出版，第 341 ~ 342 页。

［49］燕儒宦《义勇武安王庙记》，原在北京市西城区大帽胡同关帝庙。中国国家图书馆中文拓片资料库索取号“北京 385”。惟漫漶已甚，无复辨识矣。按《明清进士题名录》载嘉靖三十八年己未科（1559）丁士美榜第三甲有燕儒宦。

［50］赵鹏程《重修关王庙记》。碑原在北京市西城区大帽胡同，中国国家图书馆中文拓片资料库索取号“北京 384”。按《明清进士题名录》载，隆庆五年辛未科（1571）张元忭榜二甲一名为赵鹏程。（第 2554 页）

［51］《明宫史》第 54 页。按北京古籍出版社排印本《酌中志》卷十六不载。

［52］《烈皇小识》卷六，上海书店覆本第 160 页。

［53］原碑在北京西城区旧鼓楼大街大觉寺，阴题名，周刻二龙戏珠。中国国家图书馆中文拓片资料库索取号“北京 498”。按洪承畴为万历十四年进士，崇祯十一年入卫京师，后调任蓟辽总督御清兵。抵御清军，兵败降清。入关后在南京总督军务，镇压江南抗清义军，顺治十年受任七省经略，镇压各部农民军。清初开国规制亦多出其手。卒谥文襄。乾隆时敕编《贰臣传》十二卷，径置洪承畴为该书卷三之首。

［54］光绪《顺天府志》卷十六说，明末松山兵败以后，洪被清军生俘，崇祯错认其殉国，乃举国哀，于正阳门关庙左侧建祠祀之。后知洪已降清，遂撤其牌位，改奉观音大士，即清代正阳门东侧的小观音庙。传说南明抗清士人每以崇祯曾为洪承畴举过国哀，所以当洪劝降时故意当面装作不认识，或者以题诗讥讽。此类记载颇多，可参陈登原《国史旧闻》卷五十三“骂洪承畴”条（第三分册第 425 页）。其事不必实有，借以言人各其志耳。

［55］于敏中《钦定日下旧闻考》，第 1776 页。

［56］《中国关林》第 109 ~ 111 页。现立于关林八角碑亭内。

［57］按光绪《顺天府志》言：“顺治九年封忠义神武；乾隆三十三年加封灵佑；嘉庆十八年加封仁勇；道光八年加封威显。（《礼部则例》百二五）咸丰二年加封护国；三年加封保民；六年加封精诚，七年加封绥靖。同治九年加封翊赞。光绪五年加封宣德。”独缺康熙封谥。

［58］陈翔华的《诸葛亮形象史研究》（浙江古籍出版社 1990 年出版）考证出毛宗岗生年当在崇祯五年（1632），卒年当在康熙四十八年（1709）春之后。考虑到顺治间江南尚不安定，则其评点编定《三国演义》的时间，应当在康熙中期。

［59］《谈艺录》，1996 年增订本，第 641 页。

［60］《清世宗实录》，中华书局复印件，第 483 ~ 484 页。

[61]《大清历朝实录》卷三十一，雍正三年（1725）条。伪满 1937 年沈阳印行。

[62] 徐珂《清稗类钞》卷七十八《戏剧类》“禁演圣贤之事”条亦言：“优人演剧，每多亵渎圣贤。康熙初，禁止装孔子及诸贤。至雍正丁未世宗则并禁演关羽，从宣化总兵李如柏请也。”

[63]《京剧之变迁》，北平国剧社 1935 年出版，上海书店 1990 年重印。按齐如山（1875~1962），高阳（今河北保定）人。早年入北京国文馆学习德语和法语。后经营商业。三次旅欧。曾涉猎外国戏剧。归国后致力于戏曲工作。1912 年在北京经常为梅兰芳的表演及剧本提出修改意见。1916 至 1917 年间与李世戡等为梅兰芳编排时装戏及古装戏多部。1931 年与梅兰芳、余叔岩等人组成北平国剧学会，并建立国剧传习所，从事戏曲教育，编辑出版了《戏剧丛刊》《国剧画报》，搜集了许多珍贵戏曲史料。同时还是历史学家，专注于社会史研究，著述亦丰赡可观。曾在北平女子文理学院任教，1962 年于台湾去世。生平著作辑为《齐如山全集》。又张照（1691~1745）字得天，华亭（今上海松江）人。历仕康、雍、乾三朝，通法律，工书法，尤精音律。卒谥文敏。

[64]《陶庐杂录》，中华书局 1983 年排印本。按法式善（1753~1813）字开文，又字梧门，号时帆。蒙古乌尔济氏，隶内务府正黄旗。乾隆四十五年进士，官至侍讲学士。著名的蒙古族学者，长于史学，尤熟掌故。曾多次奉命参与《全唐文》等图书的编纂工作。著有《清秘述闻》《槐厅载笔》《存素堂集》等。亦以诗名，号为“诗龛”。又翁方纲（1733~1818）字正三，号覃溪，晚号苏斋，顺天大兴（今北京市）人。乾隆十七年进士，官至内阁学士。长于考证金石，富藏书。著有《两汉金石记》《复初堂集》等。

[65]《康熙字典》，中华书局 1958 年影印本。

[66] 张淑新、张淑媛《紫禁城内外——皇朝·关帝·驴窝子》，北京：中国社会出版社，1998 年出版，第 73 页。

[67][68] 原碑在北京市西城区西黄城根北街白马关帝庙，汉满两种文字书写。中国国家图书馆中文拓片资料库索取号“北京 474”。光绪《顺天府志》卷六《祠宇》录有全文，据以补齐。（第 149 ~ 159 页、第 345 页）

[69] 傅恒（? ~ 1770）满洲镶黄旗富察氏。乾隆孝贤皇后弟。直军机处二十三年，日侍左右，以谨慎得上眷。屡立功勋。封一等忠勇公。卒谥文忠。子福灵安、福隆安俱尚公主，福长安当过十九年军机大臣。另一子福康安屡立战功，卒后封为异姓郡王。为乾隆朝最受宠信，且最为显赫的家族。

[70] 文渊阁四库全书《三国志》16 册，第 57 页。

[71]《仿洪小品》卷二十，“关云长四则”之二。

[72]《清史稿·礼志三（吉礼三）》。

[73]《清代北京竹枝词（十三种）》，第 108 页。

[74]《中国关林》第 132 页。石碑镶嵌于三殿后墙门西侧。

[75]《中国关林》第 132 ~ 133 页。石碑立于甬道西侧。

[76]《十叶野闻》。

[77]《中国的改革》，辑入《外国人眼中的中国》，吉林摄影出版社 1999 年，第一卷，第 356 ~ 357 页。按卫礼贤（Richard Wilhelm，1873 ~ 1930）著名德国汉学家。原是德国同善会传教士，在德国占领青岛后到中国传教。在华期间曾创办礼贤书院，潜心研究中国儒家学说。1903 年起开始发表有关中国和中国文化的论文，着手翻译中国古代哲学经典。出版有《论语》（1910）、《老子》《列子》（1911）、《庄子》（1912）、《中国民间故事集》（1914）和《易经》（1914）等。

[78]《我的前半生》，北京：群众出版社，1964 年版，第 69 页。（承该书整理执笔者李文达先生持赠，谨志谢忱）可见清室及前朝遗老还始终把逊清复兴的希望寄托于关羽“显灵”上。

[79] 袁世凯《关帝史略讲词》，辑入《关帝文献汇编》，北京：国际文化出版公司，1995 年出版，第 498 页。此文乃民国三年十一月廿日袁世凯应“海陆军部呈请崇祀忠列，并祀武庙”之讲词。

[80] 马重厚《日伪兴复北京武成王庙的丑闻》，载北京市政协文史资料委员会编《文史资料选编》第二十五辑，北京出版社 1985 年出版，第 136 ~ 143 页。

第十六章

近代民间的关公信仰

天地会

近世俗语每以“青红帮”联称，鄙以“黑社会”（美国俚语 dark social）之名，其实不确。原其初始，如果说“青帮（清帮）”是由漕帮转化，以经济互助体为形式出现的“自组织系统”的话，那么“红帮（洪门）”初始，则是以“反清复明”的政治诉求联系一体的“自组织体系”。自从孙中山在《建国方略·有志竟成》中推重洪门三合会（即致公堂）为反满革命组织以后，民国以来探索会党起源的专著便不绝如缕。

尽管会党主要是在国内活动，但对其进行近代方式的调查研究却是自海外开始的。有介绍说：

> 在国外，荷兰人施列格（Gustave Schlegel）最先对天地会进行了研究。1863 年荷局东印度政府在苏门答腊巴东地方，从一个华侨家中搜获了一批天地会文件，荷兰殖民当局把这批衬料交给施列格进行翻译。后来施列格又搜集了一些其他地方天地会材料，写成了《天地会》（Tian Ti Hwui，The Hung League，or Heaven Earth Lsague）一书，对天地会的历史、章程、暗语、歌诀等作了叙述。后来英人毕麒麟（Pickering）在福建加入天地会组织——兴义会，搜集了许多天地会内部活动情况

的材料。其助手士多令（Stirling）与沃尔特（Ward）稍后合写了《洪门》（The Hung society）一书。辛亥革命前日本人平山周又到我国长江流域对哥老会进行了实地调查，写成《中国秘密社会史》一书。近年日人佐佐木正哉发表《清末秘密结社》一书，其前篇专述天地会起源的历史。[1]

但学界关于“天地会”起源说法历来不同。一说天地会秘籍自称系福建少林寺僧于康熙甲寅年（1674）或雍正甲寅年（1734）年创立；另一说是民国以后洪门成员称其会创自郑成功；还有一种说则根据档案以及清代官书记载，为福建漳浦僧提喜（即洪二和尚）于乾隆二十六年（1761）或三十二年（1767）创立。

近几年来通过田野调查发掘史料，已有学者认为关公信仰极为盛行的福建东山岛正是天地会的主要发源地。20世纪90年代中国社会科学院宗教研究所罗炤运用田野调查在福建诏安县官陂镇长林村发现的顺治甲午（1654）《长林寺记》，证实了天地会系由“万五和尚道宗创造”的传说属实。故其与清代社会盛行之关公崇拜，虽形似却神异。

我曾多次去东山，也有机会进行一些田野调查。鉴于前述福建东山对于关公信仰的特殊历史和独特风习，则铜陵关庙与天地会早期组织有无关系，值得思索。罗炤自叙言：

> 自1991年以来，笔者赴闽南、闽中调查十二次，前后历时十五个月，在山区和海岛发现很多有关天地会早期历史的石刻与秘密文献；同时，将天地会“会簿”与清宫档案中的有关记载做了初步的对照研究。通过以上工作，找到了郑成功与天地会相关的若干材料。

我以为，他的发现有三项值得特别注意：一是于福建省最南端的诏安县北部官陂镇深山中（诏安、云霄、平和三县邻接处）找到了长林寺遗址，发现顺治（永历）时期题署“长林寺开山僧道宗”的石刻多通，证实达宗即《台湾外记》所述的“万五道宗”；二是发现东山县铜陵镇渔民周炳辉家世代珍藏的抄写于嘉庆戊寅年（1818）“香花僧秘典”，并据此阐明“香花僧”乃是天地会初期的中坚力量；三是钩稽出天地会“洪船”与郑成功、洪旭的特殊关系。[2]

2006年6月我再次应东山铜陵关帝庙邀请往访，在东山县政协副主席兼文史资料委员会主任刘小龙引领下参观了铜陵镇九仙岩的有关遗址。据介绍，东山至今仍然存在着大量早期天地会活动的遗址遗迹。综合以往天地会研究及东山遗址的发现诸情况，愿踵赫治清、罗炤研究之续，结合天地会对于关公的特殊信仰，勾勒出这样一幅轮廓：

道宗（万五）虽然为平和县人，但东山苦菜寺才是他的出身之所。该寺位于龙潭山南麓，天顺六年（1462）南少林莆田九座禅院明雪熙贤法师于此挂锡坐法，“授徒五十余人，戒律精严，文武同修”。据传道宗为熙贤法裔，少年时亦曾拜师学法于此。现存民间的天地会秘籍《会簿》载有赞曲：

长林寺枝节开，苦菜寺冬笋埋；

云龙虎跃天台，天地会遍地开。

（按以上各字左旁原均加三点水，系天地会秘密书写符号）

该寺即为天地会初期的重要活动地点之一，于康熙三年（1664）“迁界”被焚。罗炤认为：

> 福建省东山县铜陵镇九仙岩现存永历壬辰岁（六年）摩崖碑刻《仙峤记言》，早于《长林寺记》二年，同为记载道宗建寺之事，也有洪旭、张进、甘辉、万礼等郑成功麾下数十位文武大员的捐施芳名。值得注意的是，《仙峤记言》中没有关于郑成功的记载。这一差异显示，诏安长林寺与东山九仙岩的地位不同，长林寺地位更加重要。[3]

理或然矣。但由另外角度看去，也说明道宗在铜陵九仙岩建寺之举实早于诏安长林寺，而且并非依附于郑成功。即便视东山为天地会发端之地，亦无不妥。

按九仙岩在东山铜陵镇水师大寨，明朝灭亡之后，郑成功即在此操练水师。捐修的九仙岩观音堂及外殿就在郑成功操演指挥台下的石室中，为一组隐蔽极深的天然建筑。“互刿增辟”“兴少室而昌宗业”，藉此号召各处山门南少林派下加盟抗清阵线，匡扶明室，“诛灭清魔”，并题镌“复兴天族”四字于“长林寺”石室大门后额，以表心志。其原址仙宫石室至今犹存道宗所祀少林祖师达摩像，石壁“长林寺道宗书”“悟石飞来”“视天门”等题刻。另有两方道宗所撰石刻文字，惜已风化剥蚀，无可辨识。室外周围亦存道宗题镌的“仙道归宗”“障净光纯”“燕泉”等多方石刻。

东山仍存一些寺院遗址，据称也与早期天地会有关。如山庵庙坐落于城埯鹰仔山东麓，始建于明天启初年。由古来寺派下香花僧住持。其位于官港佛塘澳（俗称白塘澳）系东山岛北通云霄、漳浦的海上渡口，遂成为天地会会众秘密出入东山接头联络的重要据点。康熙间“迁界”被焚毁。庙中大殿神座后的石碑上刻有天地会标识洪鹰一只。乾隆年间重修，由香花僧宿菊和尚住持，一度香火鼎盛。乾隆五十二年（1787）台湾天地会起义失败后，又被清官兵焚毁。后重修。今存。此外还有靖海寺（又称松柏庵）、龙山大庙（亦称龙山寺）、南正院等遗址为县级文物保护单位，也都各有天地会传说及遗存。限于篇幅不赘。故刘小龙认为东山是明末清初漳南“万姓同盟会”及其后来兴立天地会开展反清复明斗争的重要活动地点之一。[4]

聚焦于东山、云霄、诏安、南靖这一区域，会发现与铜陵关帝庙颇有渊源的一批关庙，如云霄县云陵镇即有三座关庙，顶关帝庙始建于嘉靖年间，殿前外金柱间的前枋梁上仍悬明代遗物金字木匾一方，题刻楷书：

敕封三天总制、监察西天诸佛、兼管什殿阎罗、伏魔大帝神威远震天尊关圣帝君。天启四年月置。

下关帝庙又称霞港武庙，嘉庆《云霄厅志》载：

关帝庙，一在下港城内，本朝康熙元年总兵蔡禄建。

顺、康“迁界”时，铜山关帝庙僧侣及士绅奉护关帝神像迁避云霄，暂寄下港居民方某家中，一时焚香膜拜者络绎不绝。方姓户主因无暇日，遂向蔡禄求助。此时下港蔡姓正为修建学堂大兴土木。经蔡禄与族人议定，康熙元年（1662）将神像迎入临近竣工的蔡氏私黉庙祀之。自此铜山帝君像便成为云霄下港武庙崇祀的圣像，展界开放。铜山方面多次来人交涉，欲迎帝君神像返位。但圣筊显示不愿返回铜山，云霄方面只好另雕一座大小一样的神像，让铜山信众迎回。诏安关帝庙建于明代嘉靖年间，万历三十三年（1605）重修。悬钟关帝庙建于洪武十一年（1378）守御千户所城内，据传神像与东山铜陵关帝神像为同一株樟木所雕。南靖关帝庙始建于明中期。此数处均为明军守御所驻扎地，嘉靖年间共同抗御倭寇，后来又追随郑成功部反清复明，都是天地会早期活动的重要场所。其祭祀关公仪礼特殊，甚至神像渊源也都与东山略同。[5]或者换句表述方式，即早期天地会活动的范围与特殊关公信仰的流行地域基本重合。

第二点需要引起重视的是“香花僧”的问题。[6]东山铜陵关帝庙自正德以来便由僧人住持，至今仍存正德年间明碑。咸丰八年（1858）《保安堂世系谱序》是“二十二世孙”净波自述其世谱之碑，称其始“祖由漳郡开元禅寺第九世讳圆球公，字肖岐，号月堂。幼入桑门，顿悟真空之心；长契神情，常存礼义之节。计斋粮难以济众，命徒子飞锡地方。”独守空门，父子传袭，正是“香花僧”的当行。而在明清鼎革之际——

> 国朝康熙甲辰岁，（十三世祖大陆）迁徙入内地，负圣像抵云溪，借萧斋权纳陛，铜之殿宇遂废，复有营谋肇建之志。乃卜择于云霞港社，一年之间，殿宇告竣。圣驾驻跸云霄，旁则绀宇，号为“铜云室”，从铜入云之义根本。阅甲寅年（1674），忽闻复藉之命，仍迎圣像回铜，构数椽于旧殿基址，盖茅为屋，以安圣像。[7]

这里所说的“圣像”即指铜陵庙世奉关公神像，而其赞助者为总兵黄镐，则是在郑成功堂弟郑泰被郑经诱杀后，随郑鸣骏等由金门降清，随后又曾从施琅征台的，也类于早期天地会“万姓集团”中的郭义（万二）、蔡禄（万七）一流的人物经历。[8]

《香花僧秘典》所以会保存在铜陵镇，不为偶然。罗炤认为：

> 永历十五年“铜山之变”的主要原因是郑成功误听谗言，认定万礼在南京之战中临阵逃跑，贸然将其神位撤出忠臣庙。对于效法刘、关、张桃园结义的道宗等万姓兄弟来说，这是极大的侮辱，无法接受。“万姓集团”结义兄弟把他们之间的义气置于至高无上、甚至高于国家、民族的地位，而这是中国传统的、一向被认为是做人的最高道德。道宗主谋叛郑降清，也正是在这种道德观念的驱使之下，因此他才会在“铜山之变”中吟诵出“何物释子坏长城，畏死何堪见乃兄”的诗句。而天地会成员之间奉为最高行动准则的，恰恰是这种“忠心义气”。[9]

中国社会科学院历史研究所王春瑜亦言：

> 东明寺住寺道玉师傅，多年来他一直大力支持学者深入福建民间调查天地会起源，研究天地会的中坚“香花僧”的历史。蒙他出示民间秘密流传的海内孤本《香花僧秘典》，其中盛赞关羽“威名满华夏，

真义士，真忠臣，若论千载神交，合与睢阳同俎豆；戎服读《春秋》，亦英雄，亦儒雅，试论九霄正气，当随奎壁焕光芒。”并在每年五月十三日关羽诞辰时特设法坛，贴出此联语。关羽对天地会的深刻影响，于此可见一斑。[10]

有文章说，近年福建平和县大溪镇高隐寺又发现了包括一批会簿在内的天地会文物，《会簿》中亦有“万道宗主持五祖上岩关圣帝君前立会，约定暗号，令旗宝剑。后五祖在三点地上仙岩、高隐岩、长林岩三合会。众僧密拜立天地在高隐岩，后分开各省召集起义，暗立会名天地会”等语。[11]两相参证，更能证实“香花僧”中亦流行有对关公之特别信仰。

第三点是罗炤撰有《“洪船”与郑成功、洪旭》一节考索洪旭与郑成功、道宗之间的关系，着重探及“《贵县修志局本》有一段关于航船（后来的‘会簿’称为‘洪船’）的问答，其中描述有‘左边有仁义礼智信，右边共同和合结万’”。“航船的‘右边共同和合结万’，显然与‘万姓集团’有关。‘左边有仁义礼智信’，这其中有何含义呢？”结论是与“郑成功的仁、义、礼、智、信海上五商有关”。不过似乎没有考虑到其中蕴含的价值体系问题。

按“仁义礼智信”本为儒家“子思五行（五常）”，唐人孔颖达注《尚书·甘誓》“有扈氏威侮五行”句言：“五行在人，为仁义礼智信。”杨倞注《荀子》“谓之五行”句，亦曰：“五行，五常——仁义礼智信是也”，自宋儒编定的《三字经》“曰仁义，礼智信，此五常，不容紊”，就已把这个观念推向普及，深入城乡民心。故其标立价值体系，亦须树有形象标识，最适合的榜样当然就是关羽。

萧一山《近代秘密社会史料》卷四洪门“口白”中谈到“大洪船”时，就几次提及船中供奉的神位。船头供奉的是“华光大帝，左有千里眼，右有顺风耳”，船尾供奉“安天后元居（按即妈祖），左有朝江神将，右有望海神将”。而船舱正中地位，供奉的神祇却是关羽：

“船舱安乜神圣？”“安关圣帝君。左有关平太子，右有周仓大将。又有一对：诸公肝胆真忠义，扶明四海一家人。”[12]

而“洪船”正舱供奉关公而非妈祖，正是以东山为中心的漳州船民风习。至今犹然。据介绍：

拜谢天公最诚敬最隆重当为东山的渔船与商户。年年岁首开春，各渔船商户头家（老板）到关帝庙晋香许愿；年终岁尾，于农历十二月廿四日众神上天述职之前择吉举行拜谢天公的祭礼。此日之前的腊月每日，各渔船头家率全船伙计，各商号老板率全体员工，载全猪全羊（“猪公”“猪妈”“羊公”“羊妈”）等牲礼，抬鸡鸭鱼虾、糕粿酒饼和金屯金船等供品，轮流抵达关帝庙进祭，供品如山，高香大烛，三跪九叩十二拜，甚至一百二十跪叩礼拜，祷声喃喃，颂语不断，报谢天公赐福与关帝恩典。东山铜陵全城数百上千渔船商户，都在此间进祭（现来东山经商办厂的台胞亦然），故关帝庙每天得安排好几场祭礼。常常从早到晚香火云蒸霞蔚，人众川流不息，其热闹隆盛场面令人叹为观止。[13]

前述关公崇拜自嘉靖、万历以后久已深入福建民俗，而天地会首批会众亦与前述东山铜陵卫所的将士兵丁一样，早已脱离了家族宗法，也决定了关羽崇拜的主导地位。故天地会信条首先标立的，就是“忠义为大，义气为先”。

现存“天地会”第一批文件，即嘉庆十六年（1811）五月初七日记录的“广西东兰州天地会成员姚大羔所藏《会簿》”中，叙述信仰由来的“真主联”已出现了“项羽拥衾，千载说仁义之风；关公秉烛，万古表精忠之名”。而“关圣对”则言：“英雄豪杰定乾坤，万里江山共一轮。争天夺国一点红，路［露］出根机剑下亡。”[14]

《洪门志》言其“大聚会”的规定，也有“每年五月十三日，为关帝圣诞；每年七月二十五日，为五祖纪念，即红花亭纪念”两个大型聚会日。[15]可知关羽在隐秘社会中之地位显赫。天地会文件中最为神秘的描述，是其组织根基“木杨城”。不但会众之间盘诘时要不厌其烦，反复盘问木杨城内的布置陈设，而且汲引新的会众也必须在模拟木杨城的环境中进行，可谓会众心目中的一方圣地、信念源头。只是木杨城究竟实有其地，还是一个虚拟所在，一直不甚了了。[16]但有一点始终是明确的，这就是木杨城敬奉关羽：

滴血盟心本姓洪，木杨城里拜关公。

藤牌宝剑千斤重，镜剪绫花两边功。

斗内公平与秤尺，米粮漕足壮军容。
五方旗伞分颜色，四宝文房立正中。
桃李松柏千古秀，百花灯烛万年红。
长钱金扇灵前草，四大忠良尽受封。

木杨城内有关公，花洪宝烛在其中。
四大忠贤扶左右，松柏长钱挂西东。
铜牌宝剑高低插，厘戥巾扇剪金绒。
五尺烟筒和桃李，结彩灯花满城洪。
五色彩旗三军命，黄罗宝伞插正中。
烟兵茶酒和玉箸，左桃右李壮军容。
三牲酒醴来奉敬，五菜五果奉五龙。
斗上洪灯同结义，召集英雄见太公。[17]

说的其实都是一回事情。平山周在叙述天地会分支“三合会”的入会仪式时也说：

凡富贵人、学问家、官吏、农夫、商人、士兵、莠民、盗贼、乞丐，苟存忠义之心，思反清复明者均得劝诱，令入会为洪家兄弟。会场则临时设于郊外，其大约五丈见方。分为外部、中央、内层三区。其行仪式之秘密室，则取陈近南之亭名作隐语，谓之“红花亭”。室中祀关帝……有桃枝，

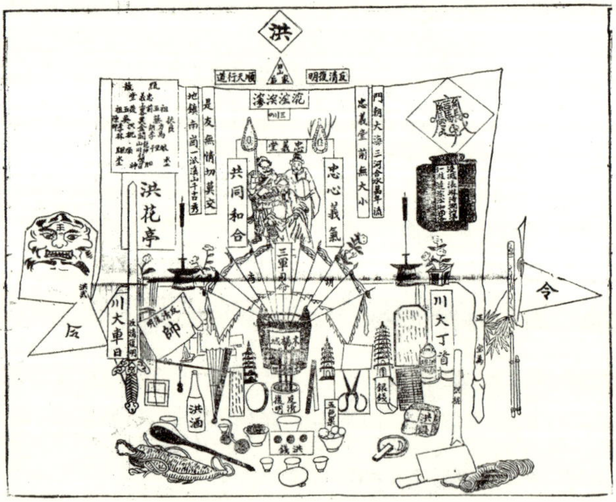

萧一山《近代秘密社会史料》卷首附图之七《天地会入会仪式·会场陈设图》，原件为伦敦大不列颠博物院藏抄本oriental 8207（3）。请注意正中设立的关羽神像和两旁对联，其坐姿仍然保留着金代神像的大概。可知民间信仰，于典籍外自有别传。

以明昔刘关张桃园结义之意。[18]

可见在仪式上关羽神位具有特殊意义。此外明清隐秘社会由于脱离了家族与宗法社会，行游于江湖之间，故需结为虚拟血缘关系，师徒拟父子，同帮拟兄弟，亲属拟姑嫂等。其间的道德标准也仿照相应的血缘宗法伦理制定了严格纪律，如哥老会“议戒十条”中就规定“一不准欺兄灭弟，二不准咒骂爹娘……四不准以大欺小”，[19]对于男女关系限制尤严。此外在财务来往、解困纾难、救济遗孤、保守秘密上也有详细规定。[20]这种精诚团结，前赴后继的意志品质，在辛亥革命前后的确起到了引人注目的作用。但是自那以后，便失去了高远宗旨，逐渐变成一个个小利益集团，直至1949年以后基本退出社会。只有洪门致公党完成了现代化改革，成为持续发生影响力的政党。时代丕变，社会演进，已不须诅盟设誓。但在一个更为广阔，技术条件也更为便捷的社会空间里，如何在人际关系中保持长期的忠诚和友谊，仍是一个现代语境中值得探讨的问题。

前面谈到的“关公诗竹图”也为后世崇尚关羽的隐秘社会仿效，洪门就曾以此为据，造出“洪竹图”来。萧一山《近代秘密社会史料》是据伦敦大不列颠博物院藏抄本编辑的，在《先锋问答》中有这样一段对话：

问：有经过什么地方？／答：经过广东惠州府石城县观音山苦竹坑。

问：你上去游玩无？／答：亦曾上去游玩。

问：见有什么东西？／答：见有二盆竹。

问：尔竹知多少枝？／答：一盆三十六，

一盆七十二，共凑一百零八。

问：尔有取竹无？／答：我有取竹百零八枝。

问：尔一人如何取得咯多竹枝？／答：洪家兄弟千千万万，取之不尽，用之有余。

洪门《海底》所载之“名洪竹”图，注明“种在广东省惠州府石城县虎足坑。诗曰：广东洪竹世间稀，林中三六七十二。天下无人知此意，举手动足便知机。”其实“三六”指天罡数，“七十二”指地煞数。是清末民间对于《三国》《水浒》不高明的抄袭模仿。

问：竹是乜名？／答：竹名朱洪竹。

问：有何为证？／答：有诗：广东洪竹世间稀，林中三六七十二。天下无人知此意，起手动脚便知机。[21]

这虽然是源于洪门传说中共主为朱明后裔“朱洪竹”，故以竹为洪门暗号。亦与“关公竹”一样，暗寓“复汉”，或者“身在曹营心在汉”的意思。或者“朱洪竹”之名实源于此，也未可知。

另有一层意思是，竹之繁殖，端赖由根系部串生，渐次蔓延开去，洪门亦以此隐喻组织发展，主要依赖地下串联之意。

移民神

一、走西口

台湾学者黄华节曾认为：

清朝时自然经济和血缘团体逐渐解体，多姓村庄开始增加，并且出现了大批客商及游民。因为新生集团无法依靠血缘关系来增强团结并保护共同利益，他们求助于关羽的忠义象征，来维持这个由来自五湖四海的团体，关羽的形象便被作为交友之道的原则，从而使关帝庙更为普遍。[22]

大致不差，尤其适用解释移民地区关庙建立之由。乾隆以后中国缘于传统耕种技术的农业，已与人口爆炸性增长形成紧张冲突，集体移民已成不可避免的趋势。这个浪潮被后世简略地概括为“走西口，下南洋，闯关东”。

“走西口”主要指两个趋势，一是晋商驼队及个体商贩的经商运输活动，二是山西、陕西及河北移民随着牧区改为农区或者农牧结合区向西北方面迁徙，也是沿随军西征的晋商足迹延伸出来的。例如察素齐即今土默特左旗乾隆年间的《察素齐重修关帝庙碑》记云：

自圣祖仁皇帝与将军费扬古西征厄鲁特噶尔丹，乃招民出口耕种，旋于归化城市市通商，未几，耕者商者云集辐辏，归化城亦一大都会也。久之，而数里一邨，数十里一镇，于是有察素齐镇焉。

这就清晰地勾勒出察素齐以及归化城一带村镇形成的概况。随着对于外蒙古诸部及俄罗斯商道的开拓，这种模式亦渐次沿着晋商驼队的足迹延伸，逐渐覆盖了内蒙古西部。晋商和山西移民也把家乡信仰带至新的聚落。据说清代归化城有七个关帝庙，晋商在这里开会议事，行会的办公地点就是关帝庙。[23]

其中“大盛魁”是晋商在蒙古地区活跃时间最长、影响最大、资本也最为雄厚的商号。创业三人中王相卿即太谷“王家大院”始祖，张杰、史大学均为祁县人。大盛魁虽以牛羊马贸易起家，但联号经营，无所不至，号称“上至绸缎，下至葱蒜”，并且承揽了蒙古王公来京纳贡、值班、引见的公关消费活动，业务范围不断扩大。同治六年（1867）大盛魁联合归化城商民，奏请“由恰克图假道与西洋通商”，清廷“依议”。从此归化城的一些商号联合组成商帮，在中俄边界同俄商互市，并在新疆等西北地区同时开展贸易。而大盛魁则以自己的驼队独家深入到俄国腹地进行国外贸易。

大盛魁供奉的财神即关羽，“在财神座前陈列着扁担一条，木箱子两个，石头一块，宝盒子一个。”据说是为永远纪念创业传统而设立的，并且为三位创业者留有“永远身股”。[24]故一直利用关帝庙作为大行，有“包头长久以来，一直是由关帝庙的‘大行’和东河的‘农圃社’利用‘死人沟’的‘梁山’来维持市面”之说。[25]李福清说：

> 在18世纪中关羽崇拜在蒙古族流行较广。1772年（乾隆三十七年）在俄罗斯工作的德国学者巴拉斯（P. S. Pallas）在西伯利亚旅行时，参观俄罗斯恰克图（Kjakhta）及对面的（属于清朝中国）买卖城时，也参观了那里的关帝庙（大概是北部最远的关帝庙）。当地的蒙古人告诉他，这就是格斯尔庙。[26]

证实晋商已把关帝庙修筑到他们力所能及的最远所在。又据民国《九行十三社》调查，包头商行崇拜关羽的习俗甚伙。往往结社举行仪典。如皮坊和成衣局（包括单干裁缝）联合组成“威镇社”，每年三月十八日在关帝庙过会，供关云长为祖师。又饭店、饭庄、烧麦馆和厨师组织“公义仙翁社”，“每年八月十七日在关帝庙过会，供关公为祖师。”另由屠户和肉铺组织“得胜社”，亦“每年二月二十九日在关帝庙过会，供关公为祖师。”[27]

另外还有一条晋商开拓的通往东蒙的路线，或由张家口转向锡林浩特，或由京师北上至多伦诺尔（今内蒙古锡林郭勒多伦），再东北至昭乌达盟（今内蒙古赤峰），渐次北移。多伦诺尔为康熙会盟内外蒙古四十八部的地点，并在此地建有“汇宗庙”，以此北通外蒙，东至关外，商旅往来，不绝于途，多伦也因之蔚成都市。这条商道至今还有一些地名以关帝庙、老爷庙命名，就是这段历史的见证。此后趋势则是向着农牧混合、蒙汉文化融合发展。所以这一带虽然地广人稀，却出现了正规的关帝庙。

民国二十四年（1935）的《察哈尔通志》记载坝上张北县（今属河北张家口市）二十四座关帝庙，无论数量还是规格，都堪称范例。文长不录，其中提及蒙古庙中也设有特祀关羽的殿宇：

> 波罗素庙：在县城北五十余里，三区石柱子梁正东，亦为蒙古庙。清乾隆年间由蒙人波罗活希达捐助建立。正殿及楼房三十二间，配殿十八间，殿有金顶。殿后有塔，并有关帝庙三间。清代全旗均赴本庙送牛奶，制造奶食、奶酒奉上。[28]

新疆亦复如是。纪昀在《阅微草堂笔记》卷八《如是我闻二》中描述到乌鲁木齐的关帝庙：

> 乌鲁木齐筑城时，鉴伊犁之无水，乃卜地通津以就流水。余作是地杂诗，有曰：“半城高阜半城低，城内清泉尽向西。金井银床无用处，随心引取到花畦。”纪其实也。然或雪消水涨，则南门为之不开。又北山支麓，逼近谯楼，登冈顶关帝祠戏楼，则城中纤微皆见。故余诗又曰：“山围芳草翠烟平，迢递新城接旧城。行到丛祠歌舞处，绿氍毹上看棋枰。”

同书卷四还说：

> 后汉敦煌太守裴岑《破呼衍王碑》，在巴里坤（今属新疆哈密市）海子上关帝祠中，屯军耕垦，得之土中也。

可见不仅中心城市，其他边远地方也建有关庙。随着满汉军民的迁徙，新疆地区的关帝庙很快增加，如陈松题新疆天山关帝庙联云：

> 赫濯震天山，通万里车书，何处是张营岳垒；
>
> 阴灵森秘殿，饱千秋冰雪，此中有汉石唐碑。

以致在嘉庆初年即出现了洪亮吉所叙的景象：

> 出嘉峪关，抵惠远城，东西六十余里。所过镇堡城戍，人户众者

多仅百家，少则十家、六七家不等，然必有庙，庙必祀神。[29]

光绪前期（19 世纪 80 年代）俄罗斯汉学家波塔宁（G.N.Potanin，1834 ~ 1920）曾在西北各民族中收集了很多民间故事，也包括“关羽出世”传说。此外，现居于吉尔吉斯和乌兹别克斯坦的东干人原为甘肃、陕西等地移居的回民，在他们的传说中也有“桃园结义”的故事，可谓关羽崇拜传播极西之地。但由于长期分隔，传说内容与内地已有不同。[30]

二、下南洋

相对而言，“下南洋”的历史意蕴更加复杂深厚，发展趋势也最为绵长。历史上的海上贸易且不去说，近代内乱外侮不断，英法曾于 1860 年（咸丰十年）10 月，强迫清朝政府分别签订中英北京《续增条约》、中法北京《续增条约》，承认他们来华招工的权力。光绪《闽县乡土志》言：“膂力强者，用应洋人之招，为苦工于绝城，彼族以牛马视之。”民国《永泰县志》言：“同治初年，英、荷诸国开辟荒岛，乏人垦治，以重资诱往作工，遂有贩卖猪仔之事。”其中也包括部分有识之士效法西洋，以图自强，主动向海外寻求创业发展。故“下南洋”者反清倾向尤为显著。

以今日视角观之，当初“下南洋”还有中国、外国之分。其中台湾应当属于中国本土的隔海迁徙；而赴东南亚、太平洋诸岛国甚至欧美澳谋生者，则为侨民。

由于“下南洋”是一个持续的，因人而异的过程，闽广不同地区人士偶然聚居异乡一地，亟须建立一个超越地域、宗族和宗教的共同信仰，以调解纷争，形成凝聚，关羽崇拜自然成为最佳选择。盖缘晚明移居的老华侨，亦知奉行关帝。于是南洋凡华人聚落，无不在宗祠、乡祠之外，共建一座关庙，以彰虔敬。如《马来西亚吉隆坡关帝庙》介绍说：

> 在吉隆坡设立的第一间庙宇就是关帝庙。先贤选定适当的地点，即在思士街转入谐街一地，建起第一间关帝庙来。关帝庙也就是今天依然屹立的广肇会馆，刻下色泽鲜明，红墙绿瓦的关帝庙，经过重修的新面貌，到今天依然香火鼎盛。[31]

欧美则是华人聚居的主要区域共建关庙，如美国的旧金山（San Francisco）、澳洲的新金山（Melbourne），都是晚清淘金工人修建的。纽约华埠近年亦修建有关庙，已成为州长甚至总统竞选时拈香以争取华裔选票的场所。19 世纪后期，海外华人开始打破地域、宗族及聚居地的轸域跨地区、跨行业合作时，关羽信仰也起到了垂范作用。如 1963 年 9 月成立的“世界龙岗亲义总会”就既是地缘性，又是亲缘性的世界性组织：

龙岗此一名称，起于逊清康熙初年，广东开平县单水口地方，有龙岗古庙一座，庙内供刘、关、张、赵四先祖神像。《广肇通志》记载《龙岗古庙记》之原文：“昔人言，山不在高，有仙则名；水不在深，有龙则灵。是知深山大泽之内，亦有英灵神物之凭居。惟斯地也，脉出云山，气连珠海，盘旋起伏，势若蟠龙，中有一小岗，若龙首之昂空，故老传言，每当风雨晦明之夕，恒见岗山云雾迷蒙，直升霄汉，若有神物嘘气于其间，因名之曰‘龙岗’焉：业权本属山草步乡刘姓所有，附近各姓以其地有灵气，知为龙脉所锺，均欲据夺，刘姓族小，以强邻虎视，恐酿争端，乃集刘、关、张、赵姓四人士商决兴建祠庙于岗上，塑奉汉昭烈帝、关壮缪侯、张桓侯、赵顺平侯及诸葛武侯诸神像，并名之曰‘龙岗古庙’，以杜觊觎者谋。斯乃龙岗古庙得名之由来也：爰沘笔而为之记。康熙元年里人翰林院编修刘文举撰。”

缘龙岗之组织乃从此而发祥，该地为台山、新会、开平三县交界处，当地同胞列海外谋生者最早，我侨居美国之四姓宗亲，于逊清光绪初年，即于旧金山布碌港首先建造龙岗古庙。宣统二年旧金山龙岗公所落成，为四姓侨胞联络中心。继则由美国各埠扩展至其他国家，如加拿大、墨西哥、古巴、秘鲁以至澳洲各地区，均先后成立龙岗亲义公所，民国四十九年秋台湾和香港龙岗组织成立，同时世界龙岗亲义总会在港亦开始筹备，五十九年泰国、日本、韩国亲义总会次第组成，五十二年九月，世界龙岗亲义总会在香港正式成立，五十六年马来西亚十四个龙岗单位及四姓宗亲组织成为马来西亚龙岗亲义总会，新加坡刘、关、张、赵“古城会馆”成立迄今已逾一百年。欧洲龙岗亲义总会亦于六十七年成立。目前世界各地有关龙岗组织者共为一百四十六个单位，拥有宗亲约三百余万人，占海外华侨总人数七分之一。龙岗宗亲遍布全球，一个宗亲团体有如此悠久历史、庞大力量和世界性的组织，实开氏族团体之先河。

何谓龙岗精神？曰忠曰义、曰仁曰勇，简言之“尽己之谓忠”，“行而宜之谓义”，“博爱之谓仁”，“见危受命之谓勇”。此四者亦为我国固有伦理、道德之精髓，龙岗宗亲视为立身处世之准则，造次如是，颠沛不违，其宗旨乃秉承刘、关、张、赵四先祖桃园结义、古城聚会之精神，遵奉先主遗训，亲爱精诚，团结互助，共谋福利为鹄的。[32]

说明关羽信仰仍然在海外华人中具有垂范榜样及凝聚意义，并在新一代华人华侨中继续延展。其中包含对关羽信仰的现代性诠释，可供思考。

三、过台湾

海峡两岸，一水之隔。同胞相亲，信仰相连。这本身既是一份信仰的传递互动，又是一种“血浓于水”的乡情相依。对于奉行“敬天法祖”传统的中华子孙来说，更有特殊的价值意义。

据地质学家推测：在远古时代，福建与台湾陆地相连。在第四纪的冰川时代，台湾海峡曾是露出海面的陆地。后来因为气候变暖，洋面上升覆盖了台湾海峡，遂使台湾变成了岛屿。近年来的考古发现和地质学研究都表明，在距今约 300 万至 1 万年前的更新世时期，由于地球上曾多次出现冰期和间冰期，每当冰期来临，海平面下降，在福建和台湾之间的浅滩区便露出一条“东山陆桥”。而“东山陆桥”曾是古人类跨越海峡进入台湾的必经之地。

近年来，闽台两地考古学者发现的旧石器、新石器和商周时期文化遗址、遗物等，更证实了远古时期闽台经济文化关系十分密切。闽台两地所展现的旧石器时代的经济文化关系愈来愈明显。如：距今约 3 万至1万年前的台南“左镇人”与“北京人”有近亲关系；距今约 1 万多年的福建“清流人”“东山人”与台湾长滨文化主人的年代相当，而且都以洞穴为活动场所。

也许只是一种历史的巧合，正是三国时代东吴的远航船队首次打通了大陆与台湾的联系。台湾古称夷洲，那以前和大陆还没有什么联系，但它附近的岛屿（古称亶洲，今为琉球岛）却从秦汉以来“时有至会稽货布者”，会稽人出海也时常有因风向漂流至那里的。孙权为“觅取海外之发展，谋求贸易之利”，于黄龙二年（230）派大将卫温、诸葛直率甲士万人寻找这两个岛屿，结果只找到了夷洲，“但得夷洲数千人还”。这是中国史籍上有关台湾最早的记载。台湾与大陆的联系，也从那时逐渐密切起来。

据台湾学者研究，实际上唐宋以来，澎湖即有闽人屯垦。明朝立国初期，即以“海上为不征之地”，对东南沿海采取消极退守态度。洪武年间施行“禁海”政策，强制在澎湖的闽人废弃辛苦建立的家园，全数撤回福建。致使原本市井繁荣的澎湖一夕荒芜，造成史上有名的“墟澎事件”，反而听任澎湖成为海盗巢穴。“抗倭”时期，东山水师曾兵临澎湖。由于澎湖处于大陆架与台湾岛的中段，所以历代移民或军队入台，一般都会在澎湖停靠补给，或等待季风气候适宜，继续前行。因此澎湖便成为连接大陆、台湾不可缺少的枢纽，也是最早的移民地带。闽人大量迁台是从晚明开始的。崇祯三年（1630）福建大旱，尤以同安特别严重。郑芝龙建议福建巡抚熊文灿以船舶送居民至台湾开垦：“人给银三两，三人给牛一头，使垦荒食力，渐成邑聚。”于是漳、泉赴台者众约有数万人，这是中国官方第一次有计划、大规模地向台湾移民。东山、泉州等地关帝庙的神灵香火，也因此随移民带到台湾。明清以来，东山以至漳州籍人士四次大规模向台湾移民，途经东山铜陵镇，均向关帝庙敬祷分灵，因此东山铜陵关帝庙的香火也沿此传布台湾各地。台湾闽籍移民向有“漳七泉三”之说，缕述关公文化经过漳州移民经东山传播到台湾的经过，大体分为四个时期：郑成功、施琅先后复台，福康安平乱、清代“唐山过台湾”，20世纪40年代光复祖国及国民政府迁台。随着大规模移民，关公信仰及其文化传播也逐渐在台湾落地生根，普及深入，成为最为重要的信仰之一。

若要细分缕述，这个过程还可以大致分为三个阶段：即明末清初随明宁靖王、郑成功迁台的“政治移民”；随施琅、福康安而来的“军事移民”；以及嘉庆以后大规模移居的“经济移民”。且待分说。

南明永历十五年（顺治十八年，1661）4月，郑成功以南明王朝招讨大将军的名义率军由东山港出发，进击澎、台，驱逐荷兰侵略者、收复台湾。建立府县地方政权机构，府为承天府，县为天兴县、万年县。杨戎政为府尹，以庄文烈知天兴县事，祝敬知万年县事。行府尹查报田园册，征纳口银。改台湾（城）为安平镇。《台湾县志》对当时建制作补充记叙云：天兴县（县治在今台湾嘉义县佳兴里）辖台岛北路，万年县（县治在今高雄县兴隆里）

辖台岛南路，中路之地隶在二县之内。又设三安抚司，南、北与澎湖各一司。郑成功逝世后，嗣王郑经入台，政制有更张，改东都为东宁，县升格为州。地方基层机构，“设四方以居商贾，设里社以宅番、汉。治汉人有州官，治番民有安抚司。”同时还派员赴漳、泉各地，“招沿海居民之不愿内徙者数十万人东渡，以实台地。”

“陈”是台湾最大姓，这不但有“陈林半天下”的俚谚可证，“国史馆”台湾文献馆（前台湾省文献会）的数据也显示：台湾每九个人中，就有一个人姓陈。据台湾文献馆考证，陈氏在福建本是大族，首位入台的陈氏是随郑成功驱逐荷兰人的陈泽。须知凡是漳州籍迁台居民，不论何姓，都是经由东山在铜陵关帝庙焚香卜吉后，才扬帆远航的。

由于万历年间皇室正式明确宣称关公“显护在国，威庇在民”，举国拥戴，而且其“颜如渥丹，骑曰赤兔”，位证坤方，为“南方赤火神”。[33]所以郑成功不但入台之前曾在东山铜陵关帝庙亲为虔敬求签卜吉，而且待台湾局势稍微安定，即在首府台南修建祀典关庙。傍依所奉明室宁靖王府的钟楼，并在入清之后继续保留，不时重修。日据时代犹有大关帝庙“关公一夫当关，道路回避”故事：

> 最引人津津乐道的是，1906年再次重修时，正巧遇日人改正街道，准备笔直的拓宽永福路，但祀典武庙却位于预定道路终点中央，而引发拆迁争议。最后日方不敌居民反对，加上敬重关公，终究迫使道路转折绕行，只拆除庙左外墙及官厅，而留下“关公一夫当关，道路回避”的茶余饭后话题。

故能完好保留至今，成为台湾一级文物保护单位。与此同时，郑氏部将及委任的地方官员也纷纷在各地任所兴建关帝庙，掀起台湾兴建关帝庙的第一波高潮。乾隆十七年（1752）《重修台湾县志》言：

> 关帝庙：在镇北坊。崇祀关圣大帝……伪时（按指明郑时代）建，宁靖王书匾曰：“古今一人”。康熙二十九年巡道王效宗修。五十三年巡道陈璸重修。五十六年，里人鸠众改建。乾隆三年巡道尹士俍倡修。旧志府志载各坊里之庙：一在西定坊港口，俗呼小关帝庙；伪时建，康熙五十八年里众重修。一在道署左。康熙间道标营众建；雍正

三年巡道吴昌祚修，并拨凤山县大港社田租粟六十石，以供香灯；乾隆十七年巡道金溶鼎新改建。一在安平镇。一在土墼埕保，今圮。一在永康里许厝甲。一在保舍甲。一在新丰里。俱伪时建。一在长兴里，伪时建。康熙五十九年重修。一在保大东里，康熙五十六年建。一在澎湖妈宫西，康熙三十六年澎协副将尚宣建。

康熙五十八年（1719）《凤山县志》言：

关帝庙：一在永宁里。一在安平镇（改旧遗房屋而更拓之，宏丽甲一方）。一在土墼埕（神像先祀于烈屿。时值播迁，有贼舟犯岛，民多震惊；是夜见帝提刀跃马，沿海驰击，贼遂散去。岛民因奉像来台祀焉）。

可知关公神灵迁台最初的功能之一，仍然是护卫疆土。嘉庆《续修台湾县志》卷二《政志·坛庙》中，还明确道及神像就是由大陆分灵渡台的：

万年县关帝庙：在凤山县土墼埕保（今属台南市）。神像原祀于福建烈屿，郑成功入台，清康熙下令迁界，岛民迁台，洪姓信徒奉神像来台，建庙祀之。

台南祀典武庙为郑成功时代建造。是台湾地区最早的关帝庙。

永康里关帝庙，有四：许厝甲（今属台南县永康市）创于明郑初期；永康里保舍甲（台南县永康市）；长兴里（今台南县仁德乡）；新丰里（今台南县关庙乡）。

南明唐王朱聿键政权的大学士黄道周，也曾率军北上抗清。可惜书生领军，又受郑芝龙等人掣肘，只能一死报国。他即为铜山所军籍，自幼就在东山关庙之侧读书，曾为关庙联云：

数定三分，扶炎汉，平吴削魏，辛苦倍常，未了一生事业；

志存一统，佐熙明，降魔伏虏，感灵丕振，只完当月精忠。[34]

把关羽精神中“扶汉一统”的内涵突出强调出来。在这一点上，与当初关羽志在恢复的心境千载相通。

也许出于改朝换代的回避心理，台湾则传说这副对联为京师正阳门关帝庙之关公自书联。如道光十九年（1839）《噶玛兰厅志》（今台湾宜兰县）载：

兰中（关帝庙）……楹联即用京都正阳门庙神所自作之句：“数定三分，扶炎汉，削魏伐吴，辛苦备尝，未了生平事业；志存一统，佐熙朝，荡魔伏寇，咸灵丕振，只完当日忠贞。”

字句稍有出入。笔者1997年赴台参加首届两岸关公文化研讨会时，曾在多家由东山关庙分香建立的关帝庙中看见悬有这副对联。

由于满洲早就信奉关公，入关之前皇太极建沈阳城时已先建关帝庙，顺治元年（1644）又颁诏敕封关公为“忠义神武大帝”。故施琅复台，台湾关帝庙香火照旧兴隆，是否曾“一关各表”？或者在平抚改朝换代之际明朝将士家属心理创伤方面有何功用？都是值得探索的。

由于雍正三年（1725）特颁谕旨将关公祀典比隆孔子，追封三代，台湾官吏也不甘落后，闻风而动，继续修缮前庙，兴建新庙。如彰化知县秦士望《关帝庙碑》说：

关帝者，汉寿亭侯。讳羽，字云长，河东解梁人。初与蜀汉之昭烈帝及桓侯张讳飞为布衣交，恩同兄弟。后因汉室陵替，一片赤心，寝食不宁。昭烈欲伸大义于天下，帝与桓侯为左右翼，君臣之分定焉。

帝喜读《春秋》，梗亮有雄气。下邳之役，王臣分离，帝不得已，因故人张辽，而有“降汉不降曹”之约，操阳许之，阴欲以恩结帝心，礼遇甚隆。帝斩将以谢之，遂弃其所赐而奔昭烈。迨昭烈收蜀，帝坐镇荆、襄，盛（威？）震许、洛，势成鼎足。天不祚汉，帝殉大节，而英灵之不显，万古凛如一日。故历代递加封号，易侯而王，易王而帝，推崇无以复加。普天之下像帝而庙祀者，难以更仆数。而我彰邑荒昧初开，民番杂错，沐圣朝雍熙之化，渐知服教畏法。若更感之以帝德，慑之以帝威，则其鼓舞更神。

前之宰是邑者，创立庙基于城南，而经营未就，殿宇仍缺。予不自揣，竭蹶踵事，庀材鸠工，五阅月而庙成。后殿位立木主以祀帝之三代祖祢。前殿镌帝金像，冕旒端凝，宛然如生。一切陈设之具略备，复延戒僧觉钦为住持，以奉香灯。

夫自古忠臣义士，生为正人，没为明神，皆足以奠俎豆，享血食。然或祀隆于一代，或庙建于一方，求其比户尸祝，海隅禋祀，自汉迄今，日新月盛，惟帝一人。论者谓其德配尼山，圣分文武；忠同日月，气塞天地。其言庶几有当也。兹之草创殿宇，聊竭予诚。未满予志。至于后此之规模，何以开扩风雨，伺以无颓，不得不厚期于来者。

大清雍正十三年（1735）岁次乙卯七月中浣，福建台湾府彰化县知县濉阳秦士望谨撰并书。彰化县儒学训导署教谕事随梯、雾捒巡检司巡检□国荣、鹿仔港巡检司巡检王洪仁、典史邢继周仝立。[35]

尤其是其中“荒昧初开，民番杂错，沐圣朝雍熙之化，渐知服教畏法。若更感之以帝德，慑之以帝威，则其鼓舞更神”数语，已分明透露出遵奉关帝共同信仰，已成为朝廷官员教化“番民”的重要方式之一。但仍然存有限于财力，关帝庙宇未能尽善之憾。

如果说郑成功以及随后康熙二十二年（1683）施琅收复台湾，主帅将士均是沿海闽人，故深知澎湖的位置显要。随后驻岛官兵也仿照东山水师明军旧例，陆续修建、增建起关帝庙。如康熙四十七年（1709）澎湖《增建关圣庙头门仪门记》说：

澎湖关圣庙，乃康熙二十三年平台后所建，以主斯土之祀者也。但时值草创，规模未备，且岁久飘摇。丙戌秋，余与协营林、戴二君圮者复之、剥者墁之，画栋雕甍，业已一律维新矣。

兹协镇许公谓当今武庙与阙里并重，庙制未宏，非所以肃祀事而答神贶。况去年岁时丰美、海屿安澜，兵民辑睦，何莫非仰赖神庥之所致也。治民祀神，非守土之责耶？因与余谋所以廓其制焉。两营诸同事，亦欣然报可。遂各捐廉俸，增建头门一进三间，门内东西翼以两廊各三间；又增建仪门一进三间，门内东西亦建两廊各二间，以为祭祀时各官至止听候行礼之所也。其天井阶除，铺砌砖石，俱各修整相称焉。

噫！道待人行，时至义起。许公之诚意如斯，其所见者远矣。是役也，肇于丁亥之季冬、成于戊子之仲春，越两月而告成。从此，庙貌森严，规模宏敞；神所凭依，其在斯乎？所有助财宣力者，并备书于匾，以垂永久云。是为记。[36]

道光《澎湖续编·庙记》亦言：

澎湖协营关帝庙：又名铜山馆。清初创建，其神来自福建省东山县铜陵镇。

雍正、乾隆年间关公崇拜及官方祀典更上层楼，澎湖虽然僻居“海陬”一隅，也严格按照国家颁布的官式祭祀仪典，尊崇关公。如乾隆三十六年（1771）《澎湖纪略》记载：

庙祀：澎湖关帝庙：庙在妈宫澳西偏，距厅治五里，日久倾圮。乾隆三十一年，余与协营诸公捐俸增修，祠宇式廓，今焕然一新焉。祀神勇关圣也……至国朝顺治九年加封忠义神武之号。乾隆二十五年二月廷议以原谥壮缪未协，请更定谥号，改谥神勇；岁祀用太牢，典礼与阙里并隆焉。乾隆三十三年三月奉上谕：“加封忠义、神武、灵佑关圣大帝，其官建祠宇、秩在祀典者，并依新号设立神牌，以申崇奉。钦此。”澎湖自乾隆三年奉文起，每岁三祭，开支钱粮银一十八两。

驻岛官兵捐资增建关帝庙的风气，也从乾隆时期开始大盛，如乾隆三十年（1765）《重建烽火馆碑记》言：

特简镇守福建等处地方驻扎澎湖水师副总镇纪录二次江讳起蛟、福建澎湖水师协标中军副总府兼管左营林讳云、缘首福建澎湖水师协标右营副总府带纪录二次戴讳福、澎湖右营守备吴科、署左右营守备纪廷政、王子□（下阙）、新调澎湖左营守备李其祥、（右营守备）杨元、千总许友胜、谢祖。把总许邦贤、游得贵、林廷宝、王国宝、王光灿、孙必高、陈维礼，（下缺）共捐，烽火门换戍澎台班兵乐助，共成重建新庙，恭奉关圣夫子神像，永为烽火班兵住馆，谨勒此碑为记。

乾隆三十年正月（缺）日穀旦。[37]

同时在经济发展，政治安定的情况下，也动员社会各方力量参与建庙，进一步凝聚军民同心。如《重修关帝庙引》说：

余莅澎之三日，循例谒神。恭诣武庙，见其栋宇倾颓，中心测然。夫修举废坠者，守土之责也，余亦何辞！但此意蓄而未伸。传曰："先勤民，而后致力于神。"将与地方事宜次第举行耳。及晤总戎林公、戴公，已先得我心，谆切具陈厥举，嘱余权舆肇始，各捐俸廉以倡。

嗟乎！事以义举，而四方响应者，其心同也。矧关圣之德播在人间，普天率土以至海隅日出，庸夫愚妇，罔不尊亲焉。非心同乎？是役也，众志佥俞，凡我属兵民、衿士以及四方商贾游历斯土者，随愿捐输，以勷厥工。庶庙貌重新，言言翼翼，以福我澎疆者，宁有既耶？是为引。[38]

台湾情况亦复如此。值得注意的是，至迟在乾隆年间台湾原住民也开始崇奉关公，并与大陆移民共建关帝庙了。乾隆四十二年（1777）台南《贴纳武庙香灯示禁断碑》言：

特调台湾北路理番分府加五级、纪录十九次朱，为查据底里等事。据麻豆社通土美凉、斗耳光、乌棒、择台、耆番沙连、巳夷、买郎、大濑、膀东、来犁等具呈词称：

凉等合社番产，沫【沐】恩清厘例，前例后票着查明。具覆等因：绍查虞朝庄一派地方，如黄大谟、谢明显、叶大彪、陈思省、吴妈协、纪火勇等庄众等，所管各业已升□输课在案，其有旱产、田园难成片段者，贴纳武庙香灯，历年未有易者也。迨圣恩怜恤番，因番之立心不一，或以虞朝庄等产，亦为番界等语。

前经仝通土老番膀望、社番凉等，会同于耆，共相妥议，暨本庄内外旱产纳香灯者，更贴丁饷。议规立约，俱各心安。因凉等恀查底里，于清厘案内禀复黄大谟等，有名兹硬等细查确据，不敢欺神，亦不敢扰众，仍依旧识，□充香祀。但私约难定，官断有凭，理合声明。呈叩，伏乞给示勒石，以成档案□民番仝沐圣恩，永志不朽。切呈等□到分府。据此，除核案外，合行示谕。为此示仰虞朝仔庄民及社番，通土人等知悉：尔等务须遵照旧约，贴纳武庙香灯，仍纳番饷，两相和睦。倘该庄民故违，将应完旧□短少租饷，许通土指名禀究。该社番等如敢于原约之外觊觎滋事，被该庄众呈告，立即严拿究处，断不姑宽。各宜禀遵毋违。特示

乾隆肆拾贰年陆月　日给。[39]

其中“麻豆社通土”应指当地原住民，观其与“朝虞庄地方”的称谓及双方姓名的差异，即可一望而知。而“通土老番朥望、社番凉等，会同于耆，共相妥议”云云，则“通土老番”应为略通汉语之原住民代表。观其大意，应为汉族移民扩展过程中，与原住民田产边界发生纠纷，结果是以共同修建关帝庙，各自出资“贴纳武庙香灯”，维持日常供奉，以“盟神设誓”方式，作为“两相和睦”的基础。台北也有类似情况，近年有介绍说：

忠义山（海拔232公尺）因有忠义庙而得名，之前称为夏唠别山。“夏唠别”其名称原为凯达格兰平埔族社名；其范围约是现在稻香，桃源，一德，关渡里等一带；亦即桃源国小以南至捷运线沿途之范围，以牛蘑坑溪和北投为界，以东为汉人，以西为平埔族人。桃源里小区发展协会也是以“夏唠别”命名。[40]

需要指出的是，台湾原住民中，至今信奉尊崇关公的习俗仍然很盛。如桃园县大溪地昔称“大姑陷”，源自于凯达格兰族霄里社人，以其称大汉溪为“TAKOHAM”，也就是泰雅族语的“大水”之音译而来。据《淡水厅志》记载：乾隆年间漳州汉人移民大溪开垦，居住于月眉一带。因嫌“大姑陷”字不吉利，遂依月眉位于“河崁”之地的天然地势，改称“大姑崁”。同治五年（1866），由于月眉地方李金兴出仕、李腾芳获中科举，庄民为彰显地方之“科”举功名，遂改名“大科崁”。光绪年间巡抚刘铭传在此设立抚垦总局，策划山地开发，并推广樟脑产业，又“大科崁”改为“大嵙崁”。中日甲午之战后，台湾割

让给日本，大正九年（1920）改称“大溪”，沿用至今。原为平埔族霄里社与泰雅族等原住民散居之地的大溪，自清代汉族移民入垦后开始发展。同治二年（1863）因为《中英天津条约》的修订，增开打狗港（高雄港）与淡水港为通商口岸。而旧名大嵙崁的大溪是淡水河系最上游的河港，也是当时台湾最内陆的港口，可说是国际贸易通商的重要转运港口之一。当时桃竹苗农产品、日用品、茶叶、樟脑油等也都藉由大溪转运。光绪十八年至二十三年（1892 ~ 1897）河运全盛时期，帆影终日不息，万商云集。后随经济重心转移，逐渐消歇，现已成为一方怀旧古镇，旅游胜地。关公信仰很早就随东山过海的漳州移民带到这里，并与原住民结合，形成特别的民间崇祀仪典风情。据介绍：

大溪镇普济堂（关帝庙）创立于民国前十年，岁次壬寅（1902）。本堂前临大汉溪、背倚灵峰、山如乌嘴、南面石门近如咫尺，北眺鸢山、遥瞻莺石、乃是马武督直系龙脉的结穴，亦为莲座山首尾相对的灵山，于是延师相地，乃谍山兼分金、集众鸠资、重新改建。共筑成正身五间，配合两边护廊，虽非雕梁画栋、颇称堂构维新，其后再于民国六年添建拜亭完成正式庙宇。并于民国九年庆成建醮。四方善信慕神灵而朝拜者络绎于途、日以继夜。尤以弟子社团，相继而起，遂凭公决，每年农历六月二十四日关圣帝君圣诞之辰，恭迎圣驾排銮下乡巡狩，祈求国泰民安，至此已达一百周年之久，其盛况迄今犹然……本堂主祀关圣帝君，威灵显赫，垂寐合境，香火鼎盛，善及遐迩，各地香客慕名远道纷沓前来，每年农历六月二十四日，为关圣帝君诞辰日，由各地组团朝拜进香之善信大德，日达数万，并由本镇各社团成立二十三组队（现已增至二十八组），举行绕境庆典活动，一时鞭炮、锣鼓声彻云霄，场面盛大而热闹！目前本堂炉下分灵颇多，遍及全国各地，信众无数，农历一月十三日，为关圣帝君得道纪念日，农历正月二十、二十一日起斗，农历十二月初三、四日完斗敬备平安粥，供善信大德膳食，祈求平安，并依古礼虔备牲礼举行盛大庄重之祭典，个地善信，朝拜上香，络绎不绝。另农历四月间，召开信徒大会，藉以弘扬三圣恩主之教义，并促进信众间情感之交流。[41]

又言：

> 桃园县大溪关圣帝君诞辰绕境活动是普济堂一年一度的宗教庆典，自日治大正三年（1914）首次举行以来，已有近九十年历史。每逢农历六月二十四的关帝圣诞，庙方便会恭请主神巡绕全境，过程中并有各式各样的阵头表演，大溪镇的各子弟社团无不踊跃参与，争奇斗艳，彼此较劲一番。而热闹的气氛也吸引大批人潮与商机，堪称地方一大盛事。[42]

这正是“日据”时代，从将“大溪”称为“大汉溪”以及偏偏此时兴起“关帝绕境游”的盛大活动揣测，大溪普济堂关帝庙的兴建，应当暗寓心存中华，不忘祖根的涵义。同时具有凝聚地方意志，保境安民，尽量减少日人侵害的作用。

据台湾地方志和现存碑刻统计，在乾隆前中期台湾各地官方及民间修建的关帝庙宇已达近二十座之多，而且已经融入本土，根植深厚了。

乾隆五十一年（1786）十一月二十七日，天地会领袖林爽文于大里杙竖旗，攻下彰化县，自称盟主，年号“顺天”。其控制范围北至集集埔、水沙连，南至斗六门、庵古坑。同时同乡人庄大田也在阿里港竖旗起兵，二股势力结合，夹攻府城，官员死伤惨重。又相继攻下新竹，占有台湾中北部。西部除府城外，其他各厅县均被林攻占过。清廷遂于五十二年正月先后调派人员指挥平乱。十一月初福康安抵台，控制民变势力，并于五十三年二月平定乱事。此为清代台湾史上的一件特大事件，载于史籍，兹不复述。

关于“天地会”起源问题的讨论争议持续多年，几为专学。前文已述，如果注意到林爽文和庄大田都是漳州平和人，其先世由海过台，当也经由东山拜谒过关帝庙。

有趣的是，福康安奉旨平定此乱，也曾在东山拜谒铜陵关帝庙。其自述言：

> 大清乾隆五十二年，余奉圣命提兵平台，屯师铜山。其时军威炽盛，兵骄将勇，自诩旗开之日，必荡寇平魔。
>
> 尝闻铜山关圣帝君威灵丕振，上安社稷，下庇黎民，灵签神妙，有求必应，未深信也。余拟于九月发兵，叩关帝，求灵签，数卜不得

杯［筊］。遂按己意出兵，果出师不利，风浪阻遏于中途，无功而返。始警而惕，关帝圣明，罔欺也。复诚敬再谒圣庙，得签六十二首："百人千面虎狼心，莱尔干戈用力深；得胜回时秋渐老，虎头城里喜相寻。"签语奥妙，中藏玄机，难明其意。

依关帝示，十月再次举师，果顺水顺风。登鹿港，决敌斗六门，解诸罗之围。大里杙告捷，小半天歼敌。占凤山，驱琅㤙，斩敌克地。胜虽胜矣，争战酷烈，始料之未及也。

乾隆五十三年十月，余奉召回京，夜航迷雾弥空，船触虎头山，顿悟关帝签语，一丝不爽。即回舟铜山，趋圣庙，再叩再谢。

关帝圣明，余深铭感。特颂文镌匾，志其事，传示后人。

时大清乾隆五十三年阳月谷旦

协办大学士陕甘总督嘉勇侯福康安盥洗敬献。[43]

嘉庆《清一统志·台湾府》也记载说：

城池：台湾府城：城东门楼上旧祀关帝。乾隆五十三年台匪林爽文等滋事，官军渡海，咸睹神像，寻即蒇功；七月奉旨重修，御书匾额曰"神威翊应"。

福康安如此恭敬关公，其实并不突兀，而是由来有自。自从其父傅恒领军以来，家族就世代供奉关帝。今中国国家图书馆仍然存有乾隆二十一年（1756）傅恒撰文、乾隆四十三年（1778）其兄福隆安撰写的京师东城景山东胡同《重修关帝庙碑记》，[44]以及乾隆五十六年（1791）他亲自撰写的拉萨《磨盘山关帝庙碑文》等。[45]事实上乾隆三十四年（1769）十一月所以要亲撰《御制重修关帝庙碑记》，为关公隆其崇封，并将地安门外国家祀典关帝庙改覆黄琉璃瓦，以示特别的原因，就和傅恒有关：

至我朝而愈显，且神迹不可殚记，而于行师命讨为益彰。

我国家久仰灵威，近于西师之役，复昭蒙佑顺，因特敕封曰"忠义神武灵佑"，并允太常议于地安门外神庙，恭书新号神牌，门殿易盖黄瓦。[46]

此处所说"西师之役"，是指傅恒征伐缅甸入侵时，因气候地形原因，久攻不克，战事胶着，主帅染病。乾隆已经下令退师，不料次日缅甸即上表告降。

因此他衷心感慨“圣而不可知之之谓神”。

虽然清廷和天地会双方都虔诚尊奉关圣帝君，但在这次战乱中也难免殃及关帝庙。据说雍正十三年（1735）兴建的彰化关帝庙，就曾在这次战乱中毁于战火。

西谚说：“历史总是胜利者书写的。”林爽文等人的真实陈述今已不可详知，但清廷的表彰却留存下来，其中遍布台湾的“义民庙”即其遗存之一。新竹新埔镇下寮里“义民庙”就介绍说：

> 建于清乾隆五十三年（1788）冬的枋寮褒忠亭义民庙，可说是全台义民庙的总坛。庙内合祀三山国王、神农黄帝与观世音菩萨，每年农历七月二十日的义民节活动，当地十五大庄轮值炉主祭祀，百年以来成为新竹客家人重大祭典与信仰中心。乾隆五十三年林爽文作乱，护卫乡里义民（包括原住民、客家及泉州人）的遗骸，全部安葬于庙宇后方。后于同治元年又有戴潮春事件，义民之忠骸则葬于庙宇右后方。乾隆皇帝感念义民平乱有功，初封义勇，继封怀忠。三赐御笔褒心匾额，遂更名为褒忠亭。[47]

综合了原住民和闽广垦殖移民的不同信仰，合祀一堂。此后诸罗译改称“嘉义”，以示对于诸罗人之忠义之嘉许。推想林爽文起事所以未获成功的原因之一，应是百年以后台湾局势稳定，经济发展，民心思安而不愿意变乱。只是当时“义神”关公实已成为国家最崇神祇，专祠供奉，故未列入其中。

战后台湾知府杨廷理曾撰台南《重修郡西关帝庙记》叙述这一情况时说：

> 乾隆五十一年逆匪不靖，蔓延经岁，南北骚然。焚郭戕吏，所在不免。而府城得坚守无恙者，每贼众犯城时，辄闻庙中金鼓声隐隐，似有数万甲兵出面撼贼，为我民呵护者。而城获全，则神有功于兹城也，大矣！
>
> 迨大学士嘉勇公福公康安抵台扫逆，荡涤海氛，距今年夏廷理始得请于台湾镇奎公林、台湾道万公钟杰捐修神宇，易其蠹窳，完其颓缺。横断焉，丹雘焉，明禋告虔，象设维新，其所以报神功者，当如是也。方理之出入戎行也，跃马提兵，数与贼遇，不杀贼则死耳，宁复作生计。然而不死者向非神之威，有以作其力，助其气，挫贼锋而顿踣之，

其能卒自保耶？重以劳形苦心，数月不安席，累夜不交睫，而身不病，卒以捍其人民，得与偕存，活者岂非神佑之彰彰者哉！此神之宇，所为不得不汲汲于葺而新之也。

若夫台湾平贼之后，圣天子简畀军臣，临莅海疆，文修武备，饬吏苏氓，于以蒙庥集福，岁且再登矣。虽其致此有由，抑所得邀于神贶者岂浅少。叹此神之宇，更不得不汲汲于葺而新之也。呜呼！神有功于国，有德于民，非一世矣。而往往于急难危迫之时，呼号莫之救，神若俨然立乎其上而指麾之者，或假形声以显于众，而示之威焉。于以直其义者而拯之，怒其乱者而殛之，有断断乎其不爽者，固知神之能为神，即天地间至正至直之气，发扬庥布，昭昭在上，如疾风霹雷之所摧击，必其物之枉且暴有戾乎？其常者斯触之也，则神之灵亦赫矣哉！

顾若台湾各邑，递为贼所陷，而府城独以神故得全，且不旋踵而所陷尽复，于以见国家洪泽之远，敬神之至。俾府城固守，有以扼台之吭而附其背，而臂指之患，易治也。此神所以独灵于府城也欤？押（抑？）岂独灵于府城也哉！

时乾隆五十四年夏五月吉旦，知台湾府事柳州杨廷理敬书。[48]

据说台南、嘉义至今犹竖有乾隆亲撰的赑屃巨碑载记此事，也被欣然收录入他希图夸耀后世的“十全武功”之中。

追随短暂或者间歇性的政治、军事移民之后，持续时间更长，规模更大，而且连续性更强的风潮，则是来自纯粹出于经济动机的移民。这个漫长过程通常表述为“唐山过台湾”。

“唐山过台湾”是指清代乾隆以后福建、广东主要是漳、泉、潮三州移民迁徙台湾大过程的习惯称呼。随着人流物转，很多内地的器物、习俗、信仰也是在开发台湾的过程中，整体迁徙到台湾的。关公信仰的普及也是在这个过程中完成的。祖辈流传的《渡台悲歌》首段就唱的是：

劝君切莫过台湾，台湾恰似鬼门关。

千个人去无人转，知生知死都是难。

这首长达三百多句、由客家先民流传至今的《渡台悲歌》，娓娓唱尽了数百年来“唐山过台湾”的辛酸血泪。

造成“唐山过台湾”更为深广的背景，是乾隆朝中国人口已经突破三亿，中国基于传统耕种技术的农业已与人口爆炸性增长形成紧张冲突，经济性“趋利避害”似的集体移民已成不可避免的趋势。这个移民浪潮被后世简略地概括为“（山陕）走西口，（闽广）下南洋，（鲁冀）闯关东”。或者为了旅途平安，或者为了地域融合，或者为了调和矛盾，关公信仰再次被新移民带至中国周边以至外洋华人聚居的任何地方，以新的形式供奉敬仰。台湾学者黄华节认为：

> 清朝时自然经济和血缘团体逐渐解体，多姓村庄开始增加，并且出现了大批客商及游民。因为新生集团无法依靠血缘关系来增强团结并保护共同利益，他们求助于关羽的忠义象征，来维持这个由来自五湖四海的团体，关羽的形象便被作为交友之道的原则，从而使关帝庙更为普遍。[49]

所论有理。只是我的角度、看法稍有不同。曾应在海外华人中颇有代表性的世界龙岗亲义总会邀约，写过一篇《关圣帝君在海内外华人地区设置及其影响》讨论，有兴趣者可以参看。[50]

消除政治纷争，也没有军事目的“经济移民潮”，给台湾源源不绝地输入了本土关羽信仰，也是台湾关帝庙修庙最多、最勤的时期。台湾通常把五位神祇尊为“恩主公”，如台中圣寿宫供奉的恩主公就包括关圣帝君（关羽）、孚佑帝君（吕洞宾）、司命真君（灶神）、北极玄天上帝（玄武）和岳武穆王（岳飞），而以关羽为主祀神，在这一时期最为显著，影响则直达今天。

宜兰县礁溪乡协天庙是台湾历史悠久的关庙之一。庙虽不大，但由于日据时期关帝像未受损害，光复以后其他重建关庙纷纷于此分香续灵，成为台湾最有影响的关庙之一。其由来传说是：

> 有先贤林枫一人，系福建漳州府平和县人，为讼事进京，途经铜山县东城（今东山县铜陵镇），闻关帝庙关圣帝君威灵显赫，乃进庙恳求神佑，迨抵京城，果然奇应胜诉，其冤得雪。林枫为感神恩，于归途再度进庙叩谢，同时在神前卜筮，蒙准奉炉丹分灵返乡，春秋致祭。其后林枫后裔渡台，行前至东山祖庙求得圣帝金身护佑，即经厦门过

海入噶玛兰，安然进抵礁溪，并发现一黄蜂巢灵穴，遂卜居礁溪，建庙奉祀关圣帝君，供一般民众膜拜，时为民国前一百零八年。建庙之初，仅有茅屋三间。

清同治六年，镇台使刘明灯提督巡察噶玛兰，驻宿本庙。传说其部属无知，乱砍庙后枫树枝为薪，触犯树神，以致全体部属染病。彷徨踌躇中，刘镇台步上正殿神前，举足将靴尖踢户限时，偶然心动仰望，关圣帝君显圣怒目而视。刘镇台大惊，曰真神也，遂跪拜求赦，病者即见痊愈。乃表请建“协天庙”。[51]

这在台湾关帝庙中就颇具代表性。这种变化表现在两个方面，一是迁徙途中的默佑使关公的护佑功能褪去战争硝烟，转向日常化、平民化；二是惩罚对象指向欺侮平民、不信神灵者，重现了关公信仰在大陆“乡里神”的功能，已与台湾民众的生活融为一体了。

另一方面则是求取科第功名的举子，也像在大陆一样争奉关公。如嘉庆年间胡应魁撰写的彰化《重修关帝庙碑记》就说：

大矣哉！圣帝之威灵于昭在上，乃垂鉴予小子而示以先几也。魁释褐后，曾任庐州教授；慨文庙倾圮，倡议兴修，颇殚心力。经始时，梦游行宅中，启后户而出，则奇峰秀岭，环列若屏障。其平坦处，清泉漫流，心极爱之。因择无水处散步以遨，神气爽畅。迤迪而南，俄至一庙，堂三楹。楹之右有七、八人，冕而并立；其中之赤面绿袍者，则圣帝也。魁列阶而上，帝已移立堂中。

魁长跪陈列姓名，求问功名所至。语毕，颇悔自列不尽，恐疑为卜科名者。意甫动，帝乃大声言曰：“尔非学官胡应魁乎？尔将来功名所至，问朱大人便知，予日在其前保荐尔。”魁三顿首而谢。见有一人髯而黑，旁跪答拜，心知为周将军，置缨笠于地，谛视之，金色灿然。时乾隆五十七年十月初八夜五更初也。醒而异之，述于所亲，未知作何验。

乾隆六十年谒部选，得闽之德化县；嘉庆元年，调授彰邑。彰自林、陈乱后，庙宇多被焚毁，魁以次兴修。圣帝庙在南门内，倾颓尤甚；乃与贡生郑士模、吴升东等移建于理番署之旧基。己未春兴工，至庚申秋而竣。庙制不尚华饰，而气象之雄壮则大异从前；其方位适当邑署之南，至署后之秀岭清泉，皆予到任时所开凿。接其途径而遥忆之，宛然如在梦中云。

是予幸邀列宪卓荐，荐书六月上旬始出，到部在八月，正朱大人珪署吏部尚书时也。由此日而追溯锡梦时，已阅八年矣。（于）［余］以知数皆前定，不可豫知。惟此区区之诚，可上邀神明之昭鉴云。爰敬述颠末，志之于碑。[52]

台湾一直视关公为“文衡帝君”。学子考前焚香默祷，考后上供还愿之风习，保存至今：

苗栗县铜锣乡九湖村武圣庙：此庙立祀文衡圣帝（关圣帝君）。正殿中央即是关帝神像，神像前置一牌位，上书：南宫佑帝君、南天文衡圣帝关之尊、九天司命真君张之神位。左边祀万世师表，上书：大成至圣先师孔夫子、频曾先贤先儒、恩孟杨公先师、伏波将军神位，楹联写着“金声玉振”，两旁的对联是“道德参天地、文章冠古今”……此外，尚有清末闻人丘逢甲所书的横匾。虽然位于偏僻的村落里，但它却无古旧的痕，也不似一般庙宇的金碧辉煌，由庙里的摆设可知它的管理极为良善。[53]

居然将“万世师表”的孔夫子挤在侧位了。说来考生举子虔敬关公，溯根追源，还是来自晚明吏部考选方式的变迁而在大陆盛行起来的。但台湾能够一直流行不衰，也算是科举时代的孑遗了。

第三就是商贾财神之供。随着政局平稳，生活安定，商人店铺捐赠的手笔也逐渐大方了。财东商铺开始替代官府，成为复新重建关帝庙的骨干力量。

台南开基武庙“小关帝庙”，嘉庆，道光年间两次修缮，两相比较，从1818年到1829年不过十一年，就见出捐资明显呈现出手阔绰，人数众多的特点。七年以后，台南“大关帝庙”增建，据《武庙禳荧祈安建醮牌记》记载，参与人数更为众多，一次募集“佛银二千六百九十九元七角四分，总对除用外，尚存佛银一千一百八十一元八角八分。”[54]捐赠的这些差别固然与庙宇历史、影响和规模攸关，但也可以看到信众成员的扩大变化和关庙影响力的大幅提升。又有言：

> 关圣帝君除被当做武神供奉外，一般以义相结的商人，因慕关羽的忠义，每于关帝庙里设同业会馆，奉为保护之神。清时府城的“三郊”“六合”为城里商人的两大同业公会，“三郊”的会馆设在供奉天上圣母的海安宫，“六合”的会馆则设在祀典武庙。[55]

随着贸易频繁，人流物转，台湾与大陆关公信仰的情况也几近同步发展，差别缩小。从碑刻看来，嘉庆初年直到光绪中叶的约百年间，是近代台湾和平发展时间最长的一段时期。台湾与大陆的联系愈加紧密，经济也呈现快速增长的态势，故“唐山过台湾”的移民势头也在逐步增长。殊不料正是台湾开发初显格局，略有小成，引起邻国觊觎，并很快引发了一场战争。“甲午海战”之后割让台湾，引发了又一场“文化震荡”。

从马关签约、台湾被割让的消息传到台湾的那一天起，台湾人民反对日军占领的斗争就从来没有停止过。签约的消息传到台湾，台湾民众掀起了反割台的浪潮，表示“愿人人战死而失台，决不愿拱手而让台”。当条约被正式批准、割台已成为不可避免的事实时，台湾各界人士和广大民众自发组织起来，从日军登陆台湾的第一天起，就进行了顽强的抵抗。由北到南，在五个多月占领台湾全岛的过程中，日军每前进一步都要付出惨重的代价。共有包括近卫师团长北白川宫能久亲王在内的四千八百名日军官兵死亡，两万七千人负伤。其伤亡人数比在甲午战争中日军的伤亡人数还要多出近一倍。台湾军民用自己的顽强抵抗显示了中国人民维护国家领土主权完整的顽强意志。

1895 年 11 月，日本首任台湾总督桦山资纪向日本政府报告“今本岛全归平定”。然而，正是从这时起，台湾人民反抗日本殖民统治、争取回归祖国的斗争也拉开了序幕。在 1895 年至 1915 年前后长达二十年的武装抗日运动中，台湾各地的民众先后在林大北、陈秋菊、詹振、林李成、胡嘉猷、刘德杓、简义、柯铁、黄国镇、林少猫、林添福、简大狮、詹阿瑞、黄茂松、蔡清琳、刘干、林朝、罗福星、余清芳等爱国志士的领导下，前仆后继，与日本军警展开了殊死战。他们的斗争，许多都以恢复中国对台湾的主权为诉求。其中胡嘉猷的义军公开使用光绪年号，宣称“此次征倭，上报国家，下救生民”；柯铁义军的旗帜上写着“奉清征倭”四个大字；罗福星领导的斗争以“驱逐日人”“光复台湾”为号召；余清芳领导的噍吧起义也提出了“光复台湾”的口号。还有人们熟知的唐景崧、刘永福、丘逢甲的抗日斗争。

王铭铭依据“偶然”[56]得到的一件抄本《泉州承天寺万缘普度》，描述并从社会人类学角度评价了光绪二十二年（1896）泉州举行的四十九天全城大法会，以悼念超度甲午战争失败后日军侵占台湾期间因反抗而战死或遭受杀戮的清军将吏及台湾同胞。最使笔者感兴趣的是，这次集佛道儒、官绅民为一体的大法会虽然举办地点在佛教承天寺，但却是由通淮关帝庙领衔，且以关圣帝君的名义发起并组织实施的。关于超度仪式的起因和目的，《南无山海慧自在通王如来榜》一文作了如下明确的说明：

今为大清国福建泉州府晋江县四来等境，共修因果，普度幽冥。翻贝叶之灵音，集刺桐之福荫。念近岁海疆多故，德邑被灾，燹火成墟，兵尘积野。小丑作跳梁之态，大兵扬挞伐之威。旌旗动而日月无光，干盾挥则风云变色。怅一城之骚扰，兽因鸡连；嗟百里之荒凉，龙吟虎啸。犹幸霓旌色壮，拔城还奏凯之师；鸾哕声扬，在泮纪献囚之绩。扫狼烟而开荆棘，谋鸠聚以奠苞桑。固已大地皆春，普天同庆；孰知东征斧钺，一战空还。南国屏藩，三台遽削。相臣功业，独夸割地之能；天意苍茫，未及厌兵之候。至犬羊之小国，恣狼虎之雄威。

台之人世受国恩，久居故土。惜江山之锦绣，耻戎狄之冠裳；剖腹开诚，合义士力图报效。割须潜遁，奈假王莫补空言；兵失掌而势孤，贼乘机而力进。天仞［什］九日，争关后羿之弓；万项惊涛，谁济传岩之楫？无怪干戈气夺，金鼓声虚，迁徒纷纷，死生了了。楚氛甚恶，动教屠毒生灵；秦政日苛，那惜凋残民命。是以沥孤城之血，祸遘睢阳；流四野之膏，惨遭回纥。含冤莫白，抱恨难平。共登枉死之城，愿入无生之路。青磷闪火，夜飘倚树之魂；白骨凝霜，昼作惊人之状。遂使兵戈之气，酿成疠疫之灾。加以青草烟霏，黄茅瘴发，灾星示异，祸水横流。五瘟使衔命而来，百姓家有身如寄。种无名之毒，吾末如何；罹未有之灾，至于此极。考医宗金鉴，空传老鼠之钻；脱国手青禳，谁擅摸龙之术。此即缕悬长命，符佩护身；五木熏汤，百花酿水。

要不足扶危济困，挽造化于须臾；起死回生，补阴阳之缺陷。

吾郡犬牙相错，鳞籍联编，纵隔天河，潜通地轴。盼舟车之驾驭，载行旅以往来。彼毒焰之纵横，此恶氛之渐染。桐城内外，毒雾迷天，草野生灵，望风委地。嗟蜉蝣之性命，作鸿雁之哀鸣。所愿五邑名山，引祥云而遍覆；双江流水，化甘露以浓敷。乃集绅耆，共伸诚敬。效周官之逐疫，扫荡妖魔；赛楚国之迎神，肃清尘界。祥轮影射，寒生疠鬼之心；法鼓声沈，播破游魂之胆。易才占夫且药，诗旋咏乎勿平。苟非得渡世之慈航，仗伏魔之慧剑，何以乘否极泰来之会，立乾旋坤转之功乎？

所以通淮关圣帝君目击疮夷，情关局养。指琼台而下马，垂宝诰于扶鸾。为穷灾害之原，命结因缘之果。意以四郊战垒，英雄半昭沈埋；一纲灾区，生死何关种类？或关山万里，逆旅飘魂；或骨月［肉］一家，捐躯为国。或无儿之伯道，难延一线馨香；或骂贼之铁铉，竟入千秋鼎镬。或廓鸿声于宇宙，红尘堕浩劫之中；或着枭恶于邦家，黑籍隶阴诛之列。凡诸滞魄，共抱沈冤。随劫数以沦胥，讵区分乎兽善。善者知人谁不死，勘破机关；恶者乃忿极而横，酿为妖异。诞登彼岸，非宝筏何以指迷津；普济众生，惟金绳乃以开觉路。故特扫站台之净地，施露泽于承天。

赦命通关，卜九秋之下浣；树幡动鼓，诹十月之初旬。人第见烧爆竹则魑魅皆惊，散香花则魁魔共伏。洗月支之钵，则一城沐而灾消。熏弱水之香，则百里闻而沴祓。不知延沙门之法众，诵天竺之真言。结万善喜缘，广祈多福；度一切苦厄，大开法门。卌九天大会无遮，十八狱幽魂齐脱。更可破三生之孽障，鼓荡天机；开一片之婆心，轮回世界。谕孤魂之等众归女室与男堂，听说法于生公，点头大悟；得传经于天女，合掌鸣恭。发菩提心，省识不生不灭；运广长众，须知即色即空。分香积之清斋，含哺鼓腹；飨伊蒲之法食，义粟仁浆。翘道天堂，借阶梯于宝藏；脱身地府，凭忏悔于金经。晦气既消，祥氛自布；民登仁寿，化洽安平。不必饮鞠酒而延龄，不必服蓬羹而辟疫。不必写锺葵［馗］之影，而群鬼消声；不必悬束艾之符，而百灵效顺。

吾想泉山秀挹，海国春融；干戈化日月之光，带砺享河山之福。甲科乙榜，龙虎同登；子妇丁男，螽麟衍庆。商贾入五都之市，利溥同人；农夫受百亩之田，岁歌大有。万家醉饱，共知让水廉泉；一曲升平，谱出和风甘雨。[57]

骈四俪六，典故堆砌，显然出于饱学宿儒之手。体现了两岸同胞血肉相连，休戚与共的血肉联系，也突出了关公信仰连接两岸的文化血脉。

另一方面台湾人民的抗日活动并未消歇，其中重要的一次武装斗争被称为“关帝庙事件”（亦称“李阿齐事件”）。此后日本人开始有计划地搜缴关公神像，撤毁关帝庙，以实现其“去中国化”。而台湾民间则将童乩、扶鸾改在关帝庙里举行：信徒遇到病患灾害，多往关帝庙祈求神恩。如有灵验，为了感报恩德，便将关圣帝君改称为恩主公。于是部分关帝庙渐渐转变成为童乩、扶鸾的殿堂，从而使其信仰的形式、内容与从前的关帝庙也有所不同。

1945 年台湾光复以后，关帝庙开始有所恢复。真正兴盛还是在 20 世纪 80 年代后期“解严”以后。据台湾学者介绍，在戒严时期台湾宗教活动受到法令限制，不易滋长。1989 年台湾省政府曾对所辖县市从事调查（台北、高雄两市除外），当时台湾地区关帝庙、宫、堂总共 431 庙。1989 年后宗教活动开放，关庙也迅速蔓延。据 1997 年 1 月宜兰县礁溪协天庙举办台湾“关圣帝君两岸文化交流座谈会”时统计，台湾地区与会之宫、庙、堂、坛、会共有 950 个单位。较十年前增加一倍。[58]

其中增长最快的是台北市、台北县，即“大台北地区”。其次是基隆、高雄两市，都是台湾经济发达的地带。其他县市则呈现稳步增长的趋势。大体而言，北部地区大幅增长显著，中南部地区原有庙宇较多的市县增长则相对缓慢；而以经济相对滞后的澎湖列为最后，反而减少了一座关庙。据台湾友人介绍，随着开放和经济起飞，关羽信众也由光复时第六位提升到第二位，约八百万许。尤其是商家笃信其为致富之正道，而政要为了拜票也频频现身主要关庙，拈香谒拜，虔敬致祷。谨按增长幅度列表如下：

地名	解严前	解严后	地名	解严前	解严后	地名	解严前	解严后
新竹市	3	9	宜兰县	23	58	台中县	13	33
台中市	13	28	嘉义市	3	6	新竹县	6	11
苗栗县	28	50	高雄县	39	53	彰化县	34	59
南投县	30	41	台南市	11	18	台东县	9	15
嘉义县	14	17	云林县	58	64	台南县	42	49
屏东县	22	24	澎湖县	17	16			
台北市	5	116	台北县	26	156	基隆市	7	47
高雄市	13	53	花莲县	5	21	桃园县	10	35

此外，台湾关公信仰还出现了世界“儒道释耶回”五教教主已在清中叶推举关羽为第十八代玉皇大帝的说法。[59]有介绍说：

关于关圣帝君登基成为玉皇大帝的传说，根据相关数据的记载，清末民初曾流传于大陆西南地区；而在台湾民间的鸾堂，最早的记载则是民国三十五年见于南投县鱼池乡的启化堂。到了民国六十年代，台中圣贤堂出版扶鸾善书，将此传说经典化，书中记述说：“由儒释道耶回五教教主，共议选举关圣，于甲子年元旦，受禅为第十八代玉皇大帝位，其尊号曰：玉皇大天尊玄灵高上帝，统御诸天。”从此以后，“关帝当玉皇”的说法，便被台湾的鸾堂所普遍接受并加以传播。

近年来，台北市行天宫在举行关圣帝君诞辰祭典时，会在内庭柱子上写上：“玄灵玉皇上帝关恩主圣诞六月廿四日”。由此可以看出，行天宫也已经接受了关帝登基为玉帝的事情，但是为了和真正的玉皇大帝有所区别，所以称关帝为“玄灵玉皇上帝”。[60]

原其本心，也是要大幅提升关公在民间信仰中的崇高地位。随着近年台湾内讧加剧，道德隐忧浮现，又陆续出现了一些以关公作为主要神祇或者道德榜样的新兴宗教、文化团体，如中华玉线玄门真宗教会、台湾关公文化协会等等。如中华桃园明圣经推广学会王超英《关公圣义人格思想研究——从儒家思想，弘扬‘关公的圣义人格’，建立优质的社会人文》认为：

> 二十世纪，爆发过两次世界大战，死伤惨重；因少数人观念偏差，致使天下生灵饱受灾难。自美国九一一恐怖事件发生，世界万民，都陷入惶恐不安。天灾、人祸不断，现今首要工作，就是虔心研读《桃园明圣经》与虚心效法关公等圣人，安心立命……《桃园明圣经》这部“经”书，可视之为很亲切、有滋味的书。和许多古书一样，那里头有很多嘉言懿行，对我们现代人还充满了智慧上的启发，给我们许多生命与生活上恳切的指点，好学者可以逗引深思，沉潜者足以增长灵智。关公足为英雄风范，忠义双全，武勇而善谋，在《三国志》中，区区六七百字道尽其辉煌一生。所谓：“将军不死，活在每个人的心中。”……作《春秋》，读《春秋》，前后辉映的两位圣哲；圣人继天立极，神道设教，克竟全功；这“忠义无双，亘古一人”，“隐微处，不愧青天”的人格磁场，史册彪炳，三教共尊。[61]

表达、体现着对于精神危机感和道德焦虑感的当下关切。近两年来在大陆和台湾，我都与这些团体的负责人士有过交流。希望这种互动交流继续深入，能够让关公文化体现的精髓“春秋大一统”与“传统道德伦理体系”的价值意义得到更好的发掘、弘扬和光大。

四、闯关东

相比前两者而言，“闯关东”的开辟草莱，白手创业，则更类似于美国 19 世纪的西部拓荒。

自从谢国祯首拈“东北流人”为题研究探讨东北移民史以来，“闯关东”已成专学。近年随着东北亚历史研究的升温，已经裒辑出版了不少史料及论著。但翻检之下，发现绝少有从关羽信仰角度概述探及清代东北移民社会的问题，是一憾焉。[62]故试为一谈，以提头绪。

关外向被清廷视为“祖宗龙兴之地”，故著令严禁，不准流民擅自出关。杨宾《柳边纪略》曾自述康熙时出关奉父，亲历之荒凉及艰险：

> 宁古塔在五国城、冷山之间，明时隶奴儿干都司，今则与盛京唇齿，然弥望无庐舍，行数日不见一人……阴风朔霰，皲酸其肌肤，耳鼻手指，一触辄堕地。入阿稽则万木蔽天，山魈怪鸟，叫嚎应答，丧人胆。

断冰古雪胶树石，不受马蹄。马蹶而仆者再。触石破颅，血流数升而死，死半日乃复苏，苏久之，犹不知在人世间！[63]

又光绪十二年（1886）五月，吴大澂以会办北洋事务大臣、都察院左副都御史衔和依克唐阿一起参加中俄勘界时，在其逐日记录之《皇华纪程》中犹言：

又行三十里至沙兰站，宿。是日过八道岭，赋诗一章；

下岭易，上岭难，如登天山三十盘。一年八马心胆寒，脱骖并驾犹嫩单，万牛流汗常不干。

上岭易，下岭难，如下桐江十八滩。陡崖冰滑云漫漫，一落千丈不可拦，前车后车相叫讙。安得长绳系轴节节蟠？出险入夷心始安。

朝上岭，暮下岭，仆夫相戒毋驰骋。方下岭，又上岭，嗤息未已时耿耿。日行八岭无坦途，夜梦颠踣惊相呼。愿君高枕安须庾，不知前程尚有高山无？

廿二日，行四十里至蓝旗沟，双如山、恩承之两统领均来迎候。又行二十里至猗兰冈，容峻峰都护在关帝庙内请圣安。又行十里，至宁古塔城。[64]

今人看去不免有“过甚其辞”之想。江南书生偶然履及其地，还是在模仿“昭君和番”或宋人洪皓《松漠纪闻》一类怨艾笔致，事先存有畏惧心理，当然都会使所遇艰辛十倍放大。好在近些年上海知青已有去过北大荒的经历，当可体知。但也正因为这些有关东北“苦寒”的传闻，加之康熙、乾隆这类“漠北雄主”也偏恋江南富贵温柔之乡，没有与正在东扩的俄罗斯帝国于西伯利亚广袤地带放手一搏，反而在《尼布楚条约》中以“祖宗龙兴之地”划界，退守自保，识见远逊汉唐设立都护府一类机构保土守疆，酿成后世无穷祸患。不谈也罢。

康熙曾四次来盛京巡幸祭祖（最后一次由雍亲王替代）并建立了东巡制度。乾隆亦曾四次东巡，嘉庆、道光亦承袭祖制，巡幸盛京。有证据说明，乾隆十九年（1754）东巡已把国家对于关羽的崇拜带至东北。他曾为盛京关帝庙御书“灵护神京”匾额，为吉林城关帝庙御书“灵著豳歧”匾额，[65]又为吉林城城西四百九十里古和罗关帝庙御书“福佑大东”匾额。据乾隆《吉林志书》记载，当时仅吉林已有十二座关帝庙。考虑到当时地广人稀，这个数目几乎涵盖了当时吉林地区的所有大聚落。更重要的证据在盛京署衙。梁章钜引用过几副盛京衙门的对联，其中奉天户部大堂联言："地重豳歧，礼乐务还醇厚；学宗邹鲁，文章须探本源。"[66]"豳歧"正是乾隆为关帝庙题额语。乾隆又免除已结、未结流人罪罚，遂悄悄引发了亘古沉睡的黑土地开发。

道光二十年（1840）五月十一日，盛京礼部传郎明训奏准：将礼部衙门所管捕鱼河泡淤塞之地赏给该衙门壮丁捕鱼采果，开垦耕种，以利壮丁采捕陵寝祭品。[67]实际上已放开了对于内地移民进行商业式开发的禁令，河北、山东等地灾民也随后陆续进入"柳条边"禁区，成为筚路蓝缕，自食其力的第一代垦荒人。光绪十六年（1890）俄罗斯汉学家伊万诺夫斯基（А.О.Ивановский）曾在东北作过民俗调查，发现老百姓来自各地，信仰颇杂而喜集中供奉，反映了农垦文化的特点。其庙祀多为九神（关帝、黑脸龙王、红面火神、四首或六手马王、牛王、药王、虫王、苗王、财神）同供，而率以关帝为首。[68]

近代地质普查确认了关东蕴藏了丰富的煤铁矿藏，关外日俄势力开始在东北角逐争胜，工业化进程也使清廷加速了关外移民及开发的力度。而关外新移民聚落的形成，往往都以修建关帝庙作为见证。《吉林乡土志》言：

> 盘石县草庙子：于清光绪二十六年间，由开荒人作开荒之纪念，建筑关帝庙一座，上用草苫，故名草庙子。[69]

即是典型一例。《奉天通志》记载吉林两个新区关帝庙的修建，从另一侧面证实此节：

> 宽甸县关帝庙：有十四。一在三道沟，清代建；又在罗圈甸子，清代建；又在永甸，清光绪十八年建；又在长甸沟镇，清光绪三十年建；又在下蒿子沟，清光绪六年建；又在三岔子，清光绪七年建；又在大荒沟，清光绪十三年建；又在桦树甸子，清光绪二十一年建；又在古楼子，清光绪十六年建；又在长江口，清光绪十一年建；又在太平镇，清光绪五年建；又在关门砬子，清光绪十一年建；又在轿顶子，清光

绪十五年建；又在腰岭子，清代建。[70]

西丰县关帝庙：有十三。一在二区忠信堡，民国二年建。又三区联合村，光绪二十一年建；又四区和隆村，民国三年建；又四区营和村，光绪二十五年建；又六区，民国十二年建；又六区，民国元年建；又七区，安吉村，光绪三十年建；又八区双庙村，光绪二十五年建；又九区柏榆村，民国六年建；又四区和兴村，民国十年建；又老爷庙，六区，民国七年建；又七区长柳村，光绪三十一年建；又八区金山村，民国七年建；又武圣宫，三区永安村，光绪二十年建。[71]

也就是说，光绪以来几乎每隔一二年就有一所关帝庙修建，也意味着一个新的移民聚落形成。东北方志因为晚近，反而成为记录最为详尽的文献。逮至光绪二十六年（1900）庚子事变时，沙俄趁机入侵黑龙江，犹有清军守将寿山力战不屈而死，民国立祠于关帝庙侧。[72]马昌仪在东北收集的传说中，还有甲午战争时期关帝显灵护佑左宝贵和辽阳依将军借赤兔马显灵鼓舞全城军民斗志的故事，这恐怕也是关羽崇拜在东北清军影响的绝响。[73]

此前沙俄民俗学家曾多次深入中国，搜集了很多神像，研究中国人的信仰及社会构造，其中品种数量最多的就是各种关帝像。这在李福清的著作中记叙很多，可以参看。[74]直至伪满时代，这里还在不断出现“关帝显圣”

黑龙江虎林县虎头关帝庙，是目前我国最北边的关帝庙。

的新传说。这个进程在20世纪30年代日本占领军侵占东北，以其为重工业殖民地，并实行“皇民化”教育以后，一度中断。

近代关公戏

鉴于《三国演义》的小说文本至康熙朝已经定型，对于关羽形象阐释的创新，就端赖乾隆以后再次盛行的戏剧了。事实上民俗祭关的另一大特色就是演戏，此风源于宋代祭赛，元时已经较为普遍。乾隆年间戏剧开始大盛。礼亲王昭梿言：

> 乾隆初，纯皇帝以海内升平，命张文敏制诸院本进呈，以备乐部演习，凡各节令皆奏演。其时典故如《屈子竞渡》《子安题阁》诸事，无不谱入，谓之“月令承应”；其于内廷诸喜庆事奏演祥征瑞应者，谓之“法宫雅奏”，其于万寿令节前后奏演群仙神道，添筹锡禧，以及黄童白叟，含哺鼓腹者，谓之“九九大庆”。又演目犍连尊者救母事，析为十本，谓之《劝善金科》，于岁暮奏之，以其鬼魅杂出，以代古人傩祓之意。演唐玄奘西域取经事，谓之《升平宝筏》，于上元前后日奏之，其曲皆文敏亲制，词藻奇丽，引用内典经卷，大为超妙。其后又命庄恪亲王谱蜀汉《三国志》典故，谓之《鼎峙春秋》。又谱宋政和间梁山诸盗及宋金交兵、徽钦北狩诸事，谓之《忠义璇图》，其词皆出日华游客之手，惟能敷演成章，又抄袭元明《水浒》《义侠》《西川图》诸院本曲文，远不逮文敏多矣。嘉庆癸酉上以教匪事特命罢演诸连台，上元日惟以“月令承应”代之，其放除声色，至矣。[75]

其中《劝善金科》《升平宝筏》是说明演出过的，而《鼎峙春秋》《忠义璇图》究竟是案头之曲，还是搬演之本，没有明说。其本仍藏故宫博物院内。我曾翻检过首都图书馆善本部收藏“绥中吴氏藏书”，即本所前辈学者、私人藏书家吴晓铃先生所藏钞本《鼎峙春秋》第四卷及第五卷的散卷（藏目136），正为关公因下邳之败，“降汉不降曹”之后的一段戏文，关公形像愈发大义凛然。有心读者不妨继续研究。

近代戏剧高潮缘于乾隆五十五年（1790）八旬万寿的“徽班进京”。

浙江盐务大臣约集了久享盛名的徽班“三庆班”入京祝寿，一炮而红，名满京城，此后徽班逐渐取代了昆曲和弋腔在北京舞台上的位置，逐渐与其他剧种结合形成后世的京剧。雍正朝禁止扮演关羽，道光间犹禁演关帝戏，吴朔尝言：

忠孝有传，亵渎是戒，况侑觞原属陶情，何演剧不思顾义，如今日酒筵妄演关圣之戏者。惟帝正气既已赞成，遐方更多钦仰，岂必往牒相传，不着声名而赫奕。试观今日崇祀，聿昭广貌以辉煌，未知何物伧父传奇，浸缀声容于剞劂，遂令从来俗子宴会，箕踞玩赏于俳优。观者竟以逢场何妨游戏，演者猥为当局，愈入迷离。令亘古英雄，作当筵优孟，于理不顺，于心不安。伏愿贤主，移奉客之诚心，以奉忠义，讵使殚欢投辖，并乞佳客推敬主之雅志，以敬神明，安可取媚称觞！肃此遍告，揆凛同心。[76]

言辞愤慨之余，倒也透露出当时确有“俗子宴会”已经开始“妄演关圣之戏”了。此时关戏已非民间祭赛可比，由专业演员、专业戏班担纲。饰演关羽的名角也很快踵继登场，像米应先、程长庚、王洪寿即为此中翘楚，各有独到领会和独门功夫。其中王洪寿则后来居上。梅兰芳早年曾与他同台演出，后来将他的“关戏”特点概括为：

他在面部化装上面，跟现在使用油彩不同。他是用银珠勾脸的，两道眉毛画得极细，显得威严端重。嗓门吃调不高，微带沙音，可是咬字喷口有劲，听上去沉着清楚。马童周仓都是跟他合作多年十分熟练的伙伴。身段上，联系得异常严密，特别是马童的一路跟斗翻出来，再配合了他蹚马的姿势，一高一矮，十分好看。[77]

有人评论说：

到了三麻子，却来了一个老爷戏的革命，因此三麻子这一动机就值得表扬，更因为他肚子宽，会的多，本身又有极强的创造性，所以他不但把《三国演义》中属于关羽的故事都编成了戏，而且在表演方法上，创造了更多的艺术性的动作，这种动作，可以说从来没有人敢用，也从来没有人敢想的。[78]

有人总结说：王洪寿“于‘关剧’之红生也，独开生面，堡垒一新，世称‘活关公’。”[79]而红生行特有尊敬关公行规，据说也是由米应先开始的：

喜子对关爷，比别人分外敬礼。家里中堂供的神像，早晚烧香，初一十五，必到正阳门关庙去走走。唱老爷戏的前数日，斋戒沐浴，到了后台，勾好了脸，怀中揣了关爷神马，绝不与人讲话。唱毕之后，焚香送神。他那虔诚真叫作一言难尽。[80]

而程长庚又是另一路：

彼所选之戏，为《战长沙》，开脸之际，先涂胭脂，一破当时扮演关公之脸谱，迨出场后，冠剑雄豪，音节慷爽，如当年关羽之再世，观客皆叹为得未曾有，班主仰天惊叹，称道弗衰，彼一举而得有剧坛明星之誉。[81]

又说他，如在演关羽“升帐之际，双眉一竖，长髯微扬，圣武威状，逼现红氍毹上”。[82]再如，“四个小卒，拿着月华旗，走到台口挡住。那旗又方又大，如同挡幕一般。少时闪开，程长庚已立在台上，头戴青巾，身穿绿袍，把袍袖一抖，露出赤面美髯的一副关帝面孔。只听他口中念道：赤人赤马秉赤心，青龙偃月破黄巾。苍天若助三分力，扭转汉室锦乾坤。’身躯高大，声若洪钟，真似壮缪复生。”[83]

三人前后称雄戏坛将近百年，其中程长庚不但为“同光十三绝”之一，且支应内廷供奉多年，清末王公大臣所喜看之关公戏，泰半为程所扮。

此外梆子戏里也有擅演关戏的名角，如王海晏（1845 ~ 1937）为河南梆子艺人，在开封义成班六十余年，扮演的关公以儒雅著称，拿手戏有《单刀赴会》《挑袍》《水战庞德》《古城会》等。又有杨小德（1878 ~ 1922）亦为河南梆子艺人，其父杨双喜即以擅演关公戏著名，善于创新，尤其是在《古城会》中以大段声情并茂的唱腔风靡一时。[84]

这种炉火纯青的演艺，至少说明了与三个方面有关系：一是道光以后清廷加速封赠关羽的政治背景；二是社会各界崇尚关羽且喜好戏剧的风气；三是艺人修德专艺，锐意精进的修养。民国七年（1918）周剑云《菊部丛刊》言：

关公戏乃戏中超然一派，与其他各别绝然不侔。演者必熟读《三国演义》，定精神、艺术二类。所谓精神者，长存尊敬之心，扫除龌龊之态，认定戏中之人，忘却本来之我，虔诚揣摩，求神与古会。策心既正，乃进而研究艺术。……伶界对于关公，崇拜之热度，无论何人，皆难比拟，群称圣贤爷而不名。

此外，梨园行也自有其崇拜关公习俗。雍正十年北京《梨园馆碑记》言：

朋友以义合者也。居处相倚，缓急相持，忧乐与共，盖甚重乎义也，而况生死之际乎！《鲁论》记孔子交朋友之义，朋友死无所归，曰："于我殡。"孔子立万世人伦之极，后世敦伦，常笃气谊。不欲以伦薄自处者，皆取法焉。间有为人所不能为之事，盖亦贤豪流也。然往往难之。今夫人有高下，品有雅俗，术有贵贱，亦不同之极至，而揆以方以类聚，人以群分之意，各有俦侣，各有相爱相恤之道。其不同者类也，无不同者情也。义缘情而起，欲立欲达者，秉彝同好也。安在俗流中必无古处自期，而敦伦仗义，不复见闾巷间乎？众等梨园馆中侪伍也，夫梨园为小技，梨园之子非大人之侣，非君子之俦，而持患难死生，必无有异情者焉。[85]

身处下流却不甘下贱，时以敦伦笃义自勉自励。由于舞台演出的需要。戏剧表演角色虽多，但讲究互相配合，接长补短，形成整体。即便成名大蔓同台献艺，最高境界就是所谓"一棵菜"，相互支持，彼此映衬。因此梨园界素来讲究尊礼重情，忌讳算计拆台。这也需要平素交往就保持着有情有义。至今梨园界传统礼法犹较其他行业为多，也是实践使然。故其联姻结盟风气甚浓，用以扩展本班以外的行业团结。《宣南杂俎·梨园竹枝词》有"结盟"言：

菊部风行尚订盟，一般声音结群英。

金兰簿上生香色，玉笋班中结弟兄。[86]

正因如此，京师徽班安庆义园就特别修筑有关帝庙一所，地点在崇文门外四眼井戏子坟。至今台湾、香港演艺界及大陆梨园行犹存此风。鉴于演艺界人数虽然不多，但影响力大，可以看作关公信仰又一个重要的社会群体。

抗战中的关公信仰

鉴于清代自民国期间缺乏基层信仰与乡社关系的系统资料，不得不利用一项日本人的调查和美国人的分析来弥补国内研究的不足。杜赞奇的《文化、权力与国家——1900 ~ 1942 年的华北农村》是一部研究中国社会史的著作，作者声称：

> 在英文版前言中，我将“国家政权建设”与“民族形成”作了比较，用以说明 19 世纪末以前完成“建设”任务的近代国家，与 20 世纪初的国家经历了极不相同的发展道路。在我目前的研究工作中，它可以被称之为对民族主义和民族国家的后现代解释。[87]

其中专辟一节《华北地区的保护神——关帝》，研究 20 世纪上半叶河北、山东的村社的关羽崇拜与乡村权力网络的问题，依据的主要资料是日本满铁株式会社派员于 1941 ~ 1942 年进行社会调查，编纂出的资料取的是一个日式汉名《中国农村惯行调查》（以下简称《惯调》）。我想如果结合日本学者日比野丈夫《关老爷》（1941）、井上以智为《关羽庙的由来与变迁》（1941）和《关羽信仰の普及》（1948）、大矢根文次郎《关羽と关羽信仰》（1 ~ 4，1943 ~ 1944）看，它们之所以会集中发表于此时或稍后，其背景颇可注意。

盖源日军挑起“卢沟桥事变”以后，华北没有如愿以偿成为日本主导的“大东亚共荣圈”腹地，抗日军民活跃在青纱帐及山区，进行“敌后”游击战。1941 年日军华北派遣军总司令易人，冈村宁次提出“治安强化”的战略方针，开展所谓“三分军事，七分政治”，集军事、政治、经济、交通、特务为一体的“总力战”。上半年开始对冀中区展开全面的“蚕食”进攻，把占领点、线扩展为面，以“蚕食”结合“扫荡”，步步压缩抗日根据地。使华北军民抗日进入最艰苦严酷的阶段。我认为，满铁资助的这次大规模的社会调查，应当是其“总力战”的一部分，重点是从民众信仰中摸清鼓舞支持抵抗力量的根源。无怪乎满铁调查员也承认在调查中存在着“不合作”态度，“人们对作为殖民统治者代表的调查员怀有疑惧”，所以有些人表现得

"性情古怪"。[88]按满铁株式会社是日据时代以大连为基地，经营东北铁路网的大型集团，建有满铁图书馆，收集有许多中国小说戏曲的善本、珍本和孤本，恐怕也与此有关，而非风雅所致。

杜赞奇从日人调查资料中发现：

（关羽）可能是华北乡村中供奉最多的神灵，被调查村庄中众多的关帝庙及庙碑即是证明。最令人吃惊的是，人们从关羽的故事中引申出不同的传说和解释。……从关羽的神话的历史社会学过程中可以看出，社会各阶层从关羽的事迹中不断地引申出符合自己愿望的神力，尽管各社会集团对关羽这一神化人物的解释不尽相同，有时甚至互相抵触，最特殊的是满清帝国的态度，但日久天长，这些神话互相融合，使关帝成为无所不能的万能之神。[89]

《惯调》记录了许多原始碑刻资料，并从同村关庙碑刻考察其连续性的信仰特征。如山东省历城县冷水沟关帝庙有五块修庙碑，最早的一块是康熙时立的，碑文曰：

闻之古今建祀立祠者，所以表有功于朝廷，有德于百姓，有光于名节者也……若夫天下分崩，豪杰并起，上下乱，纲纪坠，此时有特起者，二介不取，一名不苛，使奸臣贼子知名分必不紊，惧大义必不可乱，庸国家之重任，为一方保障。……［汉寿亭关夫子］不受曹贼之封而一心为汉室，非有功于朝廷乎？除黄巾之害，诛庞兵之日，非有德于百姓乎？千里寻兄，独当一面，而率杀身成仁，非有光于名节乎？[90]

几乎所有碑刻都要颂扬关羽的忠、孝、节、义。而且关帝之神置都位于旧有财神之上。因此关帝和财神常常被混淆。在19世纪60年代"同治中兴"之时，各地纷纷为关帝"正名"。即使经济贫穷、文化落后的栾城县寺北柴村，同治八年（1869）也"钦念（关帝）盛德，不忍湮没，捐钱重修（关帝庙）"。[91]直到20世纪30年代仍然祭祀关帝圣诞。因为在军阀混战、民不聊生的时代，盼望"发财"最能体现着从温饱到富裕的所有愿望。

杜赞奇在该书第五章《乡村社会中的宗教、权力及公务》中，把华北乡村的宗教类型分为四种："村中的自愿组织""超出村界的自愿组织""以村为单位的非自愿性组织"及"超村界的非自愿性组织"，它们彼此组建成乡村社会权力的网络文化，并且发现关羽崇拜在其中都担负着主要或者重要的角色。在不同的历史背景和社会环境之下，对关帝的任何特定修正都要从这涵意丰富的深厚背景中吸取力量。所以不同地区，关帝的教化作用也不同。乡绅之所以信仰关帝，是因为关帝具有这种既是国家又是大众守护之神的多重性。[92]

调查既然出自作为占领者的日人，自然不可能访察到中国人信仰的底蕴。综上所述，关羽在抗日战争时期具有的象征意义和对于民众的鼓舞功效，已经是不容置疑的了。

抗日战争是中国现代史上最近一次抵御外侮的英勇斗争。尽管胜利具有国际因素，但是百年积弱后迸发出来的坚定意志和各族人民的共同抗争，仍然可圈可点。虽经“五四”新文化运动带来的现代化颠覆，理性抗争已经占据了主要地位，但在背后仍然可以看见关羽信仰的影响。李福清说：

> 在东北也流行一些关公显圣斩倭寇的传说，叙述“九一八”即1931年日军侵略东北时大刀会与日军打仗，关老爷显圣助大刀会消灭敌人。这传说讲述人是吉林省浑江市的退休工人，他自己好像不太相信关帝真的会显圣，助大刀会打仗，所以传说最后一句是“不明真相的人，说是关公显圣斩倭寇，也是贴谱的”。也可能这一句话是整理故事的人加的，无论如何这些例子可以证明，民间至今流传关帝显圣助中国军队保卫祖国，打外国敌人的传说。[93]

马昌仪收集到的抗战时期的关公传说中，还增加了许多现代战争的因素。如关公显灵助阵后，关帝庙中青龙刀刀口上有了锯齿形痕迹。又说淞沪抗战时日军投下许多炸弹，但是关公显灵，把炸弹一个个劈开，扔到了河里。[94]当时流传的故事一定更多，只是事后无人裒辑。因为中国又走上了一轮新的革命和社会转型。

老舍在抗战时期逃离日军占领下的北平，途中曾写过一组长诗《剑北篇》，其中写道路经洛阳，拜谒关林的感受：

> 未到龙门，先看见红墙绿柏的关庙：
> 庙内，开朗的庭院，明净的石道，肃敬的松影把神祠掩罩；
> 怒目的关公似愤恨难消，面微侧，须欲飘，轻袍缓带而怒上眉梢；

可是，神威调节着怒恼，凛然的正气抑住粗暴。

这设意的崇高，表现的微妙，应在千万尊圣像里争得锦标！

在后殿，像短龛小，以老太婆的心理供养着神曹，

关公在读书，关公在睡觉，把敬畏与虔诚变成好笑。

在殿后，松荫静悄，护荫着关帝的碑亭和墓表。

据说，另有帝墓与神祠位在东郊，地形与史事都较为可靠，

为争取真神，自不容假冒，两乡的百姓，从久远的年代直至今朝，还愤愤不平的彼此争吵！

没有时间，详加检讨，我们便给面前的帝墓，即使是伪造，以应得的敬礼与祝祷。

诗未必佳，但因老舍是满洲正红旗人，应当知道关公曾是中国军神，抗战军兴时，该向关公致以“应得的敬礼与祝祷”。在此诗的《序》中，他还特别提到“七八两月写《张自忠》剧本，诗暂停”。这就不能不提到被中日双方都赞誉为“活关公”或“现代关公”的抗日名将张自忠将军。

张自忠（1891 ~ 1940）字荩忱，山东临清人。所以会得到如此奖誉，是因为他在四个方面都令人不由自主地类比当年关公。

抗战殉国名将张自忠将军

第一是他幼读私塾，长习法律。民国以后目睹国是日非，投笔从戎。从士兵做到集团军总司令，且以身材高大，善待卒伍著称于时。这与人们心目中关公的经历、形象颇为相近。

第二是他曾在“七七”事变前担任冀察政务委员会委员和天津市市长，除掌管军务外并负责对日交涉，并曾率团赴日考察，忍辱负重，从容周旋。当时坊间流言四起，有人说张在日时与日方订有“密约”，日方赠其巨款，并送了一个日本美人给他……尤其是当二十九军撤离平津，他又受命代理冀察政务委员会委员长兼北平市市长，外界一时对他非议颇多。盛传张“逼宫”赶走宋哲元，在沦陷区与日本人合作。李宗仁在回忆录中写到：“外界不明真相，均误以张氏为卖国求荣的汉奸。”在他为国捐躯后，冯玉祥撰文《痛悼张自忠将军》时说：

民国二十五六年的时候，华北造成一个特殊的局面，他在这局面下苦撑，虽然遭到许多人对他误会，甚至许多人对他辱骂，他都心里有底子，本着忍辱负重的精神，以待将来事实的洗白……在北平苦撑之际，有人以为他真要混水摸鱼。当时我就说，他从小和我共事，我知道他疾恶如仇，绝不会投降敌人，后来果不出我所料。

后来他在美国朋友福开森的帮助下化装逃出北平，终于摆脱日本人控制，辗转经烟台奔赴南京，再次投身抗战。后人亦每以此段经历，喻为关公当年“身在曹营心在汉”。

第三是他返回中国军队后，即参加了台儿庄大战，随后又在临沂战役中率部鏖战七个昼夜，力挫日军主力坂垣军团。在襄枣宜会战中还曾多次成功阻击敌军。最后抱着必死决心，孤军深入，陷入重围，仍然身先士卒，拼光一枪一弹，英勇牺牲。而他殉国的地点恰恰是在今襄樊市襄阳区峪山镇，与当年关公北伐襄樊，“威震华夏”的地点相近。襄阳城内的汉圣庵是明代襄王府祭祀关公的祠庙，还曾建忠烈祠供奉过张自忠。

第四件是他的英勇牺牲和当年关公一样，赢得了敌我双方的高度赞扬和崇敬。当日军清扫战场时，发现这位遍体鳞伤的遗体就是张自忠将军，也列队脱帽向遗体敬军礼。当他们抬着遗体从一个市镇通过，百姓们得知就是张将军时，不约而同地涌到街道上，跪倒失声痛哭：“将军一去，大树飘零。”日军师团长村上启作命令军医用酒精把遗体仔细擦洗干净，用绷带裹好，用上好木材盛殓将军遗体，葬于陈家祠堂后面的土坡上。坟头立一木牌，上书：“支那大将张自忠之墓”。日方在当晚汉口的广播中播报了这个消息：

张总司令以临危不惊、泰然自若之态度与堂堂大将风度，从容而死，实在不愧为军民共仰之伟丈夫。我皇军第三十九师团官兵在荒凉的战场上，对壮烈战死的绝代勇将，奉上了最虔诚的崇敬的默祷，并将遗骸庄重收殓入棺，拟用专机运送汉口。[95]

而重庆政府蒋介石惊闻张自忠殉国，立即下令第五战区不惜任何代价夺回张自忠遗骸。继任第59军军长的黄维纲率部再渡襄河，与敌激战两昼夜，付出了二百多人的伤亡，终于在方家集寻得英烈坟墓，开棺将忠骸起出，以上将礼重新装敛。灵榇由陆路从快活铺经荆门、当阳运至宜昌，停灵东山寺。消息传出，宜昌民众不期前来祭悼者逾数万人，全城笼罩在悲壮肃穆的气氛中。敌机在上空盘旋吼叫，却无一人躲避，无一人逃散。1940年5月28日晨，灵柩运至重庆朝天门码头，蒋介石、冯玉祥等政府军政要员皆臂缀黑纱，肃立码头迎灵，并登轮绕棺致哀。蒋介石更是“抚棺大恸”，在场者无不动容。蒋并亲自扶灵执绋，拾级而上，护送灵柩穿越重庆全城。国民政府随即发布国葬令，颁发“荣字第一号”荣哀状。将张自忠牌位入祀忠烈祠，列于首位。28日下午，蒋介石与军政要员和各界群众在储奇门举行盛大隆重的祭奠仪式。气氛庄严，极尽哀荣。蒋介石亲自主祭，同时以军事委员会委员长的名义通电全军，表彰张自忠一生勋绩。随后国民政府在重庆北碚雨台山为张自忠举行下葬仪式。蒋介石题词“勋烈常昭”，冯玉祥题词“荩忱不死”，也与关羽“大义归天”后蜀、魏、吴争相给予礼葬的情形略同。

1943年周恩来写悼念专文《追念张荩忱上将》，其中说：

> 张上将是一方面的统帅，他的殉国，影响之大，决非他人可比。张上将的抗战，远起喜峰口，十年回溯，令人深佩他的卓识超群。迨主津政，忍辱待时，张上将殆又为人之所不能为。抗战既起，张故上将奋起当先，所向无敌，而临沂一役，更成为台儿庄大捷之序幕；他的英勇坚毅，足为全国军人楷模。而感人最深的，乃是他的殉国一役。每读张上将于渡河前亲致前线将领及冯治安将军的两封遗书，深觉其忠义之志，壮烈之气，直可以为我国抗战军人之魂！[96]

这里所说的“忠义之志，壮烈之气，军人之魂”，不也正是关公精神的概括写照吗？张将军的女儿张廉云还回忆说，1983年她专程去当阳寻访父亲踪迹：

> 我们经过玉泉寺，先看珍珠泉。在山坡上见到一方形石柱，上刻：“汉云长显圣处”，是明万历年间立的。顶蹲石狮，姿态生动。我们来到玉泉寺，一位上了年纪的僧人迎门站着等候。经介绍后，这位僧人双手合十，说“我和张将军见过多次”。我惊喜万分又感不安，这实在是意外的相遇，却怎么能让明玉方丈迎候我呢！
>
> 在方丈室，明玉方丈对我讲了他和父亲相识的经过。有一件事情

他记得非常清楚，为维修被日寇炸毁的关陵庙，他找到父亲，希望军队能支持些木材。父亲立即答应，给关陵拨去木材。我听了此事，非常理解。父亲最崇敬关公、岳飞、文天祥，要维修关陵，他一定会尽力帮助的。[97]

以张将军身处时代和所受教育，他对于关公勇烈精神是绝对不会陌生的。这件发生在当阳玉泉寺的轶事，也算是百代之后两位英烈的惺惺相惜吧！

北京关庙的衰落

如果从光绪二十六年（1900）“庚子国变”，八国联军攻占北京算起，到新中国成立（1949），北京举行开国大典，五十年间中国经历了两次重大的社会转型。其中还遭遇了一次持续十四年的外国武力入侵，受尽屈辱，可谓“中华民族到了最危险的时候”。两次转型的宗旨都是融入国际社会，实现“近代化”（今人称为“现代化”），“弃旧图新”，方向大体也一致，而且愿望决心一次比一次更为猛烈。其中最重要的动因之一，便是20世纪20年代中日学者开展“中国历史分期讨论”，虽然严格限制在学术范围中进行，但由于自觉运用马克思“社会发展五阶段论”作为指导，其结论却套用了日本将“明治维新”以前的社会状态归结为“封建社会”的说法。其结果直接影响到社会上的激进派精英，将晚清称之为“半封建、半殖民地”阶段，遂争相以“破旧立新”为皈依，决裂传统为亟命。中华民族历经千年逐渐形成的传统道德基准及其价值体系受到严厉的批判、摧毁，也就是意料中事了。于是神州大陆上关公信仰也开始急剧衰落。这种衰落在历史上究竟呈现出怎样一个过程，今人似乎都心知肚明，毋庸分证。但是站在百年以后，中华民族有望全面复兴的另一个崭新起点，略作回顾，也未始无益。

近年随着北京旧城的消失，怀念老北京的漫兴文字也明显增多，其中谈及关帝庙的也有数篇。一篇题为《众寺之首关帝庙》的文章说：“据民国二十五年的《北平庙宇通检》统计，八百四十座庙中，关帝庙有三十三座，位居第一。清《乾隆京城全图》中，记载有关帝庙一百一十六座，仍居众庙之首。”[98]又有《老北京为何最多关帝庙》介绍说，“仅老北京城里，专供关公和兼供关公的庙宇就有一百一十六座。”“铁老鹳庙：在宣武门外铁老鹳胡同（今铁鸟胡同），清光绪二十八年二月十八日建。其殿顶置放用来驱赶鸟雀的铁雀二，可以随风摆动，故称铁老鹳庙。”[99]另一篇《关帝信仰与老北京的关帝庙》则说，“供奉道教伏魔大帝也就是佛教伽蓝的关帝庙竟有二百六十七座之多。也就是说，老北京的寺庙中有百分之十六都是供奉关圣帝君的。”[100]此多得于耳食、揣摩之言，当不得真。还有人据统计资料郑重其事地总结说：

> 北京的寺庙数量众多，在全国堪称首屈一指。清朝乾隆时期绘制的京城地图上，共标出内外城寺庙1027处。其中观音庵87处，如果加上供奉观音的白衣庵21处，共108处，居众庙之首。其次是关帝庙88处，真武庙42处，还有天仙庵29处，伏魔庵26处，龙王庙12处，等等。[101]

作为政治文化中心，北京庙宇数量多，是很正常的。[102]只是作者显然不知道“伏魔庵”也是以供奉关帝（伏魔大帝）为主的庵堂。以其提供的数据两相比较，不但关帝庙比观音庵多出一处，伏魔庵也比白衣庵多了五处，共计一百一十四处，且不说关帝庙还有别名“老爷庙”“武圣庙”“三义庙”等名目了。以此观之，显然至迟从乾隆间开始，京师关帝庙便稳“居众庙之首”了。此外京师关帝庙还因数量太多而屡有别称，如西城太平桥的“鸭子庙”、南城自新路的“万寿西宫”、前门外珠市口的“高庙”、安定门的“红庙”、东直门的“白庙”、东安门城根的“金顶庙”等。有人说“‘红庙’可能与关公的红脸膛有关，白庙可能与‘白马关帝庙’的简称有关”，[103]则纯属揣测之言了。

其实想要厘清这些问题，倒也并非毫无端倪，恰好北京市档案馆出版了《北京寺庙历史资料》，裒辑有民国年间三次登记在册的北平特别市寺庙资料，聊可弥补此项缺憾。需要指出的是，这三个年代都充满着动荡，分别对应北伐军进逼京畿，冯玉祥驱走张作霖（1928）；[104]日军占据冀东，北平爆发“一二·九”运动（1935）；抗战光复之后国共和谈分裂（1947）之时。每次登记都未能尽善。故这三次登记不仅有着连续性，也具有互补性。笔者不惮劳烦，综合整理出来，附于文后，也算是黄仁宇对于中国历史叙事缺乏“数字化管理”遗憾的一点补偿。这里先谈一点统计所得：

一、关帝庙数量

首先是关帝庙数量的变化，包括占有的比例增减情况：

	总数	供奉关帝庙观（庙宇比例）	署为关帝庙者（庙宇、供奉比例）
第一次登记	1631	595（36.48%）	286（17.53%）（48.06%）
第二次登记	1223	225（18.39% S）	151（12.34%）（67.11%）
第三次登记	727	184（25.30%）	105（14.44%）（57.06%）

需要声明的是，三次登记不仅每次详略不同，而且同此登记对于供奉神像的填写也有详略不同，多数仅以“神像若干尊”笼统概括，且不分主祀配祀，造成了精确统计的困难。其次表列中“署为关帝庙者”首先包含各类关帝庙，包括虽然曾用以别的名称登记过，但也有一次以上以关帝庙名义登记在册者（比如第一次登记号 171 永寿寺关帝庙）；其次包括以“伏魔庵”“三义庙”“老爷庙”“武圣庵”等名称出现的寺庙，但是没有包含“忠义庙”“忠佑寺”，原因是供奉神祇情况记载不够确切。此外，还有一些专祀关公的庙宇（如第一次登记号 273 的弘慈寺、300 的福峰寺、304 的崇兴寺等）也没有统计进去。部分原因是庙宇呈现的杂祀状态非常普遍，不仅绝大多数庙观中佛道儒及民间杂神共祀一堂，连关帝庙中也呈现着多神共拜的现象，这都是在长期供奉中陆续增添而形成的。本统计所以重在名称者，是充分考虑到建庙初衷及民间影响。值得注意的是，北京一些著名寺观，如东岳庙就供奉有关公，但是也有一些供奉关公的著名庙观如雍和宫、厂桥西黄城根白马关帝庙、京师各城门瓮城内关庙（正阳门、东直门除外）等却没有登记在册。至于历代帝王庙、民国关岳庙等已与民国初期大量寺庙改为学校、机关一样，当时已经别用用途，也没有计算在内。网上一项资料表明，这些寺观今日仍存有建筑或部分甚或点滴遗存的仅有十四座（标注★者）。[105]

从统计看来，1928 年至 1947 年的二十年间，北京庙观总体数量上分别减少了 25.1%和 55.5%，供奉关公的庙观在绝对数量上分别减少了 61.6%和 69%，但是其中署名关帝庙的比例则分别为 48.06%、67.11%、57.06%，反而出现了上升趋势，且以抗战爆发，民族危亡的1936年比例最高，日本占领以后则略有恢复。这与日伪时期的宗教文化政策以及北京市民的坚持民族操守的情绪是否有关，值得再探。

如果再作深入探讨，则发现关公杂祀主要分布于一些乡里合祀的综合性小型杂庙之中，且多以三圣、五圣、七圣等名目与观音、土地、青苗、龙王、虫王、财神、火神等共祀一堂。在登记时人们以为尽人皆知，故这些庙观所尊神像大都语焉不详，而这些民间庙观又是缩减最明显的。谨据三次登记资料统计附表于下：

庙观名称	三圣庙（祠）	五圣庙（祠）	七圣（神）庙（祠）	九圣庙（祠）
第一次登记	10	33	56	9
第二次登记	12	15	23	4
第三次登记	4	3	2	1

清末民初旗地官田纷纷易手，已经带来了京畿乡村社会形态的显著变化。这二十年中随着战争带来的人口大迁徙（包括随国民政府迁离、从军抗战、因劳工或其他原因离乡背井者），乡里社会形态已经遭受极大破坏，这类庙观二十年间仅及当初什之一耳，也是数量减少最为显著者。

二、庙产及规模

庙产是寺观日常生活来源所系，一般分为房产和地亩，前者用于瞻礼，后者用以维持生计。但是民国以后有力的供养人大幅减少，地亩面积变化甚大，已经不可能像雍正年间海淀上庄玉河村关帝庙那样，短短十余年间就由檀越施舍或者自置到地亩四百一十二亩之多。[106]所以房产部分也多用以出租，或者为学校、机关租用或占用。庙产性质分为私建、募建和公建三种，但是概念上绝非今日所谓私人所有、公共所有和集体所有。大抵而言，私建包括个人、庙观所建，募建包含庙观、官方所建，公建包括合村、合街及同业公会所建。本表在规模上只列入了房产，以见出庙观建筑规模。以北京地区而论，十间以下至多一进院落，二十间以下可有两进院落，二十一间以上以至百余间者，则包括三进或者跨院群落。

庙产	私建	募建	公建	原缺	小型（10间以下）	中型（11～20间）	大型（21间以上）
数量	258	32	233	86			
第一次登记					230（47.5%）	126（26.0%）	128（26.5%）
第二次登记					51（21.2%）	80（33.2%）	110（45.6%）
第三次登记					26（14.8%）	40（22.8%）	109（62.4%）

统计说明，京师关帝庙或者供奉关公的庙观中，私建比例最大，其中甚至有若干“家庙”“祖遗家庙”；其次是公建、合建者，证实城乡信善分布广泛。从规模上看，则大型庙观存留85.1%，几率明显大于中型（31.7%）和小型庙观（11.3%）。这也与当时社会动荡，乡里解体的状况吻合。此外部分大型庙观还有其下院，即主要庙观之下还管辖着若干小庙，如道教名观白云观就辖有太阳宫和宽街、西便门两座关帝庙，宝公寺、精忠庙和兴隆寺的住持也为同一人，再如万寿关帝庙、崇宁寺、东安门及五道营关庙，万春关帝庙与福峰寺、上堂子关帝庙与崇兴寺的情况也是如此。这种情况也是部分小型庙观得以支持下来的原因之一。

三、始建年代

前人曾言晚明京师城乡关庙已有百座之多，清代则屡现高潮。根据统计，这些庙观的始建年代分布如下：

年号	明前	永乐	宣德	正统	成化	弘治	正德	嘉靖	万历	天启	崇祯	明建	不详
庙数	3	4	4	2	11	2	4	13	51	8	6	52	4
年号	顺治	康熙	雍正	乾隆	嘉庆	道光	咸丰	同治	光绪	宣统	清建	民国	无考
庙数	7	43	5	53	29	55	14	20	38	1	7	11	88

其中所述唐建寺庙中关公供像当为后世所设，而所谓宋建关庙于史无

征，当为自我作古所致。明代建庙共计158座（占总数的25.9%，其中注明“明建”者，实无其年号），高潮在万历年间，洵非虚言。清代345座（56.5%），高潮在康熙、乾隆及道光、光绪年间。无考者92座（15.1%），似应计入明代或清前期。这种情况与前述崇拜关羽的几次历史高潮也大体吻合。

四、宗教背景

儒释道都崇奉关公，但是真正属于儒家的祠庙却没有从统计中反映出来。从统计看，佛教庙宇显然占据绝对优势（60.8%），道教只占4.4%，民间信仰（包括家庙）则占18.2%：

宗教性质	僧庙	尼僧庙	尼庙	道庙	民（公）庙	家庙	原无
数量	228	23	10	19	52	26	71

其中最为著名的正阳门关帝庙属于道观，这倒是与嘉靖立庙，万历以道教封号“关圣帝君”在此敕封天下关庙的情况前后一致。奇怪的是从登记情况看来，它与正阳门前1号观音庙的庙产登记人都是同一位叫刘之维的人，而与东岳庙、白云观等京师最大的道教派系宫观没有关系。[107]

此外，从杂祀神祇的情况，也可推测出地域或者民族特色来。如民国二十至二十三年（1931 ~ 1934）《全辽备考》记述汉族祭典，即介绍说：

> 乡村公祭者，则有关帝、财神、苗神、土地、山神、马王、牛王、青龙、五道、火神等祠。

可知京师关庙杂祀或其他杂祀庙观中普遍供奉关帝者，多与关外汉军习俗相近或者一致。黑龙江两志记述中所谓“陈汉军”者，当为清道光二十年“开边”政策实行，允许关内汉人垦荒初期的移民，故光绪十六年（1890）俄人伊万诺夫斯基（А. О. Иваиовский）在东北地区作民俗调查时，发现其庙祀多为九神（关帝、黑脸龙王、红面火神、四首或六手马王、牛王、药王、虫王、苗王、财神）同供，而率以关帝为首的情况。但这些习俗在“闯关东”的山东、河北当地民俗中并不普通，其言“最后至者”则应为民国时关内汉族移民，说明这是清末开始出现的民间信仰。且大多散布在京郊乡村，尤其以海淀附近八旗聚居地相对集中。作为乡土信仰的代表，规模也较小。因此随着北京的近代城市转型改造，消失得也最为明显。

回念自晚明关羽崇拜成为国家信仰中心，并逐渐普及到社会各个阶层以后，“杂祀”现象便开始出现。“东林”“阉党”都曾以敬拜关羽互相标榜，说明对于关羽崇拜体现的中心价值观念的理解出现歧义。这一方面固然是与中国尤其是道教体系的多神崇拜尤其是实用主义传统密切相关，另一方面也说明儒学对于关羽崇拜的“超越性”核心价值理念发掘阐述不够。清代正式将关羽崇拜置于国家祭祀的中心位置以后，仍然浮于表面；加之满洲贵族由原始萨满转为喇嘛教，与中土道教及民间信仰混合，造成关羽崇拜虽在平面范围内进一步扩散，但仍然没有解决关羽神所以成为中华多民族信仰中心的价值—道德规范问题。所以越是混合多种信仰的“杂祀”，越是无所不能，应答十方的“灵应”，在某种意义上就越发削弱了关羽神作为历史人物的道德榜样，护卫国家民族的勇武刚烈不屈之精神象征的作用。从这个意义上说，关羽神从来没有，也不可能做到像两河流域发源之“一元神教”——犹太、耶稣、伊斯兰等宗教那样，以其普适的价值—道德核心，展示出持续长久的凝聚力。关羽崇拜于20世纪西方列强的技术、文化双重冲击下逐渐衰落，也有其难以避免的历史—文化原因。

进入21世纪时，北京市政部门着手把海淀古镇夷为平地，建设“中关村高科技园核心区”。但就在紧靠全球规模最大的一家法国连锁店“家乐福（Carrefour）”的东南角，居然复建了一所关帝庙，在人来车往的繁华街道旁寂寞孤独地矗立一隅。据介绍：

> 中关村西区建设工地上保存完好的关帝庙，曾经是海淀古镇的一个重要景观。它始建于明朝，重修于清朝。古时的海淀，习惯在主要路口建设庙宇，这座关帝庙就是当年许多庙中的一座。从元朝到清朝，皇帝途经关帝庙来往于皇城与皇家园林之间，人们把这条御车辗过的石板路叫斜街。如今，斜街与关帝庙在中关村西区的建设中都保留了下来。[108]

但我揣想复建主持者当初的真实意图，也许更把关帝庙作为“财神”，来为今后中关村财富的持续增长留下一座膜拜之庙。可惜没隔两年，这座仅存庙宇也转租给一家公司作为茶座了。可知只晓得“利益最大化”的今日商家对传统价值体系隔膜的程度，实在令人摇首叹息。

正是从这个意义上说，对于中国历史—文化中关羽崇拜的研究发掘，绝非停留于复祀兴庙，感慨回味，而应当更加致力于道德—价值体系的整合及其现代性阐释，以便为中华民族的凝聚和复兴寻求一个既具有深厚传统、普遍认同，又能够不断开掘，振发进取向上精神的人格象征。

注释：

[1]《天地会》前言（实据萧一山《天地会起源考》写成）。近年出版的新著尚有秦少卿《中国秘密社会》（浙江教育出版社 1989 年）、秦宝琦《中国地下社会》（北京：学苑出版社 1993 年）、胡珠生《清代洪门史》（辽宁人民出版社 1996 年）等。

[2] 详参罗炤著《郑成功与天地会》(《中国史研究》1997 年第 4 期)，又有《天地会的两个源头》（《清史论丛》第 10 辑，中华书局 1993 年出版）、《天地会探源》，（《中华工商时报》自 1994 年 10 月 19 日起分 139 期连载）等专论陆续阐发。笔者以为很有创见，有兴趣的读者自可翻检。

[3]《郑成功与天地会》，《中国史研究》1997 年第 4 期。

[4] 以上东山材料参《漳州文史数据》第 29 辑（总第 34 辑）《漳州古迹名胜专辑》之刘小龙文《东山县天地会活动遗址》，漳新出（2004）内书（刊）第 99 号，第 289 ~ 291 页。著者持赠，谨志谢意。

[5] 同上注，第 239 ~ 242 页、第 244 ~ 248 页、第 482 ~ 486 页。

[6] 台湾师范大学杨士贤《娱乐、教化、仪式——析论台湾释教“挑经”科仪的三个面向》介绍，台湾民间宗教，“可追至大陆闽粤一带的‘民间佛教’，此一系统的神职人员，其崇祀之神只以佛教的佛祖，菩萨，护法为主，兼奉道教及民间信仰的仙圣，具有佛，道融合的特性。而民间佛教与正信佛教之最大区别，在于前者伙居，不用剃度，吃斋，可以结婚生子，采用父传子承世袭制度，或拜师学艺传受模式，研习各类佛教经忏与祖本宗师所传下之科仪，并于家中设坛承揽法事，以主持丧葬拔渡和庙事法会为职业。在闽粤地区，民间佛教的神职人员俗称‘香花僧’，‘香花和尚’（乡化和尚）。”（www.ndhu.edu.tw/~dchin/stu_essay/1.doc）

[7] 录自刘小龙《海峡圣灵——东山关帝庙志览》，福州：海风出版社2002年出版，第138～139页。著者持赠，谨志谢意。

[8] 郭义、蔡禄本为郑成功心腹将领，但道宗何以策划郭、蔡叛郑投清，始末因由扑朔迷离。最早见于清初江日升《台湾外记》，近年罗炤《郑成功与天地会》及谢重光《明郑集团与天地会关系考》（《中共福建省委党校学报》2003年第七期）有所考析，可以参看。值得注意的是，蔡禄后在河北总兵任上因有随从吴三桂等“三藩反清”嫌疑，被康熙察觉诛杀。可见清室对他并不信任，但似未连及其子孙。漳浦顶马场下店介绍说：“本社有蔡氏祖祠一座。以前每年正月初一日张挂总兵蔡禄画像，供子孙瞻仰。蔡禄俗称‘蔡万七’，清康熙间官至左都督、河北总兵。蔡宗琚，禄长子，荫官治中。蔡功，禄次子，官烽火门参将。蔡兴邦，禄孙，袭都尉，任太湖协副将。”（http://www.cs138.net/Article/ArticleShowasp？ Arti. cleID=608）可知后世族人犹在供奉。

[9]《郑成功与天地会》。

[10] 王春瑜《刘、关、张的人神之变》，《中国史研究》1998年11月号。

[11] 卢岸川《天地会创始人万五道宗》，福建省情数据库网站。

[12]《近代秘密社会史料》，第241页。又《海底》中另一首同题“口白”谈到船中央安置“观音佛祖”，船尾安置“天上圣母，左右哼哈二将”，船首则是：“五显华光大帝，左有千里眼，右有顺风耳。又有关圣帝君在，左有关平太子，右有周仓大将。”这是将就佛教信仰，径以华光为“情报信息”收集，关羽为降魔除妖之开路先锋矣。（第181页）

[13] 刘小龙《海峡圣灵》，第119页。

[14]《近代秘密社会史料》，国立北平研究院史学研究会1935年版，岳麓书社1986年简体重排，第258页。原件为伦敦大不列颠博物院藏抄本Oriental 827G（1）。按萧一山抗战胜利后一度出任李宗仁北平行辕秘书长。1948年赴台湾大学任教，后任台湾中央研究院近代史所研究员。

[15] 朱琳编著《洪门志》，1990年河北人民出版社覆民国三十六刊本。第十三章，第105页。该书记述以民国初年的习俗为主，已多有增饰。

[16] 王学泰考据此系套取《说唐后传》第五回“贞观被困木杨城叔宝大战车祖轮”，理或有之。参《游民文化与中国社会》第483～493页。

[17]《近代秘密社会史料》第247、263页。诗句其实仅止铺叙附图中的香堂布置，所有器物的功用在萧著卷五“诗句”中均有交代（第299～301页）。

[18]《中国秘密社会史》，河北人民出版社1990年覆民国元年商务印书馆

译本，第 36 页。

［19］《中国秘密社会史》第 111 页。

［20］《洪门志》第 27 ~ 30 页。

［21］萧一山《近代秘密社会史料》，国立北平研究院史学研究会 1935 年版，岳麓书社 1986 年简体重排本，第 259 页。原件为伦敦大不列颠博物院藏抄本 Oriental 827G（1）又李子峰《海底》，1990 年河北人民出版社覆民国刊本亦载。第 182 ~ 183 页。

［22］黄华节《关帝的人格与神格》，商务印书馆（台北）1968 年，第 227 页。

［23］孔祥毅《晋商行会——自治自束自卫的商人机构》（http://sxnw.gov.cn/dxcf/jswh/swbj/jg.htm）。

［24］同上。

［25］《包头史料荟要》第二辑，第 133 页。

［26］李福清《关公传说与关帝崇拜》，第 95 页。

［27］所谓“九行”，包括钱行、当行、粮行、皮毛行、货店行、牲畜行、杂货行、蒙古行、六陈行（粮食加工业）；“十三社”亦有作“十六社”的，是包头的一种商业性的手工业组织，有毡帽社、绒毛社、靴鞋社、理发社、麻绳社、仙翁合义社（饮食业）、清水社（染房等）、金炉社（铁匠）、得胜社（肉铺）、栽绒社（毯社）、鲁班社（木匠）、恒山社（山货铺）、义和社（留人店）、成衣社、会仙社（画匠）、糖粉社。（《包头史料荟要》第六辑，第 97 页）

［28］《察哈尔通志》第二十六卷，第 2357 页。

［29］哈密《长流水关神武庙碑记》，原载洪亮吉《更生斋文甲集》卷三。此据《哈密文物志》，新疆人民出版社 1993 年，第 286 ~ 287 页。据介绍：“该碑碑文系洪亮吉于嘉庆五年（1800）遇赦返回，路经哈密长流水时，应当地民众所请而写的。现碑已不存。此据《三州辑略》辑存碑文。”按洪亮吉（1746 ~ 1809）原名礼吉，字稚存，号北江，又号更生居士。阳湖（今属江苏常州）人。乾隆庚戌榜眼，授翰林院编修，充国史馆编纂，贵州学政。嘉庆元年回京，以言越事，充军伊犁，五年赦还，回乡著述自娱。著有《洪北江诗文集》《伊犁日记》等。

［30］参李福清《关公传说与关帝崇拜》，第 65 页。

［31］中国侨网（http://www.hslmw.com/node2/node116/node119/node836/node845/ userobject6ai42258.html）。

［32］《认识龙岗》，2000 年版。笔者参加 2001 年涿州“中国历史文化中的关羽学术研讨会”时结识该会诸公，并获赠此印刷品，谨志谢意。

[33] 详见万历帝朱翊钧亲撰京师《敕建护国关帝庙碑》（碑在北京右安门护国关帝庙。拓片载首都图书馆《北京记忆》。又大学士焦竑撰、董其昌书京师《汉前将军关侯正阳门庙碑》（明刊本《澹园集》卷十九。碑拓存中国国家图书馆）。

[34] 庙联犹存东山关庙。笔者亲见台湾关庙由东山分灵移祀之庙，庙联亦书此。按黄道周（1585 ~ 1646）字幼玄，一字螭若，号石斋，铜山所（今属福建漳州东山）人。天启进士，历庶吉士，授编修，官礼部尚书。以节气著称于朝。唐王监国封武英殿大学士兼吏、兵两部尚书，失败被俘，坚不投降。临终撕裂衣衿，以指血书写“纲常万古，节义千秋；天地知我，家人无忧”。

[35] 碑存台湾彰化市关帝庙。《石刻史料新编》第三辑（17）《明清台湾碑碣选集》，第 138 ~ 139 页。新文丰图书公司（台北）1986 年出版。连横《台湾通史》卷三十四《列传六》言：“秦士望，江苏宿州（今属安徽）人。以拔贡生出仕。雍正十二年调彰化知县。邑治初建，制度未详，即以兴学致治为心，凡有利民，罔不为之。翌年仿诸罗之法，环植刺竹为城，建四门，凿濠其外，又造西门外大桥，通来往。前时台湾瘴疠盛，水土恶，乡僻之人每患癞疾，无药可治，父母弃之，里党绝之，流离道路，号为天刑。士望见而悯之，虑其感染，建养济院于八卦山麓，以居之，旁及废疾之人，养之医之，民称善政。”

[36] 不署撰人。《台湾文献丛刊光盘检索数据库》。

[37]《台湾文献丛刊》网络版。原按：碑存澎湖县马公镇长安里。清代于台湾行轮戍之制，由大陆福建沿海镇营调兵渡台，三年一更。营兵戍台每建庙。

[38]《澎湖纪略·艺文志》。不载撰人及年月，姑置于此。

[39] 碑存台湾台南县麻豆镇关帝庙文衡殿壁。额题“皇清”。《石刻史料新编》第三辑（17）《明清台湾碑碣选集》，第 555 ~ 556 页。

[40] 台北市立桃源国小全球信息网（www.tyues.tp.edu.tw/rules）。

[41]《普济堂简介》。

[42] 大溪风情网站。

[43] 福康安《奉铜山关圣帝君颂文匾》。原匾悬于福建东山县铜陵关帝庙内，“文革”间遗失。经寻访考证，2000 年漳州市芗城区吕金亮、陆建顺、汤锦铭、汤锦涛、汤锦煌、汤锦霖、汤锦华、汤锦成、汤锦水、汤必成等捐募复制，重新悬于原处。录自《漳州文史资料》总第 32 辑《庙宇官观专辑》，漳新出（2002）内书（刊）第 119 号，第 352 ~ 353 页。标点有所厘正。按福康安（1754 ~ 1796）字瑶林，号敬斋，满洲富察氏，镶黄旗人。乾隆孝贤皇后侄，大学士傅恒子。以勋戚由侍卫授户部尚书、军机大臣，袭父封三等公。出从阿桂用兵金川，事后即任封疆大吏，历任云贵、四川、

闽浙、两广总督，武英殿大学士兼军机大臣。再从阿桂镇压甘肃回民起义，破石峰堡。五十二年任大将军，率军平定台湾林爽文起义，封一等嘉勇公。率军入藏，驱逐廓尔喀侵略军。后督师平定湘黔苗民起事，嘉庆元年病卒于军中。封忠锐嘉勇贝子，赠郡王，谥文襄。入祀贤良昭忠祠，配飨太庙。

[44] 碑原在北京市东城区景山东胡同，汉满两种文字书写。中国国家图书馆中文拓片数据库索取号“北京648”。又拓片索取号“北京648”。按福隆安（1746 ~ 1784）字珊林，父傅恒官至大学士，封一等忠勇公。乾隆二十三年（1758）授和硕额驸，二十五年（1760）三月尚乾隆帝第四女和硕和嘉公主，同年七月袭父爵，封一等忠勇公，官至兵部尚书兼军机大臣。乾隆三十八年（1773）四月加太子太保。卒年三十九。谥勤恪。

[45]《西藏学汉文文献汇编》第一辑《清代喇嘛教碑文》，全国图书馆微缩复制中心1991年出版，240页。《卫藏通志》卷六：“关帝庙新建于磨盘山顶，乾隆五十七年十月大学士、忠锐嘉勇公福康安撰碑文。”又《卫藏通志》卷十《一统志唐碑》结末又言：“福康安《关帝庙碑》于惠龄、和琳、孙士毅皆书号，于体未协。皆令易之。后营官寨《关帝庙碑》亦同，均更正。”（《西藏学汉文文献汇编》第二辑，第288页）

[46] 原碑在北京市西城区西黄城根北街白马关帝庙，汉满两种文字书写，可能曾经遭到人为破坏，字多漫漶。中国国家图书馆中文拓片数据库索取号“北京474”。《光绪顺天府志》卷六《祠宇》录有全文，据以补齐。（第149 ~ 159页）

[47] CTIN台湾旅游联盟·枋寮义民庙。

[48] 碑存台湾台南市中区祀典武庙内。《石刻史料新编》第三辑（17）《明清台湾碑碣选集》第328 ~ 329页。

[49] 黄华节《关帝的人格与神格》，商务印书馆（台北）1968年，第227页。

[50] 关公网。

[51] 协天庙网站（www.newspace.com.tw/scecn/礁溪/协天庙/index.asp）。

[52]《台湾文献丛刊》网络版原按：原碑已失，文载《彰化县志·艺文志》。撰者为胡应魁，兹据录之。年代依据本文“嘉庆元年调授彰邑……己未春兴工，至庚申秋而竣”等语而考定，正符〈彰化县志·祀典志·祠庙〉所云“关帝庙，一在县治南门内……嘉庆五年，邑令胡应魁移建南街同知署故址”之语。文中己未系嘉庆四年次年即庚申。连横《台湾通史》卷三十四《列传六》言：“应魁字鹤清，江苏曲阿（今丹阳）人。以会魁为庐州教授，嘉庆元年调彰化知县。时陈周全乱后，余党未平，应魁尽力搜捕，安辑流民，慨然以振兴文教为任，月试书院，亲为评点。初，

城中乏泉，汲者须赴东郊红毛井，路远弗便，而东门外李氏园，忽得泉甚甘，众争汲，禁之不听，讼于官。应魁捐俸买之，号古月井。嗣建太极亭于署后，以收八卦山峰之秀。任满，升淡水同知。蔡牵之乱，防堵有功，卒于官。”称其为“良吏”。

[53] 苗栗县九湖国小山城采风网站（http://163.19.213.120/ml/ml82h.htm）。

[54] 本件为木牌，悬台南市中区永福路祀典武庙（大关帝庙）大殿右壁，《台湾文献丛刊》网络版。这项数据琐细之处，恰好对于了解清代中后期台湾关公信仰的参与人群与祭祀细节，颇有参考价值。

[55] 台湾正修科技大学《台湾历史与文化通识讲座》第九、第十场，张顺良主讲《台湾的宗教信仰》。

[56] 王铭铭《危亡与超生：1896 年中国东南沿海的超度仪式（Crisis and the Regeneration of Order: The Universal Salvation Ceremony on the Southeast Coast of China, 1896)》，原载台湾中央研究院《民族学集刊》第 87 期（1999 年春季）。王文自称抄本存于厦门大学图书馆。笔者托厦大历史系专治福建历史文献学的侯真平教授查询，回复说：“我手上就有厦大图书馆两种目录，昨晚即查，并无此本；今天又到厦大图书馆古籍室询问，并无收藏。上网查出处，似出王铭铭语，但其文，前日从友人处得之，而文后注释又说藏厦大图书馆，失严谨也。”姑置存疑。

[57] 原文系由中国学术论坛（http://www.frchina.net/data/personArticle.php?id=173）下载。作者文中自注“对该文本进行标点的过程中，受到北京大学中文系夏晓虹教授的帮助”。[ ] 内为明显讹字的校正。笔者径自校改了网络文本明显的标点失误。下同。

[58] 参见敕建礁溪协天庙编印《关圣帝君两岸文化交流座谈会会议手册》，民国八十六年（1997）一月。

[59] 参覃云生《替关圣帝君封号——专家谈玉皇大帝改选》，台湾《时报周刊》170 期，1981 年。

[60] 民间青年文化论坛——台湾视窗（http://www.pkucn.com/chenyc/thread.php？ fid=31&tid=4682&goto=nextoldset）。

[61] 作者持赠，尚未刊发。

[62] 如李兴盛《东北流人史》（黑龙江人民出版社 1990 年出版）、张伯英总纂《黑龙江志稿》（黑龙江人民出版社 1992 年出版）等。甚至王肯等《东北俗文化史》（春风文艺出版社 1992 年出版）也绝口不谈关羽信仰在东北移民过程及组建社会中的意义。

[63] 《柳边纪略》，第 3 页。

［64］《皇华纪程》，吉林文史出版社 1987 年出版《长白丛书》，第 309 页。按吴大澂（1835 ~ 1902）字清卿，号桓轩，又号愙斋。吴县（今江苏苏州）人。同治六年进士，历任编修、陕甘学政、河北道、左副都御史、河道总督、湖南巡抚等职。曾受命帮办吉林军务，督办吉林三姓、宁古塔、珲春防务兼屯垦。光绪十一年与依克唐阿会勘吉林东界，签订《中俄重勘浑春东界约记》。甲午战争时曾督湘军出关御敌，兵败被革职。

［65］乾隆四十四年《钦定盛京通志》四十三卷第 45 页、四十四卷第 30 页。按豳为古国名，在今陕西省郇阳县境。《诗经·国风》有《豳风》，描述周部落先祖公刘创业之艰难。岐，山名，在今陕西岐山县境。《诗经·大雅》有《文王之什》，描述周人自述太王迁岐，创业兴国，文王继昌的开国历史。此处以“豳岐”比喻满洲虽处荒幽之地，却是先祖创业之基，自己继承祖业，国家兴旺，所以关羽的影响在此也显赫威著。

［66］《楹联丛话》卷五。按梁章钜，福建长乐人。嘉庆壬戌进士。先后任荆州知府等，道光辛丑调江苏署两江总督。著述颇杂。

［67］张鸿文、张本政《东北大事记》，吉林文史出版社 1987 年出版，上册，第 1 页。

［68］А. О. Ивановский, Примечания “注解” 收 Г. Н. Потанин, Тангутско-тибетская окраина и Центральная Монгодия, С_Петербург, 1893, с.389 ~ 390。李福清《关公传说与关帝崇拜》，第 99 页。

［69］李澍田主编《长白丛书》之一，吉林文史出版社 1986 年出版，第 119 页。

［70］王树楠、吴廷燮、金毓黻等纂《奉天通志》卷九四。东北文史丛书编辑委员会点校、出版（辽出临图字［182］第八号），第 2152 ~ 2153 页。该书始纂于民国十六年（1927），刊印于民国二十三年（1934）。

［71］同前页注，卷九四，第 2161 ~ 2162 页。

［72］寿山，汉军正白旗黑龙江（今爱辉镇，属黑河市）人，父富明阿，为明尚书袁崇焕七世孙。光绪二十六年（1900）沙俄集结二十万大军于六月十九日攻瑷珲，将我国海兰泡数千居民驱集江边，用刀斧大肆屠杀，当场未亡者，尽被逐入江中，尸浮江面，七日不绝。与之比邻的江东六十四屯居民闻讯而逃，被难者有二千余人。寿山力战死。民国十七年（1928）黑龙江省公署为建寿公祠于齐齐哈尔关帝庙右侧（今齐市龙沙公园内），于驷兴为撰殉难碑铭。见齐齐哈尔档案信息网（http://20297.193.66/da/list.asp？id=22）。其为袁崇焕八世裔孙事，见于孟森《袁崇焕后裔考》。

［73］参马昌仪《关公的民间传说》。按左宝贵，回族，原费县地方村（今属

山东平邑县）人。咸丰时携带两弟应募从军，累升至记名提督。甲午战争调集左宝贵等五路大军增援朝鲜，坚守平壤，不屈战死。清廷从优加赠太子太保衔，入昭忠祠。

[74] 李福清《关公传说与关帝崇拜》，散见于第61、71、76、85、95、98、99页。

[75] 昭梿《啸亭续录》卷一《大戏节戏》。

[76] 潘镜芙、陈墨香著《梨园外史·引言》，北京宝文堂书店1989年6月版。

[77] 梅兰芳《舞台生活四十年》第二集，第二章·四，《结束了上海的演出》。平明出版社（上海）1954年出版。

[78] 苏雪安《京剧前辈艺人回忆录》，1958年初版。

[79]《京剧二百年之历史》第一章，《老生》；第十二节，《现存诸伶·王鸿寿》。

[80]《梨园外史》，第26～27页。

[81]（日）波多野乾一著、鹿原学人译：《京剧二百年之历史》第一章《老生》第一节《京剧之泰山北斗程长庚》，上海启智印务公司1926年出版。

[82] 天亶《程长庚小传》，见《戏杂志》创刊号。

[83]《梨园外史》第245页。

[84] 刘文峰《山陕商人与梆子戏》，文化艺术出版社（北京）1996年，第130、144页。

[85]《北京梨园金石文字录·梨园馆碑记》，辑入《清代燕都梨园史料》（下），中国戏剧出版社1988年出版，第911页。碑在右安门陶然亭，署“吴门闵源栋撰”，大成、和成、惠成等十九个“班箱上众”同立。民国初年用其石材防为“陶然亭”碑。

[86]《清代燕都梨园史料》（上），第516页。

[87] 该书《前言》，第1页。王福明译，江苏人民出版社1996年出版。系据1983年哈佛大学博士论文《华北乡村社会中的权力，1900～1940》扩充而来。

[88][89] 参该书《前言》，第5～6页、第128页。

[90]《中国农村惯行调查》，第4卷第390页。

[91]《中国农村惯行调查》，第3卷第55页。

[92]《文化、权力与国家》，第133页。

[93]《吉林省民间文学集成·浑江市区卷》，1988年出版，第242页。转引自《关帝传说与关羽崇拜》，第90页。

[94]《关公的民间传说》，第328～329页。

[95]《张自忠将军殉国记》，聊城新闻网（http://www.lcxw.cn/Html/zhangzizhong/067816395155740.html）。

[96] 原载 1943 年 5 月 16 日《新华日报》。

[97]《六十岁月五过宜昌》，聊城新闻网（http://www.lcxw.cn/Html/zhangzizhong/067810532176330.html）按当阳关陵本属道教系统，与玉泉寺也不在一处。颇疑此处所言“关陵庙”应为玉泉寺中最早的关羽祠。

[98] 白大正著文，原载《北京青年报》（http://www.huaxia.com/ly/fsdl/00217751.html）。

[90] 张淑新、张淑媛《紫禁城内外》第 62 页。

[100] 陶金著文，《中国道教》杂志 2003 年第 3 期。

[101] 王国华《北京的寺庙》，《北京寺庙历史档案》弁首 1 页。中国档案出版社（北京）1997 年出版。

[102] 据《紫禁城内外》说：“北京市文物局 1958 年对寺庙的统计，尽管经过战火、自然圮塌、人为拆毁、改建，而剩下的庙宇址仍有 1730 座。”（第 56 页）

[103] 高巍等编著《漫话北京城》第七篇之《关帝在北京》，北京：学苑出版社 2003 年出版，第 248 ~ 249 页。

[104] 北伐胜利后国民政府重新定都南京，北京改名“北平特别市”。1928 年 6 月北平特别市政府成立，首任市长为何其巩（1899 ~ 1955）。何字克之，安徽桐城人。青年时加入冯玉祥部，由文书升至集团军司令部秘书长，1928 ~ 1929 年出任北平特别市市长，1933 年任行政院驻北平政务整理委员会委员兼秘书长。1935 年任冀察政务委员。日军占领期间任中国大学代理校长，病逝于北京。第一次寺庙登记就是在他任上完成的。

[105] 据 http://www.oldbj.com/seebj/bjbuilding/bjrelic.htm 分区查询。

[106] 参看雍正京师《重修关帝庙碑记》，原碑在今海淀区上庄东北玉河村。中国国家图书馆中文拓片资料库索取号北京 8608。

[107] 刘之维自言其父即正阳门关帝庙监院，是清末神乐观世袭乐舞生。清亡后乐舞生废除，皈依道教正一清微派。曾为北京市西城区人民代表，20 世纪 80 年代初曾任中国道教协会副秘书长兼白云观住持，在 1986 年 9 月召开的中国道教协会第四届代表会议上当选为中国道教协会副会长。参李养正《新编北京白云观志》第 386~387 页。

[108]《魅力中关村》（http://www.yesky.com/20030103/1646948.shtml）此外海淀古镇老建筑还保留了火神庙、礼王府花园（乐家花园）、李莲英宅和萨利宅院。

大结语

尽管笔者如此费力提要钩玄，发掘资料，但历代关羽崇拜中究竟还隐藏着中国文化演进的多少秘密，仍然是一个需要众多学人共同努力探究的课题。进入 21 世纪，中国开始了“和平崛起”，关羽崇拜到底还需不需要保存以及以什么样的形式保存的议论已经开始。但那是热心建言之策士面临的形而下学问题，已不在本书讨论范围之内。

大体而言，近代中国屡败之余，“保国强种”的目光也开始逐渐西移。民国初立，孙中山先生虽然也提出民族复兴的目标，但无暇从容规划实施，而“五四”新文化运动的兴起又把文化及其价值体系的最后抉择押在了“西欧化”还是“东欧化”的现成模式之上。“东欧化”的指向一度是“国际化”，即“全世界无产者联合起来”，本土文化似乎已无存续意义，遗址亦经陆续扫荡，几乎一空。不料四十年后，作为东欧化象征和堡垒的苏联居然也“红旗落地”，联盟解体，重新回复到民族国家（nation-state）的状态，中国发展的东欧化选择也随之遭遇颠覆。逮至 2003 年，“民族复兴”的呼声才再一次以官方决议的形式重现于中国。这不禁让我们再一次回味陈寅恪在 20 世纪 30 年代对于中华复兴的一段归纳性意见：

> 至道教对输入之思想，如佛教摩尼教等，无不尽量吸收，然仍不忘其本来民族之地位。既融成一家之说以后，则坚持夷夏之论，以排

> 斥外来之教义。此种思想上之态度，自六朝时亦已如此。虽似相反，而实足以相成。从来新儒家即继承此种遗业而能大成者。窃疑中国自今日以后，即使能忠实输入北美或东欧之思想，其结局当亦等于玄奘惟识之学，在吾国思想史上，既不能居最高之地位，且亦终归于歇绝者。其真能于思想上自成系统，有所创获者，必须一方面吸收输入外来之学说，一方面不忘本来民族之地位。此二种相反而适相成之态度，乃道教之真精神，新儒家之旧途径，而二千年吾民族与他民族思想接触史之所昭示者也。[1]

民族复兴的确需要经济强国，技术创新，物阜民安，但是也需要自尊自强，不卑不亢，待人以诚。尤其是在市场初兴，商品大潮，追求“快速致富”的过程中，见利忘义的行为越来越普遍，已经到了影响经济正常运行，危害公共安全的程度。价值观念及其体系支持的问题又重新提到了桌面上来。2001年南京一名考生在应对主题为“诚信”的高考作文时，“以熟谙的三国故事为基础，编撰了赤兔马为诚信而殒身的感人故事，突现了‘真英雄必讲诚信’的主题”，成为全国的一时热门话题。[2]如何认识和评价关羽信仰，又重新摆在21世纪中国人的面前。看来这还是一个需要持续进行探讨的问题。

近几年来，随着中国综合国力的提升和国际地位的提高，海外华人的“寻根”热潮与外国商家、民众亟需了解中国历史文化的热情彼此激荡，形成了一波又一波的旅游潮。硕果仅存的几座关帝庙也重新包装上市，日进斗金。各种专家也“趁热铛子”摇笔为文，写出了多少煌煌大著，凄美文章。但是我们究竟对于历时两千年的关羽文化了解多少？对于它在中华民族发展历史上的意义、地位懂得多少？对于是否传承接续这个传统准备了多少？学人论著，每每上接先秦经典，动辄《老子》《论语》，但是对于古人留下精神遗产的传承、演进、沉淀、汰弃、升华过程，却往往视若不见，尤其是其于民间的流变更是所知甚少。

孔子在《论语·为政》说：“道之以德，齐之以礼，有耻且格。”既然“民族复兴”的进程已经起步，那么回顾传统价值观念及其体系的构建过程，以便在传承的基础上形成新的道德秩序和价值体系，以极大提升中华民族的凝聚力和自信心，应该是必要的步骤。而关羽信仰就是其中一个非常重要的文化资源。尤其是它何以具有深厚坚实的民间根基，包容四裔的融汇能力，绵延不绝的历史积淀和跨越时空的现实影响，值得认真研究总结，并重新作出现代性的诠释。是为全书结语。

附：

关公信仰形成发展简明年表

时期	朝代～年代	地点	事件
汉	建安二十四年（219）	当阳	关羽率兵北伐，威震华夏。年底孙权偷袭荆州，关羽退保麦城，兵败被擒，遇害当阳。
	景耀三年（260）	成都	秋九月，后主追谥故前将军关羽曰壮缪侯。
隋	开皇十二年（592）	当阳	天台宗创始人智𫖮往荆楚传法，创建玉泉寺。后世关羽皈依佛法事即附迹于此。
唐	仪凤年间（676～679）	当阳	禅宗北派六祖神秀依附玉泉寺创建度门寺，后世关羽为护佛伽蓝事即附迹于此。
	开元二十九年（741）	洛阳	《关楚征墓志》称“昔三国时蜀有名将曰羽，即公之族系。曾祖元敏，祖玄信，父思浑，并代推雄望，蔚为领袖。”可知至迟此时已有自承关羽后裔的家族。
	天宝元年（742）	安西	僧人不空托言请得天王之子解唐军安西之围，皇帝颁诏天下府州县城西北角修建天王堂。此为中国普遍绘像敬奉毗沙门天王之开始。
	建中三年（782）	长安	礼仪使颜真卿奏请武成王配祀增加关羽等，共64人。
	贞元二年（786）	长安	刑部尚书关播奏请裁撤配祀之“异时名将”。“自是惟享武成王及留侯，而诸将不复祭矣。”
	贞元十八年（802）	当阳	董侹撰《荆南节度使江陵尹裴公重修玉泉关庙记》，为现存关羽成神之最早记载。
五代	后唐明宗年间（926～930）	洛阳附近	《（后）晋故陇西郡夫人关氏墓志铭并序》称唐明宗皇妃之母关氏为“蜀将镇国大将军、荆州都督（关）羽之后也”。此为另一自承关羽后裔家族。

时期	朝代～年代	地点	事　　件
宋	建隆元年（960）	汴梁	太祖“幸武成王庙，历观两廊所画名将”，诏“取功业始终无瑕者”，配祀晋升灌婴等23将，黜退关羽等22将。
	建隆三年（962）	汴梁	诏给昭烈帝、关羽、张飞、诸葛亮等历代“功臣、烈士”各置守冢三户。
	大中祥符七年（1014）	解州	始建关羽祠庙于其故里。
	庆历三年（1043）	汴梁	用范仲淹议，武成王庙“自张良、管仲而下依旧配享，不用建隆升降之次”。关羽等将复入配祀。
	皇祐五年（1053）	邕州	此处原有关羽祠庙。元丰碑刻记述：“皇祐中，依贼陷邕州，祷是庙，妄求福助，掷杯不应，怒而焚之。狄丞相破智高，乞再完。仁宗赐额，以旌灵贶。”
	至和二年（1055）	桂林	释义缘在龙隐岩题刻石壁，称“智者大师，擎天得胜关将军，檀越关三郎”。此为今存最早关羽崇拜的摩崖碑刻。
	嘉祐末年（1061～1063）	凤翔	苏轼任签判，与时任监府诸军之王彭结识交往，始闻“说三分”事。北宋“说三分”风习至迟在此前开始。
	熙宁九年（1076）	荔浦	西夏前线将领郭逵率领的威胜军神虎第七军南下征交趾时，曾参拜关庙，并发军誓祈神护佑。后果在遭遇战中觉有“阴兵助战”，遂得大捷。
	元丰三年（1080）	沁县	西夏前线将领，知威胜军王文郁率威胜军神虎第七指挥及宣毅第二十五指挥官兵集体捐资，于原驻地新建蜀荡寇将［军汉寿亭］关侯庙，报答神贶，并立碑纪念。此为现存以关羽替代毗沙门天王成为军队“助战神灵”的最早记载。
	元丰四年（1081）	当阳	玉泉寺住持承皓鼎新寺院，张商英撰《重建关将军庙记》，重申佛教“关羽显圣”，皈依佛门传说。
	绍圣二年（1095）	当阳	赐当阳关羽祠庙额“显烈”。

时期	朝代~年代	地点	事　　件
宋	元符元年至三年（1098~1100）	解州	盐池溃堤遇水，基本停产。
	崇宁元年（1102）	解州	盐池经过整修，开始恢复生产。二月封关羽为忠惠公。此为后世加封关羽新爵之开始，亦为“关公战蚩尤”神话的由来。
	崇宁四年（1105）	汴梁	五月，赐信州龙虎山道士张继元号虚静先生。六月解池修复，全面恢复生产。
	大观二年（1108）	汴梁	加封关羽为武安王。
	政和七年（1117）	闻喜	地方治安官员募修关羽祠，撰解州闻喜县《新修武安王庙记》。此为后世治安官员崇祀关羽之开始。
	宣和五年（1123）	汴梁	正月礼部奏请，敕封关羽为义勇武安王，从祀武成王庙。
宋、西夏、金、蒙古	宋建炎二年（1128）	洛阳	京西路关羽祠有张贴《劝勇文》者，以“五可杀“鼓励齐心协力抗击金兵。提点京西北路谢岘“得而上之，诏兵部镂版散示诸路”。加封关羽为“壮缪义勇武安王”，诰词云：“肆摧奸宄之锋，大救黎元之溺。”此为视关羽为宁死不屈、抵抗外侮象征之始。
	宋绍兴二十七年（1157）	临安	在西溪法华山建义勇武安王庙。此为江南三吴地区兴建关羽祠庙之始。
	金大定十三年（1173）	平遥	慈相寺住持新建关羽庙于法堂东庑，言：“今兹天下伽蓝奉此者为护法之神。”郝瑛撰《慈相寺关帝庙记》。此为金国奉祀关羽现存之最早记载。
	金大定十七年（1177）	解州	下封村柳园社乡人王兴为关羽修建家庙，有《汉关大王祖宅塔记》存世。井上建有瘗塔，塔铭且言：关羽“于灵帝光和二年己未，愤以嫉邪，杀豪伯而奔。圣父母显忠，遂赴舍井而身殁。”此为现存民间为关羽事迹添加前传之最早记述。
	金大定年间（1161~1189）	巩昌	相传“西兵潜寇，城几不守，乃五月二十有三日，见若武安状者，率兵由此山出，贼骇异退走。”随即在万寿山建庙，府帅世代祀之。此为金军犹自沿袭宋军风习，以关羽崇拜对抗西夏毗沙门天王崇拜之记载。

时期	朝代～年代	地点	事　　件
宋、西夏、金、蒙古	宋淳熙十四年（1187）	当阳	因“疫疠不作，饥馑不臻，盗贼屏息，田里举安”，特封壮缪义勇武安英济王。此为宋代对于历代功臣烈士之最高封爵，亦为现存以关羽为祈雨神祇的最初记载。
	金明昌年间（1190～1195）	河南、河北	开州（濮阳）、固安等地建立关庙。
	蒙古成吉思汗二十一年（1226）	黑水城	成吉思汗率大军攻破西夏黑水城，直逼国都。黑水城守将于城破之前将佛经图籍等藏入佛塔。其中包括金人版刻之《义勇武安王位》关羽神像。
	蒙古海迷失后元年（1249）	清苑	张柔建顺天府城，设关庙，郝经撰《重建武安王庙记》。此为蒙古政权建关庙现存最初记载。其中言及“夏五月十三日，秋九月十有三日，则大为祈赛，整仗盛仪，旌甲旗鼓，长刀赤骥，俨如王生。”则为现存关羽祀典日之最初记载。
元	中统四年（1266）	汲县	王恽撰《重修义勇武安王祠记》。又蔚州《大元加封显灵英济义勇武安王碑铭》称：“本朝以武功定天下，所在郡邑，悉建祠宇，士民以时而享。”
	至元六年（1269）	徐州	州牧董恩建吕梁洪庙，以祀汉寿亭侯关羽、唐鄂国公尉迟敬德，以二公于徐州皆有遗迹。此为漕运祭祀关羽之最初记载。
	至元七年（1270）	大都	八思巴设藏传密宗“镇伏邪魔获安国刹”大法会，岁正月十五日，以“八卫拨伞鼓手一百二十人，殿后军甲马五百人，抬舁监坛汉关羽神轿军及杂用五百人。”遂成“游皇城”制度，元末乃止。
	至元二十二年（1285）	辽阳	建立关庙。此为东北地区设庙之始。
	大德～至大年间（1297～1308）	当阳	儒士胡琦编纂《关王事迹》（又名《新编关王实录》），开始将关羽祖系、生平年谱、关王书札、身后灵异，到历代封赠、碑记、题咏等汇刊一处。此为关羽虚构事迹系统化之开端。
	至大元年（1308）	当阳	玉泉寺住持钟山复新庙宇，发现关羽祠地基。延祐元年（1314）完成复建，毛德撰《新建武安王殿记》记其事。

时期	朝代～年代	地点	事　　件
元	皇庆二年（1313）	徐州	赵孟頫撰《关、尉神祠碑铭》，以“二公生为大将，殁而为神，其急人之患难，夫岂愆于素志”为由，奉为漕运护佑神。
	至治年间（1321～1323）	建安	虞氏刊本《全相三国志平话》刊印。此为现存最早的三国平话话本。
	泰定二年（1325）	大都	元帝、后出资复新西四北羊角市关庙，吴律撰《汉义勇武安王祠记》记其事。
	天历元年（1328）	大都	加封汉关羽为显灵威勇武安英济王，遣使祀其庙。
	至顺二年（1331）	大都	封（关羽）齐天护国大将军、检校尚书、守管淮南节度使，兼山东、河北四门关招讨使，兼提调诸宫神刹、无分地处检校官、中书门下平章政事、开府仪同三司、驾前都统军、无佞侯、壮穆义勇武安英济王、护国崇宁真君。
	元代	大理	据天启《滇志》记载：“大理府关王庙，在府治西南，元时建。”此为西南少数民族地区兴建关庙之始。
明	洪武二十七年（1394）	南京	以蜀汉原谥建关庙于鸡鸣山，列入祀典。
	建文年间（1399～1402）	宁海	方孝孺撰《关王庙碑》。
	宣德年间（1426～1435）	北京	宫廷画家商喜绘制巨幅《关羽擒将图》。
	成化十三年（1477）	北京	奉敕建庙宛平县之东，祭以五月十三日。皆太常寺官祭。大学士商辂奉敕撰碑。此为明廷历代皇帝在北京兴建祀典关庙之始。
	嘉靖元年（1522）	不详	修髯子序系年于此，一般认为现存罗贯中本《三国志通俗演义》此年刊印。
	嘉靖十年（1531）	北京	以出生地锺祥升为承天府，荆门、沔阳等三个府州归入承天府辖治。当阳原属荆门，亦并入承天府治下。敕建正阳门小关庙，厘定关羽为南方神，为帝系转南，护佑帝祚之保护神。
	嘉靖三十四年（1555）前后	江南闽广	江南、闽、广屡遭“倭乱”，士民竞以关羽为护境保民之神，争传显灵助阵之事，纷纷修建关庙，以为一方护佑。此为关羽祠庙深入乡里之始。关羽护佑科第士子的传说，也于此时最早在江南士人的笔记碑刻中开始流传。

时期	朝代～年代	地点	事　　件
明	嘉靖三十五年（1556）	江陵	《关王忠义经》杨博序系年。嘉靖近侍黄锦、陆炳捐资复新当阳关羽墓寝。
	万历十八年（1590）	高家堰	潘季驯治漕河，“以神显灵高堰，诏加尊号，颁衮冕，赐庙额曰‘显佑’”，封此庙神为“协天护国忠义大帝”。此为封关羽帝号之始。从此大运河沿途竞相建立关庙，以祈保人流物转之平安。此为后世关羽司职财神之重要缘由。
	万历二十二年（1594）	北京	孙丕扬主吏部，为避免中贵干谒，转效正阳门关帝签，以掣签方式决定官员铨选。此为后世官员举子及行商坐贾竞相掣取正阳门关帝签之开始。并应道士张通元之请，敕解州关庙供奉神祇进爵为帝。
	万历四十二年（1614）	北京	以“梦感圣母中夜传诏”，敕封天下关庙之神为“三界伏魔大帝神威远镇天尊关圣帝君”，“五帝同尊，万灵受职”。实为护佑福王之藩。自此关羽成为无上尊神。
	万历四十五年（1617）	北京	万历帝亲撰《御制敕建护国关帝庙碑记》，声称“曩朕恭谒祖陵，俄顷空中仿佛金甲，横刀跨赤，左右后先，若护跸状。”“帝秉火德，荧惑应之。颜如渥丹，骑曰赤兔，尽其征也。阳明用事，如日中天，先天则为南，当干；后天则重明丽正，天且弗违。”明确以关公为明廷护佑神。
清	崇德八年（1643）	盛京	以沈阳为京城，敕建关庙，赐额“义高千古”。
	顺治年间（1644～1661）	宁古塔	被罪流放之汉人记述：“满初人不知有佛，诵经则群伺而听，始而笑之，近则习而合掌，以拱立矣……不祀神，惟知关帝，亦无庙，近乃作一土龛。”
	（明）永历二十二年(1667）	台南	建立关帝庙，明宁靖王亲书“古今一人”匾悬于庙内。
	雍正三年（1725）	北京	颁诏比隆孔子仪典，“追封关帝三代俱为公爵，牌位止书追封爵号，不著名氏。于京师白马关帝庙后殿供奉，遣官告祭。其山西解州、河南洛阳县冢庙，并各省府州县择庙宇之大者，置主供奉后殿，春秋二次致祭。”此为关羽列入符合儒家规范之国家祭祀主神的开始。
	乾隆四十一年（1776）	北京	颁诏“所有《（三国）志》内关帝之谥，应该为‘忠义’。第本传相沿已久，民间所行必广，虑难以更易。着武英殿将此旨刊载传本。用垂久远。其官版及内府陈设书籍，并着改刊，此旨一体增入。”

时期	朝代～年代	地点	事　　件
	咸丰四年（1854）	北京	颁诏更定关庙祭礼，“（原）跪拜礼节，仅行二跪六叩，虽系照中祀例，然满洲旧俗于祭神时俱行九叩礼，嗣后亲诣致祭，亦朱定为三跪九叩礼，用伸俨恪之诚。”此与祭孔规格已全然相同，封爵则过之。仅因时值太平军乱，未能按工部造图，鼎革各地官修关帝庙。
民国	民国三年（1914）	北京	大总统袁世凯“允陆海军部之请，特将关帝及岳王合祀武庙。凡有军人宣誓的大典，均在武庙行礼。”
	民国十七年（1928）	南京	北伐成功，国民政府宣布废除武庙祭祀。
	民国二十七年（1938）	北京	日伪政权宣布恢复武成王祭祀，以关羽等为陪祀。

注释：

［1］《冯友兰〈中国哲学史〉下册审查报告》。载《金明馆丛稿二编》，上海古籍出版社 1981 年出版，第 252 页。

［2］有关争议可参人民网（http://www.people.com.cn/GB/guandian/182/6007/）。

再版后记

山西是关云长故里，民间相传关夫人姓胡，先父胡小伟先生开玩笑说自己是关公亲戚，虽为戏言，实存深意。于是在山西出版传媒集团·北岳文艺出版社推动下，有了2009年出版的《关公崇拜溯源》上下册六十万字，也即开创关公文化学的里程碑著作、五卷本二百五十万字的《中国文化史系列·关公信仰研究》的简明本。

2014年父亲猝逝，没能看到自己念念不忘的2020年关公大义归天一千八百周年之际全球信众共怀英雄的盛况。然而关公信仰仍在人心，不断有人寻求关公研究的权威著作，因此有了本书的再版提议。此次修订始自2019年底，逐一核对书中古今中外文献出处，订正各种讹误，尽管如此，仍不排除有疏漏之处。有识者认为胡先生开创的是一门新的学科，即关公学。既然属于学术研究，必然需要研磨切磋才能发展，还望读者不吝指正。

借此机会向决策再版的几任社领导致谢！编辑樊敏毓老师即将退休，把此书作为告别职业生涯的纪念并付出很大精力。北岳社的老编辑王灵善先生通校了全稿。审校者席香妮老师是先父母多年好友，以深厚的感情严格要求。遗憾的是初版责编胡晓青老师已故，未能得知再版的好消息，深为痛惜。此次再版，承蒙先父好友毛佩琦先生赐序，给我们讲述那一代知识分子的共同追求，亲切感人。此次修订对插图尽量替换较清晰的，提供者有运城关帝庙和在线古籍公益图书馆“书格”（http://new.shuge.org），一并鸣谢。

胡　泊

时在辛丑小雪

于京华瞰山室